KB203527

동산 연구

·

김광식 지음

도서
출판 中道

▌펴내는 글 ▌

한국 근현대불교사, 조계종단사의 '큰 별'이었던 큰스님이 있었으니 그는 동산큰스님(1890~1965)이다. 동산큰스님은 수행, 사상, 생활, 헌신 등에서 스님으로서의 진정성을 갖고 있었던 고승이었다. 그래서 동산큰스님의 행적은 범어사, 해인사, 각처의 선원, 조계종단 등의 역사에 각인되어 있다. 그 각인의 내용은 한국불교와 조계종단이 가야 할 길을 선도적으로 제시한 명안종사로서의 행보이었다. 불교정화운동 당시에는 종정의 직위에 있으면서 정화운동을 진두지휘하였다. 때문에 동산큰스님은 고승, 선지식, 거목 등으로 지칭되었다.

그래서 동산큰스님의 주석처이었던 범어사와 동산큰스님의 제자들의 모임인 동산문도회에서 동산큰스님의 행적, 사상, 지성에 대한 흔적과 고뇌의 자료를 찾아 자료집으로 편찬하려고 부단한 노력을 기울였다. 그 과정에서 나온 것이 『동산대종사 석영첩』(1967), 『동산대종사 문집』(1998), 『동산대종사와 불교정화운동』(2007), 『범어사와 불교정화운동』(2008), 『감인대』(사진집, 2015), 『동산사상의 재조명』(2016) 등이었다.

그러나 동산큰스님에 대한 학술적인 연구는 매우 부진하였다. 이에 대한 원인은 다각적인 측면에서 검토되어야 할 것이다. 그럼에도 불구하고 필자는 근현대 불교를 연구하는 학자로서 지난 20년간 동산큰스님에 대한 관심을 갖고 다양한 측면에서 '동산 연구'를 시도하였다. 필자는 동산큰스님의 은사인 백용성의 생애와 사상을 연구하는 기관인 대각사상연구원의 연구부장의 소임을 25년간 수행하고 있다. 그래서 백용성의 상수제자, 은법제자인 동산큰스님에 대한 관심이 강열하였다. 그러면서 백용성, 동산큰스님의 인연처인 범어사의 근현대사에 대해서도 적지 않은 주목을 하였다. 나아가서는 동산큰스님의 사상을 계승한 동산큰스님의 제자들에 대한 연구도 동시에 수행하였다. 이와 같이 필자는 지난 20년간 범어사, 동산큰스님, 동산큰스님의 제자들을 연구한 논고를 집약하고, 보완하여 이 책자를 펴내게 되었다.

이 책은 3부로 구성되어 있다. 1부에서는 범어사의 역사, 정체성을 다루었다. 범어사 사격은 선찰대본산이 최우선적인 정체성을 갖고 있다. 최근에는 조계종단의 금정총림으로 지정되어 수행 사찰로서의 위상을 갖게 되었다. 그래서 여기에서는 그에 대한 역사, 의의, 전개 과정 등을 다루었는데 이는 동산큰스님의 역사적 배경이다. 2부에서는 동산큰스님의 역사, 가풍을 다루었다. 그는 불교정화운동, 전법 및 법맥, 동산스님이 주역으로 활동한 수좌대회(1935), 유교법회(1941), 계율 수호 활동 등이다. 이와 같은 다각적인 측면에서 동산큰스님의 위상, 활동을 파악할 수 있다. 3부에서는 동산큰스님의 제자들의 활동을 조명하였다. 동산큰스님의 제자인 성철, 지효, 능가, 광덕, 원두, 대성의 활동을 다루었다. 동산큰스님의 제자 활동을 통해 범어사 및 동산큰스님의 역사적인 성격, 폭과 깊이를 가늠할 수 있다.

　그래서 이 책은 다음과 같은 측면에서 주목할 가치를 갖는다. 첫째, 동산큰스님의 역사 및 정체성을 심층적으로 분석한 학술서로 최초성을 갖는다. 둘째, 범어사 근현대사의 흐름을 파악할 수 있는 저작이다. 셋째, 동산문도회 및 동산문도의 역사를 파악할 수 있는 대상이다. 이 책의 역사적인 평가는 추후 별도의 분석을 통해서 점검을 받겠지만, 필자는 이런 측면을 이 책자의 의의라고 본다.

　필자는 이 책을 펴내면서 필자의 연구에 많은 도움을 주신 동산문도회의 스님들에게 감사의 뜻을 표하고자 한다. 그중에서 2020년에 입적하신 동산문도회의 문장인 능가스님은 필자에게 많은 후원을 주셨거니와 거듭 감사를 드린다. 스님의 극락왕생을 발원한다. 그리고 동산문도인 일미스님, 원두스님, 대성스님, 수불스님도 다방면에서 도움을 주셨다. 지면을 통하여 재삼 감사를 표하는 바이다.

　필자는 추후에도 동산큰스님, 범어사 연구에 더욱 매진할 것을 다짐함에 있어서, 이 책을 성찰적인 디딤돌로 인식한다. 이 책이 동산문도회와 범어사 스님들의 수행 및 역사의식의 참고 자료로 활용되길 바란다. 그리고 한국 현대불교사의 이해에도 도움이 되길 기대하면서 이만 필을 놓는다.

2023년 2월, 동국대 연구실에서
김광식

목 차

범어사의 사격과 선찰대본산

1. 서언

범어사는 대한불교조계종 제14교구 본사 사찰이지만 통도사, 해인사와 함께 경남지방 불교를 대표하는 사찰이면서, 나아가서는 한국불교에서도 일정한 위치를 갖고 있다. 그러므로 범어사가 한국불교 및 경남지방의 불교 역사에서 차지하는 위상은 결코 미약한 것은 아니다. 그러나 최근의 범어사의 여러 정황을 유의 깊게 살펴보건대, 범어사는 과거의 전통을 계승하였다고 보기에는 어려운 측면이 제기되고 있다. 즉 근대 불교에서의 범어사는 당시 한국불교를 대표하는 사격, 활동을 갖고 있었지만 그 전통의 계승이라는 면에서는 미진하였다는 것이다.

한편 최근의 범어사에서는 선을 주제로 한 다양한 법회가 개최되어, 부산 지역 불교계뿐만 아니라 전 불교계에 일정한 영향을 주고 있다. 이러한 범어사의 변신, 전통계승 노력은 우선 범어사 승려들이 갖고 있는 범어사 전통에 대한 자부심에서 비롯된 것으로 보인다. 범어사의 전통은 다양한 관점에서 추구될 수 있지만 본 고찰에서는 사격(寺格)이라는 관점을 갖고 근대불교에서의 범어사의 위상, 특성을 정리하고자 한다. 사격이라 함은 해당 사찰이 갖고 있는 사상성, 경제력, 영향력, 수행 및 포교, 역사적 전통이 어우러진 사찰의 위상과 품격을 종합하는 개념으

로 볼 수 있다.[1]

그런데 근대불교에서의 범어사 활동, 그리고 현대 범어사의 승려 및 사부대중들의 인식에는 범어사는 선찰대본산이라는 관행적인 표현이 굳건하게 자리잡고 있다. 때문에 근대기 범어사의 사격을 검토함에 있어서는 바로 이 같은 선찰대본산(禪刹大本山)이라는 역사적인 사격이 나오게 된 배경, 전후 사정 등을 살피는 것은 필수 불가결한 것이다. 요컨대 근대 범어사의 사격과 선찰대본산과의 상호관계를 조명하려는 것이 본 고찰의 주된 초점이다. 나아가서는 범어사의 그 전통이 근대불교계에 미친 영향, 범어사 활동과의 상호관계 등을 아울러 살피고자 한다. 필자는 근현대불교를 연구하면서 범어사의 역할, 위상이 여타 사찰과는 차별적인 측면이 강함을 인식하였지만 그를 정리, 고찰하지는 못하였다. 본 고찰은 필자가 갖고 있던 숙제를 해결하는 측면도 있겠지만, 범어사의 전통을 새롭게 하려는 범어사 사부대중들의 고뇌 및 지향에 참고가 되길 바라는 마음 간절하다.

2. 범어사 사격과 선찰대본산의 인식

근대기 범어사의 사격을 검토함에 있어서, 일제의 침략으로 국권을 강탈당하였던 일제하의 시기로 그 범위를 한정하겠다. 일제하 불교의 운영에 대한 규정은 일본이 한국의 식민통치를 전담케 한 조선총독부가

---

1) 필자는 사격과 관련하여 금산사의 사례를 정리한 바가 있다. 졸고, 「일제하 금산사의 사격」, 『근현대불교의 재조명』, 민족사, 2000.

1911년 6월 3일 제정, 반포한 사찰령에 나와 있다. 본 고찰 초점의 하나인 사격은 1911년 7월 8일에 발표한 사찰령의 시행규칙에 포함되어 있다. 당시 총독부는 전국의 사찰을 30개 본산(본사)으로 나누어 운영케 하였는데 그 30개 본사가 당시 각 지역 불교를 대표하는 사찰로 공인받았던 것이다. 즉 전국의 주요 사찰을 30개의 본사로 정하고, 그 본사가 그 인근 지역의 중소 사찰을 관리하는 형식의 본말사(本末寺) 제도를 구현하였던 것이다. 즉 범어사는 1911년부터 부산 지역을 대표하는 본사로서의 사격을 갖게 되었다. 이 같은 범어사의 사격은 비록 행정적, 타율적인 계기에서 비롯된 것이었지만 그 제도가 일제가 패망하는 그날까지 지속되었기에 일제하 불교에서의 관행으로 고착화되었다.

그런데 범어사의 이 시기 사격은 사찰령이라는 식민통치의 구도에서 나왔지만 당시 범어사 관련 기록을 살펴보면, 범어사는 불교계 내에서 일정한 사격을 유지하였다. 이러한 측면은 범어사의 자생적인 활동에서 비롯되었기에 우리의 관심을 촉발케 할 수 있다. 후술하겠지만 이런 요인이 범어사 사부대중의 범어사 역사인식의 근원에 자리잡고 있었기에 범어사 근대 역사를 고찰함에는 반드시 고찰할 핵심 주제였다. 그러나 근대불교, 혹은 근대기 범어사의 역사를 정리, 고찰하려는 관련 학계의 연구가 황무지와 같은 상황이었기에 그 주제에 대한 어떠한 접근도 부재하였다.

그러면 이제부터 일제하 범어사 사격과 연관된 선찰대본산과의 연계를 살펴본다. 선찰대본산이라고 범어사의 일주문에 부착된 현판은 1913년에 게시된 것으로 전해지고 있다. 이는 1913년 이전에 선찰대본산을 내세울 수 있는 여건이 마련되었음을 말하는 것이다. 이와 관련하여『범어사지』에2) 수록된 「범어사선원 연기록 청규록(梵魚寺禪院 緣起錄 淸規錄)」
이라는 문건을 주목할 수 있다. 이 문건에 포함된 「범어사선원 연기록」
은 1911년 음력 1월 25일에 작성된 것으로 범어사 선원 전체에 대한 연기
및 개별 선원이 창설된 전후 사정이 각 선원별로 구분되어 서술되어 있
다. 이 내용에는 범어사 선원의 전체 개요 및 일제 식민지 불교의 체제로
전환되었던 초창기 범어사의 동향을 자세히 전하고 있기에 사료적 가치
가 매우 높다. 이제 그 자료에 수록된 순서대로 각 선원이 등장된 과정을
요약, 정리하고 그 연후에 1910년 전후 범어사 선원 전체에 대한 성격을
추출하고, 그를 선찰대본산의 등장과 연계하여 고찰하고자 한다.

1) 범어사 금강암, 금강선사(1899)

이 선원은 근대기 범어사 최초의 선원으로, 1899년 음력 10월 1일에
처음으로 등장한 임시 선회의 개설에서 비롯된다. 1899년 7월 그믐, 수
옹(睡翁) 선사가 통도사 백운암의 선원에서 범어사에 온 것이 계기가 되
었다. 그는 범어사에 와서 오성월과 대화를 가졌는데, 불법의 영향력이
매우 미약하고, 사람들의 근성이 약하여 이익만을 좇아, 도가 쇠퇴하면
서, 마침내는 불법이 영원히 쇠퇴할 지경에 처하였음을 개탄하였다. 이
에 그는 오성월에게 그 상황을 타개하는 것이 자신들의 본분이라고 강
조하였는 바, 그것을 들은 오성월은 크게 각성하고 수옹선사를 예우하
였다. 그러나 그 뜻에 동참하는 수좌가 없었고, 그 뜻을 펼 공간도 부재
하였다. 그러나 오성월은 금강암에 머무르고 있는 월송 대사를 찾아갔
다. 월송과 오성월과는 이전부터 친근하게 지내는 사이였는 바, 오성월

---

2) 아세아문화사가 1989년에 『한국사지총서』 시리즈로 기획, 간행하였다.

의 이야기를 전해 들은 월송은 흔쾌히 찬동하였다. 이에 오성월은 수옹선사와 함께 금강암으로 나아가 임시 선사(禪社)를 개설하고 선우(禪友)를 불러들여 3개월[九旬] 기간의 동안거를 났다. 이때 그곳에서 수행한 대상자들은 수옹, 성월, 월송, 유운 4화상과 수좌인 휴진, 법능, 봉성 등 총 7인이었다. 이런 사정을 전해 들은 범어사 사중에서는 범어사 총섭인 담해가 '유지제사(有志諸士)'와 함께 그 뜻에 찬동하여 그를 공사에 붙였던 것이다. 이에 범어사에서는 사중 쌀 40두를 선량(禪糧)으로 내놓았으니 이것이 임시선회의 첫 번째였다.

2) 범어사 안양암, 안양선사(1900)

안양암에서의 선사는 1900년 음력 10월에 개설되었다. 이 선원 개설은 1900년 정월 15일, 즉 그해 동안거 해제를 마치고 나서 수옹선사와 오성월이 함께 통도사 백운암으로 간 이후, 이전 선원인 금강선사의 피폐함에 대한 논란에서 촉발되었다. 그런데 마침 이해 10월 초 천원(天圓), 중원(重遠), 덕수(德守)라는 세 선사가 해인사 판전 선실에서 오게 되었다. 그 세 선사들은 오성월에게 범어사의 금강암에 선사가 세워지고, 수좌들을 수용하여 수행한 사실을 들었다면서, 그 정황을 놓고 대화하였다. 그 때 의룡(義龍) 화상은 배움에 뜻이 깊은 사람으로, 당시 안양암에 머무르고 있는데 금강선사의 퇴진에 대해 이야기를 전해 듣고 즉시, 그 세 선사를 맞이하여 범어사에 머물도록 하고 위로하였다. 그리고 안양암에서 동안거를 나도록 함과 동시에 범어사 사중에 회의를 붙였다. 당시 총섭인 월영(月影) 화상이 그 전후 사정, 선사 개설에 대한 것을 가상히 여겨 그 장래를 의논하여 범어사 공사를 거치도록 하였거니와 그 결과는 절의 다수 중견 승려들의 찬동이었다. 이에 범어사의 쌀 30두를 선량으로 내놓았는데 이것이 임시 선회의 두 번째 이야기이다.

이에 안양암에서도 석 달간의 안거 수행을 하였는데, 발기자는 의룡이고, 참가자는 해인에서 온 3인의 수좌를 포함해 4인이었다.[3]

3) 범어사 내원암, 내원선사(1901)

내원암에서의 선사는 1901년 음력 4월 10일에 개설되었다. 1901년 음력, 정월 15일 동안거 해제가 되어 수좌들이 해산되자, 안양암의 선사도 금강암과 같은 형상이 되어 결사는 어려운 지경이었다. 이에 1901년 4월 초, 오성월 선백(禪伯)이 해인사에서 두 수좌를 만나, 함께 범어사의 내원암으로 돌아왔다. 마침 하안거가 시작될 즈음이라 원주인 혼해(混海) 강백이 성의껏 협조하여 방과 쌀 20두를 제공하여 선수행에 도움을 주었다. 이때부터 선 수행을 지속하여 그해 하안거, 동안거를 나서 그 이듬해인 1902년 음력 정월 보름까지 두 철 간의 덥고, 추운 것을 이겨낼 수 있었으니, 이것이 임시 선회의 세 번째 일이다. 이 선회의 동참자는 3인이고,[4] 발기인은 혼해였다.

4) 범어사 계명암, 계명선사(1902)

계명선사는 1902년 음력 4월 1일에 개설된 선사인데, 안거 기한은 영구, 참가 수좌는 17인, 지원된 사중 지원 쌀은 70석, 발기인은 오성월로서 범어사 선사로는 시작된 이래 큰 규모의 선사였다.

---

3) 그 추가 1명은 의룡으로 보인다.
4) 3인은 해인사에서 온 수좌와 성월로 보인다.

1902년 정월 15일, 동안거 해제 후 오성월이 다른 곳으로 가려 하니 범어사의 계명암주가 부재중이었기에 원주인 혼해 강백이 오성월을 잡고 절에 머물도록 하였다. 이에 혼해는 오성월을 계명암주로 사중에 추천하여, 여기에서부터 계명암의 선사가 시작되었다. 당시 범어사 총섭의 제안을 산중의 중견 대중들의 공의로 허락하였기에 오성월이 그해 정월 20일에 계명암을 돌아보았다. 오성월이 그 운영에 대한 문제를 고민할 때에 홀연히 표충사에서 등봉(藤峰) 선백이 와서는 오성월의 도를 보고 함께 담론을 하였다. 당시 등봉은 자신이 온 것은 오성월이 선회의 일로써 노고를 꺼리지 않고, 수행과 대중교화라는 두 가지 이익을 상제(相濟)한다는 것을 들은 것에서 비롯되었다고 답변하였다. 이에 오성월은 흔연히 영접을 하면서 선사를 세우는 일을 갖고 함께 의논을 하였다.

그 때가 1902년 4월 초순인데, 마침 대선지식인 경허가 청암사에서 수좌 6인과 함께 내방하였다. 이에 오성월은 등봉, 경허와 함께 선사를 세우는 일을 상의하였다. 우선 오성월은 계명암의 조 27석을 내어서 선량으로 충당케 하면서 하안거 결제에 들어가게 하였다. 그 당시 참가 대중은 16인이었는데, 즉시 범어사 사중에 그 정황을 통보하니 총섭인 사암(寫庵)은 그를 듣고 놀라서, 산중회의를 하여 그 일을 의논케 하였다. 그 결과 그 충당 비용을 공적인 차원에서 부담케 하는데 산중 중견 대중이 찬성하였다. 그리하여 그 해에 선사가 세워지면서 그 선량은 증대되었다. 우선 각 방, 각 암자에서 지원한 것이 76두이었다. 나아가서 그 선회를 영구히 운용하는 방책을 강구할 때에, 오성월은 수좌 대중이 흩어질 것을 걱정하여 신속히 그 일을 조직하여 그 계획을 사중에 제출하였다. 마침내 산중의 모든 의견이 단결하여 그 의안을 논의하였지만 결과는 수포로 돌아갔다.

그러던 중 담해가 총섭과 함께 신심을 내어서 그 주선에 나서게 되고, 담해 성월 화월 등 여러 선지식이 선사 세우기를 발원하고 힘을 합한 결과 단월의 시주금 20금,[5] 각 방 각 암의 지원액으로 헌납한 것이 38두락이었다. 그리고 각방의 헌납 백미가 19두, 또 산문의 계 조직에서 동참한 것이 400금, 국청사에서[6] 들어 온 백미 7두 등을 모두 선사에 납부하였다. 당시에 동래의 신도인 이보현화, 초량에 거주하는 김지명화는 불법에 대한 신심이 투철하였는데 그 소식을 듣고 큰 발원력을 내어서 모금한 돈 2,000금과 자신들의 소득금에서 가져온 금액인 2,000금을 합한 4,000금으로 답 42두지를 구입하여 선사에 기부하였다. 또한 범어사 토굴에 거주하는 보살인 김각심화도 2두 답을 헌납하였다. 이에 그 모연한 것을 모두 합하니 백미 64두, 총액이 4,400량이었다. 이 모연금에서 4000량으로 답토를 매수하고, 400량은 선사의 비용으로 충당케 하였다. 그리하여 새롭게 매수한 것이 42두이고, 이미 수납한[7] 것이 40두, 원래부터 계명암에 있던 것이 42두 등이었는데 이것을 합계하니 124두지였다. 이것이 선사에 들어오게 되어, 선회를 유지케 되었으며 1902년 겨울 안거시부터 계명암에서 다시 결제에 들어가게 되었다.[8]

이상이 계명암에 개설된 선사의 내력이다. 그러므로 위의 설명에서

---

5) 이것은 양(兩)으로 볼 수 있지만 신중을 요한다.
6) 이 절은 범어사 말사로 범어사 인근에 있다.
7) 범어사 내 암자에서 제공한 것으로 보인다.
8) 이상의 내용은 범어사에서 소장하고 있는 현판문인 「범어사계명암창설선사기」에도 찾아볼 수 있다. 이 선사기는 경허가 1903년 봄, 금강암에서 작성한 것이다. 『선원총람』 pp.430~431 참조. 이는 『경허집』에도 수록되어 있는데 명정이 역주한 『경허집』(극락선원, 1990) pp.116~119 참조 바람.

나온 바와 같이 계명선사는 범어사 선원 중에서 가장 견고한 첫 번째 선실로서의 전통을 갖고 있었다 하겠다.

5) 범어사 내원암, 내원선사(1905)

내원선사는 1905년 음력 3월 20일에 개설되었는데, 안거 기한은 영구로, 수행한 수좌는 19인, 선량은 220석, 발기인은 담해, 성월, 포응이었다.

1905년 동안거 해제를 한 정월 15일, 계명암에서 4년간의 선회를 마치게 되었다. 그러나 계명암 선회를 찾아오는 수좌가 증가하게 되자, 계명암은 협소하여 수좌를 수용할 수 없는 지경에 처하였다. 찾아왔지만 돌아가는 수좌도 있게 되자 담해, 성월, 회현 등이 계명암의 선실이 협소하고, 선량이 부족한 것을 고민할 때에 포응(抱應) 화상이 서울의 화계사에서 범어사로 내려오게 되었다. 이에 여러 선객들이 그를 환영하면서, 계명암 선회의 문제를 상의하였다. 그 결과 포응으로 하여금 해인사 선회가 확장되는 일을 총섭인 춘곡(春谷)에게 요청케 하여 범어사가 하나의 선원을 별도로 만들어 기존 선회의 누추함을 면하도록 추진하였다. 마침내 포응이 그 뜻을 받아들여, 그 문제를 총섭과 상의하고, 범어사의 공사에 부쳤더니 산중이 모두 좋다고 따르게 되었다.

그러나 범어사 내 내원암에 선실을 만드는 주임자가 부재하였다. 계명암주인 오성월 선사를 천거한 경우도 있어, 즉시 초빙하여 그 임무의 주무자로 하고, 철월(徹月) 화상으로 그를 보좌케 하였다. 그리고 계명암의 선답 42두토를 나누어 내원암으로 이전시키고, 아울러 내원암의 방답인 370두의 전체를 이전케 하여 선량으로 충당케 하니 수좌 19인이 여기에서 하안거 결제를 하게 되었으니 이것이 범어사로서는 제2의 견고한 선실이 등장한 배경이 되었다.

6) 범어사 원효암, 원효선사(1906)

원효선사는 1906년 음력 6월 20일에 개설되었으며[9], 안거 기한은 영구, 참가 수좌는 23인, 연 세입조는 140석, 발기인은 회현이었다.

1906년에 접어들면서, 납자가 범어사로 운집케 되어 하안거를 결제하는데 내방한 선사[10]가 37인에 달하였다. 이에 내원암에서 하안거에 들어갔으나, 이 해의 4월은 윤달이었기에, 결제 후에도 10인의 추가자가 또 찾아왔지만 공간이 협소하여 능히 그들과 함께 거주키 어려운 형편이었다. 비록 산림, 즉 안거가 진행 중이었지만, 부득이 그들을 받을 수밖에 없었다. 이에 원효암에 거주하는 회현 선사가 그 사세의 어려움을 파악하고, 범어사 사중에 청원을 하였으니, 그는 범어사 내에 한 처소를 허락받아 선실을 지었던 것이다.

이에, 총섭인 구담(九潭), 학암(鶴庵)과 상의 후, 공의로써 원효암과 방답 326두지로 응접케 하였거니와 사중이 회현선사를 즉시 원주로 정하였다. 그러자 추가로 온 10명과 본래 거주인 13인을 합하여 23인이 함께 머물렀다. 이것이 범어사 제3의 견고한 선실의 배경이다.

7) 범어사 원응료, 원응선사(1909)

원응선사는 1909년 음력 1월 20일에 개설되었는데, 운영은 영구, 선량은 75석, 발기인은 이담해와 오성월이었다.

---

9) 이로부터 3년간 지속되었다.
10) 이들은 수좌인지 아니면 재가자도 포함된 것인지는 알 수 없다.

1909년 정월 2일에 산중회의를 열어 불교를 천양하는 일을 논의하였다. 그 회의에서는 생존경쟁시대를 맞이하여 각 종교, 다양한 사회가 군웅쟁패하고 있지만, 불법은 천상천하의 무상대도이건만 수백 년간 산중에 있었던 전통에서 벗어나지 못하고 있다고 진단하였다. 이런 시기에 승려들은 정신을 집중하고, 불교계의 폐풍을 정비하고, 불교를 개량 일신한 연후에야 대중들에게 나아갈 수 있다고 인식하였다. 이에 당분간은 선, 교, 정토로 구분하여 각기 전문적으로 학습하여 그 기본 취지를 익혀서 인민의 모범이 되면 그것이 바로 포교라고 보았다.

이런 배경 하에서 그 산중회의에서는 안심료, 원응료, 승당 등 3처에 선실을 두도록 하였는데, 이는 선실 확장의 의미이다. 그리고 청풍당, 금당, 청련암, 대성암 등 4처에는 강당을 두도록 정하였다. 해행당, 함홍당, 극락전은 염불당으로 쓰도록 정하였다. 이런 기본 원칙 하에 각 방재(房財)로 선실, 강당, 염불당의 비용에 충당케 하였다.

1909년 1월 20일에는 섭리(攝理)인 김경산(金擎山)과 학암(鶴庵)은 속도선실(速圖禪室)[11]에 대한 의견을 갖고 논의하였으며, 그를 청단공사(靑旦公事) 내의 선안(禪案)으로 결의케 하고, 그를 사중의 여러 중견 승려들과 함께 논의하여 안심료, 원응료, 승당 등의 삼방(三房)을 결합하여 하나의 구(區)로 묶은 연후에 내원암의 원주인 오성월을 초빙하여 그 사업의 주임으로 정하였다. 담해 선사는 오성월 후임으로 내원암 주지로 근무케 하였다.

이런 일이 있은 연후, 하안거 결제가 다가오자 원응료 방답 145두지로 선사에 납입케 하였다. 이로써 수좌 대중 20인이 하안거 결제를 할 수

---

11) 필자는 이 선실에 대한 내용을 파악치 못하였다.

있도록 하였다. 이것이 범어사 선원 제4의 견고한 배경이다.

8) 범어사 대성암, 대성선사(1909)

대성선사는 1909년 10월 1일에 설립되었는데 안거 기한은 영구, 참여 수좌는 16인, 선량은 150석, 발기인은 등암이었다.

1909년 10월 1일, 대성암에 머무르던 등암은 대성암의 원주인 김용곡과 상의하기를 지금 범어사에 선실이 4개처나 있지만 각 선실에서 수좌를 받아들임이 오히려 부족하다는 것을 개탄하며, 그 사정을 사중에 청원하여 대성암에서도 선실을 세우게 하였다. 이에 총섭인 오성월은 즉시 이 일을 공의케 하였더니 산중에서 인가하였으며, 그 연후에 방답 361두지로 선량에 충당케 하였다. 그리고는 선백을 받아들여 동안거 결제를 대성암에서 들어가도록 하였으니 당시 모인 대중이 16인이었다. 이것이 범어사 제5의 견고한 선실의 배경이다.

9) 범어사 금어암, 금어선사(1910)

금어선사는 1910년 음력 4월 10일에 개설되었으며, 안거 기간은 영구, 참여대중은 16인, 선량은 150석, 발기인은 오성월이었다.

1910년 정월 2일, 청단공사에서 결의하기를 사중 사무소를 그 시무의 편리를 위해 원응료로 옮기고, 원래의 원응료 선사는 금당으로 이전하였다. 그리고 각 선원답을 참작 분배하여 금당[12]에 납속케 하였다. 이에 원응답이 145두지에 달하였으며, 금당답이 81두지이었다. 아울러 내원암 조 20석, 대성암 조 10석, 원효암 조 10석을 금당암의 선량에 충당케

---

12) 이는 금어암을 지칭한 것으로 보인다.

하였다. 그리고 금당 학당은 침계루로 이전하였다.

지금까지 1899~1910년 간 범어사에 개설된 임시선회, 선사의 개요를 살펴보았다. 이제는 임시선회 3건, 선사 6건의 개요에 나타난 성격을 추출하고자 한다. 첫째, 범어사의 선회, 선사 개설 및 운영 등 모든 분야에서 오성월의 주도, 헌신이 나타나고 있다. 요컨대 범어사 선 관련 사업은 오성월에 의해서 진행되었던 것이다.[13] 둘째, 범어사의 선 사업에는 외래 선사, 수좌들의 일정한 개입이 있었는데, 범어사에서는 그들을 적극적으로 수용하였던 면이 나온다. 즉 개방성이 두드러졌다. 셋째, 선 사업에는 범어사 사중의 적극적인 후원이 제기된다. 선회, 선사의 개설에 따른 제반 문제를 사중에서는 공사, 공의, 산중회의를 통하여 논의, 해결하면서 큰 지원을 하였다. 넷째, 범어사의 선사업은 점차 외부로 알려졌는데 그에 비례하여 범어사의 위상이 증대되는 것을 파악하였다.

범어사 선회, 선사의 성격은 당시 안거 수행의 내용에서도 찾을 수 있다. 그러나 현재로서는 그 수행의 내용 전모를 알 수는 없다. 다만 현전

---

13) 오성월은 근대 범어사를 대표할 수 있는 승려이다. 이에 그의 업적은 『불교 진흥회월보』 7호(1915. 9) 〈휘보〉 「오성월선사의 사업」에 상세히 전한다. 여기에서 그의 업적(1세 주지 시)으로 제시된 것은 선원(금어, 내원, 원효)의 설립, 선학자로 선종 종지를 참하게 함, 선종중앙교당설립, 선종경북교당과 선종 동래교당을 설립, 명정학교 수선, 금강계단 설립, 전문강당 설립, 부산 및 초량에 포교출장소 운영, 도로 및 어산교 수축, 산막 정비 및 산림 배양, 병자 구휼 등이다. 오성월은 경남 울산군 온산면 출생으로, 그의 본적은 경남 동래군 북면이다. 법명은 일전(一全), 법호가 성월(惺月)이다. 1885년 9월 30일, 범어사에서 이보암을 은사로 출가 득도하였으며, 1886년 용문사(예천)에서 한혼해를 스승으로 모시고 능엄경, 1887년부터 백련사(군위)에서 한혼해에게 사교과, 대교과, 수의과를 수료하였다. 1899년 범어사에서 수선안거를 하였으며, 1906년 범어사 전계 화상에 취임, 1908년 범어사 섭리, 1911년 11월 17일 범어사 주지, 1914년 9월 29일 범어사 주지에 재임 등의 이력을 갖고 있다. 그는 1897년 사월 초파일 통도사에서 박만하에게 비구계를 수지하였으며, 1913년 1월 22일 범어사에서 대선사 법계를 품수받았다.

하고 있는 범어사의 선원 청규에서 그 단면을 가늠할 수 있을 뿐이다. 청규는 해당 선원 수행의 요체를 말해주는 것이기 때문이다. 범어사 선원청규는 현재 2건이 전한다. 우선『경허집』에 수록된「범어사계명암수선사방함록청규(梵魚寺鷄鳴庵 修禪社芳啣錄清規)」가 있다. 이 청규는 경허가 작성한 것이다. 당시 그는 계명암에 머무르면서 오성월의 제안을 받아들여 수행에 동참한 인연으로 청규를 지은 것이다. 그 내용은 다음과 같다.[14)]

1. 법을 설하는 宗師와 悅衆 禪和는 그 소임이 가볍지 않으니 마땅
   히 식견이 높고 널리 거울이 될 만한 인물을 가려서 소임을 맡겨
   야 한다.
2. 대개 선방[禪社]은 사방의 衲子들이 몸을 깃들이고 道를 연마하는 곳
   이니 그 선방을 주관하는 사람을 잘 가리지 않을 수 없으므로 마땅
   히 서로 정할 때 자세히 검토하여 택할 것이요. 어리석거나 용렬한
   사람에게 함부로 맡기지 말고, 어리석거나 용렬한 자가 그 책임을
   맡으려 해서도 안 된다.
3. 결제한 뒤에는 방부를 받지 말고 방부를 드린 뒤에는 중간에 나가면
   안 된다.
4. 성질이 사납거나 난잡한 자와 중병에 걸린 자는 방부를 받으면 안 된
   다. 法化를 손상시키거나 대중을 괴롭힐까 두려워서이다.
5. 叢林에서 도를 행함에 사무를 분담하고 일을 맡아 보는 사람이 있어
   야 하나, 그 소임을 맡은 禪和는 마땅히 남다르게 자기 소임에 충실

---

14) 원문은 한문이나 번역하여 제시한다. 그리고 연번호도 필자가 편의상 부여하였다.

해서 게으르지 말고 대중이 편하도록 해야 한다.

6. 진정한 參學者는 시끄럽거나 고요함에 틈이 없어야 하고, 그 틈이 없기에 마침내 생사열반에 구애가 없다. 禪床에서 내려온 뒤에도 떠들지 말라, 參究하는 일에 방해가 된다.

7. 방부 드린 뒤에 대중을 어지럽게 하고, 불화를 일으키는 자는 세 번을 알아듣도록 타일러라. 그래도 듣지 않을 때에는 대중공사를 붙여서 내 쫓아야 한다.

8. 대중이 함께 작업[普請]할 때에 빠지거나 처지지 말고 항상 서로 힘을 합쳐서 도와주어야 한다.

9. 음주와 음행은 부처님께서 깊이 경계하였으니 마땅히 엄단하여 쫓아 낼 일이며, 또 6일이 아니면 의복을 세탁하지 말아야 한다.

10. 祖室, 悅衆, 禪伯, 知殿, 知客, 園頭, 看病, 飯頭, 淨人, 書記, 煎茶, 菜頭, 柴頭, 別座, 都監, 院主, 化主

이상과 같은 청규에서 범어사 선원의 특성을 찾기는 간단치 않기에 그 흐름을 조심스럽게 살펴보아야 한다. 우선 1, 2항에서는 수행 선방의 책임자, 주관자 등 선방을 이끌 주요 소임자 선정 시의 주의 사항을 제시하였다. 3, 4, 5항에서는 수행 안거시의 최소한의 원칙, 수행대중의 외호 등을 제시하였다. 6, 7, 8, 9항에서는 수행의 자세, 불성실한 수행자의 퇴출, 수행자의 도덕성 및 계율을 강조하였다. 그리고 10항에서는 수행자들의 업무 분담인 용상방을 제시하였다. 용상방에는 선원 수행을 책임지는 조실에서부터 화주, 원주에 이르기까지 전 소임을 상세히 제시하였다. 여기에서는 선방 운영을 책임지는 상층부 소임자에 대한 중

요성, 그리고 수행에 동참한 납자들의 철저한 수행 정신 및 계율 정신,
아울러 선원 수행을 외호하는 원칙이 두드러지게 나왔다.

범어사 청규의 또 다른 대상은 1910년 음력 2월 경에[15] 작성된 「범어
사 내원선원 청규」[16]이다. 먼저 그 전모를 살펴보자.

1. 叢林 目的이 指心見性ㅎ야 長養聖胎하여 續佛慧命ㅎ며 以報國恩ㅎ
   고 普濟人民事
2. 演法宗師와 悅衆禪和 其任이 不輕하니 當擇其高識遠鑑者하여 以充
   其 任事
3. 祖室과 院主를 選定할 同時에는 全刹 禪員이 公薦이고 悅衆과 其餘
   任薦은 該院에서 選定事
4. 受榜同時에 祖室과 悅衆과 院主 三員이 協議 受房하되 別般 注意하
   여 단 發心衲子로 受ㅎ 事
5. 結制 後에 不得受房하고 又 不得 入房후에 中退事
6. 做課 時間表에 對하여 坐參이 八時오 學問이 八時로 定ㅎ 事
7. 參學 禪衆은 但 見己過하고 不見他過事
8. 眞正 禪學者은 動靜에 無間이고 請益을 無怠ㅎ며 又不得下 禪床後
   에 戱笑喧亂ㅎ야 以廢參究事

15) 『범어사지』 p.260에는 "융희 4년 음 2월 21일, 內院庵 謄書"라 하였다.
16) 이 자료는 「범어사 선원 청규록」이라는 제목으로 『범어사지』에 수록되어 있다. 필자는
『승가교육』 5집(2004, 조계종 교육원)의 특집 논단에 「근대 한국 선원의 청규 개요와
성격」을 기고하였다. 그런데 당시 그 글을 준비하였을 적에는 범어사의 내원선원 청규
를 파악하지 못하여, 그 글에서는 내원 선원청규를 누락하였다. 원문에는 연번호가 없
지만 필자가 편의적으로 부여하였다.

9. 禪院行道가 不可不 有領辨事務規例 則其爲所任 諸禪和은 當號己所
任ᄒ야 勿墮緩ᄒ야 以安淸衆事

10. 當普請時에 不得闕目이고 又不得落後 而當竝力相濟事

11. 或有違亂 淸衆不和者어든 三次曉喩 而不從이면 打犧椎逐出事

12. 非要事어든 不得 入他房院事

13. 解制後 出入홀 同時에는 彼此 禪衆空位를 預知ᄒ야 發程日에 本
禪院의 捺章件을 受佩往返事

14. 特別事가 有홀 同時에는 全刹 禪員이 團心 協議ᄒ여 一遵無違事

15. 未盡 條件은 從後 提出事

禪社 責任者 左開

祖堂　禪法을 主掌ᄒ야 聰察 監督홈

入繩　撮衆義務를 實施 掌理홈

院主　本院 大小事를 聰察 保管홈

都監　院主의 指揮를 承ᄒ야 大小事를 視務홈

書記　本院 往復通信과 諸般 文簿를 掌理홈

別座　都監의 지휘를 承ᄒ야 임시 諸般事를 隨從 勤務홈

이상과 같은 내원선원 청규에서 유의할 것을 대별하여 제시하고자 한
다. 우선 1항에서는 선원에서의 수행 목적을 분명히 개진하였는데, 불
조의 혜명을 지속하여 국은에 보답하고 인민을 널리 이롭게 하는 것이
라고 하였다. 2, 3항에서는 조실, 열중, 원주의 소임을 설명하고 그 선
정에 대한 원칙을 제시하였다. 4, 5항에서는 선원에 수행하는 납자들의

방부를 받는 원칙을 정하였다. 6, 7항에서는 수행의 내용 및 시간을 정하였다. 8~15항에서는 선원에 입방하여 수행하는 수좌들이 지켜야 할 준칙, 자세를 세부적으로 정하였다. 그리고 말미에는 선원의 주요 소임자들의 임무를 더욱 분명히 제시하였다. 이러한 청규 내용에서 관심을 끄는 것은 선원에서의 수행 목적이 불조혜명의 지속뿐만 아니라 국은, 즉 나라의 은혜에 보답하고 중생들을 널리 이롭게 한다는 내용이다. 요즈음 불교계에서는 찾아보기 어려운 내용인데, 여기에서 호국불교, 민족불교의 성격의 일단을 볼 수 있다. 다음으로는 수행의 시간 분배에서 좌참 즉 참선(坐禪)이 8시간, 학문 즉 경학도 8시간으로 제시되었다. 현재 대부분의 선원에서는 안거 기간 중에 간경, 토론 등의 교학적 공부는 거의 없다. 그러나 이 시기 범어사 선원에서는 선교일치, 혹은 선교균형의 수행이 안거 기간에 있었음은 주목할 내용이다.

이처럼 1910년 경, 범어사는 선회, 선사를 통한 선을 재흥시키는 사찰의 정체성을 정비하여 갔다. 이는 곧 선종 사찰로서의 명성이 범어사를 설명하는 수식어로 고착화됨을 말하는 것이다. 즉 범어사는 선찰이라는 등식이 고정되어 감을 의미한다. 이 정황은 「범어사선원연기록」을 서술, 정리한 승려인 양보월(梁寶月)이 그 당시 범어사의 정황을 설명한 문장[17]에서 찾을 수 있다. 양보월은 범어사 승려라는 단서는 없지만 여러 정황을 보면 그는 범어사 승려임이 분명하다. 그는 선, 선학을 다음과 같이 인식하였다.

---

17) 이 문장은 보월이 선원의 개요를 정리한 이후 총괄적인 개요로써 작성한 것이다. 「범어사지」 pp.252~254 참조.

惟此 禪學은 吾宗門中의 諸法之血脈也며 骨髓也며 性命也며 機關也라 從次로 可以成佛故로 吾佛世尊이 統徹萬法ᄒ사 畢竟 三處에 付心于摩 訶 迦葉ᄒ사 指示上機捷徑 蹊路ᄒ심也 以此爾라[18]

위와 같이 선학은 문중 제법(諸法)의 혈맥, 골수, 성명, 기관이라고 자신있게 인식하였던 것이다. 이런 자부심 하에서 그는 범어사가 그 선학을 확대 재생산하는 중심이라고 표현하였다.

梵魚之諸大禪講宗法이 齊奪冲勵之氣ᄒ야 說機運邊에 取用先發自振之 術ᄒ야 於是에 創五箇處 禪室 于寺之院庵ᄒ고 亦建校興學ᄒ여 勸講念 천ᄒ야 使衰頹萎敗之法化로 煩然一新케 ᄒ니 啄出諸山之石ᄒ니 猗歟 盛哉라 由是로 四方聞者 無不欽慕仰其風ᄒ야 轉而效之ᄒ니 豈不 偉哉 리오

범어사가 5개 처에 선실을 세우고, 아울러 학교를 세움은 부진한 불교의 영향력을 일신케 하였던 사업이라고 보았던 것이다. 그 결과 그 소식을 전해들은 사람들이 그 흐름을 흠모, 추앙하여 선풍이 각처로 전하였다고 한다.

이렇게 범어사가 선의 중심 사찰로 자리잡으면서, 범어사의 정체성은 선의 중심 사찰, 선풍 진작 사찰 등으로 전 불교계에 인식되어 갔다고 볼 수 있다. 그리하여 1911년 음력 1월 25일에 범어사는 전 불교계에 범어사가 '선종수찰(禪宗首刹)'임을 알리는 공문을 발송하였다.

---

18) 『범어사지』 p.253 참조.

梵魚寺禪宗首刹

國內 四山에 上古 倂設한 禪室이 敎育하나 금일에 실시가 尙小하고 東
來 梵魚寺는 現今에 禪林이 旺盛하여 開堂說會를 寺庵이 爭先하니 褒
賞激勵의 方便을 寔用하와 禪宗首刹로 命名하와 板額也 纂辛也를 幷玆
成送하고 諸山叢林에 怖告하오니 僉垂亮後에 影響相應하와 興旺吾敎
케 하심을 敬要

世尊降誕二千九百三十八年 辛亥陰一月二十五日

梁寶月 撰[19]

즉 이 공문을 통하여 범어사가 선종수찰임을 통고하였다. 범어사는
선림이 왕성하여 선을 주제로 한 개당설회를 범어사 내의 사암이 경쟁
적으로 열었다는 배경 하에서, 선종의 으뜸 사찰로 명명하겠다는 의지,
예고를 전국 주요 사찰에 통고하였던 것이다. 이때는 1911년 4월 경으로
보인다.[20]

그런데 이 공문에서 함께 보낸 판액, 전액의 내용이 '선종수찰'인지,
아니면 '선찰대본산'인지는 가늠키 어렵다. 이와 관련하여 일제의 사찰

---

19) 이 자료는 정광호, 『한국불교최근백년사편년』(인하대출판부, 1999) p.248에 수록되어
있다. 그런데 정광호는 이 자료의 출처를 「범어사선원창설연기록」이라고 제시하였다. 그
러나 필자가 『범어사지』에 수록된 그 연기록에서는 이 자료를 찾을 수 없었다. 추측컨대
정광호는 1965년 겨울 삼보학회의 『한국불교최근백년사』 편찬 목적으로 지방 사찰로 자
료 수집을 하였던 일환으로 범어사를 탐방하여 그 자료를 입수한 것으로 보인다.
20) 『매일신보』 1911년 5월 7일자 보도, 「불교성황」에는 범어사가 일반 승려를 모집하여 참
선을 특별히 권장하고 있다고 전한다. 이처럼 1911년 전반기에는 범어사의 선회 활동
이 일반 사회에까지 널리 알려졌을 것이다.

령 구도에 의해서 1911~1912년 경, 각 본사가 사법을 제정하여 총독부에 인가를 받은 것을 주목할 수 있다. 흥미로운 것은 당시 대부분의 본사는 일제가 정한 종명인 조선불교선교양종(朝鮮佛敎禪敎兩宗)을 그대로 인정하면서 해당 본사의 사찰명을 쓰게 되었다. 예컨대 '선교양종 대본산 월정사'의 경우가 바로 그러하다. 다만 삼보사찰인 통도사, 해인사, 송광사는 선교양종 불찰대본산 통도사, 선교양종 승찰대본산 해인사, 선교양종 법찰대본산 해인사로 기재하였다. 그러나 범어사는 일제 식민지 불교 정책의 구도에서 나온 선교양종이라는 종명을 사용치 않고, '선찰대본산 범어사(禪刹大本山 梵魚寺)'라는 종지를 내세우게 되었다.[21] 즉 범어사는 1912년 10월 15일에 선찰대본산이라는 종지를 갖고 일제의 승인을 받아냈다.[22]

이런 사정을 종합할 경우, 필자는 범어사가 1911년 4월 경, 전국 사찰에 공문을 보낼 때에는 '선종수찰'이라는 요지로 공문을 보내고, 그에 관련된 판액, 전액 글자를 보냈다고 이해한다. 그러나 당시 일제의 사찰령 구도 하에서 각 본산은 제1세 주지 취임의 인가와 함께 해당 본산의 사법을 정하여 총독부 인가를 받아야만 되었다. 범어사는 이런 추세에 불가피하게 동참할 수밖에 없을 것이다. 그런데 범어사보다도 먼저 사법을 인가 받은 해인사(1912.7.2)와 통도사(1912.9.30)가 승찰대본산, 불찰대본산이라는 종지를 내세웠다.[23] 이에 범어사는 사법 인가 이전에 스

---

21) 다만 봉은사도 선종갑찰 대본산 봉은사라고 종지를 내세웠다. 『조선불교통사』 上中, p.648.
22) 『조선불교통사』 상중, pp.647~648. 범어사 제1대 주지인 오성월은 1911년 11월 17일에 주지 취직 인가를 받았다. 『조선불교월보』 2호 관보초록, 「각본 사주지취직인가」.
23) 송광사는 1913년 2월 12일에 사법이 인가되었다.

스로 내세운 선종수찰을 변용하여 선찰대본산이라는 종지를 활용하였
다고 보인다. 지금껏 범어사가 1913년 경, 선찰대본산으로 확정받았다
고 범어사 관련 책자에서는 지적하였다.[24] 이에 대하여 필자는 1912년
10월 15일자로 '선찰대본산'이 행정적으로 공인을 받게 되자, 범어사 주
지인 오성월이 당시 유명한 서예가인 김선근에게 '금정산 범어사'와 '선
찰대본산'이라는 글씨를 받아 그를 판각하여 일주문에 부착한[25] 시점이
1913년으로 보고자 한다.

한편 근대선의 중흥조로 일컫는 경허는 범어사 계명암에 머무르면
서 1902년 10월 결제 날, 범어사 계명암 수선사 청규를 지었다.[26] 경허
는 1903년 봄에는 「계명암 창설선사기(創設禪社記)」, 「금강암창설기」, 「서
룡화상 행장」을 작성하는 등 범어사 선풍과 유관한 행적을 보였다. 그

---

24) 채상식이 『범어사』(대원사, 1994), p.24에서 그러한 표현을 사용하였다. 그리고 조계
   종의 『선원총람』 p.433에서도 「범어사 특징개요」라는 소주제에서 "1910년 범어사 한국
   불교의 선종수사찰로 인정을 받게 되었으며 1913년 다시 선찰대본산으로 확정되어 많
   은 참선학인과 도인을 배출함"이라고 하였다.
25) 『불교신문』 1981년 3월 22일, 「성월대선사, 불교의 사회 참여 내세운 선각」, 이 글의 기
   고자인 범어사 출신 승려, 시조시인이었던 김어수는 당시 오성월이 기존 군막사찰이
   라는 이미지를 벗기 위해 선찰대본산이라는 명칭을 고안하였다고 주장한다. 이에 오
   성월은 중앙회의에 나아가 해인사, 통도사가 법보대본산, 불찰대본산 등을 내세울 때,
   그를 주장하였다는 것이다. 그러나 반대가 많았지만, 오성월은 완강한 투지로 그를 물
   리치고 선찰대본산이라는 이름을 얻었다고 한다. 즉 김어수는 오성월의 지대한 공로
   에서 가능하였다고 주장한다.
26) 그런데 경허 연구자들은 간혹 경허는 1898년에 이미 범어사의 초청으로 월면(만공),
   침운과 함께 범어사로 가서 승려들의 선풍을 지도하였다고 한다. 그런데 이런 내용이
   범어사에서 정리한 「범어사선원 연기록」에 수록되지 않은 연유는 알 수 없다. 추측컨
   대 그는 정식의 선방 개원을 통한 지도가 아니었음에서 비롯되었던 것 같다. 일지, 『삼
   수갑산으로 떠난 부처, 새로운 경허 읽기』(민족사, 2001), 연보 참조. 그러나 일지는 그
   연보 내용을 본문에서 서술하지 않았는바, 어떤 근거로 그런 서술을 하였는지 의아스
   럽다.

는 1903년 가을 범어사를 떠나 해인사를 거쳐 서산의 천장암에 머물다 1904년 북방으로 떠났지만,[27] 그가 떠나기 전에 기획한 것으로 보이는 『선문촬요(禪門撮要)』라는 선어록을 범어사에서는 간행할 수 있었다. 즉 그가 기획한 편제에 의거 범어사 승려들은 이 책의 교정과 각판을 하여, 1908년 범어사 판의 『선문촬요』는 목판본으로 간행되었다. 그 수록 대상은 『전심법요』, 『관심론』, 『최상승론』, 『몽산법어』, 『수심결』, 『선문보장록』, 『선교석』 등 한국 선에 영향을 미친 문헌들이었다. 그런데 그 『선문촬요』 하권에는 "융희 2년 7월 일 경상남도 동래부 금정산 범어사 개간" 이라는 간기와 함께 범어사 선풍에 관련 있는 승려로 나온 등암, 회현, 한암, 성월 등의 법명이 「산중동원질(山中同願秩)」에 나온다. 이런 제반 정황을 보면 범어사에서 『선문촬요』라는 선적을 간행할 수 있었던 것은 경허라는 선지식의 주석에서 나온 것이지만, 그 이면에는 위에서 살핀 범어사의 선풍의 기반 하에서 가능하였던 것으로 보는 것도 결코 지나친 것은 아닐 것이다.

이렇듯이 범어사는 1899년부터 10여 년간 선회, 선사 개설을 통한 선수행, 선학의 중심 사찰로 성장하였다. 그리하여 1911~1913년 범어사는 전 불교계에서 참선 수행도량의 으뜸이라는 인식을 강렬하게 하였음을 알 수 있다.[28] 그러한 위상이 공문 발송, 사법에 선찰대본산의 종지 구현, 일주문에 선찰대본산 현판 부착 등을 가능케 하였다. 범어사의 이러한 선찰대본산으로 집약되는 그 위상은 곧 범어사 근대 역사의 중심임은 두말할 나위가 없는 것이다.

---

27) 그는 봉선사, 월정사, 석왕사를 거쳐 최북방으로 갔다.
28) 『해동불보』 4호, p.87. 「雜貨館」에서는 '梵魚寺會本末寺間'의 선원을 5개 소라고 전한다.

 범어사가 1910년대 초기 왕성하게 표출된 선회의 기반 하에서 선찰
대 본산이라는 사격을 공고히 한 것은 1910년대 불교계 전반의 상황을
고려할 경우 특이한 행보라 하겠다. 주지하는 바와 같이 한국은 일제
에게 1910년 8월에 국권을 상실당하였다. 이러한 국권상실은 불교계에
도 그 영향을 미쳤다. 이에 전국 사찰은 일제의 사찰령에 구속되면서 일
체의 모든 운영이 일제 식민통치에 구속되었다. 그런데 대부분의 사찰
들은 그 같은 사찰령 구도에 함몰되면서 불교 본연의 길을 가지 못하였
다. 특히 불교의 자주권을 지키지 않고 일본불교에 의존하면서 종단 건
설을 지향한 원종계열의 승려들은 일제의 사찰 정책에 대부분 동조하였
다. 그런데 범어사는 그러한 대부분의 사찰 노선과는 이질적인 행보 하
에, 자주적인 임제종 노선을 지키려고 일정한 저항을 하였으며, 사찰 본
래의 정체성을 구현하기 위한 행보를 단행한 것은 여타 사찰에서는 찾
아보기 어려운 사례라 하겠다. 이에 범어사의 그 지향과 정신은 1920년
대까지도 지속되었다고 볼 수 있다. 이 점과 연계하여 1923년 8월, 김남
전(金南泉)이 서술한 『범어사사적비명(梵魚寺事蹟碑銘)』에 나오는 아래의 문
장은 우리의 시선을 끈다.

 그러다가 13년 전에는 도로 주지라 하여 성월선사, 등암, 담해, 회현,
 학암, 경산 등 여러 스님들이 절 일에 힘쓰면서 禪法을 높이고 숭상하
 였으므로, 衲子들이 구름처럼 모여 금정산의 온 구역은 드디어 禪刹의
 本山이 되었다. 그리하여 도를 닦고 설법하는 일이 끊이는 날이 없었
 다. … (중략) …
 지금의 주지 담해 禪伯이 대중과 뜻을 같이하여 절의 사적비를 세우려

고 내게 글을 청하기에 이제 그 銘을 쓰는 것이다. … (중략) …

고려시대와 조선시대를 지내면서 몇 번이나 그 흥폐를 보았도다. 龍蛇
의 재앙(임진왜란)을 만나, 절의 운수가 크게 막히었다. 그때로부터 10년
이 지나서 절을 중창하는 이 처음 있었다. 절을 세우고 암자를 일으키
자 때를 따라서 그 뒤를 이어받았다. 도량이 맑고 깨끗하기에 그 소문
이 세상에 퍼지었으니, 납자들이 구름처럼 몰려와 드디어 禪刹의 本山
이 되었도다.

눈 밝은 큰스님네의 그 자취가 끊이지 않고, 개당하여 두루 설법하나
니, 또 만년을 누리어라.[29]

즉 범어사의 역사에 선찰대본산은 굳건히 자리잡았다는 것이다. 이제
그 선찰대본산은 범어사 승려, 신도 등 사부대중이 공인하는 역사적 개
념으로 확고하였다. 그리하여 1910~1920년대 범어사는 수행하는 수좌
들이 운집하는 도량으로, 선종 및 선학의 중심 사찰이 되었던 것으로 보
고자 한다.

3. 선찰대본산의 영향과 계승

범어사가 1910년 경부터 선학, 선종의 중심 사찰로 그 위상을 수립하

---

29) 이 문장은 『범어사지』에 탁본된 형태로 수록되어 있다. 필자는 김남전의 제자였던 석
주스님이 주관, 의뢰하여 간행한 『남전선사문집』(인물연구소, 1978)에 수록된 그 원문,
번역본을 참고하였다.

여 갔음은 앞서 살펴보았다. 지금부터는 범어사가 갖고 있었던 그 특성, 위상이 당시 불교계에 끼친 영향을 중심으로 그 관련 내용을 제시하고자 한다.

범어사가 1912~13년 경 선찰대본산의 이름을 갖게 되었을 때, 당시 불교계에서는 항일불교의 성격을 지닌 임제종운동이 일어날 때였다. 1910년 8월 29일, 한국은 일제의 침략에 국권을 강탈당하였다. 당시 불교계에서는 1908년 3월, 자생적인 종단인 원종을 인가받으려고 갖은 노력을 다하였으나 나라가 망할 때까지도 그를 성사시키지 못하였다. 이에 그 원종의 책임자인 이회광은 1910년 10월 일본에 가서 일본의 일개 종파인 조동종과 협약을 맺고 돌아왔는데 그를 일반적으로 조동종맹약이라고 한다. 그 내용은 일본 조동종은 원종의 공인을 받도록 노력하고 대신 원종은 조동종의 한국 포교를 돕는다는 것이었다. 그러나 이같은 표면적인 내용은 단순하지만, 그 이면에서는 한국불교의 자주권, 포교권 등을 포기하였다는 강력한 비판을 받았다. 그리하여 1910년 12월 경, 그 맹약 소식이 전 불교계에 알려지고 그에 반발한 전라도, 경상도 일대의 승려들이 광주의 증심사, 송광사에서 그 반대운동을 강력하게 전개하였다. 한용운, 박한영, 진진응, 김경운, 김종래 등이 주도한 그 운동은 그 맹약으로 한국불교가 일본의 일개 종파인 조동종에 예속된다고 보면서 그에 대응적인 한국불교의 독자성을 찾아야 한다는 노선을 정하였다. 그 대응적인 노선이 바로 한국불교는 선종 중에서도 임제종의 맥을 이었다는 주장으로 구현되었거니와 여기에서 임제종운동(臨濟宗運動)이 등장케 되었다. 그들은 임제종의 정신을 구현하기 위해 1911년 봄, 송광사에 임제종 종무원을 설립하고, 독자적인 사법 제정, 포교 및 선전기관

으로서의 포교당 설립 등을 추진하였다.[30]

임제종의 관장에는 선암사의 김경운이 내정되었으나 그는 연로하여 실무를 볼 수 없었기에 서무부장이었던 한용운이 관장대리로서 그 운동을 진두지휘하였다. 그 운동의 초기에 범어사는 운동에 참여하지 않았다. 그러나 운동을 이끄는 지휘부가 운동을 대중화하기 위한 차원에서 전라도 중심에서 경상도까지 그 범위를 확장하기에 이르러서는 자연 범어사, 통도사, 해인사를 포섭치 않을 수 없었을 것이다. 그 관련 내용을 보면 다음과 같다. 우선 당시 보도기사인 『매일신보』에서

> 호남승려 김학산 장기림 한용운 제씨 등이 임제종을 확장하기 위ᄒ야
> 영남 通度 梵魚 등 諸刹에 前往ᄒ야 통도사 해인사 송광사로 三本山을
> 정ᄒ고 범어사 임시종무원을 정ᄒ고 사법과 승규를 총독부에 신청ᄒ랴
> ᄒ다더라[31]

그 정황을 찾아볼 수 있다. 이와 연계된 내용은 그 관련 자료 및 정보를 제공하고 있는 이능화의 『조선불교통사』에서도 나온다.

> 이와 같이 행하고 1년여가 되어 임자년(1912) 5월 5일에 이르러 하동 쌍
> 계사에서 제2차 총회를 또 열었는데 이 절은 제1차 총회 때에 정한 臨
> 濟宗 출장소였다. 이때에 각 절 대표로 총회에 온 승려가 백여명이었

---

30) 이상의 내용은 졸고, 「1910년대 불교계의 조동종맹약과 임제종운동」, 『한국 근대불교
   사연구』(민족사, 1996)를 요약한 것임.
31) 『매일신보』, 1911년 10월 3일, 「조선불교 임제종확장」.

는데 임제종지를 널리 펼치기로 의결하고 다섯명(한용운, 김학산, 장기림, 김종래, 임만성)을 뽑아서 범어사로 보내 범어사가 임제종에 들어오도록 권유하였다. 범어사는 처음에 조직 총회(즉 송광사에서 열린 대회)에 초청되지 않았다는 이유로 사양하고 그 요청을 따르려 하지 않았다. 이때에 임제종 임시 종무원을 해당 사찰인 범어사로 옮겨 설치하기로 약속한 후에야 그 요청을 따랐다. 이 약정은 한용운, 김종래, 임만성 세승려가 주도하였고 다수가 그를 쫓아 이루어졌던 것이다. 이때부터 梵魚 一方은 臨濟宗 宗旨로 寺是를 이루게 되었고 동래, 초량, 대구와 서울 등 네 곳에 포교당을 설립하여 임제종을 그 칭호로 드러내었다.[32]

즉 범어사는 임제종운동 초기에는 참가하지 않았으나, 운동을 주도한 핵심승려의 적극적인 노력의 결과 임제종종무원을 범어사로 옮기는[33] 조건으로 참가하였다. 그런데 여기에서 왜 운동 핵심자들이 범어사를 포섭하려 한 것일까? 그는 외견상 운동을 전라도 지역에서 경상도 지역으로 확대하려는 의도를 고려할 수 있다. 그러나 그보다는 당시 '선종수찰'임을 내세웠고 수좌들이 구름처럼 몰려드는 선의 중심 사찰로 위상이 증대된 범어사를 운동의 주체로 흡수하는 것은 상당한 의미를 가질 수 있다는 측면에 무게를 주어야 할 것이다. 즉 운동의 이념인 정통 선맥을 계승, 구현한다는 명분에서 범어사로 본부의 이전은 전 불교계 차원에서 적지 않은 파급을 얻을 수 있을 것이다. 그리하여 범어사는 기존 선종수찰의 위상에 항일불교, 정통 선맥 수호라는 의미를 가졌던 임제

---

32) 『조선불교통사』 하, pp.935~940.
33) 현재 범어사로 종무원을 이전한 정확한 시점은 파악하기 힘들다.

종의 본부 사찰로서의 위상이 더해졌다. 이러한 변동은 곧 범어사가 당시 불교계의 가장 대표적인 사찰로서의 사격이 올라갔음을 말하는 것이 아닌가 한다. 한편 임제종운동의 주도자들이 범어사로 그 본부를 이전한 것은 위와 같은 범어사의 선의 중심 사찰에서 운동을 추진하려는 것과 함께 범어사가 갖고 있는 경제적 기반과도 무관할 수는 없는 것이다. 조선후기 이래 범어사는 다양한 계의 활동을 통해 견고한 재정 기반을 갖고 있었다. 즉 범어사의 견고한 재정 기반 하에서 다양한 선회도 가능하였던 것이다. 요컨대 범어사의 경제적 능력의 기반 하에서 임제종운동을 전개하려는 운동 중심부의 의도도 읽을 수 있다고 본다.

임제종운동은 그 본부로서의 종무원을 범어사로 이전하면서, 그 운동이 더욱 활발하게 전개되었다. 그를 단적으로 말하는 것이 중앙 차원으로 확대된 포교당 개설이다. 서울 인사동에 개설된 임제종 중앙포교당은 이제까지의 지방 차원의 운동에서 벗어나 중앙 불교계로 운동이 전환되었음을 말하는 것이다. 이 포교당은 개설 이후 그에 동참한 사찰과 공동으로 설립한 것으로 나오고 있지만[34] 실제는 범어사의 주도적인 기획, 자금 투입 등으로 추진이 가능한 것이었다. 그 관련 내용을 보면 다음과 같다.

敎堂運動

경상남도 부산부 범어사에셔는 포교당 일소를 경성에 又爲 건축코자 ㅎ야 該寺 추일담씨가 其 사무 幹旋人으로 上來 ㅎ얏다더니 寺洞 등지에

---

34) 『조선불교월보』 19호, 「포교구현상일람표」에서는 범어사, 통도사, 백양사, 구암사, 화엄사, 대흥사, 천은사, 관음사, 용흥사 등이 설립에 참여하였다고 전한다.

48간의 가옥 一座를 2200圜에 매수ᄒ얏다더라[35]

中東引繼

경상남도 부산부 범어사에셔 경성에 포교당을 건축흠은 전호에 己報
ᄒ바언니와 기 매입ᄒ 가옥은 즉 寺洞 前日 仙陀館이라 其 기지의 底
陷흠과 협소흠을 嫌疑ᄒ야 更히 典洞 중동학교를 인계ᄒ야 亥학교내
가옥 一座을 포교당으로 사용ᄒ고 매수흠 가옥 즉 선타관은 사무소로
만 사용홀 계획중이라더라[36]

이렇게 범어사가 서울 인사동에 포교당을 세우기 위해 노력한 것은
상당한 의미를 갖게 되었다. 우선 그 포교당의 개설은 범어사 단독으로
전개되었지만 범어사가 갖는 위상, 즉 임제종운동 본부 사찰이었기에
실제적으로 항일적인 흐름이 서울의 중심부로 들어온다는 뜻을 갖는 것
이다. 이제 그 포교당 개설 준비는 1912년 초반부터 정상적으로 진행되
어 1912년 5월에는 개교 예정으로 되어 있었다.[37] 당시 범어사는 매수한
가옥을 헐고, 그 자리에 1250환의 예산으로 건물을 신축하고 그를 포교
당으로 사용할 목적이었다. 마침내 1912년 5월 26일에 그 포교당은 개
교되었다.

경상남도 부산부 범어사 주최로 경성 사동 28동 6호에 포교당 건축흠

35) 『조선불교월보』 2호, p.64.
36) 『조선불교월보』 3호, p.64.
37) 『조선불교월보』 4호, p.74의 「교당신축」, 「개교예정」.

은 전보에 累揭흔바어니와 工役이 就畢흠으로 門牌는 朝鮮臨濟宗 中
央布敎堂이라ᄒ고 5월 26일(음 사월 십일)에 개교식을 거행ᄒ얏다는대
其 式順은 如左ᄒ더라[38]

　그 포교당은 지금의 서울 인사동에 개교되었는데, 그 문패는 조선임
제종 중앙포교당이었다. 그 개교식에서 취지 설명은 한용운, 설교는 백
용성이 담당하였다. 개교식에는 1,300여 명의 관객이 참가하였으며, 그
날 불교에 입교한 숫자가 800여 명에 달할 정도로 성황리에 진행되었
다.[39] 한편 범어사 주지인 오성월은 이 같은 중앙포교당의 개설에 힘입
으면서 1912년 6월 17일 30본사 주지회의에 참가하였다. 그는 그 회의
에서 임제종지로 사법을 30본사가 균일하게 반영하여 추진하자는 의견
을 제출하였으나 성사시키지는 못하였다. 당시 다수 주지들은 총독부의
눈치, 원종 측과의 갈등 등을 우려하여 선교양종이라는 기형적인 종명
을 수용하는, 즉 현실에 안주하는 타협적인 노선을 갔다.[40] 범어사 주지
이면서, 임제종중앙포교당 책임자인[41] 오성월은 당시 원종의 대표였으
며, 친일적인 노선을 가던 이회광과 일정한 대립 노선을 경주하였지만
끝내 자신의 소신을 관철시키지는 못하였다. 더욱이 1912년 6월 21일,
일제는 임제종 간부인 한용운을 불러 임제종 간판을 즉시 철거하도록
명령하였다.[42] 이에 임제종 측에서는 그를 거부할 수 없어 '즉시' 문패를

---

38) 『조선불교월보』 6호, p.69, 「개교식장」.
39) 『매일신보』 1912년 5월 28일, 「포교당의 성황」.
40) 『조선불교월보』 6호 잡보, 「회의원 전말」.
41) 어느 기록에는 당주로도 나오고, 다른 기록에는 주무로도 나온다.
42) 『조선불교월보』 6호 잡보, 「문패철거」.

철거하였다. 그러나 임제종 측은 임제종이라는 간판을 떼었지만 조선선종중앙포교당으로 명칭 변경을 하여, 지속적인 활동을 하였다.[43)]

당시 일제는 그 포교당 개설, 운영의 실무를 맡은 한용운을 일제의 동의를 얻지 않고 임제종중앙포교당의 기부금을 모집하였다고 하여 경성지방법원 검사국, 경찰서 등으로 불러 그 전후사정을 취조하였다.[44)] 이는 일제가 임제종포교당의 활동을 억압하려는 사전 조치로 이해된다. 그러나 한용운은 조선불교회, 불교동맹회를 조직하여 독자적으로 일제의 외압을 벗어나려는 활동을 지속하였으나, 일제는 이 활동도 제지하였던 것이다.[45)] 한편 일제는 1912년 6월 26일자로 경남장관에게 공문, 「사찰의 종지 칭호를 망설(妄說)치 못ᄒ게 ᄒᆯ 건」이라는 내용의 공문을 보냈다.[46)] 이는 범어사가 공문 서류에 임제종이라는 표현을 쓰는 것을 차단하려는 의도이었다. 이 조치는 나아가서 범어사의 일제 불교정책에 대한 도전을 좌시하지 않겠다는 의도로서, 범어사의 기세를 제지하려는 의도에서 나온 것이다. 또한 오성월은 범어사 사법의 인가 신청에서도 임제종을 종지로 내세웠으나, 성사시키지는 못하였다.[47)]

지금껏 범어사의 선찰대본산의 영향과 그 계승이라는 점을 주목하면서, 당시 임제종운동에서의 범어사의 관련 내용을 조망하였다. 필자는 이전 임제종운동을 연구하면서 어떤 연유로 임제종운동 주동자들이 기존 운동의 본부인 송광사에서 범어사로 그 본부를 이전시켰는가에 대해

---

43) 『조선불교월보』, 17호 잡화포, 「교당확장」.
44) 『매일신보』, 1912년 6월 4일, 「검ᄉ국으로 압송」.
45) 『매일신보』, 1914년 8월 15일, 「불교회의 歸寂」; 1914년 8월 22일, 「불교 회의 재연」.
46) 『조선불교통사』 하, pp.945~946.
47) 『조선불교통사』 하, p.947.

서 적절한 설명을 하지 못하였다. 그런데 범어사의 사격, 선찰대본산이
라는 자부심, 선의 중심 사찰로 등장하고 있었던 저간의 사정을 파악한
본 고찰을 통하여 그 배경을 파악하게 되었다. 다시 말하자면 한국불교
의 전통이 선종 중에서도 임제종맥이 역사적 흐름이고, 그를 이념의 정
통성으로 내세우며 일제불교에 대항하였던 임제종운동에서 선의 중심
사찰로 성장하고 있었던 범어사를 배제하고 운동을 추진하기는 어려웠
을 것이 그 흐름의 기본이라 하겠다. 범어사로 운동 본부를 이전한 근본
원인은 범어사의 위상을 활용하는 운동의 전략도 일정하게 작용하였을
것이다. 요컨대 항일불교, 종지 수호운동인 임제종운동의 중후반기 활
동에는 범어사가 중심 역할을 하였다.

　다음으로 선찰대본산으로서의 범어사 역할을 검토할 것은 일제하 불
교의 전통수호, 항일불교의 거점이었던 선학원의 창설, 운영에 나타난
내용이다. 서울 종로구 안국동 40번지에 소재하고 있는 선학원은 재단
법인체로서 전국 500여 개 선원을 관리하는 법인의 성격을 띠고 있으
며, 근현대 한국불교 및 조계종의 역사에서는 이념의 중심체 역할을 다
하였다. 특히 수좌들의 항일불교, 전통불교 수호, 불교 정화운동 등에서
선학원은 공간적, 사상적 측면에서 핵심적 위치에 있었다.[48] 선학원은
1921년 11월 30일에 창설되었으나, 본격적인 활동은 1922년 3월 선학원
내에 전국 수좌들의 조직체인 선우공제회(禪友共濟會)가 조직되면서 본격
화되었다. 이때부터 1950년대 불교정화운동이 추진될 때까지 선학원은

---

48) 필자는 선학원에 대한 설립, 운영, 성격에 대한 고찰을 발표하였다. 김광식, 「일제하 선
　　학원의 운영과 성격」, 『한국근대불교사연구』(민족사, 1996). 김광식, 「조선불교선종 종
　　헌과 수좌의 현실인식」, 『한국근대불교의 현실인식』(민족사, 1998).

한국불교, 조계종단 역사에서 배제할 수 없는 위상을 갖게 되었다.

그런데 바로 이러한 선학원이 범어사의 지원, 주관 등에 의하여 활동하였다는 것은 지금껏 불교계에서는 크게 언급된 바가 없었다. 선학원과 범어사의 관계는 추후 다각적인 측면에서 정리되어야 하겠지만 본 고찰에서는 그 운영의 단초가 되었던 측면을 우선 제시하겠다. 우선 선학원의 창립의 주역에 범어사 인물이 개재되었음부터 살펴보자. 선학원은 범어사의 인사동포교사인 김남전과 석왕사 경성포교당 포교사 강도봉이 한국 전통의 선 부흥을 기하자는 합의로 시작되어 오성월, 송만공, 백용성, 김석두의 협의로 구체화되었다. 김남전, 오성월, 김석두 등 범어사 승려가 선학원 발기 움직임에 깊게 관여되었던 것이다. 범어사 승려인 김남전은 발기 자금의 일부를[49] 제공하였을 뿐만 아니라 오성월은 서울 인사동 포교당을 처분하여 건립 자금으로 지원하는 데에 관여하였다.[50] 더욱이 인사동 포교당을 철거하면서 나온 재목을 선학원 건축에 그대로 활용하기도 하였다. 건립 후에는 가옥 및 대지 명의를 김남전, 강도봉, 김석두 3인 명의로 하였다가 세금 문제로 인하여 범어사 명의를 차용하여 등기하였다. 또한 선학원 창건 상량문에는 건축을 주도한 대중 명단이 있는데 오성월, 김석두, 김남전, 백용성 등 범어사와 연고가 있는 인명이 전하고 있다.

선학원내 수좌 조직체인 선우공제회는 1922년 3월 30일부터 4월 1일의 창립총회에서 비롯되었다. 그 창립을 주도한 승려 35명에 오성월, 김남전, 기석호가 포함되었음은 물론이었다. 선우공제회를 발기한 대표

---

49) 김남전은 당시 금액 2천 원을 지원하였다. 졸고, 「일제하 선학원의 운영과 성격」, p.100.
50) 위의 졸고, p.100.

자 명단이 그 관련 기록에 "발기인 오성월 이설운 백학명 이설운 외 79 명"으로 나오는데, 여기에서도 오성월은 선학원 및 선우공제회의 초창기를 대표한 인물이었음이 분명하게 나온다.

그런데 한국 전통불교의 수호를 자임하고 일본불교의 영향을 차단하려는 목적에서 출발한 선학원 및 선우공제회는 1924년 경에 접어들면서 경제적 어려움을 이겨내지 못하고 침체 상태로 전락되었다. 그리하여 그 공제회 본부가 직지사로 이전되기도 하였으나 1926년 5월에 가서는 서울의 선학원은 범어사 포교소의 명칭으로 전환케 되었다.[51] 이렇게 선학원이 침체, 중단되었을 즈음 그를 관리하고 있었던 주체는 범어사였다. 이는 1920년대 초반[52] 선학원 건물을 세금 관계로 인해 연고가 있는 범어사의 명의를 차용한 구도에서 나온 것이다. 그럼에도 불구하고 범어사가 선학원 설립 당시의 연고와 정신, 그리고 포교 의지를 갖고 있었기에 선학원이 퇴진하였을 즈음에 포교당으로 관리하였다는 것은 선학원사에서도 고려되어야 할 내용이다. 요컨대 선학원 역사의 일부에 범어사 승려의 활동이 존재하고 있었다.[53]

---

51) 『동아일보』 1926년 5월 6일.
52) 범어사 승려인 오리산이 주지로 있을 때라고 한다.
53) 그런데 이러한 역사는 1930년대 중반부터 1945년까지에 해당된다. 해방공간에서의 일로 추정되는 바, 일시적으로는 범어사의 일부 승려가 선학원의 토지와 건물을 덕성학원에 매각한 사실이 있었다. 그리하여 불교정화운동이 시작되던 1954년에는 매각된 대상을 다시 선학원으로 찾으려는 소송이 있었다고 한다. 이러한 전후관계에 대해서는 자료에 근거한 재검토가 요망된다. 『근현대불교자료전집』(민족사, 1996) 권69의 「불교정화분쟁자료」 p.354에서 동산스님이 법인 선학원에 대하여 6 · 25동란 이후의 경과를 말해 달라는 요청에 대해, 적음스님은 "동란 직전에 범어사에서 불법 암매한 것을 소송을 제기하여 변호사에게 위임하고 본인은 마곡사에서 피난 후에 부산에 내려가서 민사소송 1심에 불리한 고로 형사 고소를 제소하고 있는 중입니다."고 발언한 것에서 그를 알 수 있다. 이 자료는 1954년 8월 25일, 전국비구승대표자대회의 기록이다.

선학원이 다시 제 모습을 찾은 것은 1930년 1월이었다. 이때에 가서 선학원을 중흥시킨 김적음에 의해서 재건되었는데, 그를 가능하도록 중 간에서 다리를 놓은 인물이 범어사 출신 불교청년, 학승인 김상호였다.[54] 재건된 선학원은 견실한 재정적인 기반을 갖고 선 부흥을 활성화하기 위해 재단법인체로 전환하기 위한 검토를 하였다. 이에 1933년 3월 전조선수좌대회에서 그 전환을 결정하였는데, 당시 그 발기인에는 김남전이 포함되어 있었다. 그리하여 1934년 12월 5일에는 재단법인으로 인가를 받아서 새로운 출발을 하였다. 바로 그 재단법인을 만들 때에 여러 승려들이 재산을 출연하였다. 당시 그 재산 출연을 한 인물에는 범어사 출신 승려인 오성월, 김석두, 김경산, 오리산, 김남전 등이 포함되어 있다. 재산 출연자 총 17명 중 5명이 범어사 승려였다는 것은 주목할 만하다.[55]

이런 배경 하에서 재단법인 선리참구원의 상무이사에 오성월, 김남전이 선정되었다. 그리고 전국 선원의 대표선원으로서의 중앙선원(선학원)에 자리하고 있는 중앙 종무원장에 오성월이 취임하여 활동하였다. 중앙 종무원은 전국 선원의 통일기관 즉 현재적인 관점으로는 선원계열 총무원의 성격을 띠는 조직체였다. 그 책임자가 오성월이라 함은 오성월이 당시 전국 선원의 책임자 역할도 수행하였다는 것이다.

---

54) 『선원』 1호, 「선학원일기 抄要」.
55) 『선원』 4호, pp.44~45. 기부금액으로 보면 전체 82,970원 중 범어사 승려가 상당 금액을 출연하였다. 그런데 이는 1934년 12월의 경우에만 해당되는 것으로 선학원 초기와 1934년 법인 출범 시에 적지 않은 재정적 출연을 한 승려는 만공이다. 만공과 선학원과의 관계는 종합적으로 재조명할 필요가 있다.

지난 삼월의 전선수좌대회에서 선종의 자립과 전선 선원의 통일기관으로 중앙에 종무원을 설치키로 결의되어 동 사무소를 경성부 안국동 중앙선원에 두고 원장 오성월(吳惺月) 화상이 취임하야 우로 세분의 종정을 모시고 아래로 삼 리사를 거느리여 선종의 자립과 선원수 증가와 각 선원의 내용 충실을 도모한 바 불과 반년에 선원 수가 십여개소이고 전문으로 공부하는 수좌 수효가 삼백명을 초과하게 되엿습니다. 창립 당시 사무실 건축비로 희사금을 재경신도 여러분이 연출한바 불과 일일에 천여 원을 초과하야 수년 내에 사무실 건축을 보일 길한 길조를 보이다.[56]

1930년대 중반, 전국 선원의 통일, 행정기관인 선학원의 종무원 원장이 범어사 승려, 오성월이었다는 것이다. 이는 1935년 3월 7~8일, 선학원 법당에서 열린 전국수좌대회에서[57] 종무원 집행부를 교체한 산물이다.[58] 오성월이 책임을 맡았던 종무원에서는 전국 각 선원의 연락과 통제, 선리참구 방안 강구, 선방 증설, 수좌대우 개선, 지방에서 설법 포교 활동 등 선종의 독립 발전에 유의하였다. 오성월은 1941년 3월에 가서 선리참구원의 이사장으로 추대되었다는 기록을[59] 보면 그와 선학원과의

---

56) 『선원』 4호, pp.29~30.

57) 『동아일보』 1935년 3월 13일, 「불교수좌대회」, 졸고, 「조선불교 선종과 수좌대회」, 『불교근대화의 전개와 성격』(조계종출판사, 2006).

58) 오성월은 재단법인 출범 시에는 이사였으나, 전임 종무원장인 정운봉의 후임으로 종무원장에 선출되었다.

59) 『불교시보』 69호(1941. 4. 15) 〈휘보〉, 「재단법인 선리참구원의 이사회 及 평 의원회」. 그 당시 임원진 개편 결과 이사장 오성월, 부이사장 김경봉, 상무이사 원보산, 이사 변봉암·정금오, 보흠이사 하정광·박대야, 감사 김일옹, 김시암 등이다.

관련은 지속적이었으며, 그의 선풍진작 및 수좌 외호 정신은 일정한 평가를 할 수 있다고 본다. 그러나 오성월과 선학원의 긴밀성은 단순히 개인적인 유대라고만 볼 수는 없는 것이다. 즉 범어사와 선학원의 깊은 연고가[60] 일제 말기까지 지속됨을 말하는 것이다.

지금껏 항일불교, 전통불교 수호, 선풍 진작 등의 의미를 갖고 있었던 선학원의 창설, 운영 등에 나타난 범어사와의 연관성을 살펴보았다. 이제 선학원의 창건, 선우공제회 설립에 범어사 출신 승려가 그 핵심 역할을 하였음을 분명하게 파악하였다. 그리고 선학원의 재건, 재단법인체로의 전환에도 범어사 승려들의 적극적인 개입, 후원도 알 수 있었다. 나아가서 그 재편된 선학원의 실질적인 운영, 전국 선원의 운영 및 수행을 관장하는 종무원장이 바로 범어사를 대표하는 오성월이었음을 찾아냈던 것이다. 그러므로 우리는 선학원의 역사에서 차지하는 범어사의 역할과 성격을 결코 배제할 수 없다는 사실을 확인한 것이다. 나아가서 선학원과 범어사의 위와 같은 관계는 임제종운동에서 살핀 바와 같이 선찰대본산이라는 위상, 자부심을 갖고 있었던 범어사의 사격과 무관할 수는 없는 것이다. 그리고 선학원이 범어사와 깊은 연계 하에 전개되었음에서는 범어사의 교세 확장 및 선을 부흥하였다는 자부심도 찾을 수 있다. 요컨대 선학원 운영에 범어사의 적극 개입은 곧 범어사가 전국적으로 추진한 적극적인 포교[61] 및 경제적 후원을 말하는 것이며, 선학원에 범어사 출신 승려들의 적극 개입은 범어사 일대에서 선풍을 진작하

---

60) 『불교시보』 54호(1940. 1) 「선원소식」에는 범어사선원(수좌 16명), 내원선원(수좌 12명), 금정암 선원(수좌 11명)이 선리참구원이 관리하는 선원이라고 나온다.
61) 범어사가 전개한 포교 활동은 별도로 고찰할 필요성이 제기된다.

였다는 역사적 자부심이 구현된 것이라는 점이다. 지금까지 살펴본 바
와 같이 일제하 선학원의 역사에는 범어사의 선찰대본산이라는 사격이
깊숙이 자리잡고 있었음을 확인할 수 있었다.

4. 결어

이상으로 근대불교 범어사 사격과 선찰대본산과의 상호성을 시간적
인 순서에 의거 그 내용을 대별하여 살펴보았다. 이제 맺는말은 그 의미
를 집중 요약하는 것으로 대신하고자 한다.

첫째, 일제하 범어사의 사격은 사찰령 구도 하의 본말사제도가 정한
본사라는 행정적인 위상 이외에도 선찰대본산이라는 별도의 위상이 있
음을 파악하였다. 이러한 이원적인 사격, 위상의 조화가 근대 범어사의
사격이었다. 그리하여 이 이원적인 사격을 얼마나 계승하였는가의 문제
를 현대 범어사는 냉철하게 인식해야 할 것이다.

둘째, 선찰대본산이라는 사격은 1899~1911년 경 범어사의 임시선회,
선사의 개최 및 운영에서 나타난 자부심에서 그 기반이 이루어졌다. 그
리고 그 당시에 전국 각처에서 범어사의 변화된 상황을 인정하고, 범어
사로 몰려들었던 수좌들의 분위기가 범어사로 하여금 선부흥, 선종 재
건의 중심 도량으로 만들었다.

셋째, 범어사는 일제가 정한 행정적 구도에 안주하지 않고, 범어사가
갖고 있는 선종수찰이라는 자부심을 유지, 재생산하기 위한 노력을 하
였다. 즉 선종수찰이라는 공문을 발송하였으며, 사법에 선찰대본산이라

는 종지를 구현하였다.

넷째, 항일불교, 전통불교 수호의 종지를 가졌던 임제종운동의 저변에도 범어사가 있었음이 밝혀졌다. 지금껏 임제종운동은 송광사, 전라도 중심의 이해에 머무른 감이 적지 않았으나 운동의 중후반에 가서는 범어사가 그 핵심 역할을 하였다고 보인다. 선찰대본산인 범어사 승려들이 한국불교의 전통, 선맥 계승을 명분으로 내세운 운동의 주역으로 참여함은 당연한 것이었다. 이러한 조건이 범어사 출신 승려가 독립운동, 불교개혁에도 참여할 수 있는 여건으로 작용하였다.

다섯째, 범어사 승려는 일제하 수좌들의 항일불교, 전통의 선과 계율을 수호하는 근거처였던 선학원 창설, 운영에도 깊이 관여하였다. 선학원의 운영의 전체를 범어사 승려가 담당하였다고 볼 수는 없지만 발기, 창설, 운영, 재단법인 전환 등에 범어사 승려의 개입, 주관은 분명하였다. 이는 선찰대본산이라는 자부심, 임제종운동시의 민족불교 지향정신의 계승 등을 비추어 보면 이해할 수 있는 대목이다.

지금껏 일제하 범어사의 활동을 범어사의 사격과 연관하여 그 관련을 정리하였다. 추후에는 범어사 사격을 높이고, 선찰대본산을 가능케 한 주역인 오성월 선사에 대한 집중적인 조명이 필요하다. 오성월 없는 범어사의 근대 역사는 있을 수 없다. 조속한 시일 내에, 관련 자료가 유실되기 전에 오성월에 대한 연구의 시급성을 강조한다. 다음으로는 필자가 분석치 못한 범어사의 선사상적인 전통을 추출해야 할 것이다. 또한 선회 개설을 가능케 한 범어사의 근대 시기 경제력에 대한 정리도 필수불가결한 연구 주제이다.

나아가서는 이와 관련하여 8.15해방 이후부터 현대까지의 범어사의 활동을 정리, 고찰해야 한다. 특히 정화운동 당시에 범어사 출신승려들의 행적, 지향을 범어사의 역사 및 전통에 비추어서 조명해야 할 것으로 보인다. 미진한 점은 필자의 후속 연구로 보충할 것인바, 선학제현의 질정을 바란다.

금정총림 설립의 역사와 범어사의 정체성

1. 서언

대한불교조계종의 제14교구 본사인 범어사의 정체성에는 선찰대본산(禪刹大本山)과 금정총림(金井叢林)이 있다. 이와 같은 범어사의 정체성은 범어사를 상징하는 것이지만, 그는 범어사의 수식어에 머물지 않는다. 선찰대본산과 금정총림을 제정하고, 지키고, 유지함에는 그 구성원들의 열정과 고투가 있었기 때문이다. 때문에 범어사의 역사와 문화를 이해하고, 총림을 원융적으로 발전시켜 나가고자 할 경우에는 선찰대본산과 금정총림에 담겨 있는 역사, 지향, 의미 등을 추출해야 할 것이다.

필자는 수년 전에 범어사의 선찰대본산에 대한 역사, 의의 등을 살펴보았다.[1] 또한 필자는 범어사 근현대사의 주역인 용성, 성월, 동산, 지효, 소천, 광덕, 동광, 능가 등의 삶과 지성을 연구할 기회를 갖게 되어, 그 성과물을 지면에 발표했다.[2] 이런 연고로 필자는 그간 범어사의 역

---

1) 김광식, 「범어사의 사격과 선찰대본산」, 『한국 현대선의 지성사 탐구』, 도피안사, 2010.
2) 김광식, 『용성』, 민족사, 1999.
    _____, 『동산대종사와 불교정화운동』, 영광도서, 2007.
    _____, 『범어사와 불교정화운동』, 영광도서, 2008.
    _____, 「광덕스님의 구도행 · 보살행」, 『광덕스님 전집, 1』 2009.
    _____, 「하동산의 불교정화」, 『한국 현대선의 지성사 탐구』, 도피안사, 2010.
    _____, 「김지효의 꿈, 범어사 총림건설」, 『한국 현대선의 지성사 탐구』, 도피안사, 2010.
    _____, 「광덕스님의 종단 활동과 조계종」, 『전법학연구』 4, 2013.

사와 문화뿐만 아니라 범어사와 구성원들의 지성, 고뇌, 좌절, 꿈에 담긴 성격을 접할 수 있었다.

이런 배경하에서 필자는 본 고찰에서 범어사가 금정총림으로 지정되기 이전의 과정을 총체적으로 정리하고자 한다. 이를 통해 범어사의 지향과 고뇌가 무엇이었는지를 찾아 보려고 한다. 즉 추출된 지향과 고뇌가 바로 범어사의 역사이면서 범어사 구성원들의 지성이라고 볼 수 있다. 이런 분석을 통해 범어사의 정체성을 가늠하고자 한다.

이를 위해 필자는 1960년대 동산 · 지효에 의해 추진된 총림건설, 1990년대 초반 범어사에서 제기된 총림설치 추진 및 총림청규 제정에 나타난 제반 내용, 2012년 11월 7일 범어사가 금정총림으로 지정되기[3] 직전의 사정 등을 살펴보고자 한다. 이와 같이 금정총림 지정에 배어있는 범어사의 역사, 그에 드러난 범어사 구성원 및 동산문도들의 지성을 모색하고자 한다. 이런 검토가 범어사의 정체성 찾기와 범어사의 나갈 길에 참고가 되기를 발원한다.

한편 범어사 구성원의 대부분이 동산문도이기에 본 고찰은 동산문도 계승의식의 내용과 무관할 수 없다. 이런 측면에서 이 글은 용성에서 동산으로 이어지고 있는 계승의식이 범어사라는 현장에서 어떻게 구현되

_____, 「오성월의 삶에 투영된 禪과 민족의식」, 『불교와 국가』, 국학자료원, 2013.
_____, 「한국종교연구협회 설립과 이능가」, 『불교와 국가』, 국학자료원, 2013.
_____, 「광덕사상, 그 연원의 시론적 소묘」, 『불교 근대화의 이상과 현실』, 선인, 2014.
_____, 「소천의 금강경독송운동과 광덕의 반야바라밀운동」, 『전법학연구』 7, 2014.
_____, 「동광의 생애에 대한 一考」, 『대각사상』 23, 2014.
3) 『불교신문』 2012. 11. 14, 「동화사 · 쌍계사 · 범어사 '총림 지정' 중앙종회 만장일치 의결…내년 종단 예산도 확정」

었지를 생생하게 보여줄 것이다. 부족한 측면은 지속적인 탐구로 보완할 예정이거니와 선학제현의 비판을 기다린다.

2. 범어사, 총림 추진의 역사

1) 1960년대 ; 총림의 건설

조계종단사, 한국 현대사에서 총림사찰이 등장한 것은 해방공간에서이었다. 즉 1946년 10월에 출범한 해인사의 가야총림이 최초이었다. 그러나 이 총림은 1950년 6 · 25전쟁으로 중도하차했고, 그후 1967년에 해인총림이 등장한 이래 현재는 총림사찰이 8개처로 존재한다.

그러나 총림에 대한 고민, 검토는 일제하의 공간에서부터 가시화되었다. 청담은 1935년 선학원에서 조선불교선종을 출범시킨 직후 영산회상의 구도하에서 총림건설을 검토하였다.[4] 이런 구도에서 지리산, 오대산, 가야산, 묘향산, 금강산 등 5대 명산에 모범총림의 건설을 종단에 건의하기도 했다.[5] 그러나 이 제안은 성사되지 못하였다. 그 후, 1945년 초 대승사에서 수행을 하던 성철, 청담, 자운 등은 해인사에서의 총림을 구상하기에 이르렀다.

8 · 15해방 직후 교단은 수좌들의 건의를 수용해서 해인사에 가야총

---

4) 졸고, 「청담의 민족불교와 영산도」, 『민족불교의 이상과 현실』, 도피안사, 2007, pp.245~246.
5) 졸고, 「조선불교선종의 선회에 나타난 수좌의 동향」, 『한국현대선의 지성사 탐구』, 도피안사, 2010, p.208.

림을 설립했다.[6] 그러나 가야총림은 선원만 개설되는 등 그 실제에 있어서 명실상부하지 못했다. 더욱이 6 · 25로 인하여 중단되는 아픔을 겪었다. 청담은 불교정화운동이 진행되었던 그 격변속에서 총림을 수행의 대안으로 강력히 건의를 하였지만 실질적인 총림 사찰은 등장하지 못했다. 그러나 그는 불교정화운동의 계승, 승려의 교육 차원에서 총림이 등장해야 함을 강조하였다. 특히 1962년 통합종단이 출범하였지만 비구승과 대처승의 지속적인 갈등, 정화이념의 퇴보, 급속히 증가된 승려의 자질 함양의 필요성 등의 요인으로 재정화 혹은 제2정화운동을 해야 한다는 여론이 일면서[7] 총림사찰을 만들자는 일단의 흐름이 등장했다.

바로 위와 같은 배경에서 범어사를 총림으로 만들려는 일단의 움직임이 1960년대 중반에 나타났다. 주지하는 바와 같이 범어사는 동산, 지효, 소천, 능가, 광덕 등 불교정화운동을 직접적으로 추동한 승려들의 본사이었다. 더욱이 일제하의 공간에서 불교정화, 불교개혁 활동을 추동한 백용성의 은법상좌인 동산의 근거처이었던 점, 자생적인 불교정화가 잉태되었던 정황이 있어 정화이념을 계승하려는 열정이 강력했다. 그 열정으로 범어사에 총림을 만들려고 추진한 주역은 지효(1909~1989)이었다. 지효는 승려들이 수행할 수 있는 도량을 건설하는 것을 자신의 꿈으로 보고, 그를 위해 헌신했다. 지효의 그런 구상은 1960년 무렵 서울 대각사에서 모색되었다. 당시 그는 그의 지근거리에 있었던 능가와 많은 대화, 검토, 구상을 했다. 물론 지효의 그 구상은 청담에게 영향받

---

6) 졸고, 「가야총림의 설립과 운영」, 『한국현대선의 지성사 탐구』, 도피안사, 2010, pp.281~290.
7) 졸고, 「제2정화운동과 영축회」, 『한국현대선의 지성사 탐구』, 도피안사, 2010, 「선림회의 선풍진작과 정화이념의 계승」, 『한국 현대선의 지성사 탐구』, 도피안사, 2010.

은 것으로 이해된다.

그러면 지금부터 1960년대 중반, 범어사에 총림 건설을 추진한 지효의 고뇌와 전개과정 등을 요약하고자 한다. 1963년도 3월 1일자의 『대한불교』 보도기사에 현대적인 총림을 만들려는 일단의 승려들이 있었다는 내용에 그 단서가 나온다. 그에 의하면 모범적인 현대 총림건을 건설하기 위한 재건총림회(再建叢林會)가 설립되었는데, 그 이사장이 김지효이었고 감사 및 사회봉사 사업회장이 이능가이었다. 이에 의하면 1962년에 구상되어 추진되었다.

그러나 이 총림회가 1962~63년 경 조령 일대에 추진한 총림건설은 정상적으로 추진되지 못했다. 그러자 지효, 능가는 당신들의 본사인 범어사에서 할 것을 추진했다. 범어사는 정화운동의 주역, 종정을 역임한 동산이라는 거목이 있었기에 동산의 동의를 받으면 가능했다. 이 정황은 능가의 증언에서 찾을 수 있다.

> 그러니 종단 차원에서는 안 되게 되었으니, 범어사 중심으로 하자, 범어사에서라도 해야지 않느냐고 한 것이지. 그것을 지효스님이 동산스님에게 가서 보고하지는 않았고, 내가 보고를 하였지. 동산스님하고 지효스님하고는 잘 안 통했어. 그때는 우리 스님도 한국불교와 종단이 잘 될줄 알았는데, 점점 못되는 것을 보고서는 우리 스님은 열정적인 분이었기에 그냥 화가 머리 끝까지 차 있었거든. 그래서 '저 청담이가 전부 망쳐 놓았다'고 하면서. 이런 과정에서 나는 대비를 해야 한다는 차원에서 "총림을 범어사에서라도 해야지 않겠습니까" 하고 동산스님께 말씀드렸어. 그랬더니, 동산스님은 "그거 좋다, 그 방법밖에 없다"고 하셨어.

그 구상은 기본적인 것은 내가 구상하였어. 그러나 나는 총무원에 있었기에 계획만 해 주고, 총림을 추진하는 범어사 현장을 주관하는 것은 지효스님이 맡아서 하였어. 지효스님의 옆에는 문현구가 있었고. 그래서 문현구가 실무를 하고 도지사, 구청장 등을 만나고 서류를 제출하는 것을 하였고 그이가 그런 일을 잘하고 다니고 그랬어.

그 구상에는 범어사 화장실에서부터 시작하여, 내원암 근처에 철조망을 칠 작정이었는데, 그 대상 부지가 당초에는 20만평이나 되었지. 그리고 총림의 문에는 공부하기 위해 한번 들어가면 나오지 못한다는 것을 써 붙이고, 그 안에서는 농사를 짓고, 채소 등의 일체를 생산하여 자급자족하기로 정하였지. 그리고 내원암은 조실채로 하였는데, 그것은 본래 내원이 옛날부터 조실채였기에 그리 하였지. 청련암은 총림의 원주채로 하기로 했어.

이런 구도를 갖고 개간을 하여서 3만평은 개간을 하였어. 그리고 개간한 그 위의 2만평에는 선방을 짓고, 그 밑으로 해서 양쪽에는 단계적으로 승려들이 사는 요사채를 군데 군데 짓기로 하고, 그 전체에다가 철조망을 쳐서 담을 만들어 공부하는 분위기를 만들려고 하였지. 또한 청련암 근처에 큰 은행나무 있는 곳에 총림 출입문을 세워서 그곳에는 한번 들어가면 못나온다고 붙이려고 시작한 것이지.

이렇듯 범어사 총림은 수행도량 특히 선농불교 구현 차원에서 구체화되었다. 범어사의 뒷산 20만평을 무대로 선방, 농지, 조실채, 요사채 등을 고려한 총림이었다. 범어사 총림의 기본구상, 기획을 전하는 자료가[8] 현

---

8) 그 명칭, 조직 등을 전하는 기획서를 확인하지 못했다.

전하지 않아 개요, 성격 등은 파악하기 어렵다. 제반 정황을 보건대 종단의[9] 지원은 없었고, 동산의 결단으로 추진되었다. 당시 범어사 총림 건설은 1964년 12월에 『대한불교』에 보도되었다.

이 나라 禪風의 발원지로 내외에 널리 알려진 이곳 범어사는 숙원이던 총림(梵魚叢林)을 5백7십여 만을 투입하여 완성하고 명실공한 禪道場으로서 면목을 갖추었다.

범어사는 역사적으로 우리 불교의 방향을 결정하는 중요한 위치를 담당하여 왔고 李朝末 국운이 극도로 쇠잔하고 종풍이 여지없이 기우러져 가는 때도 종풍의 작흥 진작과 국운의 회복을 위해 불교의 진수인 禪 卽 佛心宗의 제창을 결의하고 온갖 힘을 기우려 1899년 초에 금강선원을 개설하였었다.

19세기 초에는 9개의 선원을 유지하여 종풍을 크게 발흥시키므로 해서 잠자든 당시의 교계에 일대 경종을 울렸고 圓宗總務院派의 賣宗(일본 조동종에 한국불교를 예속시키고저 한 사건)을 분쇄한 한국불교의 전통적 지위에 있는 사찰이다. 이 나라 선풍의 대본산이라는 역사와 전통에 범어사는 2개의 보통선원과 하나의 특별선원 比丘尼 선원 연구원 등 5개의 선원과 보수가 진행중인 또 하나의 선원을 합하면 6개의 말쑥하고 웅장한 선원을 가지게 된다. 1백5십여명에 달하는 대중은 종립 중앙총림의 방장화상이신 東山大宗師의 영도하에 선풍진작을 위해 꾸준한 정진을 하고 있다.

---

9) 종단 인가를 받았는지는 알 수 없다. 그 시절 종단에 근무한 능가스님에게 질문하였더니, 종단 인가는 없었다고 한다.(2014.1.3, 범어사 내원암에서)

1962년 이래 범어사는 각 법당 보수비 1백만원 말썽된 주차장 이전비 1
백2십만 원 戒壇 補修에 2백만 원과 三門 등 기타 가람 보수비에 1백5
십만 원을 들여 현재 계획한 각 부문의 보수를 완전히 끝내고 내년 건설
예산으로 3백5십만 원을 책정하고 있다.

전하는 바에 의하면 범어사는 불교의 현대를 위해 안으로는 자기 충실
과 밖으로는 叢林 내에 있는 現代禪學硏究所를 통해 견밀한 국제 제휴
아래 한국불교를 내외에 크게 선양하리라 한다.[10]

이렇게 범어사는 1964년 12월 말에는 '범어총림(梵魚叢林)'이라는 도량
재정비를 추진하고 있었다. 이로써 범어사는 근대기 선찰대본산이라는
전통을 계승하면서, 승려자질을 집중적인 참선을 통해 함양시키는 수행
도량의 품격을 갖추어 갔다. 그런데 여기에서 나온 총림이라는 개념은
지금과 같은 종합 수도 도량이라기[11] 보다는 선 수행의 중심처 혹은 다
수 수좌들이 집중적으로 모여 참선수행을 할 수 있는 도량, 선농불교를
실천하는 도량 등으로 인식한 것으로 보인다. 이는 동산, 지효가 수좌출
신이었던 것에서 기인한 것이다. 그러면서도 현대선학연구소를 두고 선
의 대중화, 세계화도 염두에 둔 것으로 보인다.

그러나 1960년대 중반의 범어사 총림 건설은 결과적으로는 실패하였
다. 그는 1965년 음력 3월 23일 동산의 열반이라는 내우외환 속에서 후
임 주지인 지효가 추진한 농지 교체사업을 대중들이 격렬한 반대에 직면
하였기 때문이다. 구체적으로 설명하면, 총림건설을 전제로 한 범어사

10) 『대한불교』 1964. 12. 27, 「범어사, 叢林開元코 禪風振作에 先鋒」.
11) 지금 조계종단은 선원, 강원, 율원, 염불원 등을 완비한 수행도량을 총림체제라 한다.

입구의 팔송 농지(2만 평) 처분에 대한 대중들의 강력한 비판이었다. 범어
사 농지를 금과옥조로 이해하였던 범어사 대중, 동산의 문도는 농지 처
분을 통해 얻은 재원으로 총림의 신규농지(4만평의 개간) 확보에 동의하지
않았던 것이다. 지효와 대중 간의 갈등이 격렬하게 전개되자 총림건설의
이념, 수행도량 건설, 승려의 자질 함양 등은 사라지고 오직 사찰농지 매
각 결사 반대라는 구호, 당위성이 전면에 나타났다. 그래서 지효는 범어
사 주지직을 사임하고, 지효가 체결한 계약은 무효화되었다.[12]

　이렇듯이 1960년대 중후반 범어사 총림건설은 중도에 단절되었다. 이
후 지효는 1973년 법흥사 주지로 부임하여, 범어사에서 못 이룬 수행도
량을 추진하였다. 동산, 지효, 능가에 의해 추진된 범어사 총림건설은
비록 실패하였지만, 1990년대 초반에 재추진 될 수 있는 역사적 경험으
로 자리잡게 되었다.

2) 1990년대 초, 금정총림 추진

　범어사가 총림체제를 다시 추진한 것은 1991년 초반이었다. 이렇듯이
이때에 총림사찰을 추진하게 된 것은 1990년 경에 불거진 범어사의 토
지 매각사건을[13] 둘러싼 범어사 대중의 강력한 문제제기와 대안 모색이
었다. 그래서 범어사 대중들은 그 이전 분규와 문제점을 분석하면서 대
안 창출에 주력하였다. 그런 과정은 자연스럽게 총림체제로 의견이 모
아지게 되었다. 그 결과 범어사를 금정총림으로 만들려는 구도에서, 그

---

12) 졸고, 「김지효의 꿈, 범어사 총림건설」, 『한국 현대선의 지성사 탐구』, 도피안사, 2010,
　　pp.704~718.
13) 『연합뉴스』 1991.10.1, 「범어사 전주지 사찰재산 헐값매각」, 『국제신문』 1991.10.1,
　　「寺刹 땅팔아 億代 챙겨」, 『불교신문』 1993.3.31, 「동산문도회 화합결의」.

운영 규정인 '금정총림 청규'를 성안하게 되었다.

1991년 당시, 범어사와 동산문도들이 추진한 일련의 총림 설치의 과정은 당시에 생산된 「금정총림 청규 초안 성안 과정과 내용 설명」 (1991.11.11)이라는 문건의 '금정총림 청규 초안 일지'라는 연대기적인 내용에 요약되어 있다. 여기에서 그 전체를 적시한다.

1991 ; 동 청규 제정을 위한 최초 문도회의

1991. 5. 7 ; 위원 해촉 최종 시한 기일인 이날 원두, 광진, 경민 3인을 위시 20여인이 청풍당에서 노사 제사 후 심의 합의(종단 총림법에 별첨 합의사항을 삽입하기로 함)

1991. 5. 11 ; 청규 초안 7인의 전형위원 중 덕명, 정관, 원두, 광진 4인 참석, 동년 5월 23일 27인 회의 제출 초안 합의(별첨 5월 23일 범어사 선찰 규약)

1991. 5. 23 ; 27인 거의 전 위원이 모여 장시간 심의 별첨 금정총림 규약을 통과 총회 개최 공포만을 남겼다.

종정 추대 및 승려대회 등 대중앙 문제로 공포를 잠정 유보하고 의견 수렴을 기다리던 중

1991. 10. 10 ; 본사 소송 재판 구속 및 금정중학 문제로 주지스님 명의로 문도회 소집, 35인 위원 구성.[14] 금정, 학교 문제 등 3가지 문

---

14) 『국제신문』 1991.10.12, 「불요와 범어사를 아끼는 신도제위께(범어사 수습 대책위원로, 화엄합장」

제를 위임 총림법도 재심토록 했다.

○일 35인은 다시 10인에게 위임, 그리고 당일 주지 사의 표명

1991. 10. 20 ; 10 위원 중 대정, 정관, 덕명, 원두, 광진 등 5인 참석, 별첨 금정총림법 통과

1991. 10. 28 ; 동산 은법제자 15인 모여 10월 30일 수습위에서의 총림 법 공포와 주지 선출은 문중 총의 수렴에 미흡하므로 문중총회 개최 필요성을 공인

1991. 10. 30 ; 대정 위원장 소집의 35인 수습위원은 15~16명 참석으 로 과반수 미달임에도 주지 해임과 선출을 하였음

1991. 11. 4 ; 은법제자 등의 문도 소집에 참석한 자와 광진 등 수습위 측과 합의에 의해 문도총회를 공동으로 동월 11일자로 소집하기 하였음.

위의 일지에 1991년, 범어사 대중 및 동산문도들의 활동 내용과 금정 총림 법(청규)을 만들었던 과정이 잘 정리되어 있다. 그러면 위의 일지를 근간으로 하여, 총림설치 및 총림의 청규 제정에 대한 대강의 흐름을 정 리하겠다.

그는 비불교적, 비승가적인 행동을 자행한 일부 문도들의 독점적인 사찰운영, 부정 부패 등에 반발한 범어사 대중들의 자각이었다. 그래서 범어사 대중들은 그 문제점을 분석, 극복하여 범어사 정체성을 새롭게 하기 위한 대안을 검토하였는데, 그 대안이 총림체제로 귀결되었던 것 이다. 즉 총림 검토는 문도화합, 범어사 전통 계승, 범어사 이미지 쇄신, 종단과 국가 사회에 이바지라는 목적이 개입되었다. 그래서 당시 범어

사 대중이면서 동산문도이었던 승려들은 신임 주지로 벽파를 추대하고
원융살림을 위한 다각적인 검토를 하였다. 그 검토의 흐름은 다음과 같
았다. 즉 종단 총림법, 광진의 주장(장로중심의 운영질서), 경진 주장(기획실
신설 강화) 등 3개의 초안이었다. 문도회의에서 선정한 청규초안 7인의[15]
전형위원이 고투를 하여 위의 3개안을 종합한 것이 1991년 5월 23일에
성안한 금정총림 청규이었다.

그후, 범어사 대중은 동산문도회 문장이면서 해인사 선승인 성철의
종정 임기가 종료됨에 의거, 후임 종정 추대를 둘러싼 승려대회 등 중앙
종단정치가 긴박하여, 청규 공포를 잠정 유보했다. 그러면서 총림지정,
운영에 대한 의견을 기다리던 중, 범어사에 돌발사태가 재차 등장했다.
그는 1991년 10월 10일 경, 범어사 재판 및 범어사가 경영하였던 금정중
학교의 문제이었다. 이때 주지인 벽파는 문도회를 소집하여 현안 문제
(비상사태를 해소할 35인 위원 구성, 금정중 등)와 총림법을 재심의하도록 당부
했다. 문도회에서 선출된 위원 35인은 10인의 위원에게 총림법의 재검
토를 위임했다. 그 이후 위원 10인은[16] 총림법인 청규를 심의 조율하고,
1991년 11월 11일 문도총회에 「금정총림 청규」를 제출하였다.

어쨌든, 범어사 금정총림 청규는 보완을 거쳐 1992년 1월 31일부터 시
행하는 것으로 변동되었다. 최종적인 그 청규는 「금정총림 청규」(금정산
중회의)이거니와, 여기에서 그 대강을 적시한다.

---

15) 그 위원은 덕명, 정관, 원두, 광진 등 7인이었다.
16) 그 위원은 지유, 화엄, 대정, 백운, 정관, 덕명, 원두, 벽파, 효원, 광진 등 10명이다.

제1장 총칙

1조 ; 목적

2조 ; 청규의 변경

제2장 의결기관

제1절 총회

3조 ; 총회의 설치 및 기능

4조 ; 참석자격

5조 ; 개회 및 의결정족수

6조 ; 정기총회 및 임시총회

7조 ; 총회의 소집

8조 ; 임시 총회

제2절 임회

9조 ; 임회의 구성 및 임기

10조 ; 임회의 기능

11조 ; 정, 부의장 등

12조 ; 임회의 소집 등

13조 ; 각종 위원회

제3절 원로회의

14조 ; 원로회의 설치 및 구성

15조 ; 추대 및 임기

16조 ; 원로회의 정, 부의장

17조 ; 원로회의 소집 및 의결

18조 ; 원로회의 기능

36조 ; 선원

37조 ; 율원

38조 ; 강원

39조 ; 연구원

　　제4장 보칙

40조 ; 준례

41조 ; 시행 내규

42조 ; 간사 회의록

　　부칙

위와 같은 1992년 1월 31일부터 시행을 전제하였던 「금정총림 청규」(금정산중회의)는 1991년 11월 11일 문도총회에서 통과되었던 「금정총림 청규」를 정비한 것이다. 한편 범어사 총림 문제는 1992년 1월 30일의 종단 원로회의에서 논의되었지만 10대 종회가 구성된 후에 처리하기로 하였다.[17]

이렇듯 범어사와 동산문도는 문도 간의 갈등을 금정총림 설치로 봉합하면서 새로운 돌파구를 모색했지만 여의치 않았다. 그러나 그 추진은 간단치 않았다. 그는 이른바 1991년 10월 벽파 주지의 사임, 1991년 12월 강남총무원에서 주지 임명장을 받은 화엄의 행보,[18] 1992년 2월 내분

---

17) 『불교신문』 1992.2.5, 「10대 중앙종회 조기 구성」. 위의 졸고, 「송서암의 불교개혁론」, pp.789~790. 그러나 당시 원로회의는 법안제출권이 있어서, 원로회의에서 범어사와 법주사의 총림 설치를 발의하기로 했다고 한다. 원두스님 증언(2015.1.2, 부산 내원정사에서).

18) 『불교신문』 1991.12.11, 「梵魚寺주지 불법단체서 임명, 釜山市 주지신고 받았다가 하루

(화엄주지 측과 정관주지 측),[19] 우여곡절 속에서 진행된 1992년 3월 10일 정관 주지의 취임[20] 등에 나오듯 문도간의 불화와 총림체제에 대한 불안한 인식이 있었기 때문이다. 그러나 1993년 3월 17일의 문도총회에서는 모든 것이 순조롭게 결정되었다. 여기에서 당시의 문도총회를 보도한 기사를 살펴보자.

> 주지 선임과 사찰운영의 주도권을 둘러싸고 몇년간 분규를 겪어오던 제14교구 본사 범어사가「분규사찰」의 오명을 씻고 화합의 전기를 마련해 교계의 주목을 끌고 있다. 또 이 같은 범어사의 분규 종식과정은 그간 끊임없는 분규를 겪어온 종단풍토에도 신선한 충격을 주었으며, 이 같은 화합의 기운이 종단 전체에 확산되었으면 하는 불자들의 기대가 높아가고 있다.
>
> 범어사내 圓應寮에서 열린 東山문도총회에서 스님들은 밤10시까지 무려 8시간이나 마라톤 토론을 벌인 끝에 ▶ 오늘 4월 14일 河東山스님 기제일을 맞아 문도회를 다시 열고 동산문도 叢林法을 공포, 실시할 것과 ▶ 스님들 간의 맞고소 사건을 조건없이 모두 취하할 것을 만장일치로 합의함으로써 일단 화합의 국면에 접어들게 되었다.
>
> 이날 문도총회에는 범어사조실 지유스님이 의장으로 참석한 것을 비롯, 화엄 대정 여환 벽파 정관 덕명 일원 등 원로스님 8명과 원두 선래

만에 취소」. 여기에는 3개월 이내에 총림설치를 조건으로 화엄을 범어사 주지 취임에 동의한다는 언질(1991.11.9)이 작용하였다.
19)『국제신문』1992.2.1,「범어사 내홍, 內紛 여파 주지 2명」.
20)『조선일보』1992.3.11,「住持쟁탈전 경찰 2천명 투입」.『국제신문』1992.3.12,「범어사 내분 ; 住持 취임후도 불씨 여전」.

광진 등 중진스님 50여 명 등 70여 명의 문도스님이 참석해 열띤 토론을 벌였다.

스님들은 이날 총림 설치를 위해 지난 91년 서벽파스님이 범어사 주지로 있을 당시 문중에서 만든 「金井叢林法規」를 오늘 4월 14일 공포하기로 했다. 스님들은 공포에 앞서 일부 조항의 수정 보완이 필요하다는데 의견을 모으고 원로스님 7명과 중진 소장스님 14명 등 모두 21명의 스님들로 관계위원회를 구성했다.[21]

1992년 2월, 범어사 주지로 취임한[22] 정관 집행부는 제반 현안을 정상적으로 추진하려고 했다. 위의 보도에 나오는 바와 같이 1993년 3월 17일 문도총회에서 동년 4월 14일 동산 기일날에 문도총회를 다시 열고, 거기에서 '금정총림법규'를 공포하기로 결의했다. 그리고 동시에 문도간의 맞고소를 모두 취하한다는 화합을 다짐했다. 그래서 동산 기일 공고문에서도 '금정총림 청규를 공포'키로 예정한다고 발표하였지만,[23] 그렇게 이행되지는 않았다.

이처럼 그 실행은 난관이었다. 이 연유는 단언하여 말할 수 없지만 총림 이행을 전제로 취임하였던 정관 집행부의[24] 내적인 사정에서 기인했다. 그러자 총림출범을 기대하였던 범어사 대중, 동산 문도들은 실망을 가짐과 동시에 그 현안을 해결하고자 동산문도 총회를 소집하였다. 문도 총회는 1993년 8월 4일, 범어사 극락선원에서 개최하기로 공고되었

---

21) 「불교신문」 1993. 3. 31, 「동산문도회 화합결의, 범어사분규 종식될 것인가」.
22) 「불교신문」 1992. 3. 4, 「성명서」.
23) 「불교신문」 1993. 4. 7, 「東山慧日老師 入寂 第28週忌祭 法要 案內」.
24) 집행부에는 지유, 혜총, 홍교, 지형, 지환 등이 있었다.

다.[25] 총회의 안건은 종단 재산통일과 재정의 공개, 공영화에 관한 건(중요 종무직 승려 사유재산 공인화 논의 포함) 그리고 사찰 소유토지에 대한 토초세와 종토세 폐지운동에 관한 건과 금정총림 설치에 관한 건이었다. 문도총회를 소집한 주체는 조실 지유, 주지 정관, 대정스님 외 원로 일동이었다. 문도총회를 소집한 주체에 1991년 이래 총림을 추진한 핵심주체들이 포함되었는가는 애매하다.

하였든, 1993년 9월 1일에 총림설치 추진세력은 금정총림 설치 추진위원회를 결성, 출범시켰다. 이는 범어사 주지측이 총림추진에 적극적이지 않았음을 말해주는 것이다. 당시 금정총림 설치 추진위원회의 주장, 결의 내용 등은 1993년 11월 30일자의 『주간불교』에 광고된 금정총림 설치추진위원회의 「우리들의 결의」에서 찾을 수 있다. 그 내용은 범어사의 금정총림을 강력하게 추진하겠다는 포부를 1993년 9월 1일에 밝힌 것이다. 요컨대 총림설치에 대한 강력한 추진과 범어사 재산 손실에 관련된 인물의 배척이었다. 이는 역설적으로 총림설치에 반대하고, 재산손실을 자행하는 세력이 적지 않았음을 예증하는 것이다.

당시에 결성된 금정총림 설치 추진위원회(상임 위원장, 원두)는 1993년 11월 3일, 「동산문도와 범어사재적승 제위에게」라는 성명서를 발표하였다. 그 전후사정은 『주간불교』 1993년 11월 30일의 「반종행위 규탄성명, 금정총림추진위」에 요약 보도되었는데, 추진위원회는 그 성명서 전체를 『주간불교』(1993.11.30)에 광고로 게재했다.

위의 성명서에서 본 고찰의 초점과 연관된 핵심 내용은 다음과 같다.

---

25)『불교신문』, 1993.8.4, 「동산문도 총회 소집 공고」, 『주간불교』, 1993.8.3, 「동산문도 총회 소집 공고문」.

그 첫째는 1991년에 동산문도들이 제정한 '금정총림 청규' 대신에 '금정총림 준칙'이 등장했다는 것이다. 둘째는 금정총림의 설치가 되어야 한다는 당위성이 범어사와 동산문도 내에서 지속적으로 논란이 되었다는 점이다. 셋째는 금정총림 설치 문제가 범어사 및 동산문도 내부에서 벗어나 종정 추대 문제와 연결되었다는 점이다. 이는 범어사의 외부로 파급되었음을 말한다. 즉 금정총림의 설치를 추진하는 측에는 원로회의에서 종정 추대를 지지했으나, 총림설치를 지연 및 반대하는 측에서는 이른바 추대위에서 종정 추대를 해야 한다는 입장을 피력했다. 종정을 원로회의에서 선출하자는 입장은 이른바 용성문도에서, 종정을 추대위(종회, 본사 주지 등)에서 선출하자는 입장은 금오문도에서 주장했다. 요컨대 일부의 동산문도가 중앙종회(1993.11.20)에서 금오문도 측에 합류했다.

이와 같은 1993년 11월 30일의 성명서가 나온 시점에서 금정총림의 설치 추진은 거의 불가능 했다. 동산문도 내부에서 이견과 반대가 강력하였고, 범어사의 총림지정을 통과시킬 무대인 중앙종회에서 총림지정을 반대하는 일부의 동산문도가 종단정치의 지형에서 여타 문도와 결합하였음은 그를 단적으로 대변한다. 더욱이 당시 조계종단의 중앙정치는 갈등, 대립이 심각했다. 이른바 서의현 총무원장 체제와 종단개혁 세력(서암이 주도한 종단개혁회의, 실천승가회 등) 간의 대립이 그것이었다. 그런데 금정총림 설치 추진위원회의 성명서가 조계종단 기관지인 『불교신문』에 게재되지 못한 것은 총림 추진이 제도권 종단정치에 착근하기 어려웠음을 뜻한다. 즉 금정총림 추진측은 종단 집행부(서의현)로부터 동의를 받지 못하였다. 총림추진위원회의 상임위원장인 원두는 종단 집행부와는

이질적인 구도, 노선하에서[26] 종단개혁을 추진한 서암 진영의 핵심이었
다.[27] 그에 반해 금정총림의 출범을 지연하거나 반대하는 측이 종단 집
행부와 친연한 구도였다.

　이런 대응적인 구도하에서 1993년 11월 18일~20일에 열린 110회 중
앙종회에서 금정총림과 관련된 결정적인 안건이 제출되었다. 그는 총
림법 개정안이었다. 그리고 1994년 1월 4일, 『주간불교』에 광고된 금정
총림설치추진위원회의 문건이 주목된다. 그 문건은 2건인데 1건은 당시
의 범어사 주지에게 사직를 권유하는 '지상 통보'이었고 또 하나의 1건은
'범어사 재적승과 동산문도에게'이다.

　이 문건에 의하면, 금정총림을 반대하는 측에서 '금정총림 준칙'을 마
련하여 동산문도 총회에서의 통과를 시도하였으나 실패하였다고 한다.
그러자 중앙 종치, 종단정치를 활용하여 총림제도 폐지와 동시에 원로
회의 권한 박탈을 시도했다는 것이다.

　그러나 금정총림 설치 반대측과 친연한 제도개혁위원회(위원장 지형)에
서 제출한 총림법개정안은 다음 회기로 이월되었다.[28] 필자는 여기에서
총림법 개정안을 보지 않은 입장에서 그 안이 사실상의 총림폐지인지
를 단언할 수 없다. 그러나 총림 추진측에서 이렇듯이 강력하게 비판하
는 것을 보면 기존 총림설치를 가능케 하는 제도적 틀(총림법)에 대한 어
떤 변화를 시도한 것은 분명하다.[29] 그리고 총림설치를 반대한 측과 제

---

26) 원로회의장인 서암의 종단개혁안을 『불교신문』에 게재치 못하고, 『주간불교』(1993.11.30)
　　와 『해동불교』에 게재, 광고된 것이 그 정황을 상징한다.
27) 졸고, 「송서암의 불교개혁론」, 『한국 현대선의 지성사 탐구』, 도피안사, 2010, p.794.
28) 『10대 중앙종회 회의록』, p.1007.
29) 제도개혁위원회의 위원장인 지형은 동산의 법제자인 지효의 상좌이다. 그는 중원으로

도개혁위원회가 어떤 상관성을 갖고 있었는지는 확인할 내용이다.

어쨌든, 범어사의 금정총림 설치 추진은 1994년 전반기 '종단개혁' 사태(4.10 승려대회 등)라는 격랑에서 종말을 고했다.[30] 그러나 그 내면에는 범어사 대중, 동산 문도 내부의 분열과 이합집산이 깔려 있었다. 문도총회에서 총림설치의 추진을 결의하고, 그를 위한 청규를 도출하여 공포하기로 합의했지만, 결과는 문도 분열이었다. 금어총림은 정식 출범도 하지 못하고, 도중 하차했다. 아니 도중 하차가 아니라, 승차도 하지 못한 쓰라린 좌절이었다.

3) 2012년 금정총림 출범

범어사는 1960년대 중반, 1990년대 초반 총림체제를 출범시키려고 부단히 노력하였으나 소기의 성과를 기하지는 못하였다. 그러다가 2012년 11월에 정식 출범하였다. 이 같은 금정총림 출범은 우연한 것이 아니었다. 위에서 살핀 범어사 총림 설치 노력에 담긴 역사, 문화, 지성, 고뇌를 계승하였기 때문에 가능하였다.

범어사 대중, 동산문도들은 1994년 종단개혁이라는 대격랑을 거치면서 여러 변화를 겪었다. 그 변화는 범어사와 동산문도의 정체성, 그리고 승가전통에 부합되는 것도 있었지만 그렇지 않은 경우도 있었다. 이렇듯 다양하고, 부끄러운 행적과 역사를 지켜보면서 범어사 대중, 동산문도들의 고뇌는 심화되었다.

법명을 바꾸었다.

30) 1994년 1월 17일에 열린 111회 중앙종회에서 총림법 개정안은 차기 종회로 이월되었다. 그리고 1994년 3월 30일에 개최된 112회 중앙종회에서 총림법 개정안이 안건으로는 있었지만, 폐기되었다. 『10대 중앙종회 회의록』, p.1013, p.1058 참조.

이제부터는 1994년 이후부터 2012년까지 그와 같은 지성의 고뇌에 연관되고, 범어사 총림체제 지향과 유관한 흔적을 들추어내고자 한다. 우선적으로 거론할 것은 1995년 11월 20일 문도총회의 결의로 제정되고, 그 총회에서 추천된 백성오의 주지 직무개시와 동시에 효력을 발생하는 것으로 기재된 「범어사 운영규범」이 있다.

이 운영 규범은 총림설치에 우호적이지 않았던 문도들이 만들었다는 '금정총림 준칙'의 변형이 아닌가 한다. 이 규범은 그 목적에서 "범어사를 유지 운영함에 있어 용성대종사의 법맥을 계승하신 동산대종사의 후예와 기타 범어사 문도들이 화합하고 단결하여 범어사를 수행과 교화의 도량으로 청정하고 능률적으로 운영되게 함을 목적으로 한다"고 피력했다. 그리고 규범 11조의 4항에서는 운영위원회가 협의하여 처리할 대상으로 '총림설치에 관한 사항'이 나온다. 이는 대의명분의 성격이 다분한 것으로, 90년대 초반기 범어사, 동산문도들이 추진한 총림추진의 역사를 알고 있었기에 그를 명분상으로도 표방하지 않을 수 없었던 것에서 나온 것이다. 이는 범어사의 총림 추진은 당연한, 마땅한 과제이었음을 말해준다.

범어사 총림지정, 체제에 대한 역사와 문화는 1995년 이후에도 지속되었다. 그를 엿볼 수 있는 단서를 제공한다. 2001년 범어사 사보지인 『월간 범어사』 8호에는 당시 범어사 선덕인 대정의 인터뷰 기사가[31] 실려 있다. 그 대담에 나온 대정 발언을 보면, 2001년에도 범어사 대중, 동산문도 내부에서 총림체제에 대한 고민, 논의가 있었음을 알 수 있다. 요컨대 총림을 출범시켜야 한다는 고뇌의 흔적이 있었다.

31) 『月刊 梵魚寺』 8호(불기 2545년, 2001년 5월), p.11.

　　그러다가 총림지정, 출범에 담긴 논의가 본격화된 것은 2008년 2월
경이었다. 2008년 1월 31일, 능가는 동산문도회의 문장으로 추대되어
착좌식을 거행했다.[32] 당시 능가는 동산문장(東山門長)의[33] 소임을 수용
하고, 거행된 착좌식에서 자신의 소신을 피력했다. 범어사의 총림체제
를 고민함은 범어사 및 동산문도가 행한 과거의 문제점, 아쉬운 점, 잘
못 등을 성찰해야 한다는 의미이다. 이런 전제하에 원융살림, 문도화합,
전통회복, 정체성 정비 등을 담보하는 총림 출범이 가능하기 때문이다.

　　능가는 동산의 제자로 범어사 주지, 조계종단 사무처장 등을 역임하
면서 불교정화운동, 동산대종사 유지 계승 등에 심혈을 기울인 고승이
다. 그러면 여기에서 능가의 발언 문건인「문장 수좌의 말씀」에서 본 고
찰과 연관이 강한 부분을 제시하겠다. 능가는 그 발언 서두에서 당시 범
어사는 흥망성쇠의 결정적인 순간에 놓여 있다고 진단했다. 그는 지난
30년간 범어사 승풍의 타락, 사찰 운영의 혼미, 주지 쟁탈의 싸움, 30만
평에 달했던 범어사 전답의 탕진, 금강계단 계맥의 공중분해 등의 현실
을 가감 없이 지적했다. 그는 범어사, 동산문도가 이렇게 된 원인을 하
동산 정신을 계승치 않은 것, 승가 위계질서 붕괴, 공유재산인 사찰 재
산의 유실 등으로 진단했다. 그러면서 그는 그 현실을 극복할 대안을 다
음과 같이 피력했다.

　　要는 우리 僧侶 한 사람 한 사람이 그동안 佛祖에 背逆한 잘못된 問題

---

32)『법보신문』, 2008.2.4,「능가스님, 1월 31일 문장 착좌식서 "주지쟁탈 매표… 정재 탕
　　진" 참담함 토로」
33) 2002년 8월 30일, 범어사 팔각정에서 범어사 문도총회를 개최하여 능가를 범어사 동
　　산문도의 문장으로 추대했다.

意識을 갖고 깊이 懺悔하고 改過遷善만 한다면 梵魚寺는 그 時點에서 부터 正常化될 것입니다.

例컨대

(1)로 河東山 先師의 韓國佛敎 淨化精神을 깊이 銘心 覺醒하고

(2)로는 30年間의 亂雜해진 上下左右의 位階秩序의 확립과 浮薄해진 僧風을 脫皮하여 佛陀 本然의 淸純한 佛弟子로 거듭나면 되는 것이며,

(3)은 梵魚寺의 1,300年間의 淨財인 共營財産의 管理와 運營을 公明하고 透徹하게 公開的으로 運營하면 되는 것입니다.

이것은 2,500年間 綿綿히 佛・法・僧 三寶를 支撑해 온 僧伽集團의 基礎인 것입니다.

礎石이었던 것입니다.

四部大衆 여러분!

山僧은 門長으로서 以上의 3개 項의 內容을 어떻게든 誠實하고 積極的이고 分明하게 促求해 갈 것입니다.

능가의 이상과 같은 발언은 범어사와 동산문도의 그간 문제점을 지적하고, 자신이 제시한 3대원칙의 복원을 통해 범어사 정상화를 기하겠다는 선언이다. 이는 곧 범어사 총림체제의 지향을 의미한다. 그러면 왜 그 무렵에 문장 착좌식을 거행하고, 능가는 위와 같은 파격적, 충격적인 발언을 공개적으로 하였는가? 그는 2006년 『태고종사』 사태에서 야기된 동산의 명예를 회복해야 한다는 문도들의 자각 흐름에서 나온 것이 아닌가 한다. 당시 문도들은 그 기회에 동산의 행적과 정화사상을 바르게 정립하는 차원에서 『동산대종사와 불교정화운동』(2007, 영광도서)을

문도들은 펴냈다. 동산문도는 책자의 기획, 구술, 편집, 감수, 기념 행사 등을 하면서 성찰을 하였는데, 이런 성찰 흐름에 힘입어 능가는 문장 착 좌식을 거행하면서 자신이 행할 과제를 모색하였다.

그후, 능가의 선언은 범어사 대중, 동산문도들에게 파급되었다고 볼 수 있다. 그를 예증하는 것은 2012년 5월에 범어사 주지에 취임한 수불 의 '주지 입후보 10대 공약'이다. 여기에서 그를 소개한다.

1. 하동산 백용성 양 대선사의 한국불교 정화 이념과 사상을 철저히 봉 대 실천하겠습니다.
2. 범어사의 현 어지러운 승풍과 위계질서를 확립하여 안정시켜 놓겠 습니다.
3. 재정정책과 경리 사무에 이르기까지 공개 집행을 원칙으로 하겠습 니다.
4. 하동산 대종사님의 탑전을 장엄한 성역화 사업으로 구현하여 놓겠 습니다.
5. 범어사 재적승 장학사업으로 (범어사 육영사업회)를 설립하여 인재 양 성에 적극 노력하겠습니다.
6. 범어사 재적 노스님들에 노후대책으로서 (범어사 양호원)을 설립 경영 하겠습니다.
7. 범어사 말사의 현 인사의 이동을 전면 보류 조치로 안정체제를 구축 해 놓겠습니다.
8. 부산 안국선원 법인을 범어사 소유 경영으로 헌납하겠습니다. 이것 이 종교법인인 고로 이 방법과 절차는 추후 정리되는 대로 공표하겠

습니다.

9. 대본산 범어사를 한국 조계종 총림으로 승격 추진하겠습니다.

10. 범어사 대중의 승풍을 진작하고 상봉하화의 화합기풍으로 쇄신함
에 노력하겠습니다.

이상 십대불사의 성취를 위하여 이 졸승은 무리없이 이 공약을 완수할
것에 자신을 갖고 임하겠습니다. 믿어 주시기 바랍니다.

2011년 12월 1일 작심각오

대본산 주지 입후보자 석수불 송구 합장

위의 10대 공약에서 1, 2, 3, 9, 10항이 총림체제의 지향의 내용이다.
이는 위의 90년대 금정총림설치추진위원회의 성명서와 능가 발언에서
나온 핵심이다.

이런 배경하에서 범어사 주지에 취임(2012.5.7)한 수불은 범어사를 총
림체제로 가동할 준비를 모색하였다. 그에 대한 구체적인 준비는 2012
년 8월부터 본격화되었다. 그 관련 내용을 개조식으로 정리하면 다음과
같다.[34]

- 2012. 8 ; 운영위원회에서 '총림실무 준비 연구위원회' 구성
- 2012. 9. 6 ; 제1차 '총림실무 준비 연구위원회' 개최

    위원장으로 영환, 추대

    법응, 자문위원 위촉

---

34) 이 내용은 「범어사 총림 추진에 대한 대중의 의견을 구합니다」라는 문건의 p.10의 '범
어사 총림화 진행과정'에 나온 것을 필자가 정리한 것이다.

9. 21 ; 제2차 '총림실무 준비 연구위원회' 개최

9. 24~27 ; 중국 현지 포럼 순례, 토론

　　　　총림화에 대한 자료 준비 결정

　　　　(총림지정의 명분과 당위성, 총림과 산중총회의 장단점 비교, 사숙

　　　　스님들의 동참방법 모색, 원로회의 구성 등)

　　　　총림회 회칙 작성 위원 결정(현정, 선재, 정산, 무관, 법응)

　　　　회칙 감수는 지오가 담당하기로 결정

　　　　총림 홍보책자 발간, 말사 주지들에게 홍보 결의

11 ; 중앙종회 개최 이전까지

　　　총림 지정에 대한 명분, 당위성 완성

　　　5대총림의 임회 운영 사례 등 기존 총림의 자료수집

　　　총림 지정 예정인 타 본사와 공조

　이렇게 범어사는 총림 지정을 위한 준비를 철저하게, 구체적으로 추진하였다. 그런 결과에 힘입어서 범어사는 2012년 10월 8일, 범어사 주지 수불과 운영위원장인 영환의 이름으로『범어사 총림 추진에 대한 대중의 의견을 구합니다』라는 문건을 범어사 말사에 발송하였다. 이는 향후 총림 운영에 대한 방향을 제시하고 주지들로부터 동의를 구한 것이다. 그후, 10월 15일에는 운영위원회와 교구 종회를 열어 총림 지정 신청을 만장일치로 결의하였다.[35] 그리고 10월 22일에는 수불, 영환의 이름으로 중앙종회 의원들에게『범어사 총림지정에 대한 대 중앙종회(의원스님) 보고서』를 발송했다. 이는 범어사가 총림으로 지정되어야 할 당위

---

35)『불교신문』2012.10.20,「부산 범어사 총림추진, 수행도량으로 거듭난다」.

성과 그 운영에 대한 청사진이다. 위의 두 문건은 거의 같은 내용으로 구성되어 있다고 볼 수 있는데 공통적인 기조는 대중공의와 원융화합의 정신이었다. 범어사의 행보는 『범어사 총림 추진에 대한 대중의 의견을 구합니다』라는 문건에 나온다.

범어사 소임자들은 총림지정을 위해서 다각적인 분석, 준비, 대안 등을 검토하였다. 그 결과 2012년 11월 7일, 중앙종회에서 금정총림으로의 지정이 결정되었다. 이는 지난 1960년대 중반부터 50년간 범어사의 정체성, 역사 및 문화를 재정비하려는 고투의 결실이었다. 이제는 이런 금정총림 지정에 개재된 역사와 문화를 정리하고, 그를 현 시점에 맞게 재창조할 현실적 과제에 직면하고 있다. 그 역사와 문화에 담긴 사상, 정신, 지성 등은 더욱 치열한 연찬을 통해서 재정립해야 하겠지만 그 요체는 원융살림, 문도화합이라 하겠다.

3. 결어

본장에서는 전장에서 상세하게 살핀, 범어사 금정총림 설립의 역사적 과정을 유의하면서 금정총림의 운영에 있어서 유의할 측면을 살핀다. 이는 총림 지정의 역사와 문화에 나타난 특성을 주요 측면으로 대별한 것이다. 이에 대한 성격은 어디까지나 국외자, 관찰자인 필자의 학문적 접근에서 나온 것으로 수용해주길 바란다.

첫째, 범어사는 금정총림의 정체성이 무엇인가를 근원적으로, 진지하게 검토하여 수립해야 할 것이다. 조계종단에서 총림이 검토되고, 등장한 것은 1960년대 중반이었다. 그렇다면 그 당시 총림의 필요성과 21세기에 접어든 2010년대 현 시점에서의 총림의 성격 및 운영이 동질적, 혹은 차별적이어야 한다는 것을 고민해야 할 것이다. 종합수행도량이라는 의미에서 이제는 변화된 정체성을 재검토해야 하지 않을까 한다.

둘째, 범어사 정체성은 기존에는 1900년대 초에 수립된 선찰대본산이었다. 그렇다면 이제는 총림사찰과 선찰대본산이라는 두 개의 차별적인 이 정체성을 어떻게 조화시킬 것인가의 문제가 범어사 대중들에 주어진 과제이다.

셋째, 범어사 근현대기의 역사의 주역은 용성, 동산이라는 거목, 큰스님이었다. 그래서 범어사 구성원들은 이들의 사상의 계승 및 구현을 범어사 지향, 운영의 정체성으로 표방하였다. 그런데 이런 지향, 정체성을 지금의 소장, 중견 승려들도 공유하고 있는가의 문제가 제기된다. 동산의 상좌인 동산문도 1세대는 점점 희소되어 가고 있다. 그렇다면 2, 3세대의 승려들은 이를 어떻게 인식하고 있는가? 이에 대한 문제를 진지하게 물어야 할 것이다. 이 점에 있어서 용성은 해인사에서 출가했고, 비석과 연고 선원(용탑선원)도 해인사에 있다. 그러면 범어사에서 용성을 과도하게 재인식, 계승의식을 갖는 것이 적절한지도 이해되어야 한다. 물론 용성도 범어사에서 대종사 법계를 받았고, 범어사 선원에서 수행을 하였으며, 그의 대각사 재산을 범어사에 위탁관리한 사실이 있고, 비석이 범어사에도 있다. 이런 측면과 연관하여 범어사 본말사 구성원들에게서 동산문도만이 최우선적으로 우선시, 배려하는 문화가 없는지 그리고 그에 대한 반발심은 없는지도 고민할 과제이다.

셋째, 범어사 정체성의 재검토에 있어서 범어사가 일제하의 선학원을 세우고, 운영함에 기여한 역사를 기억해야 한다. 지금껏 선찰대본산만 강조를 하였지 선학원과 범어사 간의 관련성은 소홀하였다. 이 점을 강조하거니와, 이와 연관해서 최근 범어사에 세계선문화 타운 조성 기획도 동시에 검토되어야 할 것이다. 더욱이 범어사 주지인 수불의 안국선원도 범어사와 불가분의 연계를 갖고 있는 입장에서는 더욱 그러하다. 그리고 부산불교의 신도 등 대중들에게 어떻게 설명할 것인가의 문제도 연관된다.

넷째, 범어사의 정체성과 동산문도의 자부심에는 늘상 동산의 사상, 업적, 정화사상, 정화운동에 끼친 동산의 위대성, 조계종을 재정립하였다는 창종 정신을 강조하였다. 그러면서도 범어사와 동산문도의 조계종에 대한 애종, 관심은 예전과 같이 않다. 과거 일제시대, 정화운동시대의 범어사 출신 승려들의 종단 활동은 뚜렷한 것이 많았다. 그런데 근래에는 범어사의 내분, 문도간의 분열 등이 노정되면서 과거의 명성, 명예 등은 퇴색되어 가고 있다. 이런 측면도 과제의 대상에 올려야 한다고 본다.

다섯째, 범어사가 금정총림으로 출범한지 2년이 되었다. 그럼에도 불구하고 종단의 총림법 18조에서 정한 임회 회칙이 제정되지 않았다. 임회 회칙을 제정하여, 운영의 근간으로 삼아야 하지 않을까 한다. 회칙의 심의, 제정에는 여법공의(如法公議) 원칙이 구현되어야 할 것이다. 그리고 총림 임회와 동산문중 간의 조화, 질서에 대한 고민도 있어야 한다.[36]

여섯째, 금정총림의 운영의 기조 및 실천 방향에 대한 고민이 깊어야

---

36) 이는 통도사, 백양사, 동화사 사례에서 보이듯 방장과 주지(종무소) 간의 갈등의 차단, 배제 등을 고려하는 문제이다. 구체적으로는 방장의 주지 지명시의 원로중진의 의견 수렴, 주지 취임자의 행장 조사, 부방장 도입 검토, 총림 임회와 동산문중 간의 조화 등이다.

할 것이다. 지금껏 나타난 운영의 정신은 원융살림, 문도화합이었다. 이는 당위로서 그 어떤 구성원도 부인하지 못할 것이다. 그런데 이런 대의명분은 지지, 동의하면서도 내용적으로, 혹은 운영권을 장악하면서 여러 문제점이 대두되었다. 요컨대 명분과 실제를 어떻게 조화시킬 것인가의 문제이다. 범어사와 범어사 말사의 구성원들은 각 문도와 해당 개인의 명분, 명리, 이익을 위한 치열한 갈등을 지난 세월에 노정하였다. 그런 과정에서 범어사의 삼보정재가 유실되었다. 이러한 역사에서 어떤 교훈을 얻을 것인가? 그 교훈을 총림 임회의 회칙, 청규 등에 구현시키고, 그를 구성원들의 동의를 받아서 운용할 것인가의 문제도 간단하지 않다.

일곱째, 범어사의 종단과의 관계성 정립이다. 범어사는 단순히 조계종단의 한 교구에 지나지 않는가? 예전에는 범어사가 조계종단을 선도, 리드한다는 평가도 일부 있었다. 이런 측면과 연관해서 동산문도들이 주장한 교구자치권, 독립권 등을 어떻게 이해, 수용할 것인가의 문제가 있다. 총림체제는 해당 방장이 해당 사찰의 주지를 독자적으로 지정(추천)할 수 있는 권한이 있다. 이런 측면에서 총림사찰이 다수 등장하였다는 비판도 고려해야 한다. 어쨌든 범어사와 중앙종단과의 관련성을 새로운 관점, 지평에서 연구해야 하지 않을까 한다.

지금껏 범어사의 역사와 문화를 연구하는 학자의 입장, 그리고 관찰자의 입장에서 범어사가 총림체제에서 고민할 과제들을 들추어 보았다. 이는 어디까지 학문적, 객관적, 국외적 입장에서 개진한 것이기에 지나침이 있다면 그에 대한 문제는 전적으로 필자가 떠안아야 할 것이다. 이 글이 범어사의 과거, 현재, 미래를 고민하는 사부대중에게 참고가 되길 기대한다.

동산의 역사, 가풍

하동산의 불교정화

1. 서언

하동산(河東山, 1890~1965)은 조계종단의 종정을 역임한 '큰스님'으로 널리 회자되어 왔다. 하동산 그가 한국 현대불교사에서 큰스님으로 지칭됨은 그의 수행, 사상, 일상생활에서 뿐만 아니라 조계종단을 재건한 거목이었다는 점에서도 쉽게 파악할 수 있다. 조계종단의 재건이라 함은 1950년대의 불교정화 운동을 말한다. 요컨대 하동산은 불교정화 운동을 발의하고, 추동하고, 진두지휘하였던 최고의 지도자였다.[1] 그 결과로 불교정화 하면 하동산이라는 등식이 성립하였던 것이다.

그러나 하동산 그가 입적한 지가 어언 40여년이 지났음에도 불구하고 지금껏 그에 대한 탐구는 거의 진척되지 않았다. 그리하여 하동산이 어떠한 승려이었으며, 조계종단 및 현대불교사상에서 어떠한 위상을 갖고 있었는가지는 전혀 그려낼 수 없었다. 이렇게 그의 수행, 사상, 행적, 위상에 대한 자료수집 및 분석, 연구가 부재하였음은 여러 요인이 중첩된 것에서 기인하였다. 여기에서 그 요인의 전체를 가늠할 여건은 없지만 두 가지 측면을 제시하고자 한다.

---

1) 정화운동시에 배포된 격문인 「대한불교의 위기를 구하자」는 문건에서 하동산을 "정화종단의 최고 영도자로서 종정이신 하동산대종사"라고 표현한 것에 단적으로 나온다. 『근현대불교 자료전집』 권 68(불교정화분쟁자료)의 p.641.

그 첫번째는 하동산의 출가 사찰이면서 불교정화의 시발 사찰이었던 범어사에서 건전한 역사의식, 지성적인 승가의 흐름이 두드러지게 나타나지 않았다는 것이다. 회고하건대, 범어사는 근대불교기에는 한국불교를 이끌었다는 평가를 들을 정도로 근대불교의 활동을 대변하였던 사찰이었다. 그런데 어떤 연유인지는 단언할 수 없지만 하동산이 입적한 이후의 범어사는 한국 현대불교의 중심 사찰로 기능하지는 못하였다고 볼 수 있다. 이렇게 하동산의 사상, 행적의 근거 사찰인 범어사가 역사와 전통을 계승하지 못한 것이 결과적으로는 하동산을 돌아볼 수 없는 문화적 풍토를 만들었다. 물론 동산문도회는 10년 전인 1998년, 『동산대종사문집』을 펴내면서 하동산을 새롭게 조명해 보고, 하동산의 승행과 덕화를 본받겠다고 하였다. 문집을 발간하였을 때 자료 수집 및 편집에 적지 않은 고생을 하였겠지만, 비판적으로 보면 그 문집은 하동산의 수행, 사상, 행적을 온전하게 담아내지는 못하였다는 것이 필자의 솔직한 평가이다. 그래서 필자는 그러한 문집을 만들 수 밖에 없었던 범어사 및 동산문도회의 내적인 사정이 하동산을 지난 40여 년간 잊혀진 인물로 만들었다고 보고자 한다.

다음으로는 조계종단 차원에서 불교정화운동에 대한 역사 찾기를 방치한 결과를 지적하고자 한다. 불교정화운동은 한국 현대불교사에서 가장 중심적인 사건이면서, 조계종단사 차원에서도 간과할 수 없는 중요한 역사이었다. 그럼에도 불구하고 종단 차원에서 불교정화운동에 대한 공식적인 세미나, 자료수집, 정화운동사 발간은 거의 없었다고 보는 것이 타당할 것이다. 일부 승가 단체에서 관심을 보였으나[2] 심도있는 학

2) 석림회에서 1989년 1월 23일, '한국불교 정화이념의 재조명'이라는 대토론회를 열었다.

술적인 접근은 지속되지는 못하였다. 그리하여 불교정화운동은 그 분야
를 연구하는 일부 학자에 의해서만 정리, 분석되었을 뿐이었다.[3] 그러
다가 최근 정화운동의 주역이었던 이청담의 탄신 100주년을 기념하여
2002년에 그의 모교인 진주산업대에 청담사상연구소가 만들어지면서
이청담의 수행, 사상과 함께 정화운동도 조금은 정리되는 정도이다.[4]

그리고 '선우도량은 2000년 9월 19일, '교단정화운동과 조계종의 정체성」이라는 학술 세
미나를 개최하였다. 선우도량 한국불교근현대사연구회에서 주관한 세미나의 발표 논문
은『교단정화운동과 조계종의 오늘』(2001, 선우도량)이라는 주제의 책으로 발간되었다.
한편, 대각사상연구원에서는 2004년 5월 7일 범어사에서 '백용성스님과 한국불교 정화
사'라는 학술세미나를 개최하였다. 이 세미나에서「한국불교정화운동에 있어서 동산스
님과 범어사 역할」이라는 백운스님의 글이 발표되었다. 그런데 그 글의 집필자인 백운
스님이 세미나 당일에는 거동이 불편하여, 선래스님이 대신 발표하였다. 이 글은『대각
사상』제7집(2004)에 수록되어 있다. 그리고 2005년 10월 1일, 범어사 '개산문예 대제
전' 행사 일환으로 개최된 '근현대 불교와 범어사' 학술회의에서 이덕진은「東山慧日의
禪法에 대한 一考察」을 발표하였다. 이덕진은 이 고찰을『한국불교학』43집(2005)에 기
고하였다.
3) 필자는 다음과 같은 불교정화운동에 대한 논고를 발표하였다.
  김광식,「조지훈 · 이청담의 불교계 '분규' 논쟁」『한국민족운동사연구』22, 1999.
  _____,「불교 정화의 성찰과 재인식」『근현대불교의 재조명』, 민족사, 2000.
  _____,「전국 비구승대표자 대회의 시말」『근현대불교의 재조명』, 민족사, 2000.
  _____,「사찰정화대책위원회의 개요와 성격」『근현대불교의 재조명』, 민족사, 2000.
  _____,「불교재건위원회의 개요와 성격」『근현대불교의 재조명』, 민족사, 2000.
  _____,「정화운동의 전개과정과 성격」『새불교운동의 전개』, 도피안사, 2002.
  _____,「오대산 수도원과 김탄허」『새불교운동의 전개』, 도피안사, 2002.
  _____,「한국 현대불교와 정화운동」『한국 현대불교사 연구』, 불교시대사, 2006.
  _____,「이청담과 불교정화운동」『한국 현대불교사 연구』, 불교시대사, 2006.
  _____,「이청담의 불교정화 정신과 조선불교학인대회」『한국 현대불교사 연구』, 불교
    시대사, 2006.
  _____,「김서운의 종단 정화와 그 특성」『한국 현대불교사 연구』, 불교시대사, 2006
  _____,「윤월하의 불교정화운동」『한국 현대불교사 연구』, 불교시대사, 2006.
  _____,「청담의 민족불교와 영산도」『마음사상』4, 2006.
4) 청담사상연구소에서는 매년 1회의 세미나를 개최하였는데, 연구 논문집『마음사상』이
  제4집(2006)까지 발간되었다.

이렇게 조계종단 차원에서 불교정화운동을 방치한 결과로 불교정화 운동에 대한 이념, 사상, 주역의 고뇌 및 행적, 역사성 등에 대한 연구는 거의 부재하였던 것이다. 이는 온고이지신과는 전연 다른 극단적인 행보이었으며, 종단의 정체성 및 역사를 저버린 반역사적, 반문화적인 행태의 다름이 아니다.

이렇게 범어사와 종단에서 불교정화운동을 뒤돌아 보지 않음으로 인해 하동산은 그간 잊혀진, 연구되지 않은 큰스님으로 우리들의 곁에서 옆으로 밀려나 있었다. 그런데 2006년 1월 20일, 태고종에서 한국불교 정통종단의 역사라는 부제가 달린『태고종사』를 발간하였다.『태고종사』는 태고종의 정체성과 역사를 합리화 하려는 목적에서 서술, 간행되었다. 그 결과 불교정화운동을 법난으로 자리매김하면서 정화운동의 주역들에 대한 명예를 훼손하는 다수의 내용이 나타났다. 즉 정화운동의 주역을 자칭 비구승, 어용(御用) 비구, 아집(我執) 비구, 사이비(似而非) 비구 등으로 표기하고 정화운동 당시의 활동을 "종권탈취에만 혈안이 되었다" 혹은 "종단 주도권을 장악하려는 집념은 거의 광적이었다" 등으로 매도하였다. 나아가서는 정화운동에 참여한 승려들을 "참선하는 선승이 아니라, 종단 주도권에 눈이 멀어 버린 비수행(非修行) 비구승"으로 표현하였다. 특히 하동산, 이청담에 대해서는 악의적인 자료 제시, 인간적인 폄하를 자행하면서 "정통 태고문손 종단을 파멸로 몰아 넣은 장본인이며 세칭 비구승단의 최선봉이었고, 또한 과격한 중심인물이었다"로 서술하였다. 태고종의 이러한 역사 인식에 대해서 조계종 내외에서는 큰 파문이[5] 일어났고, 조계종단과 관련 문도회에서는[6] '종단사 왜곡과 종단 정통성 수호 대책 대책위원회'를 발족시키면서 그 대응에 나서게 되었다.

위와 같은『태고종사』발간을 둘러싸고 나타난 사태는 결과적으로 조계종단과 관련 문도회 및 사찰에서 불교정화운동을 다시 돌아보고, 그에 대한 적절한 대응조치가 필요한 것으로 귀결되었다.[7] 사태 이후 태고종 역사의 이면 및 태고종 승려의 비행을 폭로하는 저술과[8] 태고종의 논리를 옹호하면서 태고종단의 정체성을 정비하려는 학술서가[9] 나왔다. 한편 조계종단은『태고종사』를 분석한 연구 보고서를 작성하였고,[10] 2007년도에 불교정화운동에 관한 학술논문을 공모하여 그 결과를 논문집으로 엮겠다는 기획을 수립하였다. 그리고 해당 문도회에서는 자율적

---

5) 그에 대한 내용은 아래의 보도기사를 참고할 수 있다. 『불교신문』 2006.1.28, 「조계종 비하한 '태고종사' 발간 파문」. 『불교신문』 2006.2.1, 「『태고종사』 무엇이 문제인가」. 『법보신문』 2006.2.1, 「태고종사 간행위원장 수열스님, 태고종 정통성에 초점 맞췄다」. 『불교신문』 2006.2.15, 「태고종사 분석 보고서 나와」. 『불교신문』 2006.2.22, 「종회 종책모임, 정화관련 문도회 대표 긴급 회동」. 『불교신문』 2006.3.1, 「교구본사 주지, 주요문도회, 종회의원 정통성 수호대책위 구성」. 『불교신문』 2006.4.19, 「'태고종사 파문' 점검과 과제」.

6) 청담문도회, 경산문도회, 숭산행원문도회, 중앙종회에서는 『태고종사』를 폐기 처분하고, 공개 사과를 요구하는 성명서를 지상에 발표하였다.

7) 태고종의 간행위원회 측 승려들은 조계종단 대책위원회의 소속 승려와의 간담회에서 일부 문장에서 부적절한 표현이 있었음을 시인하였다. 그리고 간행위원회 위원장(수열)은 봉녕사 묘엄스님이 제기한 태고종사 배포금지 가처분 사건(서울서부 지방법원, 2006카합521호)에서도 적절하지 못한 표현이 있음을 인정하고, 그에 대하여 사과하고. 배포를 중지하고, 재판 발행시 부적절한 표현을 삭제한다는 문건에 합의하였다.

8) 대안, 『대한민국 불교역사 재인식』, 미래불교 중흥회, 2006.

9) 하춘생, 『보살승단의 정체성과 실천이념』 엔타임, 2006.

10) 이 보고서는 2006년 2월 8일, 김광식에 의해 분석되었다. 보고서 작성 후 종회의원, 기자, 관련 스님 및 연구자들에게 배포되었다. 보고서는 조계종단 기획실과 불학연구소가 공동으로 추진한 성과물이다.

으로 정화운동 관련 큰스님에 대한 자료 수집 및 정리, 학술적인 접근이 절대 필요함을 각성하였던 것이다.

본 고찰은 바로 위와 같은 배경에서 나온 하동산 다시 찾기의 구도에서 집필되었다. 필자는 평소 한국 근현대 불교를 연구하면서 불교정화운동을 제외하고서는 한국 현대불교사를 이해할 수 없다고 보았다. 그리하여 불교정화운동에 대한 개요 및 성격을 분석하고 그 연구 성과를 지상에 발표하였다. 그리고 불교정화 운동의 심층적인 이해를 위해서는 그 주역에 대한 개별적인 연구도 간과할 수 없음도 확인하였다. 이에 이청담, 윤월하, 김서운, 김탄허 등에 대한 연구를 시도하였던 것이다. 그런데 정작 정화운동 당시 종정이었으며, 정화운동을 지도하였던 범어사의 하동산에 대해서는 이렇다 할 연구 성과를 내놓지 못하였다.

그 연유에는 필자의 게으름도 있었지만, 연구를 수행하기 위해 기본적으로 필요한 관련 자료의 부족을 극복하지 못한 것이 주된 요인이었다. 더욱이 하동산에 대한 증언을 청취함에 있어서도 필요한 정보를 파악하기에도 어려움을 겪었다. 그리하여 필자는 하동산 연구를 수행하지 못한 것에 늘상 자괴감에 빠져 있었다. 필자가 그런 심정을 더욱 갖게 되었던 것은 필자가 근대기 불교의 거목으로 볼 수 있는 백용성을 연구하였던 이력에서 나온 것이다. 즉 백용성 계승의 문제를 탐구하면서[11] 백용성의 상좌, 제자 등에 대하여 관심을 갖게 되었다. 그러면서 백용성의 법, 정신을 올곧게 계승하고 실천한 대상자는 누구였는가에 대한 궁금증도 품게 되었다.

---

11) 필자는 백용성의 사상을 연구하기 위해 설립된 대각사상연구원의 연구부장의 소임을 맡고 있으며, 백용성의 일대기를 정리한 『용성』(민족사, 1999)을 펴냈다.

그러나 엄혹한 역사, 즉 조계종단, 용성문도회의 내적인 시련으로 인해 용성의 계승에 대한 의문은 거의 풀 수 없었다. 그러던 차에 태고종사 사태가 터지고, 백용성을 연구하였던 학자로서 범어사와 약간의 인연이 있었던 필자가 하동산 다시 찾기에 나선 동산문도회 및 범어사 측과 결합되었다. 그리하여 하동산과 인연이 있는 상좌, 제자, 기타 승려들을 인터뷰하면서 하동산에 대한 다양한 정보를 접하게 되었다.[12] 이에 필자는 구술 증언에 나타난 하동산을 문헌을 통해 재인식하면서 하동산 불교정화에 대한 나름대로의 판단을 할 수 있었다.

이에 본고찰은 하동산을 심화하여 연구하려는 필자의 첫발걸음으로서 하동산이 불교정화에 나섰던 배경, 필연성, 이념 등을 살피려는 논고이다. 분석의 방법은 역사적인 입장을 취하겠다. 그러나 하동산의 수행, 사상이 불교정화에 미친 영향, 하동산의 위상 등에 대해서는 거의 접근하지도 못하였는 바 이러한 측면은 필자의 연구 과제로 남겨 두고자 한다. 선학제현의 질정을 바란다.

2. 일제하 하동산의 불교정화

하동산은 1890년 2월 25일, 충북 단양군 단양읍 상방리에서 출생하였다.[13] 그는 고향의 서당에서 한학을 7년간 배우고, 15세에는 단양읍 익

---

12) 그 책은 『동산대종사와 불교정화운동』(영광도서, 2007)이다.
13) 문집 연보에서는 상방리 244번지로 나오지만, 입적 당시의 종단장 안내문의 약력에서는 191번지로 나온다. 본관은 진주이고, 본명은 東奎이다.

명보통학교를 입학하였다. 1908년, 19세에는 익명보통학교를 졸업하고, 경성으로 올라가 중동중학교에 입학하였다. 1910년에는 중동중학교를 졸업하고 의학전문학교에 입학하였다. 1912년 가을(23세), 의학전문학교를 졸업함과 동시에 범어사로 입산, 출가하였다.[14) 은사는 용성이었고, 당시 받은 법명은 혜일(慧日)이었다. 그런데 동산의 출가에는 그의 고모부인 오세창과 백용성과의 인간 관계가 작용하였다. 즉 오세창과 백용성은 친근한 교류를 하였는데, 서울에서 수학하였던 하동산이 삶의 근원에 대한 문제로 고민하자, 오세창은 자신과 친근한 백용성에게 하동산을 보냈던 것이다. 여기에서는 하동산은 의학을 공부하던 하동산이 육체의 병 이외에 마음의 병을 고치라는 화두를 받고 발심의 계기가 나왔던 것이다. 이는 하동산 출가에는 불교 신앙에 대한 발심과 함께 민족 대표 33인이었던 오세창과 백용성의 민족의식이 일정하게 작용하였을 가능성을 감지할수 있는 측면이었다. 이는 불교적인 관점에서는 정화불교로 전이될 개연성을 갖는 것이다.

이제부터는 위와 같은 전제와 하동산의 행적, 수행을 불교정화 배경의 탐구 차원에서 정리하겠다. 우선 교학, 참선을 통한 수행의 개요를 살피고, 그 연후에는 1차 깨달음을 한 1927년 이후 범어사, 해인사에서 조실로 활동한 내용, 그 다음에는 그가 일제하에서도 불교정화에 나선 1935년 이후의 행적으로 구분하여 제시하고자 한다.[15)

범어사에서 출가한 하동산은 1913년 봄에는 범어사 강원에서 능엄경을 배웠다. 이처럼 그가 강원 수학 초기 단계에서 수준이 높은 능엄경을

---

14) 출가의 배경에 대해서는 더욱 치밀한 탐구가 요청된다.
15) 하동산의 행적, 수학은 『동산대종사문집』(이하 문집으로 약칭함)의 연보를 참고하였다.

배울 수 있었던 것은 입산 이전의 한학의 공부, 중동중학교와 의학전문
학교라는 과정을 거치면서 이미 익힌 불교 교리의 바탕에서 가능한 것
이라 보여진다. 1914년 초기, 그는 당시 선지식으로 명망을 서서히 떨치
던 방한암이 머물던 평안남도 맹산의 우두암(牛頭庵)을 찾아가 2년간 교
학, 선을 배웠다. 당시 그가 배운 것은 능엄경, 기신론, 금강경, 원각경
이었다.[16] 1916년에는 출가 본사인 범어사로 귀사하여 대교과정을 2년
간 수학하였다.[17] 1919년부터 2년간은 은사인 백용성이 3.1운동의 민족
대표로 활동한 것으로 인해 일제의 옥에 수감되자, 그의 옥바라지를 위
해 공부를 중단하였다. 당시 그는 대각사, 망월사 등지에 머물면서 백용
성의 옥바라지를 하였다.

백용성이 출옥한 1921년 봄, 이후에는 주로 각처의 선원에서 참선수
행에 나선다. 지금까지 익힌 교학의 바탕에서 사교입선하는 과정이었던
것이다. 그가 처음으로 발길을 향한 곳은 오대산 상원사이었다.[18] 상원
사 선원에서 하안거의 한철을 난 그는 그해 가을에는 건봉사로 갔다. 당
시 건봉사에는 기존 만일염불원을 폐지하고 새로운 선회 결사(禪會 結社)
가[19] 시작되었다. 그 결사의 책임자는 방함암이었다. 방한암은 그가 이
전 우두암으로 찾아가 배운 스승이었다. 그는 그 결사회에서 서기를[20]

---

16) 하동산 입적 당시의 종단장 안내 문건에서는 그를 四教科를 수료하였다고 적었다.
17) 그를 가르친 스님은 姜永明 禪師라 한다.
18) 『자비보살의 길』(불교영상, 1994) 376면. 이는 윤고암의 「雲水生涯」라는 글이다.
19) 이 결사에 대한 전후사정은 김호성의 『바가바드기타』와 관련해서 본 한암의 念佛參禪
   無二論 『한암사상연구』 창간호(2006), 61~76면 참조.
20) 그가 서기를 보았다는 기록, 건봉사 선회 「제1회 동안거 禪衆芳啣 幷 任員」은 『한암일
   발록』(1996, 한암문도회)의 36면에 나온다. 이 기록에는 '東山 慧日'로 전한다. 여기에
   서 필자의 의문은 혜일 그가 언제 東山이라는 호를 받았는가 하는 점이다. 문도들이 작
   성한 문집의 연보에서는 1913년 금강계단에서 대소계를 수계하였을 당시에 법호로 동

보면서, 1922년 봄까지 참선 수행을 하였다.

건봉사 선회에 참가한 이후, 즉 1922년 하안거는 속리산 복천암에서, 그해 동안거는 태백산 각화사에서 수행을 하였다. 1923년 봄에는 범어사로 귀사하였다가, 여름에는 함양 백운암에서 하안거 수행을 하였다. 그는 1923년 가을, 겨울에는 은사인 백용성이 주석하였던 백양사 운문선원에서 전등록, 염송, 범망경, 사분율을 배웠다고 전해진다.[21] 1924년 여름부터 3년간은 직지사에서 3년 결사를 하였다고 전한다. 직지사에서 '3년결사'를 하였다는 것은 하동산에게서는 상당히 중요한 역사로 볼 수 있지만, 현재 그 결사에 대한 개요 및 성격에 대한 정보는 파악할 수 없었다.[22] 3년 결사를 마친 그는 1927년 범어사 금어선원에서 하안거에 들어가 수행을 하던 도중인 7월 5일에 대나무숲에서 바람에 부딪치는 댓잎 소리를 듣고 오도(悟道)하였다. 당시 그는 그를 서래밀지(西來密旨)가 안전에 명백하였다고 회고하였다.[23] 이 오도가 초견성인지, 구경각인지

산을 받았다고 한다. 그런데 입산후 1년도 안된 상황에서 수계를 하면서 법명과 법호를 동시에 받았다는 점에 대해서는 의아심이 든다.

21) 문집에서는 이 시점을 1913년이라고 하였으나, 출가 직후에 이러한 공부를 하였다는 것은 수긍키 어렵다. 『자비보살의 길』 p.376에서는 윤고암, 錦圃, 石庵 등 수좌 40여 명과 함께 운문암 선방에서 수행을 하였다고 한다.

22) 당시 수좌들의 조직체인 선학원의 선우공제회가 재정난, 노선의 혼미 등의 연유로 1924년 4월 경에는 그 본부를 직지사로 옮겼다. 당시 직지사에는 서대암, 허일권, 김남천 등의 수좌가 주석하였다. 이렇게 수좌들이 모여들면서 자연적으로 3년결사에 이르렀을 가능성을 추론한다. 졸고, 「일제하 선학원의 운영과 성격」 『한국근대불교사연구』(민족사, 1996), pp.111~117. 한편 『선원총람』(조계종 교육원) p.666에서는 하동산이 윤고암 등과 함께 직지사에서 3년 결사를 하였다고 기술하였다. 그러나 1925년 동안거 시에는 하동산이 수덕사 능인선원에서 입승 소임을 보았다는 기록을 유의하면 3년결사는 재고될 여지가 있다. 『근대선원 방함록』(조계종 교육원), p.170 참조.

23) 이상은 연보에서 제시한 것을 요약함. 그런데 당시 금어선원의 하안거 수행자 대중 명단에 하동산의 이름은 전하지 않는다. 『근대선원 방함록』(조계종교육원, 2006), pp.321~322

는 알수 없지만 필자가 보건대 이는 초견성으로 보인다. 이로써 그는 교
학, 참선의 이력 15년만에서야 깨달음의 세계로 들어가게 되었다.

이렇게 깨달음을 맛 본 이후에는 선원의 조실로 근무하면서 후학을
양성하고, 또 다른 일면에서는 자신의 구경각을 향한 고삐를 계속하여
잡았던 것으로 보인다. 그 고삐를 잡음은 선문에서 보임(保任)이라고 한
다. 하동산 그가 조실로 근무한 시점과 장소를 제시하면 다음과 같다. 즉
1929년 동안거(범어사 금어선원), 1930년 동안거(범어사 금어서원)이다.[24] 그리
고 1932년에는 범어사 원효암에서 주석하면서 보조지눌의 간화결의론,
원돈성불론을 입수하여 암송할 정도로 일시적으로 교학에 전념하였다.
이렇게 그는 오도 이후, 범어사 선원 조실의 소임을 살면서도 철저한 보
임을 하였다고 보인다. 이후 그의 발길은 해인사로 향한다. 1933년 동안
거의 해인사 퇴설선원에서 그는 조실의 소임을 맡았던 것이다.[25]그런데
이때의 방함록에는 그의 법명이 용봉(龍峰)으로 나온다.[26] 이때부터 1935
년 3월까지는 해인사 퇴설선원에 있었던 것으로 추정된다.

그런데 그는 1935년 3월, 서울 선학원에서 개최된 전국수좌대회에 참
가하였다.[27] 그는 단순하게 참가한 것이 아니라 그 수좌대회의 사전 준
비, 실무 등 대회의 실질적인 주체로서의 역할을 다하였다. 이 대회는

참조.
24) 위의 『근대선원 방함록』 p.326~327.
25) 『근대선원 방함록』 p.88.
26) 용봉은 그가 일시적으로 당시 해인사 주지였던 임환경에게 받은 당호이다. 이에 대한
   논란은 후술할 것이다. 그런데 그 당호를 받은 시점이 언제인지는 정확하지는 않다.
   1931~1933년으로는 추정할 수 있다.
27) 이 때에도 그의 법명은 하용봉(해인사)으로 나온다. 졸고, 「조선불교 선종과 수좌대회」
   『불교근대화의 전개와 성격』(조계종출판사, 2006), p.172 참조.

한국불교의 전통의 수호, 선풍진작을 위해 1921년 11월에 설립된 선학원(禪學院), 1922년 3월에 결성된 선우공제회(禪友共濟會)의 전통을 계승한 대회였다. 즉, 선학원은 1920년대 중반에 가서는 일시적으로 후퇴하였으나 1930년에 가서는 김적음에[28] 의해 재기하였다. 재기한 선학원은 선원과 수좌의 기반하에 선의 대중화를 기하고, 나아가서는 한국불교 전통을 회복을 구축하기 위한 목적에서 선학원의 재정 기반의 강화에 노력을 기울였다. 그러한 결실이 구체화 된 것이 1934년 12월, 재단법인 조선불교 선리참구원으로의 전환이었다. 이렇듯이 선학원을 재단법인체로 전환시킨 수좌들은 그 기회를 활용하여 한국불교의 근본이 선종에 있음을 자각하고 당시의 불교 풍토를 극복하기 위한 노력을 기울였는 바, 바로 그 성과가 1935년 3월의 전국수좌대회의 개최이었다. 1935년 3월 7~8일, 수좌대회를 주도한 수좌들은 선종의 기반을 공고히 한 여력을 몰아서 전국 선원 및 수좌들의 조직체를 만들었던 것이다. 마침내 조선불교선종(朝鮮佛敎禪宗)이 창립되고, 선종 종무원도 설립되었다. 이러한 내용은 대회에서 제정, 통과된 선종 종규(宗規)에 담겨 있다. 당시 그 대회에서 하동산은 재단법인 설립을 주도한 임시 발기회의 주도세력에[29] 의해서 법인 정관 시행세칙 기초위원 겸 수좌대회 준비위원으로 위촉을 받았다.[30] 수좌대회 준비위원들은 1935년 3월 3~4일 제1

---

28) 『불교시보』 4호(1935.11) p.3면 「如來의 사명을 다하야 세상에 모범을 보이는 숨은 인물들, 立志傳中의 인물 김적음화상」.

29) 그들은 송만공, 김남천, 김현경, 기석호, 윤서호, 변유심, 이탄옹, 김적음 등이었다. 이들은 1933년 3월 20일에 임시발기회를 선학원에서 개최하였다.

30) 그 위촉은 범어사 출신인 기석호의 추천이 작용한 것으로 보인다. 위촉받은 대상은 기석호, 정운봉, 황용음, 박대야, 박고봉, 김적음, 하용봉, 김일옹, 이탄옹, 김익곤 등이다.

회, 제2회 준비위원회를 개최하면서 대회의 제반 준비에 들어 갔다. 당
시 하동산은 예비의 준비위원회와 본 수좌대회에서 대회순서 작성위원
뿐 아니라 종규, 종정회 규칙, 종무원칙, 선회규칙, 선의원회 규칙 등의
기초위원, 그리고 의안 심사위원, 종규 및 제 규약의 낭독위원을 역임하
였다. 그리고 대회에서 정한 종무원의 소임으로는 선의원(禪議員), 순회
포교사(巡廻布敎師)에 선출되었다.[31) 이렇듯 하동산은 선리참구원으로의
전환에 주도적인 참여와 수좌대회의 발기를 하지는 않았지만 대회의 준
비위원회, 수좌대회에서는 핵심적인 주도자로서 역할을 다하였다. 그러
므로 수좌대회가 갖고 있는 성격, 의의는 저절로 하동산의 특성, 지향과
동질적이라고 볼 수 있는 것이다.[32)

　그러면 이러한 배경 하에서 수좌대회가 갖고 있는 성격을 조망해 보
자. 그를 단적으로 알 수 있는 것은 수좌대회의 선서문이다. 그 전문을
보면 다음과 같다.

宣誓文

'우러러 告하옵나이다.'

'本師 釋迦世尊 및 十方 三寶慈尊이시여'

世尊께옵서 靈山會上에서 拈花하시오니 迦葉존자 - 微笑하심으로 붙

---

31) 선종의 주요 간부 소임에는 종정은 신혜월, 송만공, 방한암이며 종무원장에 오성월, 부
원장에 설석우, 서무부 이사 이올연(청담), 재무부 이사 정운봉, 교화부 이사 김적음이
선출되었다.
32) 필자는 수좌대회의 전모를 전하고 있는 「조선불교선종 수좌대회록」을 발굴하여, 그를
불교계에 공개하였다. 그리고 그를 분석한 글, 「조선불교 禪宗과 首座大會」를 『불교근
대화의 전개와 성격』(2006, 조계종출판사)에 기고하였다.

어 以心傳心하신 祖祖相承의 正法이 일로붙어 비롯하와 卅三祖師로 乃至 歷代傳燈이 서로서로 繼承하와 今日의 法會를 일우웟나이다. 竊念하오니 世尊이 아니시면 拈花가 拈花 아니시며 迦葉이 아니시면 微笑가 微笑아니심니다. 拈花와 微笑가 아니면 正法이 아니외다. 正法이 없는 世上은 末世라 일넛나이다. 世尊이시여 邪魔는 날이 熾盛하며 正法은 時時로 破壞하는 이 – 末世를 當하와 弟子 等이 어찌 悲憤의 血淚를 뿌리지 아니 하오며 어찌 勇猛의 本志를 反省치 아니 하오리까 오직 願하옵나이다. 大慈大悲의 三寶께옵서는 慈鑑을 曲照하시와 弟子 等의 微微한 精誠을 살피시옵소서 世尊의 弘願을 效則하와 稽首發願하오니 聖力의 加被를 나리시와 拈花와 微笑의 正法眼藏이 天下叢林에 다시 떨치게 하시오며 如來의 慧日이 四海禪天에 거듭 빗나게 하시옵소서 世尊이시여 獅子는 뭇 짐생에 王이외다. 그를 當適할 者 – 그 무엇이리까 그러나 제털 속에서 생긴 벌네가 비록 적으나 사자의 온몸을 다 먹어도 제 어찌 하지 못하나이다. 天下無適의 大力도 用處가 없나이다. 그와 같이 이제 如來 正法이 그 목숨이 실끝 같은 今日의 危機를 當한 것도 그 누에 허물이겟슴니까. 업디려 비나이다. 正法을 獅子라면 弟子 等이 벌네가 아니리까. 이제 天下 正法이 今日의 危機에 陷한 것이 오로지 弟子 等이 如來의 軌則을 奉行치 아니한 不肖의 罪狀은 뼈를 뿌시고 골수를 내여 밧쳐 올니여도 오히려 다 하지 못할줄 깊이 늣기와 이제 懺悔大會를 못삽고 弟子 等이 前愆을 懺悔 하오며 後過를 다시 짓지 아니코저 깊이 맹세하오며 發願하오니 이로붙어 本誓願을 등지며 三寶를 欺瞞하야 上으로 四重大恩을 저바리며 下으로 三途極苦를 더하는 者 잇삽거든 金剛鐵 槌椎로 이 몸을 부시여 微塵을 作할지라도 敢히 엇지 怨망을 품싸오리까.

차라리 身命을 바리와도 맛침내 正法에 退轉치 아니하겠사오니 오직
원하옵나이다.

'大慈大悲의 本師 釋迦牟尼佛과 밋 十方 三寶慈尊께옵서는 慈鑑證明하
시옵소서'

갓이 업는 衆生을 맹세코 濟度하기를 願하옵나이다. 다함이 업는 煩惱
를 맹세코 除斷 하기를 願하옵나이다. 한량이 업는 法門을 맹세코 배우
기를 願하옵나이다. 우가 업는 佛道를 맹세코 成就하기를 원하옵나이
다. 이 因緣功德으로 널니 法界衆生과 더부러 한가지 아욕다라삼약삼
보리를 일우워지이다.

昭和 十年 三月 七日

朝鮮佛教禪宗首座大會 告白

이 선서문에서는 정법과 전등이 계승되어야 함에도 불구하고, 사마(邪
魔)가 극성하고 정법이 파괴되는 말세를 당하여 참회와 반성을 하겠다는
수좌들의 현실인식이 우선 개진되어 있다. 수좌들은 정법이 위기에 처
한 현실에 처하여 정법과 여래의 궤칙을 받들지 못한 죄상을 수긍하면
서, 그 위기를 타개하겠다는 원력을 세웠다. 나아가서는 참회하는 정신
으로 다시는 잘못을 짓지 않고 삼보를 기만하는 삿된 무리들을 제거하
겠다는 굳은 서원을 다짐하였다. 이에 수좌들은 정법을 받들지 못하였
던 자신들의 허물을 자인하면서 신명을 바쳐 정법에서 물러서지 않겠다
는 맹서를 하였다. 추후에는 중생제도, 번뇌 단절, 불법의 수행, 불도의
성취를 하겠다는 다짐을 하였다.

바로 이러한 선종의 선서문 정신이 1935년 무렵의 하동산의 지성, 사고였다고 볼 수 있는 것이다. 이 선서문에 담긴 정신을 더욱 확대 해석하면 그는 불교정화의 이념이라고 하겠다. 여래의 정법이 실끝 같은 금일이라고 한 것, 천하의 정법이 금일의 위기에 처하였다는 현실인식은 곧 불교의 근본이 무너지고 있음을 직시한 것이다. 여기에서 지적한 불교의 현실은 불교계에 대처승이 등장하고, 그로 인하여 사찰 및 불교의 원융살림이 방치되어, 상구보리 하화중생하는 승가의 근본이 팽개쳐진 것을 의미하는 것이다. 하동산은 바로 그와 같은 현실을 직시하고, 그를 근본적으로 개혁할 주체로서의 수좌들의 재발심을 독촉하고, 그를 추동할 조직체인 선종과 종무원을 결성하였다고 필자는 본다.

그렇다면 하동산이 어떤 연유로 이러한 현실인식을 갖고, 그를 추동하는 최일선에 서게 되었는가? 지금껏 우리가 살핀 바와 같이 하동산은 교학의 수학, 참선 수행에만 주력하고 불교계에서의 구체적인 활동에는 나서지 않았다. 이에 대해서는 두 가지 측면에서 접근이 가능하다. 우선은 은사인 백용성의 식민지 불교를 극복하고 불교의 근원을 회복하려는 행보에서 영향을 받았을 가능성이다. 백용성은 1926년 5월, 9월 불교의 근본을 파괴하는 주범을 승려의 대처식육으로 보고 그를 부정, 극복하기 위한 행보에 나섰다. 그는 잘 알려진 바와 같이 총독부에 대처식육을 금지 해달라고 요청한 건백서이다.[33] 당시 백용성은 그와 뜻을 같이하는 수좌 127명의 동의, 연서를 받아 대처식육을 완전 금지하든가, 아니면 무처승려와 유처승려를 구분하여 무처승려만이 전용적으로 수행

33) 졸고, 「1926년 불교계의 대처식육론과 백용성의 건백서」, 『한국 근대불교의 현실인식』, 민족사, 1998.

할 수 있는 본산을 활급할 것을 요청하였다. 그러나 일제는 백용성의 요청을 거부하고, 오히려 대처승도 본사 주지에 취임할 수 있는 사법의 개정을 장려, 권유하였다. 이로부터 불교계는 대처승의 합법화의 길로 나갔던 것이다. 그리하여 1926년 후반부터 대처승의 합법화가 시작되어 1920년대 후반에는 비구승 대부분의 대처승화가 가속화되었다. 이후 백용성은 대처승의 합법화를 수용하는 교단, 사찰재산을 팔아 버리는 승단과는 함께 갈 수 없다고 판단하고 자신만의 독자적인 길로 나아갔거니와 그것은 대각교 창립, 선언이었다. 이에 백용성은 1927년에 대각교를 선언하고, 대각교 중앙본부 및 지부를 설립하고, 선농불교 및 선율을 겸행하는 불교를 실천하였던 것이다.[34] 이러한 백용성의 노선과 지향은 상좌였던 하동산에게도 일정한 영향을 주었다고 보고자 한다.[35]

다음으로 지적할 것은 하동산이 교학 수학, 참선 수행을 거치면서 나타난 수행력이 일정한 수준에 올라가 범어사, 해인사 선원의 조실을 역임하였던 이력, 자부심이다. 선찰대본산의 범어사, 법보사찰로서의 해인사의 역사적 전통은 특별하게 인식할 수 있는 것인데, 그러한 사찰의 조실을 40대 초반에 역임하고 있음은 당시 불교계, 특히 수좌계에서는 일정한 반열에 올라간 것으로 보고자 한다. 더욱이 하동산은 입산 이전에 의학전문학교를 마쳤기에 사회의식, 현실의식에 대해서도 일정한 소양을 갖추었다고 볼 수 있는 것이다. 이러한 사회의식은 수좌대회에서 종규, 각종 규약을 제정함에 있어서 실력을 발휘할 수 있었던 대목이 아닌가 한다.

---

34) 졸고, 「백용성의 불교개혁과 대각교운동」, 『새불교운동의 전개』, 도피안사, 2002, pp.286~291.

35) 백용성의 건백서에 서명한 127명의 대상자에 하동산도 포함되었을 가능성이 있지만 기록의 부재로 그를 단언할 수는 없다.

수좌대회에 참가하여 조선불교 선종, 종무원을 출범시킴에 일조를 한 하동산은 그가 처하여 있었던 원래의 자리로 돌아왔다. 그 자리는 수행처인 선원이었다. 그는 1935년 하안거를 설악산 봉정암에서 났고,[36] 그 해 동안거는 범어사 금어선원으로 복귀하여 조실의 소임을 맡았다.[37]

1936년, 그의 나이가 속납으로 47세 때였다. 1936년 동안거 때부터[38] 그의 은사인 백용성이 범어사 금어선원의 조실로 와 있었다.[39] 당시 용성은 그의 대각교 운동을 일제가 탄압하는 것을 피하기 위해 대각교 간판을 내리고, 대각교 재산을 정리하여 은둔의 자세를 견지하였다. 이에 1936년 7월 16일에는 해인사 측과 교섭하여 그에 관련된 이전 수속을 하였다.[40] 그러나 이 약정은 사후관리의 문제로 인해 파기되고, 범어사와 재교섭을 하였다. 그 결과 대각교당의 기지와 건물, 화과원의 기지와 건물, 간도 용정의 교당·부동산 등 당시 시가 10만원 상당 재산을 범어사에 제공하였다.[41] 이로써 1936년 11월 대각교 간판은 내려지고 서

---

36) 『문집』 행장, p.369.
37) 『근대불교 방함록』, p.335. 이때의 법명은 龍峰으로 나온다.
38) 『근대불교 방함록』, pp.337~338. 용성은 1937년 하안거에도 범어사 금어선원에 있었다.
39) 『불교시보』 17호(1936.12.1), p.6, 「인사소식, 백용성선사 대본산 범어사 내원암 종주로 취임」. 『근대불교 방함록』 pp.337~338에는 1936년 동안거, 1937년 하안거의 조실로 백용성으로 전한다.
40) 그 조건은 대각교의 동산, 부동산 등 일체 재산을 명의 변경하고, 용성과 용성의 제자 6인이 중심이 되어 포교소 운영과 자선사업을 계속해 가는 것이었다. 졸저, 『용성』(민족사, 1999), p.230. 『불교시보』 13호(1936.8.1), p.7, 「대각교당을 해인사경성포교소로 변경」.
41) 그 대신 범어사에서는 매월 초하루의 100원씩을 경성포교소에 지불하여 경비로 충당케 하였다. 『불교시보』 17호(1936.12.1), p6, 「대각교당이 다시 대본산범어사 경성포교소로 이전 수속」.

울의 대각교당도 범어사 경성포교소로 전환되었다.[42] 이렇게 범어사에 머물면
서 자신의 대각교운동을 정리하고 있었다. 바로 그 무렵, 1936년 11월 18일 하동
산은 백용성에게 계율을 전수받았던 것이다. 즉, 계율의 전계증을 받았다.

하동산은 백용성에게 전계증을 받기 이전, 즉 1936년 하안거를 태백
산 정암사에서 났다가, 그해 동안거 때에는 해인사에 내려와 조실로 근
무하였다고 한다.[43] 바로 그 때에 하동산은 은사 백용성의 부름을 받아,
범어사에서 백용성이 지니고 있었던 계맥을 전수받았다. 당시 하동산에
게 전한 그 전계증의 기록을 살펴보겠다.

> 吾今所傳戒脉 朝鮮智異山 七佛禪院 大隱和尙 依梵網經 誓受諸佛淨戒
> 七日祈禱一道祥光 注于 大隱頂上 親受佛戒後 傳于錦潭律師 傳于梵海
> 律師 傳于草衣律師 傳于禪谷律師 傳至于吾代 將次海東初祖所傳 張大
> 敎網漉人天之魚寶印 以爲戒脉與正法眼藏正傳之信 懇懇付與東山慧日
> 汝善自護持 令不斷絕 與如來正法住世無窮
>
> 世尊應化 二九六三年 丙子 十一月 十八日
>
> 龍成 震鍾 爲證

---

42) 그러나 얼마후 백용성은 '조선불교선종 총림'이라는 간판을 갖고 독자적인 행보를 갔
다. 『불교시보』 42호(1939.1.1) 근하신년란에 경성부 봉익정 2 조선불교선종 총림이라
고 나온다. 그리고 1939년 4월 18일에 나온 『지장보살본원경』에도 발행처가 경성부 봉
익동 1번지 조선불교선종 총림 삼장역회라고 나온다.

43) 이는 『문집』의 행장, 370면 참조. 그런데 현전하는 해인사 퇴설선원의 방함록에는 그
의 이름이 전하지 않는다. 해인사에 주석하였지만 안거 수행에는 참가하지 않을 수도
있다. 바로 그 무렵 동산은 그의 상좌인 이성철의 출가를 독려한다. 즉 산청 대원사에
서 재가자로 수행하던 성철은 김법린, 최범술의 권유로 해인사로 갔다. 당시 백련암에
서 성철을 만난 동산은 출가를 권유하였다. 성철이 출가한 때는 1937년 3월이었다.

東山慧日 受持[44]

이 전계증에 나오듯이 백용성은 그가 수지하였던 조선후기의 자생적인 瑞祥受戒의 계맥, 자주적인 계맥을 하동산에게 전수하였다. 이러한 계맥의 전수는 당시 불교계 잡지인 『불교시보』에도 다음과 같이 나온다.

> 白龍城 禪師는 朝鮮佛敎 固有의 戒脈을 東山 慧日師의게로 傳하엿는대
> 그 由來한 禪師의 系統을 보면 아래와 갓다고 한다.
> 大隱和尙 錦潭和尙 梵海和尙 禪谷和尙 龍城和尙 東山和尙[45]

이렇듯이 하동산에게로 백용성에게 전달된 계맥은 당시 불교계에도 널리 알려졌던 것이다.

그러면 여기에서 왜 백용성은 자신의 생명과 같은 계맥을 하동산에게 전하였는가? 이에 대해서는 다양한 접근이 가능하다. 지금껏 이에 대해서는 특별한 해석이 없었다. 다만 하동산의 수행, 선지가 뛰어난 것에서 찾았다고 이해된다. 백용성에 대한 연구는 이제 초보 단계인데, 그중에서도 그의 법 계승의 문제는 전혀 논의된 적이 없다. 이는 자료 부족, 연구자의 관심 누락, 현실적인 문도 내부의 역학관계 등이 어우러진 결과로 보인다. 필자가 추정하건대 백용성은 1936년 초반부터는 일제 탄압에 직면하면서, 자신의 삶의 총체성을 총정리하였던 것으로 보인다. 앞서 살핀 대각교 재산 일체를 범어사로 기부한 것은 그 단적인 예증이라

---

44) 『문집』, p.370. 이 자료의 원본은 현재 범어사 성보박물관에 소장되어 있다.
45) 『불교시보』 18호(1937.1.1) p.13, 「朝鮮佛敎의 戒脈直傳과 白禪師의 傳戒」.

보여진다. 그리고 1936년 2월 16일, 관음재일을 이용하여 대각사에서
는 백용성 법맥 상속식을 거행하였다. 법맥 상속 대상자 명단을 전한 보
도기사에는 하동산의 이름을 찾을 수 없다.[46] 1936년 4월, 대각교중앙
본부에서 간행한 『수심론』에도 본분진리를 말해달라는 제자들의 요청에
의하여 게송으로 그의 뜻을 전한 내용이 있다. 여기에 나온 제자의 명단
에도 하동산의 이름은 전하지 않는다.[47] 그리고 1936년 7월 16일 백용
성과 해인사가 대각교 재산을 이전하였을 당시에 그 관리자로 나온 제
자 6인에도 하동산의 이름은 없었다.[48]

　어떤 연고로 백용성의 상수제자로 널리 알려진 하동산이 누락되었는
가? 더욱이 하동산은 교학, 참선 등의 수행을 치열하게 하였으며, 깨달
음도 겪었고, 범어사와 해인사에서 조실도 역임하였다는 사실을 고려
하면 더욱 더 의아심이 든다. 이는 그간 용성문도회에서 구전으로 전하
여 왔던 하동산이 해인사 주지인 임환경에게 중간에 건당하여 받은 법
명인 '용봉(龍鳳)'의 문제에서 비롯된 것으로 보인다. 그 전후사정은 하동
산의 입산 이전의 가사 문제를 해결하기 위한 문제에서 발단되었으며,
그를 해결하기 위해서 필요한 일정한 돈을 임환경이 제공하면서 하동산
을 당신의 제자로 삼으려 하였고, 그 결과로 용봉이라는 이름을 받았던
것이다. 지금까지 하동산의 상좌들은 이런 문제를 공식적으로 언급되는
것을 꺼렸다. 그런데 2006년도 초에 불거진 『태고종사』 사태를 극복하

---

46) 『불교시보』 8호(1936.3.1), p.6, 「대각교당의 법맥상속식」. 이 기록에는 嗣法을 받은 대
　상자로 東軒 完圭, 禎薰 道庵, 德綸 雷默, 月舟 鳳庵 등 4인의 법명이 전한다.
47) 그 대상자는 단암, 덕운, 보광, 회암, 도암, 동헌, 뇌묵, 봉암 등 8인이다.
48) 그 대상자는 柳道庵, 崔昌雲, 金警惺, 表檜庵, 崔雷默, 邊月舟 등 6인이다. 이들은 '門
　徒'라고 전하였다.

기 위한 목적에서 나온 하동산 찾기의 인터뷰 과정에서[49] 필자는 그 실
무를 담당하였기에 여러 상좌에게서 그에 대한 다양한 정보를 확인하였
다. 그것이 위에서 필자가 언급한 가사문제 해결 차원에서 나온 당호(용
봉)인 것이다. 하동산 문도들의 증언을 종합해 보면, 입산 이전의 가정
문제를 해결하기 위해 백용성을 찾아가서 그를 해결하기 위한 돈(논 세
마지 값)을 요구하였고, 그 사정을 들은 백용성은 사적인 일에 절의 돈을
쓸 수 없다고 거절하였으며, 하동산의 고민을 파악한 임환경이 그 자금
을 대면서 자신의 제자라는 당호를 주었고, 하동산은 용봉이라는 당호
를 3~4년간 사용하였으며, 얼마 후 하동산은 백용성을 찾아가 참회하
고, 동산이라는 법호를 다시 썼으며, 임환경에게도 사용한 돈을 되돌려
주었다는 것이다.

　필자가 보기에 이러한 전후사정이 맞물려 있었기에 1936년 초반, 중
반의 전법자 명단, 제자의 명단에서는 하동산을 찾을 수 없었다고 하겠
다. 그러나 1936년 동안거를 범어사에서 났던 백용성은 어떤 연유 및 계
기에서 기인한 것인지는 모르지만 자신의 생명과 같은 계맥의 전수 대
상자로 하동산을 선택하였던 것이다. 그는 백용성이 하동산의 수행의
실력을 인정하고 上首弟子로 다시 인정한 측면, 하동산의 참회를 수용
한 것, 계율을 수호하면서 불교정화를 추진할 수 있는 대상자로 인정한
내용 등이 결합되어서 나온 산물이라고 보고자 한다.

　백용성에게서 전계를 받은 이후의 하동산은 더욱 더 철저한 수행에

49) 그 성과물이 『동산대종사와 불교정화운동』(2007)의 책이다.

나간 것으로 보인다.[50] 1937년 하안거시에는 도리사 조실,[51] 1938년 하안거는 범어사 내원암 선원에서 조실로,[52] 1939년의 하안거, 동안거는 은해사 선원의 조실로 있었다.[53] 그런데 1940년 음력 2월 24일, 은사인 백용성이 대각사에서 세납 77세로 입적하였다. 백용성의 입적은 하동산에게는 충격, 당혹으로 다가왔을 것이다. 그는 백용성의 입적 이후에는 용성에게서 받은 동산이라는 법명을 다시 쓰고, 오로지 범어사 금어선원에 조실로 주석하면서 수행에 더욱 매진하였다. 즉 그는 1941년 하안거부터 해방되는 그날까지 줄곧 범어사 금어선원의 조실로 주석하였다.[54] 하동산의 문도인 송백운의[55] 회고에 의하면 백용성이 입적하자 더욱 선수행을 치열하게 하여 마침내 깨쳤다고 한다.[56] 이렇게 백용성 입적 이후 하동산이 깨친 시점은 정확하지는 않지만, 이는 일반적으로 말하는 구경각의 깨침으로 볼 수 있지 않을까 한다.

하동산의 백용성 입적 직후, 불교정화의 기치를 구현한 것은 1941년 2월 26일부터 10일간 선학원에서 개최된 유교법회(遺敎法會)에서의 설법이었다. 이 대회는 일제 불교정책, 일본 불교의 침투로 인하여 청정 승

---

50) 『문집』, p.374에서는 하동산이 해인사 조실로 추대되었다고 하였지만 위의 『근대불교 방함록』의 해인사 해당 연도에는 그런 내용이 없다.

51) 정광호, 『한국불교최근백년사편년』, p.262. 이 기록에는 조실이 하용봉으로 나온다.

52) 정광호, 『한국불교최근백년사편년』(인하대, 1999), p.263, 「선방」.

53) 정광호, 『한국불교최근백년사편년』(인하대, 1999), p.264, 「선방」.

54) 이에 대한 근거는 『근대불교 방함록』의 범어사 해당 연도 편에 구체적으로 전한다.

55) 송백운은 본래 백양사 계열의 승려였으나 1952년 9월부터, 범어사 하동산의 시자를 맡은 인연으로 하동산의 제자가 되었다. 그는 하동산에세 계문을 받은 상좌이다.

56) 송백운은 필자에게 "용성스님이 열반을 하시니 용성스님이 살아 계실 적에 깨쳐야 하는데 그리 못한 것이 평생의 한이라고 생각하고는 용맹정진을 하였더니 금방 깨쳤다고 하였습니다. 그래서 이렇게 쉬운 것을 진작 철저하게 하지 못한 것을 아쉬워 하였답니다"고 증언하였다.

풍이 쇠약해지는 것을 차단하면서 동시에 청정법맥을 진작시키기 위한
목적에서 개최되었다. 하동산은 당시 그 법회에 참가하였다.

> 去 이월 이십육일부터 십일간 府內 안국정 禪學院에서는 雲水衲僧 古
> 德諸師의 遺敎法會를 열고 박한영, 송만공, 채서응, 김상월, 하동산 제
> 선사의 법망경, 유교경, 조계종지에 대한 설법이 잇섯다고 한다.[57]

당시 그 법회에는 운수납자 40여 명이 참가하였는데 대표급 수좌들이
설법을 하고, 대회 종료후에는 수좌대회를 열고, 기념사업으로 비구승
중심의 범행단(梵行團)을 조직하여 선학과 계율의 종지를 선양하기 위한
노력을 기울였다. 그리고 수좌들은 제2회 조선불교선종 정기 선회를 개
최함과 동시에 선리참구원의 이사회와 평의원회도 열었다.[58] 당시 대회
에 참가한 하동산이 설법한 주제는 전하지 않는다. 그러나 그가 유교법
회에 참가하였던 그 사실에서 그는 선리참구원, 수좌계의 확실한 중견
지도자였음이 분명하다고 보겠다.
　하동산은 유교법회가 끝난 뒤 즉, 1941년 5월 경, 백용성을 흠모하였던 이
운허를 만나 백용성의 어록 편찬에 대하여 대화를 하였다는 기록이 있다.

> 余 事의 此擧(필자주, 禪農佛敎)를 듯고 欽慕함을 마지 못하얏더니 前日에
> 梵行團일로 東山上人을 봉익동 敎堂에 訪한즉 때는 正히 師의 小祥을 지
> 낸지 未幾요. 上人은 上足이라 小編인 師의 語錄을 示하고 右 事實을 諭

57) 『불교시보』 69호(1941. 4. 15), 「선학원의 유교법회」.
58) 『불교시보』 69호, 「재단법인 선리참구원의 이사회급평의원회」.

하면서 記하라 囑하기에 이러히 責을 塞하다.

後學 龍夏 謹記[59]

즉 1941년 4월 경 하동산은 백용성의 어록을 편찬하려고 하였는데, 당시 대각사에서 만난 이운허에게 백용성의 선농불교에 대한 글을 써 줄 것을 요청하였다. 이 글에서 주목되는 것은 하동산을 백용성의 상족 (上足)으로 표현하였다는 점이다. 상족은 상수제자라는 말이다. 이는 하동산의 위상을 단적으로 말해주는 것이다.

『용성선사 어록』은 1941년 9월 20일에 발간되었는데, 그 발간을 주도한 인물이 바로 하동산이었다. 이 사실은 이운허의 회고에도 나오지만 『용성선사어록』의 저작 겸 발행자인 김태흡의 '후서(後序)'에도 나온다.

> 爰有東山禪師하야 侍學老師之餘에 收拾老師語錄之散逸者하야 欲爲編
> 纂公刊할새
> 余亦老師法恩不少하야 誠心贊同하고 共力出版故로 錄其顚末하야 附于
> 卷尾하노라.[60]

즉 김태흡에 의하면 하동산은 백용성을 시학(侍學)하는 여가에 백용성의 어록이 흩어져 있는 것을 모았는데, 그를 편집하여 출간하려고 하였다는 것이다. 이에 김태흡도 백용성의 은혜를 입어서 정성을 다하여 출판하는데에 힘을 보탰다는 내용이다. 이렇게 백용성의 수행, 사상, 행적

---

59) 『용성선사어록』, p.39, 「선농관」.
60) 『용성선사어록』, p.40.

을 알 수 있는 자료를 취합하여 『용성선사어록』을 발간한 것은 하동산이
다. 백용성의 제자가 다수였건만 그 작업에 참여한 것은 오직 하동산이
었다. 더욱이 일제가 패망하기도 전이며, 백용성이 입적한지 불과 1년밖
에 안된 시점에서 어록을 발간한다는 것은 예사로운 일이 아니다. 여기
에서 필자는 하동산의 백용성의 계승하기를 분명하게 찾을 수 있다. 이
제 이러한 배경하에서 『용성선사 어록』의 하동산 발문을 살펴 보겠다.

> 만약 賞音의 子期를 알아 들을 수 있는 사람이 없다면 어느 누가 伯牙
> 의 거문고 소리를 이해할수 있겠는가. 소리를 알아 듣는 자는 적고 뜻
> 을 잃은 자는 많다.
> 그러므로 靈山會上에서 부처님이 꽃을 드시어 대중에게 보이셨을 때
> 대중의 수가 백만이었건만 오직 금색 두타인 마하가섭만이 파안미소하
> 였다. 또한 黃梅山中에는 득도한 자가 자그만치 칠백여명이었으나 오
> 직 盧行者만이 밤을 틈타 入室한 것이다.
> 슬픈 일이다. 때는 바야흐로 성인께서 가신 지가 오래다. 魔는 강하고
> 法은 약하다. 如來의 正法이 波旬의 魔說로 변질되어 가고 臨濟의 宗風
> 이 야간의 긴 울음소리에 떨어져 가고 있다. 만일 禪師와 같이 行이 높
> 고 知慧가 원대한 자가 아니라면 아무리 說한들 누가 알아들을 수 있겠
> 는가?
> 선사의 살아온 인연과 법을 얻은 인연, 세 번의 깨달음, 다섯종파의 변
> 명 문답의 기연, 근기를 따른 설법, 선문강화, 삼장역회의 노력, 불교총
> 림의 시설, 치아사리의 방광과 서상, 방생의 십년, 기타 사람을 위한 노
> 파심절 등이 낱낱이 선사의 어록 가운데 실려 있으니 구태여 번거롭게

얘기할 것도 없다. 각자가 한번 이 어록을 보기 바란다.

선사께서 오심이여,
끓는 煩惱에 시원함 甘露水요
선사께서 가심이여
人天의 眼目을 잃었도다.

아아! 슬프도다, 교화의 연이 이윽고 끝나시니 작은 병환을 보이셨다.
새와 짐승들도 슬피 울고 숲속의 나무도 흰옷으로 갈아 입는구나. 하물
며 우리 제자들이야 누가 슬피 울어 눈물 흘리며 옷깃을 적시지 않으리
오. 선사께서 엄연히 꾸짖으시도다.

산과 산 물과 물은
나의 모습이요
꽃과 꽃 풀과 풀은
나의 뜻이다.
등한히 왔다 등한히 가니
밝은 달이 비추고
맑은 바람이 분다.

만약 이 뜻을 요달하면
어찌 오고 가는 相이 있고
사랑과 미움의 정이 있으리오

정은 남고 지혜는 隔했으니

간절히 모름지기 뜻을 가져라.[61]

말씀을 마치고 엄연히 가셨다. 선사가 가신지 1주기, 小祥을 맞이하여
궤속에 간직된 선사의 유고를 내가 꺼내어 얻고 대중들에게 돌려가며
보였다. 그때 마침 신도 가운데 최창운씨가 듣고는 매우 기뻐하며 유통
하기를 간청하였다. 이에 신남신녀들에게 권선문을 내어 편집하고 간
행하여 유포하니 영원히 무궁하기를 바란다.

특히 바라는 바는 성수는 하늘처럼 항상하고 이 땅은 오래도록 영원하
여라. 종풍은 끊이지 않고 부처님의 태양은 길이 빛나라. 법계의 含靈
들이여! 마음깨쳐 성불하라.

時 세존응화 2968년 3월 3일

門人 東山慧日 跋

위의 발문에서 필자가 주목하는 것은 다음과 같다. 우선 용성의 어록,
즉 자료를 수집하여 발간하려는 백용성의 제자는 하동산을 제외하고는
찾을 수 없다는 것이다.[62] 이로 미루어 보건대 하동산이 백용성의 상수

---

61) 『용성어록』, p.40. 이 발문은 원래 한문으로 되어 있으나 대중화를 위해 한글로 번역한
   것을 제시하였다. 번역은 동봉, 『용성 큰스님 어록』(불광출판부, 1993), pp.610~612의
   것을 저본으로 활용하였음.

62) 한편 현재 해인사 용탑선원에 있는 용성사리탑비명(1941.7)에는 하동산이 恩座로 나온
   다. 즉 그는 은법제자, 수법제자 명단에는 누락되었던 것이다. 이는 하동산이 용성의
   상좌이면서 법을 받았다는 동산문도회의 기존의 견해와는 적지 않은 이질성을 노출한
   내용이다. 필자가 보건대 하동산은 『용성선사어록』을 발간하였지만, 여타 제자들은 비
   석 건립을 주도한 것으로 보인다. 그런데 그 비명에는 1936년 전반기에 법을 받았다는
   제자들의 이름이 나온 경우도 있고, 새로 추가된 것도 있다. 이를 종합해 보면 1941년

제자이면서 백용성의 법을 계승하려는 의식이 충만하였음을 알 수 있었
다. 다음으로는 하동산은 1941년 그 시절을 마(魔)는 강하고 법은 약하
며, 여래의 정법이 마설로 변질되고, 임제의 종풍이 사라지고 있다는 현
실인식을 하였다. 이는 하동산이 일제 말기의 불교풍토를 극력 비판하
였음을 파악할 수 있는 단서이다. 셋째로는 하동산은 임제종풍 및 불교
발전에 대한 원력이 지대하였음도 나타나고 있다. 이러한 단서에서의
공통점은 불교정화이다. 불교의 근본과 한국불교 전통으로서의 선을 회
복하려는 강력한 의지를 엿볼 수 있는 것이다. 이렇듯이 하동산은 백용
성의 법과 정신을 계승, 구현을 통한 불교정화에 대한 일정한 소양을 갖
고 있었다.

일제 말기, 하동산의 살림살이에서 간과할 수 없는 것은 1943년에는
범어사 금강계단의 단주(壇主)로 취임한 것이다. 이에 그는 역사와 전
통을 갖고 있었던 범어사 계단의 전계대화상이 된 것이다. 1892년(고종
29), 대구 용연사의 만하(萬下, 勝林)는 계법 중흥을 위해 중국 북경의 법
원사(法源寺)의 황성계단(皇城戒壇)에 가서 받아온 대소승계를 1897년 통
도사에서 통도사 서해담(徐海曇) 율사, 범어사의 오성월(吳惺月) 율사 등에
게 전수하였다. 이에 범어사에서는 1904년부터 금강계단을 만들어 사
미계, 사미니계, 비구계, 비구니계, 보살계 등을 승려 및 재가자에게 전
수해 왔던 것이다. 그 계맥은 오성월, 경념, 정운봉, 영명 등으로 이어
져 왔는데 이제는 그 맥이 하동산에게로 전해진 것이다. 이로써 하동산

용성 비석을 건립한 그즈음 용성 문도내부에서 내적인 문제가 있었다고 보여진다. 그
러나 필자는 그 내적인 문제에 대한 내용, 성격 등을 정리할 정보, 여건이 부재한 상황
이다. 이는 필자의 연구 과제로 남겨 두고자 한다.

은 조선의 자생적인 계맥과 함께 중국에서 유입된 계맥까지[63] 겸수하였
다. 즉 하동산은 제도권 내에서의 계맥 · 계단의 주역으로 그 위상이 더
욱 올라갔다.

지금까지 살핀 바와 같이 일제하 하동산은 경학 공부, 참선 수행을 한
후 범어사, 해인사에서 조실로 활동하였다. 이는 정통수좌로서 올곧은
수행을 견지하였음을 의미한다. 그리고 그는 1935년 수좌대회와 1941년
유교법회에서 선종 창건, 종무원 설립, 선풍진작, 계율수호, 전통불교 수
호의 견인차 역할을 하였다. 이는 당시 수좌계에서 지도자 반열에 서 있
었음을 말하는 것이다. 그리고 그는 1936년에는 백용성의 계맥을 계승하
고, 1943년에는 범어사 금강계단의 단주로 취임하였다. 이러한 계맥의
계승은 그가 계율수호라는 더욱 구체적인 책임을 갖게 되었음을 말하는
것이었다. 이런 측면이 종합되어, 구체적인 방향성을 띤다고 볼 경우, 그
는 자연스럽게 전통불교 수호, 식민지 불교의 극복을 통한 불교정화라는
노선을 가게 되었다고 보는 단서이다. 곧 하동산은 일제하의 불교에서도
불교정화와는 불가분의 관계에 처하여 있었다고 보고자 한다.

3. 불교정화의 배경과 하동산

본장에서는 불교정화가 일어날 수 밖에 없었던 연유에 주목하면서,
그것과 관련된 하동산의 행적을 살피고자 한다. 이는 불교정화가 발발
하였을 당시 왜 불교정화의 지도자로 하동산이 등장하였는가를 밝히려

---

63) 이지관, 『한국불교계율전통』(가산불교문화연구원, 2006), pp.253~262.

는 것에 있다. 이러한 분석은 불교정화가 이승만대통령의 유시, 공권력
의 개입에 의해서만 나타난 것이 아니고 불교계 내부에서의 자생성을
분석하고자 함이다. 나아가서는 왜? 하동산은 불교정화의 최일선에 서
야만 되었는가를 살펴보고자 하는 것이다.

1945년 8월 15일, 한국은 일제에서 해방되었다. 해방은 한국의 자주
독립국가의 건설로 나가야 하는 역사적인 과제를 부여하였다. 이러한
과제는 불교계에도 역시 나타났거니와 그는 식민지 불교의 극복과 함께
불교 본연의 길로 나감이었다. 이에 불교계에서는 교단 재정비를 기하
기 위한 다양한 대책이 왕성하게 노정되는 가운데 불교 혁신에 대한 활
동이 구체화되었다. 그 활동의 주체는 대략 교단, 혁신단체로 대별되었
다. 그러나 교단과 혁신단체 불교 혁신의 활동은 상이한 현실인식, 추
진방법의 이질화로 인해 적지 않은 갈등, 대립을 가져왔다.[64] 이렇게 대
응적인 불교혁신으로 인해 중앙에서는 교단 내홍을 겪을 때 지방에서는
수좌들 중심의 독자적인 불교개혁을 위한 실험이 추진되기도 하였다.
가야총림, 봉암사 결사, 고불총림이 바로 그것이었다.[65] 그러나 이러한
모든 움직임은 1950년 6.25라는 격변을 맞이하여 거의 다 중단되었던
것이다.

이렇게 불교계 내부에서 불교혁신을 위한 움직임이 전개되던 그즈음

---

64) 이에 대해서는 아래의 졸고가 참고된다. 김광식, 「8 · 15해방과 불교계의 동향」, 『한국근
　　대불교의 현실인식』, 민족사, 1998. 「불교혁신총연맹의 결성과 이념」, 『한국근대불교의
　　현실인식』, 민족사, 1998. 「전국불교도총연맹의 결성과 불교계 동향」, 『한국근대불교의
　　현실인식』, 민족사, 1988. 「8 · 15해방과 전국승려대회」, 『한국 현대불교사 연구』, 불교
　　시대사, 2006.
65) 김광식, 「봉암사결사의 전개와 성격」, 『한국 현대불교사연구』, 불교시대사, 2006. 김광
　　식, 「고불총림과 불교정화」, 『한국 현대불교사 연구』, 불교시대사, 2006.

의 하동산은 어디에 있었는가. 그리고 그는 그 같은 불교혁신에 대하여 어떤 입장을 갖고 있었는가. 이러한 기초 조사는 불교정화가 일어난 1954년(65세) 이전의 하동산의 행적에 유의하여 불교정화의 발발과 하동산과의 상관성을 이해하고자 함이다.

하동산은 해방되던 그 무렵부터 정화가 발발될 때까지 줄곧 범어사 금어선원의 조실로 있었다. 1945년 하안거부터 1954년 하안거까지 금어선원의 조실로서 자신의 수행을 지속하면서 수좌들의 수행을 지도하다였으나 1948년에는 대승사 쌍련선원 조실로 가 있기도 했다.[66] 그 당시 범어사 금어선원은 안거 수행시에 15명 내의 수좌가 있을 뿐이었다.[67] 그러나 그 무렵의 하동산에 대한 정보는 문헌으로 전하는 것이 거의 부재하였다. 다만 일제하 범어사의 주역이라고 칭할 정도였던 오성월이 입적하자, 그 후임으로 범어사 대처승들이 회의하여 하동산을 산중 조실로 추대하였기에, 산내 암자인 원효암에서 범어사 청풍당으로 내려와 범어사의 정신적인 어른으로 주석을 하였다고 한다.[68]

그러한 위상을 갖고 있었음에도 사판 중심체제하에서는 하동산 영향력은 미약하였다. 대처승들이 살림을 주관하였던 종무소에서는 선원에서 마지를 지어 올릴 것과 수좌 15명분의 식량만 대주었기에 그외 재정은 하동산의 주관으로 해결하였다. 그런데 6·25가 터지자 전국 각처에

---

66) 다만, 1948년 동안거 시에는 조실 명단에서 누락된 것을 보면, 1948년 가을부터 1949년 여름까지는 다른 사찰에 가 있었다고 볼수 있다. 봉녕사 묘엄스님의 회고에 의하면 하동산은 그 무렵 문경의 대승사 선원에 있었다고 한다. 『회색고무신』(시공사, 2002), p.161. 해방무렵 쌍련선원에 있었던 성철, 청담 등은 떠나고 조실로 정금오가 주석하였다. 『회색고무신』, p155.
67) 위의 『근대불교 방함록』 해당 연도 참조 바람.
68) 2006년 7월 6일, 동근스님의 증언. 동근스님은 1948년 범어사에서 출가하였다.

있었던 수좌들이 대거 범어사로 몰려 들었다. 그러자 범어사 하동산 회
상에는 수좌가 근 백여명 가깝게 수행하게 되었다. 그러나 하동산은 그
수좌들을 다 수용하면서 함께 공부하자는 대승심을 발휘하여, 수행풍토
를 진작하였다. 이에 대해서는 1952년에 범어사 선원에 있었던 월운의
회고가 주목된다.

> 글쎄 내가 보기에 노장 조실스님은 선방의 운영도 독립적으로 하였으
> 며, 찾아오면 누구나 환영하시곤 하였지만 누구의 도움이나 보호를 받
> 으려는 기질이 없었어. 이를테면 스님은 반골기질이야. 그래서 그렇게
> 대처승을 미워하시곤 그랬는데 이것은 혁명기질이 있었다는 것이지.[69]

 이렇게 하동산은 몰려든 수좌들과 우호적인 수행을 하였는데, 당시에
도 불교정화를 하려는 혁명기질이 있었다고 한다. 그리고 당시 수좌들
은 이런 하동산의 살림살이에 감격을 하였다. 다음은 당시 범어사에 있
었던 문정영, 보성의 회고이다.

> 동산스님은 결제, 해제 법문을 꼭 하시고, 조석으로 꼭 예불을 안 빠집
> 니다. 그리고 아침에는 틀림없이 마당 청소를 합니다. 그러니 대중들이
> 청소에는 전체가 참석할 수밖에 없지요. 그거는 본받을만 하지요. 하여
> 간 동산스님은 꼭 예불 안 빠지시고, 큰 축원은 꼭 직접 하시고 그랬어
> 요. 그 시절 동산스님은 모든 사람, 공부하겠다는 사람을 거의 다 받았

---

69) 2006년 6월 10일 증언.

어요.[70]

6 · 25가 난 다음, 다음 해입니다. 그때 범어사에는 전국에서 몰려든 수좌스님들이 상당히 많았습니다. 동산스님은 수좌들이 오면 무조건 방부를 받아줘요. 그래 한번은 내가 가서 항의를 하였어요. 그랬더니 동산스님이 저보고, "야! 니 밥과 내 밥에다가 물 한 그릇을 더 붓자"고 하세요. 그러니 할 말이 없더라구요, 어떻게 내놓을 수가 없어요. 이렇게 스님은 찾아오는 사람이면 누구나 함께 수행을 같이 하자, 고락을 같이 나누자고 했어요. 그런 스님의 사상, 정신은 참으로 누구도 못따라 갑니다.[71]

이렇게 하동산은 조실이면서 수좌대중들과 함께 수행을 하면서, 모범적인 대중 생활을 하였던 것이다. 그는 곧 수좌들의 어른으로 각인되었음을 말하는 것이다.

이렇게 하동산이 범어사에서 수좌들의 수행을 외호하면서 불교정화에 대한 당위성을 키워가던 1952년 가을 무렵 범어사에서는 하나의 사건, 불교정화에 의미가 있는 일이 전개되었다. 그는 불교정화를 해야 한다는 당위성을 표출한 태풍과 같은 것이었다. 그 발단은 범어사 전 건물을 국립 결핵환자 치료소로 쓴다고 하여 수행하고 있었던 수좌들에게 나가 주었으면 하는 은근한 압력이었다. 그러나 당시 범어사의 하동산과 수좌들은 그에 반발하면서, 그 의지를 격문으로 작성하여 각처의 선원에 보냈다. 당시 그 실무를 보고, 격문의 윤문을 하고, 각 선방에 보내

---

70) 2006년 9월 28일 증언.
71) 2006년 8월 19일 증언.

기 위한 가리방을 긁었던 월운의 회고를 참고하자.

> 그때, 뭐가 있었느냐면 부산에 임시수도를 차리고 피난을 내려와 있
> 을 때인데, 정부에서 범어사의 전 건물을 국립 결핵환자의 치료소로 쓴
> 다고 조금은 압력을 내려 보냈습니다. 그러니 청풍당에서 수행하는 수
> 좌들도 그 공간을 내주고 다른 곳에 가서 공부를 하라는 말이 있었습
> 니다. 그러니 동산스님과 수좌들은 역정을 내면서 우리가 여기에서 공
> 부를 하는데 어디를 가라는 말이냐면서 응하지 않았습니다. 그래 선방
> 의 일부 수좌들이 지대방에 모여서 정화를 해야 한다는 식의 글을 짓
> 고, 그를 가리방으로 긁어서 여러 곳에 우편발송을 하였습니다. 그 때
> 그 글을 어줍잖게 내가 쓰고, 서툰 글씨로 가리방도 내가 긁었어요. 한
> 100장을 해서 큰절, 선방 같은 곳에 발송을 한 기억이 있지요.[72]

이렇게 하동산과 범어사에서 수행하였던 수좌들은 강력히 반발하였
다. 그 반발의 뜻을 구현한 격문은 1952년 10월과 12월 두 차례에 있었
다. 당시 하동산의 시자였던 송백운의 증언은 그 사정을 더욱 자세히 알
려준다.

> 격문사건은 임진년(1952) 가을에 있었어요. 동산스님이 문장을 쓰시고,
> 그것을 수좌들에게 읽어 보라고 해서 서기를 보던 해룡스님, 지금 봉선
> 사 월운스님이 강력히 하자고 해서 사자신충이라는 경전의 글귀를 끝
> 에다 그걸 넣었어. 그때 수좌 20명의 이름을 격문의 끝에다 써 넣었지.

---

72) 2006년 6월 10일 증언.

맨 먼저 하동산이라고 크게 탁! 쓰고, 상선원에 있는 수좌들의 이름을
다 넣었지. 나이가 많은 범구스님, 민동광스님도 넣고 다음으로 정영스
님, 계명암에 있던 법련, 일타스님 형인 법련, 또 달마 그리는 소공, 진
상, 우화스님 시봉인 진웅 등이 생각나는구먼. 해룡스님과 지홍이 나는
저 밑에 쓰고. 그래서 우편 발송으로 각 선방에 보냈어요. 그래 회답도
받았지, 함께 우리가 공동보조를 취하는 내용으로. 그 회답을 모아 둔
사람이 서기를 보던 해룡이여. 그런데 격문은 두 번이나 보냈어요, 내
용은 다르지만. 그 내용은 우리가 이렇게 앉아서 당할 수는 없다, 그러
니 궐기하라고, 총궐기 하라고 하였지. 우리스님은 혁명가적인 기질이
있었어요.[73]

1952년 10월, 12월의 이 격문은[74] 하동산의 불교정화에 대한 의지가
구체화되기 시작하였다는 즉 운동의 예비단계로 접어 들었음을 의미한
다. 그러나 당시는 6.25 전쟁 도중이었기에 이렇다 할 반응, 동조는 미
약하였다고 보인다.[75] 당시 그 두 번째 격문을 수정, 보완한[76] 월운은 자
신이 사자신충(獅子身蟲) 운운의 범망경의 구절을 비유하면서 처자식을
둔 대처승은 절에서 나가라고 쓴 것은 하동산의 영향을 받은 것이라고
하였다.[77]

---

73) 2006년 7월 23일 증언.
74) 그런데 현재 그 격문은 전하지 않는다.
75) 월운스님도 이에 대하여 전쟁통이라 반응이 적었지만, 후일 어느 수좌에게는 그 격문
을 읽어 보았다는 말을 들었다고 하였다.
76) 송백운에 따르면 첫 번째 격문은 하동산의 문장을 그대로 발송하였고, 두 번째 격문만
월운이 문장을 추가하였다고 한다.
77) 그는 하동산은 평소에 늘, 대처승이 절 밖에 살면서 출퇴근이나 하고, 절을 좌지 우지

 그런데 이 격문 사건이 찻잔속의 태풍으로 끝났다면 1953년 1월 10일, 범어사에 내방한 이승만대통령에게 불교정화를 건의한 것은 불교정화로 나가는 시발탄이 되었다. 이승만박사가 범어사를 내방한 것은 미 8군의 밴플리트장군에게 범어사를 안내시키려 한 것에서 나온 것이다. 이에 이박사의 내방은 내방하기 10일 전에 범어사에 알려졌다. 이에 범어사 대중들은 이승만, 밴플리트를 맞기 위한 여러 준비를 하였던 것이다. 그때 범어사 수좌들은 이전에 정화에 대한 격문을 발송한 경험을 상기하면서 이승만대통령이 내방하면 수좌들의 건의를 제출하자고 사전 준비를 하였다.

 마침내 이승만 일행은 1953년 1월 10일, 내방하여 약 1시간 가량 범어사를 둘러보았다. 바로 그날, 이승만에게는 두 건의 건의 사항이 전달되었다. 그 첫 번째 건의는 이승만을 안내한 선원의 서기였던[78] 월운에 의해서 나왔다. 당시 월운은 범어사 경내의 관람을 마치고 수행, 안내한 월운에게 애로사항이 없느냐는 이승만의 질문에 다음과 같은 세 가지의 불교계 문제를 개진하였다.

  그 때 이 대통령이 "무슨 애로사항이 없느냐?"고 물었어요. 그래 처음에는 무엇을 답변할 줄을 몰라 가만히 있었더니, 동산스님이 왜 이야기하지 않느냐고 되려 꾸중을 하셨어요, 그래 내가 순간적으로 엉겁결에 세 가지 내용을 말씀드렸지.

 하니 문제라고 하면서 대처승들을 내쫓아야 한다고 강조하였다고 한다.
78) 『근대 선원 방함록』, p.369. 그는 1952년 동안거시의 서기, 海龍(20세, 본사 화방사)으로 나온다.

첫째는 농지개혁으로 사찰토지가 모든 분배되고 보니 불량미가 없어서 이렇게 큰절을 지킬 수 있는 사람이 없다. 사찰은 조상의 유물, 국가의 문화재인데 이럴 수는 없다. 둘째는 젊은 승려들을 무차별로 징집해 가니 불교의 교리, 의식 등의 전수가 이어지지 못하고, 조석으로 부처님을 분향도 못하고, 노스님들이 죽을 병이 걸려도 시봉할 사람이 없게 되었다. 셋째는 현재의 제도로는 처자식이 있는 대처승이 절의 주인노릇을 하면서 절을 좌지우지 하기에 공부하는 수행승들은 살아갈 길이 없고, 또 머물 절도 주지 않기에 불교의 장래가 걱정된다.

이렇게 세 가지를 즉석에서 답변을 하였어요. 이런 말은 아마도 평소에 동산스님이 하신 말씀에서 우러나온 것이야. 동산스님이 늘상 대처승은 내쫓아야 한다고 그래셨거든.[79]

그 세 가지 답변 내용에서 불교정화와 가장 문제시 된 것은 세 번째 대처승의 전횡, 수행승의 생존과 수행풍토의 문제이었다.[80]

그리고 또 다른 건의는 하동산이 이승만에게 불교정화에 대한 당위성의 개진이었다. 이 건의는 이승만 일행이 범어사 관람을 모두 마치고 떠나기 직전 일주문 앞에서 30분간 구두로 전한 것이라고 한다. 당시 하동산이 이승만에게 말한 것을 지근거리에서 지켜본 당사자인 송백운은 그를 다음과 같이 회고하였다.

---

79) 위의 증언(2006년 6월 10일)과 같음.
80) 이에 대하여 송백운은 월운의 건의는 수좌들이 사전에 건의하기로 한 내용을 문서로 정리한 것이고, 그 건의문을 봉투에 담아 이승만, 비서관에게 전달되었다고 하였다.

구경을 마치고 돌아가는 일주문에서 우리스님하고 이박사하고 한 30
분간을 대화를 했어요. 그 요지는 지금 수도승의 씨를 말리게 되었다,
우리는 갈 곳이 없다, 식량 20명분만 주기에 배급을 타서 공부하고, 탁
발을 해서 산다, 전사찰이 왜색승이 차지해서 문제라는 말들을 했어요.
그러니 이박사는 왜색승이 뭐인가, 그러면 되는가, 해방이 된지 언제인
데 아직까지 그러냐 등등으로 답변을 했어요. 그렇게 이박사와 동산스
님이 대화를 하니, 밴플리트장군 내외와 프란체스카여사도 차에 타지
못하더라구요. 그래 결론은 문교부 장관이 김범린이 범어사 출신이니
내려 보낼 터이니, 자세하게 이야기를 해 달라, 수도승이 공부할 수 있
도록 조치해주겠다고 하였지요. 그때 얼마나 추운지, 모든 사람들이 벌
벌 떨고 그랬어요. 두 분이 손을 잡고, 이야기 하는 것을 보았어요.[81]

즉 하동산은 수행승의 현실과 대처승의 전횡에서 나온 문제점을 개진
하였다. 이에 이승만은 담당 부서의 책임자인 김범린 장관을 통하여 구
체적인 건의를 하라고 하면서, 수도승이 수행할 수 있는 조치를 취하겠
다고 발언하였던 것이다.

이렇게 1953년 1월 10일, 범어사에서는 다수의 수좌와 조실 하동산의
불교정화에 대한 뜻, 의지가 국가 공권력의 최고 책임자에게 전달되었
다. 이러한 사후 조치는 조속이 이루어졌으며, 그 반응은 즉각적으로 불
교계 종단으로 파급되었다. 월운의 건의에 대하여 보름 후에 회신 공문
이 왔는데 그는 해당 부서에 이첩하여 처리토록 하였다는 것이다. 그 후
에는 또 다른 공문이 왔는데 가장 문제시된 수행승의 수행풍토 조성은

---

81) 위의 증언(2006년 7월 23일)과 같음.

문교부 및 불교종단에서 처리토록 하였다는 내용이었다.[82] 이로써 월운의 건의, 즉 대처승의 전횡에 대한 수행승의 불만은 대처승이 주도하는 종단 상층부에서도 알게 되었다. 다음 하동산의 건의에 대해서는 이승만이 다녀간 후 김법린 문교부 장관이 범어사를 내방하는 것으로 전개되었다. 당시 하동산은 김법린에게 수도승이 갈 곳이 없다, 대안으로 범어사와 통도사를 수좌들에게 제공하면 도제양성을 시작하겠다는 의견을 개진하였다.

이러한 월운, 하동산의 불교정화에 대한 의사 표출은 즉각 대처승이 관리하는 종단에서 대응조치를 강구하는 것으로 전개되었다.[83] 당시 종단 사무실은 6 · 25 피난으로 부산의 대각사에 위치하고 있었다. 당시 종단 내부의 대응회의를[84] 지켜 본 손경산은 그 정황을 범어사에 와서 전하였다. 대처승 측의 종단과 범어사 종무소는 연합하여 하동산과 수좌들을 응징하였다. 그들은 트럭 1대에 타고 범어사 선원으로 몰려와 갖

---

82) 첫 번째 내용은 사찰 불량답 건이었는데 이는 4키로미터 이내에 위치한 원래 사찰답은 자경농지의 자진 포기 형식으로 선처할 것으로 되었다. 다음 두 번째 내용인 승려 병역문제는 국민의 의무로 별 다른 방법이 없으니 진실한 수도승임을 입증하는 증명서를 자체 발급하여 스스로의 권익을 지키라고 하였다고 한다.

83) 월운은 그의 저서 『구름처럼 달처럼, 雲堂餘話』(대원정사, 1990), p33. 「옛일을 생각하며 오늘을 본다」에서 "'셋째, 수도승의 수도장 확보에 대해서는 문교부장관(김법린)에게 일임할 것이다' 했는데 문제의 진정사항이 당시의 총무원으로 이첩되자 총무원은 감찰권을 발동하여 간접 탄압을 하니 그것이 불교정화의 분규로 연결되었던 것이다"라 하였다. 월운은 『승가』(중앙승가대, 2006) 22호의 「권두언」에서도 이 내용을 요약하면서 회고하였다.

84) 그 회의는 종단 감찰부장인 최원종이 주관하였으며, 당시 범어사와 통도사 종무소측 대처승들이 하동산이 비구승 괴수가 되어서 절을 빼앗으려고 한다면서 강력히 성토하였다.

은 행패를 하였다. 이에 대해서는 그 당사자인 월운과 지켜 본 백운의[85] 회고가 참고된다.

> 그해, 1953년 정월 초하룻날(양력; 2.27)에 화폐개혁을 단행하였는데, 바로 그날 중앙의 총무원쪽에서 트럭 한 대를 타고 온 사람들이 들이 닥쳤어. 종단의 감찰부장을 책임자로 하고, 범어사 종무소에서도 몇 명 이 합세하여서 몰려 왔어. 와서는 그럴 수가 있냐고 강력히 항의를 하 였어. 중앙 종단차원에서 일개 수좌가 감히 대통령에게 건의를 한 것을 돌출행동이라고 볼수 있는 것이었겠지. 그러니 동산스님께서 나서서는 "내가 시킨 것이다"라 하시면서 그 문제로 인한 파장을 껴 안으셨지. 그래 나는 난처하여 "내가 책임질 것은 책임지겠다"고 하였어.[86]

> 경남 종무원에서 동산스님을 내쫓자고 회의하는 것을 그래서 경산스님 이 본 것이 아닙니까? 그때 해룡스님이 서기이라 우리 스님이 격문의 뼈대를 세우고, 거기에다가 해룡스님이 살을 붙였어요. 그 격문에는 사 자신충(獅子身蟲)이라는 말이 있어, 종무소 큰방에서는 누가 그것을 썼 느냐, 누가 우리를 벌레라고 하였느냐면서 우리를 몰아 붙이고 그랬어 요. 그러니 월운스님이 내가 했다고 하니, "쌍놈의 새끼" 하면서 난리 가 났어. 그때, 그 움직임에 강력히 반론을 편 사람이 태정이라고, 서울 공대 3학년을 다니다가 6.25가 나서 입산한 탄허스님의 상좌가 논리적

---

85) 당시 송백운의 법명은 知興(18세, 본사 백양사)이었다. 그의 소임은 시자, 간병, 지전 이었다. 『근대선원 방함록』, p.368.
86) 위의 증언과 같음.

으로 말을 하면서 그에 대응하였어요. 지금도 온천장에 살아요. 그 이
가 제일 논리적으로 말을 잘하였지. 그때 대처승들이 저, 금정중학교
선생들을 앞장 세우고 와서는 욕을 하고, 난리를 피웠지요. 여기를 비
우고 나가라면서.[87]

  그 사태는 결국은 격문, 건의의 당사자인 월운이 경찰에 끌려가고, 마
침내는 군대에 강제 입영시키려는 사태로 전개되었다.[88] 그러나 월운은
당시 선암사에서 행자로 입산한 김지견(우진)의 도움으로 다시 범어사로
돌아왔다.[89]

  이렇게 범어사의 하동산, 범어사 수좌들은 자생적인 정화를 해야 하
겠다는 의사를 표출하였지만 대처승 측의 저항, 완력 등으로 일체의 성
과를 거두지 못하였다. 그러나 하동산의 불교정화에 대한 염원은 완전
소멸되지 않았다. 그 점화는 1954년 4월 9일, 통도사 고승회의로 전이
되었다. 그 고승회의는 1952년 봄 무렵, 수좌 이대의의 당시 교정인 송
만암에게 수좌승 전용의 수행공간 할애를 요청하는 건의서 제출에서 비
롯된 것이다.[90] 이렇게 수좌승 전용의 수행공간 문제가 교단 내부에서
문제가 되자 교정 송만암은 1952년 11월 통도사에서 개최된 제11회 정

---

87) 위의 증언과 같음.
88) 당시 월운은 병역의무를 마치지 않아, 장정들을 현역으로 끌고 가기 위해 대기시킨 부
   산 범일동의 군부대에 1주일간 구속되어 있었다. 그때 청담, 경산은 그 부대를 찾아와
   월운을 격려하였다.
89) 그러나 그는 범어사로 와서 하동산에게 인사만을 하고는 범어사를 나와 부산시내 법화
   사라는 사찰에 가 있었다. 월운의 후임 서기는 高眞眞(27세, 서울 ;광덕)이 담당하였
   다. 『근대선원 방함록』, p.371.
90) 『대의대종사전집』(건양문화사, 1978), 「행장」, pp.88~91.

기교무회의에서 이판, 사판의 역할 분담을 전제로 대처승의 기득권은
인정하되, 사찰 관리는 독신승이 해야 함을 강조하였다.[91] 그러나 송만
암의 지시는 교단 내부에서 즉각 이행되지 않았다. 이에 1953년 4월, 불
국사에서 교정의 지시를 검토하는 법규위원회에서는 수좌들에게 사찰
18개를 제공한다는 원칙만을 결정하였다.[92]

이렇게 송만암 교정이 교시를 내리고, 교단 내부에서 그 이행 조치를
결정하였지만 실질적인 성과는 전혀 없었다. 그러는 가운데 범어사에서
하동산이 불교정화를 추진해야 한다는 격문 발송, 이승만에게 불교정화
건의 사건 등이 일어났던 것이다. 이에 교정인 송만암은 1954년 4월 9
일, 그의 입장을 재차 강조하면서 수행승에게 사찰 제공을 촉구하는 회
의를 주재하였다.[93] 당시 그 모임에는 통도사의 김구하의 연락으로 송
만암, 이효봉, 김구하, 권상로, 이운허 등이 참가하였다.[94] 그러나 하동

91) 이는 송만암의 소신, 고불총림 운영의 경험에서 나온 것이다. 졸고, 「고불총림과 불교
정화」, 『한국 현대불교사 연구』, 불교시대사, 2006.
92) 이상의 내용은 졸고, 「전국비구승대표자 대회의 시말」, 『근현대불교의 재조명』,
pp.434~435 참조. 그런데 일부 기록에는 그 할애 사찰을 48개로 전한다. 할애 사찰
은 본산은 1개도 없고, 승려 2, 3인이 지키는 독살이 절이었다. 이에 수좌들은 큰 불만
을 갖었다.
93) 이 회의에 대하여 효봉스님을 도솔암에서 시봉한 보성스님은 "만암스님이 도솔암에 오
신 적이 있어. 오시더니만 대처승들이 절밥 먹고 딴 짓거리들을 하니까 이제부터는 수
좌들 대접을 받을수 있게 해야되겠다고 했어. 스님이 좀 움직여줘야 하겠다고 한거야.
그래서 통도사에서 만나서 회의도 하고 그랬지"라고 회고하였다. 『22인의 증언을 통해
본 근현대 불교사』(선우도량, 2002), p.342.
94) 그간 이 모임에 대한 개요, 성격 등에 대해서는 구전으로 많이 알려져 왔으나, 구체적
인 모임의 일자를 알지 못하였다. 그러나 그 모임이 종료된 후 찍은 기념 사진의 공개
로 인하여 일자, 참석자 등이 구체적으로 알려지게 되었다. 이 사진은 그 모임에 참석
하였던 종원 스님이 50여 년간을 보관해오다 최근 하동산스님 증언 인터뷰 과정에서,
원두스님의 사진 공개 제안을 수락하여 이루어진 것이다. 사진을 공개하여 역사의 단
서를 제공해 주신 종원, 원두스님에게 감사의 말씀을 드린다.

산은 초청을 받았으나 가지 않았다. 그 대신 자신의 시좌인 송백운을 통
도사에 보내 그 현황을 지켜보게 하였다. 당시 사정은 그 모임에 갔던
송백운의 회고에서 찾을 수 있다.

> 그때에는 구하스님이 연락을 해서 다시 한번 모이자고 해서 좋다고는 했
> 는데 우리스님이 갈 마음이 없으시다면서 안 갔습니다. 그 이전에 우리
> 스님이 본산 절 두 개만 주면 비구승 도제양성을 하겠다고 말하였다가,
> 욕을 먹고 난리를 피우니 거기에 감정이 생겨 안가신다고 해서 내가 갔
> 지. 저는 만암스님이 노스님이니 가서 인사도 드리고, 정황이나 보라고
> 하시면서 가 봐라고 하였기에 갔지요. 그때에 우리스님은 만암스님이 용
> 성스님을 운문암 조실로 모시고 선방을 하였을 때 뵈어서 잘 안다고 하
> 셨습니다. 우리 스님의 입장은 우선은 관망 좀 해보자는 것이었지요.
> 통도사에 가 보니 교정인 만암스님, 효봉스님, 경봉스님이 계셨고 운허
> 스님은 강을 하고 계셨고, 신태영 장군이 왔어. 그때 만암스님이 그러시
> 더라구, "중이 되어 갖고 처자식을 기르는 것은 도무지 맞지 않다, 지금
> 껏 처자식을 기르면서 절을 지켜준 공로는 있으나 처자와 함께 살려는
> 사람은 나기 살기를 바란다"는 뜻을 말씀하였어. 범어사에 있는 동산스
> 님이 본산급 절 두 개를 주면 수도승을 가르치겠다는 의견을 깔아 뭉개
> 고 묵살한 것은 용납될 수 없다고 하셨어요.[95]

　각처의 고승들이 모인 그 회의에서 교정인 송만암은 하동산의 제안
즉, 본산 절 2개를 주면 도제양성을 통한 불교정화를 추진하겠다는 내

---

95) 위의 증언과 같음.

용을 묵살한 것을 개탄하였다. 당시 종단대표로 내려온 최원종에게 송만암은 본산급 사찰 두 개를 줄 것을 종정의 자격으로 지시하였다. 그러나 통도사, 해인사, 범어사는 수용할 의사가 부재하여 법주사, 용주사를 수좌승에게 제공할 것도 검토하였지만 그것도 결국은 이행되지 않았다.[96]

지금껏 살핀 바와 같이 불교정화를 혁명의 불길처럼 본격화 시켰던 1954년 5월 20일 이승만 대통령유시 이전에 범어사의 하동산은 자생적인 불교정화를 기하려는 활동을 하였다. 그러나 그 결과는 기존 대처승 측의 아집, 비타협성, 반불교성에 의해 완전 거부로의 귀결이었다. 이러한 내용은 이승만 유시에 의한 불교정화의 외인적인 요인을 재검토할 수 있는 여지를 제공해 주는 것이다. 유시의 현실성, 파급성을 인정한다고 하여도 그 이전에 수좌승의 자체적인 정화 노력이 있었음을 간과할 수 없는 것이다. 더욱이 하동산은 일제 식민지 불교하에서의 불교정화에 대한 활동의 지속이라는 점을 재음미케 해준다. 일제하에서는 중견 수행승려로서 불교정화에 참여하였다면 1950년대 불교정화에서는 수좌승의 대표로서, 원로로서 불교정화를 추동, 견인하였던 것이다. 때문에 하동산은 불교정화는 마땅히 추진해야 할 당위로서 확인하고, 불교정화의 중심에 원로로서 참여하겠다는 강력한 결심을 하였을 것을 쉽게 추론할 수 있다. 이러한 내용에서 필자는 하동산이 불교정화 추진시 성불을 뒤로 미루더라도 기필코 정화를 완수하겠다는 발언을 한 역사적인 배경을 찾을 수 있었다.

드디어, 1954년 5월 20일의 이승만 유시, 즉 대처승은 절 밖으로 나가

---

96) 이 증언도 송백운의 회고이다.

라는 발언에서 불교정화는 새로운 단계로 진입하였다. 하동산은 그해 7월 경[97] 범어사를 떠나 정화의 현장인 서울 선학원으로 올라 갔다. 그는 당시 수좌계의 주역들과 상의하여 8월 17일에는 정화불사를 위한 수좌대회를 소집하였다.[98] 그 결과 그해 8월 24~25일, 선학원에서는 전국비구승대표자회가 열렸다. 대회에서는 불교정화의 당위성, 이념, 노선을 정하였다. 이로써 불교정화는 실질적으로 전개되었다.[99] 당시 그 대회에서 하동산은 '빈주(賓主)'가 전도된 것을 바로 잡아야 한다는 강력한, 근본적인 입장을 개진하였다. 그 이후 하동산은 비구승측의 부종정, 종정으로 추대되어[100] 불교정화 운동을 최일선에서 지도, 감독하였다. 하동산의 불교정화에 대한 입장을 전해주는 문헌이 부재하여 그 본질을 가늠하기 어려웠다. 그런데 필자는 조계종 중앙기록관에 보관하고 있는[101] 「종정훈화(宗政訓話)」, 즉 1954년 12월 10일 전국비구비구니대회에 즈음한 하동산 종정의 글은 우리에게 많은 정보를 준다. 자료 소

---

97) 선학원에서 동산, 효봉, 만암 등 각처의 수좌들에게 통지를 한 것은 6월이었다고 한다. 『대의대종사전집』, p.100. 그러나 7월 3일에 각선원에 수좌 실태조사를 의뢰한 공문을 보내고, 8월 1일에 전국 수좌(비구승) 대표자 대회를 개최한다는 공문을 각 선원에 발송하였다는 기록을 보면 하동산은 7월 경에 상경하였다고 보인다. 『근현대불교 자료전집』, 권68, p.422.

98) 당시 그 수좌대회 소집문은 『대의대종사전집』 pp.318~319에 전한다. 소집문에는 수좌대회의 개최 예정일이 8월 23일로 전한다. 그 소집문은 교단정화추진준비위원회 위원장 정금오, 전국수좌대회 준비위원회 소집 책임자 이대의, 그리고 대회에 소집에 동의한 이효봉, 하동산, 김적음의 이름으로 각 지방 선원에 배포되었다.

99) 이 대회에 대한 전모는 졸고, 「전국 비구승대표자의 시말」, 『근현대불교의 재조명』(민족사, 2000)을 참고할 것.

100) 부종정은 1954년 9월 29일의 비구승회의에서 선출되었고, 종정은 그해 11월 초 기존 종정이었던 만암이 비구승의 지눌의 종조 추대에 대한 비판 즉 환부역조를 빌미로 정화에 반대하자 하동산을 종정으로 추대하였다.

101) 『조계종보』 127호(불기 2550년), pp.50~51. 「기록으로 보는 조계종사」.

개 차원에서 그 전문을 우선 제시한다.

우리가 士農工商에 不參하고 離父母 棄親戚함은 出家學道하야 佛祖의 慧命을 이어 自己旣 充足하고 推己之餘하야 上報四重恩하고 下濟三途苦할 志願이 名利를 爲하거나 住持를 願하거나 寺刹財産을 救함이 않임은 여지금 발바오난 歷史가 證明하는 바입니다. 道在一箇則 一箇重하고 道在天下則 天下重이라 하난 純一한 精神下에 修行精進할 따름인데 우리나라 佛敎敎團이 倭賊의 蹂躙을 받아 四十餘年間 顚倒混亂 狀態에 빠져 徒弟養成도 못하고 徒弟養成을 못함에 따라 大衆佛敎를 示現치 못하야 佛種子가 거의 떠러지게 되여 恒常 念慮하든 中 맞음 時節 因緣이 到來함을 期會하야 爲法忘軀의 殉敎精神으로 萬難을 排擊하고 敎團淨化를 爲始하야 或 十年 혹 二十年 或 三十年 或 四十餘年 純一 精進하던 全國 比丘比丘尼大會가 蹶起하야 敎團의 질서를 整然히 淨化함은 奉行佛敎 則 國家가 興하고 違背佛敎 則 國家가 亡한다 함은 明明한 佛訓일뿐더러 이번 이 淨化로 因하야 佛日이 再輝하고 法輪이 常轉하야 國民思想이 統一되고 思想이 統一됨을 따라 南北統一과 祖國光復은 不其而然이리니 今番 比丘大會가 어찌 睡眠不起하며 敎團淨化가 잇지 않이 하리요. 淨化됨에 따라 비단 우리나라만 燦爛한 平和光明이 있을 뿐 않이라 世界平和가 우리나라로부터 있음을 決定無疑라 하겠거든 하물며 우리나라 七千 僧侶가 엇지 오난 幸福이 없으리요. 바라건대 아무것도 겁내지 말고 다 一七千比丘가 되기를 바라며 그렇지 않이하면 護法衆이 되여 秩序整然하게 敎團淨化를 同心戮力하야 良心的으로 四部大衆이 完全回復하야 福國利民하기를 四

部大衆 前에 以上으로써 告白하난 바입니다.

佛紀 二九八一年 十二月 十日

韓國佛敎曹溪宗 宗正

河東山

　이 글에서 하동산은 불교정화가 일어난 원인을 일본의 국권강탈로 인해 나타난 40여 년간의 '전도 혼란(顚倒 混亂)'에서 찾았다. 그 결과 도제 양성을 못하고, 나아가서는 그로 인해 '대중불교'를 구현하지 못하여 불교의 씨앗이 상실하였다고 보았다. 이에 그는 위법망구의 순교정신으로 교단정화를 해야 함을 강조하였다. 그는 불교정화, 교단정화가 되면 불교발전 뿐만 아니라, 국민사상의 통일, 남북통일 및 조국광복, 세계평화까지도 기할 수 있다고 보았다.

　그러나 하동산이 비구 측 종정으로 주도한 불교정화는 숱한 우여곡절을 겪었다. 정화 추진의 타당성을 확립해야 할 뿐만 아니라, 그에 저항하는 대처측을 설득하고, 국민들에게도 정화논리를 전해야만 되었다. 이러한 문제는 곧 불교정화의 이념적 정비를 의미하는 것이다. 이런 배경 하에서 불교정화운동이 극에 달하였던 1955년 8월 초에 나온 아래의 선언문은 하동산의 정화이념의 탐구와 관련해서 다양한 정보를 제공한다.

淨化宣言文

佛敎는 淸淨의 敎門이다. 淸淨으로써 迷妄을 除녹하며 淸淨으로써

穢濁을 轉化하여서 常樂梵宇를 실현함이 이른바 불교요 佛願이다. 또 佛修行이다. 저 諸佛이 淨意로써 義理를 삼고 衆聖이 淨居로써 依支를 지음이 眞實로 우연함이 아니다. 佛化가 東流한지 이제 一千六百年에 淨日이 常照하고 淨燈이 相續하여 海東一區로 하여금 뚜렷이 淨法受記의 ㄴ土ㄴ이루었더니 시대의 濁流가 佛徒의 信根을 動搖하고 이틈을 타서 群魔의 跳浪과 萬障의 紛騰을 본 것은 아 何等의 法難이며 何等의 敎禍인가 吾佛의 大法이 이를 말미암아 晦蔽하고 先德의 建樹가 이를 말미암아 崩壞하여 드디어 漫漫한 長夜가 斯土斯民을 頓鎖하기에 이르니 진실로 法流의 通塞에 深憂를 품는 釋子로써 俯仰感慨하며 破顚ㄴ衛에 ㄴㄴ精進치 아니함을 얻으랴. 이에 敎團自淨의 烽火가 內部로부터 高擧되어서 彌天陰鬱의 迷雲을 快破하고 滿目蒿來의 福田을 範滔하여써 淨慧回光의 斯機運을 導開하기로 되었다. 이는 久遠한 和合을 위한 方便의 折伏으로서 실로 不得已한 일시의 自肅行인 것이다. 다행히 佛天의 加護를 힘입어 積陰이 頓消하고 新陽이 復生하여 ㄴㄴ의 弘通이 前頭에 約束됨은 이 또한 何等의 法慶이며 敎幸인가. 우리는 모름지기 往祖先師의 弘法精神으로 復歸하여 至心虔誠의 更始一新을 決心하여야 할 것이다. 이러함이 아니면 어찌 激ㄴ場淸의 實이 있다고 하며 어찌 遮惡止善의 効를 본다고 하며 어찌 一萬年濁本ㄴ會에서 中流砥柱의 責을 擔荷한다고 하랴. 이제 祖國은 道義向下의 危機에 臨하여 이의 匡正이 吾佛의 八支에 기다리며 世界는 文化落空의 窮塗에 當하여 이의 疏通이 吾佛의 三學을 우르러 보나니 佛子의 責任이 今日보담 重大한 때가 未曾有라 하겠다. 이 一大事 因緣은 決코 賣子樣의 僧衆과 火宅化한 道場이 能히 辨得치 못할 것은 누구나 얼른 念到할배니 今日 吾徒의 淨化 實踐은 실로 深意遠慮에 나온 것이오. 尋常 一樣의 鬪爭 堅固를 위한 것 아니다. 또 邪積驅遺 과 淸淨 恢復은 當面切求의 第一段事에 不過한 것이오. 吾徒 究竟의 所期는 실로 佛의 知見을 開演하고 佛의 念願을 闡揚하여 一切 衆生 과 함께 圓朗常主의 世界를 實現함에 있나니 이것이 吾佛의 咐囑이 아니시랴. 海東의 佛敎는 今日로써 新紀元을 삼아서 人天化導의 途 程에 再出發하게 된 것을 佛子여 銘記하여 忘却하지 말지어다.

佛紀 二九八二年 八月 三日

韓國佛敎曹溪宗 代表 河東山[102]

이렇게 하동산은 정화운동을 주도하면서 불교는 청정임을 선언하였다. 그러나 일제하 불교가 법난(法難)이며, 교화(敎禍)라고 보면서 그 결과 법아 쇠퇴하고 선덕의 유지가 붕괴되었다고 보았다. 이에 교단내부에서 자정의 정화가 일어났는데 그는 청정불교와 승가화합을 위한 불가피한 자숙행이요, 방편의 절복을 기하는 것이라고 주장하였다. 요컨대 정화 실천의 목적은 부처의 뜻을 널리 알리고, 구현하여 중생들과 함께 세계의 불국토를 만드는 것에 있다는 것이다. 동산은 이러한 뜻을 조계종을 대표하는 입장에서 선언하였던 것이다.

마침내 하동산이 주도한 정화운동은 1955년 8월 12~13일 전국승려대회를 기점으로 비구승 측이 의도한 방향으로 일단락되었다. 이로써 하

102) 이 자료는 운달산 김룡사에서 펴낸 『참고철』이라는 자료집의 첫페이지에 나온 것이다. 이 『참고철』은 정화운동 종료 이후 사찰(김룡사) 차원에서 정화운동 관련 자료를 모아서 영인한 것인다. 그런데 발간 간기, 편집자, 발간일, 머리말 등 기초적인 서지 정보가 전하지 않는다. 필자는 이 자료를 범어사 주지, 대성스님에게 빌려 볼 수 있었다.

동산이 그토록 갈구하였던 불교정화, 교단정화는 성공하였다. 그러나 그 성공은 완결된 것이 아니었다. 그의 앞에는 또 다른 정화가 필요한 대상이 산적하였다.

이에, 1955년 8월부터 통합종단이 등장한 1962년 4월까지의 정화운동 시기의 하동산의 고뇌 및 구체적인 불교정화 활동은 필자의 후일의 연구주제로 남겨 두고자 한다.

4. 결어

지금껏 불교정화운동을 재구성하기 위한 기획의 일환으로 하동산 불교정화를 조명하여 보았다. 하동산에 대한 기존의 연구가 전무한 실정 하에서 본고찰은 추후 하동산 연구에 있어 하나의 디딤돌이 될 것이다. 그런 의미에서 본고찰의 중요한 내용을 요약하고, 추후 하동산 연구에 유의할 측면을 제시하는 것으로 맺는말로 대신하고자 한다. 우선 본고찰에서 밝혀진 것을 다음과 같이 대별하여 제시한다.

첫째, 하동산은 한국 현대불교사의 불교정화운동 시에서만 불교정화의 주역이 아니라, 이미 일제하의 불교에서도 불교정화의 중심인물이었음을 알 수 있었다. 그것은 1935년 조선선종 수좌대회 및 1941년 유교법회를 말한다. 이 모임에서 하동산은 단순 참가한 정도가 아니라 주역의 승려로서 적극 활약하였다. 이러한 적극성에서 그의 불교정화에 대한 강인한 자세를 엿볼 수 있는 것이다.

둘째, 하동산 그가 이렇게 불교정화에 대한 적극성을 띠게 된 것은 그의 은사인 백용성과의 특수한 관계가 작용한 것으로 보인다. 은사인 백용성은 당대를 대표하는 선지식, 3.1운동시의 민족대표(33인), 불교개혁의 선구자, 불교정화의 실행의 당사자였다. 더욱이 1926년에는 승려의 대처식육을 차단하고 한국불교, 근본불교의 이념과 전통을 회복하기 위해 일제 당국에 건백서를 두 차례나 제출하였다. 그러므로 하동산은 백용성의 민족운동, 불교정화를 실천한 사상, 정신에 영향을 받았던 것이다.

셋째, 이승만 유시가 일어나기 이전에 이미 범어사에서는 자생적인 불교정화의 움직임이 노정되었다. 그 움직임에는 하동산, 범어사 선원의 수좌들이 있었다. 이러한 저변에는 6.25 후 전국 각처에서 몰려들었던 수좌들과 하동산의 공동수행이라는 치열성이 있었다. 그 자생적인 움직임은 두차례의 격문 발송, 이승만을 거쳐 공권력 및 종단 상층부에 전해진 대처승의 전횡과 수행승려 전용 사찰 할애의 요청이었다. 이렇게 이승만 유시 이전에 자생적인 불교정화의 구체화가 분명하게 자리잡고 있었다. 지금껏 이러한 측면이 자료 부족, 관심 부족의 이유로 간과되었던 것이다. 이로써 우리는 불교정화의 자생성, 다양성을 확인할 수 있다.

넷째, 불교정화 추진 및 전개에 있어서 하동산이 가장 핵심적인 승려가 되었던 연유를 파악하게 되었다. 그간, 왜? 하동산이 불교정화운동 당시 종정으로 추대되었는지의 연유, 배경이 불투명하였다. 나아가서는 하동산의 성격, 위상에 대한 조명도 할 수 없었다. 본고찰을 통해 하동산은 정화운동의 선구자, 정화운동의 견인자라는 성격을 부여받게 되었다. 그리고 그러한 측면은 범어사 선원에서 전국 수좌들과 치열한 공동수행을 통하여 더욱 재인식되었다. 즉 그는 대중들과의 원융적인 대중생활을 하였고, 처절한 신해행증을 보여준 일상생활을 통해 수좌계의 어른으로 자연스럽게 각인되었던 것이다.

지금부터는 추후의 하동산 연구에 있어 참고할 측면을, 필자가 고려한 내용을 제시하고자 한다. 첫째, 하동산의 불교정화는 하동산의 불교사상이라는 전체의 구도에서 어떻게 자리매김을 할 것인가의 문제이다. 그러므로 우리는 자연 하동산 그의 불교사상, 수행관, 신앙관, 선교관 등에 대한 분석, 정리가 필요함을 느끼는 것이다. 둘째, 하동산 수행관의 요체인 계·정·혜 삼학과 불교정화운동의 참가, 추동과의 상호성도 조명해야 한다. 셋째, 하동산은 그가 정열적으로 추진한 불교정화에 대하여 후회, 아쉬움을 표출하지 않았는가 하는 점이다. 그와 함께 정화의 최일선에 섰던 금오, 청담, 대의 등은 한결같이 정화운동에 대한 미진성, 곤혹스러움을 인정하였다. 그리하여 그들은 재정화를 주장하기도 하였다. 그렇다면 동산은 어떤 입장에 서 있었는가. 넷째, 하동산의 불교정화를 조계종단사, 정화운동사 차원에서 뿐만이 아니라 범어사의 역사와 가풍이라는 구도에서는 어떻게 바라볼 것인가에 대한 접근, 고민이 요청된다.

이상으로 하동산 불교정화의 분석에 나타난 측면, 그리고 추후의 하동산 연구에 참고할 내용을 요약하여 살펴 보았다. 이러한 점은 필자의 하동산 연구에서 재음미되어야 하겠지만 후학 및 여타 연구자들에게도 하나의 시사가 되기를 기대한다.

동산의 법맥과 전법
−용성 · 성철과의 관련을 중심으로−

1. 서언

근 현대 불교의 고승에 대한 연구는 지금껏 다양하게 전개되어 왔다. 그 연구의 관점은 생애, 행적, 수행 및 사상, 위상 및 영향, 종단사 등이었다. 고승 연구에는 연구의 미답지가 적지 않게 남아 있다. 필자는 객관적인 근거에 의해서 미답지에 대한 보다 세밀한 연구가 요청된다고 본다. 최근 이 분야에 우려할 측면이 제기되고 있기 때문이다. 문중, 문도 중심의 연구가 급증하면서 객관성이라는 측면에서 적지 않은 문제가 노정되고 있는 현실이다.[1]

본 고찰에서 연구의 대상으로 주목할 고승은 동산(東山, 1890~1965)이다. 동산은 근 · 현대기 범어사의 주역이었을 뿐만 아니라 한국 현대불교사를 관통한 불교정화운동의 주역이었다. 때문에 동산에 대한 연구는 적지 않게 축적되어 있으리라고 볼 수 있지만, 그 명성과 끼친 영향에 비해 학계에 보고된 연구의 성과물은 미약하다. 필자는 동산에 대한 연구는 불교정화운동사, 범어사 근현대사, 용성 문중 문도의 역사, 고승 탐구사 등의 측면에 있어서 중요한 관건을 차지하고 있다고 본다.

---

1) 단정적 이해, 지나친 과장 및 소략, 자료 분석의 소홀, 자료비판의 부재 등 다양하다.

이에, 본 고찰에서는 위와 같은 전제와 배경에서 동산의 법맥과 전법의 문제를 집중적으로 살펴보고자 한다.[2] 동산은 근대 고승인 백용성의 상수제자, 은법제자로 널리 알려졌다.[3] 그럼에도 불구하고 용성이 동산에게 전한 법의 관련 문헌 기록이 뚜렷하지 않아서 그간 전법에 대한 의아성이 있었다. 그런데 필자는 2006~2008년에 동산 및 범어사의 불교정화운동에 대한 증언 청취를 통한 구술사 작업을 통해 2권의 책을 발간하면서,[4] 백용성이 동산에게 전한 전법게문의 사진 필름을 성철재단 (백련불교재단, 겁외사)에서 수집하였다. 그 당시 필자는 그 전법게문을『범어사와 불교정화운동』의 화보에 수록하였다. 당시 그 책의 개요 및 경과 등을 그 책의 편집을 담당하는 동산문도회에 보고하였다. 동산문도 스님들은 필자의 전법게문 발굴의 경과, 전법게문의 내용 등을 청취하고 큰 관심을 피력하였다.[5] 그러나 그 이후 필자는 여타의 연구에 전력을 기울이는 관계로 전법게문에 대한 본격적인 연구를 수행하지 못하였다. 그래서 필자는 이번 기회에 용성과 동산 간에 있었던 전법의 문제를 본격적으로 들추어내고자 한다.

그리고, 용성과 동산 간의 전법 문제를 살피면서, 동산이 행한 전법의

---

2) 마성, 「용성진종의 계보와 법맥상속」, 『용성진종(白龍城) 조사의 사상과 한국불교의 좌표』, 죽림정사, 2007.

3) 마성은 위의 고찰, p.152에서 한용운이 찬한 백용성 사리탑비명에 '恩座'로 나온 東山을 다음과 같이 설명했다. 즉, 恩上座의 준말인데, 은상좌는 師僧의 대를 이어갈 뛰어난 제자라고 하였다. 그러나 필자는 은법제자와 은상좌가 같은 것인지 아니면 어떤 차이점이 있는지를 가늠할 여건이 없다.

4) 김광식, 『동산대종사와 불교정화운동』, 영광도서, 2007. 김광식, 『범어사와 불교정화운동』, 영광도서, 2008.

5) 그 반응은 용성의 상수제자임에도 불구하고 그를 입증하는 결정적인 문건 기록이 부재한 것을 극복할 수 있다는 자신감이었다고 볼 수 있다.

문제도 다루려고 한다. 동산이 입적한 지가 어언 49년이 되었지만 이에
대한 문제는 동산문도 내부에서도 정식으로 거론되지는 않은 것으로 알
고 있다. 개별적인 차원에서 논의한 경우는 있겠지만, 문도 내부의 검
증, 공론까지는 이르지 않은 것이다. 이런 문제를 연구 및 학문의 잣대
로 다루는 것이 온당한 것인가에 대해서는 필자도 곤혹스럽기는 하다.
그러나 이런 취급도 불교 발전, 용성 및 동산 문중·문도의 성찰, 범어
사 역사 및 문화의 정비에 긍정적으로 작용할 수 있으리라 본다. 이런
입론에서 본 고찰에서 필자가 다루는 대상은 성철(1912~1993)이다. 성철
의 사상, 수행 등에 대해서는 지금껏 많은 연구가 축적되었다. 그러나
용성 동산 성철로 이어지는 전법(법맥) 차원에서는 깊은 연구가 없었다.
그리고 동산의 제자군에 포함된 성안(유성갑, 제헌국회 의원), 지효, 광덕 등
에 대해서도 추가의 연구가 필요할 것이다.

　이와 같은 전법의 문제는 곧 법맥의 문제이다. 동아시아의 대승불교,
한국불교에서는 이런 법맥의 문제는 승단 내부에서 뿐만 아니라 불교사
의 전개라는 측면의 연구에서도 중요하게 인식되어 왔다. 법맥의 인식,
검토에 대한 필자의 소견은 다음과 같다. 첫째, 지금껏 관행으로 인식되
어 온 전법을 주고 받은 당사자 간의 관련 기록인 전법게문은 최우선적
으로 중요하게 취급해야 한다. 이는 동아시아 불교의 전통, 한국불교의
전통, 선종 가풍을 온전하게 계승해야 하기 때문이다. 둘째, 전법을 받
은 당사자의 역사의식, 현실의식 등을 간과해서는 안 될 것이다. 이는
법을 받은 당사자가 그 전법을 중요하게 인식하고, 그를 실천적으로 계
승하려고 노력하고 있는가이다. 법을 받기만 하고, 그를 중요하게 인식
하지 않거나 혹은 법을 준 대상자의 지성과 반하는 노선을 간다면 법맥

계승이라고 볼 수는 없다. 셋째, 법을 주고 받은 문헌적 증거(계문)는 부재하지만 은사·법사의 사상, 지향, 지성을 실천하고, 계승하려고 의식하는 경우를 간과해서는 안 될 것이다. 계문은 없었지만 구술로, 유품의 전달로, 이심전심으로[6] 전법을 할 수도 있는 것이다. 넷째, 법맥과 전법은 일정한 시간이 경과한 연후에 후대 역사가의 서술, 혹은 승단 내부의 공론화 등을 통하여 보정되거나 재정비 될 수 있을 것이다.

이상과 같은 입론에서 필자는 용성 – 동산, 그리고 동산 – 성철 간에 있었전 전법의 문제를 살피려고 한다. 미진한 측면은 지속적인 자료수집, 분석, 재검토, 연구 등을 통하여 해소하려고 한다. 제방의 눈밝은 분들의 질정을 바라마지 않는다.

2. 용성 법맥이 동산에게로 ; 전법의 사실 제기

용성(1864~1940)은 3.1운동 이후 불교의 개신 및 대중화 차원에서 대각교운동을 전개하였다. 이 운동은 기존 교단과 결별을 의미했다. 그러나 그는 1930년대 중반부터 일제가 유사종교라는 명분에서 가한 외압,[7] 연로함 등의 이유로 대각교를 스스로 해소하였다. 이에 대한 정황은 용성이 1936년 12월 『삼천리』지에 기고한 글인 「나의 참회록(懺悔錄)」에 단적

---

6) 선문에서는 이를 目擊傳受, 拈花示衆의 微笑 등으로 표현했다.
7) 대각교 재산은 1934년 9월 20일(계약)에 의해, 신탁은행의 신탁 등기로 권리가 이전되었다 (1934.12.27). 『대각교 登記權利證』, 「신탁은행 계약전부 해제에 관한 신탁재산 인계서」 (1953.4.1) 참조. 이 문건에는 대각사 신도회장으로 보인 崔昌雲이 신탁은행에 재산 (부동산)을 신탁한 것으로 나온다.

으로 나온다.

오늘날까지 내게는 조고만치한 財産도 없고 妻子와 家庭도 못가젓섯다. 七十年 동안 거러온 길이 오로지 眞悟와 大覺만 차저 거러 왓섯다. 그런데 合倂 이후 政府에서는 佛敎徒들에게 男女間 婚姻을 許하여 주웠다. 이것은 부처의 참뜻에 어그러지는 바이다. 그뒤 나는 憤然히 불교에서 물러나 「大覺敎」란 一派를 따로히 形成식혔다.

「佛則大覺」이요 「大覺則佛」인즉 부처님의 말슴을 따름에는 佛敎와 아무런 差異가 없을지나 다만 結婚만을 嚴禁하여 오는 것이 特色이라고 하겠다. 그러다가 그만 요사히에 와서 類似宗敎니 뭐니해서 「大覺敎」를 解散식혀야 한다는 當局의 處事에 어찌할 수 없이 또 다시 佛敎로 넘어가버리고 말었다.

모든 것이 苦衷과 悲哀 뿐이다. 나의 거러온 七十年間을 回顧하면 어든 바 所得이 무엇인가? 내 空碧 一如한 胸中에는 또 다시 六塵綠影이 어즈럽게 떠오른다.[8]

백용성의 이 글에는 자신이 대각교 해산 전후의 심정이 절묘하게 나온다. 여기에서 주목할 것은 승려의 결혼을 허용하는 일제정책에 반발해서 기존 불교에서 나와 대각교(大覺敎)를 별도로 만들었다는 것이다. 그런데 1936년 경, 일제가 대각교를 유사종교라는 명분을 내세우면서 대각교를 해산시킨 강압으로 인해, 어쩔 수 없이 기존 불교로 넘어갔다고 한다.

---

8) 백용성, 「나의 懺悔錄」, 『삼천리』 8권 12호(1936.12), p.85.

이렇듯 1936년은 용성에 있어서 중요한 기점이었다. 그런데 바로 그해의 봄에 용성은 자신의 법맥 상속식을 거행하였다. 1936년 3월의 『불교시보』에 나오는 관련 내용을 제시한다.

大覺敎堂의 法脈 相續式

市內 鳳翼洞 大覺敎堂에서는 去 二月 十六日에 觀音齋日을 利用하여

法脈 相續式을 擧行하얏다는대 嗣法 及 號와 傳法偈文은 아래와 갓다.

嗣法 及 號

龍城大禪師 嗣 完圭 號 東軒

同 嗣 禎薰 號 道庵

同 嗣 德綸 號 雷默

同 嗣 月舟 號 鳳庵[9]

이렇게 용성은 1936년 2월 16일, 대각교 중앙본부인 대각사에서 법맥 상속식을 거행하였다. 그 제자들은 동헌(東軒), 도암(道庵), 뇌묵(雷默), 봉암(鳳庵)[10] 등 4인이었다. 그런데 용성이 상속식을 거행한 연유 및 배경 등의 내용은 알 수 없지만 일제의 외압에 다른 위기감이 작용했을 것이다. 선문에서 법맥을 전하는 것은 중요한 의식임을 고려할 때 법맥 상속식은 용성의 결단에 의해 진행되었을 것이다. 그런데 1936년 4월 6일에 발간된 용성의 저술 『수심론(修心論)』의 말미에는 「대각교지취(大覺敎旨趣)」

---

9) 『불교시보』 8호(1936.3), p.6, 「대각교당의 법맥 상속식」.

10) 변봉암이 그때 받은 전법게문의 원본은 변봉암의 문도들이 보관하고 있다. 필자는 그 사본을 열람하였다.

가 전한다.[11] 여기에는 대각교의 연원, 본분 진리, 종지가 전한다. 그런데 그 내용 중에서 제자 8명에게 본분 진리를 게송으로 전하는 대목이 나온다. 그 대상자는 단암(檀庵), 덕운(德雲), 보광(普光), 회암(檜庵), 도암, 동헌, 뇌묵, 봉암 등 8명이었다. 여기에 나온 8명은 위의 법맥 상속식에 나온 4명 외에도 단암, 덕운, 보광, 회암이 추가되었다. 이렇듯이 상속식의 4명 이외에 4명이 추가된 사정도 알 수 없다. 그런데 본 고찰의 주인공인 동산은 1936년 전반기 두차례의 법맥 대상자로 나오지 않는다.

이렇듯이 용성은 1936년 전반기에는 전법에 대하여 고민하고, 그를 실행하였다. 그리고 1936년 후반기에는 그의 활동 기반이었던 대각교의 재산 문제를 정리하는 일에 주력하였다. 즉 대각교운동의 거점인 대각사를 비롯한 관련 재산을 해인사로 이관시키는 행보를 갔다. 그 내용은 1936년 8월의 『불교시보』에 나온다.

> 시내 봉익정 이번지에 잇는 大覺敎堂은 白龍城禪師가 創立한 敎堂으로서 禪師는 생각하되 동일한 佛敎을 發展식힐지라도 舊穀을 버서나서 새로운 氣分으로 고처서 名稱도 고치고 制度도 고치고 儀式도 고처서 하는 것이 불교를 誤解하는 朝鮮人 頭腦의 惡習을 고치는데 가장 有力하리라 생각하고 불교에서 分派 獨立된 大覺敎을 세워서 間島에 支部를 두고 이래 이십여 星霜을 大覺敎 本部의 大覺 敎堂이라고 固守하여 왓섯다. 그러나 禪師가 老境에 至하야 此가 本意에서 나온 것이 아니라 조선사람이 불교에 대하야 낫비보는 惡習에 대한 감정에서 나온 것인바 至今하야는 心田開發의 秋를 當하야 當局에서도 불교를 優遇하고

---

11) 『용성대종사』 1집, pp.68~69.

승려의 지위를 向上식히는 中인 고로 事必歸正으로 古來佛敎에 歸屬
함이 正當함으로 생각하게 된지라 禪師는 大覺敎를 變更하야 가장 因
緣이 깁흔 朝鮮佛敎 禪敎兩宗 海印寺 京城 布敎所로 고치고 七月 十六
日에 一切 文書 手續을 完了하엿다는데 當 敎堂에는 動不動産의 재산이
상당하게 잇는고로 설립 대표자로서는 禪師 及 門徒 七人의 名義로 하
야 當 布敎所를 左右하고 永遠히 불교 布敎事業과 慈善事業을 經營하기
로 하엿다 한다. 그런데 當敎 敎堂의 설립자 대표의 氏名은 左와 如하다
고 한다.

　　　해인사 경성포교당 설립자

　　　대표 白龍城

　　　　　柳道庵　崔昌雲　金警惺　表檜庵　崔雷默　邊月舟[12]

　위의 내용에 대각교 동산, 부동산 전체를 해인사 경성포교소로 전환
하는 수속을 1936년 7월 16일에 완료하였다고 나온다. 이에 용성은 자
신을 포함한 7인을[13] 포교소 대표로 설정하였다.

　그런데 용성과 대각교당의 소식을 새롭게 전한 시점은 1936년 말 경
이었다. 1936년 말 『불교시보』에 용성과 대각교당의 소식이 전한다. 용
성은 대본산 범어사 내원암 종주(宗主)로 취임하였다는 기사가 나온다.[14]
그리고 대각교당의 소유권이 범어사로 인계되었다는 내용이 나온다.

---

12) 『불교시보』 13호(1936.8.1) p.7, 「대각교당을 해인사 경성 포교당으로 변경」.
13) 이중에서 최창운과 김경성은 신도로 보인다.
14) 『불교시보』 17호(1936.12.1) p.6, 〈휘보〉.

시내 봉익정 二 大覺敎堂이 大本山 海印寺 布敎所로 手續게 되엿다고
旣報하엿으나 그간 當 敎堂과 海印寺와 互相간에 條件附로 交涉하든
것이 彼此 意見 相左로 破裂되야 다시 梵魚寺와 交涉을 進行하야 범어
사로 이전 수속을 마치게 되엿다. 그래서 당 교당의 基地 建物 及 土地
와 또 咸陽 잇는 華果院의 基地 及 建物 果樹園과 間島 龍井村에 있는
敎堂 及 不動 林野 土地(이상 現時價 十萬圓 假量)를 모다 범어사에 獻納케
되엿슴으로 범어사에서는 그 대신 每朔 百圓式 京城 布敎所에 지불하
야 經費에 充當케 되엿다 한다.[15]

이 내용을 통해 1936년 말 경에 해인사와의 계약이 무효화 되었고, 범
어사와 새롭게 계약이 추진되었음을 알 수 있다.[16] 그래서 대각교당은
일체의 재산을 범어사에 헌납하고, 범어사는 그 대신 본부였던 대각교
당에 매월 초하루에 100원을 제공하여 경비에 충당하도록 결정한 것이
다. 그래서 용성은 대각교 재산을 범어사로 이전시키고, 범어사 내원암
조실로 있었다. 즉 용성이 범어사 선원의 종주로 가고, 대각사는 범어사
포교당으로 전환되었던 것이다.[17] 그러나 용성은 1938년 초반부터는 조
선불교 선종 총림(朝鮮佛敎 禪宗 叢林)으로 재전환시켰다.[18]

지금까지 필자는 1936년 초반부터 1938년 초반까지의 기간에서 용성

15) 위의 자료, p.6, 「대각교당이 다시 대본산 범어사 경성포교소로 이전 수속」.
16) 한보광은 『용성선사 연구』, p.111에서 1936년 11월에 범어사 경성 포교당으로 개명되었
　　다고 기재하였다.
17) 『불교시보』 19호(1937.2) p.7의 「봉익정 교당」에 당시 대각사 근황이 전한다. 즉 대각사
　　는 범어사 포교당으로 나온다.
18) 졸고, 「대각교의 조선불교 선종 총림으로의 전환과정 고찰」, 『대각사상』 20, 2013.

의 대각교 해소, 해인사와 계약 및 취소, 범어사와 계약 및 범어사 경성 포교당으로 전환, 선종총림으로의 전환 등 일련의 과정을 소개하였다. 그런데 이런 격변이 전개되는 그 무렵 동산은 어디에 있었는가? 동산은 상수제자이었다고 하면서 이런 과정에 참하지 않고, 심지어는 법맥 대상자에서 누락되었는가. 1936년 전반기에는 법맥 대상자가 아니었는데, 언제 법을 받았는가? 이런 의아심을 배제할 수 없다.

동산은 그의 은사인 용성이 3·1운동 민족대표로 활동으로 일제에 피체되어 서대문형무소 수감될 당시에는 시봉을 하였지만, 그 이후에는 독자적인 수행을 하였다. 요컨대 대각교 운동에는 직접적으로 관여하지 않았다. 그러나 그는 용성이 주관한 만일참선결사회(萬日參禪結社會)의 초기에는 참가하였다. 즉 1925년 망월사 동안거와 통도사 내원암으로 이전한 1926년의 하안거에는 동참하였다.[19] 그 이후에는 독자적인 수행의 길로 나아갔다고 보여지거니와 1927년 범어사의 금어선원에서 하안거에 수행 도중에 오도(悟道)하였다고 전한다.[20]

이렇게 깨달음을 경험한 이후에는 선원의 조실로 근무하면서 후학을 양성하고, 또 다른 일면에서는 자신의 구경각을 향한 보임 수행을 거듭하였다. 1929년 동안거(범어사 금어선원), 1930년 동안거(범어사 금어서원)에서 조실이었다.[21] 그리고 1932년에는 범어사 원효암에서 주석하면서 보

---

19) 한보광, 「등록문화재 절차와 조사방법에 대한 연구」 『근대 고승 자료의 수집 · 보존 · 활용』, 동국대전자문화콘텐츠불전연구소 · 대각사상연구원, 2014, pp.15~16.

20) 이상은 연보에서 제시한 것을 요약함. 그런데 당시 금어선원의 하안거 수행자 대중 명단에 하동산의 이름은 전하지 않는다. 『근대선원 방함록』, 조계종교육원, 2006, pp.321~322.

21) 위의 『근대선원 방함록』, pp.326~327.

조지눌의 간화결의론, 원돈성불론을 입수하여 암송할 정도로 일시적으로 교학에 전념하였다. 1933년 동안거의 해인사 퇴설선원에서 그는 조실의 소임을 맡았다.[22] 그런데 이때의 방함록에는 그의 법명이 용봉(龍峰)으로 나온다.[23] 이때부터 1935년 3월까지는 해인사 퇴설선원에 있었다. 그런데 그의 법명이 동산에서 용봉으로 전환된 것이다. 여기에 문제의 단서가 개재되었다.

한편 그는 1935년 3월, 서울 선학원에서 개최된 전국수좌대회(全國首座大會)에 참가하였다.[24] 그는 단순하게 참가한 것이 아니라 그 수좌대회의 사전 준비, 실무 등 대회의 실질적인 주체이었다. 이 대회는 한국불교 전통의 수호와 선풍진작을 위해 1921년 11월에 설립된 선학원, 1922년 3월에 결성된 선우공제회(禪友共濟會)의 전통을 계승했다. 선학원은 1920년대 중반에 가서는 일시적으로 후퇴하였으나 1930년 김적음에[25] 의해 재기하였다. 재기한 선학원은 선원과 수좌의 기반하에 한국불교 전통을 회복을 구축하기 위한 목적에서 재정 기반의 강화에 노력을 기울였다. 그 결실로 1934년 12월, 재단법인 조선불교 선리참구원(朝鮮佛敎 禪理參究院)으로 전환되었다. 이렇듯이 선학원을 재단법인체로 전환시킨 수좌들은 그 기회를 활용하여 한국불교의 근본이 선종(禪宗)에 있음을 자각

---

22) 『근대선원 방함록』, p.88.
23) 용봉은 그가 일시적으로 당시 해인사 주지였던 임환경에게 받은 당호이다. 이에 대한 논란은 후술할 것이다. 그런데 그 당호를 받은 시점이 언제인지는 정확하지는 않다. 1931~1933년으로는 추정할 수 있다.
24) 이 때에도 그의 법명은 하용봉(해인사)으로 나온다. 졸고, 「조선불교 선종과 수좌대회」 『불교근대화의 전개와 성격』(조계종출판사, 2006), p.172 참조.
25) 『불교시보』 4호(1935.11), p.3, 「如來의 사명을 다하야 세상에 모범을 보이는 숨은 인물들, 立志傳中의 인물 김적음화상」.

하고 당시의 불교 풍토를 극복하기 위한 노력을 기울였다. 이 배경에서 나온 것이 수좌대회이었다. 1935년 3월 7~8일, 수좌대회를 개최한 수좌들은 선종의 기반을 공고히 한 여력을 몰아서 전국 선원 및 수좌들의 조직체를 만들었다. 마침내 조선불교선종(朝鮮佛敎禪宗)이 창립되고, 선종 종무원도 설립되었다. 이러한 내용은 대회에서 제정, 통과된 선종 종규(宗規)에 담겨 있다. 당시 그 대회에서 동산은 재단법인 설립을 주도한 임시 발기회의 주도세력에[26] 의해서 법인 정관 시행세칙 기초위원 겸 수좌대회 준비위원으로 위촉을 받았다.[27] 동산은 수좌대회에서 대회순서 작성위원, 그리고 종규, 종정회 규칙, 종무원칙, 선회규칙, 선의원회 규칙 등의 기초위원, 그리고 의안 심사위원, 종규 및 제 규약의 낭독위원을 역임하였다. 그리고 대회에서는 선의원(禪議員), 순회포교사(巡廻布敎師)에 선출되었다.[28] 이렇듯 동산은 선리참구원으로 전환에 핵심적인 주도자 역할을 하였다.

그러므로 수좌대회가 갖고 있는 성격, 의의는 동산의 지향과 동질적이라고 볼 수 있다.[29] 수좌들은 선서문에서 정법과 전등이 계승되어야 함에도 불구하고, 사마가 극성하고 정법이 파괴되는 말세를 당하여 참

---

26) 그들은 송만공, 김남천, 김현경, 기석호, 윤서호, 변유심, 이탄옹, 김적음 등이었다. 이들은 1933년 3월 20일에 임시발기회를 선학원에서 개최하였다.

27) 그 위촉은 범어사 출신인 기석호의 추천이 작용한 것으로 보인다. 위촉받은 대상은 기석호, 정운봉, 황용음, 박대야, 박고봉, 김적음, 하용봉, 김일옹, 이탄옹, 김익곤 등이다.

28) 선종의 주요 간부 소임에는 종정은 신혜월, 송만공, 방한암이며 종무원장에 오성월, 부원장에 설석우, 서무부 이사 이올연(청담), 재무부 이사 정운봉, 교화부 이사 김적음이 선출되었다.

29) 필자는 수좌대회의 전모를 전하고 있는 「조선불교선종 수좌대회록」을 발굴하여, 그를 불교계에 공개하였다. 졸고, 「조선불교 禪宗과 首座大會」, 『한국 현대선의 지성사 탐구』, 도피안사, 2010.

회와 반성을 하겠다고 다짐했다. 수좌들은 정법과 여래의 궤칙을 받들
겠다는 원력을 세웠다. 나아가서는 참회하는 정신으로 다시는 잘못을
짓지 않고 삼보를 기만하는 삿된 무리들을 제거하겠다는 굳은 서원을
다짐하였다. 이에 수좌들은 정법을 받들지 못하였던 자신들의 허물을
자인하며서 신명을 바쳐 정법에서 물러서지 않겠다는 맹서를 하였다.
추후에는 중생 제도, 번뇌 단절, 불법의 수행, 불도의 성취를 하겠다는
다짐을 하였다.

바로 이러한 선종의 선서문 정신이 1935년 무렵의 동산의 의식이었
다. 수좌대회에 참가하여 조선불교 선종과 선종의 종무원을 출범시킴에
일조를 한 동산은 수행처인 선원으로 복귀했다. 그는 1935년 하안거를
설악산 봉정암에서 났고,[30] 그해 동안거는 범어사 금어선원으로 복귀하
여 조실의 소임을 맡았다.[31] 1936년 하안거는 태백산 정암사에서 났다
가,[32] 1936년 동안거는 범어사로 돌아왔다. 바로 이때인 1936년 11월 18
일, 동산은 용성에게 계율을 전수받았다. 즉, 계맥의 전계증을 받았다.
동산은 용성에게 전계증을 받기 이전 범어사 외부에 있다가, 은사 백용
성의 부름을 받아, 범어사 내원암에서 용성이 지니고 있었던 계맥(戒脈)
을 전수받았다.[33] 당시 동산에게 전한 그 전계증의 기록을 제시한다.

吾今所傳戒脉 朝鮮智異山 七佛禪院 大隱和尙 依梵網經 誓受諸佛淨戒
七日祈禱一道祥光 注于 大隱頂上 親受佛戒後 傳于錦潭律師 傳于梵海

30)『동산대종사문집』(이하 문집으로 약칭), 범어사 동산문도회, 1999, 행장, p.369.
31)『근대불교 방함록』, p.335. 이때의 법명은 龍峰으로 나온다.
32) 원택,『성철스님 행장』, p.42,
33) 당시 그 현장에는 용성의 손상좌인 성철이 지켜보았다.

律師 傳于草衣律師 傳于禪谷律師 傳至于吾代 將次海東初祖所傳 張大
教網漉人天之魚寶印 以爲戒脉與正法眼藏正傳之信 懇懃付與東山慧日
汝善自護持 令不斷絕 與如來正法住世無窮

世尊應化 二九六三年 丙子 十一月 十八日

龍成 震鍾 爲證

東山慧日 受持[34]

이 전계증에 나오듯이 용성은 그가 수지하였던 조선후기의 자생적인
서상수계(瑞祥受戒)의 계맥, 자주적인 계맥을 동산에게 전수하였다. 계맥
의 전수 사실은 당시 불교계 잡지인 『불교시보』에도 나온다.

白龍城 禪師는 朝鮮佛敎 固有의 戒脈을 東山 慧日師의게로 傳하엿는대
그 由來한 禪師의 系統을 보면 아래와 갓다고 한다.
大隱和尙 錦潭和尙 梵海和尙 禪谷和尙 龍城和尙 東山和尙[35]

이렇듯이 동산에게로 전달된 계맥은 당시 불교계에도 널리 알려졌다.
그러면 1936년 전반기의 법맥 상속자에서 배제된 동산이 1936년 겨울
에는 계맥을 전수받았는가? 왜 용성은 자신의 생명과 같은 계맥을 하동
산에게 전하였는가? 이에 대해서는 다양한 접근이 가능하다. 지금껏 이
에 대해서 동산문도들은 특별한 해석을 하지 않았다. 이에 대해서 필자
는 예전 연구에서 다음과 같이 설명하였다. 이는 그간 용성문도 내부에

---

34) 『문집』, p.370. 이 자료의 원본은 현재 범어사 성보박물관에 소장되어 있다.
35) 『불교시보』 18호(1937.1.1), p.13, 「朝鮮佛敎의 戒脈直傳과 白禪師의 傳戒」.

서 구전으로 전하여 왔던 동산이 해인사 주지인 임환경에게 중간에 건
당하여 받은 법명인 '용봉(龍鳳)'의 문제에서 비롯된 것이다. 그 전후사정
은 동산의 입산 이전의 가사 문제를[36] 해결하기 위한 문제에서 발단되었
다. 그를 해결하기 위해서 필요한 돈을 임환경이 제공하면서 임환경이
동산을 자신의 제자로 삼으려 하였고, 그 결과로 용봉이라는 이름을 받
았다. 지금까지 동산의 상좌들은 이런 문제기 공식적으로 언급되는 것
을 꺼렸다. 그런데 2006년도 『태고종사』 사태를 극복하고, 동산의 역사
를 조명하는 과정에서[37] 필자는 그 실무를 담당하였기에 여러 상좌에게
서 다양한 정보를 확인하였다. 그것이 위에서 필자가 언급한 가사문제
해결 차원에서 나온 당호(용봉)이다. 동산 문도들의 증언을 종합해 보면,
입산 이전의 가정 문제를 해결하기 위해 동산은 은사인 용성을 찾아가
서 그를 해결하기 위한 돈(논 세마지 값)을 요구하였다. 그러나 용성은 사
적인 일에 사찰의 돈을 쓸 수 없다고 거절하였다. 그러자 동산의 고민을
파악한 임환경이 그 재원을 대면서 자신의 제자라는 당호(용봉)를 주었
고, 동산은 용봉이라는 당호를 3~4년간 사용하였으며, 얼마 후 동산은
용성을 찾아가 참회하고, 동산이라는 법호를 다시 썼으며, 임환경에게
도 사용한 돈을 되돌려 주었다는 것이다.

　필자는 이러한 전후사정으로 인해 1936년 전반기의 전법자 명단에 동
산이 나오지 않았다고 본다. 그러나 1936년 동안거를 범어사에서 났던
용성은 어떤 연유 및 계기에서 기인한 것인지는 모르지만 자신의 계맥

---

36) 출가 이전 부인에게 생계를 해결할 수 있는 최소한의 대책 강구이었다.
37) 그 성과물이 『동산대종사와 불교정화운동』(2007)의 책이다.

을 계승할 전수 대상자로 동산을 선택하였다.[38] 그는 용성이 동산의 수
행의 실력을 인정하고 상수제자로 다시 인정한 측면, 동산의 참회를 수
용한 것, 계율을 수호하면서 불교정화를 추진할 수 있는 대상자를 고
려한 내용 등이 결합되어서 나온 산물이라고 본다. 용성에게서 전계를
받은 이후의 동산은 더욱 더 철저한 수행에 나간 것으로 보인다. 1937
년 하안거 도리사 조실,[39] 1938년 하안거 범어사 내원선원에서 조실,[40]
1939년의 하안거와 동안거는 은해사 선원의 조실로 있었다.[41] 그런데
1940년 음력 2월 24일, 용성은 대각사에서 세납 77세로 입적하였다. 용
성의 비석은 1941년 7월(음력), 해인사 용탑에 세워졌다. 그 탑은 한용운
이 찬한 비문으로 건립되었는데, 동산은 자신이 비문을 지었지만 반영
되지 못한 것에 유감을 갖고 있었다고 보인다.[42] 요컨대 용성은 동산에
게 전법을 하였지만 1941년 당시 용성제자 그룹에서는 흔쾌하게 수용되
지는 않았던 것 같다.

이와 같은 내용의 일부는 필자는 예전 연구에서[43] 그 대강을 발표하였

---

38) 대각교 재산을 범어사와 계약한 사실과 동산에게 계맥을 전수한 것의 상호관계가 있었
   을 것이다.
39) 정광호, 『한국불교최근백년사편년』, p.262. 이 기록에는 조실이 하용봉으로 나온다.
40) 위의 책, p.263, 「선방」.
41) 위의 책, p.264, 「선방」.
42) 선과, 「스님의 수행력과 감화력은 도인입니다」, 『동산대종사와 불교정화운동』 2007, 영
   광도서, pp.477~483. 그런데 동산은 용탑선원의 용성비석에 자신의 법명이 용봉으로
   올라간 것으로 판단하고, 자신의 상좌에게 그를 제거하도록 추동하였다. 즉 동산은 자
   신이 일시적으로 받아 쓴 용봉에 대한 거부감이 상당하였다. 비석에서 '용봉' 제거를 단
   행하기로 작정한 선과는 해인사에 가서 자신이 비문을 확인해 보니 법명은 '동산혜일'
   로 되어 있었다. 그런데 은법상좌로 되어 있지 않고 은좌로 되어 있는 것을 잘못된 것
   으로 보고 '동산혜일'을 뭉개버렸다.
43) 졸고, 「하동산의 불교정화」, 『한국 현대선의 지성사 탐구』, 도피안사, 2010.

다. 그래서 필자는 동산이 용성 사상을 계승하여 다양한 행적을 남길 수 있었다고 보았다. 즉 동산은 1941년 『용성선사 어록』의 편찬, 1941년 유교법회에서 계율 수호와 조계종지의 제창, 범어사 금강계단의 단주 역할을 1943년부터 하였고, 1954년 불교정화운동 주도 등을 전개하여 용성의 사상과 법을 구현하였다고 보았던 것이다. 그러면서도 용성이 동산에게 전한 법의 실체에 대해서는 가늠하기 어려웠다. 관련 근거, 기록을 찾지 못하였기 때문이다. 그런 고뇌 속에서 자료를 찾던 중에 겁외사에 보관된 성철의 자료 뭉치에서 용성이 동산에게 전한 전법게문을 찾았던 것이다. 이 게문은 1930년대 후반(?) 무렵 대각사에 있었던 용성이 금강산 장안사(長安寺) 선원에 있었던 동산에게 우편으로 발송한 것이다. 우선 여기에서 그 전문을 제시한다.

　　　與世浮沉莫妄想
　　　眞金百度火中鍊
　　　曹溪法水由汝傳
　　　萬二千峰金剛月

　　　更囑
　　　多生無明惑習和根拔去了
　　　沒巴鼻可與諸聖齊
　　　肩而行矣一切是非好惡等都
　　　無動念然後可與道合矣

白龍城

河東山 見

이 전법게문은 세속의 학문적인 잣대로 해석하기에는 대단히 곤란한 법어이다. 다만 그 대강의 뜻을 표현하면 다음과 같다. "세상과 부화뇌동 해서 생기는 망상을 버리게, 진금은 백번의 화중련에서 나오는 것이니, 조계의 정법을 그대에게 주노니, 일만이천봉이요 금강월이로다. 다시 부탁하노라. 다생 · 무명 · 습성의 뿌리를 뽑아내면, 여러 귀한 것들이 함께 할 것이니, 일체의 시비와 좋고 나쁨 등과 같이 살아 움직이는 생각들이 끊어진 연후에 가히 도에 계합될 것이다." 이 게문은 철저한 수행을 하라는 당부와 조계 정법을 동산에게 준다는 표현이 인상적이다. 무명, 숙업, 관행 등을 타파하고 시비와 호오 등의 분별심을 떠나야만이 깨달음에 도달할 수 있을 것이라는 따뜻하고 자상한 당부까지 나온다.

그런데 이 게문을 작성한 시점과 우편으로 발송한 연유, 이 게문을 용성의 상좌인 성철이 보관하였던 점 등에 대한 내용이 애매하다. 더욱이 우편 발송 시점도 필자는 아직 단정할 형편이 안 된다. 그럼에도 필자는 이 게문을 용성이 동산에게 전법한 결정적인 근거로 보고자 한다. 더욱이 용성의 친필로 전법게문을 쓴 경우는 유일하다고 할 것이다. 이로써 필자는 이를 근거로 동산이 용성에게 법을 받은 상수제자라고 보고자 한다. 일제 말기에 동산이 금강산의 유명한 선방인 마하연에 왔다 갔다 하였다는 증언은 금강산 출신인 도천이 하였다.[44] 그러나 도천은 동산

---

44) 김광식, 『동산대종사와 불교정화운동』, 영광도서, 2007, p.51.

의 금강산 체류 시점은 증언하지 않았다. 그런데 성철은 1939년 경에 마하연 선방에서 수행을 하였다고 한다. 그렇지만 필자는 이 전법게문의 발송 시점, 게문 인수자, 성철이 이 게문을 보관한 연유, 그리고 동산은 이 게문을 보았는가 등등에 대해서는 더 이상의 추정은 할 수 없다. 그러나 어찌 되었든 용성은 동산에게 전법게문을 남긴 것은 분명하였다. 그래서 용성의 법맥은 동산에게 전달되었다.

3. 동산의 법맥은 성철에게 계승 ; 사실의 비정(批正)

성철의 은사는 동산이다. 동산은 1935년 무렵 해인사 백련암에서 수행을 하고 있었다. 바로 그 무렵, 성철은 1935년 초 최범술과 김법린의 권유로 대원사에서 해인사로 왔다. 성철을 본 동산은 큰그릇이 될 것을 짐작하고 출가를 권유하였다. 당초 성철은 출가에는 마음이 없었다. 그러나 동산의 퇴설당 법문과 '성철'이라고 법명을 적어 놓은 쪽지를 쓴 동산과 대화를 통해 출가 결심을 하였다.[45] 그 출가 시점은 1936년 3월 3일이었다.[46] 성철의 도첩과 승적첩(해인사)에는 은사 '하용봉(河龍峰)'으로 나온다.[47] 용봉은 당시 동산의 법명이었다.

그리고 성철은 출가 직후에는 은사인 동산을 따라와서 1936년 하안거

---

45) 원택, 『성철스님 행장』, 미디어글씨, 2012, pp.33~34.
46) 위의 책, pp.41~42. 그런데 현전하는 해인사 퇴설선원의 방함록에는 그의 이름이 전하지 않는다. 해인사의 백련암에 주석하였지만 안거 수행에는 참가하지 않을 수도 있다. 바로 그 무렵 동산은 그의 상좌인 이성철의 출가를 독려한다.
47) 즉 이때까지 용성과 동산 간에는 이질성, 즉 건당에 대한 문제가 남았다.

때에는 범어사 금어선원에서 한철정진을 하고, 1936년 동안거 수행은
범어사 원효암에서 지냈다. 성철은 1937년 봄에는 범어사 금강계단에
서 비구계를 수지하였다. 범어사에서 수행을 할 때에는 용성의 시봉을
하였다. 마침 그때(1936.11.18) 범어사에서 용성이 동산에게 계맥을 전수
하는 자리에[48] 성철이 입회하였던 것이다.[49] 이 무렵, 용성은 손주 상좌
인 성철에 대한 관심을 갖고, 서울 대각사로 함께 올라갈 것을 권유하였
지만 용성을 부산역까지만 배웅하였다는 일화도 전한다. 그러나 성철은
1937년 하안거 수행을 범어사 원효암에서 났고, 그 이후 범어사를 떠났
다. 그 이후 성철은 통도사 백련암 범어사 내원암 통도사 백련암 · 은
해사 운부암을 거쳐 금강산 마하연 선원으로 가서 정진하였다. 금강산
에는 1년(1939~1940) 정도 있었다가, 동화사 금당과 은해사 은부암에서
정진하였다.

　일반적으로 성철은 용성 – 동산 – 성철로 이어지는 선맥을 전수받았
다고 성철문도는 말하고[50] 있다. 그러나 지금껏 성철의 전법 및 법맥에
대해서 연구자들은 주목하지 않았다. 단순히 은사는 동산이라고 이해하
는 정도이었다. 이런 정서는 다음과 같은 것에서 연유하였다고 본다. 첫
째, 동산 문도들이 이 문제를 공론화 하지 않은 것이 있었다. 둘째, 그에
관련된 문헌의 기록이 부재하다. 찾지를 않은 것인지, 게문 자체가 없었
던 것인지가 애매하다. 셋째, 성철이 전법, 은법 등에 대해서 비판적인
의식을 가진 것도 고려되어야 한다. 성철은 선종 전법은 은법보다는 법

---

48) 그런데 그 장소가 내원암인지, 원효암인지 혹은 청풍당인지는 전하지 않는다.
49) 「동산혜일 대종사 사리탑비」, 『문집』, p.341.
50) 위의 『성철스님 행장』, p.35.

맥을 중심으로 삼아야 한다고 강조하면서도 당시 불교계에서 비법적으로 행하여진 건당(建幢)에 대한 비판을 강하게 한 것으로 전한다. 넷째, 성철은 스스로 동산의 법제자임을 강하게 피력하지 않았다. 혹간은 동산의 행적(정화운동 등)에 대한 비판이 큰 것으로 회자되기도 했다. 그러나 성철 상좌들은 은사인 동산에 대한 효심, 예의는 강하였지만 이념[51] 및 정화 추진의 방법(정신적 정화, 사상적 정화, 종교적 정화)을 놓고는 이견이 있음은 인정하였다.

이런 전후사정, 배경이 맞물리면서 동산 – 성철에 대한 전법의식, 법맥에 대한 것은 논의되지 않았다. 그러나 이제는 동산 입적 50년이 거의 되었고, 성철이 입적한지도 20년이 되었다. 요컨대 동산의 전법, 법맥 문제를 거론할 수도 있는 것이다. 동산의 전법, 법맥 문제가 거론된 것은 동산이 입적한 직후인 1965년 5월 16일 『대한불교』의 지면에서 제기되었다. 이 거론은 오대산인 법연(五臺山人 法演)[52]에 의해 기고되었다. 이 기고문은 중요하기에 전문을 제시한다.

中興祖 龍城禪師의 法脈은 東山大宗師에서 그치는가!
經에 云 "만일 法을 전해서 衆生을 제도하지 않으면 마침내 부처님의 은혜를 갚지 못한다"고 하셨다. 釋迦佛이 아무리 위대하다 해도 가섭존자와 같은 전법제자가 없었다면 一場春夢에 불과했을 것이다. 五祖大師는 六祖大師에게 衣鉢을 전한 후 方丈夫能事畢이라 하여 안으로 문을 걸어 잠그고 安息했으니 석옥선사는 팔십 노령에 이르러도 전법할 곳이 없어서 걱정하던중 태고선사에 法을 전하고 춤을 추며 열반하셨다고. 아 - 아! 달마의 西來하여 花開五葉 結集自然成이로다. 중원천지에 육대조사 등 第五祖 가풍이 벌어져서 선풍이 大興振作한 거와 같이 동방에는 태고선사 귀국후 환암선사, 선곡선사, 벽계선사, 부용선사, 청허선사 육대선사가 배출하였으니 실로, 이 江山의 육대조사인 것이다. 오대 홍인대사의 문하에서 혜능, 신수 兩師가 출현하여 남북종이 갈려진 거와 같이 동방에는 오대 부용선사의 문하에서 청허 부휴 양대선사가 출현하였으니 비슷한 점이 한두가지가 아니며 그후에는 禪敎 兩宗으로 갈려져서 大興宗風하다가 갈려져서 환성지안 선사에 이르러 傳제法자들이 먼저 입적한 것을 기인해서 法맥이 단절되어 이로 인해서 한국불교의 선풍은 사실상 수백년래 자취를 감추고 敎宗 一色이 되고 만 것이 아니였던가?

그러나 이 강산은 육조대사의 정산이 쌍계사에 봉안되었고 그의 적손 백옥선사의 법맥이 태고선사에게 전해지는 등 禪宗에 인연이 깊은 관계로 二大 中興師가 출현하여 다시 선풍을 중흥시켰으니 한분은 鏡虛禪師요 또 한분은 龍城禪師다.

경허선사는 入道後 환성지안 선사의 손제 용암선사에게 嗣法했는가 하면 용성선사는 바로 환성선사에게 嗣法했으니 중간 二百의 수십년은 공백아닌 불법의 공백이요 선종의 공백 기간에 不外하였도다. 二 大師 출현 이전에는 전국 십개 사찰 中 유독 지리산 七佛庵만이 선원의 형식을 갖추워 명맥을 이어왔던 것이다. 그도 역시 數三人의 노승들이 雲居하면서 명실 不共히 呪力 등 제각기의 日用事에 下過했다 한다. 위와 같이 한국 禪이 단멸 상태에 놓여 있을 때 二大 중흥조가 無風起浪하여

기십년 내에 전국 사찰에는 거이 교종적인 껍지를 벗고 禪宗이 부흥되었던 것인데 論之컨댄 육조정상의 양팔의 역할이 되었던 것인데 한 줄기는 慧月선사로부터 향곡선사에게도 흘러가고 또 한 줄기는 東山선사에게로 흘러가서 幕을 내렸도다. 嗚呼 哀哉라! 中興祖 龍城禪師의 法脈은 斷絶되었도다. 哀哉라! 禪師여 전법도생하지 못했으니 佛法中 一中重大事에 과오를 범한 것이 아닌가? 듣자옵건대 宗團장으로 조객이 萬名線을 돌파했다 한다. 회고건대 이번 종단은 종단에서 하동산선사를 葬儀한 것이 아니라 實은 중흥조 용성선사의 法脈을 추모하나니 보다 오히려 선맥의 한줄기를 喪失하였으니 哀哉라! 하늘이 울고 땅이 울고 護法善神이 망措 오백만 불교도는 또 다시 앞날의 불법 향상 발전을 위해서 새로운 각오가 있어야 할 이때를 당해서 통제기관인 총무원에서는 종단 칠일장을 선포해 놓고 其外 전후 기회도 충분히 있음에도 불구하고 대소 공문서를 발송하는 등은 非傑作的인 虛事이며 종단장을 잘 이해하지 못하는듯 하다. 哀哉라! 愚납은 十數年을 선사의 문하에서 일언반구의 불쾌한 언질도 없었던 것이언마는 몇몇 불온분자들의 이간질로 인해서 다소 오해를 끼치게 된 것을 실로 유감으로 여길 뿐이다.

哀哉라! 선사와 선사의 법맥을 장의하며 49재 小喪 등이 다가와도 참여할 수 없는 것은 來年 가을까지는 여하한 일에도 참여않기로 三寶전에 굳게 맹서하고 自禁令을 내려 기도 정진중이기 때문이오니 四海대중의 관용을 바라는 바이다. 父子相傳이여! 반드시 父業 그대로 자자손손이 고정적으로 이어가기만 하는 것이 鐵則이 아니라 자손중에는 以外의 걸출로 혹 천하를 통제할 수도 있는거와 같이 선사의 법맥이 단절되지 않고 連綿할 수 있었다면 別起一念으로 인해 그 문손에서 高僧大

德이 많이 출현하게 된런지도 모를 것인데 哀哉 哀哉여 傳法제자를 一個半個도 두지 못하고 先代의 法脈을 송두리째 가지고 유명을 달리 하였으니 가히 日出東方하여 落照無光이로소이다.

禪師는 일생 수행을 통해서 별로히 得力處는 발견할 수 없었으나 長點이 가는 者를 싫어하고 오는 者를 환영하며 朝夕으로 佛前謹拜하는 것이라고 말하고 싶다. 속담에 흔한 것이 사람이라면 貴한 것도 사람이라 하드니 삼십억 인류 가운데서 한줄기의 법맥을 이어 갈만한 사람이 없어서 끊어졌다가 이었다는 것이 또 다시 二代를 넘기지 못하고 더 傳法할 생각조차 하지 않고 인멸된 것은 받을 사람이 없다기 보다는 오히려 傳할 法이 없었다면 더욱 안타까운 事實이 아닐까 한다. "석가도 아지 못했거니 가섭에게 어찌 전했으랴". 可不笑로다 앞으로 만일 明眼宗師가 출현한다면 또 다시 이백년 이전으로 소급하여 환성지안사에게로 嗣法해야 되겠으니 그리고 보면 僧團의 전통은 뒤죽박죽 年年歲歲 줄기만 찾다가 말게 되지 않을까 생각되도다.

억 佛子여! 明眼宗師가 출현하거든 다시는 그 法統이 단절되지 않도록 懇之曲之努力할 것을 바라오며 굳게 三寶 전에 發願하되 此法이 靈通하여 廣度有情하고 流布將來하여 無今斷絶할진저.

위의 법연의 글은 단언하건대 동산은 후대에 한국 근대기 선불교의 중흥조인 용성에게서 받은 법을 전하지 못하였다는 것이다. 즉 동산은 전법제자를 단 1명도 두지 못하고 입적하였기에, 용성의 법은 동산에게서 단절되었고 하였다. 심지어 이 글에서는 동산에게서 득력처(得力處)도 발견할 수 없었다고, 동산은 전법할 생각도 없었다고 하면서 즉 동산의 법 자체까지 의심하기도 하였다.

이상과 같은 도전적인 글이 기고되었으나 당시에는 동산의 장례식이 거행된 직후이고 49재도 거행되기 이전이어서 그런지 뚜렷한 반발, 이의 제기는 전하지 않는다. 문도들이 이 글을 읽고 어떤 반응을 하였는지는 알 수 없다. 그런데 필자는 위의 법연 글을 읽은 후, 동산 구술사 작업을 하면서 여기에 관련된 전후사정을 성철을 40여 년간 시봉한 성철 맏상좌인 천제에게 그를 질문하였다. 그랬더니 천제는 필자에게 성철은 법연의 글을 반박하는 글을 집필하고, 그를 『불교신문』에 실으려[53] 했다고 회고하였다.[54] 당시 성철이 반박한 글의 원본은 부산 해월정사(봉훈관)에 보관되어 있다. 필자는 이 문건이 중요하다고 판단하여 천제의 구술과 함께 그 전문을 『동산대종사와 불교정화운동』(영광도서, 2007)에 수록하였다.[55] 여기에서 성철의 그 전문을 게재한다.

> 대저 何事를 莫論하고 성급한 용단과 우매한 망단은 필경 自滅의 결과를 초래한다고 생각하는 바입니다. 그 사실이 혹 개인의 문제에만 국한된다면은 이는 타인이 간여할 바 아닐 것입니다. 그러나 그 사실이 數多한 타인에게 관련되어 그 영향이 심대하다면 이는 도저히 묵과할 수 없을 것입니다. 近者 東山禪師 法脈에 대한 法演師의 논지는 龍城 東山 兩禪師와 그 門徒 및 全 宗團에 대한 극심한 모욕적인 언사라고 생각하고 慈에 一言을 付하는 바입니다. 演師는 우선 용성선사는 선종의 중흥

---

53) 필자는 그 글이 기고된 것을 보지 못했다. 성철은 기고할 의사는 있었지만, 구체적인 기고는 하지 않은 것으로 보인다.
54) 김광식, 『동산대종사와 불교정화운동』, 영광도서, 2007, p.340.
55) pp.340~343에 있다.

조로 찬양하고 이어 동산선사의 종단장을 평하여 "이번 종단장은 동산
선사를 葬儀한 것이 아니라 실은 中興祖 龍城禪師의 법맥을 장의한 것"
이라고 통탄하였습니다. 그리고 "전법제자를 一個 半個도 두지 못하고
선대의 법맥을 송두리째 가지고 幽明을 달리하여" 傳法度生하지 못하
였으니 일대 중대 과오를 범하였음을 질책하였습니다. 그리고 또한 結
尾的으로 "선사는 일생 수행을 통해서 별로히 得力處는 발견할 수 없었
으나 長點이 가는 者를 싫어하고 오는 者는 좋아하며 朝夕 佛前 謹拜하
는 것이다"고 지적하여 동산선사를 득력처 없는 無眼目 노장이나 신심
있는 好爺(호야)임을 소개하였습니다. 그리하여 "법맥이 泯滅된 것은 받
을 사람이 없다기 보다는 오히려 전할 법이 없었다면은 더욱 안타까운
사실이 아닐까 한다"고 비탄하여 법맥 단절의 因由가 동산선사의 자신
의 無資格에 있음을 천명하였다.

이 논지는 전후 錯倒된 자가당착의 망언으로써 선인들과 그 문도 및 현
종단을 매도하려는 도저히 용서할 수 없는 바이라고 생각한다. 원래 誰
某를 막론하고 명안종사는 명안제자가 아니면 절대로 인가 전법하지
아니하여 寧 絕嗣언정 不可 妄傳은 역대 조사의 근본철칙입니다. 그리
하여 自古로 명안종사가 無顔 瞎漢하게 전법한 바 없으며 명안종사의
수법제자이면은 꼭 명안납승임은 만대 전법의 通規이니 이는 불조 정
법의 명맥의 사활 문제로서 결코 소홀한 취급을 할 수 없었던 것입니
다. 연 사의 말대로 하여도 용성선사를 선종 중흥조 즉 間世의 걸출로
찬앙하였으니 명안종사임은 추호의 의심도 용납되지 않는 것입니다.
그러나 演 師는 그 수법제자인 동산선사는 득력처 없는 無眼 호야(好爺)
로 평가하였으니, 용성선사 같은 명안이 어찌 동산선사 같은 瞎眼에게

전법하였겠습니까? 이는 전법 원칙상 절대로 있을 수 없는 사실로서 만일 동산선사가 할안임이 확실하다면은 그를 인가한 용성선사도 眼昏이 아닐 수 없으며 따라서 중흥조의 법맥이니 하는 어구는 통용될 수 없는 것입니다. 그 야비한 의도는 정법수호를 위하여 도저히 용서될 수 없는 것입니다. 그뿐만 아니라 연 사의 말대로 하면은 종단은 일개 眼瞎 노장을 위하여 수백년래 휘유한 대장례를 영위하였으며 양대 종사의 문하는 맹목추종한 死漢들 뿐이란 말입니까. 용성성사가 중흥조 명안임은 천하가 공인하는 공지하는 바이오. 동산선사는 용성문하의 득법 上首임은 자타가 悉知하는 바이니라. 동산선사의 득력처 없음을 지적하여 동산종법을 매장하려는 연사의 자살론적 망계는 완전히 수포화하였으나 천박한 억측과 악독한 야욕으로써 선인 그 문하 내지 전종단을 매욕한 중대한 과오는 진정으로 발로 참회하여야 할 것입니다.

이로써 연 사의 자살론은 완전히 분쇄된지라. 더 논란할 필요는 없지만 동산문 수법여부에 대하여 계속 일언코자 하는 바입니다. 연사의 논지는 이유여하 간에 동산문하에 수법제자가 없음을 단언하였습니다. 과연 연사의 소론대로 동산 문하에 수법 제자가 일개 半個도 없을까요? 이것은 무슨 증거로써 그렇게 호언 장담하는지 실로 抱腹絶倒할 망단입니다.

옛날, 배상국이 황벽에게 산중 4, 500인 중에 몇 명이 화상의 법을 얻었는가를 물었습니다. 황벽의 대답이 얻은 자의 그 수를 알 수가 없다고 하였는데(得者莫知其數), 왜냐하면 道는 心悟에 있는 것이지 어찌 言說에 있는 것이리오, 언설은 어린애를 교화하는 일이라고 하였습니다. 이심전심하는 불조의 密機는 오직 마음에 있기 때문에 설사 他心天眼

의 兩知를 구족하였드라도 외인은 절대로 窺知치 못하는 것입니다. 오
즉 황벽 말씀대로 그 수를 알 수 없으니, 演師는 어떻게 지극한 비밀스
러운 것을 무슨 안목으로 속단하는지 실로 이해치 못할 바입니다. 演師
의 판단은 몽매한 恥童의 희론에 불과한 것입니다. 또한 좋은 예로써
마조의 적자이며 만대의 표준인 백장선사의 말씀을 들어 보겠습니다.
白丈은 馬祖를 20년간이나 따라서 시봉하였고, 마조가 돌아가신 후에
도 수년간이나 그 墳塔을 수호하였습니다. 그러나 마조의 사후 6년에
건립된 마조비문에 혜해, 지장 등 다수한 제자가 열기되었으나 백장은
누락되었습니다. 이 비문의 選者 권덕여는 마조 문하에 다년 출입 受教
하여 그 문하제자 사정을 상세히 아는 사람이지만은 백장만은 마조수
법으로 인정치 않아 비문에 기입치 않았던 것입니다.

연 사의 소견대로 하면 백장은 단연코 마조의 득법제자가 되지 못할 것
입니다. 그러나 백장은 마조 嫡傳의 最上首일 뿐만이 아니라 후세 선종
정맥은 오직 그의 법손으로 계승되었던 것입니다. 이 사실에 대하여 백
장 碑에 이미 師는 큰 大寂을 이루었고, 心印을 얻었으나 항상 스스로
몸을 낮추고 이름을 쫓지 않아서 고로 마조비문에 '獨誨其稱號'라고 밝
혔습니다. 그 뿐 아니라 백장과 쌍벽을 이루는 마조문하의 걸출한 남전
고불도 역시 비문에 누락될 정도로 時人의 인식을 피하였던 것입니다.
역대 조사중에 문도의 융성은 마조가 제일이요 백장은 마조 정안의 유
일한 계승자로서 그 법통이 冠絕하여 그 이름이 만세에 무궁하여 중천
의 일월과 같이 그 광휘가 찬란하지만은 以心傳心의 밀기는 그 당시에
人天이 모두 막연하게 추측하였든 것입니다. 동산조사의 법통을 감히
마조 백장 비할 바는 못되지만 그 師資授受하는 밀기는 고금 同轍입니

다. 그럼으로 東山丈室의 전수는 悟心明器한 當人만 수긍할 뿐이요. 여
하한 외인도 단연코 客啄할 바 아닙니다. 만일에 法子의 有無를 논의하
는 자가 있다면 이는 자기 우매의 發露일 뿐 아니라 毁法毁宗한 그 죄
과는 절대로 씻을 길이 전무하다고 생각하는 바입니다.

> 東山 慧日은 照大天하고
> 西湖心月은 呑萬象이로다
> 兄呵弟應 眞妙訣이여
> 密密綿綿 歷塵劫이로다

이렇게 성철은 법연 글에 강력한 비판을 가하였다. 성철 비판의 초점
은 용성이 동산에게 행한 사자수수(師資授受)한 전법은 분명하고, 당당하
였다는 것이다. 그리고 동산의 법력이 없다는 지적도 절대 수긍할 수 없
는 망언이라고 단정했다. 그러면서 성철은 동산 후대에 전한 전법은 당
사자만 수긍할 수 있을 뿐 타인이 개입할 것이 아니라고 주장했다. 이와
같은 글의 내용에 대하여 천제는 다음과 같이 발언했다.

저는 여기에서 밝힌 성철스님의 의지는 법연 스님의 글에 대한 비판이
면서도 자신의 말입니다. 그리고 앞으로 후학에게도 이런 자세를 가지
라고 한 계시입니다. 스님은 생전에 당신이 자기가 인가받았다, 법을
받았다는 말을 하지 않았어요.[56]

즉 성철의 의중이 강하게 개입되었다는 것이다. 그렇다면 동산은 성

---

56) 위의 책, p.344.

철에게 전법을 하였는가? 이것도 동산과 성철, 두 당사자만 알 수 있는 것인가? 현재는 동산이 성철에게 전한 전법게문은 아직까지는 공개되거나, 파악되지는 않았다.

　여하튼, 동산이 성철에 전법한 객관적 기록은 부재하지만 성철은 자신의 은사인 동산을 긍정적으로 평가하였다고 보고자 한다.[57] 그 단서는 성철이 지은 동산의 비문, 「동산혜일 대종사 사리탑비(東山慧日 大宗師 舍利塔碑)」(1967)이다.[58] 물론 이 비문 내용을 의례적, 관행적이라는 입장에서 볼 수도 있으나 전체적인 흐름은 동산의 법, 사상, 불교정화운동 등을 높이 평가하였다고 필자는 본다. 특히, 동산을 "실 임제적골 태고 정혈 차선사동산대종사지가상야(實 臨濟的骨 太古精血 此先師東山大宗師之家常 也)"라고 표현한 것에서 단적으로 나온다. 성철의 사제인 흥교는 성철로부터 "나는 우리스님을 사랑한다"는 말을 직접 들었다고 한 증언도[59] 참고되어야 한다. 특이한 것은 성철은 자신이 지은 동산비문에서 자신을 '문인 성철(門人 性鐵)'이라고 하면서 '읍찬(泣撰)'하였다고 한 점이다. 여기에서는 나온 '문인'은 성철에게서만 나온 특별한 표현이다. 성철은 법을 중요시 하였지만, 권력 및 이해관계 등에 의해서 전법, 건당이 이루어진 현실을 비판하였다. 그래서 성철은 그러한 관행 및 현실을 피하기 위한 차원에서 동산비석에서는 '문도제자'라는 새로운 개념을 반영한 것에서

---

57) 성철은 용성을 "부처님의 정법안장을 선양함에 어찌 근세에 先師만한 분이 계셨으랴" 하면서, 용성의 일생을 '근세불교사의 큰 광명', '淸淨律行'으로 자리매김하였다. 동봉, 『용성큰스님 어록, 평상심이 도라 이르지 말라』, 불광출판부, 1993, 賀書.
58) 이 비석은 범어사 구내에 있었다. 비문은 『문집』, pp.335~342에 수록되어 있다.
59) 원택스님 엮음, 『이 길의 끝에서 자유에 이르기를 – 성철스님의 발자취를 찾아가는 순례자의 여정』, 조계종출판사, 2013, p.69.

나온 것이다.[60]

이와 같이 동산이 성철에게 전법하였음을 보여주는 문건은 없다. 그러나 동산 생전에 동산이 자신의 입적을 대비하여 성철을 범어사 조실로 초빙한 사실이 있다. 이는 일면에서 보면 범어사에서 동산의 후계자로 성철을 염두에 둔 것이라고 볼 수 있는 대목이다. 이는 동산의 제자인 덕명이 천제에게 증언한 구술 내용이다. 이에 대한 천제 증언을 제시한다.

참! 지금 생각이 나는군요. 1963년 경인가? 제가 성전암을 가는 대구 시내의 정류소에 있다가 거기에서 범어사 주지를 지내신 적도 있는 덕명스님을 만난 일이 있어요. 그때 덕명스님과 저는 동행하여서 성전암으로 같이 갔어요. 성전암에 오셔서는 성철스님과 대화를 하시고, 다음 날 떠나시길래 저와 철스님은 덕명스님을 호랑이 타고 다니셨다는 전설이 있는 무슨 대(臺)까지 전송해드렸어요.

동산노스님의 제사 때에 성철스님이 안 가시면 제가 대신해서 범어사에를 꼭 갔어요. 훗날 덕명스님이 범어사 주지를 하던 그때에 제가 제사에를 가니, 덕명스님이 저에게 그전 1963년 그 무렵에 "내가 성전암에 뭐하러 갔는지 아느냐"고 물었어요. 그래 저는 모르겠다고 하였더니, 동산노스님의 부탁, 즉 성철스님이 범어사 조실로 오셔서 범어사를 맡아서 살아 달라고, 자기를 특사로 보냈다는 거에요. 그랬더니 성철스님이 정중히 사양하시더라고 저에게 그 숨겨진 이야기를 덕명스님이 털어 놓았어요. 그것은 동산스님이 성철스님에게 범어사에 와서 자리

60) 위의 책, p.354.

를 잡으라고 하신 것입니다. 그리고 덕명스님에게는 도둑놈 되지 마라, 물 들지 마라고 하셨다고 합니다. 그런 사실을 저는 모르고 있었는데 덕명스님이 당신이 성철스님을 뫼시려고 갔었다는 비사를 말하였어요. 간혹 우리 스님은 버릇이 없다, 은사인 동산스님을 무시했다고 하지만 그것은 말도 안 되는 소리입니다. 젊었을 적에는 향곡스님과 함께 동산 노스님에게 가서 법거량하였던 것은 맞아요. 그러나 덕명스님의 회고, 증언에 나온 바와 같이 동산스님은 당신의 후계자로 성철스님을 염두에 두신 것입니다.[61]

이 증언에 나온 정황은 1963년 무렵 성철이 대구 파계사의 성전암에 주석할 때이다. 이 증언의 요체는 동산이 성철에게 범어사 조실로 와서 자리를 잡으라고 한 것이다. 덕명의 성전암행은 그 무렵 파계사에 머물던 도성의 증언에서도 확인된다. 필자는 성철과 친근하게 지낸 도성에게, 덕명이 성철을 만난 전후 사정을 질문하였다. 이에 대해, 도성은 다음과 같이 구술하였다.

내가 그 무렵에 파계사에 있었어요. 철스님은 당신의 일이 있으면, 그런 것이 있으면 자랑삼아 들으라고 우스개로 해요. 그때 나하고, 보성스님 그리고 자운스님 상좌이지만 철스님을 따르던 현경스님 하고 같이 들었지. 우리가 성전암에 올라가면 철스님이 우리에게 그런 것을 이야기 했어.

그 때, 동산스님의 일부 권속들이 동산스님이 철스님을 생각을 안 하는

것처럼 많이 이야기를 했어. 그러면서 그렇게 말하는 권속의 제자가 수제자인 것처럼 생각하는 것이지. 광덕스님과 능가스님은 그리 안했지만. 철스님이 "(동산)스님이 이번에 덕명이를 보내, 편지 이런 것을 가져와서 범어사를 맡아 달라고 했어"라고, 자랑하셨지.[62]

여기에서 주목할 것은 동산이 성철의 범어사행을 권유하는 편지를[63] 썼다는 것이다. 이는 단순 권유라기 보다는 후계 구도 및 전법의 성격을 갖고 있다고 이해된다.

한편, 그 무렵 동산은 당신의 입적을 대비하여 자신의 후계 조치를 궁리하면서, 당신은 강진 백련사로 가서 머물다가 생을 마감, 정리하겠다고 발언했다. 그러나 성철은 동산의 초빙에 응하지 않았고,[64] 백련사 행은 광덕을 비롯한 일부 상좌들의 강력한 반대로 이행하지 못하였다. 그러다가 1965년 봄, 금강계단에서 "다시는 이 자리에 오르지 못할 것이라"는 발언을 하고, 그해 4월 24일(음력 3월 24일)에 입적하였다.

이상과 같은 제반 정황을 유의해서 살피면 동산은 자신이 주관하였던 범어사 후대(조실)를 맡길 당사자로 성철을 지목한 것은 분명한 사실이

---

62) 이 증언은 2014년 5월 4일(일), 축서사에서 필자에게 하였다.

63) 도성은 성철이 그 편지를 절대로 없애지 않았을 것이라고 보았다. 도성은 성철이 보문이 봉암사를 떠나는 것을 메모장에 기재할 정도의 성철이 더 큰 의미가 있는 편지를 보관하였을 것으로 주장했다. 또, 성철이 용성스님을 가까이서 모시고 지냈다는 말도 하였다고 회고하였다.

64) 한편 이에 대하여 도성은 성철이 그 무렵에 범어사의 동산을 찾아 왔었다고 하였다. 6.25 직후 무렵에는 한번 정도 범어사를 왔지만, 그 무렵 성철을 만난 동산은 성철이 자신을 찾아온 것을 자랑삼아서 주변 승려들에게 "너 봤지. 봤지" 하였다고 한다. 그러나 동산은 성철과의 대화는 언급하지 않고, 그렇게 자랑만 했다고 도성은 증언했다. 필자는 도성의 증언을 축서사에서(2014.5.4) 청취했다.

다. 그렇다면 동산이 성철에게 전법을 하였다고 볼 수 있지 않을까? 전
법게문은 없지만 당사자 간에는 성철이 표현한 것과 같이 '사자수수(師資
授受)하는 밀기'의 뜻이 담긴 그 무엇인가가 있었을 것으로 보고자 한다.

한편 성철이 용성, 성철로 이어지는 법맥을 인식하고 있었음을 암시
하는 사례가 2건이 있었다. 우선 첫 번째 사례는 1970년 초반 경, 성철
이 범어사 원효암에 주석하려고 한 일이 있었다. 필자가 추측하건대, 그
것은 해인총림 내적인 사정이 있어, 성철은 해인사를 떠나려고 하였던
것에서 나온 것으로 보인다. 성철은 1967년 중반 해인사 백련암에 입주
하였다. 그리고 그해 가을에는 해인총림의 초대 방장으로 추대되었다.
그러나 해인총림의 선원에 있던 수좌들의 난동(1969.12.24)으로[65] 인한 내
우외환에 시달리자 성철은 1970년 초에 방장 사표를 제출하여 종회에서
수리되었다.[66] 이런 배경 하에서 성철은 자신의 근거처 혹은 주석처로
삼기 위하여[67] 범어사 원효암을 둘러보았던 것이 아닌가 한다.[68] 그래서
당시 원효암 암주이었던 원두는 성철이 입주하겠다고 하면 자신은 퇴
진하겠다는 의사를 피력하였다고 한다. 그러나 세부 사정은 알 수 없지

---

65) 이른바 부식 불만의 단초로 시작되어 일부 수좌(종원, 보월, 향암, 백운 등)들이 해인
사 총무(도성)를 구타하고, 구들장을 판 사건이다. 그 일부 불만에는 방장인 성철에 대
한 지도방식의 이의제기도 있었다. 종원, 「이불이 없는 선객」, 『조계종 종정 이성철 큰
스님의 큰빛 큰지혜』, 思社硏, 1987, p.313. 관련 보도기사는 다음과 같다. 『대한불교』
1970.1.11, 「해인사 소란 사건, 전말」, 1970.1.18, 「3직 해임키로」, 1970.2.15, 「해인총
림 방장과 주지 사표 제출」.
66) 1970년 9월 23일, 해인사 산중회의에서 추천한 고암(당시 종정)을 해인총림 방장으로
종회에서 통과되었다.
67) 휴식을 위한 용도로도 고려할 수 있다.
68) 광덕이 동행하였다고 한다.

만, 성철의 범어사 입주는 이루어지지 않았다.[69] 원효암 입주 건은 비록
성사되지는 않았지만, 동산이 성철에게 범어사행을 권유한 것이 불씨가
된 것이 아닌가 한다.

다음 두번째 사례는 성철과 친근한 향곡이 성철을 운봉문도로 편입시
키려고 한 것을 결단코 저지한 것이다. 1977년 무렵, 향곡이 자신의 은
사인 운봉문집을 만들면서 성철을 운봉의 제자(향곡의 사형)로 만들려고
하였다.[70] 그러나 이를 일타를 통해서 알게 된 성철은 상좌인 천제를 향
곡에게 보내 그를 차단하였다는 것이다.[71] 이 사정을 천제는 다음과 같
이 증언했다.

> 그때 성철스님은 저에게 심부름을 시키면서, 그것을 막지 못하면 큰일
> 이다, 그러면 용성과 동산으로 이어지는 법맥에서도 그렇고, 범어사에
> 서도 오해를 하고, 큰 혼란이 일어날 것이니 꼭 막아야 한다는 것을 강
> 조했어요. 이렇게 성철스님은 용성, 동산, 성철로 이어지는 법맥을 대
> 단히 중요시 하게 여기고, 자기의 노선과 정체성을 분명히 한 계기가
> 되었을 것이라고 보여집니다. 그것을 계기로 더욱 법맥이 정리가 되었
> 다고 할 수 있습니다.[72]

---

69) 한편 도성은 성철의 원효암의 입주 검토는 1972~1974년 무렵으로 보았다. 이 때에는
   성철이 해인사를 자주 나왔고, 1977년 경부터는 부산 해운대(청사포)의 거처(지금의 해
   월정사)에 가끔 머물렀다고 하였다. 해월정사는 1977년 2월에 창건되었다고 전한다.
70) 성철은 향곡 스승인 운봉의 약식 일대기인 「운봉대종사행화비문」을 1977년에 지었다.
71) 『동산대종사와 불교정화운동』, p.354.
72) 위의 책, p.355.

천제의 구술을 신뢰한다면, 성철은 용성 → 동산 → 성철로 이어지는 법맥을 중요하게 인식을 하였음이 분명하다. 이는 곧 성철은 용성 → 동산의 법맥을 자신이 계승하고 있다는 역사의식이다. 그를 자신의 법의 정체성으로 생각한 것이다. 이로써 필자는 이상 2건의 사례를 통해서도 성철은 동산의 법맥을 인식하였음이 분명하다고 강조한다.[73] 즉 성철은 동산의 전법을 받은 것이다. 이것은 동산과 성철 당사자 간의 밀기이었다. 그 밀기의 뜻이 담긴 문헌이 전하는 유무에 관계없는 역사적 사실로 봐야 할 것이다. 먼 후대에 가서 용성 문중역사, 한국 선종사에서 어떻게 기록될 것인가는 그 당대에서 처리할 문제이다. 지금 당대에서는 용성 → 동산 → 성철로 이어지는 법맥은 존재하였다고 보고자 한다.

4. 결어

맺는말은 추후, 필자와 이 분야 연구자들이 함께 공유하면서 연구에 참고할 수 있는 주제를 제시하는 것으로 대신하고자 한다.

---

73) 성철은 『한국불교의 법맥』(장경각, 1976), 「법을 잇고 등불을 전함(嗣法傳燈)」에서 僧伽에는 삭발을 허락하고 계를 주는 得度師와 마음을 깨우쳐 법을 이어받게 해주는 嗣法師가 있다고 하였다. 그러면서 성철은 수계 스승에게서 마음을 깨우쳐 법을 전해받게 되면 두 종류의 스승을 겸하게 되지만, 그렇지 않으면 법을 전해받은 스승을 따로 정한다고 했다. 그리고 성철은 불법전승은 몸소 수기와 이심전심을 생명으로 하기에 직접 수기함을 이어받지 않으면 법을 이어받고 마음을 전한 것이 되지 않는다고 했다. 그래서 이는 법을 전해주고 법을 전해받는 당사자 사이에서만 결정되는 일이지, 제삼자가 인정하느냐 안하느니 상관하는 것을 용납하지 않는다고 하였다. 그래서 이런 것은 血脈相承이라고 한다면서, 혈맥을 서로 이어받은 종통은 제삼자가 변경시켜 바꾸지 못한다고 서술했다.

첫째, 용성 문도의 연구에 있어서 그 대상과 폭을 심화시켜야 할 것이다. 이 분야 연구는 대각회 산하의 대각사상연구원이 추동하고 있다. 대각사상연구원도 최근에는 용성의 법제자에 대한 탐구를 다양하게 시도하는 것으로 알고 있다. 현재 동산, 동헌, 고암, 동암 등을 추진하였다. 그 다양화는 기획 단계에 있지만 추후에는 신소천, 자운, 한운암, 변월주, 동광 등 다양한 대상들을 추진해야 할 것이다.

둘째, 용성 문도 연구에 있어서 1941년에 세워진 비석의 음기에 나오지만 역사에서 사라진 인물들에 대해서도 관심을 기울여야 한다. 일부는 대처승, 환속 등 다양한 행보를 갔을 것이다.

셋째, 동산 문도의 연구는 이제 걸음마도 걷지 않은 상황이다. 이를 위해서는 동산연구를 다양하게 추진해야 한다. 최근 동산에 대한 단행본이 나온 실정에 있지만, 동산 연구는 범어사 및 범어사 역사 및 문화, 범어사 미래 차원에서도 중심 연구 대상이다.[74]

넷째, 성철에 대한 연구가 지금까지는 지나치게 성철 개인의 측면, 선사상 차원에서 추진되었다. 추후에는 조계종단사, 근현대 불교사 맥락, 사상적 대립이라는 관점을 참고하여 연구의 시야가 확대되도록 추동해야 한다. 최근 서강대 서명원 교수의 논지에 대한 논란도 사실은 여기에서 기인한 것이다.

다섯째, 비교 연구를 추동해야 할 것이다. 용성과 한암, 용성과 만해, 용성과 석전, 용성과 만공 등을 거론할 수 있다. 동산과 성철도 같은 경

---

[74] 동산 연구의 부진 속에서도, 동산의 상좌인 광덕의 연고 사찰인 불광사에서 불광연구원을 세워 광덕을 연구하고 있다. 불광연구원은 연구의 초점을 전법에 두고, 전법에 대한 폭넓은 연구를 추동함은 주목할 내용이다.

우이다. 동산과 성월, 동산과 금오, 동산과 청담, 그리고 성철과 보문, 성철과 향곡, 탄허와 성철 등 다양한 연구 소재가 우리 앞에 놓여 있다.

여섯째, 용성의 법맥 및 전법에 있어서 유의할 것은 용성의 문중의 거점 사찰이 어느 사찰인가 하는 점이다. 요컨대 범어사인가, 아니면 해인사인가 하는 점이다. 이는 매우 뜨거운 감자이다. 용성의 출가, 비석(2개) 위치라는 측면에서는 해인사이다. 그러나 대선사 법계를 받은 사찰, 용성의 상수제자가 있었던 사찰, 말년의 인연, 용성의 분신인 대각사가 범어사 경성포교당으로 기능함 점 등을 고려하면 범어사이다. 그러나 이에 대한 판가름은 용성정신을 진정으로 누가, 어느 곳에서 계승하고 실천하는 것에 달려 있다고 보아야 하지 않을까 한다.

필자는 본 고찰에서 동산을 중심으로 한 용성문중, 문도의 중심적인 법맥을 시론적으로 거론하였다. 미진한 측면은 지속적인 연구로 해소해 가고자 한다.

조선불교 선종과 수좌대회

1. 서언

　일제하 한국불교의 거시적인 흐름을 유의하여 살필 경우 선학원의 존재를 제외할 수 없다. 이렇게 선학원을 근대 한국불교의 중심에 설정하는 것은 식민지 불교에 대한 저항성, 근대 선풍의 중심처, 수좌들의 중심 기관, 전국 선원의 중앙 기관 등 다양한 측면에서 기인한다. 때문에 선학원의 위와 같은 성격을 비롯한 성립과 전개, 변천 등은 관련 연구자들의 연구에 의해 그 대강은 드러났다고 하겠다.[1] 그러나 선학원의 정체성 및 역사성에 대한 검토는 이제 초보 단계라고 할 정도로 연구할 대상이 적지 않다.

　이러한 배경하에서 필자는 선학원의 설립, 전개과정, 성격에 관한 논문을 지상에 발표하였다. 그런데 당시에는 그 관련 자료가 부족하여 필자의 주장이 선명치 못한 경우도 있었다. 그 대표적인 실례가 1935년 초

---

1) 정광호, 「선학원 반세기」, 『대한불교』, 1972. 5~9월(11회).
　　　　, 「한국 전통선맥의 계승운동」, 『근대한일불교관계사 연구』, 인하대출판부, 1994.
　　김광식, 「일제하 선학원의 운영과 성격」, 『한국근대불교사연구』, 민족사, 1996.
　　　　, 「조선불교선종 종헌과 수좌의 현실인식」, 『한국근대불교의 현실인식』, 민족사, 1998.
　　김순석, 「일제하 선학원의 선맥 계승운동과 성격」, 『한국근현대사연구』 20, 2002.
　　김광식, 「선학원의 설립과 전개」, 『선문화연구』 창간호, 2006.
　　김순석, 「중일전쟁 이후 선학원의 성격 변화」, 『선문화연구』 창간호, 2006.
　　김경집, 「근대 선학원 운동의 사적 의의」, 『불교학연구』 15, 2006.
　　오경후, 「선학원 운동의 정신사적 기초」, 『선문화연구』 창간호, 2006.

반 선학원을 기반으로 등장하였다는 조선불교선종의 실체이다. 1934년 12월, 선학원이 재단법인 조선불교 선리참구원으로 전환한 직후 한국불교의 정통승려라는 인식을 갖었던 일단의 승려들이 조선불교 선종(朝鮮佛敎 禪宗)을 표방한 것은 관련 기록을 종합하여 이해하면 분명한 역사적 사실이었다. 이에 조선불교 선종의 종정이 추대되고, 전국 선원의 중앙 기관인 종무원이 성립되면서 종무원의 간부진도 선출되었다. 요컨대 선학원은 당시 선원, 수좌의 중앙 기관의 위상을 부여받고 본격적인 활동에 들어갔던 것이다.

그러나 그 조선불교 선종의 성립 과정에 대한 기록이 부재하여 필자는 그를 세부적으로 정리하지 못하였다. 요컨대 선종을 등장시킨 수좌대회(首座大會)가 열렸다는 보도기사가 있었지만, 그 수좌대회를 객관적으로 입증시킬 문건, 회의록이 부재하였다. 이에 필자는 그 관련 기록을 찾기 위해 다양한 검토, 탐구를 하였지만 소기의 목적을 달성치 못하였다. 그러던중 최근 필자는 당시 수좌대회의 전모를 알려주는 「조선불교선종수좌대회록(朝鮮佛敎禪宗首座大會錄)」을[2] 입수하였다. 이 대회록에는 당시의 회의 진행의 상황, 회의에서 결정된 선서문, 종규, 규칙 등이 자세히 전하고 있다.

이 같은 전제와 배경하에서 본고찰에서는 조선불교 선종을 등장시킨 1935년 3월 7~8일, 선학원에서 개최된 수좌대회의 전모를 소개하고자 한다. 이로써 우리는 1935년 이후 선학원의 활동 및 역사, 성격에 대한 새로운 관점을 갖기에 이르렀다. 이 대회가 갖는 역사성, 필자가 이전

---

2) 수좌대회록은 58면의 활판 인쇄물로, 1935년 4월 13일 김적음의 저작 겸 발행자로, 선종 중앙종무원(경성부 안국동 40번지)을 발행소로 하여 출간되었다.

고찰에서 주장한 선종의 종헌과의 상관성 등은 별고로 다루고자 한다.

2. 수좌대회의 개최 배경

1921년 12월, 창건된 선학원에서는 수좌들의 자생적인 조직인 선우공제회가 등장하면서 자립자애를 통한 선풍 진작을 전개하였다. 그러나 경제적 기반의 미약, 조직상의 한계 등이 노정되면서 1925년 경에는 침체의 길로 나갔다. 그러다가 1930년 초반 수좌인 김적음의 헌신적인 노력에 의해 재건되었다. 재건된 선학원에서 김적음은 1931년 3월 14일 수좌대회 소집문을 발송하고, 3월 23일 선학원에서 수좌대회를 개최하였다. 이 대회에서 몇 명의 수좌가 모였는지는 알 수 없지만 수좌들의 의견을 집약한 건의안을 당시 불교 기관인 교무원 종회에 제출하였다. 그 건의 내용은 선학원에 중앙선원을 설립하자는 것이었는데, 교단에서는 그 기획은 찬동하였으나 예산 부족을 이유로 부결하였다.[3] 두 번째의 수좌대회는 1933년 3월 20일, 선학원에서 열렸다. 당시 송만공을 비롯한 9인의 수좌들은 모임을 갖고 선우공제회를 재단법인 선리참구원으로 전환하기 위한 발기인 대회를 갖었다.[4] 이렇게 수좌들이 선학원을 재단법인으로 전환시키려는 노력, 중앙선원을 설립하려는 것은 선풍의 진작, 수좌의 보호 및 우대를 기하려는 의도와 무관한 것은 아니었다.

이 같은 수좌들의 노력에 의거 1934년 12월 5일부로 선학원은 재단법

---

3) 그 구체적인 건의는 보조비 100원의 지원이었다.
4) 발기인 대회는 기록에 나오지만, 그 수좌대회의 전모는 관련 기록이 부재하여 알 수 없다.

인 선리참구원으로 전환되었던 것이다. 총독부로부터 인가를 받은 수
좌들은 즉시 이사회를 열고 이사진을 구성하였으니 그는 이사장에 송만
공, 부이사장에 방한암, 상무이사에 오성월, 김남천, 김적음 등이었다.[5]
그런데 인가를 받은 즉시 이사진을 구성한 날자는 확인할 수 없다. 그런
데 1935년 3월 12일에는 다음의 보도기사에 나오듯이 조선불교선종의
수좌대회를 열고, 각종 규약을 통과시켰다는 내용을 접할 수 있다. 우선
그 보도기사의 전모를 제시하겠다.

전조선 선종 수좌대회 열고 六種의 規約 通過

조선에 불교(佛敎)가 드러온 이후 처음이라고 하야도 과언이 안인 전선
의 선원(禪院)에서 수도(修道)하는 선승(禪僧)들의 수좌대회(首座大會)가
지난 七, 八 량일간에 궁하야 시내 안국동(安國洞) 四〇번지에 잇는 조선
불교선리참구원(朝鮮佛敎禪理參究院) 대법당(大法堂)에서 열리엇섯다. 이
모임의 중요한 의의는 차츰 쇠퇴의 도정에 잇는 조선불교선종(朝鮮佛敎
禪宗)의 부흥운동과 다못 단결운동의 처거름으로서 수도승(修道僧)의 선
량(禪糧)과 선의(禪衣)의 긔초를 흔들리지 안토록 하기 위하야 조직된 재
단법인 조선불교선리참구원의 확장과 선종종규(禪宗宗規)의 제정, 기타
각종 규약을 제정키 위함이다고 한다. 당일은 전선 수도원으로부터 속
속 상경 회집한 三百여 회중을 비롯하야 다수의 방청객으로 장내는 실
로 립추의 여지가 업는 대성황을 이루엇섯다는바 정각이 되자 송만공
(宋滿空)씨의 사회로 의사가 진행되니 의장(議長)으로서 긔석호(寄昔湖)씨
가 피선되어 의안 작성위원(作成委員)의 제출한 모든 의안을 추조토의

---

5) 『불교시보』 1호(1935.8.3), 〈휘보〉, 「재단법인 인가」.

(追條討議)한 후 모든 금후의 진행 방침을 결정하고 조선불교선종 종무
원 원규(宗務院院規)를 비롯하야 六종의 규약을 통과한 후 아래와 가티
임원(任員)을 선거하고 성황리에 무사 폐회하얏다고 한다.

    宗正   申慧月 宋滿空 方漢岩

    院長   吳寂月 副院長 薛石友

    理事   金寂音 鄭重峰 李兀然

    禪議員 寄昔湖 河龍峰 黃龍吟 외 十二人[6]

이렇게 1935년 3월 7~8일, 선학원에서 수좌대회를 열었는데 그 목적
은 조선불교 선종의 부흥과 수좌들의 수행의 기초를 굳건히 하는 것이
었다. 대회에서는 300여 대중이[7] 모였다고 하는데 선리참구원 확장을
기하면서 선종 종규, 종무원 원규 등 6종의 규약을 통과시키고 종정, 종
무원장, 선의원 등을 선출하였다. 그런데 이 수좌대회의 전모를 알려주
는 회의록이 부재하여 그간 그 구체적인 내용, 진행상황 등은 전혀 알
수 없었다. 특히 선종 종규가 가장 핵심적인 대상이었지만 종규의 내용
을 전혀 알 수 없었기에 조선불교 선종의 성격 및 실체에는 접근하지 못
하였다. 그리고 이와 같은 대회가 언제부터 준비되었으며, 누구에 의해
발의되었는가에 대한 대회 이전의 상황도 알 수 없었다. 그리고 선리참
구원의 인가와 수좌대회와의 상관 관계도 역시 그러하다. 달리 말하자
면 1934년 12월 5일부터 1935년 3월 7일까지의 기간에 선학원에서 어

---

6) 『매일신보』 1935.3.12, 「조선불교선종 부흥책 대회」. 이 내용은 『동아일보』 1935.3.13,
  「불교수좌대회」에도 나오지만 『매일신보』의 보도 기사가 자세하다.
7) 그 대중은 수좌, 신도, 기타 참관자를 포괄하여 말한 것으로 보인다.

떤 일이 있었는가에 대한 궁금증이 적지 않았다.

그러나 위와 같은 의문을 적지 않게 해소시킬 수 있는 관련 자료인 수좌대회록을 필자가 입수하였기에 이 자료에 근거하여 당시 상황을 재구성하겠다. 우선 수좌대회의 발단은 어디에서 있었는가? 이에 대해서 대회록에는 다음과 같이 전한다.

> 佛紀 二九六一年(昭和九年) 12월 23일 上午 十時에 제5회 이사회를 법인 사무소내에서 개최하고 法人 定款 施行細則 基礎委員 及 首座大會 準備委員會를 겸임으로 추천하야 법인 시행세칙을 기초케 하는 동시에 禪宗 復興의 機運濃熟에 鑑하야 수좌대회를 開하고 선종의 근본적 독립 발전과 宗規 기타 諸 規制를 企圖 제정케 하자고 超急 결의되야 [8]

즉 1934년 12월 23일의 제5회 이사회에서 법인정관 시행세칙 위원과 수좌대회 준비위원회를 겸임으로 할 대상자를 추천하였다는 것이다. 그런데 이렇게 시행세칙 위원과 수좌대회 준비위원회를 겸임으로 선출한 것은 법인(선리참구원)의 기초를 정비하고, 동시에 법인이 등장하면서 가시화된 선종 부흥의 기운을 이용하여 수좌대회를 열고, 그를 계기로 선종의 독자적인 발전을 도모하려는 의도에서 나온 것이다. 그리하여 그러한 의도를 제도적인 차원에서 구체화하는 선종의 규칙인 종규 등의 규칙을 제정하려는 차원까지 이르렀다고 보인다.

그러나 당초에는 법인 시행세칙과 선원의 법규를 제정하는 시행세칙 기초위원회만을 구성하려고 하였으나, 그 위원회에서 수좌대회의 발기

---

8) 대회록, p.13.

까지 하였던 것이다. 이 내용은 수좌대회의 준비위원으로 개회사를 하였던 송만공의 발언에서 찾을 수 있다.

> 작년에 재단법인 조선불교 중앙선리참구원을 완성하고 재단의 확장과 시행세칙 급 선원 법규를 제정하기 위하야 首座界의 중심 인물 十人을 초청하야 시행세칙 기초위원회를 조직하엿는 것입니다. 然中 該會 위원 諸氏가 모다 爲法忘軀하는 殉敎的 정신에 불타는 스님들인만큼 一步 전진하야 全鮮首座大會를 소집하고 선종의 근본적 자립 발전책을 의결하자는 발의로 준비위원회를 該會 席上에서 更히 조직하고 금번 수좌대회를 急作케 되어 만반 준비가 불완하게 되엿습니다만은[9]

즉 시행세칙 기초위원회를 조직하였는데 즉 기석호(奇昔湖), 정운봉(鄭雲峰), 황용음(黃龍吟), 박대야(朴大冶), 박고봉(朴古峯), 김적음(金寂音), 하용봉(河龍峯), 김일옹(金一翁), 이탄옹(李炭翁), 김익곤(金翊坤) 등 10인의 수좌가 시행세칙, 선원 법규만을 제정하려는 차원에서 벗어나 수좌대회의 개최를 통하여 선종의 근본적 자립 발전책을 강구하자는 발의를 하였다는 것이다. 이에 수좌 10인이 수좌대회 준비위원회를 시행세칙 기초위원회의 그 자리에서 조직하였다. 이에 자연적으로 시행세칙 기초위원회가 수좌대회 준비위원회를 겸임하였던 것이다. 이런 사정하에서 대회록에서는 제5회 이사회(1934.12.23)에서 시행세칙 위원회와 수좌대회 준비위원회를 겸임으로 추천하였다고 기록, 보고하였던 것이다.[10]

---

9) 대회록, p.6.
10) 이는 수좌대회에서 행한 준비위원회의 보고로, 김적음이 보고한 발언을 요약한 것이다.

　그러면, 이러한 결정을 한 시행세칙 위원회, 수좌대회의 발기를 한 날
자는 언제인가. 대회록에는 1935년 3월 24일, 선학원에서 기초위원회
를 개최하고 시행세칙을 기초한 것으로 나온다.[11] 그러나 이 기록은 신
뢰할 수 없다. 수좌대회가 3월 7~8일이었는데 어떻게 대회 이후에 열
릴 수 있는가? 이는 오류이거나 인쇄상 실수로 보인다. 그렇다면 수좌
대회를 발의한 일자를 언제로 보아야 하는가? 필자는 이에 대하여 1935
년 1월 14일과 2월 24일중 하나를 선택해야 한다고 본다.[12] 즉 필자는 2
월 24일로 보고자 한다. 1월 24일은 동안거 수행 기간이기에 수좌 10명
을 초청하기에는 무리가 따를 것으로 보이기에, 안거 수행을 마친 2월
24일이 자연스럽게 택일이 되는 것이다. 2월 24일에서야 수좌대회를
발기하고, 그 이후 수좌대회 준비위원회를 갖고, 그 연후에야 대회를 개
최하였다고 볼 수 있다. 이런 배경하에서 송만공의 발언에서 대회를 '급
작하게' 되었다는 것도 이해가 되는 것이다.

　요컨대, 법인 정관 시행세칙 기초위원회가 1935년 2월 24일에 개최되
었다. 그러나 이 회의에서 수좌대회 개최를 통한 선종의 자립이라는 보
다 근원적인 문제를 제기하면서 결과적으로 수좌대회 준비위원회가 조
직되었다.[13] 그리하여 1935년 3월 3일 오후 1시, 중앙선원(선학원)에서 제
1회 수좌대회 준비위원회가 개최되었다. 여기에서는 준비위원장 선거와

---

11) 대회록, p.13.
12) 인쇄상 실수라 하여도 연월일의 전체가 틀리기는 희소하다. 수좌대회 제1회 준비위원
　　회가 3월 3일이기에 자연 月에서 오류가 나왔을 것으로 보고자 한다.
13) 그러하기에 대회록에서도 시행세칙을 기초하였다는 것만 기록, 보고되었다. 즉 여기에
　　서 선원의 법규도 검토할 예정이었으나 수좌대회가 발기되자 선원 법규는 검토조차 하
　　지 않았다고 보는 것이 순리일 것이다.

대회 준비에 대한 사무를 분장하였다.[14] 그 결과는 다음과 같다.

　　위원장 ; 기석호
　　서 기 ; 김준극
　　대회순서작성위원 ; 이올연 하용봉[15]
　　종규, 종정회 규칙, 종무원 규칙
　　선회 규칙, 선의원 규칙 기초위원 ; 하용봉 기석호 이올연
　　회원 심사위원 ; 황용음 이춘성
　　대회 장리위원 ; 현원오 송우전 노석준 김종협

　이와 같이 역할 분담을 한 준비위원들은 3월 4일 오전 11시, 중앙선원에서 제2회 준비위원회를 개최하였다. 이에 각 준비위원들이 초안으로 마련한 대회 순서, 종규, 기타 규약 등을 보고하고, 그에 대하여 토의하였다.

　이렇게 대회에 제출하여 결정할 제반 안건이 마련되었고, 대회 진행상의 제문제는 준비위원회에서 철저히 준비되었을 것이다. 그리고 그즈음에 대회에 참가할 전국 선원의 수좌들에게도 통보가 되었을 것이다. 그런데 현재로서는 각 선원에서 참가하는 수좌들의 선정, 대표성, 기준에 대한 것은 알 수 없다. 또한 통보한 방법도 전하지 않는다.

---

14) 대회록, pp.13~14.
15) 이올연은 이청담이고, 하용봉은 하동산이다.

3. 수좌대회의 개최 및 경과

수좌대회는 1935년 3월 7일 오전 10시, 중앙선원 법당에서 개최되었다. 우선 대회 준비위원을 대표하여 송만공이 등단하여 개회사를 하였다. 송만공은 적자가 얼자로 바뀌면서, 정법이 질식되는 차제에 선종 수좌대회를 개최함은 의의가 깊다고 발언하였다. 이어서 그는 신라, 고려 시대와 같이 동양문화의 중심이었던 조선불교가 위미부진한 상태로 전락된 근본 원인은 불법의 진수인 선법이 극히 침체됨에서 기인하였다고 진단하고, 진실한 의미에서 불교의 부흥을 의도하려면 형해만 남은 선종을 흥성케 해야 한다고 소신을 피력하였다. 이에 노덕 스님 몇 사람이 수년간 노심초사 노력한 결과 재단법인으로서 조선불교 선리참구원을 완성하였기에 재단 확충과 시행세칙 및 선원 법규를 제정하기 위해 수좌계 중심인물을 초청하여 그 기초위원회를 조직하였으나, 그 위원회의 위원들이 전선수좌대회를 소집하여 선종의 근본적 자립 발전책을 토의, 의결하자는 발의를 수용한 결과로 대회가 열린 경과를 개진하였다. 그리고 대회에 참석한 수좌들에게 성실, 진실의 마음으로 허심탄회하게 대회에 임하여 종규를 비롯한 기타 법규를 충분히 토의하여 대회의 목적을 달성케 해 달라고 부탁하였던 것이다.

송만공의 개회사가 끝나자, 서기인 김만혜가 참가한 회원을 점고하였다. 그러면 당시에 참석한 수좌 명단을 제시하겠다.

宋滿空(수덕사) 黃龍吟(수덕사) 鞠是一(수덕사) 宋雨電(수덕사) 吳性月(범어사)

金擎山(범어사) 金寂音(범어사) 金一翁(범어사) 奇昔湖(범어사) 金萬慧(범어사)

趙萬乎(범어사) 金一光(범어사) 文鏡潭(범어사) 薛石友(장안사) 朴可喜(장안사)

李愚鳳(장안사) 崔奇出(장안사) 申寶海(장안사) 河龍峰(해인사) 李仙坡(호국사)

金鏡峰(통도사) 金道洪(통도사) 鄭流水(통도사) 鄭雲峰(도리사) 朴大冶(용화사)

李春城(오세암) 洪華峯(직지사) 丁普性(직지사) 閔江月(월정사) 盧碩俊(월정사)

崔喜宗(월정사) 金玄牛(월정사) 崔慧庵(마하연) 李東元(마하연) 金 輪(마하연)

李兀然(옥천사) 崔圓虛(표훈사) 辛能人(표훈사) 李雛鳳(표훈사) 李圓悒(봉국사)

崔豊下(화엄사) 朴普安(화엄사) 宋吉煥(봉은사) 玄祥白(용주사) 趙樂遠(금산사)

申順權(법주사) 金惠山(법주사) 金宗協(파계사) 金惠潤(파계사) 具寒松(파계사)

洪映眞(유점사) 李白牛(유점사) 韓鍾秀(팔성암) 李東谷(태고사) 白寅榮(망월사)

金靑眼(대승사) 金是庵(대승사) 鄭道煥(대승사) 金正璘(약사암) 鄭大訶(천은사)

李石牛(심광사) 全雪山(석왕사) 鄭時鏡(석왕사) 禹鐵牛(석왕사) 金弘經(석왕사)

金鍾遠(개운사) 南性觀(동학사) 嚴碧波(안양암) 洪圓牛(봉선사)

洪祥根(청룡사, 尼) 薛妙禎(장안사, 尼) 鄭國典(유점사, 尼) 金荷葉(표훈사, 尼)

朴了然(원통사, 尼) 李慈雲(수덕사, 尼)

　대회에 참가한 대상자는 수좌 69명, 비구니 수좌 6명 등 총 75명이었다.[16] 그 다음에는 전형위원을 선거하여 임시집행부를 정하였다. 이는 정운봉의 동의와 박대야의 재청으로 가결된 것인데 박대야, 정운봉, 기석호가 전형위원이 되어 임시 집행부를 다음과 같이 정하였다.

　　의장 ; 기석호　　서기 ; 김만혜　　사찰 ; 노석준, 김도홍

---

16) 그런데, 참가자가 어떤 기준과 대표성을 갖고 대회에 참석한 것은 알 수 없다.

임시 집행부 선거를 마친 다음에는 의장인 기석호가 대회의 선서문을
봉독하였다. 이 선서문은 당시 수좌들의 의식, 현실인식, 대회의 성격
등을 가늠하는 중요한 잣대이기에 그 전문을 제시하고자 한다.

宣誓文

'우러러 告하옵나이다.'

'本師 釋迦世尊 및 十方 三寶慈尊이시여'

世尊께옵서 靈山會上에서 拈花하시오니 迦葉존자 - 微笑하심으로 붙
어 以心傳心하신 祖祖相承의 正法이 일로붙어 비롯하와 卅三祖師로 乃
至 歷代傳燈이 서로서로 繼承하와 今日의 法會를 일우웠나이다. 竊念하
오니 世尊이 아니시면 拈花가 拈花 아니시며 迦葉이 아니시면 微笑가 微
笑아니심니다. 拈花와 微笑가 아니면 正法이 아니외다. 正法이 없는 世
上은 末世라 일넛나이다. 世尊이시여 邪魔는 날이 熾盛하며 正法은 時時
로 破壞하는 이 - 末世를 當하와 弟子 等이 어찌 悲憤의 血淚를 뿌리지
아니 하오며 어찌 勇猛의 本志를 反省치 아니 하오리까 오직 願하옵나
이다. 大慈大悲의 三寶께옵서는 慈鑑을 曲照하시와 弟子 等의 微微한 精
誠을 살피시옵소서 世尊의 弘願을 效則하와 稽首發願하오니 聖力의 加
被를 나리시와 拈花와 微笑의 正法眼藏이 天下叢林에 다시 떨치게 하
시오며 如來의 慧日이 四海禪天에 거듭 빗나게 하시옵소서 世尊이시
여 獅子는 뭇 짐생에 王이외다. 그를 當適할 者 - 그 무엇이리까 그러
나 제털 속에서 생긴 벌네가 비록 적으나 사자의 온몸을 다 먹어도 제
어찌 하지 못하나이다. 天下無適의 大力도 用處가 없나이다. 그와 같이
이제 如來 正法이 그 목숨이 실끝 같은 今日의 危機를 當한 것도 그 누

에 허물이겟슴니까. 업디려 비나이다. 正法을 獅子라면 弟子 等이 벌네
가 아니리까. 이제 天下 正法이 今日의 危機에 陷한 것이 오로지 弟子
等이 如來의 軌則을 奉行치 아니한 不肯의 罪狀은 뼈를 뿌시고 골수를
내여 밧쳐 올니여도 오히려 다 하지 못할줄 깁이 늣기와 이제 懺悔大會
를 못삽고 弟子 等이 前愆을 懺悔하오며 後過를 다시 짓지 아니코저 깁
이 맹세하오며 發願하오니 이로붙어 本誓願을 등지며 三寶를 欺瞞하야
上으로 四重大恩을 저바리며 下으로 三途極苦를 더하는 者 잇삽거든
金剛鐵 槌椎로 이 몸을 부시여 微塵을 作할지라도 敢히 엇지 怨망을 품싸
오리까.

차라리 身命을 바리와도 맛침내 正法에 退轉치 아니하겠사오니 오직 원
하옵나이다.

'大慈大悲의 本師 釋迦牟尼佛과 밋 十方 三寶慈尊께옵서는 慈鑑證明하시
옵소서'

갓이 업는 衆生을 맹세코 濟度하기를 願하옵나이다. 다함이 업는 煩惱
를 맹세코 除斷하기를 願하옵나이다. 한량이 업는 法門을 맹세코 배우
기를 願하옵나이다. 우가 업는 佛道를 맹세코 成就하기를 원하옵나이
다. 이 因緣功德으로 널니 法界衆生과 더부러 한가지 아욕다라삼약삼
보리를 일우워지이다.

昭和 十年 三月 七日

朝鮮佛敎禪宗首座大會 告白

이 선서문에서는 정법과 전등이 계승되어야 함에도 불구하고, 사마(邪
魔)가 극성하고 정법이 파괴되는 말세를 당하여 참회와 반성을 하겠다는

수좌들의 현실인식이 우선 개진되어 있다. 수좌들은 정법이 위기에 처한 현실에 처하여 정법과 여래의 궤칙을 받들어 그 위기를 타개하겠다는 원력을 세웠다. 나아가서는 참회하는 정신으로 삼보를 기만하는 삿된 무리들을 제거하겠다는 굳은 서원을 다짐하였다. 이에 수좌들은 정법을 받들지 못하였던 자신들의 허물을 자인하며서 신명을 바쳐 정법에서 물러서지 않겠다는 맹서를 하였다. 추후에는 중생제도, 번뇌 단절, 불법의 수행, 불도의 성취를 하겠다는 다짐을 하였다.

선서문을 봉독한 직후에는 축사가 있었고, 축전 및 축문의 낭독이 있었다.[17] 다음에는 준비위원회의 김적음이 등장하여 선리참구원이 등장하였던 과정,[18] 수좌대회 경과,[19] 지방선원 상황을[20] 내용별로 자세히 보

17) 우봉운, 정시경, 최풍하, 최원허, 송일제의 축사가 있었으며, 내장선원이 축전이 있었고, 외금강 여여선원 및 통도사 백련선원의 축문이 있었다.

18) 그 내용을 요약, 정리하면 다음과 같다.
- 선학원 창립 ; 1921년 송만공, 김남천, 백용성, 오성월, 강도봉의 발기로 창립
- 선우공제회 창립 ; 1922년 3월, 선원을 부흥시키기 위해 송만공, 김남천, 백용성, 오성월, 강도봉, 한용운 등의 발기로 창립. 1923년, 공제회를 사단법인으로 만들려고 추진하다가 중단, 이후 4~5년간 근근히 가람만 수호
- 수좌대회 ; 1928년 12월 3일, 김적음 선학원 인계하여 禪界 중흥 노력(시점은 재고, 필자주) 1929년 1월 20일, 전선수좌대회 개최하려다 좌절(새로운 사실, 필자 주)
- 중앙교무원에 건의 ; 1929년 2월, 중앙교무원에 선원 경영을 확장하자는 건의안 제출, 미승인 (시점은 재고, 필자 주)
- 재단법인 발기 ; 1933년 3월 20일 선우공제회를 조선불교 중앙선리참구원으로 개칭하고 재단법인으로 전환키 위해 임시 발기회 조직(참가 위원 ; 송만공, 김남천, 김현경, 黃龍釗, 기석호, 윤서호, 변유심)
- 재단법인 인가 ; 1934년 12월 5일, 총독부로터 재단법인 성립 인가됨, 그 신입재산 총액은 약 9만원이고, 실제 禪糧은 正租 600여 석(정혜사 선원 170석, 직지사 선원 30석, 범어사 선원 200석, 대승사 선원 100석, 선학원 130석)

19) 그 내용은 전술한 내용에 있는 것이다. 그는 법인 정관 시행세칙 기초위원 및 수좌대회 준비위원 추천, 시행세칙 기초위원회, 제1회 준비회(수좌대회), 제2회 준비회 등이다.

20) 지방선원 45개소, 수좌는 200여 명이다.

고하였다.

다음에는 의안 사정 위원의 선거가 있었다. 이는 정운봉이 대회 준비 위원회에서 기초한 토의안을 심사, 제정하여 대회에서 통과시키자는 의견을 제출한 것에 대하여 현상백, 이우봉의 동의 및 재청으로 가결된 결과이다. 이에 의안 사정위원을 선출하였거니와 이올연, 정운봉, 박대야, 하용봉, 김적음이 선출되었다. 그 직후에는 오후 2시에 회의를 속개하기로 하고 의장인 기석호가 휴회를 선언하니 오후 1시였다.

속개된 오후 회의에서는 김적음이 준비위원회에서 기초한 종규, 여러 규약을 축조 토의하여 통과시키자는 동의를 내었다. 이에 대하여 황용음의 재청으로 가결되고, 그 낭독위원으로 하용봉이 선출되었다. 낭독위원 하용봉은 준비위원회에서 연구하여 준비한 선종 종규, 종정회 법칙, 종무원 회칙, 선의원회 법칙, 선회 법칙, 선원 규칙을 낭독하였고, 그를 수좌들이 토의하여 통과시켰다. 그리고 승려법규, 포교법규, 신도법규만은 중요한 실제법안이기에 선의원회에 위임하여 제정하기로 하였다. 이러한 결정을 하였더니 오후 5시가 되어 휴회를 하고, 오후 7시에 속회하였다.

속회된 회의에서는 낭독위원 하용봉이 선리참구원 정관 수정 및 시행세칙안을 낭독하여 통과시켰다. 그러나 이 안건은 일제 당국의 주무관청 인가를 받아야 함을 결의하고, 오후 8시 반에 의장 기석호가 휴회를 선언하여 수좌대회 제1일의 회의는 종료되었다.

3월 8일 오전 10시, 수좌대회 제2일의 회의가 속회되었다. 참석 회원을 점명하니, 3월 7일의 회의에 참석한 수좌중 1인의 결석도 없이 전원 출석하였다. 이에 바로 의안 토의에 들어 갔다. 우선 김경봉이 전형위원 6인을 구두로 호선하여 재단기성회 조직위원을 선거하자는 동의를 내었더니, 현원오의 재청으로 가결되었다. 그 결과로 정운봉, 김적음, 이올연, 오성월, 김경산, 이백우, 이춘성이 선출되었다. 이렇게 조직위원을 선출하였더니 시간이 오전 11시 30분이 되어 휴회를 하였다.

오후 1시 30분에 속회된 회의에서는 이올연이 경성은 조선문화의 중심지인만큼 중앙선원의 내용을 충실히 하기 위한 청규(淸規)를 특정하여 더욱 엄숙한 수행풍토를 조성하자는 의견을 제출하였다. 이 같은 이올연의 의견은 만장일치로 통과되었으며, 중앙선원의 청규를 정하였다.[21] 그리고 김경봉은 의제는 중앙간부회에 위임 제정하자는 의견을 내었는데, 이 안도 만장일치로 가결되었다. 그후 김시암은 의식은 선의원회에 위임하여 제정하자는 의견을 내었는데, 이 안에 대하여 박대야가 재청하여 역시 가결되었다. 이어서 김적음이 기관지 창간에 대한 의견을 제출하였다. 즉 조사선을 선포하고 수좌를 훈도함에는 기관지를 발행하는 것이 긴급하다는 의견에 대하여 이올연의 재청으로 가결되었는데, 그 재원 및 발간 시기는 중앙에 일임하되 가급적이면 조속히 발간하도록 하였다.

이상과 같이 종규, 규칙과 아울러 다양한 의견에 대한 토의, 가결을 한 이후 임원 선거에 들어 갔다. 그것은 선종의 종규를 통과시킨 것에 대한

---

21) 그 청규는 다음과 같다.
    제1조 본원 衲子는 무상출입을 엄금하고 매월 3, 8일에 목욕하며 교외에 산보함을 득함
        단 개인산보는 불허함
    제2조 본 선원은 閑人 출입을 엄금함
    제3조 본 선원 坐禪衲子는 7인으로 함
    제4조 본 선원은 賓客의 숙식은 別處로 함
    제5조 본 선원은 음주, 식육, 흡연, 가요 등 일체 雜亂을 금지함
    제6조 본 선원은 佛殿 作法시에 남녀좌석을 구별하고 混雜함을 不得함
    제7조 본 선원은 坐禪 及 供養 應供시에 法服을 일제히 被着함
    제8조 본 선원은 做工上 필요없는 喧嘩와 戲談을 不得함

후속 조치인 것이었다. 이에 대해서는 황용음이 전형위원 7인을 구두로
호선하고, 그 위원들이 전 임원을 선거하여 통과시키자는 의견을 내었
다. 이에 대하여 참가 수좌들은 만장일치로 가결을 하여 김적음, 황용음,
정운봉, 이올연, 박대야, 하용봉, 이백우가 전형위원으로 선출되었다. 이
7인의 전형위원이 전 임원을 선출하였으니 그 결과는 다음과 같았다.

> 종정 ; 신혜월 송만공 방한암
> 원장 ; 오성월 부원장 ; 설석우
> 서무부 이사 ; 이올연 재무부 이사 ; 정운봉 교화부 이사 ; 김적음
> 보결이사 ; 박대야 윤서호
> 심사위원 ; 김일웅 이백우 보결 심사위원 ; 현원오
> 선의원 ; 기석호 하용봉 황용음 이석우 김경봉 이춘성 김홍경
>   최원허 유종묵 김덕산 김대우 최송파 이선파 김시암
>   전설산
> 순회포교사 ; 기석호 하용봉 이운봉

이상과 같은 선종의 임원을 선출한 후에는 기타사항을 결정하였다.
그는 우선 김적음이 제안한 것으로, 비구니와 부인은 여선실이 별도로
설치된 선원에 한하여 방부를 허용하기로 하자는 긴급동의가 있었다.
이는 만장일치로 가결되었다. 다음은 김덕산의 의견 제출이 있었다. 그
는 구참 노덕을 경시하는 경향이 있어 십수 년을 수선한 노덕 스님들을
특별대우 하기는 커녕 방부까지 불허하는 일이 발생하고 있으니 별도로
양로선원을 창설하여 법랍이 10년 이상이면서 속납이 60세 이상의 노

덕 스님을 별거케 하자는 안이었다. 이 안에 대하여 김홍경의 동의, 이
올연의 재청으로 가결되었다.[22] 마지막으로 이올연은 예전의 영산회상
과 같은 대총림 건설을 이상으로 하는 모범선원 신설에 노력하자는 제
안을 하였는데 이 안도 만장일치로 가결되었다. 이러한 모든 토의를 마
치고, 3월 8일 오후 4시에 의장인 기석호가 폐회를 선언하여 역사적인
수좌대회는 종료되었다.

4. 수좌대회에서 결정된 각종 규칙[23]

1) 조선불교 선종 종규

조선불교 선종 종규는 수좌대회에서 결정된 내용중 가장 중요한 의미
를 담고 있다. 즉 이 종규에는 당시 수좌들의 현실의식, 수좌들의 활동
의 근거, 수좌 조직체에 대한 근간이 나오기 때문이다. 이 종규(29조)는
선종의 개요, 수좌의 현실인식, 선학원 및 선리참구원의 역사에서 중요
한 대상이기에 그 전문을 제시한다.[24]

---

22) 단, 양로선원이 설치될 때까지는 각 선원에서 반드시 방부를 받아 입선, 방선 시간에
도 자유롭게 하여 특별 대우할 것을 정하였다.
23) 대회에서는 「재단법인 조선불교 선리참구원 기부행위 定款(26조)」과 「재단법인 조선불
교 중앙선리참구원 기부행위 정관 시행세칙(30조)」도 제정, 통과되었다. 이 두 개의 정
관과 시행세칙은 대회록 48~59면에 전한다. 그런데 이를 살펴 보면 기부행위 정관이
라기 보다는 선리참구원의 정관과 그 시행세칙의 내용이 드러난다. 필자는 이에 대한
분석과 성격(선종, 종무원의 관계 등)은 별고에서 다루고자 한다.
24) 일부분에서는 현대어로 수정하여 제시한다.

제1장 宗名

제1조 本宗은 禪宗이라 칭함

제2장 宗旨

제2조 本宗은 佛祖正傳의 心法을 宗旨로 함

제3장 本尊

제3조 本宗은 釋迦牟尼佛을 本尊으로 하고 太古(普愚)國師를 宗祖로 함
但 各 寺院에 奉安하는 本尊佛은 從來의 慣例에 依함

제4장 儀式

제4조 本宗의 儀式은 佛祖의 示訓과 宗旨에 依함

제5장 禪院

제5조 本宗은 宗旨를 闡揚하며 上報下化의 任務를 達하기 爲하여 禪院
을 設置함

제6조 本宗 禪院은 所定 法規에 依함

제7조 本宗의 각 禪院은 改宗함을 不得함

제6장 僧侶 및 信徒

제8조 本宗의 僧尼 及 信徒되는 要件은 寺法의 定한 바에 依함

제9조 本宗의 僧侶 及 信徒는 法規에 定한 바 資格에 應하여 分限에 相
當한 職務나 其他의 法務에 就함을 得함

제10조 本宗의 僧尼 及 信徒는 攝折弘法의 義務를 負함

제7장 禪會

제11조 本宗은 宗門의 萬機를 公決하기 爲하여 禪會를 設함

제12조 禪會의 組織은 所定 法規에 依함

제13조 禪會는 宗正이 每年 三月中 又는 必要로 認할 時 此를 召集함

제14조 禪會員은 五分之三 以上으로부터 宗正會에 대하여 禪會를 召集
　　　함을 要求함을 得함
　　　제8장 宗務院

제15조 本宗은 宗務와 諸般 事業을 統理하기 爲하여 全鮮禪院의 單一
　　　機關으로 中央宗務院을 設置함

제16조 宗務院의 組織은 所定 法規에 依함
　　　제9장 宗正

제17조 本宗은 正法을 宣揚 宗門 重要 事項을 裁正하며 宗務를 統管하
　　　기 爲하여 宗正을 推戴함

제18조 宗正은 本宗 僧侶로서 宗眼이 明徹하며 行解와 德望이 有하고
　　　法臘 二十歲 以上 年令 五十歲 以上된 大禪師로 함

제19조 宗正은 人數와 任期를 定치 아니하고 宗務院 任員(理事 及 院長
　　　副院長) 及 此와 同數의 禪會 銓衡員으로부터 此를 銓選하여 禪
　　　會의 協贊을 要함

제20조 宗正은 法規에 依하여 宗正會를 組織함

제21조 宗正會는 禪會로부터 本宗에 危害를 及할만한 議案을 議決할
　　　處가 있다고 認할 時는 本宗을 代表하여 禪會를 停會 又는 解散
　　　케 함을 得함
　　　제10장 禪議員會

제22조 本宗은 諸般 法規를 制定하며 禪會의 特別 權限에 屬하지 않는
　　　宗門의 一切 事項을 議決하기 爲하여 禪議員會를 置함

제23조 諸般 法規는 宗正會에서 頒布하되 但 重要한 法規는 禪會의 協
　　　贊을 經함

제24조 前條의 重要로 認하는 法規는 別로 定한 바에 依함

제25조 禪議員會는 所定의 法規에 依함

　　제11장 財政

제26조 各 禪院의 所有인 一切 財産을 朝鮮佛教禪宗 所有財産이라 함

　　제12장 補則

제27조 本 宗規는 宗正會 及 禪議員會의 提案에 依하여 禪會에 通過를

　　　經하여 此를 改正함을 得함

제28조 設立에 際하는 宗正 及 禪議員과 宗務院 任員은 朝鮮佛教禪宗

　　　首座大會에서 此를 銓衡함

제29조 本 宗規는 頒布일로부터 此를 施行함

　이렇게 종규는 제12장, 29조로 구성되어 있다. 그 근간은 제1장은 종명, 제2장은 종지, 제3장은 본존, 제4장은 의식, 제5장은 선원, 제6장은 승려 및 신도, 제7장은 선회, 제8장은 종무원, 제9장은 종정, 제10장은 선의원회, 제11장은 재정, 제12장은 보칙이었다. 이에 그 주요 내용을 제시한다. 종명은 '선종'이라 칭하였으며, 종지는 불조정전의 심법을 내세웠다. 본존은 석가모니불로 하면서[25] 태고국사를 종조로 하였다. 의식에서는 불조의 시훈과 종래의 관례에 의한다고 하였다. 선원에서는 종지를 천양하며 '상보하화'의[26] 임무를 달성키 위해 설치한다고 하였다. 승려 및 신도는 사법이 정한 바에 의하며, 법규에서 정한 자격에 따

---

25) 그러나 각 사원에 있는 본존불은 관례에 따른다고 하였다.
26) 이는 상구보리, 하화중생의 의미를 담고 있는 별칭이다. 근대불교에서 상구보리, 하화중생이라는 개념이 이렇게 명료하게 등장한 것은 중요한 단서이다.

라 분한에 상당한 직무를 맡는다고 하였다.[27] 선회는 종문의 만기를 공결하기 위하여 설치한다고 하였는데, 일종의 대의기구로 보인다. 종무원은 종무와 사무를 통리하기 위하여 전 조선 선원의 단일기관의 성격을 갖는다고 하였다. 그리고 정법을 선양, 종문의 중요 사항을 재정하며 종무를 총관하기 위해 종정을 둔다고 하였다. 종정은 종안이 명철하고 행해와 덕망이 있는 대선사를[28] 추대한다고 하였다. 또한 종정은 인수와 임기를 정하지 않고, 종무원 임원과[29] 선회 전형원들이 추대한다고 하였다. 선의원회는 종문내의 제반 법규를 제정하며, 선회의 특별권한에 속하지 않는 종문의 일체 사무를 의결하기 위하여 설치한다고 하였다. 재정에서는 각 선원의 소유인 일체 재산을 선종 소유재산이라고 규정하였다.[30] 보칙에서는 종규의 개정,[31] 그리고 설립(출범)에 즈음하여 종정, 선의원, 종무원 임원은 수좌대회에서 전형한다는 내용과 본 종규는 반포일로부터 시행한다는 내용이 담겨 있다.

2) 종정회 규칙

종정회 규칙은 총 9조로 구성되어 있다. 이 규칙은 종규 17조, 20조의 근거에 의하여 성립된 것이다. 종정회 규칙은 선종의 대표자로 피선된

---

27) 여기에 나온 사법은 각 본산별의 사법을 의미하는 것으로 보인다. 대회에서는 승려법은 중요하여 별도로 취급한다고 하였다. 요컨대 대처승 문제가 포함되어 있는 것이다.
28) 법랍은 20세 이상, 속납은 50세 이상으로 하였다.
29) 이사, 원장, 부원장을 말한다.
30) 재정, 재산은 기존 종단 및 사찰령과 대응되는 부분이었다. 이에 수좌들도 그를 고려하여 "단 법인에 편입된 재산을 云謂함"이라는 단서로 표현하였다.
31) 이는 종정회, 선의원회의 제안에 의하여 선회의 통과를 경유하여 개정할 수 있다는 것이다.

종정회의 종무 활동의 근거, 지원 등을 담고 있다. 우선 종정회에서는 문서를 취급하기 위한 비서 1인을 두도록 하였는데(2조), 그는 종무원의 서무부 이사로 한다고 하였다(3조). 종정회는 매년 3월의 정기회와 선계의 중요한 문제가 있어 종무원의 요구가 있거나 혹은 임시 선회 소집의 요구가 있을 시에 개최하는 임시회로 대별하였다(4조). 각 선원의 조실은 종정회에서 추천하도록 하였다(5조).[32] 그리고 종정회는 종정 과반수 이상의 출석이 아니면 의사의 결정을 얻지 못하게 하였다(6조). 종정회의 개회는 종정 과반수 이상의 연사로 소집하고, 선회 및 선의원회의 소집과 법규의 반포 등은 종정 전원의 연서로서 행한다고 정하였다. 마지막으로 부칙(8, 9조)에서는 종정회의 개정과 시행에 대하여 정하였다.[33]

3) 선의원회 규칙

선의원회 규칙은 5장, 12조로 구성되어 있다. 구체적으로 보면 1장은 조직, 2장은 선의원의 선거와 임기, 제3장은 회의, 제4장은 직무, 제5장은 보칙이다. 이 규칙은 종규 22조, 25조에 의거하여 나온 것인데, 선의원회는 종무원 내에 두도록 하였다(2조). 선의원의 수는 15인 이상으로 정하되, 조선불교 선교양종 재적 승려중 종안이 명철한 자나 행해가 구족하고 덕망이 있는 자 중에서 선거하되[34] 법납 10세 이상, 년령 35세 이상자로 한다고 하였다(3조). 선의원의 임기는 3년으로 하되, 재임도 가능하게 하였다(4조). 선의원회는 매년 3월의 정기회, 또는 필요가 인정될

---

32) 단, 추천인중에서 지명 請狀이 있는 선원에 대해서는 그 청에 응한다고 하였다.
33) 개정은 선의원회의 발의로 선회의 협찬을 거쳐 하도록 하였다. 그리고 이 규약은 반포 일로부터 시행한다고 정하였다.
34) 7인은 종정회에서 선거하고, 8인은 선회에서 무기명 투표로 선거한다고 정하였다.

시는 임시회를 열 수 있다(5조). 그러나, 선의원의 과반수 이상이 출석치 아니하면 개회가 인정될 수 없다(6조). 선의원회의 소집은 집회기일 20일 전에 각 선의원에게 통지하되 종정회에서 발송하도록 정하였다(7조). 이러한 선의원회의 직무는 선종에 관한 제반 법규와 선회의 특별권한에 속하지 않는 일체의 사항을 제정, 의결하는 것이었다(8조). 그러나 그 세부 내용을 보면, 종규 24조에 의거한 중요 법안(종규, 종정회 규칙, 종무원 원칙, 선원 법규, 선의원회 규칙, 선회 법규, 승니 및 신도법규)은 선회의 협찬을 얻어 종정회로부터 반포하도록 하였다(9조). 위에서 제시한 중요 법안이 아닌 법규는 선의원회에서 제정하여 종정회에서 반포하도록 정하였다(10조). 따라서 선의원회의 주요 직무는 법규 제정이라고 볼 수 있다.[35]

4) 선회법

선회법은 종규 11조, 12조에 의거하여 조직되었는데 11장, 37조 구성되어 있다. 선회는 선종의 광의적인 대의원회로 보이는데 선회의 소집은 종정회에서 집회의 기일을 정하여 1개월 전에 발표하도록 하였으며(2조), 선회의 개회는 종정회에서 선언하게 정하였다(3조). 선회가 열렸을 시에는 임시의장 1인, 부의장 1인을 두되 선회 회원중에서 무기명투표로 선거한다고 하였다(4조).[36] 의장은 선회의 의사 진행을, 부의장은 의장을 보좌하고 의장이 유고시에 의장 직무를 대리한다(5, 6조). 선회에서는 서기 및 사찰을 두되,[37] 의장의 명령을 받아 종사하도록 하였다(7, 8조). 선

---

35) 규칙에서는 이를 각 법규의 제정 및 제안, 각 법규의 해석, 법규 운용상에서 일어난 일체 분쟁의 裁決, 예결산의 決議 등이다.

36) 단 투표가 동점일시에는 추첨으로 결정한다.

37) 그 약간인은 의장이 정하게 하였다.

회원의 수는 선종 승려의 1/10로 하였다(9조).[38] 선회원은 각 선원에서 그 선원에 안거하는 수좌중 자격이 있는 대상에서[39] 선거하여 원주로부터 중앙에 계출(届出)한 자로 정하였다.

그리고 선회원을 선출하는 선거구는 전국 각 선원을 대상을 거의 망라하였으며,[40] 임기는 3년으로, 각 선원의 조실 및 선의원은 선회에 대하여 선회원과 동등한 권한을 갖고 있다고 정하였다.[41] 선회의 권한(14조)은 중요법규의 협찬, 중요 의안의 의결로 정하였다.[42] 그리고 선회는 중요 의안을 심의하기 위하여 분과위원회(16~19조)를 설치할 수 있도록 하였다.[43] 선회는 중앙종무원을 사무를 심사할수 있는 권한이 있어, 2인의 심사위원(21, 22조)을[44] 둘 수 있게 하였다. 심사위원은 무기명 투표로 선회에서 선

---

38) 단, 5인 이상의 人數는 1/10로 간주하였다. 그런데 필자는 이 내용의 뜻을 정확하게 파악치 못하였다.
39) 그 자격은 연령이 25세 이상, 3夏 이상의 안거자, 중등과 이상의 학력이었다. 그러나 종문에 督特한 발심이 유한 자는 이 기준(3항)에 해당치 않는다고 하였다.
40) 그 선원은 다음과 같다. 중앙선원, 망월사 선원, 승가사 선원, 경성 간동의 불교포교당, 복천선원(법주사), 정혜사 선원, 수덕사 선원, 견성암 선원, 백양사 선원, 내장사 선원, 월명암(내소사) 선원, 삼일암(송광사) 선원, 선암사 선원, 해인사 선원, 백련암 선원, 퇴설당 선원, 삼선암(해인사) 선원, 범어사 선원, 금어(범어사)선원, 내원(범어사)선원, 사자암(동래) 선원, 마하(동래)선원, 내원(통도사)선원, 보광전(통도사) 선원, 칠불선원(하동), 票殿선원(쌍계사), 표충사 선원, 금당(동화사) 선원, 은부암(은해사) 선원, 성전암(파계사) 선원, 대승사 선원, 도리사 선원, 천불선원(직지사), 서전(직지사) 선원, 상원사(월정사) 선원, 불영사 선원, 유점사 선원, 미륵암(신계사) 선원, 법기암(신계사) 선원, 보운암(신계사) 선원, 여여선원(신계사), 마하연 선원, 장안사 선원, 표훈사 선원, 내원(석왕사) 선원, 보현사 선원, 양화사(평북, 태천) 선원 등 47개 처이다.
41) 단, 수좌로서 개인으로 출석을 요청할 경우에는 발원권만 부여하였다.
42) 선회원은 선회에 대하여 일제 의안의 제출권과 의결권을 갖는다.
43) 그 위원은 선회원인데, 그 정원은 안건에 의해 임시로 정하고, 위원장은 위원중에서 선거로 정하고, 위원장은 심의 결과를 선회에 보고하도록 하였다.
44) 임기는 3년이다.

거를 하되, 그 대상자는 선종의 승려 중에서 뽑는다고 하였다.[45]

선회의 운영 절차, 진행 등이 자세히 제시되었다. 우선 선회의 일체 의안은 선회 개최 10일 전에 중앙종무원에 제출하도록 하였으며, 회의 일정은 의장이 정하여 선회에서 동의를 받게 하였다. 제출 의안은 제안 자의 축조설명을 1독회로, 위원회에서 심의하여 위원장이 선회에 보고 하는 것을 2독회로, 본회에서 토의 의결하는 것을 3독회로 하였다. 위 원회에서 부결된 의안은 위원장이 그 이유를 설명하고, 부결된 의안의 보류, 폐기에 대한 위원장의 의견을 본회에서 개진케 하였다. 본회에서 의 의결은 다수결에 의하여 결정하도록 하였다. 본회의 휴회, 폐회, 정 회, 해산 등(31~33조)에 관해서도 그 내용을 정하였다. 다음 선회원 중에 서 근무를 태만히 할 경우에는 본회의 의결에 의해서 징계(34, 35조)를 하 도록 하였다.[46]

5) 종무원 원칙

종무원은 종규 15조, 16조의 근거에 의해 조직할 수 있게 하였다. 종 무원의 전모를 담고 있는 원칙은 6장, 16조로 구성되어 있다. 직제(2~6 조)에서는 종무원 내의 종무 별의 구분을 하였다. 즉 종무원을 대표하며 제반 사무를 통괄하는 원장 및 원장을 보좌하는 부원장으로 각 1인을 두 게 하였으며, 그 내부조직으로는 서무부, 재무부, 교화부를 두어 종무를

---

45) 심사위원이 결원이 될 경우를 대비하여 보결 심사위원도 선출하도록 하였는데, 이 경 우에는 전임자의 잔여 임기만 근무토록 하였다.
46) 그 사유는 정당한 이유없이 회장에 출석치 않는 자, 회장의 질서를 문란케 하여 의사 를 방해하는 자, 본회 회법을 준수치 않는자 등이었다. 그리고 징계의 내용은 참회, 발 언권 정지, 퇴장 명령이다.

통리하게 하였다. 이 각 부에는 이사 1인과 약간명의 부원을 두게 정하
였다. 직무(7~9조)에서는 서무부, 교화부, 재무부의 직무를 자세히 제시
하였다.[47]

---

47) 각 부서별 세부 업무 분장은 다음과 같다.
    서무부 ; 일반 외교문에 관한 건
           원내 부원의 임면, 기타 인사에 관한 건
           종정, 선의원, 원장, 이사, 선회원의 선거 사무에 관한 건
           선회 소집에 관한 건
           승니 및 사찰, 선원에 관한 건
           院議 개최에 관한 건 승적에 관한 건
           의제에 관한 건
           선의원회에 관한 건
           문서 왕복에 관한 건
           기밀에 관한 건
           인장 보관에 관한 건
           院報에 관한 건
           사회 사업에 관한 건
    교화부 ; 포교 및 교육에 관한 건
           일체 의식에 관한 건
           포교사의 양성 및 기타 임면에 관한 건
           신도에 관한 건
           도제양성에 관한 건
           고시 및 법계에 관한 건
           선전에 관한 건
           징계 및 포상에 관한 건
           편집에 관한 건
           학회 및 도서관에 관한 건
           고적 및 보물에 관한 건
           위의 각호에 속한 통계의 조제 및 문서보관에 관한 건
    재무부 ; 院費 및 각 선원의 예산, 결산 및 지출에 관한 건
           회계 장부 및 재산, 물품 등의 보관에 관한 건
           재단에 관한 건
           선원 및 승니 재산에 관한 건
           산림 및 토지에 관한 건

직원 선거 및 임기(10, 11조)에서는 원장, 부원장, 이사의 선거와 임기를 제시하였다. 우선 원장, 부원장, 이사는 선회에서 무기명 투표로 선출하되, 그 대상자는 참선 수좌에서 선정케 하였다. 원장 및 이사의 임기는 3년으로 하되 재임도 가능케 하였다.[48] 종무원의 사무를 통리하기 위하여 원장, 각 이사는 '원의(院議)'를 조직하고 종무원 내부의 중요한 일을[49] 처리케 정하였다(12, 13조). 보칙(14~16조)에서는 종무원의 성격, 종무원칙의 개정 및 시행의 문제를 규정하였다. 종무원은 "조선불교 선교양종 재적 승려로서 조선불교 선종 종규의 정신을 천양함에 족한 줄로 인증하는 회합은 차를 부조함"이라고 하였다. 이 단서는 선종과 기존 종단인 선교양종과의 공존을 의미하는 단서로 볼수 있는 대목이다. 단순히 보면, 선종 정신을 천양하는 회합은 종무원에서 지원하겠다는 뜻으로 볼 수 있다. 그리고 종무원칙은 선의원회의 제안으로써 선회의 협찬을 경유치 않으면 개정키 못하며, 반포일로부터 시행됨을 개진하였다.

6) 선원 규칙

선원 규칙은 종규 5, 6조에 의거하여 나왔다. 선종 차원에서 선원 규칙을 만든 것은 선종이 선원을 기반으로 자생되었음과 선원에서 정체성

營繕에 관한 건
신도의 의무금 및 特志 捐金에 관한 건
소작에 관한 건
이상의 각호에 속한 통계의 조제 및 문서 보관에 관한 건
48) 이사의 결원을 대비하기 위해 보결 이사를 2명을 선정하되, 그 임기는 전임자의 잔여로 하였다. 선정방법은 이사와 동일케 하였다.
49) 그 내용은 직원 및 선의원회에 제출할 일체의 의안, 직원의 진퇴, 임시로 발생한 일체 사항 등이었다.

을 찾으려 한 것을 엿볼 수 있는 것이다. 선원 규칙은 8장, 24조로 구성
되어 있다. 선원의 목적(2조)에서는 교외별전의 정법안장을 오득코저 하
는 참선납자를 교양함에 있다고 전제하였다.[50]

각 선원의 임원(3조)으로는 조실 1인, 입승 1인, 원주 1인, 전좌(典座) 1
인, 서기 1인을 두게 하였다. 그리고 기타의 임원은 수기증감(隨機增減)하
되 종래의 용상방 규례(龍象榜 規例)에 따르게 하였다. 이상과 같은 임원
의 직무(4~10조)에 대해서는 상세히 제시하였다. 우선 조실은 종지를 선
양하여서 일반 납자를 훈도하며 선원내 일체 사무를 지휘 감독하는 것
으로 정하였다.[51] 입승은 조실을 보좌하여 선원 질서를 유지하며 상벌을
명백케 하여 중심(衆心)을 열가(悅可)케 한다고 하였다. 원주는 조실의 지
휘를 받아 선원 일체의 외무(外務)를 장리하고, 그 상황을 원회(院會)에 보
고케 하였다. 전좌는 원주를 보좌하며, 원주의 지휘를 받아 선원의 외부
일에 종사하고, 원주의 유고시는 그 직무를 대리하는 것으로 하였다. 서
기는 선원의 일체 문서를 담당하는 것이다. 이와 같은 임원은 해당 선원
의 원회에서 선거하여 중앙에 보고케 하였다. 선원의 방부, 즉 괘탑(掛
塔)에 대해서는 승적이 있는 자 중에서 한하되, 정원 이외에는 불허케 하
였다.[52] 이러한 직무 외에도 선원에 들어온 납자의 지도에 관한 내용과
원칙을 제시하였다. 즉 초발심납자는 1~3개월 간 외호 및 분수작법(焚修
作法)에 종사케 하여 그 발심의 진위를 확인한 후, 선실에서 좌선하는 것

50) 단, 신도로서 안거 수행에 참예코저 하는 경우는 당해 선원 대중의 결의에 의하여 허
    락을 받도록 하였다.
51) 단, 조실이 부재한 선원에서는 입승이 그를 대신케 하였다.
52) 단, 부득이한 사정으로 초과 할 경우에는 결제후 1주일 내에 초과 인원 수와 그 상세 사
    항을 중앙에 보고하도록 하였다.

을 허락하였다. 일반 납자도 조실의 지도를 받아 성실히 공안을 참구해
야 함을 강조하였다. 납자 중 처분권이 있는 유산자는 의식 등을 자비로
한다고 정하였다.[53] 모든 선원은 1년 2회,[54] 그 경과를 중앙에 보고하되
입승과 원주 2인의 연서로써 보고케 하였다.

선원의 수행인 안거(11~18조)에 관해서도 세부적인 방침을 정하였다.
우선 안거 기간은 관행에 의거하여 정하고,[55] 납자는 안거중 괘탑과 행
각함을 인정치 않았다. 수선의 기준으로 파정은 매일 10시간, 시행은[56]
6시간, 노동은 2시간, 수면은 6시간으로 정하였다. 그리고 매월 보름과
그믐에는 조실의 정기적인 상당 설법을 듣도록 정하고, 위생일도 정하
였다.[57] 원내 보청(普請)은 방행(放行) 시간으로 하였으며, 납자는 제복(승
려복) 이외에는 입지 못하게 하였다. 안거를 성취한 자는 당해 선원에서
안거증을 수여받는다고 정하였다.[58]

선원의 사무를 판결하기 위한 '원회'(19, 20조)를 두었다. 이는 당해 선
원 괘탑 대중으로 조직하되, 중요 사항이 있을 경우에는 조실, 입승이
이를 수시로 소집하고, 그 원장이 되어 의사를 진행, 판결하도록 하였
다. 그리고 납자로 선규를 준수치 않고 행동을 문란케 하는 대상자는 징
계할(21, 22조) 수 있게 하였다. 이에 그 납자는 3차의 설유(說諭)를 하여도

---

53) 그런데 왜 이런 내용이 등장하였을까 하는 의아심이 든다. 선원의 경제적인 궁핍에서
　　나온 것으로 볼 수도 있다. 재가 신도가 선원에서 참선할 경우에는 이처럼 자비를 부
　　담하게 하였다.
54) 그 보고의 제1기는 음력 정월 20일 이내, 제2기는 음력 7월 20일 이내로 하였다.
55) 하안거 ; 4월 15일부터 7월 14일까지(음력) 동안거 ; 10월 15일부터 정월 14일까지(음력)
56) 이 施行은 휴식, 방선 등을 지칭한 것으로 보인다.
57) 목욕일 ; 매월 3, 8일 세탁일 ; 매월 3, 6일 삭발일 ; 매월 14, 29일
58) 단, 안거증 용지는 중앙에서 배부하되, 당해 선원 조실 및 당사 주지의 인증을 받아야
　　한다고 하였다.

회개치 않으면 출원(黜院)케 하고, 그 상세한 이유를 중앙 및 각 선원에 보고하도록 정하였다. 출원 조치를 당한 수좌는 회원증을 체탈(遞奪)하고, 선원 괘탑은 인정할 수 없게 하였다.[59] 선원 원칙에 미비한 내용이 있으면 그는 종래 선원 관례에 따르게 하였다.

5. 조선불교 선종과 수좌대회의 성격

지금껏, 1935년 3월 7~8일 선학원에서 개최된 수좌대회의 배경, 경과, 결정된 내용 등을 정리하여 보았다. 본장에서는 수좌대회와 수좌대회를 통하여 등장한 조선불교 선종의 성격을 가늠하고자 한다. 이와 관련해서는 우선 대회가 끝난 6개월 후 선리참구원 및 조선불교선종 종무원의 기관지인 『선원』지에 기고된 선종 중앙종무원을 소개하는 글을 제시한다.

지난 삼월의 전선수좌대회에서 선종의 자립과 전선 선원의 통일기관으로 중앙에 종무원을 설치키로 결의되어 동 사무소를 경성부 안국동 중앙선원에 두고 원장 오성월(吳惺月)화상이 취임하야 우으로 세분의 종정을 모시고 아래로 삼리사를 거느리여 선종의 확립과 선원수 증가와 각 선원의 내용 충실을 도모한바 불과 반년에 선원수가 십여개소이고 전문으로 공부하는 수좌 수효가 삼백명을 초과하게 되었습니다. 창립 당시 사무실 건축비로 희사금을 재경 신도 여러분이 연출한바 불과 일일에

59) 단, 出院을 처분한 선원의 참회 승인장이 있을 경우에는 괘탑을 얻을 수 있게 하였다.

천여원을 초과하야 수년내에 사무실 건축을 보일 길한 전조를 보이다. 아직은 창설 기임으로 완전한 활동에 들지 못하였으나 현재 주로 하는 사업은 지방 각 선원의 연락과 통제 본 기관지를 통하여 선리를 참구하는 건전한 신앙의 확립, 법의 포양, 각 본산을 권면하여 선방증설 및 수좌 대우 개선, 행방 포교사를 각 지방에 보내어 설법과 포교를 하는 등 선종의 독립 발전을 적극적으로 확장하고 있습니다. 직원은 오성월화상, 부원장에 설석우화상, 서무리사에 이올연화상, 재무리사 정운봉화상, 교화부 리사에 김적음화상.[60]

  이상과 같은 종무원의 활동 내용을 보면, 수좌대회를 통하여 출범한 선종과 종무원은 정상 가동되었음을 알 수 있다. 종정 및 종무원의 임원이 근무하고, 종무원에서는 선원과의 연락, 선 포교, 선원 증설 및 수좌 대우 개선 등을 통한 선종의 독립 발전을 추진하였다. 그러면 이렇게 등장한 선종, 종무원을 어떻게 바라보아야 하는가? 이에 대하여 필자는 다음과 같이 그 성격을 대별하여 이해하고자 한다.

  첫째, 1935년 경 선학원 수좌들의 식민지하 불교의 현실을 극복하려는 치열한 현실의식을 찾을 수 있다. 당시 수좌들은 식민지 불교 현실에 대한 강한 불만과 비판의식에 머물지 않고 그를 극복할 대안을 제시하려고 노력하였다. 수좌들의 그 현실인식은 수좌대회 선서문에 단적으로 나오는데, 즉 당시 불교계는 사마가 극성하고 정법이 계승 · 구현되지 못하는 말세로 이해하였다. 그러면서 수좌들은 그 현상이 나온 것을 스스로 참회하고, 추후에는 그런 현상이 나오지 않게 노력하겠다는 굳은

---

60) 『선원』 4호(1935.10), 「우리 각기관의 활동 상황」.

서원을 하면서 정법수호에 매진할 것을 맹세하였던 것이다.

둘째, 수좌대회 및 선종에서 수좌중심의 불교관을 분명하게 보여 주었다. 이는 당연한 이해이겠지만 수좌들이 검토하여 제정한 종규에는 그 성격이 명쾌하게 드러난다. 종정은 대선사이어야 한다는 것, 종무원 운영의 근간으로 설정한 선의원회의 의원을 종안이 투철한 대상자로 설정한 것, 선종의 대의기관으로 설정한 선회의 회원을 선원에서 안거중인 수좌로 제한한 것 등은 그 실례이다. 이러한 구도에서 교, 교학에 대한 고려나 배려는 찾을 수 없다.

셋째, 수좌대회의 개최 및 진행에서 공의 정신을 찾을 수 있다. 수좌대회 개최 배경으로 등장한 선리참구원 정관 시행 세칙위원회를 해당 분야 전문가를 초빙하여 자문을 받으려고 하였고, 그 자문위원이 전체 수좌대회를 통하여 검증을 받음과 동시에 차제에 선종의 자립까지 시도하려고 의견을 내고 그를 수용한 점, 수좌대회의 원만한 진행 등에서 공의 정신을 찾을 수 있다. 산중에서 수행만 하는 수좌들이었지만 서구적인 민주주의 제도와 흡사한 진행, 의사 결정 방식은 공의 정신의 다름이 아니었다고 보인다.

넷째, 수좌 및 선종의 정체성 구현 차원에서 선원의 중요성이 강조되었다. 선원은 불교의 정법을 수좌들에게 교양시키는 곳으로 정의하였다. 그리고 선원 내의 소임자의 임무 원칙을 수립한 것, 납자 지도에 대한 철저한 강조, 안거 수행의 기준 등을 구체적으로 제시하였는 바 이는 선원을 선종의 정신적인 기반으로 삼으려는 인식에서 나온 것으로 볼 수 있는 대목이다. 나아가서는 선종 종무원과 전국 각처 선원과의 유대성을 갖으려는 측면도 나온다. 요컨대 선종의 기반, 사상의 배태로서 선원을 유의하였음을 엿볼 수 있다.

다섯째, 수좌대회, 선종에서는 기존 교단(종단) 및 불교계의 행태, 정황에 대해서는 강렬한 비판을 하면서도 공존하려는 의식이 드러난다. 즉 사찰령 체제, 식민지 불교 체제를 완전 부정치는 않았다는 것이다. 예컨대 선의원의 대상자를 '선교양종 승려'에서 찾을 수 있다고 하였으며, 종무원을 설명하면서 '선교양종 재적 승려'로서 운운한 것, 승려 및 신도의 요건은 '사법'에서 정한 바에 따른다는 종규의 내용, 선원의 일체 재산을 선종의 소유재산으로 한다고 정하면서도 그 범위를 법인에 편입된 재산만으로 제한한 것 등은 당시 현실을[61] 완전 부정치 않았던 인식에서 나온 것이다.

여섯째, 수좌 및 선종의 정체성을 철저히 강조하려는 의식이 뚜렷이 나오고 있다. 수좌대회 개최 및 선종의 출범을 주도한 당사 수좌들은 불교정법을 구현하는 주체는 수좌임을 자임하였다. 요컨대 수좌, 선, 한국 불교의 전통을 동일하게 인식하려는 정체성 확립의 결과로 조선불교 선종, 종무원이 출범하였던 것이다. 그런데 선종의 핵심으로 설정한 선원을 설명하는 대목에서 그 목적이 '상보하화(上普下化)'라고 천명함은 의미 깊은 단서라 하겠다. 일반적으로 상구보리, 하화중생이라는 대승불교의 이념 및 실천 강령이 여기에서 분명하게 드러났던 것이었으니 이러한 표방을 수좌들의 이념적 확립으로 보려는 것이 필자의 판단이다. 그러므로 이러한 수좌들의 이념적 자기 정비를 통해 나타난 수좌의 수행 및 중생의 제도를 민족불교의 구도에서 볼 수 있는 단서로 보고자 한다.

---

61) 여기에서 말하는 현실은 조심스럽게 접근할 필요가 있다.

6. 결어

맺는말에서는 앞서 살핀 본고찰의 내용을 주요 대목 별로 정리하고, 추후 유의하여 살필 초점을 제시하는 것으로 대하고자 한다.

첫째, 1935년 3월의 수좌대회는 1934년 12월 선학원이 재단법인 선리참구원으로 전환된 직후 수좌들의 현실인식을 극명하게 보여준 대회였다. 주지하는 바와 같이 선학원은 1921년에 창건되고, 수좌들의 조직체인 선우공제회는 1922년에 창립하였지만 그 이후 10여 년간은 고뇌, 좌절의 연속이었다. 그러한 과정을 거쳐 1935년 경에 와서는 자기 정체성을 정비하고, 물적 토대를 구축하면서 수좌들이 나가야 할 노선, 방향을 구체화하였다는 지표로서 분명한 역사적 성과를 담보하였다고 볼 수 있는 증거인 것이다.

둘째, 수좌대회를 통하여 수좌, 선원, 선리참구원이 일체가 되어 조선불교선종을 설립하고, 선원 및 수좌들의 조직체인 종무원을 출범시킨 것에서 기존 교단과의 차별성을 분명하게 보여 주었다. 이로써 수좌들은 불교의 정법을 수호, 계승하면서 한국불교의 전통을 구현하려는 행보를 가게 되었다. 이는 식민지 불교에 대한 저항의 성격을 담보하는 것이다.

셋째, 이 같은 전제하에서 종규, 종정회칙, 종무원 회칙, 선의원회 법칙, 선회 법칙, 선원 규칙 등을 마련한 것은 종단 조직화에 있어서도 기념비적인 성과를 마련한 것이었다. 1929년 승려대회에서 나온 종헌체제에서도 종단의 조직화를 구현하였지만 다방면에서 미흡한 상황이었다. 그런데 수좌대회에서 나온 여러 규약 특히 선원 부문은 이전의 한계를 극복한 대안이었다. 이에 수좌들이 제정하여 실천에 옮긴 조직화의 경험, 대안은 근대불교에서의 일정한 평가를 받을 만한 것이었다.

넷째, 수좌대회에서 결정한 여러 방안이 대회 이후 어떻게 전개되었 가는가를 살핌으로써 식민지 불교 후반의 역사를 새롭게 볼 수 있는 하 나의 안목을 갖게 되었다. 현재 그 관련 자료가 대부분 산실되었던 정황 으로 인해 전개 과정, 성격, 의의를 말하기는 어렵지만 추후 이에 대한 제반 상황을 정리해야할 과제를 갖게 되었다.

다섯째, 수좌대회에서 결정한 사항, 수좌들이 추구한 행보가 1941년 4 월 조선불교 조계종 창종에 미친 영향과 상호관계에 대한 검토를 기해야 한다. 조계종 창종 직후의 간부진에는 수좌들도 일부 참여하였는 바 이에 대한 해석을 어떻게 할 것인가의 문제를 우리에게 던져주고 있는 것이다.

지금껏 1935년 3월의 수좌대회와 선종, 종무원, 선리참구원 등에 관 련된 제반 문제를 조망하여 보았다. 추후에는 근대불교선상에서의 선학 원, 선종, 수좌대회가 갖고 있는 성격, 사상적인 의의, 해방이후 정화운 동과의 상관성 등에 대한 다각도의 접근이 필요하다고 본다.

유교법회의 전개 과정과 그 성격

1. 서언

1941년 3월 4일부터 3월 13일까지 열흘간[1], 서울 종로의 안국동에 자리잡은 선학원(禪學院)에는 각처에서 올라온 40여 명의 승려들이 비장한 각오로 유교법회(遺敎法會)를 거행하였다. 그들은 전국 각처의 사찰, 선원, 토굴 등지에서 계율을 지키며 수행하였던 청정비구, 수좌, 율사들이었다. 법회는 그 열흘간 범망경(梵網經), 유교경(遺敎經), 조계종지(曹溪宗旨)를 대중들에게 강의하고 자비참(慈悲讖)도 공개하면서 진행되었다. 이 같은 유교법회를 마친 승려들은 선학원에서 수좌대회를 갖고 현안사항을 토의하였으며, 법회의 기념사업으로 습정균혜(習定均慧)하는 비구승을 중심으로 하는 범행단(梵行壇)을 조직하여 선학과 계율의 종지를 선양하기로 정하였다.

이상과 같은 개요를 갖고 있는 유교대회는 일제하 불교사에서 기념비적인 역사적 의의를 갖고 있었다. 그러나 지금까지 이 분야 연구에서 연

---

[1] 지금껏 유교법회는 『불교시보』의 근거로 1941년 2월 26일부터 열흘간 개최된 것으로 서술되어 왔다. 그러나 필자는 본 고찰을 집필하면서 『매일신보』, 『경북불교』의 보도 내용과 법회 참석자인 강석주와 김지복의 회고 등을 근거로 1941년 3월 4일부터 3월 13일까지 열흘간 개최된 것으로 정정하고자 한다. 그렇다면 2월 26일부터 개최되었다는 연유는 어떻게 된 것인가? 이는 그때부터 법회의 준비(보조장삼 제작 등) 기간으로 볼 수 있을 것이다. 법회의 기념촬영 사진이 1941년 3월 13일이라는 점에서도 3월 4일부터 열흘이 되는 일자가 3월 13일이라는 점도 이를 반영한다.

구자 및 종단차원에서의 큰 주목은 받지 못하였다. 필자는 근대 불교사
를 연구하기 위한 자료수집을 하면서 각처의 사찰 및 승려들을 탐방하
였는데, 원로 승려들에게서 유교법회의 역사성과 의의에 대한 다양한
의견을 접할 수 있었다. 그러나 필자는 유교법회를 연구하기 위해서는
우선적으로 선학원의 창건, 변화, 재건, 재단법인으로의 전환, 조선불
교선종의 창종 등의 유교법회 이전의 선학원의 역사를 정리할 필요성을
절감하였다. 이에 지난 15년 간 관련 자료를 수집, 분석하여 그에 대한
대강의 역사를 정리하였다.[2]

　이제 시절 인연의 섭리를 새삼 재인식하면서[3] 유교법회의 전모와 성
격을 역사적인 측면에서 정리하려고 한다. 유교법회의 개최의 시대적
배경에 일제의 식민지 불교정책, 일본불교 유입으로 인한 대처식육의
보편화, 전통불교 관행(산중공의제 및 원융살림)의 상실 등이 자리하고 있
다. 이에 이 같이 변모된 불교의 현실을 바로 잡고, 이전 선불교 전통을

---

2) 필자의 선학원 관련 연구 성과는 다음과 같다.
　　김광식, 「일제하 선학원의 운영과 성격」, 『한국근대불교사연구』, 민족사, 1996.
　　＿＿＿, 「조선불교 선종 종헌과 수좌의 현실인식」, 『한국 근대불교의 현실인식』, 민족사,
　　　　　1988.
　　＿＿＿, 「선학원의 설립과 전개」, 『선문화연구』창간호, 2006.
　　＿＿＿, 「조선불교 선종과 수좌대회」, 『불교 근대화의 전개와 성격』, 조계종출판사,
　　　　　2006.
3) 필자가 유교법회 전후의 선학원의 변동을 연구하려고 기획할 즈음에 조계종 총무원에
　서 주관하는 유교법회를 조명하는 학술세미나(조계종 중흥의 당간, 41년 유교법회;
　2008년 4월 22일, 한국불교역사문화기념관 공연장)에 참여하여 본 고찰을 집필할 수 있
　었음에서 시절 인연의 흐름을 느끼고 있다. 본래 이 세미나는 조계종 총무원장인 지관스
　님의 기획, 필자의 자문 등으로 조계종단 차원으로 추진되었다. 지관스님은 2007년 10월
　19일 봉암사 결사 60주년 대법회를 주관하면서 봉암사 결사 이전의 역사에서 조계종단
　정체성을 모색하는 차원에서 『41년 유교법회』 세미나를 기획한 것으로 이해된다.

수호하면서, 청정과 수행의 불교를 지향한 일단의 승려들이 있었거니와 바로 그들인 선학원 계열의 수좌들이었다. 그 수좌들은 1921년에 선학원을 창건하였으며, 1922년에는 수좌 조직체인 선우공제회를 결성하고, 선원 및 수좌들을 보호하기 위한 자생적인 노력을 기울였다. 수좌들의 그러한 행보 자체가 지난한 길이었기에 선학원과 선우공제회는 적지 않은 난관을 겪었다.

그러나 수좌들은 1934년에 이르러서는 재단법인 조선불교선리참구원이라는 기반을 만들어 내고, 거기에서 한발 더 나아가 1935년 3월에는 수좌대회를 개최하여 조선불교 선종을 창종하고, 자생적인 규약을 제정하면서, 중앙에 종무원을 출범시켜 선을 불교의 중심에 놓으면서 지곤 교단과는 차별적, 독자적 활동을 전개하였다. 이렇게 선, 수좌, 선원을 일체화시켜 전통불교 수호, 계율수호를 통한 한국불교의 재건의 기반을 강구할 그즈음 일제는 황민화 정책, 황도불교 구현이라는 구도에서 한국불교를 더욱더 구속하고, 통제하였다. 특히 1941년에 접어들면서 불교계 내부의 통일운동을 일제의 교묘한 불교정책의 구도에서 견인하려는 목적에서 구현되었던 조선불교 조계종의 출범이 기정사실화 되었다.[4]

바로 이 때, 선학원에서 한국불교의 전통을 재정비하고, 계율수호를 통하여 불교의 정체성을 기하려는 법회가 열렸으니, 그것이 바로 유교법회였다. 그러므로 유교법회는 저절로 민족불교, 계율수호, 비구승단 수호 등의 성격을 담보하였던 것이다. 그리고 유교법회에 참가한 승려

---

4) 김광식, 「조선불교조계종의 성립과 역사적 의의」, 『새불교운동의 전개』, 도피안사, 2002.
      _____, 「조선불교조계종과 이종욱」, 『민족불교의 이상과 현실』, 도피안사, 2007.

들은 법회 종료후 자기가 수행하고 있었던 터전으로 돌아가 매서운 수
행을 지속하였다. 그들은 계율을 수호하면서, 수행을 지속하며, 미래의
불교를 꿈구며 비구승단 재건과 민족불교의 구현을 준비하였다. 이들이
8·15해방 이후 해인사의 가야총림, 봉암사 수행결사,[5] 불교정화운동 당
시 비구승대표자 대회에[6] 참여하였음은 당연한 발걸음이었다. 그리하여
이들에 의하여 정화운동이 추동되고, 조계종단이 재건되었던 것이다.

이에, 필자는 본 고찰에서 유교법회의 배경, 전개과정, 성격 그리고
역사적인 의의를 정리하려고 한다. 관련 문헌자료가 부족한 관계로 논
지 전개에 무리가 따를 것으로 추측되는 바, 이 점은 지속적인 자료수집
과 연구로 보완하겠다. 선학제현의 질정을 바라마지 않는다.

2. 유교법회의 배경

1) 선학원의 창건과 그 변동

유교법회가 개최된 장소는 선학원이었다. 그리고 유교법회에 참가한
대부분의 승려들은 각처의 선방에서 참선수행을 하고 있었던 수좌들이
었다. 이 수좌들은 선학원 초창기에 조직되었던 선우공제회(禪友共濟會)
의 회원이었으며, 1930년대 중반 이후에도 선학원 변동의 구도에 직접,
간접적으로 관여되었다. 즉 일부 수좌들은 선학원에 있었던 전국 선원

---

5) 졸고, 「봉암사 결사의 전개와 성격」, 『한국 현대불교사 연구』, 불교시대사, 2006.
6) 졸고, 「전국비구승대표자대회의 시말」, 『근현대불교의 재조명』, 민족사, 2000.

및 수좌들의 조직체인 종무원, 재단법인 선리참구원에서 소임을 보았으며, 여타 수좌들은 선리참구원이 관할하는 선원에서 수행을 하였던 것이다. 이런 연결성이 희박하였던 수좌나 율사들도 선학원을 선원 및 수좌의 연락처, 중앙본부 등으로 인식하였다. 때문에 유교법회의 배경으로서는 선학원의 기반, 변동을 무시할 수는 없는 것이다. 요컨대 선학원의 기반과 정체성이라는 배경에서 유교법회는 개최되었다. 이러한 의미에서 여기에서는 유교법회 개최 이전의 선학원의 전개 과정을 요약하고자 한다.

선학원은 1921년 11월 30일, 3·1운동 영향을 받아 민족불교 지향, 선불교 옹호를 기하기 위한 목적에서 창건되었다.[7] 선학원을 창건한 정신을 구체적으로 정리하면 일제의 사찰령체제 구도의 저항정신, 한국불교의 수호정신, 전통적인 선 수행의 회복 정신, 민족적 자각정신 등을 거론할 수 있다.[8] 즉 거기에는 수좌들의 계율수호와 일본불교에 대한 저항, 식민지 불교체제를 거부하면서 수좌들만의 독자적인 수행공간 및 연락처를 두려는 자생성과 정체성을 견지하려는 의식이 자리하고 있다. 이러한 면을 그 전개과정을 통하여 더욱 구체적으로 살펴보자.

선학원은 1921년 초반 수덕사의 선승 송만공, 범어사 포교당(서울, 사동) 포교사 김남전, 석왕사 포교당(서울, 사간동) 포교사 강도봉 등이 사찰령에 구속받지 않는 공간을 만들려는 합의에서 창건되었다. 이들은 1921년 5월 15일 서울의 사간동 석왕사 포교당에서 선학원 건립 자금을

---

7) 이에 대해서는 위의 졸고, 「일제하 선학원의 운영과 성격」을 참고할 것, 선학원의 창건, 변동 등은 위의 졸고를 요약한 것임.
8) 졸고, 「선학원의 설립과 전개」, pp.280~282.

모으기 위한 보살계 계단을 개최하였다. 이날 회의를 주관한 송만공의 발언은[9] 조선총독부의 통치 범위를 벗어난 즉 사찰령 체제와는 무관한 조선승려들이 독자적으로 움직이는 선방으로서의 사찰을 만들어 보자고 제안했다.

이 석왕사포교당 모임에 참석한 범어사 오성월은 인사동에 있었던 범어사 포교당을 처분하여 그를 건립 자금으로 지원하겠다는 의사를 피력하였다.[10] 이때 건립에 동참한 대상자는 김남전(2,000원), 강도봉(1,500원), 김석두(2,000원), 재가신도인 조판서(6,000원)을 비롯한 서울의 신도(15,500원) 등이었다. 이렇게 승려, 신도들이 제공한 지원금으로 8월 10일에 공사를 시작하여 그해 11월 30일에 준공되었다.[11]

한편 선학원이 1921년 10월 4일에 올린 상량문에는 선학원을 건립한 이유와 선학원 건립에 동참한 대중 명단이 자세히 전한다. 건립의 이유로 여타 종교에 비해서 불교의 미약한 포교에 대한 책임의식을 거론하였다. 상량문에 나온 대중은 백용성, 오성월, 강도봉, 김석두, 한설제, 김남전, 이경열, 박보선, 백준엽, 박돈법 등이다. 이들의 성향은 불교 천양의식의 투철, 일제의 사찰정책에 비판, 항일불교에 연관 등이다.

이렇게 선학원은 1921년 12월에 준공이 완료되어 서울 안국동에 자리를 잡게 되었다. 창건 직후 선학원에서는 수좌들의 조직체가 가동되었으니 그는 선우공제회이었다. 그리하여 1922년 3월 30일~4월 1일, 선학원에서는 선학원의 창립 정신에 동의한 각처의 수좌들이 모여 회의를

---

9) 정광호, 『근대한일불교관계사연구』, 인하대 출판부, 1994, 191면
10) 『한국근세불교백년사』 제2권, 「선학원 창설연기록」.
11) 준공후 명의는 김남전, 강도봉, 김석두 3인의 명의로 하였다가 세금 관계로 범어사 명의를 차용하였다.

갖고 나아갈 방향을 수립하였다. 당시 그 총회에 참여한 수좌는 송만공, 오성월, 백학명, 이설운, 임석두, 이고경, 박고봉, 기석호, 김남천, 황용음, 윤고암 등 35명이었다. 이들은 회의를 갖고 다음과 같은 선우공제회 취지서를 발표하였다.

> 去聖이 彌遠에 大法이 沈淪하매 敎徒가 曉星과 如한 中에 學者는 實노 麟角과 如하여 如來의 慧命이 殘縷를 保存키 難하도다. 多少의 學者가 有하다 할지라도 眞正한 發心衲子가 少할 뿐아니라 眞贋이 相雜하야 禪侶를 等視하는 故로 禪侶 到處에 窘迫이 常隨하야 一衣一鉢의 雲水 生涯를 支持키 難함은 實노 今日의 現狀이라. 그러나 人을 怨치 말고 己를 責하야 猛然反省할지어다. 元來로 生受를 人에게 依함은 自立自活의 道가 아닌즉 學者의 全生命을 人에게 托하여 他人의 鼻息을 矣함은 大道活命의 本意에 反할지라. 吾輩禪侶는 警醒䇿勵하야 命을 觀하여 道를 修하고 따라서 自立의 活路를 開拓하야 禪界를 勃興할 大道를 闡明하야 衆生을 苦海에 구하고 迷倫을 彼岸에 度할지니 滿天下의 禪侶는 自立自愛할지어다.
>
> 발기인 백용성, 송만공, 오성월, 백학명, 한용운 등 82명[12]

이렇듯이 수좌들은 철저한 수행을 위해, 선풍을 진작하기 위해, 자신들이 처한 상황을 타개하기 위해 자립자애할 것을 강조하였다. 그리고 중생을 구제하겠다는 원력을 피력하였다. 이는 일본불교 침투, 식민지 불교정책에서 빚어진 불교의 현실을 자주, 자립의 정신으로 극복하겠다

---

12) 『한국근현대불교 자료전집』(민족사) 권 65, 「선우공제회 창립총회록」.

는 발로이다.

이러한 취지서를 발표한 수좌들은 창립총회에서 선우공제회 운영의 틀을 정하였다. 우선 선우공제회 본부는 중앙인 선학원에 두고, 중앙조직으로 서무부, 수도부, 재정부를 두었다. 그리고 지방의 지부는 선원이 있는 19처 사찰에 두었고, 공제회의 진로를 의결하는 의사부를 설치하였다. 다음으로는 임원 선거를 하여 집행부를 조직하였으며 공제회의 운영 방침도 정하였다.[13]

그리하여 선학원, 선우공제회는 창립정신 및 선 진작의 구현을 위한 본격적인 활동에 들어 갔다. 1924년 경에는 통상회원 203인, 특별회원 162인 합계 365인의 회원이 소속된 수좌 및 선원의 중심 기관으로 성장하였다. 그런데 선우공제회는 설립 초창기부터 재정적인 어려움에 봉착하였다. 이런 재정적인 어려움에서 비롯된 것인지는 단언할 수 없어도 1924년 4월에는 선우공제회의 본부가 직지사로 이전되었다. 1926년 5월 1일에는 중앙의 선학원이 범어사 포교소로 전환되었다.[14] 이러한 선학원의 변질은 곧 선우공제회(선원, 수좌) 활동의 좌절이었다.

선학원은 1926년 5월에 범어사포교당으로 명칭을 변경하였지만 그 건물은 존속되었다. 그후 1931년 1월 21일 김적음에[15] 의하여 인수, 재건되었다. 재건된 선학원에서는 백용성, 송만공, 이탄옹, 한용운, 유엽,

---

13) 공제회의 경비는 수좌들의 의연금과 희사금으로 충당하고 각 지부 禪糧 중의 2할과 매년 예산액의 잉여금을 저축하여 공제회의 기본재산으로 설정하여 각 선원을 진흥하기로 정하였다. 그리고 공제회의 운영 방침, 공제회 규칙, 세칙을 정하기 위한 기초위원을 선정하고 지부 설립을 위한 지방위원의 파견도 결정하였다.

14) 『동아일보』 1926.5.6.

15) 『불교시보』 4호(1935.11.1), p.3. 「如來의 사명을 다하야 世上에 模範을 보이는 숨은 人物들, 立志傳中의 인물 金寂音和尙」.

김남전, 도진호 등이 나서서 대중들에게 참선, 교학을 가르치면서 불교 대중화에 주력하였다. 신도들을 상대로 한 선우회가 조직되었고, 선의 대중화를 위해 『선원(禪苑)』을 발간하였다. 그리고 1931년 3월 23일에는 선학원에서 전선수좌대회(全鮮首座大會)를 개최하여 위상을 되찾기 위한 노력을 하였다.

이렇게 재건한 선학원은 이전 역사를 계승하면서 재정확립과 불교대 중화를 통한 기반 확립에 나섰다. 재정 확립을 위해 범어사와 교섭을 하여 매년 200원의 지원을 받기로 하였고, 선학원의 부대 사업체인 제약 부도[16] 운영하였다. 선학원의 견실한 운영은 1920년대 중반의 경험에서 나온 것이지만 재정확립이 관건이었다. 이에 선학원 계열의 수좌들은 재정 확립의 문제를 고민하였다. 그래서 이 문제는 1933년 3월의 수좌 대회에서 논의되었다. 즉 송만공, 이탄옹, 김적음을 비롯한 9명의 수좌 들은 수좌대회에서 선우공제회를 재단법인 선리참구원(禪理參究院)으로 전환시키겠다는 발기를 하였고, 정혜사선원을 비롯한 5개처 선원은 재 원을 기부하였다.[17] 이러한 문제의식은 당시 선학원을 운영하였던 실무 진도 고민한 과제였다.[18] 즉 수좌들이 안심하고 수행할 수 있는 기관을 만드는 것을 급선무로 인식하였다. 이에 선학원은 수좌 및 신도들이 재 산을 출연하고 그를 법적으로 보호하고, 그로부터 나온 재원으로 수좌 들의 수행을 후원할 기관을 출범하였으니 그것이 바로 재단법인 선리참 구원이었다.

---

16) 이는 김적음이 한의사였던 전력을 활용한 사업체로 보인다.
17) 『삼소굴일지, 경봉대선사일지』, 극락선원, 1992, p.297.
18) 『선원』 4호(1935.10), 「우리 각 기관의 활동상황」.

이러한 배경에서 선학원은 1934년 12월 5일부로 재단법인 선리참구원으로 전환되었다.[19] 당시 재단으로 등록된 재산은 17명의 승려 및 신도들이 제공한 전답과 건물 등의 액수인 82,970원이었다. 선학원에서 선리참구원으로의 전환은 창건 초기 역사에서의 교훈을 얻고, 나아가서는 수좌보호를 통한 전통불교를 지키려는 원력에서 나온 것이었다.

이렇듯이 선학원은 선리참구원으로 전환되자 그 즉시 이사회를 열고 이사진을 구성하였다. 이사장에 송만공, 부이사장에 방한암, 상무이사에 오성월, 김남전, 김적음 등이었다. 한편 이사진은 재단법인으로의 전환을 계기로 선풍진작, 선종의 독자적인 발전을 도모하려는 준비를 하였거니와, 그 결과로 나온 것이 1935년 3월 7~8일의 수좌대회였다.[20]

마침내, 수좌대회 준비위원회의[21] 철저한 준비를 거쳐 1935년 3월 7일 오전 10시, 선학원 법당에서 비구 69명, 비구니 6명 등 총 75명의 수좌가 참가하였다. 이 대회에 대한 수좌들의 의도는 당시 그 대회의 개회사를 하였던 송만공의 발언에서 찾을 수 있다. 즉 송만공은 적자가 얼자로 바뀌면서, 정법이 질식되는 시점에서 선종 수좌대회를 개최함은 의의가 깊다고 개진하였다. 이어서 그는 신라, 고려시대와 같이 동양문화의 중심이었던 조선불교가 위미부진한 상태로 전락된 근본 원인은 불법의 진수인 선법(禪法)이 침체됨에서 기인하였다고 진단하고, 진실한 의

19) 『불교시보』 1호(1935.10), 〈휘보〉, 「재단법인 조선불교선리참구원 인가」.
20) 이 대회의 전모 및 성격, 그리고 그 의미에 대해서는 졸고, 「조선불교 선종과 수좌대회」 『불교근대화의 전개와 성격』(조계종출판사, 2006)을 참고할 것. 이후 이 대회에 대한 내용은 졸고의 내용을 요약한 것임.
21) 위의 졸고, p.170 참조. 위원장은 기석호이었고 위원은 하동산, 이청담, 이춘성, 황용음 등이었다.

미에서 불교의 부흥을 의도하려면 형해만 남은 선종을 흥성케 해야 한다고 소신을 피력하였다. 이에 노덕 수좌 몇 사람이 수년간 노심초사하면서 노력한 결과 재단법인인 선리참구원을 완성하고, 재단 확충과 기부행위 시행세칙 및 선원 법규를 제정하기 위해 수좌계 중심인물을 초청하여 그 기초위원회를 조직하였는데, 위법망구하는 순교적 정신에 불타는 기초위원회의 위원들이 수좌대회를 소집하여 선종의 근본적 자립 발전책을 토의, 의결하자는 발의를 수용한 결과로 대회가 열린 경과를 개진하였다. 그리고 대회에 참석한 수좌들에게 성실, 진실의 마음으로 허심탄회하게 대회에 임하여 선종 종규를 비롯한 기타 법규를 충분히 토의하여 대회의 목적을 달성케 해 달라고 부탁하는 것으로 진행되었다.

대회는 임시 집행부를 정하고, 의장인 기석호가 대회의 선서문을 낭독하였다. 이 선서문은 수좌대회의 정신을 가늠하는 잣대이기에 그 전문을 제시한다.

宣誓文

'우러러 告하옵나이다.'

'本師 釋迦世尊 및 十方 三寶慈尊이시여'

世尊께옵서 靈山會上에서 拈花하시오니 迦葉존자 - 微笑하심으로 붙어 以心傳心하신 祖祖相承의 正法이 일로붙어 비롯하와 卅三祖師로 乃至 歷代傳燈이 서로서로 繼承하와 今日의 法會를 일우웟나이다. 竊念하오니 世尊이 아니시면 拈花가 拈花 아니시며 迦葉이 아니시면 微笑가 微笑아니심니다. 拈花와 微笑가 아니면 正法이 아니외다. 正法이 없는 世上은 末世라 일넛나이다. 世尊이시여 邪魔는 날이 熾盛하며 正法

은 時時로 破壞하는 이 - 末世를 當하와 弟子 等이 어찌 悲憤의 血涙를 뿌리지 아니 하오며 어찌 勇猛의 本志를 反省치 아니 하오리까 오직 願하옵나이다. 大慈大悲의 三寶께옵서는 慈鑑을 曲照하시와 弟子 等의 微微한 精誠을 살피시옵소서 世尊의 弘願을 效則하와 稽首發願하오니 聖力의 加被를 나리시와 拈花와 微笑의 正法眼藏이 天下叢林에 다시 떨치게 하시오며 如來의 慧日이 四海禪天에 거듭 빗나게 하시옵소서 世尊이시여 獅子는 뭇 짐생에 王이외다. 그를 當適할 者 - 그 무엇이리까 그러나 제털 속에서 생긴 벌네가 비록 적으나 사자의 온몸을 다 먹어도 제 어찌 하지 못하나이다. 天下無適의 大力도 用處가 없나이다. 그와 같이 이제 如來 正法이 그 목숨이 실끝 같은 今日의 危機를 當한 것도 그 누에 허물이겟습니까. 업디려 비나이다. 正法을 獅子라면 弟子 等이 벌네가 아니리까. 이제 天下 正法이 今日의 危機에 陷한 것이 오로지 弟子 等이 如來의 軌則을 奉行치 아니한 不肖의 罪狀은 뼈를 뿌시고 골수를 내여 밧쳐 올니여도 오히려 다 하지 못할줄 깊이 늣기와 이제 懺悔大會를 못삽고 弟子 等이 前愆을 懺悔 하오며 後過를 다시 짓지 아니코저 깊이 맹세하오며 發願하오니 이로붙어 本誓願을 등지며 三寶를 欺瞞하야 上으로 四重大恩을 저바리며 下으로 三途極苦를 더하는 者 잇삽거든 金剛鐵 槌椎로 이 몸을 부시여 微塵을 作할지라도 敢히 엇지 怨망을 품싸오리까.

차라리 身命을 바리와도 맛침내 正法에 退轉치 아니하겠사오니 오직 원하옵나이다.

'大慈大悲의 本師 釋迦牟尼佛과 및 十方 三寶慈尊께옵서는 慈鑑證明하시옵소서'

갓이 업는 衆生을 맹세코 濟度하기를 願하옵나이다. 다함이 업는 煩惱
를 맹세코 除斷 하기를 願하옵나이다. 한량이 업는 法門을 맹세코 배우
기를 願하옵나이다. 우가 업는 佛道를 맹세코 成就하기를 원하옵나이
다. 이 因緣功德으로 널니 法界衆生과 더부러 한가지 아욕다라삼약삼
보리를 일우워지이다.

昭和 十年 三月 七日

朝鮮佛教禪宗首座大會 告白

이 선서문에서는 정법과 전등이 계승되어야 함에도 불구하고, 사마(邪
魔)가 극성하고 정법이 파괴되는 말세를 당하여 참회와 반성을 하는 수
좌들의 현실인식이 극명하게 개진되어 있다. 수좌들은 정법이 위기에
처한 현실에 처하여 정법과 여래의 궤칙을 받들어 그 위기를 타개하겠
다는 원력을 세웠다. 나아가서는 참회하는 정신으로 삼보를 기만하는
삿된 무리들을 제거하겠다는 굳은 서원을 다짐하였다. 이에 수좌들은
정법을 받들지 못하였던 자신들의 허물을 자인하면서 신명을 바쳐 정법
에서 물러서지 않겠다는 맹서를 하였다. 추후에는 중생제도, 번뇌 단절,
불법의 수행, 불도의 성취를 하겠다는 다짐을 하였다.

마침내 대회에서는 조선불교 선종 종규를 비롯하여 종정회 규칙, 선
의원회 규칙, 선회 법, 종무원 원칙, 선원 규칙 등을 정하였다. 또한 선
리참구원 기부행위 정관, 기부행위 정관 시행세칙도 제정하였다. 이상
과 같은 종규, 규칙 등을 정한 연후에는 선종 및 종무원, 선의원 등의 임
원 선거를 하였다. 그 결과는 다음과 같다.

종정 ; 신혜월 송만공 방한암

원장 ; 오성월 부원장 ; 설석우

서무부 이사 ; 이청담

재무부 이사 ; 정운봉

교화부 이사 ; 김적음

보결이사 ; 박대야 윤서호

심사위원 ; 김일옹 이백우

보결 심사위원 ; 현원오

선의원 ; 기석호 하동산 황용음 이석우 김경봉 이춘성 김홍경 최원허

　　　　　유종묵 김덕산 김대우 최송파 이선파 김시암 전설산

순회포교사 ; 기석호 하동산 이운봉

　이렇듯이 당시 전국 선원 45개소, 수좌 200여 명을 기반으로 한 조선불교 선종은 출범하였고, 그 중앙 기관인 종무원이 등장하였다. 이로써 종무원에서는 지방 선원과의 연락, 선포교, 선원보호 및 수좌의 대우 개선 등을 통한 선의 재흥, 선종의 독자적 발전을 위한 행보로 나갔던 것이다.

2) 유교법회의 개최 계기

　1935년 3월에 출범한 선리참구원, 조선불교 선종 종무원은 정상적인 행보를 나갔다. 그런데 현재는 그 행보에 대한 세부적인 내용은 관련 자료가 부재하여 구체적으로는 알 수 없지만, 그 이전보다는 수좌의 증가,[22] 선리참구원의 재산 증대 등이 이루어져 진일보한 단계로 나

---

22) 『불교시보』 54호(1940.1), 「불교소식」에는 27개처 선원에서 458명의 수좌가 수행을 한

간[23] 것으로 보고자 한다. 이러한 여건하에서 1939년에도 수좌대회, 즉 조선불교선종 정기 선회를 개최하였다. 이 대회에서는 초참납자의 지도를 위해 금강산 마하연 선방을 모범 선원으로 지정하겠다는 논의를 하였다. 다음으로는 모범총림을 위해 지리산, 가야산, 오대산, 금강산, 묘향산 등 5대산을 지정하여 당시 교단 측과 교섭을 벌이기도 하였다. 나아가서는 전국 선원의 수좌들의 소식을 민활하기 위해[24] 수행 결과인 방함록을 수합하여, 그를 집합하여 배포하기도 하였다. 이 선회 이후에는 더욱 더 선학원을 중심으로 전국의 수좌와 선원이 유기적인 관계를 갖게 되었다고 보인다.[25]

그러면 이러한 선학원의 변동과 발전이라는 배경하에서 어떤 연유, 계기로 인하여 1941년 3월, 선학원에서 유교법회가 열렸던가? 이를 설명해주고 그 전후사정을 알려주는 관현 문헌자료가 없는 형편이다.[26] 다만 1966년 경 『한국불교 최근 백년사』 편찬[27] 실무를 보았던 정광호가

다고 전한다.

23) 『선원』 4호, 「중앙종무원」. 여기에서는 출범 6개월 만에 선리참구원 직영 선원이 10여 개소로 늘고, 수좌도 300여 명을 초과하였으며, 재경신도들의 후원금도 증가하고 있다고 서술하면서 발전의 단서가 많다고 하였다.

24) 이는 수행자들의 질병 보호 차원과 친목도모를 위해 시도된 것이다.

25) 이상의 내용은 정광호, 「한국 전통 선맥의 계승운동」, 『일본침략시기의 한일 불교 관계사』(아름다운 세상, 2001), pp.292~294 참조.

26) 1960년대 후반, 삼보학회의 주관으로 진행된 『한국불교최근백년사』의 편찬 작업을 추진할 때까지는 조계종 총무원에 「유교법회 회의록」이 있었다. 당시 그 회의록은 열람한 당사자는 근대불교의 개척자인 정광호였는데, 그는 당시 삼보학회의 백년사 편찬의 실무를 보던 당사자이었다. 그는 그 회의록을 근간으로 하고, 당시 그 법회 참가자인 이운허의 증언을 청취하여 「한국 전통선맥의 계승운동」(『일본침략 시기 한일 불교 관계사』, 아름다운 세상, 2001)의 「유교법회」 분야를 서술하였다.

27) 졸고, 「삼보학회의 한국불교최근백년사 편찬 시말」, 『근현대불교의 재조명』, 민족사, 2000, pp.548~558 참조.

그 당시까지 현존하였던 「유교법회 회의록」을 보고, 그 일부를 자료로
활용한 것이 주목된다. 그 내용에 의하면 다음과 같다.

> 일본과의 합방이란 것이 이루어진 뒤로 한국의 청정한 승풍은 시들어
> 만 가고 있지마는, 그래도 이 가운데 애써 한국적 전통을 유지하고 있
> 는 고승들이 있으니 이들을 다시 한자리에 모아 보자.[28]

한국적 전통을 유지하고 있는 고승을 한자리에 초청하자는 것이었다.
그런데 왜 하필이면 1941년 3월이었던가? 그리고 그런 기획, 아이디어
를 낸 것은 선학원 내부의 승려였는가 등등에 대한 의문점이 적지 않다.
이와 관련해서 유교법회에 참석하였던 강석주를 만나, 그를 기초로
하여 유교법회의 개최에 일제 측의 개입이 그 초기 단계에 있었음을 설
명하는 박경훈의 해석을 잠시 보자.

> 이 법회는 전국의 훌륭한 禪匠들이 모여서 10일간 계속했는데 모이게
> 된 동기가 좀 엉뚱한 데 있었다. 春園 李光洙가 우연한 기회에 총독부
> 학무국장 도미나가(富永)를 만난 일이 있다.
> 이때 도미나가는 춘원에게 "한국불교가 이 같이 무질서 하고 지리멸렬
> 해서는 안되겠다. 교단을 맡아서 잘 해나갈 사람이 없겠는가. 지금까지
> 는 교종에 교단을 맡겨 왔는데 선종에 그런 인물이 없겠는가. 선종의 고
> 승들을 만나 볼 기회가 있었으면 좋겠다"는 뜻을 비쳤다.
> 춘원은 곧 사촌형인 李耘虛스님을 찾아가 도미나가 학무국장의 뜻을

---

28) 이 자료는 구어체이기에 신뢰에는 약간의 의문점이 있다.

전하고 "적당한 기회에 고승들이 한 자리에 모이는 법회를 여는 것이 좋겠다"고 권하였다.

이운허스님은 元寶山스님과 이 일을 상의하였다. 두 스님은 춘원의 말과 같이 고승법회를 여는 것도 좋으나 우선 총독부 학무국장을 만나 그의 黑心이 무엇인지 직접 들어 본 연후에 결정하기로 하였다. 박문사가 총본산을 하겠다는 흉계를 가지고 있고, 우리 쪽에서 총본산을 짓고 있는 이 때에 학무국장이 그런 말을 했으므로 총독부의 저의를 헤아리기가 어려웠던 것이다.

두 스님은 춘원의 소개로 총독부의 학무국장을 만났다. 그런데 도미나가는 고승법회에 대하여 일언반구도 하지 않았다. 춘원의 말에 의하면 고승법회의 경비까지도 대주겠다고 했다는데 전혀 말이 없자, 두 스님은 총독부의 의사와는 무관한 법회를 열기로 하였다. 그리하여 두 스님은 춘원에게서 들은 이야기는 없었던 것으로 하고 두 사람만 알기로 하였다. 耘虛스님은 直旨寺로 靑潭스님을 찾아가서 이 일을 상의하였다. 靑潭스님은 곧 쾌락을 했고 이어 滿空스님을 찾아가서 고승법회 개최를 상의하였다. 또한 운허스님은 朴漢永스님과도 상의하였으며 송광사까지 가서 曉峰스님과도 상의하여[29]

이와 같은 박경훈의 서술은 대략 다음과 같은 초점을 갖는 것이다. 우선 일제는 춘원을 통하여 선종 계열, 선학원 승려들에 대한 호기심을 개

29) 강석주, 박경훈, 『불교근세백년』(중앙일보, 동양방송, 1980), pp.166~168. 그런데 박경훈은 유교법회가 1937년 8월 3일부터 13일까지 열흘간 열렸다고 기술하여 그 근거에 많은 의아심을 야기한다. 이는 강석주의 구술 증언을 문헌 자료와 대조하지 못한 결과로 보인다.

진하였는데,[30] 그는 단순히 사상, 인품 차원이 아닌 교단 통제와 연관된
것이었다. 춘원을 통해 그 사정을 전해들은 이운허와 원보산은 순수한
차원에서 고승법회를 개최한다는 마음으로 일제 당국자를 만났으나 상
호간에 의중을 노출하지 않은 해프닝으로 마감되었다. 이어 이 같은 전
후사정을 전해들은 직지사에서[31] 전해들은 이청담은 송만공을 만나 고
승법회를 개최하는 문제를 상의하였으며, 이운허도 박한영과 이효봉을
만나서 고승법회 개최를 상의하였다는 것이다.[32] 즉 송만공, 박한영, 이
효봉과의 상의 단계에서는 일제의 교단통제에[33] 대한 대응의 의미를 갖
게 되었다. 이와 연관하여 유교법회가 열린 1년 후 일제의 선학원에 대
한 다음과 같은 보도는 그 정황을 파악하는 단서로 삼을 수 있다.

조선의 종교 통제문제는 다년간의 현안으로서 총독부 사회교육과에서
는 이미 착착 실시하야 오는 중인데 우선 조선인 관계의 불교를 일원적
으로 통제하야 불교의 내선제휴를 강화한 다음 국제본의 투철을 중심
으로 하는 황민화의 힘찬 심전개발운동을 일으킬 터이며… (중략) …
여기서 가장 문제되는 것은 조선인측의 불교엿다. 전선 각처에 잇는 사
찰 총수 실로 이천수백에 그 교도는 삼십만명이나 된다. 그러나 몇해

---

30) 그 시점, 기일은 언제인지 알 수 없다.
31) 당시(1940년 동안거) 이청담은 직지사 천불선원에서 禪德 소임을 보고 있었다.
32) 그런데 이효봉은 법회의 기록, 사진에는 나오지 않는다. 법회에 참석은 하였지만 사진
촬영에 응하지 않은 것일 수도 있다. 그러나 사진촬영에 응하지 않을 가능성은 희박하
고, 문도회에서 발간한 효봉 법어집의 행장에도 참석하였다는 내용은 없다.
33) 여기서 말하는 교단통제에 대한 내용은 단언하기 어렵다. 이와 관련하여 정광호는 한
국의 전통적인 승단인 비구승의 영향력을 그들의 목적 수행(전쟁준비 등)상 한번 이용
해 볼까 하는 저의가 있었던 것으로 생각해 볼수도 있다고 개진하였다. 정광호, 위의
책, p.295.

전만 해도 이가튼 사찰과 각 종파를 일원적으로 통제 지도할 기관이 업섯다. 즉 중앙불교무원과 중앙선리참구원의 두가지가 중앙에 잇서 가지고 제각기 지도적 역할을 해 왓든 것이다. 중앙교무원은 전선불교관계의 연락과 부내 혜화전문의 경영을 마터 보았고 중앙선리참구원에서는 『선』(禪)을 하는 사람과의 연락 연구기관으로 각기 존재했지만 두 기관이 다 가치 전 사찰에 대하야 관계를 가지고 잇섯다. 그래서 총독부에서는 작년 4월 사찰령의 개정과 동시에 조선불교도의 총의에 따라 『선』과 『교』를 일원적으로 통제하고 태고사를 맨들고 전선 31본산의 총본산으로 하야 전선불교의 중앙지도기관으로 햇다. 그러나 여전히 중앙교무원과 선리참구원은 존재하야 만흔 폐해가 잇섯슴으로 금년 3월에 총독부에서는 이 두가지 단체를 통제하고자 결심하고 그 제일 착수로 금년 삼월에는 중앙교무원을 조계학원으로 개칭하는 동시에 총본산 태고사의 통제하에 두게 되엿다. 이와 동시에 혜화전문학교를 경영하는 재단의 역원도 태고사의 간부로 하야금 겸임케 하야 실질적 통제를 완성식힌 것이다. 여기서 남은 문제는 존립할 아모런 가치가 업는 중앙선리참구원을 어떠케 하는 것이냐 하는 것이다. 통제가 완성되여 가는 현재 과정에 잇서서 이것은 당연히 발전적 해소를 해야 할 것이다. 더구나 이 선리참구원이라는 것은 법령상 사찰도 아니요 포교상 아모런 존재 이유를 가지지 못하는 것이다. 솔직히 말하면 정당한 불교를 포교하는데 암(癌)으로서의 존재밧게 안되는 것이다. 그래서 총독부에서는 지금 그 내용과 구성 인원 등 자세한 상황을 조사하는 중이다. 조사가 끝나는대로 이것도 그 통제될 단계에 이른 것만으로 명확한 일이다. 여기서 조선의 종교통제 문제는 불교의 일원적 통제로부터 시작하야 기

독교 등에도 미치게 될 터이다.[34]

1942년 후반 경, 일제의 선학원 통제의 원칙을 알 수 있는 보도기사이다. 이 『매일신보』는 일제의 기관지였던 사정을 고려하면 여기에서 나온 저간의 사정은 신뢰할 수 있다. 이 내용에서도 선리참구원이 당시 선원의 지도, 통제를 하면서 선을 연구하는 기관으로 인식되었음을 알 수 있다. 그리고 일제 당국은 선리참구원을 불교통제상에 있어서 골치아픈, 껄끄러운 존재였기에 암적인 대상으로 표현하였다.

그러므로 여기에서 일제 당국이 1941년 2월, 그 당시는 총본산 건설운동, 불교계 통일운동으로 시작되었던 조선불교 조계종, 총본사로서의 태고사가 일제의 승인을 받아 출범하기 직전이었던 것을 고려하면 교종계열에게[35] 한국불교의 교단을 맡기기 직전에 우연적으로 나온 발언에서 유교법회가 촉발되었다고 이해된다. 혹은 교종계열이 교단 운영을 맡는다 해도, 그 수뇌부(종정)는 선종 승려가 해야 된다는 평소의 단상이 노출된 것으로 볼 수 있는 대목이다.

아무튼, 춘원과 학무국장과의 사이에서 나온 선종 고승에 대한 대화가 법회의 단초는 되었지만, 그 기회를 오히려 고승의 수행 가풍이 살아있음과 정법 수호, 계율 수호, 선학원의 정체성 천명 등의 기회로 활용하려는 선학원 계열 승려들의 탄력적인 현실인식이 법회의 과감한 추진을 추동하였다고 보고자 한다.

---

34) 『매일신보』 1942.8.6, 「佛敎서도 內鮮一體로 宗敎報國에 新機軸」.
35) 보통 대처승 계열로 보수적이며 현실에 안주하였던 승려들을 그 당시는 교종이라 칭하였다.

　이에 이청담과 이운허는 고승법회의 개최를 위한 여러 준비를 신속하면서도 과감하게 추진하였다. 당시는 준전시체제이었기에 행사, 법회를 할 경우에는 일제 당국에 집회계를 내고, 집회 개최의 허락을 받아야만 되었다. 그래서 이청담 등 법회 주최진은 화계사, 봉선사 등의 장소에서의 법회신청을 냈으나 거절당하고, 종로경찰서와 상의하여 선학원에서 법회를 할 수 있다는 장소 사용허가를 가까스로 얻어냈다. 그런데 이번에는 조선불교 조계종 출범을 목전에 두었던 교종계열에서[36] 은근한 반대가 대두되었다. 반대의 명분은 고승법회라는 법회의 명칭을 내세웠지만, 그 이면에는 총본사, 조계종 출범에 자칫 악재로 작용하지 않을까 하는 우려에서 기인한 것이다. 기존 교단에서의 법회 반대의 사정은 법회에 참가한 김지복의 회고가 참고된다.

　　준비위원에 이종욱씨, 이종욱스님이 방한암스님, 종정스님을 모셔오려고 초청을 했었죠. 근데 방한암스님이 참석을 안해셨는데… (중략) … 근데 처음에는 박대륜스님이나 이종욱스님이나 다 같이 하기로 합의를 했다는 거예요. 그런데 금방 말씀드린 대로 이종욱스님은 그런데 참석하는 것이 총독부의 심기를 건드릴 수 있다고 해서 후퇴를 하고, 그러니까 박대륜스님도 참석을 안했지요.[37]

---

36) 박경훈은 이들은 교무원에 관계하는 인사와 31본산 주지들이라고 하였다. 교무원은 재단법인 조선불교 교무원으로서 1941년 4월 조계종단이 등장하기 이전에는 준 교단의 역할을 하였던 법인체를 말한다. 특히 교무원 대표였던 월정사 주지인 이종욱이 반대를 하였다고 하는데, 이는 그가 총본산 건설의 주역이었기에 조계종 출범을 1937년부터 준비한 제반 노력이 물거품이 되지 않을까 하는 우려에서 나온 것으로 필자는 본다.
37) 『조계종 강맥 전등사 관련 인터뷰 녹취록』(2004, 조계종교육원 불학연구소, 미출간 자료집), pp.234~235. 2004년 12월 22일 필자와 김지복의 인터뷰 증언.

위의 회고와 같이 교단 측에서 같이 추진하기로 하였지만, 교단 측에
서 신뢰하였던 방한암이 참석하지 않는 것이 결정되자, 자연 법회의 공
동 주관에서 후퇴하였다고 한다. 그는 조선불교 조계종과 총본산 태고
사를 일제당국이 공인(1941.4.23)하기 직전이기에 총독부와의 불편한 관
계를 자제하려는 고육지책이었을 것이다. 방한암의 불참은 법회 참석을
부탁하던 그 무렵, 방한암의 지근거리에 있었던 범룡의[38] 증언도 참고
된다.

> 김광식 ; 1941년 서울에서 개최된 고승 유교법회에 한암스님이 초청을
> 받았지만 가시지는 않으셨지요?
> 범   룡 ; 처음에는 고승법회로 하려고 한 것인데, 한암스님께서 "중이
> 자칭하여 고승법회라고 하면 말인 안된다"고 지적하여 유교
> 법회(遺教法會)로 바뀐 거야. 그때 내가 한암스님 옆에 있었어
> 요. 한 명은 청담스님이고, 또 한 사람은 원보산스님인것 같
> 았습니다.
> 김광식 ; 혹시 시봉하는 상좌들이 대회에 참가하라고 권유하지는 않았
> 나요?
> 범   룡 ; 탄허스님인지는 기억이 잘 나지 않지만 상좌들이 선학원의 유
> 교법회에 참가하라고 권유하였지요. 그러나 스님은 "내가 한
> 번 나가면 두 번 나가게 되고, 두 번 가면 세 번 가게 되고, 그
> 러면 자주 나가게 된다"면서 거절했지요.[39]

---

38) 그는 1940년대 그 무렵 오대산 상원사(삼본산승려 수련소)에서 참선 수행을 하였다.
39) 김광식, 『그리운 스승 한암스님』(민족사, 2006), pp.40~41.

그래서 채서응이 고승법회라 해도 무방하지만, 굳이 비난을 받아가면서까지 고승법회라 하여 말썽을 일으키는 것보다는 부처님의 유지를 받들어 행하는 무리이므로 그 점을 따서 유교법회라 하는 것이 좋겠다고 해서 법회 명칭을 유교법회로 전환시켰다.[40]

3. 유교법회의 전개

한국 전통 선의 수호, 계율 수호를 종지를 내걸었던 선학원에서 1941년 3월에 개최된 유교법회는 일제 당국의 선종 승려에 대한 호기심 노출에서 촉발되었다. 그러나 그 출발은 우연이었으로되, 법회 준비가 본격화되면서 법회의 성격은 정법수호, 계율수호라는 대의명분이 깔려진 채로 진행되었다. 이러한 사정을 유추할 수 있는 자료를 음미해 보자. 그는 법회에 참석한 강석주가 법회의 주관자인 이청담을 회고하는 내용이다.

> 스스로 결단을 내려 선택한 일이면 누가 뭐래도 눈 하나 깜작하지 않는
> 그 대범성 앞에서는 도전의 깃발을 들고 설치던 상대방도 제 풀에 꺾이
> 지 않을 수 없는 일이었다. 그 한 실예로 대동아전쟁 직전인 41년으로
> 기억되는 고승 초대 법회인 유교법회(遺教法會)에서의 일이다.

---

40) 위의 박경훈 책, p.169. 한편 법회에 참석한 강석주는 그때 총무원측에서 비난이 많았다면서, 원래는 고승법회라 했는데 높을 高자가 아닌 마를 고(枯)자를 써서 고승(枯僧)이라고 해라, 혹은 외로울 고(孤)자를 써서 고승(孤僧)이는 말이 있어 유교법회로 변경하였다는 증언을 하였다. 『선우도량』 11호, p.231.

그때 선학원에서는 만공큰스님을 모시고 그때까지 10년간 말없이 수도
정진한 고승들을 초대하여 불교정화의 기조이념을 다짐하는 법회를 봉
행하는 중이었는데, 뜻밖의 행패자들이 출현한 것이었다. 몇몇의 알만
한 승려들이 자신의 스승을 그 고승법회에 초대하지 않았다는 이유로
난동을 부린 것이었다. 행패자들의 난동이 워낙 기세 등등하여 어진간
한 심장이면 주저 앉고도 남을 판인데 눈 하나 깜짝하지 않는 대범성에
도리어 난동자들이 혀를 내두르고 말 지경이었다.

이러한 대범성과 끈질긴 추진력이 결국 그분으로 하여금 불교정화 이
념을 현실화시켜 성취를 한 것이라고 할 수 있을 것이다.

물론 그 유교법회가 정화불사의 시초는 아니었다.[41] 오랜 역사와 전통
의 뿌리깊은 한국불교를 말살하려는 일제 식민정책의 잔꾀로 부처님
도량에 대처승의 활약이 허용되고, 그것으로 인하여 부처님 도량과 부
처님의 가르침이 부식되어 가는 안타까운 처지에 봉착한 그 시절, 만공
큰스님의 격려 속에서 불교정화를 위한 의기상통하는 동지를 규합하기
위해 그 분은 전국의 심산유곡을 찾아 헤매곤 하신다는 풍문을 나 역시
들은 바였다.… (중략) …

어떠한 외부의 압력이나 방해공작에도 결코 굴함이 없이 전진을 거듭한
그 추진력은 결과를 향해 한발 두발 전근을 하기 시작한 것이다.

바로 1941년 3월 13일로 기억되는 선학원에서의, 부처님의 유교를 호
지하고, 승풍의 정화를 재차 다짐하는 기틀이 된 고승법회도 그러한 난

---

41) 강석주는 불교정화의 시초를 1931년 3월 23일에 개최된 제1회 全鮮首座大會로 보고 있
다. 『선원』창간호(1931.10.6), p.29. 그러나 1931년에 수좌들이 모임을 가진 것은 사실
이나, 실질성, 파급성에서는 문제가 있어, 필자는 그런 이해는 신중을 기해야 한다고
본다.

관에 굴함이 없이 전진을 거듭한 결과라고 할 수 있을 것이다. [42]

    위의 회고에 나오듯이 유교법회는 "만공스님을 모시고 그때까지 10여 년간 말없이 수도 정진한 고승들을 초청하여 불교정화의 기조 이념을 다짐하는", 혹은 "부처님의 유교를 호지하고 승풍의 정화를 재차 다짐하는 기틀이 된 고승법회"였던 것이다. 이렇게 유교법회는 우연한 계기에서 출발하였으나, 법회가 본격화되면서는 불교정화와 승풍의 정화를 다짐하는 법회로 전이되어 전개되었던 것이다. 강석주는 유교법회를 1981 년에 위와 같이 회고하고, 그로부터 8년이 지난 1989년의『법륜』지에서도 다음과 같이 자신이 지켜본 그를 정리하였다.

    그리고 불교정화운동에 대한 부분은 해방 이전에도 활발치는 못하였지만 서서히 진행되어 왔는데『전국 고승법회』라 하여 청담, 운허, 운경스님 등이 주축이 되어 준비를 했다. 당시 총무원측에서는 굉장히 반대가 심했고 방해를 많이 했었다. 그럴 수 밖에 없는 것이 고승법회에서는 불교는 범행단(梵行團)이라 하여 청정하게 계율을 잘 지키고 종단을 이끌어 가야 한다고 했으니 처자권속을 거느린 총무원의 당사자들은 당연히 반대한 것이다. 그래서『고승』부분에 대한 반대가 너무 심하여 유교(遺敎)법회라 하여 대회를 진행하곤 했다. [43]

    그러면 이런 배경, 계기에서 나온 정화운동의 성격을 갖고 있었던 유

42) 강석주,「그때 그 기억」,『여성불교』1981년 11월호(30호), pp.19~21.
43) 석주,「교단의 혁신을 위한 조선불교총본원의 활동」,『법륜』246호(1989.8), pp.30~31.

교법회의 내용의 일부를 전하는 관련 자료, 『불교시보』를 제시한다.

十日間 府內 安國町 禪學院에서는 雲水衲僧 高德禪師의 遺教法會를 열
고 朴漢永 宋滿空 金霜月 河東山 諸 禪師의 梵網經 遺教經 曹溪宗旨에
대한 說法이 잇섯다고 한다.[44]

즉, 1941년 3월 4일부터 10일간 선학원에서 법회가 개최되었다. 그러
면 어떤 대상자를 초청하고, 몇 명의 승려가 참여하였는가? 위의 기록
에서는 그 대상자를 운수납승 고덕선사라 하였는 바, 즉 수좌이면서 덕
이 높은 선사라 하였다. 강석주가 회고한 10년간 말없이 수도정진한 고
승들과 그 맥락이 통하고 있다. 그 대상자는 10년 이상을 수행정진한 수
좌, 선사들이었음을 알 수 있다. 그러면 초청한 대상자는 몇 명이었고,
초청을 받아 참여한 선사는 몇 명이었는가. 이에 대해서는 공식적, 문헌
기록에 분명하게 전하지 않는다. 법회에 대해서 이미 서술한 바가 있는
박경훈은 "노·장층 선장(老·壯層 禪匠) 40여 명"이라고 하였고,[45] 정광

---

44) 『불교시보』 69호(1941.4.15), 「禪學院의 遺教法會」.
45) 위의 박경훈 책, p.169. 박경훈은 그 40여 명 대상자에 송광사 효봉스님도 포함된다고
하였지만 그 사진에는 효봉스님이 나오지 않는다. 이 책은 1980년 5월 25일 발행되었
는데, 본래 이 책의 원고는 『중앙일보』에 연재된 석주스님의 「남기고 싶은 이야기들」에
연재되었다. 당시 박경훈이 석주스님을 찾아, 증언을 받아서 정리한 것인데, 석주스님
의 개인적인 회고가 아닌 일제하 불교 교단사 차원의 역사 연재이었다. 그래서 본래 글
이 집필, 연재된 시점은 1979년 후반 경이었다. 당시 박경훈은 10.27사태(박정희 대통
령 시해사건)가 나자 동국대 역경원에 근무중 특별히 할 일도 마땅치 않고, 학교에 군인
이 들어와 있는 어수선한 분위기 타개차 작업을 하였다고 필자에게 회고하였다. 중앙일
보에는 석주스님의 이름으로 연재되었으나, 실제 집필자는 박경훈이었다. 그래서 중앙
신서로 그 연재의 결과물이 책으로 묶일 때에 강석주와 박경훈의 공저로 표기되었다.

호는 "전국의 청정비구 중 34명을 초청했던"이라고 표현하였다.[46]

한편 강석주는 생존 당시인 1991년 1월 『운허선사 어문집』의 재판[47] 편집 과정시 유교법회의 기념 사진에 나오는 해당 승려들을 확인하였다. 이에 『운허선사 어문집』 화보에는 그 승려들을 40명으로[48] 보고 그 인물들을 판독한 내용을 게재하였다. 그런데 선우도량, 한국불교근현대사연구회와의 증언 인터뷰(1997.1.7)에서도 유교법회 사진(1941년 3월 13일 촬영)을[49] 보고, 그 해당 인물들을 다시 판독하였다. 그 사진에 나오는 인물 전체 40명 중에서 판독한 대상자는 29명이었다.[50] 강석주가 선우도량 관계자와 판독을 하고 3년이 지난 후인 2000년 민족사에서는 김광식을 편자로 발간한 사진 화보집 『한국불교 100년, 1900~1999』의[51] 1940년대 부분에서 유교법회 사진을 게재하였다. 여기에서는 그 사진에 나오는 인물 40명에게 번호를 부여하고, 그중에서 판독이 가능한 인물 37명

---

46) 정광호, 「한국 전통 선맥의 계승운동」, 『근대한일불교관계사연구』(인하대출판부, 1994), p.204. 그러나 정광호는 34명이라는 근거를 제시하지 않았다. 이 글은 본래 정광호가 대한불교 신문사의 기획조사실장으로 근무하던 1972년에 『대한불교』에 10회로 연재한 글이었다. 요컨대 1972년에 작성되었는데, 그는 이 글을 쓰기 이전 삼보학회의 간사로 근무하면서 「유교법회 회의록」을 열람하였고, 이운허를 찾아 많은 자문을 받았는데 34명이라는 근거도 거기에서 나온 것일 수도 있다.
47) 초판은 1989년 11월 7일에 나왔는데, 발행처는 동국대학교의 동국역경원이었다.
48) 그런데 참여 인물을 40명으로 보고, 그 인물들의 사진 번호 별로 법명을 게재하였다. 그러나 41명이었지만 1명은 번호에도 누락되었다.
49) 보통, 이 사진이 유교법회를 생생하게 알려주는 기록이다. 널리 알려지고, 각종 책자에 수록되었다.
50) 『선우도량』 11호(1997), p.250. 그런데 이 사진 도해에서는 판독한 인물 29명을 번호를 붙여 제시하였지만, 판독치 못한 인물은 번호를 부여하지 않았다. 이렇게 1991년보다 판독치 못한 것은 년로하여 기억력이 쇠퇴한 것으로 보인다.
51) 『한국불교 100년』, p.187. 2000년 5월에 발간하였다.

을 제시하였다.[52] 이는『운허선사 어문집』에 게재된 것을 그대로 활용한
것이다. 그런데 행사에는 법회에 초청받아 온 고승들의 시좌도 있었으
며[53] 법명은 모르지만 직지사 수좌가 있었다.[54] 그러면 여기에서 박한영
의 시자로 당시 법회에 참석했던 김지복의 회고를 제시한다.

> 해방전인 1941년 유교법회가 선학원에 있었는데 그때 한국불교의 유수
> 한 스님들이 모두 한자리에 모이셨습니다. 내가 대원암에 있을 때인데
> 3명이 차출되어 시자로 참석했었습니다. 우리는 시자로서 차도 따라
> 드리고 심부름을 했었지요. 석주스님이 그때 선학원 원주를 했었고 운
> 허스님, 적음스님, 청담스님이 준비위원이었어요. 그때 유명한 스님들
> 을 많이 뵈었습니다.[55]

> 영호(필자주, 박한영)스님이 가자고 한 것이 아니라 그때가 2월 말이니까
> 개학을 하기 전이여. 그런데 대원암 강원에 있던 사람중에서 좀 나이가
> 적은 사람들 그때 나는 나이(필자주, 22세)가[56] 비교적 적은 셈이었어. 그

---

52) 그러나 번호는 40까지만 부여하고, 잔여 한명은 번호(41?)를 부여하지 않았다. 판독치
   못한 것과 애매한 경우는 곽?스님, 조?, ?, ?수좌, ?(적음스님 시자) 등으로 추측을 하
   였다.
53) 강석주는 그들중에서 적음스님 시자와 화응스님 시자는 기억하였다. 그러나 당시 개
   운사 대원암에 있었던 김지복은 자신과 박영돈, 백준기(박한영 직계 시봉) 등 3명이 시
   자로 박한영을 따라와서 선학원에서 다각을 하였다고 필자에게 회고하였다. 2004년
   12월 22일, 불학연구소에서 증언.
54) 이것도 석주스님의 판독의 산물이다.
55) 선우도량 한국불교근현대사연구회, 『22인의 증언을 통해서 본 근현대 불교사』(2002,
   선우도량), p.190.「김지복, 한 열혈 불교청년의 일생」.
56) 그는 1920년생이다.

러고 백준기라는 사람은 영호스님 직계 시봉이여. 또 박영돈이라는 사
람은 백양사에서 와서 대교는 마쳤는데 수의과로 염송을 공부하거든
요. 염송을 공부하느라 못 내려가고 있었어. 그러니까 나하고 나이가
다 비슷해요. 나이가 많은 사람은 가서 다각을 못하거든.[57]

위의 김지복의 증언을 고려하면 당시 법회에는 고승들의 시자가 10명
이상은 참가하였을 것으로 보인다. 그 중에서 기념사진의 촬영시에 동
참한 경우도 있었을 것이고, 사진 촬영에 응하지 않은 경우도 있었을 것
으로 보고자 한다.

이러한 분석을 종합하면, 법회에는 40명 이상의 승려가 참여하였다.
그런데 그중에서 정식 초청을 받은 대상자도 있고, 초청받은 대상자의
시자로서 온 경우도 있었다. 그래서 일단은 법회에 초청을 받아 참석하
였던 대상자(34명)로 추정되는[58] 승려를 제시한다.

송만공, 박한영, 채서응, 장석상, 강영명, 김상월,
하동산, 김석하, 원보산, 국묵담, 하정광, 김경권
이운허, 이청담, 김적음, 변월주, 강석주, 박석두

57) 조계종 교육원 불학연구소, 『조계종 강맥 전등사 관련 인터뷰 녹취록』(2004), p.229.
이 자료는 불학연구소가 종단사 관련 대상자를 인터뷰하고 그 결과를 녹취하여 제본한
것으로 출판하지 않은 참고 자료이다. 당시 필자는 그 사업의 촉탁을 맡았는데 2004
년 12월 22일 김지복을 불학연구소에서 만나 증언 청취를 하였다.
58) 요컨대 정광호의 설인 34명을 인정한다. 이는 그가 지금은 사라진 유교법회 회의록을
열람한 당사자이기에 신뢰할 수 있는 것이다. 『매일신보』에서도 30여 고승이라고 보도
하였다. 그런데 필자가 제시한 대상자 중에서 김지복은 초청자가 아니고, 박한영 시자
로 따라왔기에 이 점에서는 문제가 있다.

남부불, 박종현, 조성담, 김자운, 윤고암, 정금오

도　명, 이화응, 김지복, 박봉화, 귀　암, 민청호

청　안, 박재운, 박본공, 곽　?

　이러한 고승 납자들이 선학원에 모여 법회를 하였던 것이다.[59] 그러면 당시 법회는 어떤 숨서로 진행되었으며, 법문은 어떤 고승이 하였는가 등등 법회의 전체적인 개요를 『경북불교』에 나온 기사를 통해 살펴보자.

　半島佛敎의 新體制로서는 未久에 總本寺의 實現을 앞두고 잇는 此際에 오랫동안 보지 못하든 佛敎의 眞正한 修養法要會가 去般 中央敎界에서 會集되엿는데

　卽이 修養法要會란 것은 我 半島의 全敎界를 通하야 高僧大德을 총동원한 所謂 '高僧修養法會'란 名目으로 去 二月[60] 四日부터 京城府 安國町 四十番地 中央 禪學院에서 위엄스럽고 嚴肅한 가운데서 開幕되엿는데 當 法會에는 忠南 禮山 定慧寺 宋萬議師, 江原道 五臺山 月精寺 方漢巖師, 忠南 俗離山 法主寺 張石霜師 等 三大禪師를 招致하야 證明으로 모시고 會主에는 朴映湖師, 金霜月師, 姜永明師, 蔡瑞應師로 하야 會第 一日인 四日부터 소 六日까지 遺敎經, 十二日까지 慈悲讖의 公開를 한 후 十三日 要 特히 我 皇軍武運長久, 戰歿將士의 慰靈大法要가 이 僧大德의 執法으로 如法 且 嚴重히 擧行되고 法會는 圓滿히 回向되엿는데

---

59) 『불교시보』 69호(1941.4.15), 「인사소식」에는 송만공, 장석상, 김상월, 강영명 등 諸 和尙이 유교법회 출석차 入城하였다고 보도하였다.
60) 2월은 3월의 오기로 보인다.

一般은 時局下 民衆 心身修養上 가장 意義잇들 法會엿음에 無限한 法悅
을 感하게 되엿든 바라 한다.[61]

이렇듯이 대회는 경전에 대한 법문, 자비참 공개, 위령법회[62] 순으로
진행되었다. 그런데 이 기사에는 법회의 참가자 중에서 증명, 회주라는
직책이 있었다고 전해 우리의 주목을 받는다. 증명에는 송만공, 방한암,
장석상이 회주에는 박한영, 김상월, 강영명, 채서응으로 나온다. 추정하
건대 증명은 법회의 상징적인 고승으로 내세운 인물이고, 회주는 법회
의 실질적인 주관자가 아닌가 한다. 이『경북불교』의 보도는 본사가 대
구에 있었던 연고에서[63] 나온 것으로 추정되는 바, 약간은 미진한 내용
이 있었다. 우선 방한암은 오대산에서 나오지 않았음에도[64] 불구하고 증
명으로 모셨다고 하였다. 그리고『불교시보』및 여타 증언에서 나오는 범
망경과 조계종지 법문에 대해서는 일체 언급이 없는 것이 바로 그것이
다.[65] 그러면 여기에서 당시 일제 기관지였던『매일신보』에 나오는 법회
의 전문을 살펴 보자. 자료 제공 차원에서 그 전문을 제시하거니와, 보도
에는 일제의 불교통제, 식민통치에 활용하려는 의도가 나오기도 한다.

---

61)『경북불교』46호(1941.5),「高僧大德을 招致, 佛敎 修養法會, 中央禪學院서 精進」.
62) 위령법회를 하였음은 집회허가를 얻어 내기 위한 고육지책이었던 것으로 보인다.
63) 본사는 대구부 덕산정 261번지인 경북불교협회였다. 그러나 인쇄소는 경성 견지정
   32번지인 한성도서주식회사였다.
64) 한암스님은 법회 참가를 요청하기 위해 찾아온 청담, 보산스님에게 "중이 자칭하여 고
   승법회라고 하면 말이 안 된다"고 하면서, "내가 한 번 나가면 두 번 가게 되고, 두 번
   가면 세 번 가게 되고, 그러면 자주 나가게 된다"면서 거절하였다고 한다.『그리운 스
   승 한암스님』(민족사, 2006), pp.40~41의 범룡스님 증언.
65) 그리고 3월 4일을 2월 4일로, 송만공을 송만의로 보도하였다.

이번 법회의 목적은 전혀 고래(古來) 승려들의 수양생활을 일반에게 보
히고 금후 교계에 수범이 되게 하려는 것으로 일순은 四일부터 六일까
지 범망경(梵網經)의 설교가 잇고 九일까지 유교경(遺敎經) 十二일까지
자비참(慈悲懺)의 공개가 잇고 또한 전몰장병을 위하야 十三일에는 위
령제(慰靈祭)를 지낼 터이란다. 이 법회가 행하여지는 동안 회주(會主)에
는 박영호(朴暎湖), 김상월(金霜月師) 강영명(姜永明) 채서응(蔡瑞應) 승려가
맞고 증명에는 송만공(宋滿空) 방한암(方漢巖) 장석상(張石霜) 세 승려가
담당하기로 되엇다.[66]

위의 『매일신보』에는 유교법회를 고승수양법회로 표현한 점과 승려들
의 수양생활을 일반에게 공개한다는 점을 강조한 것이 이채롭다. 그리
고 법회의 일정을 세부적으로 일반에게 알리기도 하였다.

한편 법회의 가장 중요한 법문은 범망경, 유교경을 대상으로 하였다. 이에
대한 실제적인 내용은 일부 자료에 산견된다. 그를 제시하면 다음과 같다.

전일에 박한영(朴漢永)스님이 부처님께서 설하신 범망경(梵網經)을 설하
고, 아까 동산(東山)스님이 또 범망경을 설하였습니다. 이 범망경은 한번
들어서 귀에만 지날지라도 그 공덕으로서 능히 백천만겁의 죄를 해탈하
고 곧 성불함을 얻는다고 하시었으나, 금일 산승이 비록 법문을 설한다
할지라도 부처님께서 친히 설하신 법문에는 미칠 수가 없는 것이니 무
슨 법문을 설하리오.

그러나, 사부대중이 이미 운집하여 나에게 굳이 설법하기를 청하니 만약

---

66) 『매일신보』 1941. 3. 5. 「佛門 新體制 發足 高僧修養法會」.

설하지 않는다면 도리어 분주를 떠는 것 같아서 부득이 이 자리에 오르게

된 것입니다. 그러나 듣는 분들이 듣고 실행하면 일언일구가 다 좋은 법문

이 될 것이요, 듣는 분들이 듣고는 실행하지 아니하면 비록 좋은 법문이라

도 헛되게 돌아가고 말 것이니, 오직 원컨댄 대중께서는 듣고 실행하여 주

시기를 바라는 바입니다.[67]

법성스님 ; 그때 하동산스님이 법문하셨다면서요?

석주스님 ; 하동산스님도 하시고 유교법회니까 범망경(梵網經)

　　　　　법회도 했지요, 큰스님들도 하셨어요.[68]

　위의 기록에 의하면 범망경 법문을 한 대상자로 송만공, 박한영, 하동

산은[69] 적출된다. 그렇지만 여타 승려가 어떤 경전을 하였는지는 구체

적으로 전하지 않는다. 다만 『불교시보』 기사에 나오듯이 김상월은 법문

을 하였으며, 박경훈은 박한영이 유교경을 강설하였다고[70] 기술했다. 강

석주의 회고에 나오는 '큰스님들'에 포함되는 승려가 누구인지는 단언하

기 어렵다. 조계종지가 강의되었다고 하나, 누구에 의해서 강설되었는지

는 알 수 없다. 다만 유교법회에 나온 승려나, 법문을 한 당사자들은 그

당시에는 선, 교의 분야에서 나름의 지견을 얻었던 대상자들이라는 점은

67) 『만공어록』(1982, 덕숭산 능인선원), pp.72~73, 「서울 선학원 고승대회 법어」.

68) 『선우도량』 11호(1997), p.231, 「한국불교 정화관련 인사 증언채록, 1941년 유교법회」.

69) 이운허는 「동산스님 行狀」에서 "1941년 서울의 선학원에서 열리는 유교법회에 참석하
　　여 禪旨를 擧揚하다"고 기술하였다. 위의 『운허선사 어문집』, p.324.

70) 위의 『불교근세백년』, p.169. 그런데 김지복은 법회에 참석한 장석상은 말이 전연 없으
　　셨다고 증언하였다. 위의 『인터뷰 녹취록』, p.277.

이 법회의 위상을 높여준다. 이에 대해서는 강석주의 회고가 참고된다.

> 유교법회는 청담스님과 운허스님이 주도했지요. 스님들도 호응이 좋
> 았고, 범행단(梵行壇)이라는 것을 만들었어요. 그때 내가 재무를 보았어
> 요. 장삼도 그때 생겼지요. 큰스님들은 다 나오셨지만 한암스님은 나오
> 시지 않았어요. 선교(禪敎)의 대종장들이 다 나왔지요.[71]

지금까지 나온 제반 내용을 활용하여 법회의 주요 인물, 개요 등을 재
구성해 보고자 한다.

- 기획 ; 이청담, 이운허, 김적음[72]
- 증명 ; 송만공, 방한암(불참), 장석상
- 회주 ; 박한영, 김상월, 강영명, 채서응
- 법문 ; 송만공, 박한영, 하동산, 김상월 등
- 법회 개요 ; 3월 4~6일, 梵網經 법문
  7~9일, 遺敎經 법문
  10~12일, 慈悲懺 공개

---

71) 위의 『선우도량』, p.230.
72) 법회 참가자인 김지복의 증언, 김지복은 그렇게 정하여졌다고 필자에게 증언하였다.
초창기의 준비위원으로 원보산이 가담했지만, 방한암이 불참하면서 그도 준비위원에
서 퇴진한 것으로 보인다. 원보산은 방한암이 주석하였던 오대산 상원사의 화주를 보
는 등 한암과는 지근한 사이였다. 원보산은 1941년 6월, 이종욱(월정사 주지), 안향덕
(마곡사 주지)과 함께 상원사를 가서 방한암에게 조선불교조계종의 종정 선출을 알리
고, 종정 취임의 동의를 받아낸 인물이었다. 『불교시보』 72호(1941.7), 「조선불교조계
종과 초대종정 방한암선사」 참조. 원보산은 유점사, 마하연에서 수행을 하였으며, 방
한암에게 입실한 수좌였다. 『대한불교』 1965. 7. 11, 「원보산선사 입적」 내용 참조.

13일, 위령제, 기념 촬영

이와 같은 인물들의 헌신, 주도에 의하여 법문과[73] 자비참 공개 등의 유교법회는 정상적으로 진행되었다. 그래서 1941년 3월 13일 행사를 기념하는 사진 촬영을 끝으로 법회는 종료되었다. 법회가 종료된 이후에는 수좌대회를 갖고, 법회를 기념하는 범행단을 조직하였다.

禪學院서는 去 三月 中에 遺教法會를 마치고 首座大會를 열고 諸般 事項을 討議하엿다고 한다.[74]

府內 禪學院에서는 今般 遺教法會를 마친 뒤에 習定均慧 比丘僧만을 中心으로 하는 梵行壇을 組織하야 禪學과 戒律의 宗旨를 宣揚케 되얏다.[75]

법회를 종료하고, 바로 수좌대회를 가졌다 함은 참석자 대부분이 선학원과 연결되어 있는 수좌였음을 말해 준다. 수좌대회에서 토의된 내용은 알 수 없다. 다만 김경봉의 일기에 그 내용이 나온다.

3월 16일 일요일 맑음

---

73) 그런데 김지복은 법문의 성격을 많은 청중들을 대상으로 한 것이 아니고, 수행을 주로 하는 정진으로 보면서 일반신도를 대상으로 한 적은 없다고 증언하였다. 위의 『녹취록』, p.230.
74) 『불교시보』 69호(1941.4.15), 「禪學院의 首座大會」.
75) 위의 자료, 「梵行團組織」.

오전 10시 조선불교중앙禪會 제2회 정기총회를 열고 내가 의장으로 추
선되어서 회의 진행을 하다. 오후 9시에 마치다.[76]

　그리고 범행단의 내용, 인원, 조직 등의 구체적 활동 내용 또한 알
기 어렵다. 다만 송만공을 정신적 은사로 수행하였던 비구니 김일엽의
1955년의 회고에 그 편린이 전한다. 이 내용도 자료 소개 차원에서 그
전문을 소개한다.

　　때 마침(十八年 前) 그 제자들인 하동산 이효봉 이청담 스님 등이 梵行團
　　을 조직하라고 발기하게 되었는데 스님도 크게 찬동하여 운영해 나갈
　　구체안까지 세우게 되었다. 불교내에는 본래 敎徒와 僧侶 二重制로 되
　　어 교도들은 가족 친지보다 승려를 정으로 법으로 더 생각해야 하고 자
　　기 생활을 불법을 위하여 모든 생산을 하게 되어야 하고 승려는 신도에
　　게 應供하기 위하여 정진에 힘을 쓸 뿐만 아니라 儀表가 되기 위하여도
　　戒行을 잘 지켜가지 않을 수 없어 파계되면 곧 자격을 잃게 되었던 것
　　이라는 말씀이었다. … (중략) …
　　大自由人이 되어 독립적 생활을 하는 것이 인생의 최고 목적이오 종교
　　의 구경처인 바에 누구나 다 같이 이르게 되어야 하기 까닭에 만공스님
　　도 佛敎淨化를 본위로 삼는 梵行團을 만들어 널리 사람을 기르려시던
　　것이다. 그러나 전국적 호응을 얻기 전에 그러저럭 때는 그 이듬해로
　　흘러졌던 것이다.[77]

76) 『삼소굴 일지』(극락선원, 1992), p.167.
77) 『동아일보』1955. 8. 2. 「만공선사와 불교정화 / 김일엽」.

小我的 나는 남음이 없이 소멸돼야 大我가 이루어지기 때문이다. 그때
는 그런 스님이 계셨으니 大東亞 전쟁만 아니었드면 지금쯤은 범행단
단원의 活步를 보게 되었는지도 모르는 것이다. 그러나 대동아전쟁으
로 전인류가 生死線에서 헤매이게 되니 佛敎團도 또한 現狀維持도 어
렵게 된 때 "善知識이 쓸데없는 때"라고 하시고 스님은 그만 자리를 바
꾸신 것이다.

그러나 지금 다시 스님의 유지를 이어 스님이 지어두신 중앙 선학원에
서 스님의 제자들과 스님 門下에서 修鍊받은 비구 비구니의 솔선으로
범행단의 후신인 승단 재건조직 운동과 불교정화운동을 치열하게 해가
면서 새삼스러이 스님을 간절히 추모하여 마지 못하게 되는 바이다.[78]

김일엽의 회고에는 범행단 일부의 내용이 나온다. 그리고 유교법회,
범행단의 정신적 지도자로 이해되는 송만공의 범행단에 대한 인식의 편
린도 찾을 수 있다. 즉 범행단의 구체안까지는 수립되었고, 하동산 · 이
효봉 · 이청담 · 이운허[79] 등에 의해서 발기되었으며, 송만공도 찬동하
였으며, 신도가 청정한 계행을 지키는 승려를 외호하는 조직체로 이해
된다.[80] 송만공은 범행단을 불교정화를 추진하기 위한 것으로 고려하였

---

78) 『동아일보』 1955. 8. 3. 「만공선사와 불교정화 / 김일엽」.
79) 이운허가 범행단과 연관되는 내용은 『용성선사어록』(1941, 삼장역회) p.38. 「禪農觀」의
"前日에 梵行團 일로 東山上人을 鳳翼洞 敎堂에 訪한즉 때(필자주, 1941년 4월 경)는
正히 師의 小祥을 지낸지 未幾요"라는 귀절에 나온다. 그런데 이효봉이 범행단에 관련
되었음은 김일엽의 회고 이외에는 관련 기록이 없다. 요컨대 이효봉의 경우는 신중한
검토를 요청한다.
80) 정광호는 선학원에서 유마경 법회를 열었다고 하면서, 이 단체를 신행단체라고 보았
다. 정광호, 「근대 한일불교관계사연구」, p.206, p.268.

으며, 부수적으로는 인재 양성을 의도하였다는 것이다. 1941년 3월, 유교법회 종료 직후에[81] 출범된 범행단은 1942년까지는 어느 정도는 활동하였으나 태평양전쟁의 발발로 야기된 전시체제, 사회 및 불교계의 궁핍 등의 요인으로 자진 해산하였다고[82] 보인다.

한편 법회의 결과로 나온 것의 하나는 현재 조계종단 승려들이 입는 장삼, 보조장삼이 보편화 되는 단초이다. 즉 송광사에 보관된 보조국사 지눌의 장삼을 모방하여 만든 장삼을 지어서, 참가 승려들에게 제공하였던 것이다.[83] 이에 대해서는 그를 지켜본 법회 참석자인 김지복과 필자와의 대화가[84] 참고된다.

> 김광식 ; 이상한 것은 행사 도중에 자운스님이 송광사까지 가서 치수를
> 재 오고 했다는 것 아닙니까?
> 김지복 ; 행사 전에 다 해서 만들어서 행사 때 다 입고 왔지요.
> 김광식 ; 기존의 것은 버리고 저걸 다 입었습니까?
> 김지복 ; 그렇지 모인 수좌스님들이 전부 다 저걸 다 입었죠.
> 김광식 ; 그게 약간 애매했는데, 미리 사전에 사이즈 색깔(을 한다는 것이)
> 김지복 ; 하다 말고 가서 한 것이 아니라 미리 다 했어.

---

81) 그러나 구체적인 출범일자는 아직 알 수 없는 형편이다.
82) 이청담도 1954년의 일지에서 "高僧法會 ; 梵行團 해산"이란 표현을 하였다. 『청담필영』(봉녕사 승가대학, 2004), p.183.
83) 이것은 정광호가 이운허의 구술(1968년 8월 봉선사)에 근거한 기술임. 그런데 법회 당시, 다솔사 주지였던 최범술이 각종 문헌을 참작하여 직접 가위를 들고 무명으로 마름질을 하는 특이한 재주를 보여 화제를 모았다고 운허스님이 구술하였다고 한다. 그런데 대처승인 최범술이 어떤 연유로 그렇게 하였는가에 대해서는 납득하기 어렵다.
84) 김지복은 1920년생인데, 2005년에 입적하였다.

김광식 ; 자운스님도 유교법회 할 때 운허스님이나 청담스님하고 상의
　　　　　를 많이 한거네요?

김지복 ; 그렇죠. 근데 그때 자운스님의 비중이 여기에 같이 할 정도까
　　　　　지 못되었던 가 봐요. 그러니까 자운스님이 거기 오시기는 했
　　　　　어도 준비위원까지는 못되었지.

김광식 ; 저는 그게 송광사의 보조국사의 그것을 했다 그래서 행사 도
　　　　　중에 어떻게 된 것인가 제가 여쭤 본거죠.[85)]

위의 대화에 나오는 김지복의 증언에 의하면 보조장삼을 법회 이전
에 만들어 놓았다는 것이다. 송광사까지 김자운이 다녀왔으며,[86)] 법회
에 참석한 고승들이 보조장삼을 입고 행사에 임하였다고 한다. 이를 신
뢰한다면 법회 주도자들의 철저한 준비, 자생적인 수행정신, 계율수호

---

85) 위의 『인터뷰 녹취록』, pp.237~238.
86) 김자운은 봉암사 결사 시절에도 보조장삼을 만들기 위하여 송광사까지 직접 가서 보조
　　장삼의 치수를 재어 왔다고 묘엄은 회고하였다. 『고경』 2541년 여름호, p.35. 「묘엄스
　　님을 찾아서」. 필자는 이점을 고려하여 유교법회시의 보조장삼의 제작을 김자운이 하
　　였는가를 김지복에게 질문하였다. 그런데 김지복은 김자운이 하였는지, 다른 승려가
　　하였는지는 정확히 답변치 않았지만, 필자는 이를 김자운이 하였다는 것으로 해석하
　　였다. 그런데 인터넷 Daum 카페, 峰德寺(카페지기, 계수 선효)에는 계수가 글을 쓴 「
　　가사와 장삼은 언제 입는 법복이냐」가 있는데 여기에는 보조장삼과 연관된 귀한 내용
　　이 나온다. 즉 그 내용은 "현재 조계종 스님들이 입는 장삼은 일명 '보조장삼'이라고 합
　　니다. 이 장삼은 1941년 8월 선학원에서 열린 조선 고승유교법회를 앞두고 자운스님께
　　서 최범술스님의 고증을 참고하여 송광사에 보관된 지눌의 장삼을 실측하여 만들었다
　　고 합니다. 현재 조계종 스님들이 입는 보조장삼의 현대적 기원을 잘 말해주는 일화입
　　니다. 자운스님의 회고에 의하면 "처음에는 치맛주름 폭은 12개로 하여 12인연을 상징
　　했고 소매폭은 십자로 하여 시방세계를 표했다"라고 합니다. 그러나 "1940년대에 복원
　　된 장삼은 8정도를 상징하는 8개의 주름폭으로 줄어들기도 했습니다."라는 것이다. 즉
　　자운이 보조장삼을 행사 전에 만들었음을 분명히 알 수 있다.

의 정신 등이 간단치 않았음은 분명하다. 법회 이전인 1941년 2월 26일부터 3월 3일까지 김자운은 최범술의 도움을 받아 송광사까지 가서 보조 지눌의 장삼의 치수를 재고, 그를 바탕으로 참석한 수행자들에게 보조장삼을 입도록 그 일을 주관했다.[87] 한편 이러한 보조장삼의 사전 제작은 법회의 준비기간과 본 행사인 유교법회로 이원적으로 진행되었음을 알려준다. 즉 2월 26일부터 3월 3일까지는 보조장삼을 만드는 등 법회 준비의 기간이었으며, 정식 법회는 3월 4일부터 13일까지 열흘간 열렸다고 보는 것이 순리이다.

한편 법회가 종료되자, 법회를 지켜 본 신도들이 공양 요청이 쇄도하였고, 비단 장삼을 지어 주겠다고도 하였다. 그러나 법회에 참여한 승려들은 무명장삼으로 받겠다면서 근검절약의 정신을 실천하였다.

4. 유교법회의 성격 및 의의

본장에서는 지금까지 살펴본 유교법회의 배경, 개요, 진행 과정에 나타난 여러 배용을 음미하여 그에 나타난 성격 및 의의를 제시하려고 한다. 이는 유교법회에 담긴 역사성, 교훈 등을 추출하기 위한 기초 작업이라 하겠다.

첫째, 유교법회의 전개에는 비구승들의 투철한 현실인식이 두드러지게 나타나고 있다. 이는 일제의 비구승에 대한 통제정책의 일단을 파악하고, 사전에 그를 차단하려는 저항성을 찾아 볼 수 있음에서 나온 것이

---

87) 박경훈의 위의 책, p.170. 그러나 그는 그 시점, 장소 등에 대해서는 언급치 않았다.

다. 그런데 이는 법회의 개최 공간이 선학원이었고, 법회를 주도하고 참여하였던 승려 대부분이 선학원과 직접, 간접적으로 연결되었던 수좌들이었음을 고려하면 당연한 이해이다. 즉 선학원 및 선우공제회, 선리참구원, 조선불교 선종, 수좌대회 등에 일관적으로 나타나고 있었던 것은 전통 선불교 수호, 비구승단 수호, 일제 불교정책에 저항[88] 등이었거니와 이는 유교법회의 투철한 현실의식, 정체성 정비정신의 다름이 아니었던 것이다.

둘째, 법회에는 계율수호 정신, 참회 정신이 분명하게 드러났다고 이해된다.[89] 그는 중국, 한국불교의 대승불교권에서 보편적인 대승불교의 계율, 대승보살계의 소의경전으로 수용되었던 범망경이[90] 강설되었음에서 확인된다. 그리고 부처님 말씀을 따르고 지키겠다는 차원에서 유교경을[91] 강설한 것도 동질한 구도에서 바라볼 수 있는 대목이다. 나아가서 법회에서는 자비참법의 실시가 공개된 것도 예사로운 것은 아니다. 이는 계율이 파괴되고, 원융살림인 승가 공동체가 이완되었으며, 전통의 의사결정 구조인 대중공사도 사라진 것에 대한 참회를 하는 정신에서 나온 것이다.[92] 자비도량 참법은 참회하고, 원한을 풀고 나아가서

---

88) 대회에는 일본경찰의 형사가 감시하는 일은 두드러지게 나타나지 않았다고 한다. 김지복 증언.

89) 예컨대 오성월은 바로 그 즈음에 계율 수지(독신이 아닌 흠)에 문제가 있다고 하여 법회 중간에 참석하겠다고 선학원에 왔지만 법회에 참가하지는 못하였다고 한다. 박경훈, 위의 책 p.169. 그러나 이 점을 법회 참석자인 김지복에게 필자가 질문하였으나, 그는 그런 소리를 못 들었다고 하였다.

90) 범망경에 대한 기본 이해는 『불교경전의 이해』(불교시대사, 1997)에 수록된 이호근의 「범망경」을 참고하였음.

91) 성열, 「유교경」, 『불교경전의 이해』, 불교시대사, 1997.

92) 참회정신은 1935년 3월에 개최된 수좌대회 선서문의 계승으로도 볼 수 있다.

는 부처님께 예배하고, 그 덕을 회향하려는 구조라는[93] 점을 유의할 때에 법회는 계율 및 청정 승풍의 회복에 대한 다짐이 간단치 않았음을 알 수 있는 것이다.[94]

셋째, 유교법회에는 선학원 계열의 수좌만 참여한 것이 아니고 강백, 율사도 참여하였음에서 즉 선교분야의 대종장이 동참한 것에서 승가의 화합, 원융정신을 찾아볼 수 있다. 예컨대 선사라기 보다는 강백, 교학의 대가라고 칭할 수 있는 인물인 박한영은 대표적인 경우이다. 박한영과 유사한 인물은 채서응이거니와, 그는 강원의 강주로 활동하였다.[95] 그러나 당시에는 선사와 강사를 확연하게 경계를 지을 수 없는 대가의 면모도 있었으니 이 경우는 장석상이었다.[96] 그리고 선사이면서도 계율

---

93) 종진, 「한국불교의 참법 수행과 자운율사」, 『근대 한국불교 율풍진작과 자운대율사』(2005, 가산불교문화연구원), p.117.

94) 『자비도량참법』의 유포가 유교법회에 참가한 자운스님의 원력, 그리고 유교법회에 참가한 운허스님이 편역하여 1978년에 동국역경원에서 발간한 것도 역사적 맥락에서 예사로운 것이 아니다. 요컨대 역사의 필연이 아닐까 한다. 한편 『자비도량참법』의 발문을 쓴 녹원은 "그 참법은 나의 잘못을 참회하는 것이 아니고, 남의 잘못을 내 허물로 삼아 참회하고, 모든 중생들의 모든 죄장을 내 허물로 삼아 참회한다. 뿐만 아니라 나아가서는 시방의 다함 없는 모든 중생의 과거, 현재, 미래에 이르기까지 온 법계에 번뇌가 있고, 무명이 있고, 탐진치 삼독이 있고 사생육도로 헤매는 중생이 있는 한, 그들이 짓고 지을 죄와 업장까지를 참회하는 간절한 법문이 자비도량참법이다"라 하였다. 그런데 녹원스님은 그의 은사인 이탄옹이 주관하는 자비 도량참법 법회를 보고 큰 감명을 받았다고 한다. 이탄옹은 오대산 상원사 선원에서 입승, 천불선원(직지사) 조실 소임을 보며 수행하던 수좌였다. 탄옹스님은 선학원 계열 수좌로 많은 활동을 하였는데, 1931년 9월 12일부터 일정기간을 선학원에서 대중들에게 자비참법을 해설하였던바, 이는 이채로운 역사의 여울목이다. 『선원』 창간호, 「선학원 日記抄要」.

95) 채서응(1876~1950)에 대해서는 행적, 수행 등에 대한 내용이 거의 알려지지 않았으나, 최근 『불교신문』 2008년 5월 28일의 「근현대 선지식의 天眞面目 서응동호」 기사에 채서응의 정보가 집약적으로 보도되었다. 그리고 채서응은 1930년대 후반 경 심원사 강원의 강주로 있었다. 『불교시보』 56호(1940.3.1), 「보개산 심원사 해제식 거행」 참조.

96) 장석상의 수행이력서(1937년)에는 대선사로 칭하지만, 그의 이력을 보면 강학의 대가

에 대하여 해박하고, 율맥을 전수받은 경우도 있었으니 그는 김상월, 강영명,[97] 하동산, 김자운은 그 실례이다.[98]

넷째, 유교법회에 흐르고 있었던 정신은 불교정화 정신이다. 이는 선학원의 창건 정신, 조선불교 선종 창종 정신, 수좌들의 계율 수호정신, 그리고 송만공의 발언 등에서 확인이 된다. 나아가서는 1955년 불교정화가 본격화 되던 즈음에 김일엽의 범행단을 회고하는 대목에서도 거듭 나온다. 그리하여 이 법회에 참가한 하동산, 이청담이 1950~60년대에 불교정화운동의 최일선에 서고, 조계종단을 재건하여, 종단의 책임자(종정, 총무원장 등)로 있었음은 당연한 행보일 것이다.[99]

다섯째, 유교법회에 참가한 승려들은 법회 참가 이전에도 철저한 수행을 하였지만, 법회가 종료된 이후에는 각처의 주석처로 복귀하여 지속적인 수행을 하였다. 그리고 유교법회의 정신을 계승하기 위한 노력

로 명성이 적지 않았다. 그는 신계사에서 서진하를 은사로 하여 출가 득도를 하고, 건봉사에서 수선안거를 한 이래 20안거를 하였고, 강학 분야에서도 수학을 많이 하였다. 그는 동학사에서 김만우 문하에서 초등과를, 구암사 박한영 문하에서 중등과와 능엄경과 기신론을, 송광사의 김금명 문하에서 반야경과 원각경을 수학하고, 대원사의 박한영 문하에 다시 가서는 고등과를 수료하였다. 그리하여 그는 건봉사 강원 강사를 거쳐 법주사 판사, 강사, 법무의 소임을 맡았다. 그리고 1929년부터는 법주사 주지로 재임하였다. 그는 건봉사, 법주사 강사 소임을 장시간 하였으나 참선 수행도 병행하여 대선사로 불리웠던 것이다. 장석상 이력서는 그가 주지 취임시 일제 당국에 제출한 것으로 신뢰할 수 있다.
97) 강영명은 수좌로서 선학원 초기, 선우공제회 평의원으로 나오는 인물이지만, 그는 범어사의 계단의 법주를 역임한 율사이기도 하였다. 그는 그가 갖고 있었던 범어사 계단의 책임을 하동산에게 넘긴 당사자이다.
98) 이들은 율사로도 많이 불리웠다.
99) 그러나 이 행보와는 이질적인 길을 간 경우도 있다. 예컨대 국묵담, 변월주 등은 대표적인 경우이다. 다른 행보는 차별적 현실인식과 계율 수지에 대한 문제를 말하거니와 일부 승려는 태고종으로 갔다.

을 하였음이 주목된다. 대부분은 선원으로 복귀하여 수행을 하면서 불조혜명을 잇기 위한 고투를 하였다. 1942년에 '우리 공로자의 표창은 우리 손으로'라는 슬로건 아래 『경허집』을 선학원에서 주관하여 1942년에 발간한 것도 단순히 지나칠 것은 아니다.[100] 일제말기에는 대부분 선원 및 토굴 등지에서 수행을 하였다. 그러나 해방이후에는 해인사 가야총림, 봉암사 결사 수행, 불교정화 운동에 동참하였다.

여섯째, 이상과 같은 유교법회에 나타난 성격 및 의미를 종합해 보면 유교법회는 일제 식민통치가 가열화 되던 일제 말기, 선학원 및 수좌들의 자기 정체성을 적극 구현한 법회이었다. 여기서 말하는 자기 정체성은 비구승단 수호, 계율 수호, 현실과 사회에 적극 대응하려는 대승선이었다. 작금의 불교계에서 수좌들이 비판받는 은둔적, 비현실적, 성찰의식의 상실 등의 체질은 찾기 어렵다.

5. 결어

맺는말은 유교법회의 지속적인 연구, 선학원 및 수좌 등 선분야 연구에서 필자, 여타 연구자들이 유의할 점을 제시하는 것으로 대신하고자 한다.

첫째, 유교법회에 대한 자료수집을 강구해야 한다. 40년 전에는 존재하였던 「유교법회 회의록」을 찾아내고 법회의 배경, 진행 등에 대한 세

---

100) 『경허집』에는 40여 명의 승려가 간행 발기인으로 나온다. 그중에는 유교법회 참가자
(만공, 청안, 적음, 석주, 동산, 묵담, 보산 등)도 나온다.

부적인 검토가 이루어져야 할 것이다. 유교법회가 선학원의 공식적인 결정에 의해서 진행된 것인지, 나아가서는 유교법회 전후의 선학원 동향을 파악하기 위한 관련 자료도 수집하고 그를 선학원 역사 복원에 활용하는 것이다. 이것은 근대불교사, 조계종단사 복원에 일익을 제공하는 것은 분명하다.

둘째, 유교법회에 나타난 정신, 사상, 성격 등을 선학원 역사, 근대불교사에서의 자리 매김을 해야 할 것이다. 지금껏 선학원 역사는 재단법인 선학원 안의 테두리에 갇힌 면이 적지 않았다. 추후에는 선학원 역사를 비구승단사, 조계종단사 속에서 그 위상을 재정립해야 할 것으로 본다.

셋째, 유교법회에 참가한 승려들의 행적을 이전과 이후로 대별하여 정리해야 한다. 무릇 역사는 인간이 활동을 하면서 남기는 기록, 그리고 그를 재인식하는 서술이기에 법회에 참가한 승려들의 고뇌, 지향, 수행 등에 대한 종합적인 연구에 임해야 한다.

넷째, 유교법회가 한국 현대불교사에 끼친 영향을 검토해야 한다. 다시 말하자면 유교법회의 계승의식에 대한 점검이 있어야 할 것이다. 예컨대 해방공간의 가야총림, 봉암사 수행결사, 50년대 정화운동 등은 그 단적인 예증이다.

다섯째, 유교법회와 같은 유사 사례를 발굴, 분석, 재평가하여 역사의 숨결을 불어 넣어 주어야 할 것이다. 유교법회는 법회가 있은 지 무려 67년이 지나서야 처음으로 역사적 평가, 재인식을 받게 되었다. 이처럼 파란만장한 근현대 불교의 격랑속에 방치된 역사, 사건, 승려, 고뇌가 없는가를 성찰해야 한다.

여섯째, 유교법회를 근현대 불교사라는 관점에서만 바라보지 말고 한국 불교사, 혹은 한국 근대사 차원이라는 거시적 관점에서 재인식되어야 한다. 이럴 경우 유교법회, 선학원, 조계종단의 역사가 보다 큰 보편성, 탄력성을 갖게 될 것으로 본다. 예컨대 유교법회와 선학원을 비구승단 수호, 계율 수호 차원에서 뿐만 아니라 불교근대화, 불교 사회화의 관점에서는 어떻게 인식할 것인지의 문제도 흥미를 유발할 수 있을 것이다.

지금까지 유교법회, 유교법회와 관련된 후속연구에 참고할 측면을 대별하여 제시하였다. 이같은 지적, 제언이 이 분야 연구에 하나의 돌다리가 되기를 바라마지 않는다.

백용성 계율사상의 계승의식
-동산 · 고암 · 자운을 중심으로-

1. 서언

　백용성은 한국 근대불교사에서 거대한 산맥으로 칭할 정도의 '큰스님'
이다. 백용성이 근대 불교에 남긴 행적은 수행, 사상, 민족운동, 불교개
혁, 역경불교, 불교출판, 불교음악, 선농불교, 불교정화 등 다양한 분야
에 걸쳐 있다. 이러한 백용성의 행적, 사상, 의의 등에 대한 개요 및 성
격에 대한 기본적인 측면은 어느 정도는 밝혀지고 있는데, 이는 무엇보
다도 대각사상연구원의 발족 및 학술 사업에 힘입은 바가 크다.[1] 그러나
백용성이 갖고 있는 다양성, 역사성, 성격 등에 대해서는 정리, 해석할
여지가 적지 않다. 이를 극복하기 위해서는 무엇보다도 철저한 자료 수
집과 분석, 다양한 접근 시각에 의한 연구 심화가 요청된다.
　본 고찰에서 대상화 한 백용성의 계율수호, 계율사상은 바로 그 대표
적인 경우이다. 그러나 지금까지는 백용성이 1926년 일본불교의 침투,
승려들의 파계 및 계율정신 문란으로 인해 야기된 이른바 '대처식육(帶

---

[1] 백용성 연구의 회고와 전망에 대해서는 이덕진이 『선문화연구』 창간호(한국선리연구원,
2006)에 기고한 「일제시대 불교계 인물들에 대한 연구성과와 동향 그리고 앞으로의 과
제」가 참고 된다. 이덕진은 그 고찰의 pp.53~55에서 백용성 연구가 2006년도 10월 현
재 기준으로 84건에 달한다고 제시하면서, 대각사상연구원과 『대각사상』이 그 중심 역
할을 하였다고 진단하였다.

妻食肉)'을 차단하기 위한 목적에서 일제당국에 제출한 「건백서(建白書)」를 주로 연구 대상화 하였다. 그러나 근현대 불교사를 거시적인 안목에서 살피면 백용성의 계율 수호, 계맥, 전계 등에 대해서도 정리, 탐구할 내용이 적지 않다. 그럼에도 불구하고 지금껏 이 분야에 대한 한국불교학계, 조계종, 용성문도회 혹은 개별적인 계율학자 등 관련 단체와 개인 차원에서 어떠한 접근, 해석, 정리를 시도한 경우는 찾을 수 없었다.[2]

그렇다면 왜? 그러한 문제가 나오게 되었는가. 필자는 그를 두 가지 관점에서 찾고자 한다. 우선 근현대 불교사의 질곡의 과정을 지나면서 서서히 계율정신의 이완 및 원융살림에 대한 피폐가 불교 현장에서 두드러지게 나온 것과 무관하지 않다고 본다. 즉 승가의 세속화, 불교 대중화를 추구하면서 부수적으로 나온 승려의 계율 무감각, 계, 정, 혜 삼학 균수라는 전통에서 교학과 참선 중심으로 수행 전통의 전환 등이 그를 촉진케 하였다. 다음으로는 전자의 요인과 맞물려 나온 것이지만 현실적, 제도권 계단체제의 정체성 미정립의 원인을 지적할 수 있다. 조계종단의 경우 승가 성립의 기본인 승려의 자격 부여(傳戒, 受戒)를 관장하고 율장 및 계율에 대한 해석을 주관하는 계단위원회(戒壇委員會)[3]가 있으며, 단일계단(單一戒壇)이 설립된 지 20여 년이 넘었다.[4] 그러나 단일계

---

2) 최근 이지관의 『한국불교계율전통』(가산불교문화연구원, 2005)은 이 분야의 연구의 집대성, 자료 제공이라는 측면에서 주목할 성과물이다.

3) 계단법에서 정한 역할은 계단의 설치 및 통제, 계단의 운영과 관리, 수계식 거행, 계단에 관련된 중요사항의 심의 의결, 율장 및 계율에 관한 자문 및 유권해석, 계단 및 계율에 관하여 계단위원회에 부의한 사항의 심의 의결 등이다.

4) 조계종은 1962년 8월 26일 戒壇法을 제정, 선포하였다. 그러나 단일계단은 1981년에 성립되었는데, 이에 대해서는 無觀이 『單一戒壇 二十年』(대한불교조계종 계단위원회, 2001)에 기고한 「단일계단 20년 약사」가 그에 대한 정보 및 내용을 전한다. 1962년에 제정된 계단법의 내용은 『제1대중앙종회 회의록』(대한불교조계종 중앙종회, 1999),

단이[5] 설립되기 이전에는 개별 사찰 단위(寺壇)로[6], 율사 중심으로 수계산림을 하여 승려를 배출하였다. 이렇게 과거의 개별적인 수계산림 체제에서 단일계단 체제로 전환되기까지 제도적인 토착화가 미흡하였다고 볼 수 있다.[7] 과거에는 율사들이 개별사찰의 계단을 주도하고, 그 율사들이 자신의 후계 및 계승자를 지정, 선언하였지만[8] 이제는 종단 중심으로 전환되었다. 지금은 전통에서 새로운 질서로 안착이 되어 가는 과정에 있다. 그리고 계단위원회에서는 사미계, 사미니계, 비구계, 비구

---

pp.75~78에 나온다.

5) 삼국, 고려시대에는 국가가 이를 관장하여 官壇으로 칭하였다.

6) 조계종, 통합종단이 등장한 1962년 당시 계단법에는 구족계의 해당 사찰로 통도사, 송광사, 법주사, 월정사에 두고 보살계단 및 사미계단은 각 본사에 둔다고 규정하였다. 그런데 당시 종회의원인 김자운은 구족계 지정 사찰로 지정된 4새 사찰 중, 통도사만 계단 시설이 되어 있지만 여타 3사는 시설이 없다고 주장하면서 설비가 마련될 때까지 보류할 것을 제안하였는데, 이 제안이 통과되었다. 여기에서 의아스러운 것은 역사와 관행이 있는 범어사는 제외되고, 시설도 없는 사찰이 지정된 연유이다. 당시 종회 회의록에는 이에 대한 내용이 없다. 그리고 필자는 당시 그 기초작업을 한 전문위원이 누구인가를 파악치 못하였다. 1965년 1월 5일, 당시 범어사 조실이자 주지인 하동산은 이에 대한 이의를 담은 공문, 「계단법 개정에 관한 건의서 제출」을 종회의장에게 발송하였다.

7) 이에 대해서 무관은 "정화초기 이후 80년대까지 해인사, 범어사, 통도사를 중심 한 구족계 수계의식은 년 1회 내지 수년에 한번씩 부정기적으로, 또는 각 본사에서도 몇 시간 안에 이루어지면서 미래의 한국불교를 짊어질 새로운 도제의 탄생을 성립시켰다. 그러나 이러한 수계의식도 그나마 일반신도를 중심으로 한 보살계에 더 큰 의미를 부여하고 비구계는 형식적으로 이루어졌다. 이는 율장에 근거한 수계의식이기는 했으나 결과적으로 율장에서도 밝힌 바와 같이 수계 후 5년간의 율장의 설렴은 등한시 되고 혹 강당에서 경전을 먼저 배우거나 선원에서 선수행에 치우치게 되었다. 이렇게 되다보니 비구와 비구니가 몸에 익혀할 내용이 무엇인지를 소홀히 여겨, 오직 깨달음만 목적이 되어 왔던 것이다. 이는 불법의 정신에도 맞지 않으며 선원의 청규에도 합당한 일은 아니었다." 라고 지적하였다. 위의 『단일계단 이십년』, p.187.

8) 현재에는 과거 전통을 계승하는 면도 있지만 조계종단의 경우에는 종단에서 계사 자격을 승랍 20년 이상 된 청정지계인 승려, 법계가 대덕 이상, 법과 율에 정통한 대상자로 제시하였다.

니계, 보살계 등을 주관하여 승려의 자격을 인정해주고 있다. 그러나 승단 및 승단구성원의 계율, 승풍, 승가의 화합 및 갈등에 관해서는 뚜렷한 업무 범위가 없는 형편이다. 선원, 강원(지방 승가대학)에 대해서는 지원, 논의 등이 상당하지만 율원에 대해서는 논란 자체가 미약한 것도 이러한 사정과 무관치 않다.

또한 과거의 개별 수계산림 체제에서는 일반 신도, 재가불자들의 보살계 산림도 병행하여 실시되었다. 그러나 지금의 종단의 운용의 틀에서는 재가자의 계산림, 재가자 보살계의 수수(授受)에 대해서는 거의 관심을 기울이지 않고 있다. 그리하여 현재는 율사, 혹은 율에 관심이 있는 승려들에 의해서 자의적으로 시행되고 있다. 이러한 관행, 현실에 대해서는 어떠한 대상에서도 이의를 제기하는 경우가 없다. 그러다 보니 율사의 자격, 계율의 내용 및 범위, 계맥의 정통성, 계단위원회의 정체성[9] 등에 대한 의아심을 제기하는 경우도 있다. 이러한 요인들이 중첩되면서 계율, 계율 사상, 계단, 율원, 삼학균수 등에 관한 자체 정비가 미흡하였고, 그에 연관된 문화적 역량의 나약성이 노정되었다. 암울한 조선후기 불교 상황, 일제 식민지치하의 계율 파괴, 불교정화의 와중에서 나온 반계율적인 정서, 불교 근·현대화에 수반된 세속화 등을 고려하면 계율에 관한 문화적 파탄은 짐작하고도 남음이 있다 하겠다. 이러한 여러 측면이 백용성 계율 탐구에 부정성을 잉태케 하였다.

필자는 이와 같은 문제의식을 갖고 있지만 백용성 계율사상과 그 계

---

9) 필자가 생각하는 것의 하나는 계단위원회의 자주성이다. 예컨대 종단 내의 계율에 대해서 문제를 제기할 경우를 제외하면 계단위원회가 계와 율에 대한 유권해석을 할 경우는 거의 없다. 달리 말하면 자주, 자생적으로 계단위원회가 교단 내부의 계율, 율장, 승풍에 관련된 것을 주도적으로 문제시 할 경우가 거의 없다는 것이다.

승에 대한 전모를 정리할 여건에 처하여 있지는 않다.[10] 이에 본 고찰에
서는 근현대 한국불교의 계맥 전수를 도해하여 제시하고, 그 중에서 백
용성의 계맥과 계율사상의 전수자 및 계승자의 대상으로 칭할 수 있는
승려를 소개하는 선에서 머무르고자 한다. 그러면서도 그 해당 승려가
백용성의 계맥을 전수받았거나, 계승하였던 것을 계승의식으로 표현하
여 역사적인 전후과정을 정리하려는 것이다.

　우선 조선후기, 개항기, 근현대기에 면면히 내려온 한국불교의 계맥
(계법)을 제시한다. 지금껏 이에 대한 계통은 간혹 제시된 바가 있지만,[11]
객관적인 검증과 보편화는 미진하였다. 필자는 현재 율사로 활동하고
있는 쌍계사 회주인 오고산의 제안을[12] 근간으로 하고, 강백과 율사로
활동하고 있는 이지관의 해석을[13] 추가하여 이를 제시한다.[14]

---

10) 본 고찰의 한계 및 문제점은 백용성의 계율사상에 대한 정리와 백용성의 계율과 관련
　된 성격과 의의 등을 우선하여 분석한 연후에 집필하는 것이 마땅하지만 그렇지 않은
　것이다. 대각사사상연구원이 주관하는 학술세미나에 참가하여 개별주제를 분담하여
　발표하는 현실에서 나온 것이기에 양해하기 바란다. 즉 백용성 계율의 주제 발표는 동
　국대 한보광교수가 담당하였다.
11) 퇴경, 「朝鮮의 律宗(朝鮮에서 自立한 宗派의 其三)」, 『불교』56호(1929. 2).
　법홍 편역, 『戒律綱要』(우리출판사, 1994).
　수진, 「묵담스님의 해동율맥을 중심으로」, 『수다라』 16, 2005.
　퇴경은 이 글에서 조선의 율종을 9개의 계열로 구분하였다. 그리고 일본학자 水谷幸
　正은 『계율강요』에 기고한 「한국불교와 계율사상」에서 대은 낭오계, 백파긍선계, 중국
　전래계 등 3계파가 있었으나 그것이 후에는 서로 흡수 융합된다고 보았다. 그 융합의
　대표적인 사례를 범어사 금강계단 동산(대은계와 중국전래계의 통합)의 사례를 거론하
　였고, 해인사도 대은계와 중국계열의 회광화상이 융화되어 참회법으로 행하여진다고
　주장한다.
12) 필자는 2007년 1월 25일 부천 석왕사 방문시에 그 도해를 제공받았다.
13) 이지관, 『한국불교계율전통 −韓國佛敎戒法의 自主的傳承』(2005, 가산불교문화연구원).
14) 그러나 이에 대한 문제점은 인정하고, 추후 보완하고자 한다. 그 대표적인 문제는 조계
　종단의 외부에서 행해지는 것은 일체 다루지지 못하였다.

```
                              印廣
                               |
                      鐵牛 － 眞目
                      性愚 － 智雲, 慧能, 京性, 道觀
                      日陀
                      明星            慧滿
                      仁弘    無觀 － 鏡岩
                      智冠 － 法慧
                      妙嚴    慧聰
                      淨行
                 慈雲 － 宗壽 － 宗眞 － 智曉, 圓昌, 暎都
                 古岩 － 光德 － 德明 － 興敎
大隱 － 錦潭 － 草衣 － 梵海 － 禪谷 － 龍城 － 東山 － 錫岩 － 杲山 － 普光
      霽山 － 南泉    東軒                    竹菴
                 景霞 － 道圓             一海
            虎隱 － 錦海 － 曼庵 － 默潭 － 法弘 － 守眞


           漢巖                         玄山
           海曇 － 晦堂 － 月下 － 淸霞 － 海南
           晦應                 九山 － 普成
           南波                              慧淨
昌濤 漢波(淸) － 萬下勝林 － 性月 － 一鳳 － 雲峰 － 永明 － 東山 － 錫庵 － 杲山 － 普光
           晦光                              正樂
           震虛 － 大蓮      一陀              德旵
                      宗壽              無比
                 慈雲 － 智冠            智霞
                      性愚              禪庵
```

이상과 같은 만하파(萬下派), 대은파(大隱派) 양파가 병존하는[15] 계맥의
도해에서 필자의 관심을 끄는 것은 백용성의 계맥이다. 백용성은 조선
후기인 순조 24년(1824)에 칠불암에서 서상수계(瑞祥受戒)한 대은율사의
맥을 이어 받았다. 그리고 그의 계맥은 동산, 고암, 자운, 동헌, 경하에
게 전해졌다는 것이다. 이에 필자는 용성의 계맥을 전수 계승한 동산,
고암, 자운, 동헌의 행장 및 계율 계승의식을 정리하고자 한다.[16] 그런
데 동산과 자운은 1892년(광서 18), 청으로 건너간 용연사(대구)의 만하 승
림율사가 법원사 계단의 창도 한파율사로부터 전수해 온 계맥도 함께
전승하였다. 만하는 귀국 후 1897년(광무 1), 통도사에서 수계법회를 개
최하였는데 이로부터 각처로 계맥이 파급되었다. 이러한 대은파와 만하
파가 근현대 한국불교의 계맥의 근간인 것이다.

이에 본 고찰에서는 백용성의 계맥을 계승, 인식한 백용성의 제자들
의 행적과 계율인식을 요약하여 제시하고자 한다. 그러나 이 분야의 연
구가 황무지와 같은 현실, 그리고 관련 자료가 절대 부족한 여건으로 인
하여 소기의 성과를 기대하기는 지난한 실정이다. 다만 근현대 계율 분
야의 연구의 초석을 놓는다는 심정임을 고백한다. 선학제현의 질정을
바란다.

---

15) 이지관은 만하파, 대은파의 양대 계맥 이외에도 禪雲寺 白坡 亘璇派의 계맥이 있다고
　하였다. 백파 긍선은 서상수계를 한 대은보다 약 30년 전에 활동한 선, 교, 율에 정통
　한 승려라고 서술하였으며, 여기에서 박한영의 율맥이 나온 것으로 보았다. 위의 『한국
　불교계율전통』, pp.261~262.

16) 경하에 대한 최소한의 자료도 입수하지 못하여 이에 대해서는 후일을 기다릴 수밖에
　없다. 해인사 용탑선원에 있는 용성대선사사리탑비명에 경하는 傳戒의 대상자로 나온
　다. 백경하는 해방직후 등장한 조선불교 혁신 준비위원회(조선불교혁신회) 및 교단의
　고문으로 나온다. 졸고, 「8 · 15해방과 불교계의 동향」, 『한국근대불교의 현실인식』, 민
　족사, 1998, p.257.

2. 동산의 계율 수호와 교단정화

하동산(1890~1965)은 백용성의 상수제자로 널리 알려졌다. 그리고 그는 1936년 11월 18일 백용성에게 직접 전계증을 받았기에 백용성 계율의 전수자로 우선적으로 손꼽혀 왔다. 이후 그는 계율 수호에 대한 투철한 의식으로 1950년대의 불교정화운동의 최일선에 나서기도 하였다. 그 결과 그는 정화 공간에서 대한불교조계종의 종정을 역임하였다. 한편으로는 범어사 금강계단의 전계대화상(단주)으로 승려들의 구족계와 보살계뿐만 아니라 각처에서 재가자들의 보살계 산림을 주관한 율사의 역할을 다하였다.

그러면 이러한 데에 초점을 두고 하동산의 행장을 요약하고자 한다. 하동산은 충북 단양 출신으로 유년시절에는 향리에서 한학을 공부하고, 15세 이후에는 신식학문을 익혀 서울의 중동중학교와 의학전문학교를 졸업하였다. 그러나 23세 때인 1912년 가을에 인연에 의거 범어사로 입산하여 출가 득도의 길을 갔다. 당시 그의 출가 은사는 백용성이었는데, 이는 하동산의 고모부인 오세창과 백용성 간의 친밀성에서 나온 것이다.

범어사에서 출가한 그는 승려의 기본을 익힌 후에는 바로 선지식으로 이름을 떨치던 평안남도 맹산의 우두암의 방한암을 찾아가서 교학과 선의 공부를 하였다. 이후에는 범어사로 귀사하여 경전공부를 더욱 하였다. 그런데 1919년 3.1운동 당시 은사인 백용성이 민족대표 33인으로 활동함으로 인하여 서대문형무소에 수감이 되자 그는 백용성 옥바라지를 수행하였다. 백용성이 출옥한 1921년 봄, 이후에는 각처의 선원에서 참선수행에 나선다. 지금까지 익힌 교학의 바탕에서 사교입선하는 과정이었다. 그가 처음으로 발길을 향한 곳은 오대산 상원사이었다.[17] 상원사에서 참선수행을 한 그는 그해 가을에는 건봉사로 갔다. 당시 건봉사에는 새로운 선회 결사(禪會 結社)가[18] 시작되었는데 그 책임자는 방한암이었다. 방한암은 그가 우두암으로 찾아가 배운 스승이었다. 그는 결사회의 서기를[19] 보면서, 1922년 봄까지 참선 수행을 하였다.

건봉사 선회 이후에는 오대산 상원사, 속리산 복천암, 태백산 각화사에서 수행을 하였다. 1923년 봄에는 범어사로 귀사하였다가, 여름에는 함양 백운암에서 수행을 하였다. 그는 1923년 가을, 겨울에는 은사인 백용성이 주석하였던 백양사 운문선원에서『전등록』,『염송』,『범망경』,『사분율』을 배웠다고 전해진다.[20] 1924년 여름부터 3년간은 직지사에서 3년 결사를 하였다.[21] 3년 결사를 마친 그는 1927년 범어사 금어선원에서 하안거에 들어가 수행을 하던 도중인 7월 5일에 대나무 숲에서 바람에 부딪치는 댓잎 소리를 듣고 초견성의 오도(悟道)를 하였다. 당시 그는

---

17)『자비보살의 길』(불교영상, 1994), p.376. 이는 윤고암의「雲水生涯」라는 글이다.
18) 이 결사에 대한 전후사정은 김호성의『『바가바드기타』와 관련해서 본 한암의 念佛參禪無二論』,『한암사상연구』창간호(2006), pp.61~76 참조.
19) 그가 서기를 보았다는 기록, 건봉사 선회「제1회 동안거 禪衆芳啣 井 任員」은『한암일발록』(1996, 한암문도회)의 p.36에 나온다.
20) 문집에서는 이 시점을 1913년이라고 하였으나, 출가 직후에 이러한 공부를 하였다는 것은 수긍키 어렵다. 그리고 백용성은 1913년에는 서울 임제종중앙포교당(선종포교당)에 주석하며 도회 선포교에 주력하였다.『자비보살의 길』, p.376에서는 윤고암, 錦圃, 石庵 등 수좌 40여 명과 함께 운문암 선방에서 수행을 하였다고 한다.
21) 당시 수좌들의 조직체인 선학원의 선우공제회가 재정난, 노선의 혼미 등의 연유로 1924년 4월경에는 그 본부를 직지사로 옮겼다. 당시 직지사에는 서대암, 허일권, 김남천 등의 수좌가 주석하였다. 이렇게 수좌들이 모여들면서 자연적으로 3년결사에 이르렀을 가능성을 추론한다. 졸고,「일제하 선학원의 운영과 성격」,『한국근대불교사연구』(민족사, 1996), pp.111~117. 한편『선원총람』(조계종 교육원), p.666에서는 하동산이 윤고암 등과 함께 직지사에서 3년 결사를 하였다고 기술하였다.

그를 서래밀지(西來密旨)가 안전(眼前)에 명백(明白)하였다고 회고하였다.[22]

이후에는 선원의 조실로 근무하며 후학을 양성하고, 자신의 구경각을 향한 수행을 계속하였다. 즉 1929년 동안거(범어사 금어선원), 1930년 동안거(범어사 금어서원)시에 조실 소임을 보았으며,[23] 그리고 1932년에는 범어사 원효암에서 주석하며 지눌의『간화결의론』,『원돈성불론』을 보며 간경 수행을 하였다. 이렇게 그는 초견성 이후, 범어사 선원 조실의 소임을 살면서도 철저한 보임을 하였다. 이후 그는 1933년 동안거를 해인사 퇴설선원에서 지내며 조실의 소임을 맡았다.[24] 이때부터 1935년 3월까지는 해인사 퇴설선원에 있었다.

1935년 3월, 선학원에서 개최된 수좌대회(首座大會)에 참가하였다. 그는 수좌대회의 사전 준비, 실무 등 대회의 실질적인 주체였다. 이 대회는 한국불교의 전통의 수호, 선풍진작을 위해 1921년 11월에 설립된 선학원(禪學院), 1922년 3월에 결성된 선우공제회(禪友共濟會)의 전통을 계승하였다. 즉, 선학원은 1920년대 중반 일시적으로 후퇴하였으나 1930년에 가서는 재기하였다. 재기한 선학원은 선원과 수좌의 기반 하에 선의 대중화를 기하고, 나아가서는 한국불교 정체성을 회복하기 위한 목적에서 선학원 재정 기반의 강화에 주력하였다. 그러한 결실이 구체화 된 것이 1934년 12월, 재단법인 조선불교 선리참구원으로의 전환이었다. 이렇듯이 선학원을 재단법인체로 전환시킨 수좌들은 한국불교의 근본이 선종에 있음을 자각하고 당시의 불교 모순을 극복하기 위한 노력을 기울였는데, 그로 인해 1935년 3월의 전국수좌대회가 개최되었다. 1935년 3월 7~8일, 수좌대회를 주도한 수좌들은 선학원의 기반을 공고히 한 여력을 몰아서 전국 선원 및 수좌들의 조직체를 만들었다.

그 결과 조선불교선종(朝鮮佛教禪宗)이 창립되고, 선종 종무원(禪宗 宗務院)도 설립되었다.[25] 당시 수좌들의 그러한 현실인식은 대회에서 제정, 통과된 선종 종규에 나온다. 그 대회에서 하동산은 재단법인 설립을 주도한 임시 발기회의 주도세력에[26] 의해서 법인 정관 시행세칙 기초위원 겸 수좌대회 준비위원으로 위촉을 받았다.[27] 수좌대회 준비위원들은 1935년 3월 3~4일, 준비위원회를 개최하여 대회를 준비하였다. 하동산은 준비위원회와 수좌대회에서 대회순서 작성위원 그리고 종규, 종정회 규칙, 종무원칙, 선회규칙, 선의원회 규칙 등의 기초위원, 그리고 의안 심사위원, 종규 및 제 규약의 낭독위원을 역임하였다. 그리고 대회에서는 선의원(禪議員), 순회포교사(巡廻布教師)에 선출되었다.[28] 이렇듯이 하동산은 선리참구원으로의 전환에 주도적으로 참여하였고, 수좌대회의 발기를 하지는 않았지만 대회의 준비위원회, 수좌대회에서는 핵심적

---

25) 이는 대회 종료 후 수좌들이 발간한 『조선불교수좌대회록』에 나온다. 필자는 이를 입수하였고, 그를 분석하는 글, 「조선불교 선종과 수좌대회」『불교근대화의 전개와 성격』, 조계종출판사, 2006)를 집필하였다.
26) 그들은 송만공, 김남전, 김현경, 기석호, 윤서호, 변유심, 이탄옹, 김적음 등이었다. 이들은 1933년 3월 20일에 임시발기회를 선학원에서 개최하였다.
27) 그 위촉은 범어사 출신인 기석호의 추천이 작용한 것으로 보인다. 위촉받은 대상은 기석호, 정운봉, 황용음, 박대야, 박고봉, 김적음, 하용봉, 김일옹, 이탄옹, 김익곤 등이다.
28) 선종의 주요 간부 소임에는 종정은 신혜월, 송만공, 방한암이며 종무원장에 오성월, 부원장에 설석우, 서무부 이사 이올연(청담), 재무부 이사 정운봉, 교화부 이사 김적음이 선출되었다.

인 주도자로서 역할을 하였다.

선종을 주도한 수좌, 동산의 정신은 종규 선서문의 이념에서 찾을 수 있다. 그 선서문에 나온 정신의 요체는 불교정화의 이념이다. 여래의 정법이 실의 끝자락 같은 금일이라고 한 것, 천하의 정법이 금일의 위기에 처하였다는 현실인식은 곧 불교의 근본이 무너지고 있음을 직시한 것이다. 여기에서 지적한 불교의 현실은 불교계에 대처승이 등장하고, 그로인하여 사찰 및 불교의 원융살림이 방치되어, 상구보리 하화중생 하는 승가의 근본이 팽개쳐진 것을 의미한다. 하동산은 그런 현실을 직시하고, 그를 근원적으로 개혁할 주체로서의 수좌들의 재발심을 독촉하고, 그를 추동할 조직체인 선종과 종무원을 결성하였다고 볼 수 있다.

그러면 하동산이 어떤 계기로 이런 인식을 하였고, 왜 최일선에 서게 되었는가? 지금껏 필자가 제시한 바와 같이 하동산은 수행에만 주력하고 불교계에서의 구체적인 활동에는 거의 나서지 않았다. 그럼에도 1935년 수좌대회에 나선 그 요인은 은사인 백용성이 식민지 불교를 극복하고 불교의 근원을 회복하려 한 결단과 무관할 수 없을 것이다. 그리고 그가 40대 초반에 범어사 선원의 조실을 역임한 수좌계의 중견 지도자이었음도 배제할 수는 없다.

백용성은 1926년 5월, 9월 불교의 근본을 파괴하는 주범을 승려의 대처식육으로 보고 그를 차단하기 위한 노력을 하였다. 그는 총독부에 대처식육을 금지 해달라고 건백서를 제출했다.[29] 당시 백용성은 뜻을 같이 하는 수좌 127명의 동의를 받아 대처식육을 금지시키든가, 아니면

---

29) 졸고, 「1926년 불교계의 대처식육론과 백용성의 건백서」, 『한국 근대불교의 현실인식』, 민족사, 1998.

무처승려와 유처승려를 구분하여 무처승려만이 수행할 수 있는 전용 본
산의 할애를 요청하였다. 그러나 일제는 백용성의 요청을 거부하고, 오
히려 대처승도 본사 주지에 취임할 수 있는 사법의 개정을 장려, 권유하
였다. 그리하여 1926년 후반부터 대처승의 합법화, 가속화가 단행되었
다. 이후 백용성은 대처승의 합법화를 수용하는 교단, 사찰재산을 팔아
버리는 승단과는 동거할 수 없다고 보고 독자적인 길로 나갔다. 그것이
대각교 창립이었다. 이에 백용성은 1927년에 대각교를 선언하고, 대각
교 중앙본부 및 지부를 설립하고, 선농불교 및 선율을 겸행하는 불교를
실천하였다.[30] 이러한 백용성의 노선과 지향은 상좌였던 하동산에게도
강력한 영향을 주었다고 볼 수 있다.[31]

　수좌대회에 참가하여 조선불교 선종, 종무원을 출범시킴에 일조를 한
하동산은 1935년 하안거를 설악산 봉정암에서 났고,[32] 그해 동안거는
범어사 금어선원으로 복귀하여 조실의 소임을 맡았다.[33] 1936년 동안거
때부터[34] 그의 은사인 백용성이 범어사 금어선원의 조실로 와 있었다.[35]
당시 용성은 그의 대각교 운동이 일제의 탄압을 피하기 위해 대각교 현
판을 내리고, 대각교 재산을 정리하는 은둔의 자세를 견지하였다. 이에

---

30) 졸고, 「백용성의 불교개혁과 대각교운동」, 『새불교운동의 전개』, 도피안사, 2002,
　　pp.286~291.
31) 백용성의 건백서에 서명한 127명의 대상자에 하동산도 포함되었을 가능성이 있지만 기
　　록의 부재로 그를 단언할 수는 없다.
32) 『문집』 행장, p.369.
33) 『근대불교 방함록』, p.335. 이때의 법명은 龍峰으로 나온다.
34) 『근대불교 방함록』, pp.337~338. 용성은 1937년 하안거에도 범어사 금어선원에 있었다.
35) 『불교시보』 17호(1936.12.1), p.6, 「인사소식, 백용성선사 대본산 범어사 내원암 종주로
　　취임」. 『근대불교 방함록』, pp.337~338에는 1936년 동안거, 1937년 하안거의 조실로
　　백용성으로 전한다.

1936년 7월 16일에는 해인사 측과 교섭하여 이전 수속을 하였다.[36] 그러나 이 약정은 파기되어, 범어사와 재교섭을 하였다. 그 결과 대각교당의 기지와 건물, 화과원의 기지와 건물, 간도 용정의 교당·부동산 등 10만원 상당 재산이 범어사에 제공되었다.[37] 이로써 1936년 11월 대각교 현판은 내려지고 대각교당도 범어사 경성포교소로 전환되었다.[38] 용성이 이렇게 범어사에 머물면서 대각교를 정리하던 그 무렵, 1936년 11월 18일 하동산은 백용성에게 계율을 전수받았다.

하동산은 백용성에게 전계증을 받기 이전, 즉 1936년 하안거를 태백산 정암사에서 났다가, 그해 동안거 때에는 해인사에 내려와 퇴설선원의 조실로 근무하였다.[39] 바로 그 때에 하동산은 은사 백용성의 부름을 받아, 범어사에서 백용성이 지니고 있었던 계맥을 전수받았다. 당시 하동산에게 전한 그 전계증은 다음과 같다.

36) 그 조건은 대각교의 동산, 부동산 등 일체 재산을 명의 변경하고, 용성과 용성의 제자 6인이 중심이 되어 포교소 운영과 자선사업을 계속해 가는 것이었다. 졸저, 『용성』(민족사, 1999), p.230. 『불교시보』 13호(1936.8.1), p.7, 「대각교당을 해인사경성포교소로 변경」.
37) 그 대신 범어사에서는 매월 초하루의 100원씩을 경성포교소에 지불하여 경비로 충당케 하였다. 『불교시보』 17호(1936.12.1), p.6, 「대각교당이 다시 대본산범어사 경성포교소로 이전 수속」.
38) 그러나 얼마 후 백용성은 '조선불교선종 총림'이라는 간판을 갖고 독자적인 행보를 갔다. 『불교시보』 42호(1939.1.1) 근하신년란에 경성부 봉익정 2 조선불교선종 총림이라고 나온다. 그리고 1939년 4월 18일에 나온 『지장보살본원경』에도 발행처가 경성부 봉익동 1번지 조선불교선종 총림 삼장역회라고 나온다.
39) 이는 『문집』의 행장 p.370 참조. 그런데 현전하는 해인사 퇴설선원의 방함록에는 그의 이름이 전하지 않는다. 해인사에 주석하였지만 안거 수행에는 참가하지 않을 수도 있다.

吾今所傳戒脉 朝鮮智異山 七佛禪院 大隱和尙 依梵網經 誓受諸佛淨戒
七日祈禱一道祥光 注于 大隱頂上 親受佛戒後 傳于錦潭律師 傳于梵海
律師 傳于草衣律師 傳于禪谷律師 傳至于吾代 將次海東初祖所傳 張大
敎網漉人天之魚寶印 以爲戒脉與正法眼藏正傳之信 慇懃付與東山慧日
汝善自護持 令不斷絕 與如來正法住世無窮

世尊應化 二九六三年 丙子 十一月 十八日

龍成 震鍾 爲證

東山慧日 受持[40]

이 전계증에 나오듯이 백용성은 그가 수지하였던 조선후기의 자생적
인 서상수계(瑞祥受戒)의 계맥, 자주적인 계맥을 하동산에게 전수하였다.
그 계맥의 전수는 『불교시보』에도 다음과 같이 나온다.

白龍城 禪師는 朝鮮佛敎 固有의 戒脈을 東山 慧日師의게로 傳하엿는대
그 由來한 禪師의 系統을 보면 아래와 갓다고 한다.
大隱和尙 錦潭和尙 梵海和尙 禪谷和尙 龍城和尙 東山和尙[41]

그러면 백용성은 자신의 계맥을 어떤 연유로 하동산에게 전하였는가?
이에 대해서는 다양한 접근이 가능하다. 지금껏 그는 하동산의 수행, 선
지가 뛰어난 것에서 찾았다. 필자는 그를 1936년 초반부터는 일제 탄압
에 직면하면서, 자신의 삶의 총체성을 총정리한 백용성의 결단의 일환

---

40) 『문집』, p.370. 이 자료의 원본은 현재 범어사 성보박물관에 소장되어 있다.
41) 『불교시보』 18호(1937.1.1), p.13, 「朝鮮佛敎의 戒脈直傳과 白禪師의 傳戒」.

으로 본다.

그런데 백용성은 1940년 음력 2월 24일에 입적하였다. 이후 하동산은 1941년 하안거부터 해방되는 그날까지 줄곧 범어사 금어선원의 조실로 주석하였다.[42] 하동산의 문도인 송백운의 회고에 의하면 백용성이 입적하자 선수행을 치열하게 하여 마침내 깨쳤다고 한다.[43] 이렇게 백용성 입적 이후 하동산이 깨친 시점은 정확하지는 않지만, 이는 일반적으로 말하는 구경각의 깨침으로 볼 수 있다.

하동산이 불교정화의 기치를 두 번째로 구현한 것은 1941년 2월 26일부터 10일간 선학원에서 개최된 유교법회(遺敎法會)에서의 설법이었다. 이 대회는 일본 불교의 침투로 인하여 청정 승풍이 쇠약해지는 것을 차단하면서 청정법맥을 진작시키기 위한 목적에서 개최되었다. 하동산은 당시 그 법회에 참가하였다.

> 去 이월 이십육일부터 십일간 府內 안국정 禪學院에서는 雲水衲僧 古
> 德諸師의 遺敎法會를 열고 박한영, 송만공, 채서응, 김상월, 하동산 제
> 선사의 범망경, 유교경, 조계종지에 대한 설법이 잇섯다고 한다.[44]

당시 그 법회에는 운수납자 40여 명이 참가하였는데 대표급 수좌들이

---

42) 이에 대한 근거는 『근대불교 방함록』의 범어사 해당 연도 편에 구체적으로 전한다.
43) 송백운은 필자에게 "용성스님이 열반을 하시니 용성스님이 살아 계실 적에 깨쳐야 하는데 그리 못한 것이 평생의 한이라고 생각하고는 용맹정진을 하였더니 금방 깨쳤다고 하였습니다. 그래서 이렇게 쉬운 것을 진작 철저하게 하지 못한 것을 아쉬워하였답니다."고 증언하였다.
44) 『불교시보』 69호(1941.4.15), 「선학원의 유교법회」.

설법을 하고, 대회 종료 후에는 수좌대회를 열고, 기념사업으로 비구승 중심의 범행단(梵行團)을 조직하여 선학과 계율의 종지를 선양하기 위한 노력을 기울였다. 그리고 수좌들은 제2회 조선불교선종 정기 선회(禪會) 를 개최함과 동시에 선리참구원의 이사회와 평의원회도 열었다.[45] 당시 대회에 참가한 하동산이 설법한 주제는 전하지 않는다.

하동산은 1941년 9월에는 『용성선사어록』을 발간하였다. 이 어록의 동 산 발문을 보면 동산이 백용성의 상수제자이면서 백용성의 법을 계승하 려는 의식이 충만하였음을 알 수 있었다. 이렇듯이 하동산은 백용성의 법과 정신을 계승, 구현을 불교정화로 하겠다는 의식을 갖고 있었다. 한 편 그는 1943년에는 범어사 금강계단의 단주(壇主)로 취임하였다. 즉 그 는 범어사 계단의 전계대화상(傳戒大和尙)이 되었다. 1892년(고종 29), 대 구 용연사의 만하(승림)[萬下(勝林)]는 계법 중흥을 위해 중국 북경의 법 원사(法源寺)의 황성계단(皇城戒壇)에 가서 대소승계를 받아 왔다. 그리고 1897년에는 통도사 금강계단에서 통도사 서해담(徐海曇), 범어사의 오성 월(吳惺月) 등에게 전수하였다. 이에 범어사에서는 1904년부터 금강계단 을 만들어 사미계, 사미니계, 비구계, 비구니계, 보살계 등을 승려 및 재 가자에게 전수해 왔다. 그 계맥은 오성월, 경념, 정운봉, 영명으로 이어 져 왔는데 이제는 그 맥이 하동산에게로 전해진 것이다. 이로써 하동산 은 조선의 자생적인 계맥과 함께 중국에서 유입된 계맥까지[46] 겸수하여 그 위상이 더욱 올라갔다.

지금껏 살핀 바와 같이 하동산은 경학 공부, 참선 수행을 한 후 범

45) 『불교시보』 69호, 「재단법인 선리참구원의 이사회급평의원회」.
46) 이지관, 『한국불교계율전통』 (가산불교문화연구원, 2006), pp.253~262.

어사, 해인사에서 조실로 활동하였다. 그리고 그는 1935년 수좌대회와 1941년 유교법회에서 선종 창건, 종무원 설립, 선풍진작, 계율수호, 전통불교 수호의 견인차 역할을 하였다. 이는 당시 수좌계에서 지도자 반열에 서 있었음을 말한다. 그리고 1936년에는 백용성의 계맥을 계승하고, 1943년에는 범어사 금강계단의 단주로 취임하였다. 이러한 계맥의 계승은 그가 계율수호라는 더욱 구체적인 책임을 갖게 되었음을 말한다. 이는 자연스럽게 전통불교 수호, 식민지 불교의 극복을 통한 불교정화라는 노선을 가게 되었다고 볼 수 있는 단서이다. 하동산은 일제하의 불교에서도 불교정화와는 불가분의 관계에 처하여 있었다고 보고자 한다.

1945년 8·15 해방이후 하동산은 범어사 선방에 주석하면서 당시 불교의 문제점을 직시하고 있었다. 그에 대한 문제는 1950년 6·25전쟁으로 전국의 수좌들이 범어사로 몰려들면서 수좌계 존립이라는 구체적인 문제로 부각되었다. 요컨대 수좌들의 수행공간의 부족, 수좌의 생존 문제 등이 바로 그것이다. 이 문제는 마침 범어사를 방문한 이승만 박사에게도 전달되었다. 그러나 그 건의는 종단 집행부인 대처승들에게 전해져, 오히려 하동산과 범어사에서 수행중인 수좌들이 곤욕을 치루는 것으로 비화되었다. 이에 하동산은 이런 수모를 겪으면서 자연 불교정화의 필요성을 절감케 되었다. 이에 하동산은 불교정화가 1954년 5월에 발발하자 자연 그 운동의 지도자로 부상하였다. 당시 그는 '빈주(賓主)'가 전도된 것을[47] 바로 잡아야 한다면서 정화의 필요성을 강력 주문하였다.

---

47) 1954년 8월 24~25일, 선학원에서 개최된 전국비구승대표자대회에서 그는 이렇게 발언하였다. 이 대회에 대한 전모는 졸고, 「전국 비구승대표자대회의 시말」, 『근현대불교의 재조명』, 민족사, 2000 참조.

그 결과 그는 정화공간에서 종정으로 추대되고, 정화운동의 실질적인 지도자로 활동하였다. 이러한 그의 행보는 백용성에게서 전수한 계맥, 계승한 계율 사상을 적극 실천하는 성격을 갖는 것이었다. 그의 시좌였던 송백운에 의하면 그가 불교정화에 나선 것은 그의 은사인 백용성이 대각교를 세워 불교의 근본을 수호하려고 한 것과 같은 것으로 발언하였다는 것에서 그의 계승의식이 투철하였음은 분명하다. 당시 그는 불교정화가 성공치 못하면 백용성과 같이 교단을 이탈하여 대각교를 다시 세우겠다는 다짐을 하였다고 한다. 다행히도 그가 의도한 불교정화는 외형적으로 성공하여 오늘날의 조계종단을 재건하였다.

그리고 그는 범어사의 계단의 역사와 전통에 대한 강한 자부심을 갖고 있었다. 이는 그가 범어사 출신이라는 점, 범어사의 조실과 금강계단의 전계사를 장기간 역임한 것, 범어사에서 용성의 계맥을 전수받았던 측면에서 나온 것으로 보여진다. 그는 조계종의 종정을 두 차례를 역임하고 통합종단이 1962년 4월에 출범하자 이제는 범어사로 내려와 있었다. 그런데 당시 계단법에는 구족계 사찰의 대상 사찰에서 범어사는 제외되고 통도사, 월정사, 송광사, 법주사는 포함되었다. 이 계단법이 통과될 때에도 통도사만 운용이 되고 여타 사찰은 실제 설비가 부재하였다. 이에 하동산은 범어사 금강계단을 구족계 전수 대상처로 포함시킬 것을 종단에 정식으로 요청하였다. 그는 그 문제를 공문에 의해 종단에 문제 제기를 하였다. 그 공문에 첨부된 『건의서(建議書)』 주요 내용을 제시한다.[48]

---

48) 이 공문(佛梵制1號, 1965.1.5)은 조계종단 종회 사무처에 보관되어 있다. 필자가 『사진으로 본 통합종단 40년사』(대한불교조계종, 2002)의 기획, 편집작업을 하면서 종회 자

1) 취지

新宗團 수립 후 종단 내외는 급속한 발전을 지향하여 커다란 전진을 이룩하였습니다. 특히 신종단이 새로운 이념을 구체화 하는데 있어 어디까지나 佛陀의 垂訓과 전통을 토대로 하고 그 위에 현실적인 기술을 고려하는 것이 宗政의 기본 방침이었습니다. 그럼으로써 종단 질서는 급속히 현실적 안정을 이룩하였고 미래의 급속한 발전이 약속된 것입니다. 그러나 이러한 종정 기본방책을 구현함에 있어 종단 수립초기에 종단 조직의 시급성이라는 시간적 압력 사정이 불행히도 전통과 실정과 지방적 관행을 충분히 조사하지 못하고 이에 위배되는 종법을 제정함으로써,

① 그러한 종법 조항은 실행되지 못하는 명분뿐인 死文이 되었고,

② 현실은 현실대로 전통을 계승하여 실천되어 갔으며,

③ 따라서 종법의 해당 조항은 사실상 휴지화 되어 종법의 권위는 低下하였으며,

④ 이에 대한 종단적인 無規制 상태는 종단의 전체적인 발전에 不利를 제공하고 있는 것입니다.

그것은 다름이 아니고 현 戒壇法이 한국의 장구한 傳統과 確定되어 있는 관행을 위배하여 梵魚寺 戒壇의 기능을 無視(制限)하고 있는 것을 지

료를 열람하였던 수년전 이 자료를 발견하고, 이를 복사하여 보관하고 있었다. 이 공문의 수신은 중앙종회 의장이고, 제목은「戒壇法 改定에 關한 建議書 提供」이다. 공문에 첨부한 건의서는 1964년 12월 25일에 범어사 주지인 하동산이 작성한 것으로 '自添'이라고 되어 있다. 건의서는 미농지 3매인데 도입부, 중간, 후반부 등에 하동산의 인장이 찍혀 있다. 그런데 건의서는 '大韓佛敎曹溪宗 宗正 李曉峰 大和尙 猊下'에게 보내는 형식을 취하였다. 건의서의 일부 문장은 현대 어법으로 필자가 수정, 보완하였다.

적하고자 하는 바입니다. 누구나 다 아는 바와 같이 범어사 계단은 국운이 극도로 쇠잔하고 宗風이 여지없이 타락되었던 舊 韓國末 종풍의 重闡과 국운의 재흥을 목표로 禪院의 개설에 이어 1901년 金剛戒壇을 개설하였던 것입니다. 그 후 왕조의 몰락, 국가의 병합, 민족의 수난, 종풍의 혼란, 조국의 광복, 해방 후의 사회변동 이루 말할 수 없는 대혼란의 소용돌이 속에서도 단 一回도 欠함이 없이 계속 계단을 개설하고 比丘戒 菩薩戒를 設하여 현재까지 六四개 星霜의 전통을 쌓았으며 한국불교의 모체를 배양하는 결정적 역할을 수행하여 왔던 것입니다. 64개 성상의 전통과 한국불교의 모체를 담당하여 온 우리 불교의 가장 영예로운 역사적 사실을 무시하는 종법이 종단에 어떠한 이익을 주겠습니까.

이익은 고사하고 그 현실을 보겠습니다. 누구나 다 아시다시피 적어도 계단법의 同 조항마저도 실시되지 못하였던 것은 너무나 당연합니다. 그러면 계단법 실시 前은 且置하고 실시 후에 있어 과연 비구계는 어느 곳에서 設하였습니까. 종법은 四개처에서 비구계를 설할 것을 규정하고 있으나 실지는 單 한곳도 설하지는 않았고 오직 범어사에서만이 계속 설하여 왔던 것입니다. 그것은 아무도 어쩔 수 없는 필연의 귀결이었습니다. 그런데도 종법은 공허한 조문만을 규정하여 놓고 한국불교의 영예로운 전통과 역사적인 현실을 계속 무시하고 그 단절을 기도하여야 하겠습니까. 이러한 모순과 비리와 불리와 비현실과 종풍에 대한 파괴적인 악조항은 단연 개정되어야 하겠습니다.

2) 건의 요지

현행 계단법이 비구계단의 설치를 한정하되 유사 이래 한국 유일의 영

예로운 64회 개설 전통을 가진 범어사 계단을 여기에서 제외함으로서
결과적으로 한국불교가 가지는 영예로운 전통의 단절을 齎來하고 있으
며 따라서 종단의 혼란은 조장되고 발전은 장애되고 있습니다. 그러므
로 동법의 동 조항은 제정 후 지금껏 시행되지 않고 있으며 국내에서
범어사 계단만이 계속 비구계를 설하고 있습니다.

그러므로 이러한 전통과 현실을 참작하여 다음과 같이 계단법을 개정
하심을 건의하는 바입니다.

戒壇法 第七條 一項을 다음과 같이 改定한다.

第七條(戒壇의 位置) 구족계 계단은 월정사, 법주사, 통도사, 범어사, 송
광사에 두고 사미계단과 보살계단은 각 본사에 둔다.

이렇게 그는 범어사 계단의 역사와 전통에 대한 자부심을 제시하고,
62년 통합종단의 계단법에서 범어사가 제외된 것을 준열하게 비판하였
다. 그리하여 범어사가 마땅히 구족계 계단의 대상 사찰에 포함되는 종
법인 계단법이 개정되어야 한다고 요청하였다.[49] 이러한 범어사 계단을
한국불교의 중심으로 인식하고 그 역사를 계승하려는 의식은 백용성 계
율사상 계승의식의 범주에 포함시켜도 무방할 것으로 본다.

지금껏 살펴본 바와 같이 그의 용성 계승의식은 주로 교단 차원에서
토착화되었다. 수좌대회, 유교법회, 정화운동, 범어사 계단 계승의 노력
등이 바로 그것이었다.

---

49) 그런데 이러한 건의에 대한 종단 차원의 후속조처는 알 수 없다. 그리고 그는 그 건의
를 하고 수개월 후인 음력으로 3월 23일(양력, 4월 24일)에 입적하였다.

3. 고암의 지계정신과 승단정화

윤고암(1899~1988)은 조계종의 종정을 1960~70년대에 세 차례나 역임하였다. 그리고 그는 일평생 자비보살, 청정 율사라는 호칭을 받았는데,[50] 여기에서 그의 계율정신의 성격을 단적으로 파악할 수 있다. 그가 이러한 호칭을 받은 것은 그 자신의 철저한 수행의 산물이기도 하지만 거기에는 은연중 자신의 법사인 백용성에게서 전수한 지계정신, 계맥의 전통이 구현되었다고 필자는 보고자 한다. 그는 범어사 금강계단의 전계사를 역임하였으며,[51] 조계종 제2회 단일계단(제1회 구족계, 제2회 사미 사미니계 수계산림)의 전계대화상도 역임하였다.[52] 그리고 전국 각처의 보살계 법회에 참석하여 재가신도의 올곧은 수행을 추동하였다. 이러한 배경 하에서 그의 행장, 수행이력, 그리고 계율과 연관된 불교정화 정신의 요체를 추출하고자 한다.

윤고암은 경기도 파주군 적성면 식현리 출신이다. 그는 유년시절에는 서당에서 한문을 수학하고, 적성 공립보통학교를 졸업하였다. 그런데 17세 되던 해의 여름, 우연히 걸승(乞僧)을 만나 도봉산 회룡사에 머물렀다. 회룡사에서 나온 그는 서울로 오다가 화계사에서 승려들이 염

---

50) 조오현, 「자비보살의 무소유 실천, 古庵스님」, 『현대 고승인물 평전』(불교영상, 1994), pp.106~107.
51) 범어사의 금강계단 호계첩문에는 동산으로부터 전계를 받았고, 고암은 석암에게, 석암은 다시 고암에게, 고암은 자운에게, 자운은 광덕에게 전한 것으로 기재하고 있다. 『한국불교계율전통』, p.165, p.255. 그런데 이에 대한 근거는 파악하기 힘들다. 추측건대 이는 현실적인 전계대상을 이어 온 것으로 보인다.
52) 『단일계단 20년』, p.193의 「임원명단」. 그 산림은 1981년 10월 30일~11월 6일에 해인사에서 개최되었다.

불하는 것에 매료되어 수개월 동안 체재하였다. 그러나 그는 화계사, 삼
성암에 있는 것이 답답하여 서울 근처로 내려 와서 각 사찰을 순회하다
가, 백용성을 만나게 된다. 당시 백용성은 깨침 이후 1911년부터는 서울
로 올라와 포교활동을 하고 있었다. 처음에는 신도집에서[53] 선포교 활
동을 하다가, 1912년부터는 3년간 임제종중앙포교당의 개교사장(開敎師
長)으로 있었다. 그러나 그 포교당이 일제의 외압으로 어려움을 겪게 되
자 1914년부터는 종로의 장사동에서[54] 독자적인 포교활동을 하였는데,
당시 내건 간판은 선종임제파강구소(禪宗臨濟派講究所)였다.[55] 바로 이때
고암은 백용성을 만나게 된다. 고암이 회고한 정황은 다음과 같다.

> 그後, 東大門 밖에 있는 말집에 있으면서 가끔 近處의 절 구경을 하던
> 中, 十八才되는 가을, 市內 寺洞을 지나가는데 사람들이 布敎堂이라 일
> 러주는 작은 절에 臨濟宗간판이 나붙었고 사람들이 많이 모여 있었다.
> 들어가 보니 뚱뚱하고 厚德한 스님 한 분이 부처님 말씀을 하신다.(註,
> 이 스님이 師의 스승이신 白 龍成大宗師) 속으로 나도 저리 공부를 해봤으면
> 하고 흠모했지만 그날은 돌아오고, 間或 生覺이 나면 몇 달만에 한번씩
> 찾아가서 말씀을 듣다가, 十九才되는 여름엔 每日 가서 듣는데, 禪師

---

53) 가회동 211번지인데, 이곳은 1913년 6월 백용성이 간행한 『귀원정종』의 저자 겸 발행
  자(백용성)의 주소로 나온다. 한보광은 이를 백용성이 상경 초기에 머물렀다는 강영균
  의 집으로 추정한다. 그러나 1911년에는 姜氏家에 있었는데 이 강씨가의 주소는 현재
  단정키 어려우며, 가회동 211번지 康永均의 집은 임제종중앙포교당에서 나온 직후에
  머물던 곳이 아닌가 한다.
54) 이곳은 서울 종로 3가 종묘 앞, 세운상가가 시작되는 동네이다.
55) 『매일신보』 1915.5.14, 「선종임제파강구소」. 그런데 일본 학자(村山智順)가 정리한 『조
  선의 유사종교』(1936)의 대각교편에서는 백용성이 건설한 선종포교당은 1914년이라고
  소개하였다.

말씀이, 金剛經 法門이라 한다.

한번은 질문을 했다. "金剛經 말씀이 모두 비여 空했다. 모든 형상이 꿈과 같다 하니 이는 어찌 함입니까?" 禪師께서 잠깐 있다가(良久) "金剛般若다." 하고 靑天霹靂같은 한마디를 던진다. 큰소리에 깜짝 놀라 電氣를 만진 듯 퍼뜩 새 精神이 돌아왔다.

그 後부터는 극진히 禮拜하고 俗人으로 있어도 法師스님으로 모실 것이며, 僧이 되어도 法師스님으로 모실 것이라고 맘속으로 깊이 다짐했다. 그 卽時 스님을 따라 望月寺에 가서 있다가 얼마 後 海印寺로 내려왔다.[56]

이 회고는 윤고암과 백용성의 운명적인 만남을 전해준다. 해인사로 온 고암은 당시 해인사에 있던 선사인 제산을 은사로 하여 정식 출가를 단행하였다.[57] 출가한 그는 해인사 강원에서 사미과정을 배우고, 제산이 직지사로 가게 되자 그도 동행하여 운수의 길을 떠났다. 그는 개성 화장사에서 안거 수행을 하였으나, 1919년 3·1운동이 일어나자 1개월간 대중들과 함께 만세운동을 하였다.

그러나 일제의 탄압이 시작되자, 그는 걸망을 지고 강원도를 거쳐, 석왕사에 가서 수개월간 체류하였다. 그는 금강산의 신계사 보운암, 건봉사 보제암, 유점사, 마하연, 표훈사, 신흥사, 불영사, 고운사, 파계사,

---

56) 「雲水生涯」, 『자비보살의 길』(불교영상, 1990), p.371. 윤고암의 행장, 이력은 기본적으로 이 자료를 참고하였다. 특별한 경우가 아니면 이에 근거하였음을 밝힌다.
57) 당시 제산은 고암의 내력을 듣고서는 백용성을 은사로 하여 출가할 것을 권유하였다. 그러나 고암이 백용성은 법사로 정한 스님이었다는 고백을 들은 후에 자신이 은사되어 줄 것을 허락하였다.

동화사, 은해사, 통도사 보광전, 서울 정동 포교당,[58] 보개산 등지에서 경학을 배우고 참선을 익히며 각처를 만행하였다.

이러한 만행을 하던 그 무렵 선학원이 창건되고, 전국 수좌들의 자생적인 조직체인 선우공제회가 결성되었으니 그때는 1922년 3월 30일～4월 1일이었다. 당시 윤고암은 선우공제회의 창립총회에 윤상언(尹祥彦)의 법명으로 참가하였음을 알 수 있다.[59] 당시 윤고암의 참여 내용을 보면 다음과 같다.

> 覺皇寺에서는 全國僧侶大會를 數日間 하는데(우리 佛敎를 日本佛敎에 예속
> 시키려는 大會) 한편 선학원에서는 全國 首座가 모여 禪友共濟會를 조직
> 했다.(禪宗行客 衲子로는 이것이 첫모임이다. 수년 후 禪理參究院이라 改稱하고
> 財團法人이 되었으니 至今의 禪學院 財團法人이 그것이다)
> 나는 당시 共濟會 五臺山 上院寺支部 設定員으로 策定되어 五臺山에
> 들어갔다. 上院寺에는 河東山스님이 계셔서, 禪師를 모시고 共濟會支
> 部 禪院을 設定했다. 坐禪도 하고 寂滅寶宮에 들어가 기도도 하며, 四
> 敎도 보다가, 八, 九月 頃에 五臺山을 내려와 葛來舍利塔을 參拜하고,
> 八公山 大乘寺로 갔다.[60]

이렇게 그는 선학원, 선우공제회의 핵심 수좌로 활동하였다. 선학원

---

58) 이 포교당은 해인사 주지를 역임한 이회광이 세운 포교당으로 고암은 海門禪師를 조실로 초빙하여 禪室을 낸다기에 그 해문선사를 시봉하기 위해 따라갔다고 하였다.
59) 졸고, 「일제하 선학원의 운영과 성격」, 『한국근대불교사연구』 민족사, 1996, p.106. 당시 창립총회에 참석한 대상자는 송만공, 오성월, 백학명, 이해산을 비롯한 35명이었다.
60) 위의 「운수생애」, p.376.

은 일제불교 침투에 의해 불교의 근본, 한국불교의 정체성이 상실되는
것을 차단하기 위해 등장하였기에 자연적으로 일제불교에 저항, 민족불
교 지향의 뜻이 담겨 있었다. 달리 말하면 철저한 수행, 계율 수호에 대
한 원력이 개재되었는 바, 바로 윤고암이 그 중심에 있었음은 윤고암의
지계정신이 수좌 시절부터 견고하였음을 파악케 한다.

 1922년 4월 8일, 해인사에서 백용성에게 구족계 및 보살계를 수지하
였다.[61] 그후 그는 상원사로 들어가 상원사를 선학원 지부 선원으로 책
정을 하는 주역으로 활동하고, 상원사에서 수행까지 하였던 것이다. 상
원사에서 나온 그는 대승사로 갔는데, 그 이후에는 김용사, 용문사, 명
봉사를 거쳐 직지사로 들어가 제산을 시봉하며 수행하였다. 직지사에서
나와서는 해인사로 가서 다시 사교를 보다가, 정혜사로 가서는 만공의
회상에서 좌선 수행을 하였다. 정혜사에서 나와 백용성이 창건한 사찰
인 대각교당에서 사교를 보다가 백양사의 운문암을 백용성에게 제공한
다고 하여 윤고암은 운문암에 가서 철저한 수행을 하였다. 그리고 1925
년부터 백용성이 망월사에서 시도한 만일참선결사회(萬日參禪結社會)에도
참여하였다.[62] 이 정황도 아래의 윤고암의 회고가 참고된다.

 白羊寺에서 黃一球氏의 紹介로 雲門庵을 龍成스님께 드린다기에 禪房
 을 차리기로 合議하고 나는 그 先發隊로 雲門庵에 내려가서 三冬에 四,
 五十名 衲子가 勇猛精進했다. 龍成大宗師 主宰下에 河東山, 石庵 錦圃
 等의 善知識과 같이 지냈다. 二十六才되는 甲子年(필자주, 1924)에도 그

61) 이는 『자비보살의 길』의 「고암대종사 연보」에 의거한 것이다.
62) 고암은 그 결사 참가 동기를 소문을 듣고 참석하였다고 하였다.

곳에서 默言精進했다. 그해 여름을 나고는 운문암을 떠나 直指寺에 가
서 坐禪했다. … (중략) …

때에(필자주, 1925) 龍成大宗師께서 年前 智異山 七佛에서 組織한 萬日
禪會參禪結社를 望月寺에서 冬節부터 계속한다기에 서울로 올라가니
五, 六十名 衲子가 모여 있다. 薛石友 和尙으로 首座를 定하고 鄭雲峰
和尙으로 立繩을 定하여 純一하게 精進했다. 全大衆이 午後不食, 默言
하고 아침 供養은 죽과 찬 두 가지, 巳時에는 齋供을 올리고 찬 세 가지
로 겨울을 났다. 丙寅年(필자주, 1926)에는 二八才라, 여름에 萬日禪會를
千聖山 內院寺로 옮기게 되어, 四, 五十名 大衆이 精進하는데 나는 默
言 정진 하였다.[63]

위의 내용, 즉 운문암의 수행과 망월사 결사회 동참 등은 모두 백용성이
주관한 것이었는데, 이는 윤고암이 백용성의 수행정신을 철저하게 체득
하였음을 말하는 단서이다. 그런데 만일참선결사회는 활구참선을 견지하
면서 견성성불, 광도중생을 결사의 목적으로 내세웠지만 그 수행의 방법
은 오후불식(午後不食), 동구불출(洞口不出), 평시묵언(平時默言)이었다.[64] 그리
고 결사회는 선율(禪律)을 병행하는 규칙을 근간으로 하였기에[65] 계율 수
호정신과[66] 무관할 수 없는 것이다.[67] 이러한 원칙을 고암은 분명하게

---

63) 위의 「운수생애」, p.377.
64) 『불교』 15호(1925.9), 「결사회 규칙, 입회자 주의사항」.
65) 『용성선사어록』, 「萬日參禪結社會 創立記」.
66) 범망경과 사분율을 준수하려고 결심한 자, 범행이 청정한 자를 입방 자격을 제시하고
    半月마다 大小僧律을 설하는 것을 원칙으로 정하였다. 졸고, 「백용성의 불교개혁과 대
    각교운동」, 『새불교운동의 전개』(도피안사, 2000), pp.267~270 참조.
67) 1925년 당시 백용성은 망월사에서 율풍진작을 위해 옥석으로 호계판을 만들어 1925년

지키며 참선 수행을 하였다. 이러한 측면은 위에서 살핀 선학원 정신뿐
만 아니라 윤고암 그의 불교 수행 및 사상에는 백용성의 정신이 견고하
게 각인되었다고 볼 수 있는 결정적인 단서가 아닌가 한다. 그러면 백용
성의 정신은 무엇인가? 이는 다각적으로 접근해야 하겠지만 그중의 하
나는 계율 수호임은 분명하다. 백용성은 1926년 승려의 결혼이라는 파
계를 차단하기 위한 고육지책으로 일제당국에 두 차례의 건백서를 제출
하였다. 당시 그는 각처의 수좌 127명의 동의, 연서를 받아 그를 제출하
였다. 필자는 추정하건대 그 수좌에는 윤고암도 포함되었을 것으로 추
정한다. 1923년부터 1926년까지 백용성의 회상에서 수행을 철저히 견
지한 윤고암이 그 건백서 서명에 누락되었을 가능성은 거의 없다고 보
기 때문이다. 백용성이 건백서를 제출한 시점은 1926년 5월과 9월이었
는데, 당시 윤고암은 백용성과 함께 통도사 내원암에서[68] 수행을 하였
기에 당시 망월사 결사의 동참 대중, 그리고 내원암에 수행하였던 수좌
40여 명은 대부분 결사회의 회주인 백용성의 결단에 동참하였다고 보
는 것이 순리일 것이다.

이렇게 백용성의 수행정신, 계율정신에 의거 각처에서 수행을 하던
그는 1938년(속납, 40세) 백용성이 머물던 천성선원(千聖禪院)으로 발길을
옮겼다. 1938년 5월 8일, 윤고암 그는 그가 평생을 법사로 모시겠다고
다짐한 백용성에게 그가 공부한 법의 실체를 내놓았다. 이에 대하여 용

10월 15일, 해인사에서 금강계단 수계법회를 개최하였다. 이 때 사용한 호계첩판이 해
인사 성보박물관에 보존되어 있다. 이지관, 『한국불교계율전통』, p.190 및 졸저, 『용성』
(민족사, 1999), p.153 참조.
68) 망월사에서 결사가 시작되었지만 망월사 산림의 나무를 연료로 이용하였는데, 그 산
판이 보안림으로 인해서 이전한 것이다.

성은 고암을 '만고풍월(萬古風月)'이라고 표현하면서 "불조원불회 도두오부지 운문호병단, 진주라복장(佛祖元不會 掉頭吾不知 雲門胡餠團, 鎭州羅蔔長)"이라는[69] 전법게를 받았다. 이로써 그는 계정혜 삼학을 균수하면서 처절한 수행을 한 것을 백용성에게 인가받았다.

법인가를 받은 이후에도 윤고암은 해인사, 백련사, 표훈사, 직지사 등에서 수행을 지속하였다. 그 후 그의 백용성 계율 계승 및 불교정화와 관련하여 주목할 것은 1941년 3월초 선학원에서 개최된 고승 유교법회의 참가이다.[70] 그는 그 법회에 단순 참가하였지만, 그는 예사롭게 넘어갈 측면은 아니다. 즉 그는 예전 선우공제회 창설의 주역이며, 선우공제회의 일선 활동, 만일참선결사회에 동참에서 일관되게 참선 수행, 계율 수지를 견지하였다. 이러한 일관성에서 볼 때 그가 유교법회에 청정한 수좌로 참가함은 당연한 행보라 하겠다. 이렇게 그는 일제하의 불교에서 올곧은 선수행을 하면서 백용성의 계율사상의 계승에 일정한 역할을 하였다.

8·15해방이 되고, 1954년부터 불교정화운동이 수좌 및 비구승단 차원에서 본격화되었지만 고암의 행보는 이 노선과는 일정한 차별성이 있었다. 그는 1945년 10월, 나주의 다보선원장에[71] 취임하였고, 각처에서 초청한 보살계 법회에 참가하였던 것이 그의 행보였다. 고암 그의 불교정화 기간의 행적은 1958년 직지사 주지 그리고 다보사 선원, 연화사, 성주사, 제주포교당, 용탑선원, 범어사 등의 조실을 역임하였을 뿐이다. 그 후 그의 공식적, 종단적인 소임은 1967년 종정으로의 취임에서 찾아

---

69) 이 내용은 "부처와 조사도 원래 알지 못하고, 머리를 흔들며 나도 또한 알지 못하며, 운문의 떡은 둥글고, 진주의 무는 길기도 하네."이다.
70) 위의 『선우도량』과 같음.
71) 이 회상에는 만암, 인곡 등 다수 수좌들이 수행하였다.

진다. 그리고 1967년부터 1988년까지는 범어사 금강계단 전계사로 활동하였다.[72] 특히 범어사 계단의 전계사는 백용성의 계맥을 공식적으로 전수받은 하동산이 소임을 본 계단이기에 그에게는 더욱 더 뜻 깊은 것이었다.

1967년부터 그는 종정을 세 차례나[73] 역임하면서 종단 재건, 불교정화, 불교 현대화에 유의하였지만 그가 의도한 것에는 미치지 못한 것을 늘 아쉬워하였다. 1979년 10월의 심정을 엿볼 수 있는 아래의 글을 보자.

> 우리 불법이 쇠미해지고 宗風이 退墮하므로 사회의 지탄을 받는 것은 오로지 持戒精神이 해이해서 오는 현상이며, 佛日을 光揚하고 正法을 興旺하며 人天의 존경을 받는 것은 전부가 淸淨律行을 받들어 행하는 돈독한 신심에 기인한다고 볼 수밖에 없다.
> 열반경에 以戒爲師하라 하신 嚴切한 유훈을 우리들은 한시도 방심해서는 안될 것이다. 戒는 곧 불교의 생명이며 三學의 첫째이다.[74]

이처럼 그는 지계정신(持戒精神)을 강조하고 청정율행(淸淨律行)의 실천을 주장하였다. 이것이 바로 백용성의 계율사상의 계승이면서 동시에 불교정화를 통한 불교현대화이었다. 윤고암 그는 위에서 필자가 제시한

---

72) 이상은 『자비보살의 길』의 「고암대종사 연보」에서 찾은 것이다. 추후 범어사의 기록을 확인할 필요성이 있다.

73) 그는 1967년 7월 27일 통합종단 제3대 종정, 1972년 7월 24일 제4대 종정, 1978년 5월 6일 6대 종정 취임이다.

74) 위의 『자비보살의 길』, p.358의 「범망경찬」. 이 글은 심재열 법사의 범망경의 번역본에 대한 머리글이다.

바와 같이 1954~1962년의 불교정화운동의 일선에는 거의 참여치 않았
다. 그는 오직 청정수행, 율행을 견지하였을 뿐이었다. 그러나 그도 불
교정화운동의 긍정성, 역사성을 부인하지는 않았다. 다만 그는 종정에
취임, 활동하면서 정화운동의 미진성을 보완하고, 불교정화의 지속을
촉구하였던 것이다. 그러나 그는 후술할 김자운과 같이 계율서의 번역
및 보급과 같은 것은 행하지 않고 다만 그 지계, 율행, 화합, 정화에 대
한 소신과 원칙을 일관적으로 제시하였다. 이러한 그의 입장을 알 수 있
는 것을 다음과 같이 제시한다.

> 승가정신으로 세계를 정화하자. …(중략)…
> 승가란 화합이란 말이요, 사회는 대중을 의미한 것이다. 그러기에 이
> 화합대중은 자리이타적인 청정한 마음과 평등한 생활 그리고 정화된 주
> 의속에서 청정한 범행으로 정진을 하라고 하신 것이다. … 우리는 이상
> 의 육화합을 새해의 실천계율로 삼아 언행이 일치되는 용맹정진을 거듭
> 힘써 할일이다. (1969년, 종정 신년법어)

> 대덕스님 여러분, 그리고 불자 여러분은 지난날에 한국불교의 청정 전
> 통을 확립한 불교정화운동의 중심세력입니다. 이제 이 자리에 여러분
> 이 재집결하였다는 것은 한국불교에 있어 또 하나의 성스러운 전진을
> 약속하는 것으로 기대하여 마지 않습니다. … 바라건대 여러 스님께서
> 는 본인의 충정을 깊이 이해하시고 종단 제반문제를 충분히 검토하시
> 어 이번 중진회의가 정화이념의 실질적 구현과 불조성칙을 현대에 발
> 현하는데 전진을 거듭 부탁하는 바입니다. (1972년 12월7일, 중진회의 교시)

오늘의 종단은 교리와 전통을 바로 잡는 교단 정화가 매듭지어짐과 동시에 승단정화를 해야 할 시기에 처해 있습니다. 승단정화는 곧 수도와 교화 화합과 질서가 정립되면 內實의 開花라고 볼 수 있습니다.(1974년 2월 1일, 종정 교시)[75]

종단이 지향해야 할 제일 문제는 곧 화합입니다. 그런데 화합이란 우연한 소산이 아니고 우리들 각자가 教祖이신 부처님의 가르침을 받들어 몸소 청정하게 정진할 때 비로소 가능한 것입니다. 거기에는 개인의 아집이나 이해관계가 없습니다. 다만 청정한 승가의 질서에 歸依하고 순응할 따름입니다.(1977년 4월 24일, 종정 교시)

통일종단 발족 이후 과거 10여 년이 종단 기초확립 기간이었다면 12년이 지나는 금년부터는 정화의 내실이 개화되는 시기임을 역사 앞에 기록케 하겠다는 것입니다.(1978년 1월 27일 어록)

이처럼 그는 종정에 재임하면서 이전 불교정화운동을 계승하려고 부단히 노력하였다. 그 계승의 기준은 승가정신, 청정한 범행, 정화이념의 구현, 수행, 청정한 질서에 귀의 등이었다. 이를 다시 하나로 묶는다면 그는 청정한 수행과 계율의 실천인 지계정신인 것이다.

그는 종정의 소임 이외에도 해인총림 방장, 신흥사 조실, 대각사 조실, 용성문도회 문장, 대원사 조실, 대각회 이사장 등을 역임하였다. 그

---

75) 이러한 기조하에 그는 정화이념 재흥 발현, 승가정신 발양, 종단 제도의 개혁과 총화와 질서 유지를 통한 종단 확립을 강조하였다.

러면서도 그는 전국의 대소 사찰을 따지지 않고, 보살계 산림을 한다면 80세의 노구를 이끌고 초청에 응하지 않은 곳이 없었다. 이는 그의 지계정신의 실천을 통한 교화중생에 얼마나 매진하였는가를 말하는 것이다. 여기에서 자비보살과 청정율사의 절묘한 조화가 이루어졌다.

이상으로 윤고암 그의 일생을 백용성의 계율정신 계승 및 구현과 관련하여 요약하여 보았다. 고암 그는 백용성의 계율사상의 바탕에 있는 지계와 수행이라는 불이적(不二的)인 흐름을 결합하여 실천한 당사자이며, 종단 및 승가에 지계정신을 통한 불교정화에 매진한 보살이었다고 보고자 한다. 계 · 정 · 혜 삼학의 실천자로서, 그를 종단과 한국 현대불교에 뿌리를 내리려 한 보살이었다. 그러나 그의 고뇌, 보살행은 현실에 착근되지 못한 아쉬움이 있다.[76]

4. 자운의 율풍진작과 교단정비

김자운(1911~1992)은 한국 현대불교의 계율 중흥조로 널리 회자되어 왔다.[77] 이는 그가 평생을 율풍진작을 위해 헌신하였던 그의 이력에서

---

76) 그가 종정에 재임할 때는 종단정치가 본격화되고, 역설적으로는 불교정화운동의 정신이 퇴진하였던 세평을 듣던 시기였다. 요컨대 그의 보살행은 현실의 종단 정치에 매몰되었다.

77) 김자운의 생애, 율풍진작에 관한 전모는 2005년 10월 15일 경국사에서 개최된 자운대율사율풍선양 제1차 특별심포지움에서 발표된 고찰이 참고 된다.
종진, 「한국불교의 계법수행과 자장율사」; 혜총, 「천화율원감로계단 설치와 대중교화」; 법혜, 「자장대율사의 화합승가와 역경불사의 원행」; 무관, 「한국불교 조계종단과 자장율사」; 태원, 「계정겸수와 대중교화」; 이자랑, 「한국불교 계단에 있어서 이부승제의 복원 의의」.

나온 것이다. 그는 피폐해진 계율의 진작, 중흥을 위해 계율서의 발간 및 보급, 자생적인 천화율원 감로계단의 설치, 단일계단 설립의 추동, 2 부승제의 복원 등의 행적에서 확인된다. 이러한 측면은 백용서의 계율 사상을 계승하였음을 분명히 보여주는 역사적인 내용이다. 이에 여기에 서는 그의 행적을 요약하면서 그 주요 내용을 제시하고자 한다.

김자운은 강원도 평창군 노동리에서 출생하였다. 유년시절에는 한학 을 수학하였으나, 16세에 모친을 따라 상원사에 갔다가 발심하여 출가 득도를 단행하였다. 당시 그는 상원사에 머문 해인사의 혜운으로부터 순치황제의 출가시를 듣고 발심하여, 출가할 결심을 하고 1927년 1월 18일 상원사로 찾아 갔으나 혜운은 이미 해인사로 떠난 뒤였다.

이에 1927년 2월 8일, 그의 나이 17세에 해인사에서 혜운을 은사로, 김남천을 계사로 사미계를 득하였다. 그는 해인사 강원에서 사교과를 수료하였다. 이후 그는 범어사 선원에서 수선안거를 시작한 이래 선암 사, 해인사, 표훈사, 김룡사, 불영사, 통도사 등의 선원에서 참선 수행을 하였다.[78]

이렇게 교와 선을 두루 공부하는 그는 1934년 3월 15일 범어사 금강 계단에서 일봉율사로부터 비구계와 보살계를 수지하였다. 이는 그가 후 일 율사로 활동할 수 있는 기본적인 단초와 계맥 계승의 역사적인 사실 이 되었다.[79] 1938년 그는 도봉산 망월사로 백용성을 찾아가서, 불법의 서래밀지를 거량한 다음 "청산상운보(靑山常雲步)하고 백운영부동(白雲永

---

78) 그의 행장은『자운대율사』(자운문도회, 2000)의「자운대율사스님 行狀」을 저본으로 하 였음. 이 저작은 자운문도회의 율풍진작사업 1차보고서이다.

79) 이에 대해서 이지관은 "그의 戒脈을 傳承하였다."고 표현한다.

不動)이로다, 인답수저과(人踏水底過)한데 수불착의상(水不着衣裳)"이라는
오도송을 읊었다. 이를 들은 백용성은 그 경지를 인정하여 입실건당(入
室建幢)을 허락하고 "정전백수자(庭前栢樹子)가 엄연관산림(儼然冠山林)이로
다. 신대감청색(身帶紺靑色)하고 엽복수미산(葉覆須彌山)"이라는 전법게와
함께 의발을 전해 주었다고 한다.[80] 백용성의 건당 법제자가 된 그는 수
행을 더욱 하는 가운데 1939년 4월 15일에는 일제 강점기의 식민수탈로
부터 조국의 해방과 민족정기를 되살려 민족종교인 불교의 전통을 중흥
시키겠다는 발원을 하였다. 이에 그는 오대산 중대 적멸보궁에서 백 일
간 문수기도를 하였는데 99일 만에 문수보살이 나타나 "선재(善哉)라, 성
우(盛祐)여! 이 나라 불교의 승강(僧綱)을 회복(回復)하도록 정진하라." 하
며 계척(戒尺)을 전해 주었다고 한다.

이후 그는 일제하 불교의 계율 및 승풍의 회복을 통한 불교정화를 하
기 위한 자신만의 고독한 길을 단행하였다. 이에 그는 우선 계율 및 율
장에 대한 공부를 보다 철저히 하기 위하여 백용성이 창건하고, 주석하
였던 사찰인 서울의 대각사에 1940년 1월 20일부터 머물면서 국립중앙
도서관에 가서 기본자료를 열람하였다. 그 당시에는 율장에 대한 자료
를 구하거나 볼 수 없었기에 국립도서관에 보관된 국내 유일의 만속장
경(卍續藏經)에 수록된 오부율장과 그 주소(註疏)를 모두 필사하여 연구하
였다. 대각사에서 율장을 연구하였던 그 무렵에 선학원에서 개최된 고
승 유교법회에 자운도 참가하였다.[81] 1941년 2~3월에 개최된 그 법회

---

80) 위의 「행장」.
81) 이에 대한 근거는 그 대회의 참가자의 기념촬영 사진을 판독한 강석주의 발언이다. 『선
   우도량』 11호(1997), p.250.

에서 그는 강의를 하지는 않았지만 각처에서 내로라하는 수좌, 율사들이 초청받은 것을 유의하면 그도 신진 율사로[82] 인정받은 것이 아닌가 한다.

이러한 율장에 대한 연구를 하였던 그는 8 · 15 해방 직전에는 문경 대승사에서 청담, 성철 등과 함께 불교정화를 위한 고뇌를 하였다. 이때부터 그들은 불교정화를 위한 불교총림을 기획하고, 그에 대한 역할 분담을 하였다. 이때 자운은 율장을 연구하였고, 성철과 청담은 후일 영산회상과 같은 총림을 세우면 율원은 자운이 담당해야 한다고 강조하였다.[83] 해방직후 그는 해인사로 가서[84] 1947년 3월에는 계율 홍포에 대한 기도를 하였다.[85]

김자운, 이성철, 이청담의 불교정화를 위한 총림의 설립은 우선 1947년 가을 봉암사에서 그 출발을 보았다. 봉암사결사라고 널리 회자되는 이 모임에 대해서는 성철의 회고가 참고 된다.

> 봉암사에 들어 간 것은 정해년(丁亥年), 내 나이 그때 36세 때입니다. 지금부터 36년 전입니다.
> 봉암사에 들어가게 된 근본 동기는, 죽은 청담스님하고 자운스님하고 또 죽은 우봉스님하고, 그리고 내 하고 넷인데, 우리가 어떻게 근본 방침을 세웠느냐 하면, 전체적으로나 개인적으로나 임시적인 이익관계를

---

82) 당시 그의 속납은 31세였다.
83) 『회색고무신』(시공사, 2002), p.150.
84) 해인사로 간 시점은 필자가 확인하지 못하였다.
85) 그는 1947년 3월 15일, 해인사 장경판전에서 계율 홍포에 대한 가호를 입기 위해 백일간 문수기도를 봉행하였다. 이때 그는 여러 차례 신장의 가호를 받았다고 한다.

떠나서 오직 부처님 법대로만 한번 살아보자. 무엇이든지 잘못된 것은
고치고 해서 '부처님 법대로만 살아보자' 이것이 願이었습니다. 즉 근본
목표다 이 말입니다.

그렇다면 처소는 어디로 정하나? 물색한 결과 봉암사에 들어가게 되었
습니다.

처음에 들어갈 때에는, 우봉스님이 살림 맡고, 보문스님하고 자운스님
하고, 내하고 이렇게 넷이 들어갔습니다. 청담스님은 해인사에서 가야
총림(伽倻叢林)한다고 처음 시작할 때에는 못 들어오고, 서로 약속은 했
었지만[86]

즉, 봉암사 결사의 주도자는 성철, 청담, 자운, 우봉임을 알 수 있다.
김자운이 봉암사결사에 참여한 것은 대승사 시절부터 불교정화, 총림수
행을 협의하였던 연고에서 나온 것이다. 김자운은 봉암사에서도 예전부
터의 율장 연구에 여념이 없었다.

자운 스님은 율장연구에 여념이 없었고, 신춘(新春)이 되어 월산스님 기
타 몇몇 스님들이 더 입주하였다. 나는 하기(下記)의 공주규약 초안을
대중에게 제시하고 상세한 설명을 가하였다.

고불고조의 유칙(遺勅)을 완전하게 실행한다 함은 너무나 외람된 말이
기는 하였지만 교단의 현황은 불조 교법이 전연 민멸(泯滅)되었으니 다
소간이나마 복구시켜 보자는 것이 주안점이었다. 그리고 교법 복구의

---

86) 『수다라』 10집(1995), p.115, 「1947년 봉암사 결사」. 이 회고는 성철이 1982년 해인사
상당법문의 육성 녹음을 정리한 글이다.

원칙하에 나의 수시 제안이 있을 것인바, 그 제안에 오점이 발견되지 않는 한 대중은 무조건 추종할 것을 재삼 다짐하고 실천에 옮기게 되었다.[87]

이렇게 자운은 봉암사에서 율장연구를 하면서 그에 근거한 보살계 법회(1948. 8. 18)를 7일간 갖기도 하였다.[88] 그리고 보조장삼을 새롭게 만들어 입기 위하여 송광사까지 가서 그 치수를 재어 오기도 하였다.[89] 당시 봉암사 결사 주제는 "부처님 법대로 살자."였는데, 부처님의 법에는 부처님이 제시한 율장도 포함됨은 물론이다.

그는 봉암사 결사가 완전 퇴진할 때까지[90] 잔류하지는 않았지만 간혹 서울에 올라와서 율장 연구를 위한 자료수집을 하기도 하였다. 예컨대 1949년 3월 다시 서울의 대각사로 올라 왔다.[91] 그는 대각사에서 천화율원 감로계단을 설립하고, 대각사에서 한문분 『범망경』, 『사미율의』, 『사미니율의』, 『비구계본』, 『비구니계본』 등의 배포를 하기 위한 지형을 완성하였다. 그러나 1950년 6 · 25전쟁이 발발하여 그 지형은 전부 소실

---

87) 『고경』 9호(1998), p.6. 이 기록에 나오는 신춘은 1948년 봄일 가능성이 높다. 이 내용은 성철의 상좌인 천제가 「탄신 87주년을 기념하여, 밝은 빛으로 오소서」라는 글에서 소개한 성철의 자필 기록이다.

88) 이때 그는 보살계를 받으려는 재가 불자에게 千百億化身의 千華佛을 상징하는 의미로 천배의 절을 하게 하였으며 계첩도 새로 만들다. 천화불은 후일 그의 율풍의 상징인 천화율원을 내세움의 기초가 되었다고 볼 수 있다. 그런데 자운이 봉암사에서 보살계 법회를 몇 번 가졌는지는 확인하지 못하였다.

89) 『고경』(성철스님문도회, 1998), 「묘엄스님을 찾아서」, p.35.

90) 1차 퇴진은 1949년 9월이고, 2차 퇴진은 1950년 2월경이다.

91) 그러나 성철은 자운의 봉암사 참가를 "참! 자운스님, 처음부터 시작해서 끝까지 참으로 고생 많이 했습니다."라고 회고하였다. 위의 「1947년 봉암사 결사」, p.126.

될 지경에 처하였다. 다행히 그 지형은 부산의 전경준 거사의 도움으로 한강을 건너 부산으로 내려오게 되었다.[92] 그는 부산 감로사로 피난을 와서는 다시 그 지형을 이용하여 율문을 배포하기 시작하였다.[93] 이때 부터 그는 율장의 한문본을 우선적으로 활용하여 계율 홍포의 대중화에 나섰던 것이다. 그의 원력은 1951년 통도사 상로전(上爐殿)의 천화율원(千華律院)으로 이어졌다.[94] 이 율원은 출가 수행자를 대상으로 율학을 강의 하기 위해 개설한 것이다. 그즈음에 그는 감로사에 출가와 재가를 막론 한 감로계단 보살계 산림을 개설하여 국난퇴치와 자성성불의 지름길로 서의 보살계를 강조하였다. 통도사 천화율원에서는 석암, 일타, 지관 등 에게 율학을 가르쳤다. 이러한 일련의 움직임 아래서 그는 1953년 5월 24일에는 통도사 금강계단에서 그가 주관하는 첫 번째 비구계 수계법회 를 가졌다.[95] 그리고 그는 해인사, 상원사 등 각처에서 천화계단(千華戒 壇)을 설치하여 수계산림을 독자적으로 주관하였다.[96]

---

92) 위의 『자운대율사』의 「행장」에서는 6·25로 그 지형이 모두 소실되었다고 하였다. 그런데 최법혜는 2005년 경국사 심포지움에서 배포한 위의 발제문(p.154)에서는 전경준 거사의 도움으로 무사히 한강을 건너 부산으로 왔다고 하였다. 그러나 그 지형을 옮긴 당사자가 자운인지, 전경준거사인지를 분명하게 밝히지 않았으나 행간의 뜻을 보면 자운이 그 주체가 아닌가 한다.

93) 이때부터 유포한 수량이 2만 5천권에 달한다.

94) 천화율원이라는 간판이 걸리지는 않았으나, 김자운이 후일 책을 발간하거나, 수계를 하는 증서를 만들 때 늘상 천화율원이라는 이름으로 하였다. 이로써 천화율원은 김자운의 율풍 진작을 상징하는 개념이다. 이에 대해서는 별도의 고찰이 요망된다.

95) 그 대상자는 석암·종수·일타·지관 등 4인이다.

96) 자운은 범어사에서 비구계를 전해준 一鳳 敬念律師의 遺法을 이어 받아 律文을 홍포하 고, 戒法을 傳授하였다. 이지관, 앞의 책, 218면. 자운이 주관한 천화계단에 대한 독자 성, 개별성은 추후 더욱 검토될 내용이 적지 않다. 예컨대 그는 三歸依에서 한발 더 나 아가 '戒'에 귀의한다는 것을 추가하여 四歸依를 강조하고, 계정혜 삼학을 닦겠다는 서 원도 포함시켰다.

이와 같은 자운의 계율진작 활동의 내용에서 필자가 유의한 것은 불교정화가 등장하기 이전이라는 시점이다. 요컨대 교단 차원의 불교정화운동이 발발하기 이전에 그는 자생적, 자주적으로 불교정화를 실천에 옮기고 있었던 것이다. 1954년 5월, 불교정화운동이 발발하였다. 이에 자운은 8월 24~25일 선학원에서 개최된 전국비구승대표자대회에 참석하였다. 그는 대회에서 실무적인 정화를 추진하는 대책위원(15명)에 피선되었다.[97] 그러나 필자가 불교정화에 대한 10여 편의 논문을 집필하면서 관련 자료를 살핀 정황에 의하면 자운은 불교정화의 최일선에 나서지는 않았다. 즉 그는 투쟁적, 대립적인 불교정화의 현장에는 깊숙이 관여하지 않은 것으로 보인다.[98] 대신 그는 불교정화의 이념의 정비 및 그 기반 조성에 대하여 관심을 기울인 것으로 보인다. 불교정화가 나온 결정적인 계기가 승려의 결혼, 원융살림의 파괴, 수행가풍의 혼미였는데 이는 곧 계율의 파탄 그 자체이었다. 때문에 자운은 이의 문제를 근원적으로 해소하는 것은 계율정신의 회복 및 강화라고 보고, 그를 위해 계율 보급, 율풍진작을 묵묵히 하였다고 볼 수 있다.

한편 그는 1955년 9월 15일에 해인사 주지에 취임하였다.[99] 그리고 1956년에는 해인사 금강계단 전계화상에 추대되었다. 이에 그는 1956년 3월 15일, 해인사 금강계단에서 비구 및 비구니 계산림을 주관하였

---

97) 졸고, 「전국비구승대표자대회의 시말」, 『근현대불교의 재조명』(민족사, 2000), pp.446~453.
98) 그를 40여 년간 시봉하였고, 정화 당시에도 선학원에서 시봉하였던 혜총은 필자에게 청담스님과 자운스님이 정화의 방법을 놓고 언쟁을 하는 것을 지켜 본 일이 있다고 회고하였다. 이는 청담의 급진적 정화에 대한 이견의 개진이라고 볼 수 있는 대목이다.
99) 이는 종단에서 주지 발령장을 이성철에게 내주었지만 성철이 취임하지 않았기에, 자운이 취임한 것이다.

다. 이때부터 그는 1981년 단일계단이 등장하기 이전 까지 전국 각처의 개별 사찰 단위의 계단에서 수많은 수계를 하였다. 비구가 1650명, 비구니가 1536명이었다. 그 밖에도 사미, 사미니, 보살계, 식차마나니, 재가자의 팔관재계 등 수계제자가 10만 여명에 달한다고 한다.[100] 또한 1957년에는 1951년부터 배포한 한글번역본인 사미율의, 사미니율의, 범망경의 비구계본과 비구니계본 등을 3회에 걸쳐 4만 8천권을 유포시킨 것을 일단락시켰다. 이러한 율장의 배포는 그의 불교정화 추진의 방향을 가늠할 수 있는 단서이다.

그 후 그는 조계종단의 경남종무원장, 감찰원장, 표충사 주지, 해인사 주지의 재임, 범어사 주지, 규정원장, 조계종 원로, 총무원장, 대각회 이사장 등에 취임하였다. 그러나 그의 고뇌는 율풍의 진작에 있었다. 이를 통해 종단의 정상화 및 정화, 그리고 불교발전을 추구하려는 것이었다. 그가 이러한 소임을 맡는 동안 종단은 불교정화, 통합종단 등장, 불교현대화를 위한 3대지표의 실천이 전개되었다. 그러나 그가 일제 말기부터 고민한 승풍, 율풍의 진작은 여의치 않았다. 당시 이에 관련된 자운의 1976년 규정원장 취임 소감을 제시한다.

> 지난날의 교단정화, 승단정화, 신도정화, 사회정화 등등 각 분야에서 노력했지만 이상의 모든 목표가 뜻과 같이 십분 성취하였다고는 할 수 없는 현 실정입니다.
> 종래의 감찰원이 그 명칭이 불교에 맞지 않다 하여 규정원으로 개칭되었지만 僧團의 紀綱은 어디까지나 誨諭, 矯導, 豫防에 노력하여야 하

---

100) 이상의 숫자는 위의 「행장」에 나온 것이다.

고 비위를 적발하여 처벌하는 것만 능사가 아니라고 생각합니다. 그러
므로 감찰원이니 규정원이니 하는 것이 곧 과거의 律院을 말하는 것입
니다. 율중에는 수행에 어긋나는 잘못을 저질렀을 경우 羯磨 즉 大衆決
議에 의하여 항상 和合을 위주로 해결하였던 것입니다.

불교가 흥왕 발전하는 것은 여러 가지 길이 있지만 무엇보다도 우리 종
도들이 자기의 할 일을 충실히 수행하는데 있다고 하겠습니다. 다시 말
하면 불교가 흥왕하려면 불자 본연의 임무인 修行에 철저하여야 하고,
실추된 僧團의 위신을 회복하려면 戒律을 엄수하는 것이 최선이라고
생각됩니다.[101]

이렇게 그는 불교정화 및 승단의 기강 해이가 미진한 것을 극복하기
위한 대책을 율풍의 진작, 대중결의에 의한 화합 위주의 살림, 철저한
수행, 계율 준수에서 찾았다. 더욱이 백용성의 유지를 계승하기 위해 설
립된 대각회가 1976년에 등장하였는데 초대 이사장에 자운이 취임한 것
은 예사로운 것은 아니다. 그 즈음부터 그는 가일층 종단의 승풍, 율풍
진작을 통한 백용성 사상 계승을 나간 것이 아닌가 한다. 때문에 그는
다시 노구를 이끌고 또 다시 종단의 율풍진작에 나섰다. 그를 짐작할 수
있는 단서를 보자.

필자가 1951년에 한문본 비구계본을 출간하였고 그 뒤 1957년에는 번
역본 비구계본을 발행한 바 있으나 이들은 이미 切本된지 오래이다.
오늘날 사부대중 사이에 戒律을 도외시 하는 경향이 짙으니 앞날을 내

---

101) 『대한불교』 1976년 1월 4일자, 「규정원장 신년사」.

다볼 때, 참으로 걱정하지 않을 수 없다. 부처님은 成道最初에 이미 보리수 밑에서 보살계를 설하시었으며, 마지막 열반에 드시는 순간에도 "佛子들이여! 마땅히 戒律을 존중하라. 계율을 잘 지니면. 마치 어두운 데서 불빛을 만난 듯, 가난한 이가 보배를 얻은 듯, 환자가 쾌차해진 듯, 갖혔던 죄수가 풀려 나온 듯하리라."고 말씀하셨다.

이와 같이 末法佛子들에게 계율사상의 고취가 절실히 요청되므로 이번 필자가 초판본의 번역을 대폭 수정하고, 한문본에 토를 달아 合本하여 발간하게 되었기에 몇 字 적어 册尾에 붙여두는 바이다.

불기 2524년 3월 3일

常懺愧 慈雲 盛祐[102]

이는 1980년에 발간한 『사분비구계본』의 발문이다. 여기에 나오듯 계율사상 고취를 통한 불교정화, 종단 정상화를 고뇌하였다. 그러나 종단은 자운의 이러한 고뇌에도 불구하고 10 · 27법난을 당하는 등 일대 혼미 상태에 접어들게 되었다. 그런데 당시 법난으로 종단이 혼란을 거듭할 때에 정화중흥회의 기획분야에 참가한 최법혜는[103] 단일계단 제정, 출범에 깊숙이 관여하였다. 당시 최법혜는 그 작업을 할 때에 부산 감로사의 자운을 찾아가 그에 대한 지침을 받아 업무 수행을 하였다.[104] 단일계단법은 이전의 각 본사나 사찰별로 율사들의 자의로 시행하였던 수계산림을 단일화하는 것이다. 이로써 종단은 승단의 기강을 직접 관장

---

102) 『사분비구계본』(1980, 대각회출판부), 「跋文」.
103) 법혜는 자운의 계맥분야의 제자인 지관의 계맥을 전수받은 당사자이다. 청규 분야의 권위자로 현대 동국대 경주캠퍼스 불교학과 교수로 재직하고 있다.
104) 위의 「자장대율사의 화합승가와 역경불사의 원행」.

할 수 있는 계기로 작용하였다. 이는 곧 율장의 복원이라고 말할 수 있다. 이에 1981년 1월 7일, 정화중흥회의에서 관련 종법이 제정되고, 그해 2월 27일 통도사에서 자운을 초대 단일계단 전계사로 추대하여 제1회 수계산림 법회가 거행되었다. 그는 1991년 10월 30일 범어사에서 개최된 제13회 수계산림을 마치고 전계사에서 내려 왔다. 이때까지 그는 제2회 수계산림 때만 제외하고 12회나 전계대화상을 역임하였다.

이렇게 그는 종단의 단일계단 제정 및 운영에 주도적인 역할을 하였다.[105] 그리고 이부승제를 율장에 근거하여 시행토록 하였다. 이부승제는 비구니 계율의 여법화를 의미하는 것이다.[106] 1982년 10월 범어사에서 개설된 구족계 제2회, 사미(니)계 제3회가 열렸는데, 이때부터 비구니의 식차마나니계를 시행하여[107] 오늘에 이르렀다. 이렇게 율장에 근거하여 이부승제를[108] 시행하고, 여법한 단일계단을 시행함은 자운의 교시, 주도에 의하여 힘입은 것이었다.

단일계단의 역사적인 의의는 종단 차원의 승가의 수계, 전계의식을 통합 관리함으로써 조계종단의 정체성 확립의 기초를 마련하였다는 것

105) 무관은 위의 「단일계단 20년 약사」에서 10 · 27법난을 지켜본 자운과 일타는 승려의 사회적 위상을 상의하였으며, 그 과정에서 전국 단일계단의 창시를 염원했다고 기술하였다.
106) 이에 대한 율장에 대한 근거는 이자랑의 「초기불교의 계단 설치와 二部僧制」를 참고할 것.
107) 『불교신문』 1982년 10월 24일, 「불교사상 최초로 식차마나니계 시행」.
108) 이부승제는 식차마나니계를 받은 비구니가 비구니 자체에서 수계의식을 거친 후, 다시 비구의 처소로 가서 비구의 3사 7증 앞에서 이부 승니가 함께 수계를 갖는 것을 말한다. 자운은 1980년대에 비구니 도량인 봉녕사, 진관사 등에 가서 10여 차례 비구니 계율특강을 하였는데, 이는 이부승 수계의식 및 비구니 계율에 대한 교육을 목적으로 한 것으로 이해된다.

에 있다.[109] 이를 자주적이고 통일된 계단을 완성하였다고 보는 평가도 있다.[110] 단일계단 및 이부승제의 확립을 통한 의의는 더욱 다양한 관점에서 접근되어야 할 것이다. 그리고 그에 대한 성과와 역사적 평가를 자운에게만 돌리는 것이 타당한 것인가의 문제는 재고할 여지도 있다.

그러나 40여 년간 계율 분야만 집중적으로 연찬하고, 그 관련 책을 사부대중에게 배포하고, 불교정화와 종단재건을 위해 율풍진작을 추동한 것을 고려할 때 자운은 백용성의 계율사상 구현에 헌신한 것은 분명하다. 하동산의 경우는 종단의 틀을 만드는 구조적인 문제에 유의하였다면 김자운은 종단 내부의 문제, 정화 이념, 종단 차원의 율풍진작 등 종단의 내용 및 승가의 정체성 구현을 유의한 것에서 차별성이 있다.

5. 결어

이상으로 근대 계율의 중흥자로 칭할 수 있는 백용성 계율사상의 계승 인식과 관련하여 동산, 고암, 자운의 사례를 살펴보았다. 맺는말은 본 고찰에서 분석하였던 내용 중에서 추후 더욱 분석할 대상, 그리고 연구의 시각을 확대할 측면을 제시하는 것으로 대하고자 한다.

첫째, 우선적으로 백용성 계율사상의 성격 및 정체성을 정리해야 한다. 이 점은 서언에서도 자인하였지만 본 고찰의 큰 한계이다. 백용성의 계율에 대한 제반 정리, 분석, 의미 부려 연후에 그에 대한 계승의 문제

---

109) 무관은 이를 의식의 통일화, 의제의 일원화, 사상의 단일화로 지목하였다.
110) 이는 이지관이 지은 「자장대율사율풍진작 戒珠圓明塔碑」의 내용임.

를 다루는 것이 온당하지만 본 고찰에서는 그러지를 못하였다.

둘째, 근현대 불교사 전반의 계율, 율사, 율맥, 율장과 관련된 문화적인 정비를 기해야 한다고 본다. 근현대 불교사는 전반적으로 학문의 대상화, 혹은 학문의 연찬이라는 측면에서 많은 문제점을 야기시키고 있다. 그런데 계율이라는 측면은 더욱 더 황무지와 같은 상황임을 인정해야 할 것이다.

셋째, 율맥의 정리, 분석, 이해에 있어서는 자기중심적인 단정성이 강한 것이 일반적이지만 이에 대한 보편성을 유의해야 한다고 본다. 조계종단 내부에서도 그러하지만, 여타 종단의 계맥, 계의 수수 등에 대한 광범위한 조사, 평가가 필히 수반되어야 한다고 본다.

넷째, 하동산은 율사인가에 대한 진정한 의문을 물어야 한다. 그는 선사, 종단 정치, 정화운동 등에 대한 강한 인식이 지배적인 수식이었다. 그가 율사라는 것이 선뜻 수긍되지 않는다면 그 연유에 대한 진지한 고뇌가 뒤따라야 할 것이다.

다섯째, 고암의 경우에는 지금껏 학문의 대상 혹은 불교사의 주역으로 크게 주목을 받지 못하였다. 왜 그는 주목을 받지 못하였는가. 단순히 문도 및 후손들의 무관심에서 말미암은 것인가, 아니면 다른 연고가 있는가에 대하여 필자는 약간의 의아심을 가졌다. 추후 고암에 대한 진지한 접근이 요청된다. 그러한 전제 작업이 있은 연후에 그가 갖고 있는 계승의식, 율사로서의 내용이 보다 분명하게 정리될 수 있을 것이다.

여섯째, 자운의 경우에 있어서는 최근에 들어서서 그의 행적, 계율 진작에 대한 의의 등이 학문적인 접근이 시도되었다. 자운은 다양한 책자의 발간, 율사로서 광범위한 활동을 전개하였다. 자운에 대한 이러한 내용을 더욱 연구하기 위해서는 우선 각 분야에 산재한 그의 행적 정리, 그리고 자료집 발간이 선행되어야 한다고 본다.

지금까지 본 고찰의 미진한 점, 추후 연구할 내용, 계율분야 연구에 있어서 참고할 점을 제시하여 보았다. 근현대 불교사, 혹은 작금의 불교 현장에서 제기되는 수많은 계율의 문제에 대한 학문적인 정리, 분석이 절대 필요함을 인식한 학자들의 참여가 필요함을 역설하면서 맺는말을 마친다.

한국 현대불교와 정화운동

1. 서언

1954년에 가시화되어 1962년까지 전개된 '정화운동' 혹은 '정화불사'
로 불리웠던 일련의 사건은 한국 현대불교사에서 간과할 수 없는 역사
이다. 주지하는 바와 같이 이 사건은 일제의 한국 침략으로 나타난 식민
지불교의 잔재를 제거하기 위한 노력이었다. 동시에 이 사건은 현재의
조계종단의 기반을 공고히 해주었다. 여기에서 말하는 정화운동의 구체
적인 내용은 비구승에 의한 종단 재건 및 주도, 대처승의 배제, 한국불
교의 전통을 계승한 민족불교의 재건, 불교 근대화 등이었다.

그러나 이 사건은 그 과정에서 숱한 모순과 문제점을 갖고 진행되어,
불교의 위상과 대사회성을 실추하였다는 평가도 받아왔다. 태고종단의
등장, 기타 여타 종단의 난립, 현재 불교계의 폭력성, 승려의 자질 문제,
불교 교육제도의 재정비 등도 직·간접적으로 정화운동과 연결되어 있
다고 볼 수 있다.

이처럼 불교정화는 한국 현대불교사에서 배제할 수 없는 일정한 역사
성을 갖고 있다. 그런데 기이하게도 지금껏 이에 대한 학문적인 분석,
평가, 이해는 극히 초보적인 수준에 머물러 있었다. 이러한 정황은 납득
하기 어려운 것이다. 그 원인은 우선 불교계 내부의 불교사상과 교리를
우선시하는 정서를 지목할 수 있다. 다음으로는 불교학계에서도 불교사

상 중심의 연구에만 천착을 하고 불교사, 근현대 불교를 소홀히 하였던 연구 경향을 거론하지 않을 수 없다. 또한 불교계 각 분야에 스며들어 있는 성찰적인 문화의 척박성도 그 경향을 부추겼다고 하겠다.

그러나 정화운동에 대한 이해와 연구는 결코 늦추거나 우리의 관심에서 멀어지게 할 수는 없다. 왜냐하면 21세기의 한국불교가 나아갈 방향을 점검하기 위해서는 필히 우리 불교가 걸어온 길에 대한 성찰적인 정리 작업이 선결되고, 그 전제하에 불교의 노선을 검토하는 것이 바람직하다고 보기 때문이다. 이는 온고이지신의 자세라 하겠다. 더욱이 현재의 조계종단을 이끌었던 큰스님, 선지식 등의 가르침이 그리운 이 때에 그들의 고뇌와 애정, 피땀이 스며 있었던 불교 정화운동에 대한 이해와 정리는 필수부가결한 과제로 볼 수 있는 것이다. 한편 현재 불교계의 모순의 근원이 바로 정화운동에서 기인하였다는 지적에 대해서도 과연 어떠한 측면이 그러하였나를 정면으로 바라볼 수 있어야 한다. 이러한 탄력적이며, 건강한 역사의식을 회복하기 위해서는 우선 그 정화운동에 대한 관심, 애정이 뒤따라야 할 것이다. 요컨대 학문적 잣대로 정화운동을 점검할 필요성을 만나는 것이다.

본 고찰에서는 이러한 전제하에서 정화운동에 대한 총괄적인 이해를 시도하고자 한다. 정화운동에 대한 정리, 분석, 연구는 그간 일부 연구자, 단체, 개혁적인 승려 등에서 간헐적으로 시도되었다. 그러나 사실이 주제에 대한 연구는 조계종단 차원에서 종합적, 체계적으로 다루어야 한다. 그럼에도 불구하고 현 종단의 정서와 문화를 고려할 경우 종단차원의 접근은 기대하기 어려운 실정이다. 그리고 연구에 임하는 시기라는 면과 자료수집이라는 면에서 볼 경우에도 연구의 어려움이 산적해

있다.[1]

따라서 본 고찰도 적지 않은 한계를 갖고 있는 것이다. 이에 필자는 이 분야의 자료수집, 분석, 연구 등의 기초 작업을 해오면서[2] 생각해 온, 즉 이 운동에 관련된 다양한 인식의 관점을 총괄적으로 제시하고자 한다. 미진한 점은 지속적인 연구를 통해 보완할 것인 바, 이 고찰이 정화운동 및 불교현대사 이해에 일조를 하였으면 다행이라 하겠다.

2. 운동의 명칭

지금껏 이 운동에 대한 개념 및 명칭은 대별하여 이해할 경우, 정화운동 및 정화불사로 지칭하는 부류와 분규 · 분쟁 · 법난 등으로 지칭한 부류로 나누어 볼 수 있다. 전자는 이 운동의 긍정성을 강조하는 입장이고, 후자는 운동의 부정성과 모순을 강조하는 입장이라고 하겠다. 조계종단의 경우는 전자의 입장을, 태고종단의 경우는 후자의 입장을 수용한 것은 널리 알려진 사실이다.

---

1) 이는 운동이 종료된 지가 무려 30여 년이 넘었기에 그 자료의 산실, 관련자의 입적 등으로 인한 연구의 어려움을 말한다.
2) 필자의 정화운동 관련 논고는 다음과 같다. 「조지훈 · 이청담의 불교계 '분규' 논쟁」, 『근현대불교의 재조명』(민족사, 2000). 「불교 '정화'의 성찰과 재인식」, 『근현대불교의 재조명』(민족사, 2000). 「전국비구승대표자대회의 시말」, 『근현대불교의 재조명』(민족사, 2000). 「사찰정화대책위원회의 개요와 성격」, 『근현대불교의 재조명』(민족사, 2000). 「불교재건위원회의 개요와 성격」, 『근현대불교의 재조명』(민족사, 2000). 「정화운동의 전개과정과 성격」, 『새불교운동의 전개』(도피안사, 2002). 「이청담과 불교정화운동」, 『청담대종사와 현대한국불교의 전개』(청담문화재단, 2002). 「김서운의 종단 정화와 그 특성」, 『대한불교조계종과 서운큰스님』(전등사, 2003).

　역사적 사실에 대한 이해의 경우에 있어서 그 개념 및 명칭은 자신의 처한 입장, 현실인식, 세계관에 의해 자유스럽게 표현할 수 있다. 그러나 역사를 바라보고 평가하는 것이 자유라 하여도, 거기에는 일정한 논리와 보편성이 깔려 있어야 할 것이다. 이를테면 사관으로서의 가치를 띠어야 할 것이다. 그래야 그 인식을 전문학자, 전문가, 혹은 일반대중들이 수용할 수 있는 것이다. 이런 관점에서 정화운동이 객관적인, 엄정한, 학문적인 잣대로 검증을 받았다고는 볼 수 없다. 요컨대 정화운동의 개념에 대한 지속적인 검토가 요청된다고 보고자 한다.

　이러한 전제하에서 본 고찰에서는 긍정성과 부정성에 입각한 그 명칭에 대한 필자의 소감을 제시하고자 한다. 우선 운동 및 사실에 대한 긍정성에서 나온 정화운동(정화불사 · 교단정화 · 승단정화 등)은 지금껏 수십 년간 관행적인 표현으로 정착하였다는 점에서 유력한, 선점적인 개념으로 인정해도 좋을 것이다. 즉 운동의 당사자들이 참여하고, 전개하고, 고민한 산물인 것이다. 당시 그들은 식민지 불교의 잔재를 제거한다는 취지에서 불교가 오염되고 더럽혀졌으며, 불교의 근본에서 이탈되었으며, 한국불교의 전통을 망각하였다는 인식을 하였다. 이에 그들은 그 잘못된 것을 바로 잡으려는 고민, 노력, 행동이 바로 불교 정화였다고 주장하였다. 그리고 그 주역들의 행동이 일정부문 성공하여 현재의 조계종단을 재정비하였으며, 그리하여 조계종단에서도 이를 정화불사 · 정화운동으로 공식적으로 명명해 왔다. 또한 그 주역들의 문중 · 문도 · 사찰이라는 공간에서도 자연스럽게 정화운동으로 칭하였다. 달리 말하면, 정화운동은 현재 한국불교의 제도권, 기득권 내에서 어느 정도는 정착되었다고 하겠다.

그런데 이러한 평가와 지칭은 지금껏 엄정한 학문적인 분석, 잣대를 거친 산물이라고는 볼 수 없다. 주지하는 바와 같이 불교정화운동에 대한 세미나, 학술발표회는 조계종단에 속한 승려들의 차원에서 겨우 2회 정도가 있었다고 기억된다.[3] 그 밖의 조계종단 외부에서, 학계에서, 불교계에서 정화운동을 소재로 한 공개적인 학술행사는 없었다고 보여진다. 최근에 들어와 정화 주역들의 연고 사찰, 문도 차원에서 해당 인물의 추모적인 분위기 하에 정화운동이 일부 소개되는 정도였다.

정화운동에 대한 의미 및 명칭을 부여하고자 할 경우에는 당시 정황을 세밀하게 재구성해야 할 것이다. 요컨대 정화 주역들이 생각한 정화의 구상과 이념은 무엇이었으며, 그 진행 내용은 어떠하였으며, 그 추진 방법상에는 문제가 없었는지, 당시 언론 및 세간에서는 그를 어떻게 받아들였는지, 공권력의 후원은 어떻게 받아들여야 할지, 사찰재산의 망실은 누구의 책임인지, 수많은 재판은 왜 나왔는지, 정화의 주역들은 정화가 마감된 상황을 어떻게 받아들였는지에 대한 이해가 있어야 할 것이다. 더욱이 그 불교정화로 얻어진 것은 무엇이었으며, 잃은 것은 무엇인지에 대한 손익도 분명히 가려야 할 것이다. 당시의 구체적인 정황도 이해하지 못하면서 막연히 정화운동이라고 하는 것은 몰역사적인 자세인 것이다. 또한 정화운동이라고 하였을 경우에는 '운동'이라고 표방된 이념 · 목적 · 사상 · 지향이 논리적으로 검증되어야 한다. 이는 불교라는, 한국불교라는 흐름하에서 역사성을 가져야 한다는 것이다.

이제부터는 부정성에서 나온 분규 · 분쟁 · 내분 등에 대하여 살펴보고자 한다. 이는 그 운동의 결과로 피해를 본 측과 운동의 모순과 허

---

3) 석림동문회, 선우도량이 주관한 세미나가 있었다.

상을 인식한 제 3자적인 입장에서 나온 경우이다. 물론 이러한 관점에서 보면 당시 정화운동은 분규로 볼 수 있는 일정한 관점·사실·내용이 있었음은 수긍할 수 있다. 즉 당시 정화운동이라는 일련의 전개과정의 당사자는 기본적으로 불교계 내부, 조계종단 내 승려(신도)들 간의 갈등·대립·투쟁이었다. 이 입장에서는 정화운동이 뚜렷한 이념이나 사상은 찾을 수 없고, 단지 종권의 장악과 쟁탈을 위한 싸움이었다는 것이 깔려 있는 것이다. 그리하여 사찰 및 사찰재산의 소유·점유·관리에 대한 독점적인 권리를 갖기 위한 갈등과 대립이었다는 것이다. 이런 구도에 서면 당시 정화운동을 주도한 승려들의 주장은 허구가 되고, 대처승은 '왜색불교'이고 '대처승 축출'은 식민지 잔재 청산이라는 감성을 대중과 언론에 호소한 결과인 것이다.

　이러한 부정성은 정화운동이 후반기로 가면서 나타난 제반 양상을 보면 이를 전면 부인하기는 대단히 어려운 것이다. 다만 운동을 주도한 당사자들의 고뇌, 희생, 의지를 보면 거기에는 분명한 의지와 사상이 개입되어 있었다. 요컨대 정화 주도자들이 단순히 종권, 재산권을 쟁취하기 위해서 운동을 전개하였다고는 볼 수 없다는 것이다. 그리고 운동을 부정시하는 입장에 선 경우에도 운동 발발 이전에 종단, 한국불교가 정상적이었고 문제가 거의 없었다고는 인정하지 못할 것이다. 즉 문제가 있었기에 정화를 해야한다는 흐름이 대두되었다는 것이다. 문제가 거의 없고, 불교 발전을 위한 활동이 정상적으로 진행되고 있는 데에서 정화운동이 발생하였다고는 볼 수 없다. 이러한 점은 당시 운동의 결과로 조계종단에서 이탈한 당사자들도 인정해야 할 측면이다. 정화운동을 분규로 볼 수 있는 전제는 필자가 보기에 정화운동 주도자들의 정화이념이 부재하였고, 운동 전개과정에 반불교적인 행태가 지나쳤으며, 정화운동의 산물로 나타난 제반 결과가 모순과 문제점이 더욱, 상대적으로 많았는가에 달려 있다고 보인다. 때문에 과연 그러하였는가는 세밀한 검토하에 가능할 것이다.

3. 운동의 시기

정화운동이 언제 시작되어 언제까지 전개되었는가의 문제를 서술하고자 한다. 정화운동의 시기, 즉 운동의 기간도 간단한 문제는 아니다. 이는 운동의 총괄적인 개요와 성격을 정리할 경우에는 간과할 수 없는 주제의 대상이다. 운동의 시기에 대하여도 잠정적으로도 일정한 합의가 필요하다. 이는 정화운동이 전개되었던 과정을 설명함에 있어 절대로 필요한 것이다. 동시에 이 문제는 운동의 요인 및 기점과도 연결되고 있다.

우선 운동이 시작된 시점부터 살펴보고자 한다. 정화운동이 시작된 시점에 대해서는 일반적으로 1954년 5월 20일, 이른바 이승만대통령의 대처승은 물러가라는 요지의 '유시'를 기점으로 잡고 있다. 그러나 이 유시를 기점으로 정화운동이 구체화되었다고 할 경우에는 정화운동의 타율성, 비주체성이 제기된다. 정화운동에 공권력, 국가권력이 개입되었다는 빌미를 제공하는 것이다. 물론 운동의 발발, 전개 과정에 공권력에게 큰 영향을 받았음은 부인할 수 없는 사실이다. 이승만의 유시를 운동의 기점으로 삼게 되면, 운동을 주도한 승려들은 공권력에 기대어 운동을 주도할 수밖에 없었던 나약성, 비주체성이 노골화된다. 이는 영향을 받은 것과 주체적인 노력과 의식은 별도로 구분해야 되지 않겠나 하는 것이다.

그러면 유시를 기점으로 삼는 것이 문제가 있다면 그 이전 어떤 계기를 운동의 가시화로 볼 수 있을 것인가. 식민지불교의 극복을 통한 불교발전을 기하려는 노력은 이미 8 · 15해방 공간부터 있었다.[4] 해방공간에서도 교단, 재야의 불교혁신단체들은 불교를 바르게 잡으려는 다양한 검토, 노력을 치열하게 하였다. 다만 이 시기의 그 움직임에 대하여 그 당시에는 불교정화라는 표현을 하지는 않았고 교단개혁, 불교혁신, 불교개혁, 신불교 지향 등이라고 칭하였다. 이 당시의 교단개혁을 추구하는 혁신단체는 불교혁신총연맹을 조직하고 본격적인 활동에 들어갔으며, 이 단체에는 선학원도 가담하였다.

당시 그 총연맹이 추구한 불교혁신의 주안점은 대처승과 사찰토지문제였다. 대처승은 교단의 중심부에서 배제하고, 사찰토지는 토지개혁이 곧 시행될 것이기에 마땅히 소작인에게 분배하자는 것이 혁신계열의 주장이었다. 그러나 혁신계열의 주장은 교단 집행부와의 이질적인 현실인식으로 인하여 소기의 성과를 거두지 못하였다. 오히려 교단이 분열되고, 이념적인 논란으로 인하여 불교혁신에 대한 합의는 거의 전개되지 않았다.

그러면 이 같은 해방공간에서의 불교혁신의 움직임을 정화운동의 기점으로 볼 수 있을 것인가. 필자가 보기에 그 흐름이나 지향은 유사하였

---

4) 해방공간 불교혁신에 관한 필자의 논고는 아래와 같다. 「8.15해방과 불교계의 동향」, 『한국근대불교의 현실인식』(민족사, 1998). 「불교혁신총연맹의 결성과 이념」, 『한국근대불교의 현실인식』(민족사, 1998). 「전국불교도총연맹의 결성과 불교계 동향」, 『한국근대불교의 현실인식』(민족사, 1998).

지만 기점으로 보기는 어렵다 하겠다. 그 이유는 해방공간의 혁신 노력은 비구승, 승려 중심으로 볼 수 없기 때문이다. 우리가 일반적으로 말하는 불교정화는 승려들 중심의 활동임은 상식화된 것이다. 그리고 선학원이 그 총연맹에 가담하였지만 당시 선학원의 활동이 그 상징성, 전체성이라는 시각에서 보았을 경우 한계가 노출된다는 것이다. 즉 선학원이 가담하였지만 그는 서울에 위치한 선학원에 거주하는 승려 중심의 가담으로 이해된다는 것이다.

이처럼, 해방공간에서의 불교혁신을 그 기점으로 볼 수 없다면 어디에서 그를 찾을 것인가. 이에 대하여 필자는 1952년 봄, 수좌였던 이대의가 교단의 변화된 현실하에서 수좌들의 수행 환경을 개선해 달라는 건의서를 당시 교정이었던 송만암에게 제출한 것을 그 기점으로 삼을 수 있다고 본다. 여기에서 말하는 변화된 교단 현실과 수행 환경이라는 것은 교단 내에서 수행하는 승려인 수좌들이 교단중심부, 사찰 등에서 배척되었음을 말한다. 특히 1949년 6월 21일 제정 공포되어, 6 · 25 직전 시행에 들어간 이른바 농지개혁으로 인한 불교계, 사찰경제의 위축은 선방의 폐쇄, 수좌의 생존 문제 고민을 노정케 하였다. 이러한 배경하에서 이대의는 종정 송만암에게 그 해결책을 요구하였다. 송만암은 그 건의서의 내용을 수용하여 교단 집행부에게 그 해결책을 강구하도록 하였다. 이에 통도사, 불국사에서 그 문제를 둘러싼 회의가 열렸고, 18개 사찰을 비구 수행 사찰로 양도할 것을 정하였다. 그러나 이 18개 사찰은 즉시 양도되지 않았기에 교정은 지속하여 그 이행을 교시하였다. 이러한 가운데 1953년 가을, 선학원에서는 이 같은 변동, 모순을 해결

하려는 다수의 수좌들이 모임을 갖고 그 해결을 모색하기에 이르렀다.[5]
바로 이런 배경이 있었던 그 이듬해인 1954년 5월, 이승만 유시가 내려
져 불교정화, 교단 정화를 갈망하던 수좌승들의 염원을 점화시킨 것이
었다고 하겠다. 이에 필자는 이대의 건의서 제출을 정화운동의 기점으
로 보자는 제안을 하는 것이다.

　이제부터는 정화운동의 마감을 어디로 잡아야 하는가에 대한 문제를
서술하겠다. 지금껏 이에 관련된 시점은 1955년 8월 13일의 전국승려
대회, 1962년 4월의 통합종단의 성립, 1970년 5월의 태고종 등장이었
다. 정화운동이 본격적으로 전개되면서 비구, 대처 양측의 대결은 심각
하게 나타났고, 그는 일반사회에 큰 우려를 자아냈다. 그 우려와 동시에
불교의 위상도 땅에 곤두박질하였다. 그는 승려들이 종권과 사찰의 경
제권을 두고 싸운다는 비판적인 목소리였다. 그러나 1955년 8월 12~13
일의 전국승려대회를 기점으로 종권, 사찰의 주도권은 비구승에게로 넘
어 왔다. 그리고 공권력도 이를 공인하였다. 그리하여 외형적으로는 정
화운동이 마감된 것처럼 보였다. 그러나 대처측이 이에 불만을 품고 그
해결을 위한 방안으로서 사법부에 그 타당성을 의뢰하였다. 이에 전국
의 법원에는 그에 연결된 소송이 수십 건이 쌓여 있었다. 더욱이 4 · 19,
5 · 16을 거치면서 그 소송은 더욱더 증가하는 추세에 놓여 있었다. 때
문에 1955년 승려대회의 기점으로 정화운동이 마감되었다고 보기에는
어려움이 있다.

　다음으로 검토할 것은 1962년 4월의 이른바 통합종단의 등장이다. 필
자는 이 시점을 운동의 일단 마감으로 보고자 한다. 이는 당시 비구, 대

5) 이 내용은 졸고, 「전국비구승대표자대회의 시말」에 요약되어 있다.

처 양측이 불교재건위원회의 합의, 재건비상종회의 구성을 통한 종헌의 제정, 공포가 이루어졌기 때문이다. 그 결과 기존 양측의 종단으로부터 종권을 정식 인계받고 통합종단이 출범하였던 것이다. 통합종단에는 비구, 대처 양진용의 대표가 간부에 동참하고 일정기간에는 공식적인 종단 운용이 가능하였다. 그러나 출범 6개월 후에는 대처측이 종단 운영의 핵심기관인 종회 구성의 형평성을 두고 이의를 제기, 종단에서 이탈을 선언하였기에 통합종단은 명실상부하지는 못하였다. 대처측은 여기에서도 그 이의를 사법부로 가져갔고, 통합종단의 정통성을 두고 사법부에서 논란이 지속되었다. 그러나 사법부에서는 대법원 판결을 통하여 통합종단의 근거를 공인하였다.[6] 당시 비구, 대처 양측은 가장 논란이 많았던 승려 자격을 두고 합의를 하였고, 논란이 심한 부분은 문교부의 유권해석에[7] 맡긴다는 것도 합의하였다. 이런 정황은 자신의 주장, 아집보다는 민족불교의 성격을 갖고 있었던 불교의 노선을 일반사회에서 보는 관점도 고려하였다는 점에서 비교적 탄력적인 판단이라 하겠다.

다음으로 검토할 시기는 1970년 태고종의 등장이다. 이 관점은 태고종의 등장, 합법화로 양측의 갈등과 대립이 공식적으로 마감되었고, 이 이후로 사법부의 쟁사가 거의 사라졌음을 주목하는 것이다. 이 관점은 일견 타당하다. 그러나 이는 분규, 분쟁이라는 관점에서는 가능한 것이

---

6) 현재 조계종단에서 종단의 출범을 통합종단에 두고 있음은 그 예증이다. 그런데 문제는 조계종단은 1962년 통합종단을 종단의 시점으로 보고 있음은 적지 않은 문제를 야기한다. 통합종단만을 강조하면 그 이전 해방공간, 일제하의 불교 등에 대한 계승은 방치하는 결과를 가져오기 때문이다.
7) 문교부의 유권해석은 이를테면 제3자의 해석이고, 한국불교 전통에 비추어 본 판단으로 볼 수 있다.

지, 운동과 이념의 관점에서 수용하기는 난점이 있는 것이다. 다만 정화
운동이 완전하게 정비되지 않았다는 차원에서는 고려할 수 있다. 요컨
대 정화를 잘못하였다거나, 정화의 정신이 사라졌다는 정화의 주역들의
행적이 지속적으로 나타났기에 정화운동의 지속성이 있었다는 것이다.
그러나 이는 운동이 종료된 이후 그 운동의 정신이 계승되지 않았음을
우려한 고뇌의 산물로 보아야 한다.[8] 예컨대 이청담의 종단 탈퇴 선언,
화동파의 등장, 전국신도회의 종단개혁 움직임 등은 그 실례이다. 그럼
에도 불구하고 필자는 1970년 태고종의 등장을 정화운동의 마감으로 볼
수는 없다고 주장한다. 다만 정화운동의 거시적인 단계별 이해를 할 경
우에는 가능하다.

4. 운동의 요인

정화운동의 발발 요인, 즉 운동의 원인은 어디에서 찾아야 할 것인
가? 이 문제에 대한 검토도 어떤 합의를 하기에는 어려운 실정이다. 즉
심층적인 분석과 공통적인 이해를 할 수 없다. 운동의 기간이 8년 내외,
혹은 16여 년간 한국불교를 관통하였던 중심 주제인 정화운동, 정화불
사가 전개된 요인은 무엇이었는가. 이에 대한 검토, 합의는 거의 부재하
였으며 필자 또한 역시 그러하다. 그러나 연구의 활성화를 위한 차원에
서 제시하고자 한다.

---

8) 박희승은 조계종단의 여러 문제는 정화운동의 대의가 종단에 완전 구현되지 않은 것으
로 보았다. 박희승, 「불교정화운동 연구」, 『불교평론』 3호(2000년 여름), p.293.

운동의 요인은 외부적, 내부적인 차원으로 구분할 수 있다. 외부적인 요인은 종단, 불교계 외부에서 추동을 가한 측면을 말한다. 지금껏 이 문제는 정화불사를 추동한 요체로 이승만대통령의 유시로 상징되는 공권력을 지칭하였다. 이러한 지적은 정화불사에 대한 비판성을 갖고 있는 측에서 제기하였다. 태고종측과 조계종단 내의 혁신적인 입장을 갖고 있었던 소장파 승려들의 주장이었다. 이 입장은 정화운동으로 인하여 종단에서 축출된 대처승들의 이해관계를 반영하고 있다. 그리고 정화운동이 결과적으로는 불교의 위상, 대사회성이 추락하였음을 지적하는 인식이다.

이러한 외부적인 요인은 이승만이 정권 재장악을 기하기 위한 차원에서 조계종단인 불교를 희생양으로 삼았다는 것이다. 당시 그의 재집권을 반대하고 있었던 대처승들을 제거하고, 그들과 연결되어 있는 수많은 신도들의 표를 자신의 지지표로 전환시키기 위한 것이었다는 것이다. 동시에 대처승, 친일불교, 왜색불교, 일제 잔재를 처단하는 자신의 애국심, 민족정신을 구현하기 위한 발판으로 운동을 후원하고, 추동하였다는 것이다. 이 같은 논리는 간혹 제기되었으나,[9] 객관적·자료적인 근거에 의한 문제 제기로는 빈약하였다. 이승만이라는 인물 자체가 대통령이라는 공인이고, 공권력을 집행하는 최고 책임자였기에 그의 발언, 의식, 결정 등은 단순하게 한 개인의 차원에서 바라볼 수 없다. 당시 이승만 정부, 권력에 대한 정밀한 검토를 하고, 이승만이 그런 조치를 한 근본 요인을 정치적, 시대적 차원에서 그려내야 할 것이다. 간혹 이승만의 종교는 기독교였지만 그는 미국으로 망명하기 이전에는 불교 집

---

9) 김남수, 「50년대 분규 발생의 정치적 의미 분석」, 『대승정론』 15호, 1997.

안에서 성장하였다는 증언도 나오는 것을 보면 그에 대한 판단은 매우
예민한 것이다.

그리하여 이승만의 정치적인 목적이 결합되었다는 전제하에 한발 더
나아가서는 그가 추진한 기독교중심의 종교정책도 연결지어 이해한 경
우도 있었다. 즉 불교를 엉터리 같은 집단, 친일색이 있는 집단 등으로
인식, 선전케 하여 상대적으로 기독교를 옹호, 성장케 하였다는 것이다.
그러나 현재로서는 이러한 외부적인 요인에 대하여 그 어느 측면에서도
객관적, 합의된, 검증된 것을 제시하기는 어려운 실정이다.

이제부터는 내부적인 요인에 대하여 살펴보자. 내부적인 요인을 대별
하면 이념적인 접근과 경제적인 접근으로 나눌 수 있다. 이념적인 접근
은 근본불교, 한국불교라는 관점에서 그 당시 불교 교단은 상당히 이탈
하였다는 것이다. 구체적으로 말하면 대처승은 근본불교와 한국불교 전
통에서는 이단이고, 수행하는 수좌승들이 교단의 중심부에서 배척받았
다는 것을 의미한다. 부수적으로는 불교계의 부패, 승려의 타락성, 사찰
의 혼탁함, 불교문화재의 파괴, 불교의 세속화 등도 거론된다. 이러한
모순을 바로 잡아야 한다는 승려들의 의식이 바로 정화의 근원이라는
것이다. 이와 관련하여 백용성이 총독부에 제출한 대처식육 반대의 건
백서 제출(1926),[10] 이청담이 주도한 불교혁신을 기하려는 조선불교학인
대회의 개최(1928),[11] 박한영·송만공·하동산·김자운·이효봉 등 수좌
들이 주도한 청정불교를 지향한 유교법회(고승법회, 1941)[12] 등이 그 대상

10) 김광식, 「1926년 불교계의 대처식육론과 백용성의 건백서」, 『한국근대불교의 현실인
식』(민족사, 1998).
11) 김광식, 「조선불교학인대회 연구」, 『한국근대불교의 현실인식』(민족사, 1998).
12) 김광식, 「일제하 선학원의 운영과 성격」, 『한국근대불교사연구』(민족사, 1996), pp.135~136.

으로 지목되었다.

경제적인 접근은 수행하는 수좌들의 최소한의 수행공간이 박탈되었으며, 사찰 및 불교계 공간에서 정상적인 생활을 할 수 없을 정도의 경제적 궁핍이 정화운동을 추동케 하였다는 것이다.[13] 이는 이념적인 요인과 맞물려 있었다고 보인다.

이념적인 요인은 불교가 사회, 중생, 민족에게 기여하지 못하는 현실을 극복하겠다는 이른바 불교 현대화로 나아가야 한다는 노선과도 연결되었다. 즉 조계종단의 3대 지표인 승려교육, 포교, 역경의 정상화를 말한다. 이는 일정부분에 있어서 정화운동이 종료된 이후 불교계가 나아갈 방향을 제시한 것이다. 요컨대 정화운동의 이념성과는 직접적으로 연결되었다고 보기는 어렵다.

필자가 보기에는 위에서 살핀 외부적, 내부적인 요인들이 상호 결합되어 운동은 발생한 것이다. 다만 그 우선 순위와 상호간에 맞물려 있는 제반 내용들은 당시 상황을 재구성하는 가운데 설명되어져야 할 것이다.

---

13) 당시 대처측 인사였던 황성기도 이 입장을 인정하였다. 그는 이를, "농지개혁으로 말미암아 사찰경제(寺刹經濟)에 일대파탄이 일어났고, 승려생활에 큰 위협을 가져오자 …(중략)… 지금까지 수행에만 전심(專心)하던 이판승들의 생활은 극도로 위태로운 지경에 이르렀고, 드디어 그들은 사판승들에게 생활 적선의 보장을 기대할 수 없게 되니, 그들도 이제는 자기 생존을 위하여 자신들이 직접 경제 주권을 장악해야 되겠다고 생각하게 되었다. 그래서 처음에는 몇몇 절(寺)들의 운영권만을 넘겨 자치 자활(自治自活)하게 해달라고 요구했으나, 이것이 거부되자 마침내는 한국불교 전체의 주권을 장악하겠다는 결심을 하고 전면 투쟁으로 발전하게 되니, 이것이 불교분규의 근인(近因)이다."라 하였다. 황성기, 『불교사상의 본질과 한국불교의 제문제』(보림사, 1989), p.306. 이 글은 원래 『불교사상』 10호(1962.7)의 「한국불교의 나아갈 길」에 게재되었음.

5. 운동과 한국불교의 전통

정화운동의 상징성은 대처승의 승단 밖으로의 배척이었다. 즉 불교의 교리, 한국불교 전통에 있어서 승려의 결혼은 파계이기에 승단, 교단에 서는 승려로 볼 수 없다는 판단이었다. 그런데 그 대처승은 식민지 불교의 잔재·흔적, 일본불교의 유입이기에 민족불교라는 차원에서도 절대 수용할 수 없다는 것이었다. 다시 말하면 대처승은 반민족적인 행위였다는 감정적인 정서가 50년대에는 사회의 여론으로 작용한 면도 있었다. 요컨대 정화운동은 한국불교 전통의 입장에서 전통의 계승이요, 민족불교의 지향인 것이다.

그런데 전통은 계승되는 것이지만, 다른 측면에서는 수용, 변질, 변화, 재창조되는 것이다. 그러면 현재적인 입장에서도 그러한 것인가? 다시말하자면 지금의 시점에서도 대처승, 승려의 결혼은 절대로 받아들일 수 없는 신성불가침의 기준인가 하는 것이다. 지금에서도 승려의 결혼은 반불교, 반민족불교, 이단, 파계로 본다면 정화운동에 대한 이념성은 더욱 확고해질 것이다.

일반적으로 역사적인 평가는 불가분, 일정 부문에 있어서 현대의 관점이 개재된다. 때문에 혹자는 역사는 현대적인 관점에서 재해석, 재평가되는 역사라고 하였다. 지나간 과거, 역사는 이미 그 완료적인 사건, 사실이지만 그를 해석, 평가, 바라보는 지금의 관점에서 새롭게 이해되기도 하고, 비판, 매도당하기도 하는 것이다. 이러한 접근을 기하는 근본 초점은 이미 지난 정화운동을 우리가 이해하고 평가할 경우 현재 우리의 관점은 어떤 측면에 서있는가 하는 점을 강조하는 것이다.

우리가 정화운동의 이면을 말하는 승려의 결혼을 반불교, 반민족불교, 계율파괴라고 한다면 그 관점에서 지난 정화운동을 바라보고 현재의 불교계 제반 문제도 그 관점에서 바라보아야 한다는 것이다. 즉 대처승은 불교계에서 절대 수용되어서는 안된다는 당시 불교정화운동 당시의 메시지에 대한 평가는 어떻게 할 것인가의 문제이다. 운동을 주도한 승려들의 그 메시지가 지금에 와서도 타당하다고 여긴다면 정화운동을 긍정적으로 평가할 수 있을 것이다. 이 관점에 서면 동시에 작금의 불교계의 제반 문제를 바라보는 시각도 동일하게 적용해야 한다는 것을 강조하는 것이다. 요컨대 조계종단을 비롯한 불교계 내부에는 대처승은 절대 없는가? 있다면 그는 공식적으로 확인할 수 있는가? 최근 등장하고 있는 은처승의 문제는 이와는 별개인 것인가? 대처승, 은처승은 반불교이고, 반민족불교라면 그 관점을 지금의 종단을 바라보는 관점에서도 동일하게 적용되어야 한다는 것이다. 그리고 조계종단은 비구승단인가. 비구승단이라면 비구계의 적용을 받아야 하는 것이 상식일 것이다. 비구계율은 백안시하고 이념과 홍보차원에서 비구승단, 청정승단, 전통계승을 내세운다면 명실이 어긋난 처사일 것이다. 공식적으로 대처는 절대 불가하기에 이면에서는 결혼생활을 하고, 실질적으로 파계를 감행하고, 은처를 본다면 이는 정화운동을 바라보는 그간의 기반이 와해되는 것이다.

그런데 우리가 대처승이 보편화되었던 일제하 불교의 여러 정황을 유의깊게 보면 승려의 결혼이 불교의 대중화라는 구도에서 일정하게 보편성을 띠었던 것을 부인하기는 어렵다. 승려의 결혼이 일본불교의 영향을 강하게 받은 것은 사실이다. 그리고 일본유학, 신식학문의 수용이 그를 더욱 부채질한 것도 사실이다. 또한 일제 식민지불교 정책의 차원에서도 승려의 결혼을 방관, 묵인한 면도 존재하였다. 그러나 개항 이후 100년 불교사를 거시적으로 보면 불교 대중화, 불교의 도회지화라는 슬로건 아래에는 승려의 결혼이 긴밀하게 연결되어 있었다. 한용운의 『조선불교유신론』(1913)은 바로 그 단적인 예증이다.

결혼한 승려들이 왜색승, 친일승이었다는 기존의 과도한 해석도 문제가 많은 설명이다. 대처승들은 불교 대중화를 기한다는 이념에 의해, 불가피한 계율 파괴에 의해, 풍조에 의해, 기타 다양한 요인에 의해 결혼을 하였다. 그렇다고 하여 그들이 모두 조선총독부의 불교정책에 부화뇌동하였다고는 볼 수 없다. 그들 중에는 민족운동, 독립운동을 한 경우도 적지 않다. 불교대중화를 기하기 위해 식민지 불교정책에 정면으로 저항, 반발한 경우도 있었다.

그리고 지금의 불교계에는 수십 여 종단이 존재, 활동하고 있다. 이 종단들은 국가에 등록, 공인받고 있으며 수많은 신도들의 추종을 받고 있다. 조계종단은 청정 비구종단임을 강조하고 있으면서도, 승려의 대처를 허용·묵인하는 여타 종단과 교류, 접촉을 하고 있다. 만약 승려의 결혼이 반불교, 반민족불교적인 행태라면 이러한 접촉은 납득하기 어려운 것이다.

지금껏 정화운동의 이념이 한국불교 전통이라는 관점과 연결될 수 있는가에 대하여 필자의 소감을 개진하였다. 이는 단정적으로 언급하기에는 난점이 있다. 그러나 정화운동이 한국불교 전통의 관점에서 논란이 예상되는 측면을 제기함으로써 정화운동의 연구에 새로움을 주려는 차원에서 서술하였다.

6. 운동의 유산, 그 부산물

정화운동은 외형적으로 성공하였다. 그리하여 조계종단의 재건을 기하고 일면에서는 식민지불교의 잔재를 처리하였다. 그러나 그 이면과 결과에는 숱한 모순과 문제점을 잉태하였다. 이를 본 고찰에서는 유산으로 정리하겠다. 이 유산은 지금껏 정면으로, 객관적으로, 공식적으로 제기한 경우는 거의 부재하였다.[14]

먼저 정화운동의 긍정성으로는 한국불교의 전통의식의 환기, 승단 및 승려의 청정의식의 환기, 민족불교의 지향의 재검토, 교단 정체성의 각성, 불교문화재의 정비, 사찰 환경의 개선 등을 거론할 수 있다. 이에 반해서 부정성은 다양한 부문에서 제기해 왔고, 지적할 수 있다. 그를 대별하면 다음과 같다.

첫째, 불교 자주화에 문제점을 야기하였다. 불교의 내적인 문제가 있으면 불교적인 사상, 방법, 주도에 의해서 해결되어야 함에도 불구하고 공권력의 협조, 개입으로 인하여 문제를 해결하려는 관행이 생기게 되었다. 사법부에 의뢰한 수많은 재판은 그 단적인 예증이다. 이러한 관행은 지금까지도 지속되어, 불교계의 청산해야 할 과제로 제기된다. 이는 비구, 대처 양측이 모두 관여되었으며 그에 대한 책임의식을 피할 수는 없다.

둘째, 불교정화, 정화운동의 추진에 있어서 반불교적인 행태가 노출되었음을 부인하기 어렵다. 정화불사라 함은 곧 대처승 축출로 표현되었

---

14) 필자는 「불교정화의 성찰과 재인식」, 「정화운동의 전개과정과 성격」에서 이를 '정화의 문제점과 그 극복'과 '정화운동의 유산'이라는 주제로 정리하였다. 이하 본 내용은 그를 정리, 보완한 것이다.

으며, 거기에는 경찰과 공무원이 항상 개입되었다. 사찰 점유를 둘러싼 수많은 갈등, 대립, 폭력성, 재판은 불교의 명분과는 거리가 먼 것이었다.

셋째, 정화운동이 전개되면서 승려의 부족, 주지층의 빈약, 사찰 점유권을 놓고 필요한 인적자원의 보충으로 인하여 승려의 조속한 보충이 있었다. 정화라는 혁명적인 시기에 있어서 보충된 승려들은 교육을 이수할 여건이 전혀 없었기에 승려 교육이라는 문제에서 모순을 야기하였다. 당시에는 이를 '급조승'이라는 별칭도 있었음을 인정해야 한다. 불교 정화 초창기에는 비구승이 불과 200~500여 명에 불과하였다는 기록을 유의해야 한다. 그리고 통합종단이 등장한 직후인 1964년경의 승려 숫자가 11,899여 명으로 전하는[15] 것은 무엇을 의미하는가. 그는 승려의 자질을 의문시하는 것이었다. 그 승려들에 의한 사찰 운영권이 전담되었던 정황, 그 승려들에 의한 상좌 교육은 어떠하였는가 등등 많은 물음을 낳게 하였다.

넷째, 정화운동은 교단, 사찰의 주도권이 비구승, 선수행자, 수좌들에 좌우되는 현실을 만들게 하였다. 이러한 대상자들은 수행에 정통한 대상자들이었지만, 이들이 다양하고 급변하였던 교단 내외의 현실을 적절하게 대처하였다고 말하기는 어려운 것이다. 이는 전통적으로 이판과 사판이라는 승려의 역할과 구분을 방치한 것과도 연결되는 것이다. 그리하여 사찰, 승려 주변에는 사회와 연결되는 일을 전담하여 이익을 얻으려는 다양한 사회인들의 발걸음이 잦아졌고, 그에 비례하여 사찰 주위에는 부정과 비리가 나왔다는 비판도 감수해야 한다.

다섯째, 정화운동으로 인하여 과거 대처승 혹은 불교 대중화에 관련

---

15) 『대한불교』, 1964.12.27, 「1964년 교계백서」.

된 인물들이 담당한 다양한 활동과 역사를 결과적으로 매도, 방치한 결과도 가져왔다. 비록 대처승에게 반불교, 반 민족불교적인 성격이 있다는 것을 일정 부분 인정한다 하여도 그들이 수행한 역할과 성과는 객관적으로 평가해주어야 한다. 이러한 산물에 의거 조계종단은 개항부터 정화불사 이전(1876~1954)의 역사를 무관심으로 방치하였다는 몰역사의식의 종단 운영을 가져오게 하였다.[16] 큰스님 찾기, 고승 추모하기 등이 사찰별로, 문중 및 문도별로 행하여졌지만 이는 종단과 무관한, 근대불교사와는 거리가 있는 이질적인 것이었다.

여섯째, 정화운동의 주도 그리고 정화운동의 여파로 선을 우선시하는 수행의 풍토가 고착화되었다. 최근에는 다양한 수행이 심화되고 있지만 아직도 교단(조계종) 차원에서는 선사, 참선, 간화선, 선방이 중심이었다. 이에 교학의 소홀, 다양하고 균형적인 교육제도 및 시설의 미비로도 연결되었다고 볼 수 있다. 그리고 나아가서는 한국불교의 특성으로 이해되는 원융성, 통합성과 바로 그러한 선 우선의 정서와는 어떻게 연결되는지도 난해할 뿐이다.

일곱째, 정화운동의 이념과 노선이 무엇인가에 대한 정비가 미흡하였다. 정화운동을 주도한 선사, 큰스님들의 고뇌와 원력은 인정한다고 해도 일반 대중들이 납득할 수 있는 정화이념은 애매하였다고 보인다. 때문에 정화운동의 추진 계획, 프로그램은 찾기가 어려웠다. 물론 종단 3대 지표라는 것이 정화운동 이후 제시되었지만 그 선명성, 목적성, 이념성이라는 시각에서는 뚜렷하지 않았다. 종단이 10년 내외를 갖은 고

---

16) 이는 조계종의 종헌에 단적으로 나온다. 그리고 종정을 역대 순서를 계산할 경우에도 통합종단 등장부터 1대 종정으로 거론하는 것도 같은 내용이다.

통, 고민, 난관을 겪었으면 그에 걸맞는 보편적인 이념이 제시되어야 함에도 이 측면에서의 빈곤성은 떨칠 수 없었던 것이다.

여덟째, 정화운동의 부정성이 일반 사회에 널리 알려진 그 당시에 기독교의 성장이 급증하였다는 것에 대한 비판을 누가 감수해야 하는가. 지금에도 흔히 불교의 신도수가 아직도 1위라는 통계에 자위하는 다수의 불교도들을 자주 본다. 아직도 1위를 고수한다는 그 이면에는 초조성, 불안성이 전제되어 있다. 불교가 진정 민족불교를 지향한다면 그 통계 수치에 염려해서는 안될 것이다. 민족의 고민과 진로에 대하여, 이 사회가 갖고 있는 어려움을 해소하기 위한 불교계의 역할과 성과가 어떠하였는가에 대한 성찰을 우선시 하는 것이 타당한 접근일 것이다. 사회의 각 분야에서 불교적인 가치를 지닌 인물들이 얼마나 활동하고 있으며, 사회의 운용 방식에 불교적인 방법의 구현이 잘 되고 있는지에 대한 물음에 답해야 한다.

7. 결어

맺는말은 지금껏 살펴본 정화운동의 다양한 측면을 고려하면서 정화운동 연구의 활성화를 기하는 차원에서의 필자의 제언을 개진하는 것으로 대하고자 한다. 이제 그 내용을 대별하여 제시하겠다.

첫째, 정화운동을 불교사의 범주로 흡수해야 한다. 지금껏 한국 불교계에서는 교리, 사상, 고승 위주의 연구의 편향성이 있었음을 부인하기는 어렵다. 그러나 종단, 승단, 사찰, 불교계에 끼친 영향이 적지 않은 정화운동을 관심, 연구의 범위로 수용하지 않은 것은 납득하기 어려운 것이다.

둘째, 정화운동에 대한 이해, 연구, 분석에 있어서 편향성을 극복해야한다. 과도한 찬양, 비판은 결코 상식, 객관적인 학문의 자세일 수는 없다. 학문적인 잣대가 아니어도 지나친, 몰역사적인, 자기 아집적인, 타인을 매도하는 이해는 수용될 수 없음은 보편적인 인간의 정서가 아닌가 한다.

셋째, 종단(조계종단, 태고종단) 차원의 정화사 접근이 절대 필요하다. 정화에 연관된 종단들은 정화사(분규사)가 각 종단의 등장, 대두와 긴밀한 연계를 갖고 있다. 이에 정화사를 정리한다는 것은 종단의 정체성을 분명하게 개진하고, 정비하는 것이다. 종단의 정체성을 방치할 경우에 예상되는 것은 정체, 퇴보일 것이다. 그리고 종단, 교단 차원으로 연구, 자료수집을 기해야 보다 효과적인 사업 추진이 가능할 것이다.

넷째, 각 사찰 문중·문도회에서도 관련 사찰, 승려들의 정화운동 관련 내용을 수집하고 정리해야 한다. 이 작업을 소홀히 한다면 이는 해당 사찰, 승려의 직무유기라 볼 수 있다. 최근 큰스님 만들기, 찾기, 추모하기의 사업과 법어집류의 책자 발간을 보면 그 스님이 살았던 시공간의 배경인 사찰, 사회, 불교계는 소홀하게 처리되고 법문, 법어 중심의 기획을 하고, 무조건적인 찬양과 추모만을 하는 것은 결코 가신 님을 진정으로 추모한다고 볼 수 없다. 이는 그 큰스님의 삶, 역사를 왜곡시키는 것이며 나아가서는 진정한 계승의식이 부재하다는 예증이다. 자료를 찾고, 정리하고, 분석해야 한다. 문헌, 사진 자료가 없다면 증언, 구술 청취를 통해서라도 역사는 만들어야 한다. 역사가 없을 때 그 사찰, 그 스님은 사회와 역사의 무대에서 영원하다고 누가 장담하겠는가?

제3부

동산의 제자

『동산대종사 석영첩』(1967)의
발간과 의의

1. 서언

한국 근현대 불교사에는 불교를 위해 헌신한 수 많은 고승이 있었다. 그 고승들의 구체적인 고뇌, 지성, 행적은 자료(문헌, 증언 등)에 의해 해석되고 이해된다. 여기에서 구체적인 자료와 증언이 자료집으로 묶여지고, 그에 근거하여 역사가 서술되어야 할 당위성을 만난다.

일제하 불교에서 나온 고승 자료집은 『용성선사 어록』(1941), 『경허집』(1943)에 불과하였다. 그러다가 1967년 『동산대종사 석영첩』의 발간에 영향을 받아 고승의 문집 및 자료집이 다수 나오게 되었다. 그래서 지금은 근현대 고승에 대한 자료집은 상당수 발간되었다. 그러나 아직도 발간이 필요한 고승이 있다. 근현대 불교사의 자료집 발간은 1960년대 후반 삼보학회의 『한국불교최근백년사』 편찬 작업(1965~1969)으로 시작되었다.[1] 그후 1996년 민족사에서 펴낸 『한국 근현대 불교자료전집』(전 69권)에 이르기까지 다양한 자료집이 나왔다.

이와 같은 고승 법어집, 문집, 자료집에 의해서 한국 근현대불교사는

---

[1] 김광식, 「三寶學會의 『韓國佛教最近百年史』 편찬 始末」, 『근현대불교의 재조명』, 민족사, 2000.

서술되었다.[2] 필자는 근현대 불교를 연구하면서 자료집의 중요성을 주목하였다. 그래서 자료집 발간에 직접, 간접으로 관여하였다. 그리고 자료집 및 구술증언 자료집의 편찬도 연구 주제로 인식하였다.[3] 이는 불교사학사의 범주로 볼 수 있기 때문이다. 그런데 지금껏 발간된 자료집에 대한 분석, 이해는 빈약하였다. 요컨대 연구의 손길이 미치지 않았다.

위와 같은 배경에서 나온 이 글은 한국 현대불교에서 활동한 고승 자료집의 출간 계기를 제공한 것으로 이해되는『동산대종사 석영첩(東山大宗師錫影帖)』(1967)의 편찬 과정과 성격을 살피려는 논고이다. 필자는 근현대기 고승중에서 3 · 1운동 민족대표인 한용운과 백용성에 대한 관심이 많았다. 특히 백용성을 연구하는 학술 단체인 대각사상연구원의 연구부장을 1998년부터 현재까지 역임하고 있다. 그래서 자연적으로 백용성의 문중 승려에 대한 관심이 많았다. 특히 백용성의 상수제자로 알려진 동산큰스님(1890~1965, 이하 동산으로 약칭)을 주목하였다. 왜냐하면 그는 백용성 사상(정화사상, 계율)을 계승하여 조계종단을 재정립한 불교정화운동을 진두지휘한 주역이었고, 조계종단 종정을 역임하였기 때문이다. 그래서 그가 머문 범어사와 동산의 연구를 수행하고 증언 자료집도 발간하였다.[4]

---

2) 김광식,「근현대불교사 연구 50년의 성과와 전망」,『불교평론』61호, 2014.
3) 김광식,「고승 연구와 불교 구술사」,『전자불전』20집, 2018.
4) 김광식,「하동산의 불교정화」,『한국 현대선의 지성사 탐구』, 도피안사, 2010.
　　　，「범어사의 사격과 선찰대본산」,『한국 현대선의 지성사 탐구』, 도피안사, 2010.
　　　，『동산대종사와 불교정화운동』, 영광도서, 2007.
　　　，『범어사와 불교정화운동』, 영광도서, 2008.
　　　，「동산의 법맥과 전법 - 용성 · 성철과의 관련을 중심으로」,『전자불전』17집, 2015.
　　　，「금정총림 설립의 역사와 범어사의 정체성 - 백용성 사상의 계승의식을 중심으로」,『전자불전』18집, 2016.

이런 연고로 이 글에서는 동산에 대한 최초의 자료집인『동산대종사 석영첩』의 전모를 다루려고 한다. 필자는 근현대 불교, 백용성 문중, 동산, 성철, 범어사 등의 연구를 수행하면서 원두스님(범어사)에게 많은 자문을 받았다. 그는『동산대종사 석영첩』의 기획, 편찬을 담당한 주역이었다. 필자는 그에게서 편찬 과정과 성격에 대해 청취하였는데, 그것이 이 글의 근간이 되었다. 이와 같은 청취 내용은 그 자체를 역사로 볼 수 있다. 왜냐하면 거기에는 동산문도와 범어사 역사 뿐만 아니라 각처의 고승 문집이 발간되게 촉발하였던 내용이 있기 때문이다. 그리고 이 글에는 범어사 현대사의 단면을 살필 수 있는 내용도 있다. 동산은 범어사에서 1912년 출가 이래 후 50여년을 지냈고, 범어사 선원의 조실 및 주지를 역임한 범어사 근현대사의 주역이었다. 그래서 범어사는 동산문도의 거점 사찰이 되었다.[5] 동산에게 영향을 받은 부산지역 불자들의 행적 및 사진도 이 책에 나온다. 요컨대 부산불교의 현대사에서 이 책을 간과할 수 없다.

이런 배경에서 필자는『동산대종사 석영첩』의 기획, 자료수집, 편집, 발간에 이르는 전 과정을 정리하고자 한다. 이 글은 학술적인 논문이라기 보다는 역사의 뒤안길을 회고, 소묘하는 성격의 글이다.[6] 그러나 이 글이 고승의 법어집 · 문집, 동산, 범어사에 대한 연구의 징검다리가 되길 기대한다.

_____,『동산사상의 재조명』, 인북스, 2016.
5) 범어사에 동산의 부도가 있고, 동산 기일에 매년 추모재를 지낸다.
6) 50년 전의 일을 성심껏 증언한 원두스님(동산 상좌, 원로회의 사무처장 및 종정 사서실장, 불교 교단사연구소장)에게 감사드린다. 필자가 글을 쓰기 위해 증언을 청취한 것은 2019년 5월 18~19일, 학림사(충남 공주시 반포면 제석골길 67)이었다.

2. 『동산대종사 석영첩』의 편찬

1) 편찬 기획

『동산대종사 석영첩』(이하 『석영첩』으로 약칭)은 동산의 영결식(1965.4) 도중에 기획되었다. 동산은 조계종단의 종정을 1954~1955년, 1958~1962년 두차례나 역임한 한국 현대불교의 고승이었다. 그는 불교 정화운동을 추동하고 견인하여 1950년대 불교계에는 가장 영향력이 있는 고승이었다. 이런 연고로 그가 1965년 4월 24일(음력, 3월 23일)에 입적하자 그의 영결식은 조계종 종단장으로 거행되었다.[7] 그의 영결식은 4월 30일, 범어사에서 거행되었다. 동산의 7일장(4.24~4.30)이 『석영첩』이 나오게 된 배경이 되었다.

그러면 지금부터 50여 년 전의 당시로 되돌아가 그 전후사정을 살펴보겠다. 이 책의 말미에 나온 후기에는 편집자가 '석영첩간행회 원두(錫影帖刊行會 園頭)'로 나온다. 그렇다면 석영첩간행회의 실체는 있었는가? 필자가 여러 정황을 탐구한 결과 간행회의 명칭은 전하지만, 실체는 없었다고 판단한다. 다만 책자 발간에 동의한 동산 제자들이 있었는데, 그들을 간행회라고 지칭한 것으로 보인다. 즉 회장도 없었고, 정식 출범한 것도 아니었다. 다만 책 출간을 기획, 동의한 동산 제자들이 임의로 정했다. 여기에서 그 전후사정을 기술한 편집자인 원두의 회고 글인 「후기」를 제시한다.

---

7) 『대한불교』 1965년 4월 25일 호외, 「圓寂, 前宗正 東山大宗師」.

이 錫影帖은 스님께서 남기신 法語와 日記 그리고 所藏하셨던 사진들
을 모아 엮은 스님의 行績입니다. 끼쳐주신 法恩을 잊지 못하여 그 遺薰
을 길이 간직코자, 저희 몇몇 上佐와 그 뜻을 隨喜해 주신 在家弟子들
사이에 이 책자의 刊行이 發起되었습니다.

이렇듯이 동산의 법은을 잊지 못하고 간직하고자 나선 '몇몇 상좌와
재가제자'가 있었다. 그러면 그들은 누구이었는가? 원두의 증언에 의하
면 다음과 같은 인물이었다.

발의, 기획, 편집 ; 원두
기획, 동의 ; 능가, 재운, 무진장, 성철
편집 ; 화엄, 지유, 광덕
후원 ; 고암, 홍선
재정 지원 ; 정명월, 복덕심

이렇게 『석영첩』의 기획은 동산의 중견제자들이 기획, 발의하였다. 동
산의 상수제자로 알려진 성철(해인총림 방장, 종정)은 실무적인 기획보다는
자문의 역할을 하였다. 그리고 동산을 흠모하였던 보살들의 동참 및 재정
지원이 있었다. 여기에서 발간의 기획자인 원두의 육성 증언을 제시한다.
이에 대해, 원두는 16년 전인 2004년에는 다음과 같이 고백하였다.

제가 그것을 만들기로 결심한 것은 동산스님 장례식에서였습니다. 장
례식 후의 문중회의를 지켜보면서 사람은 사람을 남겨야 된다는 소박

한 것을 느꼈지요. 특히 동화사에 있을 적에 설석우스님의 장례회보가
나온 것을 보고 여러 가지 생각을 많이 하였어요. 동산스님의 자료, 어
록, 사진 등을 모으고 자료집을 만들어야겠다는 생각을 하고 이능가스
님과도 상의를 하였어요.[8]

　원두는 최근, 필자에게 다음과 같은 이야기를 구체적으로 털어 놓았
다. 예전의 증언과 거의 같지만 기록을 남긴다는 뜻에서 그를 옮겨 본다.

　　동산스님이 입적하시자, 저는 범어사로 내려가서 영결식 준비를 하였
　　습니다. 그때 영결식 준비는 청담스님의 진두지휘하에 진행되었어요.
　　저희 상좌들은 할 일이 매우 많았지요. 어떤 회의에서는 스님의 영단에
　　서『금강경』독경을 할 것인가, 나무아미타불로 할 것인가 아니면 마하
　　반야바라밀 염송을 할 것인가를 두고 논란이 심했어요. 그러다가 저는
　　입산 초기에 들렀던 동화사에서 당시 동화사 주지인 배응연 스님이 저
　　에게 소개한 설석우스님의「장의휘보」에 착안을 하고, 나는 장례 준비
　　보다는 동산스님의 자료집 출간을 준비해야 하겠다는 결심을 하게 되
　　었습니다. 그때 동화사에서 배응연스님이 나에게 가리방으로 작성한
　　〈휘보〉를 보여 주면서 특히 도지사가 한 추도문을 읽어주고 그 뜻을 설
　　명을 해주면서 은근히 석우스님이 큰스님이라는 것을 나에게 자랑했어
　　요. 지금에 와서 생각을 해보니 그것은 아마 나를 동화사에서 출가하라
　　는 권유에서 나온 것 같아요.
　　하여간 그래서 나는 우선 동산문도 스님들에게 동의를 구하고, 보살들

---

8) 김광식, 『아! 청담』, 화남, 2004, pp.93~94.

에게 협조를 구해서 사진사를 수배해서, 조문 장면과 영결식 장면을
찍도록 조치를 취하였습니다.

이렇게 원두는 이 책을 기획하였다. 입산 과정에서(1958. 가을) 들렀
던 동화사에서 배응연 주지로부터[9] 들은[10] 설석우의『대한불교조계종
종정 설석우대선사 장의휘보(大韓佛敎曹溪宗 宗正 薛石友大禪師 葬儀彙報)』
(1958.2)가[11] 그 단초이었다. 그래서 그는 동산문도의 중견 승려들에게 동
의를 구하고 본격적인 준비를 하였다. 이에 대해서 원두는 문중의 완전
한 동의를 받은 것은 아니지만 묵시적인 동의를 받은 것으로 해석하였
다.[12] 이런 내용은 책의 서문을 쓴 광덕의 글에도 나온다.

이 책은 주로 저의 존경하는 사제 園頭스님이 기획하고 편집 출판한 것
이온대 이 일이 선방 수좌의 손에는 퍽 버거웠던 모양입니다.

즉 원두가 기획과 편집 · 출판을 주관한 것으로 보는 곳이 타당하다.
원두의 제안에 대해 제일 적극적으로 찬동한 인물은 능가(1923~2020)이
었다. 그는 동산의 맞상좌로 범어사, 조계종단에서 동산을 적극 외호한

9)『대한불교』1호(1960.1.1), p.2, 「광고」, 배응연이 주지로 나온다.
10) 배응연 주지가 출가 지망생인 원두스님에게 그 이야기를 한 것은 다음과 같은 연유가
    작용하였다. 우선 자신이 전라도 출신이었는데 원두스님이 전라도 출신이라고 밝히자
    그에 대한 우호성의 표출이었다. 그리고 원두스님이 광주고를 졸업하였는데, 당시에는
    고등학교만 정상적으로 졸업하면 엘리트로 대우를 해주었던 시절이었다.
11) 필자가 원본을 소장하고 있다. 제원은 18.5×25.5cm, 30장의 등사본이다. 개요는 석
    우선사 약력, 장례식 요기(要記), 식순, 조기(弔旗), 조전(弔電), 화환 접수, 조사(弔辭)
    등이다.
12) 김광식,『범어사와 불교정화운동』, 영광도서, 2008, p.407.

인물이었다. 그래서 그의 찬동은 동산문도들의 지지를 의미하였다. 그밖에 재운, 무진장은 기획 과정에서 원두의 제안을 지지하였다. 지유(범어사 방장)는 자료수집의 녹취과정에, 광덕과 여환은 편집 및 인쇄과정에서 참여하였다.

> 우선 첫 번째로 적극 깊게 동의한 스님은 능가스님입니다. 그 스님은 기록을 남기는 것은 좋겠다고 하시면서 책의 이름을 '偉容集'으로 했으면 하면서 적극 찬동을 했습니다. 그 다음으로는 재운스님입니다. 이 스님은 그때 동래포교당 포교사를 했는데, 내가 범어사에서 동산스님을 은사로 출가할 당시부터 나를 아끼신 분입니다. 그래서 말씀을 드리고 동의를 받았지요. 지유스님은 그 후에 동산스님 녹음테이프를 듣고 어록을 정리하는 것을 했어요. 처음에 내가 시작할 때에는 내용은 전혀 몰랐지요. 1959년 범어사에서 『선문촬요』를 갖고 수좌들이 장설봉 스님에게 강의를 들을 때에 내가 잉크를 사 나르고 할 때 그 스님이 가리방 작업을 하였어요. 그래서 나와 인연이 됐는데, 어록을 정리하는 것을 아주 잘해요.
> 또 무진장 스님에게 내가 말을 했더니 기록은 남기는 것은 좋겠다는 단순 동의를 했어요. 그 나머지 스님은 책 나올 때 참여했지요.[13]

위에 나온 바와 같이 원두는 사형(師兄)인 승려들에게 동의를 받았다. 그 연후에 원두는 맞사형인 성철을 김룡사로[14] 찾아가서 자문을 받았다.

---

13) 2019년 5월 18일, 학림사 원두스님 증언.
14) 성철은 김룡사에 주석하였다. 김광식, 「성철의 꿈과 김룡사 운달산 법회(1966)」, 『대각

내가 『석영첩』의 기획과 편집 때문에 김룡사를 세 번이나 찾아가서 성철스님을 만났습니다. 두 번은 계전(국청사, 동산 상좌)이와 같이 갔어요. 한번은 여름이었고, 두 번째는 가을이었어요. 두 번째 그것에 대한 기억은 분명합니다. 왜 기억을 하냐 하면 내 고등학교 선배인 박성배 교수가 동국대 교수를 하다가, 그만 두고 거기에서 출가를 했어요. 그래서 그 분이 산에서 나무를 하고 내려오다가 나를 만나서 양지 바른 산비탈에서 문집을 내는 것에 대한 원칙을 놓고 이야기를 하였거든요. 내가 성철스님을 뵙고는 동산스님 비석의 비문에 대해서 거론하였더니, 성철스님은 '내가 써야지'라고 말씀을 했어요. 그리고 후추의 정식 문집도 단호하게 '내가 한다'고 하셨습니다.[15]

이렇듯이 성철도 작업을 기본적으로 동의하였다. 그러면 작업 비용은 어떻게 마련하였는가. 원두는 범어사 신도회에 영향력이 있는 신도들을 만났다. 그들은 정명월,[16] 복덕심이었는데 이들은 동산을 신뢰하였던 왕보살들이었다. 이들은 원두의 제안을 듣고 적극 찬동하였는데, 신도들로부터 작업비용을 모아주기 시작한 화주의 주역이었다. 작업 초기에 범어사 사중에서 제공한 비용은 일체 없었다.[17]

사상』 33집, 2020.

15) 2019년 11월 15일, 죽림정사(장수, 용성생가)에서 채록. 원두스님은 세 번째 방문은 1966년 봄이었는데, 부산의 신도 15명과 함께 다녀갔다고 회고했다.

16) 그의 아들이 재무부장관, 은행장을 역임하였기에 범어사 신도회에서는 영향력이 컸다.

17) 범어사와 동산문도회에서는 동산의 비석 건립도 추진하였다. 그를 주관한 승려는 덕명스님이었다. 원두스님의 회고에 의하면 비석 건립을 하고도 업자에게 작업 비용을 주지 못해 범어사 경운기를 잡힐 정도로 범어사 재정 상황은 어려웠다고 한다.

2) 자료수집

동산의 영결식이 끝나자, 원두는 본격적인 자료수집에 나섰다. 조문 과정과 영결식에서 전속 사진사 1명을 통해 많은 사진을 확보하였지만 그는 필요한 것의 일부에 지나지 않았다. 그래서 그는 범어사 상지전에 작업실을 차려 놓고 본격적인 작업에 나섰다.

> 나는 그래서 범어사 상지전에 방을 하나 얻어서, 그를 작업실로 활용했습니다. 그 당시 동산스님 자료는 선과스님이 관리를 했습니다. 선과스님과 정관스님이 동산스님을 제일 가깝게 시봉을 했었거든요. 그래서 선과스님에게 취지를 말하고, 꼭 필요한 자료를 구해서 상지전으로 갖고 왔어요. 거기에서 동산스님이 하신 보살계 법문 테이프, 동산스님에게 오고 간 편지들을 보게 되었지요. 보살계 녹음테이프를 구해서 지유스님에게 제공을 하고 녹취를 부탁했어요. 지유스님은 그때 녹음기를 갖고 있어서 부탁을 하자, 지유스님은 녹취를 시작했습니다. 나는 선과스님에게 편지를 보자고 했어요. 그래서 그때 경봉스님에게 오고 간 편지를 보았어요. 그러면서 동산스님과 인연이 있는 큰스님들을 찾아가게 되었지요.[18]

즉 원두는 범어사에 보관된 동산 자료 즉 녹음테이프, 편지, 사진 등의 자료 수집을 하였다. 그리고 그를 열람한 후에는 범어사 외부에 있는 자료 확보에 나섰다. 그때 원두가 찾아간 대상은 다음과 같았다.

---

18) 2019년 5월 18일, 학림사 원두스님 증언.

경봉 ; 통도사 극락암

구산 ; 동화사

양청우 ; 조계사

관응 ; 조계사

청담 ; 도선사

대의 ; 심광사(대전)

서운 ; 동화사

강석주 ; 칠보사

원담 ; 수덕사

혜암 ; 광덕사(천안)

경산 ; ?

이종익(불교학자)[19] ; ?

박충식(전국신도회장) ; 병원(서울)[20]

한영석(부산 선거관리위원장)[21] ; 부산

서기석(경찰간부) ; 동대문구청(서울)[22]

　이렇게 원두는 동산과 연고가 있는 사부대중을 찾아 나섰다. 이는 정력적인 행보가 아닐 수 없었다. 경봉을 찾아간 과정에 대해서 원두는 다음과 같이 증언하였다.

---

19) 김광식, 「이종익」, 『불교평론』 78호, 2019.
20) 박충식의 글은 그가 별세하기 1주일 전에 병원으로 찾아간 원두스님이 병상에서 전해 들은 것을 정리하여 기고하였다. 원두스님 증언.
21) 그는 대한불교청년회 부산 지회장(1966), 부산불교신도회 초대 회장(1967)을 역임했다.
22) 서기석은 고위 경찰직에서 퇴직하고, 그때에는 동대문구청장으로 재직하였다.

동산스님의 유품을 살피던 중, 유품에 경봉스님께서 동산스님께 보낸 편지가 있었습니다. 그렇다면 동산스님이 경봉스님에게 보낸 편지가 극락암에 있을 것이라는 생각을 갖고 경봉스님을 찾아 갔지요. 그것이 아마 1965년 여름, 하안거 도중일 것입니다.

극락암에 가서 경봉스님께 인사를 드리고 취지의 말씀을 드렸지요. 경봉스님께서는 큰스님들과 주고 받은 편지를 연도별로 묶어 놓으셨더군요. 그중에서도 한번에 탁! 찾아서 "여기에 있다" 하시면서 바로 주시더라구요. 그러시면서 제가 스승을 위해 좋은 일을 한다고 칭찬을 하시면서 내의와 양말을 챙겨주시고, 책 내면서 쓰라고 용돈도 많이 주셨어요. 경봉스님께서 저에게 "세상에 네가 나에게 왔다 갔다 하더니, 원두가 이런 좋은 일을 하는구나" 하시면서 동산스님 책을 내는 것을 경봉스님께서는 자신의 일처럼 감격해 하셨습니다.[23]

경봉은 찾아 온 원두를 격려해주면서 동산이 경봉에게 보낸 편지를 제공하였다. 그러나 이 편지는『석영첩』에 수록되지 않았다. 아쉬운 대목이었다. 그후 원두는 청담을 찾아 갔다. 청담에 대해서는 15년 전에 다음과 같이 증언하였다.

그런데 그 작업이 참으로 힘들었어요. … (중략) … 어느날 밤, 도선사에 가서 청담스님을 뵙고 사정을 이야기하였지요. 그랬더니 스님은 저의 말을 다 듣고서는 쌈지에서 돈을 꺼내 봉투에 담아 제게 주면서, "액수는 생각하지 말고 가져 가져가서 보태 쓰거라" 하시면서 "하는 일에 후

---

23) 원두, 「선교를 겸비한 희유한 도인」, 『三笑窟 法響』, 통도사 극락암, 2020, p.59.

퇴하지 말고, 물러서지 말라"고 격려를 해주셨습니다. 그 돈은 당시로
서는 꽤 큰 돈이었지요. 그래 저는 그 돈을 받아 선학원으로 와서 같
이 일하는 스님들에게 밥도 사드린 기억이 나요. 스님의 그 격려는 저
에게 큰 힘을 불어 넣어주었지요.[24]

원두는 경봉, 청담 등 고승을 탐방하여 자료수집을 하고 격려도 받았
다. 그래서 적지 않은 자료수집을 할 수 있었다. 최근에 원두는 필자에
게 양청우와 관응을 만난 사정을 다음과 같이 회고하였다.

조계사 주지를 한 양청우스님을 찾아 갔어요. 그 스님은 그때 날 보고
잘하는 것이라고 하시면서 당신의 은사인『박한영 문집』을 주면서 참고
하라고 했어요. 청우스님은 자료는 주지지는 않았지만, 저에게 여러 가
지 교훈적인 말을 많이 해주셨습니다.
그리고 관응스님을 조계사에서 만났습니다. 관응스님은 우리 스님이
말년에 수원포교당에서 법문을 하셨을 때에 원보산 스님, 그 스님 상좌
인 희묵스님, 관응스님도 들었습니다. 제가 시봉을 하였는데, 그때 관
응스님은 용주사 주지를 하셨기에 제가 관응스님을 조금 알던 입장이
었습니다. 그래서 조계사에 만나서 취지를 말씀드렸더니, 당일 주관한
조계사 법회에서 저를 소개하면서 동산스님의 자료를 갖고 있는 신도
들은 협조를 하라는 홍보를 해주셨어요. 그래서 그날 법회에 왔던 연유
로 보살 한명과 비구니 한명으로부터 후원금을 받을 수 있었습니다. 그
비구니 스님은 보살로 있을 때에 우리 스님을 신하다가, 출가한 스님이

었어요.[25]

이렇게 원두는 당시 고승으로부터 많은 격려를 받았다. 한편 원두는 책의 출간은 6개월이면 마칠 수 있다고 생각하였다. 그러나 막상 작업을 해 보니 만나야 할 대상자도 많았고, 자료수집도 간단하지 않았다. 더욱이 수집 자료의 분석, 편집, 해설은 쉬운 일이 아니었다.

3) 편집 작업

원두는 수집된 자료를 정리 분석하고, 편집에 주력할 때 암초를 만났다. 우선 동산문도 내부에서 작업을 비판하고, 불만을 품었던 일부 승려들이 있었다. 그 비판은 승납이 후배인 원두가 그런 일을 독단한다는 원성이었다. 동산의 사제이면서 그 당시에는 동래포교당에 머물던 고암은 작업 비용을 화주하여 전달하였지만[26] 대부분은 무관심하였다. 이에 대해서 원두는 "제 일을 이해하지 못하는 일부 스님들의 반발도 있어 정신적으로 괴롭고 점차 저는 지쳐갔다"고[27] 회고하였다.

작업의 암초는 당시 범어사 주지인 지효의 사업 추진을 놓고 전개된 문도 승려들 간의 갈등 구도이었다. 즉 범어사 주지인 지효는 선농일치(禪農一致) 차원에서 범어사 외부의 땅을 매각하고, 그 매각 자금을 활용하여 범어사 내의 산을 개간하여 농지를 만드는 사업을 추진하였다. 이에 찬반 논란으로 지효는 범어사를 떠나고, 동산문도의 내분이 심각하

---

25) 2019년 5월 18일, 학림사 원두스님 증언.
26) 고암은 동래포교당(법륜사)에 주석하였다. 신도들에게 비용을 걷어서 범어사로 와서 원두에게 제공하였다.
27) 『아! 청담』, p.94.

였다.[28] 이때, 원두는 그에 휘말리게 되자, 작업 장소인 범어사를 떠나 부산의 법제사로 이전하게 되었다.

> 제가 책을 내는 도중에 범어사에 내분이 있었는데, 그 과정에서 수집한
> 자료들을 처음에는 신도집으로 갔다가 부산 법제사로 옮겨 놓았습니
> 다. 그때 범어사 주지를 하시던 지효스님이 땅을 팔아서 자급자족을 하
> 는 농장을 만든다고 해서 스님들이 반대를 하고 신도들도 반대를 하는
> 사태가 일어 났어요. 그래서 나도 반대를 하였더니 지효스님 상좌들이
> 나를 절 밖으로 나가게 하였던 일이 있었습니다. 문도스님들 간에 충돌
> 이 있었던 것이지요. 그래서 나도 범어사를 나올 수밖에 없었습니다.[29]

즉 범어사에 내분이 일어나자, 원두도 그에 관련되어 범어사를 떠났다. 그래서 『석영첩』의 작업실은 그때부터 몇 차례를 이전하였다. 작업의 이동처는 다음과 같았다.

> 범어사 상지전(원두, 지유) → 신도집(부산, 보수동 ; 원두, 지유) → 법제사
> (부산 ; 원두, 화엄, 지유) → 팔정사(서울 ; 원두, 지유) → 선학원(서울 ; 원두,
> 지유) → 청풍장 여관(서울 충무로 ; 원두, 광덕)

처음으로 간 곳은 부산 신도집이었고, 그 다음으로 간 곳은 법제사(부산)라는 비구니 사찰이었다. 범어사에서 나오게 되자 우선 급한대로 원

---

28) 김광식, 「지효 ; 자급자족 총림 건설에 헌신한 선승」, 『불교평론』 73, 2018, pp.85~91.
29) 2019년 5월 19일, 학림사 증언.

두가 알고 지내던 신도집으로 갔다. 그 다음에는 법제사로 갔다. 법제사
는 2층 건물이었는데, 2층이 비어 있음을 알고 있었던 원두가 찾아가서
협조를 요청한 결과이었다.[30] 이때 원두는 영천 토굴에 있는 사형인 화
엄을 법제사로 오게 하여, 편집을 함께 하였는데 법제사에서는 1년간을
작업하였다.

서울의 팔정사는 연호 비구니가 주석한 사찰이었는데, 수덕사 선승인
혜암이 서울에 오면 머물던 곳이다.[31] 원두는 동산 생존시, 『석영첩』의
편집 이전에는 수좌로서 혜암을 시봉하였다. 그런데 혜암은 팔정사에
자주 머물렀기에, 원두도 팔정사와 연고가 있었다. 그 후에는 선학원에
방을 얻어서 들어갔다. 당시 선학원에는 금오(조계종 부종정)의 제자인 월
조가 있었다. 그는 원두와 친근하여 안내하였다. 그래서 원두가 당시 선
학원 주지인 범행을 찾아가서 부탁하였다.

한편 그 때에 원두는 그와 친근한 홍천사의 산내 암자인 적조사에 있
었던 인환(동국대 교수 역임)을 찾아 가서 편집의 방향을 문의했다. 적조사
는 인환의 은사인 최원허가 주석한 사찰이었다. 당시 인환은 해인대 후
신인 마산대를 다니다가[32] 1962년 봄에 동국대 3학년으로 편입하였다.
그후 동국대 대학원의 석사과정에 입학하였다. 그 무렵 원두와 인환은
1950년대 후반 통도사에서 만난 인연을 되살리면서 친근하게 지냈다.
원두는 적조사에 개인적으로 왕래하면서 편집 일을 하게 되었다. 그 시
절 인환은 운허의 『불교사전』 서술 및 편집을 함께 하였던 법정과도 친

---

30) 제주 근대불교의 중창주인 봉려관(비구니)의 법손이 살던 사찰이었다. 법제사의 조실
   은 화선, 주지는 법련이었다.
31) 김광식, 『춘성 – 만해제자 · 무애도인』, 2014, 중도, pp.202~206.
32) 인환, 『나의 발심수행장』 상권, 문현, 2017, pp.361~368.

근하게 지냈다. 이런 연고로 적조사에는 학승들이 자주 왕래하였다.

　이에 대한 내용을 원두는 2008년에 다음과 같이 회고하였다. 이 증언
은 역사적 가치가 있어 제시한다.

　　최종 편집 작업은 적조암에서 하였지요. 거기에는 제가 존경하는 인환
　　선배님, 그리고 법정스님도 머물고 있어 저의 작업을 도와 주었습니다.
　　'석영첩'이라는 제목을 붙여준 것은 인환스님이었고, '여시상(如是像)'이
　　라는 책 안의 한 제목을 붙여준 것은 법정스님이었습니다. 그리고 『동
　　산대종사 석영첩』의 한문 글씨는 오법안 스님의 글씨입니다. 그래서 저
　　는 2주기에 책을 출판하도록 저를 도와서 일을 마무리 하게 해주신 여
　　환스님께 범어사로 가시도록 하고[33]

　위의 회고 내용에 나오듯 편집의 개요는 적조사에서 윤곽을 잡았다.
적조사에서의 작업은 인환의 회고록에도 나온다.

　　적조암에서 동국대 대학원 다닐 무렵, 원두스님을 만났어요. 스님은 범
　　어사 동산스님의 상좌예요. 동산스님은 우리 현대불교의 큰 인물이었는
　　데 그에 맞게 상좌들 많기로 아주 유명합니다. 수십 명이 되는데 원두스
　　님이 스승을 기리는 사진첩을 내고자 발심했어요. 큰스님들 상좌들이
　　문집을 내는 일은 더러 있지만 사진 기록을 남기는 일은 이전에 없었어
　　요. 다른 상좌들은 관심이 없으니 자기라도 나서서 스승의 공덕을 세상
　　에다 널리 알리고, 또 행적을 남기는 일을 해야 하겠다는거야. … (중략)

---

33) 『범어사와 불교정화운동』, p.411.

… 이 작업을 적조암에 와서 시작했단 말이요. 자연히 나도 자문도 하고 같이 협력했는데, 사진첩 이름을 『석영첩』이라고 그랬어. 주장자의 그림자라는 뜻이니 스님의 발자취가 담긴거지. 아마 우리나라에서 그때나 지금이나 사진으로 그렇게 족적을 남기는 일은 별로 없어요.[34]

이렇게 적조사에서의 작업은 인환의 회고에서도 찾을 수 있다. 그러면 그 책의 디자인, 사진 배열의 작업은 누가 하였는가? 이에 대해서 원두는 다음과 같이 회고하였다.

그 책의 인쇄는 『불광』을 인쇄한 박충일이 하였는데, 그 사람이 소개한 선생이 윤명로이었어요. 이 사람은 전주사범을 나왔는데 그때 이화여고 미술선생이었습니다. 알고 보니 내 친구의 친구이었습니다. 서울대 미대를 나왔다고도 했는데, 내가 자료와 사진을 들고 이화여고에 몇 차례 출입을 해서 그 사람에게서 편집 자문을 받아서 했습니다. 물론 편집의 기본은 내가 하였지만, 그 분의 도움이 컸습니다. 사진 설명은 기본적인 초안은 내가 했고, 인환스님이 읽고 보완해 주었지요. 그 밖에도 여러 사람의 도움을 받았어요. 사진은 사진사 출신인 민도광스님이 불교정화운동에 대한 사진을 많이 인화해서 주었고, 동산스님의 전신 칼라 사진은 이건호에게 받았어요. 그 시절 이건호는 부산 조선소에 근무하던 불교청년이었습니다. 예전에 동산스님의 구술 인터뷰를 할 때

---

34) 『나의 발심수행장 ; 호암 인환스님 회고록』 상권, 문현, 2017, pp.395~396. p.401에 그때, 적조암에서 찍은 사진(원두, 인환, 정련)이 있다.

이건호 선생을 하지 못한 것이 아쉽네요.[35)]

　이와 같이 석영첩의 편집 및 디자인의 작업에는 여러 사람의 도움이
있었다. 특히 윤명로라는 미술교사의 자문이 있었다. 한편 그 책의 서문
은 광덕이 썼지만, 서문의 다음에 나온 권두언은 통도사 선승인 경봉의
친필이다. 이 정황을 원두는 다음과 같이 회고하였다.

　　김광식 ; 『석영첩』에 경봉스님께서 권두언을 쓰셨습니다.
　　원두스님 ; 제가 직접 경봉큰스님을 찾아뵙고 그 책의 권두언을 부탁하
　　였더니, 스님께서 "1주일 후에 다시 오면 써 놓을 터이니 오너라" 하셨
　　습니다. 그래서 1주일 후에 갔더니 써 놓으셨더군요. 경봉큰스님을 만
　　나기 직전 철웅수좌를 만났더니, "큰스님께서 각별히 잘 쓰신 것 같다"
　　하면서 으쓱해주던 기억이 납니다.
　　제가 경봉스님께 권두언을 부탁하게 된 배경에는 동산스님과 인연이
　　많고, 선사로서 그런 것을 쓸 수 있는 분을 찾으니 경봉스님밖에 없었
　　습니다. 경봉큰스님께서는 선교를 겸하신 선지식이라는 것을 떠 올리
　　게 되어 찾아갔습니다. 또한 동산스님과 경봉스님 간에 편지를 주고받
　　으실 정도로 친하셨고 두 스님은 선의 도반이었으며, 누구보다도 동산
　　스님에 대해서 잘 써주실 것이라고 확신을 했습니다.
　　권두언을 다시 찾으러 갔을 때도 경봉스님께서는 "스승을 위해 이렇게
　　왔다 갔다 한다" 하시면서 격려금으로 용돈도 두둑하게 주셨지요. 그리
　　고 권두언을 주시면서 "내가 설명을 해도 네가 무슨 말인지 잘 모를 것

이야, 그러니 갖다가 그대로 실어라" 하시더군요.

그 글은 본래 한 장으로 써 주셨는데, 편집을 하면서 2등분하여 활자로 만들지 않고 원본 그대로 실었습니다. 그런데 경봉스님이 써 주신 그 원본을 지금은 분실하여 찾을 수가 없게 되어 참으로 안타까운 일입니다. 그때 저는 동산 문중의 스님으로 그런 일을 할 자격은 없었지만, 누구도 나서는 스님이 없어서 제가 그 일을 자처한 것이지요.[36]

한편 마지막 편집 작업은 서울 충무로에 있었던 호텔급인 청풍장 여관에서 하였다. 그곳에서 작업을 한 것은 여관 주인을 원두가 그 전에 알던 불자이기에 가능하였다. 즉 주인은 부산에서도 여관업을 하던 신도이었다. 그 신도가 남해 보리암에 가서 기도를 하였는데, 1962년 여름 무렵 원두는 보리암에서 기도를 하였기에 알고 지냈다. 원두는 선학원에서의 작업이 불편하자 그 신도를 찾아가서 방을 협조받아, 최종 작업을 하였다.

하여간 충무로 여관에서 원두와 광덕은 최종적인 편집 작업을 하고 인쇄를 걸었다. 동산의 상좌로 대학을 다니다가 입산한 광덕은 문필 능력이 있었던 승려이었는데,[37] 적극 참여하였다. 그는 1974년에 불교 잡지인 『불광』을 펴낸 인물이었다. 광덕의 참여는 『석영첩』 편찬 및 인쇄 작업의 결정적 계기로 작용하였다. 이는 동산의 상좌인 여환과 광덕의 상의에서 나온 것이었다.[38] 하여간에 충무로 여관에서 최종 작업이 이

---

36) 경봉문도회, 『삼소굴 법향』, 통도사 극락암, 2020, pp.59~60.
37) 김광식, 「광덕스님의 구도행·보살행」, 『광덕스님 전집』 1권, 불광출판사, 2009.
38) 여환은 무비, 통광의 은사이다. 원두는 출가 이후, 여환과 좋은 관계를 가졌다. 1966년 가을, 여환과 광덕은 범어사 청풍당에서 원두가 주관하고 있는 『석영첩』 발간의 후원 방

루어졌다.

　원두는 위와 같이 당시 사정을 상세하게 회고하였다. 그러면 여기에
서 그 책의 편집, 협조, 도움을 준 사람 등 제반 내용을 일괄적으로 정리
하고자 한다. 우선 책의 목차를 살펴본다.

　안을 논의하였다. 그래서 여환은 원두에게 발간비를 제공하였고, 광덕은 발간 마무리
작업(편집, 인쇄)의 동참을 결정하였다.(2020년 8월 1일, 죽림정사에서 원두 증언)

상주하시던 도량(범어사 전경, 범어사 사적과 산내암자, 도량 내 각 법당, 대

　　　　　중생활의 이모저모, 금강계단)

주변의 얼굴들

사리탑(東山慧日大宗師舍利塔碑)[39]

法語

如是像(老師는 이렇게 살아 있다)

　이청담 ; 한국불교 정화를 통해 본 동산스님

　이대의 ; 한국불교 정화와 동산스님

　손경산 ; 대중적이고 인자하신 스님

　이종익 ; 내가 본 동산선사와 불교정화 운동

　박충식 ; 따뜻하고 조용한 거룩한 법훈, 국가와 중생 평화를 염원

　한영석 ; 老師의 고절한 인품을 추앙하며

　서기석 ; 부처님을 뵙는듯한 느낌

　위와 같은 순서로 배열되었다. 이제는 각 분야별의 작업을 담당하고, 도움을 준 인물을 제시한다.

　서문 작성 ; 광덕

　권두언 제공 ; 경봉

　행장 작성 ; 운허[40]

---

39) 사리탑 사진에는 동산 사리탑, 동산의 진영, 동산사리탑 비문(성철 지음)이 같이 수록
　　되었다.
40) 초안은 원두와 인환이 작성하였다. 작성된 초안을 원두가 봉선사의 운허에게 전달하
　　고, 부탁하였다. 원두는 통도사로 입산하였는데, 그 무렵 운허는 통도사 강주로 있었

동산 법어 · 일기의 정리 ; 지유, 원두, 광덕

동산 사리탑, 비문 작성 ; 성철

제목 제안 ; 인환

제목 글씨, 쓴 인물 ; 오법안(직지사)

정화불사 서술 ; 이종익(불교학자)

길은 밖으로(세계 불자와의 유대), 서술 ; 홍교(동산 상좌)[41]

범어사 사적, 범어사 금강계단의 서술 ; 광덕

사진 제공 ; 원두, 선과(동산 상좌), 민도광,[42] 이건호(불교청년)

사진 편집, 설명 ; 원두

편집 디자인 담당 ; 윤명로(이화여고 미술교사)

기념 휘호, 작성 ; 혜암(수덕사)

如是像(老師는 이렇게 살아 있다), 작명 ; 법정

동산에 대한 평가 ; 부탁받은 인물들이 서술

이렇게 이 책은 여러 사람의 관여, 협조를 거쳐서 나왔다. 여기에서 주목할 것은 동산의 비문에 대한 문제이다. 이의 내용은 매우 중요하다. 그러나 지금껏 공개적인 기록이 없었다. 이에 대해 원두는 다음과 같이 자신의 의견을 피력하였다.

다. 원두는 운허를 존경하였던 연고가 있었기에 행장 집필을 의뢰했다. 이 행장은 월운, 『耘虛禪師 語文集』, 동국역경원, 1989, pp.323~325에도 나온다. 1966년 解夏日에 지었는데, 『東山語錄』에서라고 나온다.

41) 弘敎는 서울대 출신 승려로, 최근 입적하였다. 영어 회화도 가능하여 자운스님(율사)의 외국 탐방시에 동행을 하였다. 동산 상좌인 興敎(창원, 성주사)가 아니다.

42) 사진사 출신 승려로 불교정화운동 당시 현장에서 사진을 촬영하고, 그 사진을 보관하였다. 그는 정화운동의 일지, 사진으로 『한국불교승단정화사』(1996)을 펴냈다.

『석영첩』에 동산스님 사리탑의 비문이 게재된 것은 전적으로 광덕스님
이 주관하여 넣은 것입니다. 그런데 책이 나온 후에 오탈자가 몇 군데
가 있어서 성철스님이 화를 냈다고 합니다. 성철스님이 비문을 쓴 것은
동산문도 내부에서 누구도 이의를 제기하지 않는 다수의 의견으로 그
렇게 된 것으로 알고 있습니다.

동산스님이 돌아가신 후 원응료에서 상좌와 사숙들이 모인 문도회의가
있었습니다. 그때 고암스님, 동헌스님, 자운스님이 다 계셨어요. 그때
성철스님이 법맥에 대해서 발언을 하시자 그 누구도 이의를 제기하는
스님이 없었어요. 성철스님의 의견에 자운스님은 응원단장과 같은 박
수를 보냈고, 정업스님은 '역시 성철스님이다'는 말을 했어요. 현 범어
사 방장인 지유스님은 침묵을 지켰지요.

그때에 동산스님이 입적한 직후 오대산의 법연이라는 스님이 「불교신
문」에 동산스님의 법맥을 비판하는 글을 실었어요. 그 글에 대해서 성철
스님은 대단히 화를 내셨어요. 어떻게, 그 따위로 쓸 수 있는냐 하시면
서요. 그래서 성철스님이 직접 반박하는 글로 입장 표명을 할까 아니면
천제의 이름으로 할까를 궁리한다는 말씀을 내게 했습니다. 이것은 분
명한 사실입니다. 이렇게 은사인 동산스님에 대한 인식이 있었기에 비
문을 쓰셨을 것입니다.[43]

이상과 같은 원두의 증언에는 동산 – 성철로 이어지는 법맥,[44] 오대

---

43) 2019년 11월 15일, 죽림정사(장수, 용성생가)에서 채록. 원택, 『성철스님 행장』, p.110
에는 1966년 10월 10일, 『석영집』의 원고 교정 편지를 받았다고 나온다.
44) 김광식, 「동산의 법맥과 전법」, 『동산사상의 재조명』, 범어사, 2016.

산 승려인 법연이 동산을 비판하였던 글 즉, 『대한불교』 1965년 5월 16
일에 기고된 「중흥조 용성조사(中興祖 龍城祖師)의 법맥(法脈)은 동산대종사
(東山大宗師)에서 그치는가」에 대한 성철의 입장 및 동산의 계승의식,[45] 동
산 비문의 작성 등 흥미로운 이야기가 많이 나온다. 여기에서 먼저 광덕
이 쓴 그 책의 서문을 보겠다.

> 이 책은 주로 저의 존경하는 사제 園頭스님이 기획하고 편집 출판한 것
> 이온대 이 일이 선방 수좌의 손에는 퍽 버거웠던 모양입니다. 해서 천
> 신만고 二년동안 온갖 정성을 기울인 것이 이제사 햇빛을 보게 됐습니
> 다. 그리고 그동안 원두스님을 도와 많은 분들께서 애써 주셨습니다.

  여기에 나오듯 이 자료집은 원두가 주체가 되고, 다수의 협조자들의
손길을 거쳐 발간되었다. 이에 대한 사정은 원두의 편집 후기에 다음과
같이 나온다.

> 가신지 벌써 만 2년 · 그동안 百方으로 자료를 모으면서 남김없이 망라
> 하려 하였으나, 그러나 막상 일손을 대고 보니, 그 어려움이란 한 두가
> 지 아니여서 당초의 계획보다 규모와 시일에서 얼마간의 차질이 생기
> 지 않을 수 없었습니다. 여러 가지 형편으로 스님의 자취가 좀더 자세
> 히 그리고 모아진 法語가 보다 많이 수록되지 못함이 못내 아쉽고 안타
> 까우나 여기서 못 다한 일이 다음에 이루어지기를 바라며 이것으로 우
> 선 매듭을 짓습니다. … (중략) … 끝으로 글을 써 주신 스님네, 사진의

---

45) 김광식, 『동산대종사와 불교정화운동』, 영광도서, pp.340~343.

촬영과 편집을 도와 주신 분들 그리고 回向을 주선하여 주신 如幻스님
에게 다시금 감사를 드립니다.

분향하고 園頭 씀

책이 나온 이후, 원두는 많은 아쉬움을 피력하였다. 그는 자신이 계획
한 것 이상으로 확대된 일을 조율하지 못하였다. 특히 법어 자료가 풍부
하게 수록되지 못한 것은 아쉽게 여겼다. 당시 범어사의 일부 문도들은
책의 편집, 출간 비용에 대한 오해와 우려를 하였다. 그래서 원두는 작
업 비용에 대한 예산의 공개 요청을 받았다. 그는 『대한불교』에 공개를
하려고 준비를 하였고, 당시 조계사에서 포교를 하던 무진장을 만나 상
의를 하였다. 그러자 무진장은 공개를 하면 시비거리가 더욱 생긴다고
하면서 공개를 절대 반대하였다. 이에 원두는 예산 공개를 하지 않았다.
마침내 1966년 11월에 편집은 완료되었다. 그러나 출간 비용 등 난
제로 인하여 그해 12월까지 인쇄를 완료할 예정이었으나 여의치 않았
다.[46] 이럴 때 동산 문도인 여환이[47] 재정지원을 하여 출간을 마무리 하
였다. 그래서 책은 편집자인 원두와 책의 배포를 담당한 여환의 합의를
거쳐 동산의 2주기 추모재(1967.5.2)를 기해[48] 1967년 4월 24일, 500부
한정판(비매품)으로 발간되었다.[49] 동산문도회는 1967년 동산 2주기 행

---

46) 『대한불교』1966.11.13, 「동산대종사 사리 봉안, 문집간행은 년말까지 늦어질 듯」. 이 기
   사에 편집은 완료되었으나 출간비용 54만원이 예상되는데, 모금한 비용은 2분의 1에
   해당된다고 실무자인 원두스님이 발언했다고 나온다.
47) 은사인 동산에 대한 추모, 그리고 사제인 원두에 대한 애정에서 나왔다고 보인다.
48) 『대한불교』1967. 5. 7. 「東山大宗師 二週期, 門徒들 錫影帖도 발간」.
49) 책의 제원은 21.5×31cm이었고, p.69.(後記와 刊記의 2면은 별도)이었다. 발행은 진
   수당 박충일, 인쇄는 홍원상사 주식회사, 반포는 범어사 김여환이 담당하였다. 책의 제

사를 공고하였다. 사리탑의 준공 및 『석영첩』이 발간되었음을 알리고 추모재를 널리 알렸다.[50] 그 당시 책의 제작 부수, 배포에 대한 실행은 여환이 주관하였다. 책의 발간 실무자인 원두는 추모재에는 가지 않았지만 『대한불교』에 광고를 내어, 책에 대한 문의는 범어사(총무 벽파)와 법제사(원두)로 하라는 당부의 광고를 하였다.[51]

3. 『동산대종사 석영첩』 발간 의의

『석영첩』에 대한 발간 의의, 성격에 대해서 살펴보겠다. 이 책이 나오자 당시 『대한불교』의 편집부장인 박경훈은 다음과 같이 서평을 하였다.

東山大宗師의 錫影帖이 師의 2주기를 맞아 간행하였다. 錫影帖이라는 말이 가리키듯이 동산대종사가 이 땅에 住錫하는 동안에 남긴 족적을 모은 것이다. 그러나 족적을 따라 한국불교의 생생한 발자취를 볼 수 있음이 더욱 가치를 높인다.

동산대종사가 佛門에 귀의하면서 한국불교계의 중요한 사건들이 사진으로 수록되어 있다. 특히 淨化운동 당시의 사진들은 불교사의 중요한 자료들이다. 또는 한국불교의 국제적 지위 향상과 선양에도 크게 이바

본은 2종으로 하였다. 1종은 하드카바(500부)로, 다른 1종(100부?)은 삼베로 외부를 마감했다. 이 책은 범어사 성보박물관, 동국대 도서관에 보관되어 있다. 당시 『대한불교』 기자인 송재운(동국대 명예교수)은 삼베로 된 『석영첩』을 보관하고 있다.
50) 『대한불교』 1967. 4. 30, p.3. 「광고 ; 東山大宗師 追慕齋(2주기) 案內」.
51) 『대한불교』 1967. 5. 28, p.1. 「광고 ; 알립니다」.

지 한 스님의 해외 교류에 관한 사진들이 수록되어 있고 당시의 활동상
을 수기로 남기고 있어 신라 慧超의 往五天竺國傳記 이후에 있은 값진
글을 이 책에서 대할 수 있다.

우리의 불교계에 예부터 고승대덕의 어록이나 행장기는 많다. 그러나
한 스님의 행장과 어록에 그치지 않고 그것이 東山大宗師의 錫影帖과
같이 우리나라 불교의 산 역사를 보여주는 것은 없다.

老師의 열반, 다비, 사리 그리고 日常 茶飯事로부터 上壇法語에 이르기
까지 세심한 배려로 老師의 모습을 남기고자 한 편집자의 의도가 충분
히 살려져 있다.

어려운 사정아래 고심하여 편찬된 것은 참으로 기쁜 일이다.[52]

　박경훈은 위의 서평에서 다음과 같은 측면을 주목하였다. 첫째 고승
에 대한 새로운 자료집 발간이었다. 기존 어록집, 행장기에 사진집이라
는 새로운 영역을 개척하였다. 둘째 수록 내용의 가치 평가이다. 불교정
화운동의 사진, 해외교류의 사진 및 회고, 고승의 일상 생활의 단면을
세심하게 보여준 것(법어, 일기 등)을 높이 평가하였다. 이런 서평에 대해
당시 그를 읽은 원두는 박경훈의 소개는 책을 소개한 정도에 지나지 않
은 것이고 책 발간의 의의, 의미는 다루지 않았다고 인식하였다.

　한편 이 책의 편집자인 원두는 이 책 발간으로 인해 현대 고승의 법어
집, 문집 발간이 속출되는 계기가 되었다고 주장한다. 영향을 받았다는
대상 및 편집자를 제시하면 다음과 같다.

---

52)『대한불교』1967. 4. 30,「서평 ; 동산대종사 석영첩」.

『滿空語錄』(1968)[53] ; 수덕사, 혜공(원담)

『아아 靑潭祖師 ; 靑潭祖師 聖跡寫眞帖』(1973) ; 도선사

『曉峰語錄』(1975) ; 송광사 구산

『法海』(1975) ; 통도사, 경봉

『南泉禪師 文集』(1978) ; 칠보사, 강석주

이런 영향에 대해 원두는 다음과 같이 주장하였다. 이 발언은 2006년 8월 4일에 필자에게 한 것이다.

강석주스님은 선학원에서 만났는데, 석주스님도 당신의 은사이신 남전스님의 문집을 안냈는데 석주스님도 해야 하겠다면서 격려해 주었어요. 그리고 동화사에를 갔더니 당시 주지인 소구산스님은 제 이야기를 듣는 도중에 현호스님인가를 불러서는 미래사의 궤짝에 보관중인 노스님(효봉스님) 법문을 정리해 둔 것을 찾아 오라고 지시를 하시더라구요. 이것이 이후 효봉스님의 법어집이 나오게 된 계기가 된 것으로 알고 있어요. 수덕사에를 갔더니 수덕사 조실 역할을 하고 계시던 원담스님이 만공 조실스님의 법어집을 출판하지 못했는데 당신도 빨리 그것을 해야 하겠다고 하셨어요. 해공스님은 당시는 원담스님이라 하지 않았는데, 일타스님을 불러야 하겠다고 하셨지요. 온천장의 어떤 보살은 저에게 당신이 신봉하는 경봉스님의 법어집도 해야 하겠다며 도와 달라고 하여, 저는 도와 드릴 자격이 없다면서 다만 경봉스님의 자료를 모아두면 경봉스님의 제자들이 간행할 것이라고 했어요. 그래서 경봉스님 신

53)『대한불교』1968. 8. 4, 「드디어 햇빛 본 만공어록」.

도들이 그때부터 내야 하겠다고 해서 나온 것이 경봉스님의 최초 법어
집인 『법해』입니다. [54]

이와 같은 원두의 주장은 참고할 가치가 있다. 필자가 보건대, 『석영
첩』의 영향은 물론 있었을 것이다. 그러나 이 책 발간으로 고승의 문손
들이 펴낸 법어집, 문집 발간의 이유를 다 설명할 수는 없다. 여타 요
인도 있다. 예컨대 『만암문집』은 1967년에, 『효봉어록』은 1975년에 나
왔다. [55] 원두가 거론치 않은 대상도 있다. 즉 『향곡선사 법어집』은 1971
년, 『금오집』은 1974년, 『대의대종사 전집』은 1978년에 발간되었다. [56] 그
럼에도 불구하고 『석영첩』은 1960~1970년대 고승 문집, 법어집 발간에
일정한 자극을 주었음은 인정할 수 있다.

한편 범어사 산내 암자인 대성암 비구니인 만성은 이 책에 대한 의의
를 다음과 같이 평하였다고 원두는 회고한다.

범어사 암자인 대성암의 만성 비구니는 아주 큰 스님입니다. 이 스님인
나에게 말하길 대성암에 온 학교 선생이 이 책의 편집을 보고서는 굉
장히 잘 되었다는 칭찬을 했대요. 그래서 그 전에는 저의 거마비를 30
만원을 주던 만성스님이 그 해에는 고생했다고 하면서 100만원 정도를
주었습니다. [57]

---

54) 『범어사와 불교정화운동』, p.408.
55) 『대한불교』 1975. 6. 15, 「효봉스님 문집 간행에 대한 자료 모집 공고」.
56) 김광식, 「근·현대불교, 연구성과와 과제」, 『한국불교학』 68, 2013, p.537.
57) 2019년 5월 19일, 학림사에서 원두스님 증언.

이런 증언 이외에도 다수의 평가가 있었을 것이다. 이제는 그런 평가, 비판 등에 관련된 이야기를 찾아야 한다. 여기에서는 박경훈의 평가, 원두의 주장, 만성의 전언을 소개하였거니와 필자의 의견을 부연한다. 지금껏 고승의 법어집, 문집은 중국 선불교 및 유교적인 관점에서 나온 것이다. 그래서 거기에는 어록 및 문장 중심적인 가치관이 배어 있었다. 그러나『석영첩』은 현장성, 기록성, 인간성이 강조되었다. 이는 사진이라는 새로운 매개체를 통해 동산의 활동, 현장, 대중을 중요하게 인식한 결과이었다. 그 밖에『석영첩』에 담긴 다면성은 추후 분석될 것이다. 그러나 이 책은 한국 현대불교사, 고승의 역사에서 역사적 위치를 점하고 있음은 분명하다.

4. 결어

이 글의 맺는말은 연구자들이 생각해 볼 측면을 제시하고, 그에 대한 필자의 소회를 개진하는 것으로 대하고자 한다.

첫째, 이 책의 기획, 편집자인 원두의 역사의식에 대한 문제이다. 그 당시 승려들의 역사 인식의 수준을 고려하면 원두의 역사의식은 상당한 것이다. 이런 인식은 그가 동산의 구술 증언 자료집 발간(2007~2008)을 추동하고, 종단사태(1994, 1998)에 대한 역사적인 글을 쓸 수 있는 기반이 되었다. 당시 그는 입산 6년만에 역사성이 있는 작업을 시도하였기에 문도회 내부에서 적지 않은 저항을 받았다. 그래서 그는 책을 배포한 동산 2주기의 추모재(범어사)에는 가지도 않았다. 그는 법주사 복천암으로 일시 은거하였다. 그후에는 범어사 원효암, 봉은사에서 수행을 하다 1973년에 일본유학을 떠났다.

둘째, 범어사 및 동산문도회에 끼친 영향이다. 이 책은 1998년에 나온 『동산대종사 문집』에도 영향을 주었으나 계승의식은 애매모호 하였다.[58] 2015년에 나온 『감인대 동산대종사 열반 50주년 기념 사집집』에서도 계승의식은 불투명하였다. 한편 동산의 맞상좌인 성철은 이 책의 기획 단계에서는 관심을 보였다. 그러나 기획자인 원두와의 이견으로 말미암아 책의 편집 작업에는 일체 참여하지 않았다.[59] 이 점은 아쉬운 대목이다. 지금껏 성철의 그의 은사인 동산에 대한 계승의식에[60] 대한 학술적인 검토는 미약했다. 당시 성철은 김룡사에 주석하였는데, 그의 김룡사 시절에 대한 연구가 요청된다.[61]

셋째, 『석영첩』에 활용된 자료의 보존 문제이다. 책 출간 직후 책에 활용된 자료는 일시적으로 법제사(부산)에 보관되어 있었다. 일부 자료는

---

58) 책의 후기에 "1967년에 간행된 석영첩에 실린 약간의 글과 사진 몇 장을 그대로 실었습니다. 그 문제는 다음 기회에 보다 자세하게 소개될 날이 있을 것입니다." 『동산대종사 문집』, 동산문도회, 1998, p.443.
59) 원두스님은 그때 김룡사에 있었던 고교 선배인 박성배의 의견 즉 '사실대로 써야한다'는 말을 수용하였다. 그런 소신으로 성철스님을 만났다고 하면서 다음과 같이 증언하였다. "성철스님은 그때 저에게 당신의 은사인 동산스님의 법어집 간행을 도와 주겠다는 말씀을 했어요. 그러나 저는 내가 할 수 있는 한도 내에서 하고 마치겠다는 의견을 피력하였어요. 성철스님은 이왕 하는 김에 폭을 넓혀서 자료가 더욱 나올 것이라고 하였지만 저는 그때에 그 일을 빨리 마치고 싶은 심정이었어요. 그때 성철 사형의 말씀을 따르지 않은 것이 이렇게 후회스럽고, 문도스님들에게 죄스러울 수가 없습니다." 『범어사와 불교정화운동』, p.410.
60) 그 의식이 법맥 계승인지, 인간적인 측면인가에 대한 분석이 요청된다. 무비, 「남겨진 몇가지 이야기」, 『나홀로 만고의 진리를 가노라』, 장경각, 2013, p.53.
61) 김광식, 「성철의 꿈과 김룡사 운달산 법회(1966)」, 『대각사상』 33집, 2020.

범어사 종무소에 돌려 주었다. 그러나 결과적으로는 그 당시에 활용되었던 대부분의 자료들이 망실되었다. 아쉬운 대목이 아닐 수 없다.[62]

넷째, 책의 정체성, 성격을 점검해야 한다. 이 책에 대해 편집자인 원두는 '동산의 행적(行蹟)'이라 하였으나, 거시적으로 보면 사진집이다. 즉 근대 고승에 대한 최초의 사진집이라 할 것이다. 그러나 단순한 사진집이 아니었다. 동산의 활동을 전하는 사진, 일지와 유묵, 인연이 있는 인물들의 회고 및 평가의 글이 수록되었다. 나아가서 이 책은 동산 개인 역사에 머물지 않고 종단사, 불교사의 성격도 있다. 그래서 법어집, 문집과는 성격이 달랐다.『석영첩』의 정체성은 그 이후 필자가 기획 · 편집한『한국불교 100년』(민족사, 2000),『화엄사와 도광대선사』(화엄사 · 화엄문도회, 2008), 그리고 범어사가 기획한『감인대(堪忍待) − 동산대종사 열반 50주년 기념 사진집』(범어사, 2015)로 계승되었다. 한편 조계종단 및 불교계에서『사진으로 본 통합종단 40년사』(2002),『종단 50년, 기록과 대화하다』(2012),『사진으로 보는 대불련 50년사 ; 진리의 벗얼빛』(2013),『부산불교 100년의 발자취』(2014),『사진으로 보는 불광 40년 ; 빛으로 새긴 이야기』(2014) 등이 나왔다. 추후에는 이런 자료집과의 상관성이 거론되고, 불교문화의 관점에서 분석되어야 한다.

지금까지『석영첩』의 논의점, 정체성 및 평가, 불교인문학적인 사진집과의 연관성, 계승의 문제에 대한 소견을 피력하였다. 이런 소회가 이 방면 연구에 참고가 되길 기대한다.

---

62) 원두스님은 동산스님의 일지(수첩) 2권의 분실을 가장 큰 실수로 보았다.

성철의 삶과 범어사

1. 서언

범어사는 부산 불교를 대표하는 사찰로 조계종단 및 한국불교에서에서 차지하는 위상은 상당하다. 이와 같은 사격을 갖고 있는 범어사의 역사, 문화 등에 대한 연구는 다양한 관점에서 적지 않게 이루어져 왔다. 필자는 범어사 근현대기의 정체성은 선찰대본산(禪刹大本山) 및 불교정화운동(佛敎淨化運動)으로 이해하고 있다. 이런 전제에서 필자는 그간 범어사가 갖고 있는 정체성과 함께 그 주역에 대한 연구를 수행하였다. 그 주역은 오성월과 하동산으로 보고 관련 연구에 주력하였다.[1]

이런 전제에서 본고에서는 하동산의 상좌인 성철을 범어사와 관련 지위 연구를 하고자 한다. 한국 현대불교의 주역으로 지칭된 성철의 생애, 사상, 위상, 조계종단에 끼친 영향 등은 다양한 측면에서 연구가 수행되어 왔다.[2] 그런데 이런 연구는 성철의 해인사 출가, 해인총림 방장, 조

---

1) 김광식, 『동산대종사와 불교정화운동』, 영광도서, 2007.
    _____, 『범어사와 불교정화운동』, 영광도서, 2008.
    _____, 「범어사의 사격과 선찰대본산」, 『한국 현대선의 지성사 탐구』, 도피안사, 2010.
    _____, 「하동산의 불교정화」, 『한국 현대선의 지성사 탐구』, 도피안사, 2010.
    _____, 「오성월의 삶에 투영된 선과 민족의식」, 『불교와 국가』, 국학자료원, 2013.
    _____, 「금정총림 설립의 역사와 범어사의 정체성」, 『전자불전』 18, 2016.
2) 성철에 대한 연구는 문도들이 발족시킨 성철선사상연구원이 중심이 되어 진행하고 있다. 학술지로 『백련불교논집』을 펴냈고, 이를 계승한 『퇴옹학보』를 발간하고 있다.

계종단 종정 등 주로 해인사와 인연이 많다는 관점에서 나온 것이다. 그러나 본 고찰에서 필자는 성철이 범어사의 주역인 하동산의 전법제자, 정화사상의 계승, 추모 및 계승 사업 등에 관련된 내용을 들추어내고자 한다. 지금껏 용성문중, 동산문도, 성철문도에서는 이런 내용을 주목하지 않았지만, 이 내용은 용성·동산의 문중사, 조계종단사, 범어사 역사 등의 차원에서 간과할 수 없는 주제이다.

이와 같은 배경하에서 필자는 본 고찰에서 다음과 같은 내용을 다루고자 한다. 첫째 성철이 하동산을 은사로 삼고 출가한 것, 둘째 동산의 법맥이 성철에게 계승된 것, 셋째 성철이 동산의 정신 계승을 한 것을 살피고자 한다. 이런 내용을 통하여 성철이 범어사와 갖고 있는 인연을 역사적으로 복원시키고자 한다. 이런 내용을 담고 있는 본 고찰이 범어사의 근현대사 뿐만 아니라 성철의 역사를 새롭고, 풍성하게 해줄 것으로 기대한다. 미진한 측면은 지속적인 탐구로 보완하겠거니와, 제방 선학의 비판을 기다린다.

2. 성철의 입산 출가 ; 은사는 동산

성철(1912~1993)은 경남 산청 출신으로, 그 지역의 대원사에서 재가 수행을 하다가 1935년초에 해인사로 가서 수행을 하였다. 성철의 해인사 행에는 범어사 출신인 김법린, 다솔사·해인사 주지를 역임한 최범술의 권유가 작용하였다. 해인사에서 재가자이면서도 참선 수행을 하던 성철은 당초에는 출가의 마음이 없었다. 그러나 그 당시 해인사 백련암의 조실로 있던 하동산(1890~1965)의 간곡한 권유로 출가하였다. 이런 정황에 대해서 성철 상좌인 원택은 다음과 같이 정리하였다.

> 한 속인이 이렇듯 훌륭하게 정진하고 있다는 소문은 곧 대원사 본사인 해인사로 전해졌다. 그리하여 1935년 초에 성철스님은 김법린, 최범술 같은 해인사 큰스님들의 권유로 해인사로 간다. 그 무렵 해인사에는 당대의 선지식인 동산스님이 백련암에 머물고 있었다. 성철스님을 본 동산스님은 곧 큰그릇임을 알아 차리고, 퇴설당에 내려와 "참선을 잘 하려면 스님이 되어야 한다"고 출가를 권유하였다. 성철스님은 처음에는 참선만 잘 하면 그뿐이지 승려가 될 생각은 조금도 없었다. 도를 이루는 것이 중요하지 형식이 무슨 소용이겠느냐 하는 생각에서였다. 그런데 결제 날 동산스님의 법문은 성철스님의 마음 자리에 운명의 싹을 틔워 놓았다.

> 여기 길이 있다, 아무도 그 비결을 말해 주지 않는다.
> 그대 스스로 그 문을 열고 들어가기까지는,
> 그러나 그 길에는 문이 없다.
> 그리고 마침내 길 자체도 없다.

> 하루는 동산스님께서 손수 '性徹'이란 법명을 적은 종이를 스님 옆에 두고 갔다. 성철스님은 그 길로 백련암에 계신 동산스님을 찾아 말을 나눈 후 출가를 결심하여 1936년 병자년 3월에 동산스님을 은사로 출가

하였다.[3]

이와 같은 내용에서 성철은 1936년 3월 3일, 하동산을 은사로 하여 출가를 단행하였음을 확인할 수 있다.[4] 그리고 출가 당시부터 하동산은 그의 상좌가 된 성철에 대한 관심이 지대하였음을 알 수 있다. 동산은 1933년 동안거 때 해인사 퇴설선원의 조실로 있었다.[5] 그 무렵 동산이 해인사 백련암에 있었음은 그때 해인사에 머물던 소설가인 김동리의 회고에도 나온다.

> 그리하여 그해(필자 주, 1935년) 늦은 여름 해인사를 찾았던 것이다. 그해 가을, 해인사에서는 전국 사찰의 학인들을 대상으로 정기적인 강원을 개설하고, 그 강사로 내 백씨(필자 주, 김범부)와 범산(梵山) 김법린(金法麟) 씨가 초대되었던 것이다. … (중략) …
> 나는 내 백씨의 뒷방에 거처를 정하고, 역시 읽고 쓰는 일을 계속하고 있었는데, 그때 마침 안거(安居) 기간이 아니었기 때문인지 백련암(白蓮庵) 조실이신 하용봉(河龍峯) 스님이 자주 내려와 내 백씨 또는 법사 선생들과 이야기를 나누곤 했다. 나도 물론 인사를 드린 뒤였다.[6]

위의 회고에 하동산이 당시에는 '하용봉(河龍峯)'의 이름을 갖고 있었으

3) 원택스님 엮음, 『성철스님 행장』, 미디어글씨, 2012, p.34.
4) 성철의 도첩과 승적첩(해인사)에는 1936년 3월 3일 득도하였고, 3월 24일에 도첩을 받았으며, 은사는 '河龍峰'으로 나온다. 용봉은 당시 동산의 법명이었다.
5) 『근대선원 방함록』, 조계종 교육원, 2006, p.88.
6) 김동리, 「절과 마을사이 하용봉 스님과의 만남」, 『불일회보』 45호(1984.8), p.4.

며 백련암 조실로, 해인사에 왕래하였음이 나온다.[7] 요컨대 동산이 백련암 조실로서 성철의 은사가 되었음은 객관적인 사실이었다.

한편 성철은 출가는 해인사에서 하였지만, 출가 직후에는 은사인 하동산을 따라 범어사로 가게 되었다. 즉 1936년 하안거 때에는 범어사 금어선원에서 한철 정진을 하였는데, 그때에 받은 안거증이 전한다.[8] 1936년 동안거 수행도 범어사 원효암에서 지냈다. 이 때의 조실은 동산의 은사인 백용성이었다.[9] 마침 1936년 11월 18일, 범어사에서 백용성이 하동산에게 계맥을 전수하였는데,[10] 성철은 그 현장을 입회하여 볼 수 있었다.[11]

성철은 1937년 3월 15일(음력)에는 범어사 금강계단에서 비구계를 수지하였다. 그때에 받은 계첩이 보관되어 있다. 성철은 1937년 하안거 수행을 범어사 원효암에서 났는데, 그때에 받은 안거증도 전한다.[12]

한편 성철은 범어사에서 수행을 할 때에 백용성의 시봉을 하였다. 이 무렵, 백용성은 손주 상좌인 성철에 대한 관심을 가졌다. 백용성은 성철에게 '성철 수좌' '성철스님'이라고 예우하여 불렀고, 그의 주석처인 서울 대각사로 함께 올라갈 것을 권유하였다. 그러나 성철은 백용성을 부산

---

7) 이 내용은 김동리가 『대한불교』(1980.8.24)에 기고한 「佛畫와 海印寺」에도 나온다. 그리고 그 당시 하동산이 용봉의 이름으로, 백련암에 머물면서 그의 상좌가 된 유성갑(제헌 국회 의원)에게 보낸 서신이 전한다. 동산문도회 김광식, 『동산사상의 재조명』, 인북스, 2016, pp.36~43, pp.71~73, pp.86~97. 이 책, p.68의 동산 엽서에는 해인사 퇴설당에 머물렀던 내용이 나온다.
8) 위의 『성철스님 행장』, p.42.
9) 『불교시보』 17호(1936.12), 「인사소식 ; 백용성대선사 대본산 범어사 내원암 종주로 취임」.
10) 그 장소는 내원암으로 보인다.
11) 「동산혜일 대종사 사리탑비」, 『문집』, p.341.
12) 원효암으로 모친이 찾아와서 만나려고 하였으나, 성철이 거부하였다고 한다.

역까지만 배웅하고, 도망쳤다는 일화가 전한다.[13]

그 이후 성철은 1938년 하안거 수행을 범어사 내원암(조실, 하동산)에서 하였다. 그리고 1939년 하안거 수행은 은해사 은부암(조실, 하동산)에서 났다.[14] 여기에서 흥미로운 것은 성철이 동산이 조실을 하던 선원에서 정진을 하였다는 것이다. 이는 다양하게 해석할 수 있지만 동산과 성철의 관계가 돈독하였음을 말해주는 것이다.

지금껏 살핀 바와 같이 성철은 해인사에 입산, 출가를 하였다. 은사는 해인사 백련암에 머물던 하동산이었다. 출가 직후 성철은 은사인 동산을 따라 범어사의 선원에서 3년간 정진을 하였다. 그래서 당신의 노스님인 백용성의 관심을 받았고, 용성이 그의 계맥을 동산에게 전한 현장에 있었다. 이처럼 성철은 출가 직후 범어사 선원에서 정진을 하였기에 그의 역사에서 범어사와의 인연은 매우 중요하다. 그리고 범어사, 은해사의 동산 회상에서 정진하였음은 성철이 동산에 대한 신뢰가 지극하였음을 말해 준다.

3. 동산의 법맥 전수

1) 동산의 후계자 지정, 법맥 인식

성철은 출가 직후에는 범어사 선원에서 정진을 하였다. 그러나 1939

---

13) 위의 『성철스님 행장』, p.44.
14) 『성철스님 행장』, pp.46~47. 성철의 운부암 안거중에 '宗主 하용봉'으로 나온다.

년 동안거 이후에는 전국 각처의 선원을 순행하며 치열한 정진을 하였
다. 이 기간에 오도, 봉암사 결사의 단행, 해인사 주지 취임의 거부 등
이 있었다. 그가 한 사찰에 오랫동안 머물면서 정진한 곳은 1955년부터
10년간 머물던 파계사 성전암이었다. 이를 성전암 동구불출 10년이라고
칭한다.

한편 그 당시 그의 은사인 동산은 불교정화운동을 진두지휘하면서 조
계종단의 종정을 역임하였다. 그리고 범어사의 주지, 조실을 역임하면
서 범어사의 사격 회복에 노력하였다. 그러나 동산은 세납이 많아지자,
자연 그의 후계자를 고민하게 되었다. 그의 은사인 백용성과 자신이 머
물며 수행을 하였던 범어사의 미래에 대해 고심을 하였다.

이런 문제를 엿볼 수 있는 회고, 증언을 소개한다. 동산은 살아생전에
자신의 입적을 대비하여 성철을 범어사 조실로 초빙한 비사이다. 이를
달리 말하면 동산은 범어사에서의 후계자로 성철을 염두에 둔 것이라고
볼 수 있는 대목이다. 이는 동산의 제자인 덕명이 천제에게 증언한 내용
이다. 이에 대한 성철의 맏상좌인 천제 증언을 제시하겠다.

참! 지금 생각이 나는군요. 1963년 경인가? 제가 성전암을 가는 대구
시내의 정류소에 있다가 거기에서 범어사 주지를 지내신 적도 있는 덕
명스님을 만난 일이 있어요. 그때 덕명스님과 저는 동행하여서 성전암
으로 같이 갔어요. 성전암에 오셔서는 성철스님과 대화를 하시고, 다음
날 떠나시길래 저와 철스님은 덕명스님을 호랑이 타고 다니셨다는 전
설이 있는 무슨 대(臺)까지 전송해드렸어요.

동산노스님의 제사 때에 성철스님이 안 가시면 제가 대신해서 범어사

에를 꼭 갔어요. 훗날 덕명스님이 범어사 주지를 하던 그때에 제가 제
사에를 가니, 덕명스님이 저에게 그전 1963년 그 무렵에 "내가 성전암
에 뭐하러 갔는지 아느냐"고 물었어요. 그래 저는 모르겠다고 하였더
니, 동산노스님의 부탁, 즉 성철스님이 범어사 조실로 오셔서 범어사를
맡아서 살아 달라고, 자기를 특사로 보냈다는 거예요. 그랬더니 성철
스님이 정중히 사양하시더라고 저에게 그 숨겨진 이야기를 덕명스님이
털어 놓았어요. 그것은 동산스님이 성철스님에게 범어사에 와서 자리
를 잡으라고 하신 것입니다. 그리고 덕명스님에게는 도둑놈 되지 마라,
물 들지 마라고 하셨다고 합니다. 그런 사실을 저는 모르고 있었는데
덕명스님이 당신이 성철스님을 뫼시려고 갔었다는 비사를 말하였어요.
간혹 우리 스님은 버릇이 없다, 은사인 동산스님을 무시했다고 하지만
그것은 말도 안 되는 소리입니다. 젊었을 적에는 향곡스님과 함께 동산
노스님에게 가서 법거량하였던 것은 맞아요. 그러나 덕명스님의 회고,
증언에 나온 바와 같이 동산스님은 당신의 후계자로 성철스님을 염두
에 두신 것입니다.[15)]

   위의 구술 증언에 나온 정황은 1963년 무렵 성철이 대구 파계사의 성
전암에 주석할 때의 비사이다. 이 회고의 요체는 동산이 성철을 범어사
조실로 초빙한 것이다. 그는 동산의 후계자로 내정하고자 함이다. 덕명
의 성전암행은 그 무렵 파계사에 머물던 도성의 증언에서도 확인된다.
필자는 성철을 존경했던 도성(태종대)에게 덕명이 성철을 만난 전후 사정
을 질문하였다. 그 무렵에 성전암에 있었던 도성은 다음과 같이 필자에

---

15) 김광식, 『동산대종사와 불교정화운동』, 영광도서, 2007, pp.352~353.

게 증언하였다.

> 내가 그 무렵에 파계사에 있었어요. 철스님은 당신의 일이 있으면, 그
> 런 것이 있으면 자랑삼아 들으라고 우스개로 해요. 그때 나하고, 보성
> 스님 그리고 자운스님 상좌이지만 철스님을 따르던 현경스님 하고 같
> 이 들었지. 우리가 성전암에 올라가면 철스님이 우리에게 그런 것을 이
> 야기 했어.
> 그 때, 동산스님의 일부 권속들이 동산스님이 철스님을 생각을 안 하는
> 것처럼 많이 이야기를 했어. 그러면서 그렇게 말하는 권속의 제자가 수
> 제자인 것처럼 생각하는 것이지. 광덕스님과 능가스님은 그리 안했지
> 만. 철스님이 "(동산)스님이 이번에 덕명이를 보내, 편지 이런 것을 가져
> 와서 범어사를 맡아 달라고 했어"라고, 자랑하셨지.[16]

　여기에서 주목할 것은 동산이 성철의 범어사행을 권유하는 편지를[17]
썼다는 것이다. 필자는 그 편지가 갖는 의미는 단순 권유라기보다는 후
계 구도 및 전법의 성격을 갖고 있다고 이해된다. 성철은 동산의 편지를
받고 범어사로 가서 동산을 만나, 자신의 입장을 설명하였다.[18] 그 입장

---

16) 2014년 5월 4일(일), 축서사에서 필자에게 한 말이다.

17) 도성은 성철이 그 편지를 절대로 없애지 않았을 것이라고 주장하였다. 도성은 봉암사
　　결사 현장에 같이 있었던 보문이 떠나는 것을 메모장에 기재할 정도로 기록의 중요성
　　을 알았던 성철이 더 큰 의미가 있는 편지를 보관하였을 것으로 주장했다. 또, 성철이
　　용성을 가까이서 모시고 지냈다는 말도 하였다고 회고하였다.

18) 도성은 성철이 그 무렵에 범어사의 동산을 찾아와서 인사를 하였다고 증언하였다. 그
　　러나 그 시점은 파악하지 못했다. 6 25 전쟁 직후에도 몇번 범어사를 왔지만, 그 무렵
　　성철을 만난 동산은 성철이 자신을 찾아온 것을 자랑삼아서 주변 승려들에게 "너 봤지.
　　봤지" 하였다고 한다. 그러나 동산은 성철과의 대화는 언급하지 않고, 그렇게 자랑만

은 자신은 범어사로 가지 않고, 독자적으로 수행을 하겠다는 것으로 이해된다.[19]

한편, 그 무렵 동산은 당신의 입적을 대비하여 자신의 후계 조치를 궁리하면서, 당신은 강진 백련사로 가서 머물다가 생을 마감, 정리하겠다고 발언했다. 동산이 강구한 백련사 행은 광덕을 비롯한 일부 상좌들의 반대로 이행되지 못하였다. 그러다가 1965년 봄, 금강계단에서 "다시는 이 자리에 오르지 못할 것이라"는 발언을 하고, 그해 4월 24일(음력 3월 24일)에 입적하였다.

이상과 같은 제반 정황을 유의하면 동산은 자신의 직위인 범어사 조실을 맡길 당사자로 성철을 지목한 것은 분명한 사실이다. 그렇다면 동산이 성철에게 전법을 하였다고 볼 수 있지 않을까? 전법게문은 현재 찾지 못하였지만 당사자 간에는 선문(禪門)에서 표현하는 '사자수수(師資授受)하는 밀기'의 뜻이 담긴 그 무엇인가가 있었을 것으로 본다.

한편 용성 – 동산 – 성철로 이어지는 법맥을 성철이 인식하고 있었음을 암시하는 사례가 3건이 있었다. 우선 첫 번째 사례는 1970년 가을, 성철이 범어사 원효암에 주석하려고 한 일이 있었다. 필자가 추측하건대, 그것은 해인총림의 내부에서의 거북한 사정이 있어, 성철은 해인사를 떠나려고 하였던 것에서 나온 것으로 보인다. 성철은 1966년 가을 자운의 주선으로 해인사 백련암에 입주하였다. 그리고 그 다음해인 1967년 가을에는 해인총림의 초대 방장으로 추대되었다. 그러나 해인총림의

했다고 도성은 증언했다. 필자는 도성의 증언을 축서사에서(2014.5.4) 청취했다.
19) 그 입장은 무엇일까? 필자는 그를 동산의 제안은 고맙지만, 자신은 아직 독자적인 수행이 더 필요하다고 개진한 것으로 본다.

선원에 있던 수좌들의 난동(1969.12.24 ; 구들장 사건)으로[20] 인한 돌출 문제에 시달리자 성철은 1970년 2월에 방장 사표를 제출하였으나 9월 23일 종회에서 수리되었다.[21] 이런 배경 하에서 성철은 그해 9월 경,[22] 자신의 주석처를 검토하기 위해 광덕과 함께 범어사 원효암을 둘러보았던 것으로 보인다.[23] 그 당시 원효암 감원이었던 원두는 성철이 입주하겠다고 하면 자신은 퇴진하겠다는 의사를 성철에게 피력하였다.[24] 그러나 그 이후 사정은 알 수 없지만, 성철의 범어사 입주는 이루어지지 않았다. 원효암 입주는 성사되지는 않았지만, 동산이 성철에게 범어사행을 권유한 것이 계기가 된 것이 아닌가 한다.

두번째 사례는 성철과 친근한 향곡이 성철을 운봉문도로 편입시키려고 하자, 그를 강력하게 거부한 것이다. 1977년 무렵, 향곡은 자신의 은사인 운봉문집을 만들면서 성철을 운봉의 제자(향곡의 사형)로 만들려고

20) 이른바 부식 불만의 단초로 시작되어 일부 수좌(종원, 보월, 향암, 백운 등)들이 해인사 총무(도성)를 구타하고, 구들장을 판 사건이다. 종원, 「이불이 없는 선객」, 『조계종 종정 이성철 큰스님의 큰빛 큰지혜』, 思社硏, 1987, p.313. 관련 보도기사는 다음과 같다. 『대한불교』1970.1.11, 「해인사 소란 사건, 전말」.
_____, 1970.1.18, 「3직 해임키로」.
_____, 1970.2.15, 「해인총림 방장과 주지 사표 제출」.
21) 1970년 9월 23일, 해인사 산중회의에서 추천한 고암(당시 종정)아 해인총림 방장으로 종회에서 통과되었다. 『대한불교』1970.10.4, 「해인총림 인사이동」. 방장은 고암, 주지는 지관이 하다가 혜암이 소임을 보았다.
22) 당시 원효암에서 성철을 만난 원두는 그 시점을 3대 종회의원 선거 무렵으로 기억하였다. 3대 종회의원 선거는 1970년 8월 10일이었고, 확정은 8월 31일이었다. 『대한불교』1970.7.26, 「중앙종회의원 선거 8월 10일 실시」, 1970.9.6, 「종회의원 당선자 확정」. 필자는 종회의원 선거가 종료되고, 하안거 수행이 해제된 9월 경으로 판단했다.
23) 당시 범어사 주지이었던 능가는 성철이 금강암을 주면, 가겠다는 의사는 피력하였다고 증언했다. 『동산대종사와 불교정화운동』, p.95. 성철은 1971년 음력 3월 23일, 동산의 기일 추모재에 참석하여 상당법어를 하였다. 『동산대종사문집』, 1998, pp.346~348.
24) 2022년 1월 3일, 전화 인터뷰.

하였다.[25] 그러나 이를 일타를 통해서 알게 된 성철은 맞상좌인 천제를 향곡에게 보내 그를 차단하였다.[26] 그 전후 사정을 천제는 다음과 같이 필자에게 증언했다.

> 그때 성철스님은 저에게 심부름을 시키면서, 그것을 막지 못하면 큰일이다. 그러면 용성과 동산으로 이어지는 법맥에서도 그렇고, 범어사에서도 오해를 하고, 큰 혼란이 일어날 것이니 꼭 막아야 한다는 것을 강조했어요. 이렇게 성철스님은 용성, 동산, 성철로 이어지는 법맥을 대단히 중요시 하게 여기고, 자기의 노선과 정체성을 분명히 한 계기가 되었을 것이라고 보여집니다. 그것을 계기로 더욱 법맥이 정리가 되었다고 할 수 있습니다.[27]

천제의 구술을 신뢰한다면, 성철은 용성 – 동산 – 성철로 이어지는 법맥을 중요하게 인식을 하였음이 분명하다. 이는 곧 성철은 용성 – 동산의 법맥을 자신이 계승하고 있다는 역사의식이다. 그를 자신의 법의 정체성으로 생각한 것이다.

세 번째 사례는 성철이 입적 직전에 범어사를 찾아와서, 동산 부도전에 참배를 하였다는 것이다. 그는 1993년 범어사 교무를 보았던 수불의 증언이다. 즉 성철은 입적 직전에 동산 부도전에 절을 한 것은 스승에 대한 그리움이라는 것이다.

---

25) 성철은 향곡 스승인 운봉의 약식 일대기인 「운봉대종사행화비문」을 1977년에 지었다.
26) 『동산대종사와 불교정화운동』, p.354.
27) 위의 책, p.355.

수불스님이 범어사 교무 소임을 보고 있던 1993년 5~6월 경 성철스님이 시자 한명만을 데리고 조용히 동산대종사 부도전을 찾았다는 것이다.

"성철스님이 예고도 없이 찾아 왔습니다. 주지스님께 알리지도 못하게 하고, 동산노스님 탑전에서 3배의 절을 올렸습니다. 아마 회향할 것을 미리 예측한 것 아닌가 싶습니다. 그리고 그해 해인사에서 열반에 들었습니다." 수불스님은 "마지막으로 절하는 성철스님의 모습을 보면서 평상시에도 늘 스승에 대한 그리움을 갖고 있었던 것은 아니가 생각했다"고 회고했다.[28]

수불은 성철의 입적 직전 동산 부도전 참배를 스승에 대한 그리움으로[29] 보았다. 그러나 필자는 그 참배는 인간적인 참배에서 한발 더 나아가 자신의 법맥 확인 차원으로도 이해하고자 한다. 여기에서 성철의 사제인 홍교가 성철로부터 "나는 우리스님을 사랑한다"는 말을 직접 들었다고 한 증언도[30] 참고되어야 한다

이로써 필자는 위와 같은 3건의 사례를 통해서 성철은 동산의 법맥을 인식하였음이 분명하다고 강조한다.[31] 즉 성철은 동산의 전법을 받았기

---

28) 『불교신문』 2015.5.6, 「동산대종사 열반 50주기 맞아 범어사 부도전서 만난 수불스님」.
29) 능가는 성철이 은법사인 동산에 대해서는 '깍득하게 말씀을 했다'고 회고하였다. 『범어사와 불교정화운동』, p.76.
30) 원택스님 엮음, 『이 길의 끝에서 자유에 이르기를 - 성철스님의 발자취를 찾아가는 순례자의 여정』, 조계종출판사, 2013, p.69.
31) 성철은 『한국불교의 법맥』(장경각, 1976), 「법을 잇고 등불을 전함(嗣法傳燈)」에서 僧伽에는 삭발을 허락하고 계를 주는 得度師와 마음을 깨우쳐 법을 이어받게 해주는 嗣法師가 있다고 하였다. 그러면서 성철은 수계 스승에게서 마음을 깨우쳐 법을 전해받게 되면 두 종류의 스승을 겸하게 되지만, 그렇지 않으면 법을 전해받은 스승을 따로

에 그를 의식, 인식한 것이다. 전법 이것은 동산과 성철 당사자 간의 밀기(密機)이었다. 그 밀기의 뜻이 담긴 문헌이 전하는 유무에 관계없는 역사적 사실로 봐야 할 것이다. 먼 후대에 가서 용성 문중역사, 한국 선종사에서 어떻게 기록될 것인가는 그 당대에서 처리할 문제이다. 필자는 지금 현대에서는 용성 - 동산 - 성철로 이어지는 법맥은 존재하였다고 보고자 한다.

2) 동산 입적, 동산법맥 전수 논란

동산은 1965년 3월 23일(양력, 4월 30일)에 범어사에서 입적하였다. 그리하여 종단장(7일장)으로 영결식이 거행되었다. 그 무렵, 경북 문경의 김룡사 조실로 머물던 성철은 범어사로 향하였고, 영결식에 참여하였다.[32] 영결식의 다비식 때에 성철은 영찬(影讚)과 거화 법어(擧火 法語)를 남기었다. 이에 대해 천제(성철 맞상좌)는 은사에 대한 지극한 정성이라고 표현하였다.[33] 그런데 영결식을 마친 문도들은 동산이 역임한 범어사 조실 문제를 상의하였다. 당시 그 현장에 있었던 능가의 증언을 제시한다.

질문(김광식) ; 그러면 주지는 그렇게 결정되었지만, 동산스님이 맡았던

정한다고 했다. 그리고 성철은 불법전승은 몸소 수기와 이심전심을 생명으로 하기에 직접 수기함을 이어받지 않으면 법을 이어받고 마음을 전한 것이 되지 않는다고 했다. 그래서 이는 법을 전해주고 법을 전해받는 당사자 사이에서만 결정되는 일이지, 제삼자가 인정하느냐 안하느냐 상관하는 것을 용납하지 않는다고 하였다. 그래서 이런 것은 血脈相承이라고 한다면서, 혈맥을 서로 이어받은 종통은 제삼자가 변경시켜 바꾸지 못한다고 서술했다.

32) 영결식장에 참석한 사진, 그리고 동산의 운구를 들고 있는 성철의 사진이 전한다.
33) 천제스님, 『示月錄』, 뜨란, 2022, pp.138~139.

조실, 선찰대본산의 법을 상징하는 조실 문제는 어떻게 되었나요.

답(능가) ; 동산 스님 입적 후 1주일 후인가에 문도스님이 모임을 갖고 그 문제를 논의하였지. 그런데 세월이 오래 되어서 확실치는 않지만 노장스님들의 뒷공론은 주지는 지효스님이 맡게 되었으니 조실은 성철스님이 맡아야 되지 않는가 하였어. 그러나 광덕당은 성철스님이 동산스님을 부정적으로 보았던 것을 고려해서 난색을 표하면서 공석으로 두자는 입장이었지.

지효스님은 철스님으로 하자고 할 수도 없고, 안하자고 할 수도 없는 엉거주춤의 입장이었던 것으로 보여. 나는 지효스님에게 지효스님이 주지이시지만 조실을 겸직할 수 없다고 하면서 조실을 둔다면 성철스님밖에 없다고 이야기 했어. 당시 동헌스님은 동산문중이 산산조각 나는 것을 방치할 수 없다고 하시면서 "성철이 빼놓고 누가 있냐" 면서 성철스님이 당연히 조실이 되어야 한다고 적극적으로 말씀했어.

동헌스님은 조실에 성철스님을 확정시켜야 한다는 강한 소신을 갖고 있었어. 동헌스님 같은 노장스님들이 있어 그래도 분위기가 안정된 것으로는 보지. 그러나 나는 총무원으로 올라가야 하기에 그 뒷사정은 잘 몰라.[34]

이렇듯이 능가는 범어사 조실은 성철이 당연하다는 여론이 있었다고 증언했다. 이런 분위기에 대하여 성철은 어떤 입장이었을까? 당시 그 현장에 있었던 원두는 다음과 같이 회고하였다.

---

34) 『범어사와 불교정화운동』, pp.92~93.

7일장을 치른 후에는 스님의 사제, 상좌들이 안심료에서 회의를 하였던 것이 아직도 눈에 선합니다. 거기에는 은사스님의 법의 계승, 범어사 후계 문제가 엉키는 등 여러 문제가 있었어요. 당시 성철스님은 법의 계승은 근래와 같은 그런 당호를 받는 그런 建幢에 있는 것이 아니라는 것을 핵심 내용으로 하는 말씀을 했어요. 구체적인 발언은 오래되어 기억이 나지 않지만, 약 30분은 말씀했어요.[35]

즉 성철은 정법에서 어긋난 건당 문제를 비판적으로 개진하였다. 요컨대 성철은 기존 관념(이익 추구, 건당)에서 나온 전법을 부정하였다. 그러나 그때, 안심료[36] 회의에서 대중들이 성철에게 정식으로 범어사 조실을 제안하였는지는 단언할 수 없다. 추측하건대 정식 제안은 없었고, 미루어 진 것으로 보인다. 그리고 성철도 범어사 조실 자리에 관심이 없었을 것이다. 이는 능가가 해석한 "성철스님은 범어사와 문도 밖에 초연히 계셨다"는[37] 것과 뜻을 같이 한다. 그때 성철은 한국불교의 개혁, 새로운 불교 노선의 표방을 모색중이었다. 그런 성철이 범어사 조실 자리에 연연하지 않았을 것이다. 그래서 성철은 자신이 머물던 김룡사로 복귀하여 정진을 하였다. 그 무렵 그는 자신이 머물던 회상인 김룡사에서 운달산 법회(1966)라는 공개적인 행사를 통하여 자신의 사상, 입론을 공개적으로 표방하기 시작하였다.[38] 그리고 1966년 10월 무렵 해인사 백련암으로 들어갔다. 그리고 1년 후, 해인총림 방장으로 추대되었던 것이다.

---

35) 위의 책, p.406.
36) 최근 원두는 그 장소를 원응료라고 회고하였다.
37) 위의 책, p.95.
38) 김광식, 「성철의 꿈과 김룡사 운달산 법회(1966)」, 『대각사상』 33, 2020.

그런데 동산이 입적한 직후, 당시 조계종단 기관지인 『대한불교』에 동산 문도를 놀라게 하였던 글이 기고되었다. 영결식이 거행되고 나서 1개월 후인 1965년 5월 16일 『대한불교』의 지면에 기고된 글이었다. 오대산인으로 자칭한 法演[39]에 의해 기고되었는데, 이 기고문은 중요하기에 전문을 제시한다.

中興祖 龍城禪師의 法脈은 東山大宗師에서 그치는가!

經에 云 "만일 法을 전해서 衆生을 제도하지 않으면 마침내 부처님의 은혜를 갚지 못한다"고 하셨다. 釋迦佛이 아무리 위대하다 해도 가섭존자와 같은 전법제자가 없었으면 一場春夢에 불과했을 것이다. 五祖大師는 六祖大師에게 衣鉢을 전한 후 方丈夫能事畢이라 하여 안으로 문을 걸어 잠그고 安息했으니 석옥선사는 팔십 노령에 이르러도 전법할 곳이 없어서 걱정하던중 태고선사에 法을 전하고 춤을 추며 열반하셨다고. 아 - 아! 達摩 西來하여 一花開五葉 結集自然成이로다.

中元天地에 六大祖師 등 第五宗 家風이 벌어져서 선풍이 大興振作한 거와 같이 동방에는 태고선사 귀국 후 환암선사, 선곡선사, 벽계선사, 부용선사, 청허선사 등 六大 선사가 배출하였으니 실로, 이 江山의 육대조사인 것이다. 오대 홍인대사의 문하에서 혜능, 신수 兩師가 출현하여 남북종이 갈려진 거와 같이 동방에는 오대 부용선사의 문하에서 청허 · 부휴 양 대선사가 출현하였으니 비슷한 점이 한두가지가 아니며 그후에는 禪敎兩宗으로 갈려져서 大興宗風하다가 유감되어 환성지안 선사에 이르러 傳法제자들이 먼저 입적한 것을 기인해서 法맥이 단절

---

39) 법연은 1960년대 초, 범어사 주지를 잠시(?) 하였다.

되어 이로 인해서 한국불교의 선풍은 사실상 수백년래 자취를 감추고 敎宗 一色이 되고 만 것이 아니였던가?

그러나 이 강산은 육조대사의 정상이 쌍계사에 봉안되었고 그의 적손 백옥선사의 법맥이 태고선사에게 전해지는 등 禪宗에 인연이 깊은 관계로 二大 中興師가 출현하여 다시 선풍을 중흥시켰으니 한분은 鏡虛禪師요 또 한분은 龍城禪師다.

경허선사는 入道後 환성지안 선사의 손제 용암선사에게 嗣法했는가 하면 용성선사는 바로 환성선사에게 嗣法했으니 중간 二百의 수십년은 공백아닌 불법의 공백이요 선종의 공백 기간에 不外하였도다. 二 大師 출현 이전에는 전국 십개 사찰 中 유독 지리산 七佛庵만이 선원의 형식을 갖추워 명맥을 이어왔던 것이다. 그도 역시 數三人의 노승들이 雲居하면서 명실 不共히 呪力 등 제각기의 日用事에 下過했다 한다. 위와 같이 한국 禪이 단멸 상태에 놓여 있을 때 二大 중흥조가 無風起浪하여 기십년 내에 전국 사찰에는 거의 교종적인 껍질을 벗고 禪宗이 부흥되었던 것인데 論之컨댄 육조정상의 양팔의 역할이 되었던 것인데 한 줄기는 慧月선사로부터 향곡선사에게도 흘러가고 또 한 줄기는 東山선사에게로 흘러가서 幕을 내렸도다. 嗚呼 哀哉라! 中興祖 龍城禪師의 法脈은 斷絶되었도다. 哀哉라! 禪師여 전법도생하지 못했으니 佛法中 一中 重大事에 과오를 범한 것이 아닌가? 듣자옵건대 宗團장으로 조객이 萬名線을 돌파했다 한다. 회고건대 이번 종단은 종단에서 하동산선사를 葬儀한 것이 아니라 實은 중흥조 용성선사의 法脈을 추모하나니 보다 오히려 선맥의 한줄기를 喪失하였으니 哀哉라! 하늘이 울고 땅이 울고 護法善神이 망措 오백만 불교도는 또 다시 앞날의 불법 향상 발전을 위해서 새로운 각오가 있어야 할 이때를 당해서 통제기관인 총무원에서는 종단 칠일장을 선포해 놓고 其外 전후 기회도 충분히 있음에도 불구하고 대소 공문서를 발송하는 등은 非傑作的인 虛事이며 종단장을 잘이해하지 못하는듯 하다. 哀哉라! 愚납은 十數年을 선사의 문하에서 일언반구의 불쾌한 언질도 없었던 것이언마는 몇몇 불온분자들의 이간질로 인해서 다소 오해를 끼치게 된 것을 실로 유감으로 여길 뿐이다.

哀哉라! 선사와 선사의 법맥을 장의하며 49재 小喪 등이 다가와도 참여할 수 없는 것은 來年 가을까지는 여하한 일에도 참여않기로 三寶 전에 굳게 맹서하고 自禁令을 내려 기도 정진중이기 때문이오니 四海대중의 관용을 바라는 바이다. 父子相傳이여! 반드시 父業 그대로 자자손손이 고정적으로 이어가기만 하는 것이 鐵則이 아니라 자손중에는 以外의 걸출로 혹 천하를 통제할 수도 있는거와 같이 선사의 법맥이 단절되지 않고 連綿할 수 있었다면 別起一念으로 인해 그 문손에서 高僧大德이 많이 출현하게 된련지도 모를 것인데 哀哉 哀哉여 傳法제자를 一個半個도 두지 못하고 先代의 法脈을 송두리째 가지고 유명을 달리 하였으니 가히 日出東方하여 落照無光이로소이다.

禪師는 일생 수행을 통해서 별로히 得力處는 발견할 수 없었으나 長點이 가는 者를 싫어하고 오는 者를 환영하며 朝夕으로 佛前謹拜하는 것이라고 말하고 싶다. 속담에 흔한 것이 사람이라면 貴한 것도 사람이라 하드니 삼십억 인류 가운데서 한줄기의 법맥을 이어 갈만한 사람이 없어서 끊어졌다가 이었다는 것이 또 다시 二代를 넘기지 못하고 더 傳法할 생각조차 하지 않고 인멸된 것은 받을 사람이 없다기 보다는 오히려 傳할 法이 없었다면 더욱 안타까운 事實이 아닐까 한다. "석가도 아

지 못했거니 가섭에게 어찌 전했으랴". 可不笑로다 앞으로 만일 明眼宗
師가 출현한다면 또 다시 이백년 이전으로 소급하여 환성지안사에게로
嗣法해야 되겠으니 그리고 보면 僧團의 전통은 뒤죽박죽 年年歲歲 줄
기만 찾다가 말게 되지 않을까 생각되도다.

억 佛子여! 明眼宗師가 출현하거든 다시는 그 法統이 단절되지 않도록
懇之曲之努力할 것을 바라오며 굳게 三寶 전에 發願하되 此法이 靈通
하여 廣度有情하고 流布將來하여 無今斷絕할진저.

위의 법연 글의 초점을 요약하여 개진하면 한국 근대기 선불교의 중
흥조인 용성에게서 받은 법맥이 단절되었다는 것이다. 즉 동산은 전법
제자를 한 명도 두지 못하고 입적하였기에, 용성의 법은 동산에게서 단
절되었다고 하였다. 심지어 법연은 동산에게서 득력처(得力處)도 발견할
수 없었고, 동산은 전법할 생각도 없었다고 하였다. 이는 동산의 법 자
체까지 의심하는 것이다.

이상과 같은 도발적인 글이 기고되었으나 당시에는 동산의 49재도 거
행되기 이전이어서 문도내부에서 뚜렷한 반응은 알 수 없었다. 설왕설
래의 가능성은 추측할 수 있으나, 뚜렷한 반응은 가늠하기 어렵다. 그래
서 필자는 지금껏 문도 반응에 대한 구술증언을 명쾌하게 확인하지 못
했다. 그러나 필자는 최근 범어사 출신으로 이해되는 박석우(朴石牛)가
[40] 법연의 글을 읽고 비판한 반론이『대한불교』1965년 6월 6일자에 수

---

40) 박석우는 『사벽의 대화』에 나온 수좌이었다. '사벽의 대화'는 『대한불교』의 1968년에
지허라는 수좌가 연재한 신앙수기이다. 강원도 정선의 정암사가 위치한 함백산
토굴에서 도반 수좌(석우)와 함께 수행한 내용을 정리하였다. 이 수기는 2010년
도피안사 출판사에서 책으로 나왔다. 필자는 그 수기에 나온 석우(고교교사 출신)가

록된 것을 찾았다.[41]「오만(傲慢)하지 말라 동산대종사(東山大宗師)에 관한 법연사(法演師)의 글을 읽고」라는 제목의 이 글도 범어사 역사, 동산문중 사에서는 중요하기에 그 전문을 제시한다.

놀랍다. 놀라지 않을 수 없는 것이 처음과 끝이 다르기 때문이다. 구미호에 홀림이 이러할까?

이것은 지난 대한불교지 二면에 실린 李法演師의「中興祖 龍城禪師의 法脈은 東山大宗師에서 그치는가!」라는 글을 읽고 느낀 것이다.

그 글을 쓴 법연 사는 어떠한 생각으로 그러한 글을 쓰게 되었는지 그 진의를 아는데 필자는 한동안 침음해야 했다. 왜냐하면「법맥이 동산대종사에게 그치는가」고 통탄한 글의 내용은 東山大宗師 이전에서 法脈이 끊기고 있기 때문이다. 법연 사는 하필이면 그렇게 頭尾가 전도된 글을 써야 했는지 의심스럽다.

더구나 한국불교의 살아 계시는 상징적 인물인 동산스님에 대한 태도야말로 오만불손한 것을 지나쳐 아무런 예의도 긍지도 갖지 않고 있다. 법연 사의 말마따나 자기는 십 수년을 돌아가신 스님의 문하에서 참구했다고 하면서 故 禪師가 '一生 修行을 통하여 別로히 得力處는 發見할 수 없었다'니 그 점 법연 사는 돌아가신 禪師를 점검하였다 함인가? 법연 사가 설사 東山을 능가하는 득력처가 있다 하자 東山이 살아 있을

범어사 출신의 실존한 승려임을 파악하였다. 그러나 그가 동산의 상좌인지는 단언 못한다. 원두도 그 인물의 이름은 들어 보았지만, 만나지는 못했다고 필자에게 털어 놓았다. 『사벽의 대화』, 도피안사, 2012(3판), p.271.

41) 2006~8년, 필자가 동산 문도 인터뷰 작업을 할 때에는 찾지 못하였다. 그래서 문도스 님들에게 질문하지 못하였다.

때 법연은 그와 같이 자리를 함께 하여 一刀打破 하지 못하고 이제 하는 이야기가 '몇몇 불온 분자들의 이간질로 다소의 오해가 있게 된 것'을 유감으로 생각하다니 참으로 가소롭고 유치하다. 지각이 있는 자와 자기를 중히 여기는 사람은 결코 남의 등 뒤에서 칼질을 하지 않는다. 비겁하게 유명을 달리 하신 분을 두고 자기를 과시하다니, 우리가 늘 법연 사에 대하여 가졌던 젊고 꾸준히 정진하는 수자의 모범이라는 생각을 뒤엎어 버렸다. 그리고 하는 애기가, 三寶 전에 굳게 맹서하고 自禁令을 내려 가도 정진 중에는 여하한 일에도 참여 안 한다 해 놓고 쓴 글은 참여가 아니고 無關이며 방관이라는 말인지?

되도록이면 발을 빼가면서 자기 자신에게는 아무런 누도 끼치지 않고 남을 닥달하는 일은 법연 師답지 못한 일이 아닐까? 무릇 모든 고승대덕의 발자취만이 아니고 금수초목의 거래까지가 수자의 공부를 돕는 거울이어야 함에, 항차 十數年 그 門下에서 공부했다는 납자로서 스승에게서 아무 것도 배우지 못했다면 참으로 십년여의 세월이 아깝지 않는가? 법연사는 속담을 들어 '흔한 것도 사람이나 귀한 것도 사람이라' 했다. 스스로를 귀히 여기는 사람을 남을 또한 귀히 여길 줄 안다. 남을 귀히 여길 줄 모르는 사람은 스스로를 귀히 여긴다는 것이 그만 오만에 빠지기 쉬운 것이다. 오만은 부처님께서 戒로서 크게 다짐 하시지 않았던가?

제발 법연사 답게 그 面目을 다치는 일이 없기를 바라며 師의 정진 도량을 어지럽힌 죄를 빌며 나아가서는 모든 불자들이 가신 스님들의 자취를 무턱 허물말기 바래서 이 글을 쓰는 어리석음을 범했다. 多言多謝.

법연의 도반 격인 박석우는 법연 글의 성격, 내용 등에 대해 치열한 비판을 가하였다. 그러나 그 비판은 인간적인 정서, 예의에서 나온 것이었다. 자중자애하고, 참회하라는 것이다.

그런데 필자는 위에서 제시한 법연 글을 읽은 후, 그를 천제에게 질문하였다. 즉 동산에 대한 구술사 작업을 하던 2006년, 그 전후사정을 성철을 40여년간 시봉한 성철 맞상좌인 천제에게 질문하였다. 그랬더니 천제는 성철은 법연의 글을 반박하는 글을 집필하고, 그를『불교신문』에 실으려 했다는 흥미로운 회고를 하였다.[42] 이에 대한 유사한 증언은 상좌인 원두도 필자에게 하였다.[43]

하였튼 당시 성철이 반박한 글의 원본은 부산 해월정사(봉훈관)에 보관되어 있다. 필자는 이 문건이 중요하다고 판단하여 그 전문을『동산대종사와 불교정화운동』(영광도서, 2007)에 수록하였다.[44] 최근 성철의 맞상좌 천제는『示月錄』(뜨란, 2022)에도 그 전문을 게재하였다.[45] 여기에서 성철의 그 전문을 게재한다.[46]

大抵 何事를 莫論하고 성급한 勇斷과 愚昧한 妄斷은 畢竟 自滅의 결과를 招來한다고 생각하는 바입니다. 其 事實이 혹 개인의 문제에만 局限

---

42) 김광식,『동산대종사와 불교정화운동』, 영광도서, 2007, p.340.
43) 김광식,「『동산대종사 석영첩』(1967)의 발간과 의의」,『항도부산』40, 2020, p.362. 성철은 화를 내면서 직접 반박할까, 천제(맞상좌)의 이름으로 할까 고민하였다고 한다.
44) 필자는 pp.340~343에 수록하였다.
45) 천제스님,『示月錄』, 뜨란, 2022, pp.140~149. 천제스님은 이 글을 "은사이신 동산스님을 폄하한 글에 대한 반박의 말씀을 적은 친필입니다"라고 서술했다.
46) 필자의 판독이 부실한 부분이 있다. 초서를 판독하지 못한 것은 의역으로 한 것도 있다. 이에 대해서는 제방 선학의 질정을 바란다.

된다면은 이는 他人이 간여할 바 아닐 것입니다. 그러나 其 사실이 數多한 타인에게 관련되어 그 影響이 심대하다면 이는 도저히 默過할 수 없을 것입니다. 近者 東山禪師 法脈에 대한 法演師의 論旨는 龍城 東山 兩禪師와 그 門徒 및 全 宗團에 대한 극심한 모욕적인 언사라고 생각하고 慈에 一言을 付하는 바입니다.

演師는 우선 龍城禪師는 禪宗의 中興祖로 讚仰하고 이어 東山禪師의 宗團葬을 평하여 "이번 종단장은 동산선사를 葬儀한 것이 아니라 실은 中興祖 龍城禪師의 法脈을 葬儀한 것"이라고 통탄하였습니다. 그리고 "傳法弟子를 一個 半個도 두지 못하고 先代의 法脈을 송두리째 가지고 幽明을 달리하여" 傳法度生하지 못하였으니 一帶 重大 過誤를 犯하였음을 질책하였습니다. 그리고 또한 結尾的으로 "선사는 일생 수행을 통해서 별로히 得力處는 발견할 수 없었으나 長點이 가는 者를 싫어하고 오는 者는 좋아하며 朝夕 佛前 謹拜하는 것이다"고 지적하여 동산선사를 득력처 없는 無眼目 노장이나 신심있는 好爺(호야)임을 소개하였습니다. 그리하여 "법맥이 泯滅된 것은 받을 사람이 없다기 보다는 오히려 전할 법이 없었다면은 더욱 안타까운 사실이 아닐까 한다"고 비탄하여 法脈 단절의 因由가 동산선사의 자신의 無資格에 있음을 천명하였다.

이 論旨는 전후 錯倒된 자가당착의 妄言으로써 先人들과 그 門徒 및 현 宗團을 罵倒하려는 도저히 容恕할 수 없는 바이라고 생각합니다. 원래 誰某를 막론하고 名眼宗師는 名眼弟子가 아니면 절대로 認可 傳法하지 아니하여 寧 絕嗣언정 不可 妄傳은 역대 祖師의 근본철칙입니다. 그리하여 自古로 명안종사가 無眼 瞎漢하게 전법한바 없으며 명안종사의 수법제자이면은 꼭 明眼衲僧임은 萬代 傳法의 通規이니 이는 佛祖

正法의 命脈의 死活 問題로서 결코 소홀한 취급을 할 수 없었던 것입니다. 演師의 말대로 하여도 용성선사를 선종 중흥조 즉 間世의 걸출로 찬앙하였으니 명안종사임은 추호의 의심도 용납되지 않는 것입니다. 그러나 演師는 그 수법제자인 동산선사는 득력처 없는 無眼 호아(好爺)로 평가하였으니, 용성선사 같은 명안이 어찌 동산선사 같은 瞎眼(필자 주; 애꾸눈, 부적격자)에게 전법하였겠습니까? 이는 전법 원칙상 절대로 있을 수 없는 사실로서 만일 동산선사가 할안임이 확실하다면은 그를 인가한 용성선사도 眼昏이 아닐 수 없으며 따라서 중흥조의 법맥이니 하는 어구는 통용될 수 없는 것입니다. 그 야비한 의도는 정법수호를 위하여 도저히 용서될 수 없는 것입니다. 그뿐만 아니라 연 사의 말대로 하면은 종단은 일개 眼瞎 노장을 위하여 수백년래 휘유한 대장례를 영위하였으며 兩 대종사의 문하는 맹목추종한 死漢들 뿐이란 말입니까. 용성성사가 중흥조 명안임은 천하가 공인하는 공지하는 바이오. 동산선사는 용성문하의 득법 上首임은 자타가 悉知하는 바이니라. 동산선사의 득력처 없음을 지적하여 동산종법을 매장하려는 연사의 자살론적 망계는 완전히 수포화하였으나 천박한 억측과 악독한 야욕으로써 선인 그 문하 내지 전 종단을 매욕한 중대한 과오는 진정으로 발로 참회하여야 할 것입니다.

이로써 演師의 自殺論은 완전히 분쇄된지라. 더 論難할 필요는 없지만 東山門 受法 與否에 대하여 계속 일언코자 하는 바입니다. 연사의 논지는 이유 여하 간에 東山門下에 수법제자가 없음을 단언하였습니다. 과연 연사의 소론대로 동산 문하에 수법 제자가 일개 半個도 없을까요? 이것은 무슨 증거로써 그렇게 호언 장담하는지 실로 抱腹絶倒할 망단입니다.

옛날, 裵相國이 黃檗에게 산중 4, 500인 중에 몇 명이 和尙의 법을 얻었는가를 물었습니다. 황벽의 대답이 얻은 자의 그 수를 알 수가 없다고 하였는데(得者莫知其數), 왜냐하면 道는 心悟에 있는 것이지 어찌 言說에 있는 것이리오. 言說은 어린애를 교화하는 일이라고 하였습니다. 以心傳心하는 佛祖의 密機는 오직 마음에 있기 때문에 설사 他心天眼의 兩知를 具足하였드라도 外人은 절대로 窺知치 못하는 것입니다. 오즉 황벽 말씀대로 그 수를 알 수 없으니, 演師는 어떻게 지극한 비밀스러운 것을 무슨 眼目으로 속단하는지 실로 이해치 못할 바입니다. 演師의 판단은 몽매한 恥童의 희론에 불과한 것입니다.

또한 好例로써 馬祖의 嫡子이며 만대의 표준인 百丈禪師의 말씀을 들어 보겠습니다. 白丈은 馬祖를 20년간이나 修行하였고, 마조가 寂滅 후에도 수년간이나 그 墳塔을 守護하였습니다. 그러나 마조의 寂後 6년에 건립된 馬祖碑文에 혜해, 지장 등 다수한 제자가 列記되었으나 백장은 漏落되었습니다. 이 비문의 選者 권덕여는 마조 문하에 다년 출입 受教하여 그 문하제자 사정을 상세히 아는 사람이지만은 백장만은 마조수법으로 인정치 않아 비문에 기입치 않았던 것입니다.

演師의 所見대로 하면 백장은 단연코 마조의 득법제자가 되지 못할 것입니다. 그러나 백장은 마조 嫡傳의 最上首일 뿐만이 아니라 후세 선종 정맥은 오직 그의 법손으로 계승되었던 것입니다. 이 사실에 대하여 백장 碑에 이미 師는 큰 大寂을 이루었고, 心印을 얻었으나 항상 스스로 몸을 낮추고 이름을 쫓지 않아서 고로 마조비문에 '獨諱其稱號'라고 밝혔습니다. 그 뿐 아니라 백장과 쌍벽을 이루는 마조문하의 걸출한 南泉

古佛도 역시 碑文에 누락될 정도로 時人의 인식을 피하였던 것입니다. 역대 조사중에 문도의 용성은 마조가 제일이요 백장은 마조 정안의 유일한 계승자로서 그 법통이 冠絶하여 그 이름이 만세에 무궁하여 중천의 일월과 같이 그 광휘가 찬란하지만은 以心傳心의 密機는 그 당시에 人天이 모두 막연하게 추측하였든 것입니다. 東山門下의 법통을 감히 馬祖 百丈에 비할 바는 못되지만 그 師資授受하는 密記는 古今 同轍입니다.

그럼으로 東山丈室의 傳受는 悟心明器한 當人만 首肯할 뿐이요. 여하한 外人도 단연코 客啄할 바 아닙니다. 萬一에 法子의 有無를 論議하는 者가 있다면 이는 自己 愚昧의 發露일 뿐 아니라 毁法毁宗한 그 罪過는 절대로 씻을 길이 全無하다고 생각하는 바입니다.

> 東山慧日은 照大天하고
> 西湖心月은 呑萬象이로다
> 兄呵弟應 眞妙訣이여
> 密密綿綿 歷塵劫이로다

이렇게 성철은 법연 글에 강력한 비판을 가하였다. 성철 비판의 초점은 용성이 동산에게 행한 사자수수한 전법은 분명하였다는 것이다. 그리고 동산의 법력이 없다는 지적도 절대 수긍할 수 없는 망언이라고 단정했다. 명안종사는 명안제자에게 인가, 전법을 하는 것은 원칙이라는 것이다. 용성은 선의 중흥조이기에 명안종사이었고, 동산은 득법을 한 용성의 상수제자이라는 것이다. 때문에 용성에서 동산으로 이어진 전법은 의심할 여지가 없다고 했다. 그러면서 성철은 동산이 전한 전법은 당사자만 알 수 있는 이심전심의 밀기이기에 타인이 개입할 것이 아니라고 주장했다.

이와 같이 성철은 용성 동산 법맥을 높이 평가하고,[47] 나아가서 하동산은 백용성의 상수 법제자임을 옹호하였다.[48] 이와 같은 사실은 동산 성철로 이어진 법맥을 강조 주목하지 않은 학계의 정서와는 매우 이질적이다. 이에 대해 천제는 "나 성철은 동산법통을 이었다는 선언"이라고 보았다.[49] 요컨대 성철은 그의 은사인 동산으로부터 법을 받았음을 은연중 자부하였다.

3. 동산의 정신 계승

성철은 용성·동산으로 이어진 법맥을 받았을 것으로[50] 필자는 본다. 이 전제에서 성철은 동산사상을 계승하려고 유의하였다고 보고자 한다. 이런 성격을 파악하기 위해 불교정화운동, 동산 비문 작성, 『동산대종사 석영첩』 등에 관련된 성철의 내용을 들추어 내고자 한다.

조계종단의 재정립, 식민지 불교의 극복을 단행한 불교정화운동의 개

---

47) 성철은 용성을 '근세 불교사에 큰 광명'이었다고 평했다. 동봉, 『용성큰스님 어록 ; 평상심이 도라 이르지 마라』, 불광출판부, 1993, 賀書.
48) 필자는 동산 구술사 과정에서 대각사에서 있었던 백용성이 동산(금강산 장안사)에게 보낸 전법의 뜻이 담긴 편지를 성철콜랙션에서 발굴하였다. 이를 『범어사와 불교정화운동』의 화보에 수록하였다.
49) 천제, 「정화 관련 천제스님 인터뷰」, 『조계종단의 개혁과 정화의 제문제』, 중도, 2018, p.682.
50) 이에 대한 사실은 6하 원칙으로 추후에 밝혀야 할 것이다.

요와 성격은 복잡하다. 그러나 본격적인 정화운동은 1954~55년에 시작되어, 1962년 통합종단의 등장으로 일단락되었다고 보는 것이 보편적인 이해이다.[51] 이런 불교정화운동이 전개될 때 동산은 그 운동의 최일선에서 운동을 추동하고, 대중을 이끌었다. 그 기간에 그는 비구측 조계종단의 종정을 세차례나 역임하였음은 그 사실을 상징적으로 대변한다.[52]

그런데 지금껏 성철은 불교정화운동을 반대하였다는 것이 일반적인 이해이다. 그러나 그 내면을 살피면 성철은 불교정화운동의 방법에 대해 이견을 피력하였지, 정화운동의 정신에 대한 반대는 하지 않았다. 성철의 이런 노선에 대해서는 천제(상좌), 능가(사제), 원두(사제)의 의견이 참고된다.

> 성철스님은 불교정화 자체를 부인한 것은 아닙니다. 다만 종교적인 방법으로, 신앙적인 차원에서 정화를 해야 한다는 강한 소신을 갖고 있었습니다. … (중략) …
>
> 거듭 이야기 하면 성철스님은 정화는 당연히 해야 하지만, 방법에 있어서는 종교적 정화를 주장하였지 물리적으로 하는 정화는 찬성하지 않았어요.[53]
>
> 저는 정화운동사에 있어서 용성스님, 동산스님, 성철스님이 하신 활동은 기승전결(起承轉結)의 논리에 의해서 설명할 수 있다고 봅니다. 용성스님이 일제하 불교에서 대처식육(帶妻食肉)을 반대하는 건백서(建白書)

---

51) 김광식, 「정화운동의 전개과정과 성격」, 『새불교운동의 전개』, 도피안사, 2002.
52) 김광식, 「하동산의 불교정화」, 『한국 현대선의 지성사 탐구』, 도피안사, 2010.
53) 『동산대종사와 불교정화운동』, pp.348~349.

제출을 통해 정화불사를 일으켰다면, 동산스님은 용성스님의 정신을
일으켜 세우시면서 조계종단 차원에서 추진하셨고, 성철스님은 그렇게
앞에서 하신 용성스님과 동산스님의 원력(願力)을 매듭지은 것이 아닌
가 합니다. 다시 말하면 결과적으로 정화운동을 원만하게 종결을 시켰
다고 봐야 합니다.[54]

내가 알고 듣기로는 성철스님은 정화불사에 대해서는 적극적인 심정이
었지. 그러니 성철스님이 정화를 바랜 것이 식어진 것이 아니지. 나도
처음에는 성철스님을 끄집어 내려고 하였지만, 성철스님의 말을 듣고
나서는 성철스님의 주장과 생각을 이해하게 되었지.[55]

우리 스님이나 성철스님도 '정화는 해야 한다'는 기본 이념은 갖고 있
었는데, 그것은 그 시대를 뛰어 넘으려는 행보였어요. 다만 성철스님
은 은사 스님이 행하신 정화 방법에 의문을 제기하고 불참한 것은 부처
님의 법과 율에 입각하고, 신도와 세간 사람들의 신심과 신뢰를 손상케
하지 않아야 한다는 생각 때문일 것으로 보입니다. … (중략) …
우리 스님이 四方僧伽 즉 전 종단 차원의 정화를 하기 위해 그 일선에
서 진력하신 분이라면, 성철스님은 승가조직의 기본 단위인 現前僧伽
즉 한 사찰 단위에서 정화 이념을 구현하는 작업에서 이를 실천 수행한
것으로 봅니다.[56]

---

54) 「정화관련 천제스님 인터뷰」, 『조계종단의 개혁과 정화의 제문제』, 중도, 2018, p.681.
55) 『범어사와 불교정화운동』, pp.48~49, 능가 발언.
56) 『범어사와 불교정화운동』, p.413, 원두 발언.

위와 같은 천제, 능가, 원두의 발언을 고려하면 하동산과 성철은 그 역할을 달리하면서 불교정화운동에 참여하였던 것이다.[57] 요컨대 성철은 은사인 동산의 불교정화 정신을 자신의 정체성으로 수용, 실천한 것이다.[58] 필자도 성철은 은사인 동산이 추구한 불교정화의 정신을 수용, 체득하여 자신의 사상으로 재정립하였다고 본다.[59] 그런 입론에서 그가 해인총림에서 강조하고, 실천한 제반 행적(백일법문 등)이[60] 조명되어야 할 것이다.

이제부터는 성철이 그의 은사인 동산의 비문을 작성한 문제를 살피고자 한다. 동산이 1965년 봄에 입적하자, 그의 부도와 비석은 1967년 봄에 건립되었다. 이때 성철은 김룡사에 머물다가, 해인사로 입주하였다. 그의 상좌 원택은 1965년 김룡사에서 동산의 사리탑비문을 지었다고 서술하였다.[61] 그러나 그에 대한 세부적인 내용은 구체적으로 전하지 않는다. 어떤 모임에서 성철에게 비문 작성이 의뢰를 결정하였는지, 비문 서술을 언제부터 시작하여 언제 종료가 되었는지는 알 수 없다.[62] 그러나

57) 원두는 백용성, 하동산, 성철 등 용성문도 3대에 걸친 불교정화의 근본 이념과 기본 원리는 출가사문으로서 석존의 법 율과 선원 청규에 충실하였다고 비평하였다. 원두, 「용성문도와 불교정화 이념」, 『범어사와 불교정화운동』, 영광도서, 2008, p.652.
58) 고영섭, 「불교정화의 이념과 방법 청담 순호와 퇴옹 성철의 현실인식과 정화인식」, _____, 『불교정화운동의 재조명』, 조계종출판사, 2008, pp.139~144.
　　김광식, 「이성철의 불교개혁론」, 『한국현대불교사 연구』, 불교시대사, 2006.
59) 천제는 그를 '불교정화의 사상적 참여'라고 주장한다. 위의 『조계종단의 개혁과 정화의 제문제』, p.680.
60) 서재영, 「근현대 한국불교에서 퇴옹성철의 역할과 백일법문의 위치」, 『한국선학』 48, 2017.
　　_____, 「퇴옹성철의 중도법문이 한국불교에 미친 영향」, 『퇴옹학보』 18, 2021.
61) 『성철스님 행장』, p.101.
62) 천제는 덕명, 광덕이 찾아와서 부탁을 하였다고 한다.

김룡사에서 지은 것은 분명하고, 1967년 봄에 부도와 비석이 건립되었으니 1966년에는 원고가 범어사(비석 제작 실무진)에 제공되었을 것이다. [63]

이런 배경하에서 성철이 지은 비문을 살펴 보겠다. 하동산의 행적 평가 및 사상 계승과 관련된 내용만을 제시하겠다.

東山慧日 大宗師 舍利塔碑

(전략) 사자가 몸을 뒤치매 백가지 짐승들은 뇌가 찢어지고 코끼리가 몸을 돌리매 微塵처럼 많은 중생이 널리 法恩에 젖도다. 靈鷲山 고개의 보배달은 그것을 힘입어 더욱 밝고 조계산의 신령스러운 파도는 그것을 인하여 더욱 용솟음치니 실로 臨濟의 적실한 骨髓요, 太古의 정밀한 血脈이라. 이것은 우리의 스승 東山大宗師의 家風의 常道로다.… (중략) … 팔을 자르는 정성과 다리를 찌르는 분심으로 힘써 祖師의 道를 탐구하고 곁으로 經典을 찾으며 깊이 심오한 곳에 들어가니 환하게 사무쳐 깨달아 密意를 밝게 갖추고 현묘한 根源에 묘하게 契合하였으니 어찌 세세생생에 인연이 성숙하고 오랜 겁 동안 功德이 이루어진 분이 아니겠는가. 해는 丙子年 겨울에 龍城 師祖께서 正傳玉牒을 손수 써서 스님에게 특별히 하사하셨으니 그때에 不孝 性徹도 참여하여 모시었다. 그 글을 간략히 소개하면 "이 海東初祖 寶印을 가져 戒脈과 正法眼藏 正傳의 信標로 삼아 東山에게 부여하노니 잘 스스로 護持하여 하여금 끊어지지 않게 하라" 하였으니 그 重任을 맡긴 것이 이와 같더라. … (중략) … 그러나 때가 末世라 魔軍의 무리는 치성하여 정법을 깨드리는 무리들

---

63) 김택근, 『성철평전』, 모과나무, 2017, 행장에서는 1965년에 지었다고 하였다. 그러나 근거는 없고, 제시되지 않았다.

이 청정한 사찰을 더렵혀서 敎海가 이미 기울고 부처님의 태양이 장차 땅에 떨어지려고 하매 정법을 염려하는 많은 어진 사람들이 차마 좌시 하지 못하고 甲午年 가을 佛祖正法의 큰 깃발을 높이 세우고 분연히 궐 기하여 淨化佛事를 크게 펼치었다. 그때 스님은 曹溪宗의 宗正으로서 청정한 대중들을 통솔하여 애써 투쟁한 지 수년에 宗團을 크게 바로 잡 았으니 그 지극한 苦難을 筆舌로써 다하기 어렵도다. 모두들 佛法을 中 興하였다고 讚美하더니라. … (중략) …

門徒는 수백명이고 檀越은 수만이었다. 가르침 받음이 간절하고 독실 하여 모두 큰 은혜에 젖었으니 모두 다 절집의 棟樑이요, 큰 배와 나침 반이라. 그러나 큰 法을 비밀히 전한 것은 다른 사람이 엿보지 못하니 이것은 黃檗의 이른바 道란 마음으로 깨닫는데 있고 언설에 있지 않다 고 한 까닭이다.

아아! 스님의 金玉 같은 아름다운 모습과 철석 같은 마음으로 무궁화 꽃이 만발한 옛 동산을 교화하신 40星霜은 부지런히 宗乘을 천양하고 正法을 붙들어 세우는 것을 자신의 所任이라 여기시어 산길을 시원하 게 개척하고 수 많은 폐단을 확연히 소탕하여 祖師의 등불을 蒼海의 깊 은 곳에 안치하고 敎團을 태산의 견고한 데에 두었으니 큰 원력을 타고 온 사람이라고 누가 이르지 않겠는가.[64]

---

64) 『東山大宗師 文集』, 동산대종사문집 편찬위원회, 1998, pp.335~339. 원문은 한문이 나, 가독성을 위해서 번역된 것을 제시하였다. 비문은 『석영첩』(1967)에는 원문(한문) 으로 수록되었고, 『성철스님 행장』에는 번역문만 수록되었다. 그리고 『범어사지』(아세 아문화사, 1989)에도 비문(탁본)이 게재되었다. 한편 동산의 연고처인 만덕사에는 지 관이 찬한 비석이 건립되었다는 말이 있지만, 필자는 확인하지 못했다. 『광덕스님 시 봉일기』, 도피안사, 2004, p.158.

위의 비문에서 주목할 측면은 다음과 같다. 첫째, 동산의 가풍은 임제
와 태고의 사상을 계승한 전통이다. 둘째, 동산은 치열한 수행을 거쳐
깨달았고, 그래서 용성의 법맥을 계승하였다. 셋째, 동산이 추진한 불교
정화운동을 높이 평가하였다. 그래서 종단이 정립되고, 불법이 중흥되
었다고 보았다. 넷째, 동산의 법은 비밀리에 전승되었다. 다섯째, 동산
의 삶은 종승(宗乘) 천양과 正法의 호지 그 자체이었다. 성철은 그 비문
을 지으면서 자신을 '문인성철 읍찬(門人性徹 泣讚)'이라고 하였는바, 이 표
현이 그의 심정을 대변한다. 이와 같은 제반 내용을 보건대 필자는 성철
은 동산의 생애와 사상에 대하여 지대한 평가를 하였다고 본다. 이런 내
용에서 성철은 은근히 자신이 동산의 법을 받은 것으로 인식하였음을
재삼 확인할 수 있다.

이제는 1967년 5월에 동산 부도, 사리탑의 준공과[65] 함께 출간된 『동
산대종사 석영첩』에 관련된 성철의 문제를 거론한다. 이 책은 동산의 상
좌인 원두가 기획, 편집을 해서 나온 자료집이다.[66] 이 책의 실무를 담당
한 원두는 김룡사로 성철을 찾아간 전후 사정을 다음과 같이 회고했다.

> 내가 「석영첩」의 기획과 편집 때문에 김룡사를 세 번이나 찾아가서 성
> 철스님을 만났습니다. 두 번은 계전(국청사, 동산 상좌)이와 같이 갔어요.
> 한번은 여름이었고, 두 번째는 가을이었어요. 두 번째 그것에 대한 기
> 억은 분명합니다. 왜 기억을 하냐 하면 내 고등학교 선배인 박성배 교
> 수가 동국대 교수를 하다가, 그만 두고 거기에서 출가를 했어요. 그래

65) 『대한불교』 1967.5.7, 「동산대종사 2주기, 문도들 석영첩도 발간」.
66) 김광식, 「동산대종사 석영첩(1967)의 발간과 의의」, 『항도부산』 40, 2020.

서 그 분이 산에서 나무를 하고 내려오다가 나를 만나서 양지 바른 산비탈에서 문집을 내는 것에 대한 원칙을 놓고 이야기를 하였거든요. 내가 성철스님을 뵙고는 동산스님 비석의 비문에 대해서 거론하였더니, 성철스님은 '내가 써야지'라고 말씀을 했어요. 그리고 후추의 정식 문집도 단호하게 '내가 한다'고 하셨습니다.[67]

그때에 동산스님이 입적한 직후 오대산의 법연이라는 스님이 『불교신문』에 동산스님의 법맥을 비판하는 글을 실었어요. 그 글에 대해서 성철스님은 대단히 화를 내셨어요. 어떻게, 그 따위로 쓸 수 있느냐 하시면서요. 그래서 성철스님이 직접 반박하는 글로 입장 표명을 할까 아니면 천제의 이름으로 할까를 궁리한다는 말씀을 내게 했습니다. 이것은 분명한 사실입니다. 이렇게 은사인 동산스님에 대한 인식이 있었기에 비문을 쓰셨을 것입니다.[68]

위의 회고는 성철이 동산의 문집, 생애와 사상의 정리에 대하여 많은 관심을 가졌음을 말해 준다. 요컨대 성철은 『동산대종사 석영첩』을 편집, 발간하는 것에도 동의를 하였다. 그리고 동산의 비문 작성, 추후 추진될 문집 발간에도 적극적인 참여, 주관 의사를 피력하였다. 이와 같은 제반 내용에서 성철은 그의 은사, 전법을 준 당사자인 동산의 사상 계승에 깊은 관심을 갖고 있었다고 보고자 한다.

67) 위의 논고, p.349.
68) 위의 논고, p.362. 2019년 11월 15일, 죽림정사(장수, 용성생가)에서 증언 채록.

4. 결어

이제부터는 전장에서 살핀 성철의 삶 속에 개재된 범어사의 인연을 주제별로 나누어 설명하겠다. 그 연후에는 추후 연구할 주제를 제시하겠다.

첫째, 성철은 해인사에서 하동산을 은사로 하여 1936년 3월에 출가하였다. 해인사에서 출가한 그는 은사인 하동산을 따라 범어사 선원에서 3년간 수행하였다. 이는 은사에 대한 신뢰를 말하는 것이다. 이때 그는 용성의 관심을 받았다. 이로써 그는 용성 동산 성철로 이어지는 법맥을 받게 되는 계기를 가졌다. 여기에서 성철은 용성문중의 일원으로 자리매김되었다.[69]

둘째, 동산은 입적 이전, 그의 후계자로 성철을 지목하였다. 즉 범어사 조실로 초청을 하였다. 이는 법맥 전수 차원의 뜻이 담긴 것이다. 그러나 성철은 독자적인 수행을 한다는 명분으로 범어사 조실은 수용하지 않았다. 동산 입적 직후 문중에서 성철을 조실로 추대해야 한다는 여론도 있었으나 성철은 수용하지 않았다. 그는 한국불교, 조계종단의 개혁 및 중흥을 위한 새로운 행보로 나갔다.

---

69) 현재 해인사 용탑에 있는 '용성대선사 사리탑 비명'의 비문(한용운 지음, 1941)의 손상 좌 명단에 禪海 性徹이 나온다. 여기에 나온 법호 '선해'는 동산에게서 받았으나, 성철 본인에게 아무 말 없이 주어서 성철은 거북해 하였다고 백운은 증언했다. 『백용성대종사 총서』 7권, 조계종 대각회, 2016, p.311. 『동산대종사와 불교정화운동』, p.311. 성철은 자호인 퇴옹을 법호로 썼다. 그리고 2001년(주지, 성오) 범어사에 세워진 '용성대선사 비명'의 비문(오세창 지음)은 동산의 주도로 나온 것이다. 이 비문 '龍城下一世東山門徒秩'의 恩法弟子'의 첫 번째에 退翁性徹이 나온다. 『백용성대종사 총서』 7권, p.329. 성철은 1993년 5월, 해인사에 세워진 '용성조사 행적비'(지관, 찬) 건립 당시에는 龍城門徒門長이었고, 퇴옹은 자호이다.

셋째, 성철은 동산으로 받은 전법을 중요하게 인식하였다. 그는 범어사 원효암 입주 검토, 향곡문도 편입 거부, 입적 직전 동산 부도전 참배 등이 그를 대변한다.

넷째, 동산 입적 직후 나온 법연의 용성 동산 법맥 단절에 대한 글을 강력하게 비판하였다. 이로써 그는 자신이 계승한 법맥의 중요성을 강조하고, 자신이 동산의 법을 전수받았음을 은연중 강력하게 피력하였던 것이다.

다섯째, 성철은 동산의 정신을 계승하였다. 우선 불교정화 정신을 계승하여 독자적으로 사상적인 불교정화를 추진하였다. 그리고 동산 비문 작성을 통해 동산 사상의 극찬, 동산 법맥의 존중, 동산 법맥의 전법을 강조하였다. 또한 『석영첩』의 발간 동의, 문집 발간의 주관의 의지를 피력하였다.

이상과 같은 측면을 본 고찰에서 정리하였다. 추후에는 동산과 성철의 同異, 성철 불교정화 사상, 성철이 받은 전법의 문제, 성철이 비판적으로 인식한 건당의 문제 등을 실증적으로 정리해야 할 것이다.

김지효의 꿈, 범어사 총림 건설

1. 서언

1960년대는 총림의 시대라고 부를 수 있을 만큼 총림 사찰이 등장하고, 총림이라는 표현이 불교의 다방면에서 회자되었다.[1] 그런데 이는 당시 수좌들이 백장청규를 근거로 한 수행의 도량(총림)을 만들려고 고민하였고, 나아가 그 도량에서 도제양성을 할 수 있다는 구상에서 나온 것이다. 그런데 그런 구상을 하였던 수좌중에 범어사 출신 선사인 김지효가 있었다. 이에 본 고찰에서는 김지효의 총림에 대한 꿈의 개요를 살피고, 그 과정에서 나온 범어사 총림 건설의 개요 및 성격을 조망하려고 한다. 그런데 김지효의 꿈과 1960년대 총림의 등장은 불가불 1950년대 불교계의 주된 흐름이이었던 불교정화운동에서 기인한 것이었다.

1950년대 한국 불교계의 재정비와 조계종단 재건을 추동한 흐름은 불교정화운동이었다.[2] 이에 그 정화운동은 숱한 역경을 거친 후, 1962년 4월 통합종단의 등장으로 외견상으로는 성사되었다. 그러나 정화운동은 종단 재정비, 비구승단의 정립을 가져 왔지만 부정적인 측면도 적지 않았다. 더욱이 통합종단 출범 직후 대처측의 퇴진, 별도의 총무원 설립 등은 불교정화의 이념을 근원적으로 부인하는 흐름을 야기케 하였다.

---

1) 이에 대해서는 필자가 후속연구를 준비중이다.
2) 김광식, 「한국 현대불교와 정화운동」, 『한국 현대불교사 연구』 불교시대사, 2006.

그리하여 그러한 움직임은 정화운동으로 인해 등장한 통합종단 자체를 근원에서부터 위협하였다.

이에 조계종단 내부에서는 대처측과의 일정한 타협을 통해 종단의 안정을 기하려는 움직임이 있었다. 이러한 흐름에서 등장한 것이 화동위원회(和同委員會)의 가동이었다.[3] 그러나 또 다른 세력에서는 그러한 타협의 흐름을 배제하고 정화를 다시 해서라도 정화운동의 이념을 구현하려는 움직임이 있었다. 이 흐름에서 나온 것이 수좌들의 선림회(禪林會)와 영축회였다. 이 두 단체는 정화이념의 계승을 표방하면서 정화이념을 구현하는 실천방안을 모색하였다.[4]

본고찰은 바로 이러한 이질적인 대응 노선이라는 배경에서 당시 수좌들은 어떠한 생각을 하였는가에 대한 의문을 풀려는 과정에서 나온 글이다. 필자가 당시 여러 정황, 기록을 살펴본 바에 의하면 당시 수좌들이 정화이념의 구현을 위해서 공통적으로 고민하고, 주장하고, 실천에 옮기려고 한 것은 총림의 건설, 재건이었다. 총림이라 함은 다양한 의미를 내포하고 있는 대상이지만, 당시 수좌들은 총림을 이상적인 수행도량으로 여기었다. 그래서 총림을 건설하고, 그 총림에서 수좌들이 치열하게 수행을 하면, 그것을 도제양성의 방안으로 여기었다. 이런 토양, 문화가 있었기에 1960년대에는 총림의 시대라고 불리울 만큼 정화운동 주역들은 총림 건설을 역사적 과제로 인식하였다.[5] 그러한 결과로서 나

---

3) 김광식, 「불교정화운동과 화동위원회」, 『불교정화운동의 재조명』, 조계종출판사, 2008.
4) 김광식, 「선림회의 선풍진작과 정화이념의 계승」, 『승가교육』 6, 2006.
　　　　, 「제2정화운동과 영축회」, 『정토학연구』 10, 2007.
5) 필자는 이에 대한 내용을 청담의 사례에서 정리, 분석하였다.
　　김광식, 「청담의 민족불교와 영산도」, 『민족불교의 이상과 현실』 도피안사, 2007.

온 것이 1967년 해인사의 해인총림과[6] 뒤이어서 나온 것이 송광사의 조계총림이었다. 그런 역사적 배경하에 조계종단에는 5개의 총림 사찰이 등장하였거니와 그는 해인사, 통도사, 송광사, 수덕사, 백양사이다. 그런데 필자는 근현대불교를 연구하면서 범어사는 왜? 총림 사찰이 되지 않았을까 하는 의아심을 갖게 되었다. 범어사는 1910년대에 선찰대본산이라는 일정한 사격을 갖고 있었을[7] 정도로 근대불교사에서의 범어사의 위상은 뚜렷하였다. 그리고 1950년대에는 정화운동의 근거, 추동 사찰로서도 그 명성이 적지 않았다. 이 같은 범어사 사격과 명성에는 오성월, 백용성, 하동산 등 선지식들의 주석, 수행에서 기인하였으며 나아가서는 범어사의 견실한 경제력과 부산불교의 열렬한 지원도 그를 보완하였던 것이다. 그럼에도 불구하고 범어사는 총림사찰이 되지 못하였다. 이런 역사적인 사실을 유의한다면 본 고찰에서 김지효가 범어사에 총림을 건설하려고 하였음은 매우 흥미로운 내용이 아닐 수 없다.

아뭏든 1960년대 수좌들의 현실인식의 중심에 총림이 자리잡고 있었다. 본 고찰에서 다루고 있는 선사인 김지효(1909~1989)는 범어사 출신으로 불교정화운동의 최일선에 참여하였다. 그는 당시 조계종의 종정을 역임하였던 하동산의 상좌로서, 선학원과 조계사 일대에서 전개된 정화불사에 열렬히 동참하였는데, 그 대표적인 사실이 대처측의 조계사 난입에 강력 저항하였던 '할복'사태이었다. 그리하여 그의 별칭이 김할복으로 불리울 만큼 그는 정화운동의 역사에서 결코 지울 수 없는 인물이

_____, 「청담의 불교 근대화와 교육 문제」, 『마음사상』 5, 2007.
6) 김광식, 「해인총림의 어제와 오늘」, 『한국현대불교사연구』 불교시대사, 2006.
7) 졸고, 「범어사의 사격과 선찰대본산」, 『선문화연구』 2집, 2007.

다.[8] 지금까지 정화운동에 대한 연구는 종단사, 혹은 하동산, 이청담 등과 같은 고승 중심으로[9] 수행된 감이 적지 않다. 필자는 이러한 고승중심의 연구에서 한발 나아가서 최근에는 정화운동에 참여한 중견승려들의 고민과 행적을 정리한 바가 있다.[10] 김지효는 정화불사 이후에 어떠한 고민을 하였으며, 그 고민이 어떻게 표출, 전개되었는가를 정리하려는 본 논문도 중견승려들의 연구의 일환에서 나온 것이다.

　김지효는 수행자들이 수행을 할 수 있는 도량 건설이 정화운동의 완수라고 보고, 자신이 강구한 그 꿈을 실현하기 위한 노력을 거듭하였다. 그는 자신의 꿈을 조령과 범어사에서 실천에 옮겼으나 좌절을 겪었다. 그러다가 1973년에는 사자산 법흥사에서 복원불사라는 구도에서 다시 한번 실행에 옮겼다. 김지효가 법흥사 주지로 부임하여 법흥사 복원불사와 총림 실현을 동시에 달성하려고 기획하였던 것은 필자의 후일 연

---

8) 김지효에 대해서는 현재까지 연구가 수행된 바가 없다. 그의 문집, 법어집 등 기초적인 연구자료가 없어 그에 대한 연구를 심화시키기에는 어려움이 있다. 그는 34세가 되던 해인 1943년 범어사로 출가하여 하동산의 상좌가 되었다. 불교정화운동에 적극 참여한 이후에는 조계종단의 총무부장, 재무부장, 감찰원장 등의 소임을 맡았으며 범어사 주지도 몇차례 역임하였다. 이후에는 석굴암, 천축사, 법흥사 주지 등을 역임하였다. 김지효에 대한 행적은 그의 상좌였던 김성동이 그의 산문집 『먼곳의 그림내에게』(좋은날, 1999)에 수록한 「영원한 납자 지효스님」이라는 행장기와 한암이 『월간 붓다』 2000년 3월호에 기고한 「절대자의 초상」이 참고된다.

9) 이청담에 대해서는 문도회와 그의 출신교인 진주산업대와 공동으로 청담사상연구소를 진주산업대에 설립하였다. 그 결과 청담 연구소에서는 매년 『마음사상』을 발간하여 청담의 생애, 사상, 정화운동을 정리, 연구하고 있다. 하동산에 대해서는 최근까지 이렇다할 연구가 없었으나, 필자가 『하동산의 불교정화』를 범어사에서 개최된 학술세미나 (2007. 5. 8)에서 발표하였다. 이 논문은 『범어사와 불교정화운동』(영광도서, 2008)에 수록되었다.

10) 이에 대한 필자의 논문은 다음과 같다. 김광식, 「김서운의 종단정화와 그 특성」, 『한국현대불교사연구』 불교시대사, 2006. 김광식, 「윤월하의 불교정화운동」, 『한국현대불교사연구』 불교시대사, 2006.

구로 남겨두고자 한다.[11]

　이 글에서는 바로 위와 같은 배경에서 김지효가 기획하여, 실천에 옮긴 조령과 범어사총림 구상의 전모와 성격을 살펴보려고 한다. 나아가서는 불교정화운동의 심화 및 총림 연구, 그리고 김지효 연구에 초석을 놓으려고 한다. 그러나 관련 문헌자료가 희소하여 논지 전개에 어려움이 있어, 관련 구술 증언을 과감하게 수용하였거니와 미진한 점은 지속적인 보완을 통해 해소하고자한다. 선학제현의 질정을 바란다.

2. 김지효의 총림 구상과 조령, 범어사에서의 실천

　김지효가 총림에 대한 꿈, 구상을 언제부터 구체적으로 갖게 되었는지는 알 수 없는 형편이다. 이는 현재 그에 대한 기본적인 자료가 충분하지 않기 때문이다.[12] 그런데 필자는 불교정화운동에 대한 다양한 자료를 뒤적이던 어느날, 1963년도 3월 1일자의 『대한불교』에서 현대적인 총림을 만들어 추진하려는 일단의 승려들이 있었다는 보도를 접하였다. 그 기사를 읽어 나가면서 그 주역이 김지효라는 사실을 파악하게 되었다. 그 후부터 필자는 김지효가 왜? 그러한 총림 재건을 구상하였을까에 대한 탐구를 시작하였다. 그러면 여기에서 그 보도기사 전문을 제시한다.

---

11) 본 자료는 김지효의 사제로서 김지효를 지근거리에서 보필하였던 범어사 승려였던 현욱이 소장하고 있었다. 최근 필자는 1970년대 중반에 환속한 현욱(윤현웅)을 만나 그 관련 자료(석명서, 사업개요 등)의 사본을 입수하였다. 자료를 제공해 주신 윤현웅님께 감사의 말씀을 드린다.
12) 현재 그의 문집, 자료집의 문헌 기록이 부재하다.
　김광식, 「지효」, 『불교평론』 73, 2018.

再建叢林會 設立 模範的인 現代叢林으로

불교재건을 목적으로 하는 叢林이 여러 스님들의 노력으로 설립된다고 한다. 百丈淸規를 현대에 살려서 위축된 禪風을 거양하고 불교중흥을 기하고 저 하는 모임이 그동안 석굴암 주지 金智曉스님에 의해 추진되어 왔는 데 지난 二月 七日 총무원에서는 大韓佛敎 再建 叢林會의 정관을 인정 하였다.

사업계획의 내용을 보며는 년차 五個年 계획으로 1963년부터 시작하 여 완성 단계인 1967년에는 황무지 이천여 町步와 藥草 표고 栽培 植 樹 등으로 개간될 것이며 僧侶 五百餘 名을 收容할 수 있는 石造建物 과 外國僧侶도 收容할 수 있는 現代式 建物과 圖書館도 건립될 것이라 고 한다. 이 會에서는 계속하여 佛敎的 社會事業 奉事會도 설립하여 慈 善事業도 竝行할 것이라고 하는데 叢林再建을 위한 예산은 政府當局의 後援과 全國四部大衆의 喜捨金 및 在日僑胞佛敎徒의 獻金으로 充當할 것이라고 한다.

현재 叢林 雄立의 台地는 鳥嶺一帶의 未開墾 山野이며 이 會의 臨時 事務所는 市內 돈암동에 있고 임명된 理事는 다음과 같다.

이사장 金智曉

이사 및 회장 文圭熙

이사 및 부회장 겸임 총무부장 李圭松

감사 徐敎鎭

감사 및 재정부장 겸임 사업부장 金思義

감사 및 사회봉사 사업회장 李能嘉

이러한 내용에 의하면 불교 재건을 목적으로 하는 「대한불교 재건총림회」라는 법인체가 김지효의 주도에 의해서 출범하였음을 알 수 있다. 이 내용을 대별해서 이해하면 다음과 같다.

- 재건 총림회는 백장청규를 현대적으로 계승하여 선풍진작, 불교재건을 목적으로 기획하였다.
- 재건총림회는 다수 승려들의 모임에서 추진되었는데, 그 주역은 김지효이었다.
- 재건 총림회는 대한불교 조계종의 사전 승인하에서 추진되었다.
- 총림 대상처는 조령일대이고, 대상부지는 2천여정보의 황무지이었다.
- 대상처는 약초와 표고버섯의 재배, 식수 등으로 개간될 것이다.
- 대상처에는 승려 500여명과 외국 승려가 수행할 수 있는 현대식 건물의 건립을 예정
- 수행과 동시에 사회봉사도 병행 실천
- 자금은 정부의 후원, 전국 사부대중의 희사금, 재일교포 불교도의 헌금 충당 예정

그런데 이 조직체가 정식으로 출범하여, 실질적인 사업을 전개하였는지는 단언하기 어렵다. 무엇보다도 그에 관한 기록, 증언이 부재하기 때문이다. 그리고 이 사업을 주도한 김지효와 사업에 동참한 대상자에 대한 정보도 풍부하지 않다. 이런 정황을 파악하기 위해 필자는 총림회의 감사로 나오는 이능가를 만나[13] 그에 대한 배경, 내용 등을 질문하였다.

---

13) 2008. 1. 12, 퇴곡정사.

이에 대해서 이능가는 다음과 같이 회고하였다.

그에 대한 비화가 많아. 내가 청담스님을 모실 때에 나온 것이지. 내가
중이 되어 활동을 하다 보니, 청담스님이 이능가가 책 좀 보았다는 소
리를 들었는지 하루는 나를 오라고 하였어. 그래 갔더니 하루 저녁 내
내, 당신 사상을 나에게 설명하였어. 그것이 청담스님하고 친하게 된
단초이지. 그때에 청담스님의 원력이 뭐냐 하면 종합적인 총림을 만드
는 것이었어. 청담스님은 처음에는 총림이라고 하지 않고, 영산회상이
라는 표현을 하셨어. 청담스님은 영산회상을 해야 종단이, 우리가 산다
고 하셨어. 그러시면서 그 이유를 심도있게 이야기 해주셨지. 몇일 후
에 청담스님에게 갔더니 나에게 가리방으로 끊은 인쇄물을 주시면서
연구해 보라구 그러셔. 그러시면서 당신은 영산회상, 총림을 해인사에
서 해야 하겠다고 말씀하셨어.

그런데 나는 청담스님이 영산회상이라고 하시지만, 현대적 감각으로
받아들여 생각하지. 그래서 나는 승려종합훈련소를 하자는 것이구나고
여겼지. 그렇지만 내 생각은 그런 교육원을 만들려면 장소도 문제이지
만 만들 사람이 필요한데, 내가 보니 만들 사람이 없는 것이 문제이었
어. 그래서 그것은 도저히 불가능한 일이다고 여겼지. 그래서 청담스님
에게 이건 조금 늦춥시다고 했어. 그 후에 여러 검토를 해서 종단에서
총림회의 정관도 만들고 하였지만 그렇게 꿈만 컸지. 그 사업은 한 걸
음도 내딛지 못했어. 그렇게 안된 이유가 또 있어. 청담스님이 그것을
추진하자고 하는데, 나는 이해가 되고 그 생각, 사업은 평가를 하였는
데 다른 중들은 다, 전부 반대야. 그 반대를 하는 주동자가 월하스님이

있고, 서운스님도 반대했어.

그러나 나는 다른 중보다는 교육적인 사고 방식, 감각을 갖고 있었고, 민감해서 그랬는지 모르지만 나는 적극 찬성했어요. 그래서 정관도 만들고 그랬지. 나중에는 중앙 차원에서는 안되고 그래서 범어사에서 하려고 하였지.

그때에 나는 대처승하고 합동종단을 한 것은 군사정권이 개입해서 되었던 것이지, 실패한 것이다는 생각을 하였어. 그래 자연적으로 실패할 때를 대비해야 한다고 보았지. 막상 실패하게 되면 또 다시, 비구승과 대처승들이 쌈질이나 하는 방향과 제도로 나가게 되면 불교가 어떻게 해볼 방법이 없다고 본 것이지. 그래서 그 대책을 강구해 보니, 그는 도제양성밖에 없어. 그런데 그것을 하기 위해서는 거점 사찰이 있어야 하는데 어디 안정된 사찰이 없어. 해인사도 그렇고, 통도사와 범어사도 전부 대처승들이 한가닥을 깔고 있었거든. 그러니 안정 사찰이 하나도 없어. 그렇다고 해서 포기할 수는 없다, 이것은 해야 한다, 그러면 어디에 할 것인가를 궁리하였지. 그러면 이것은 예전에 청담스님이 이야기하던 영산회상도를 모델로 해서 어디 한곳에 잡아야 돼. 이렇게 이야기가 시작된 것이지. 총림은 이래서 출발이 되었지.

이런 이야기를 나하고 지효스님이 대각사에서 한 것이지. 나와 지효스님은 대각사 한방에서 10년정도를 같이 지내서 친형제보다 더 친해. 그때에 나는 젊은 편이라 노장들을 설복하는 것은 나에게는 아무래도 한계가 있어. 그래 노장님들은 지효스님이 담당하고 그랬어.

위의 회고에는 총림회가 등장한 배경과 단적인 계기가 나온다. 그 배경은 정화운동을 일선에서 추진한 이청담의 영산회상이라는 부처님 당시와 같은 수행의 구도와 1962년 4월에 출범한 통합종단이 여러 요인으로 인해 대내외적인 모순, 대처측의 퇴진과 함께 소송 등으로 위기에 처한 것을 타개하려는 계기에서 나온 것이라는 것이다. 이에 김지효와 이능가는 대각사에서 그 대책의 일환으로 도제양성을 구상하고, 이청담의 영산회상도를 모델로 하여서, 불교정화를 추진할 수 있는 총림을 준비하였다고 한다.

이 총림의 대상처로 조령 일대를 정하였는데, 구체적으로는 예천지방이었다고 한다.[14] 그러나 그 자금을 대기로 한 재일교포, 일본 승려와 총무원 직원과의 감정적인 대립으로 전혀 진척이 되지 않았다는 것이다.[15]

이런 제반 정황을 고려할 때에 총림회의 사업은 정상적으로 이행되지는 않았다. 그러나 김지효와 이능가는 총림을 세우겠다는 꿈을 결코 저버리지는 않았다. 이에 그들은 총림을 그 자신의 출가사찰이면서, 근거 사찰인 범어사에서 추진하려고 하였다. 그래서 김지효와 이능가는 총림계획을 그들의 은사이면서 범어사 조실 겸 주지인 하동산에게 보고하여[16] 동의를 받아냈던 것이다. 이에 대한 내용도 이능가의 회고가 주목된다.

그때에 그 재일교포 승려를 노장님에게도 인사를 시키고, 총림이 출범

---

14) 이능가 증언. 그곳을 정한 것은 불교와 경상도의 친연성, 예천지방 주민들의 기풍, 봉암사 결사가 있었던 곳 등을 종합하였다고 한다. 김지효와 이능가는 그곳을 답사까지 하였다.

15) 이능가 증언.

16) 이능가는 자신이 동산스님에게 보고를 하였다고 하였으나, 현욱은 김지효에게 들은 것을 근거로 김지효도 동산스님에게 보고를 하였다가 혼이 났다고 필자에게 증언했다.

하면 노장님을 총책임자로 하기로 하고 그랬지. 그런데 개인 감정 문제로 한발도 나가지 못하고 주춤거리게 되었어. 그 무렵 중앙은 대처승하고 아주 가열이 되었어. 굉장했어 2, 3년간을, 되돌릴 수 없는 상황이 되었어. 이런 것은 내 생각하고 같은 결과였어. 그러니 종단 차원에서는 안 되게 되었으니, 범어사 중심으로 하자, 범어사에서라도 해야지 않느냐고 한 것이지. 그것을 지효스님이 동산스님에게 가서 보고하지는 않았고, 내가 보고를 하였지. 동산스님하고 지효스님하고는 잘 안통했어. 그때는 우리 스님도 한국불교와 종단이 잘 될줄 알았는데, 점점 못되는 것을 보고서는 우리 스님은 열정적인 분이었기에 그냥 화가 머리 끝까지 차 있었거든. 그래서 저 청담이가 전부 망쳐 놓았다고 하면서. 이런 과정에서 나는 대비를 해야 한다는 차원에서 "총림을 범어사에서라도 해야지 않겠습니까" 하고 동산스님께 말씀드렸어. 그랬더니, 동산스님은 "그거 좋다, 그 방법밖에 없다"고 하셨어.

이렇게 김지효와 이능가는 하동산의 승인을 받아 범어사에서의 총림 건설을 추진하였다. 그런데 당시 입안, 기획하였던 기획서는 현재 전하지 않고 있어 그 구체적인 내용을 파악하기는 어렵다. 이에 대해서도 이능가의 증언에 의지할 수밖에 없다.

그 구상은 기본적인 것은 내가 구상하였어. 그러나 나는 총무원에 있었기에 계획만 해 주고, 총림을 추진하는 범어사 현장을 주관하는 것은 지효스님이 맡아서 하였어. 지효스님의 옆에는 문현구가 있었고. 그래서 문현구가 실무를 하고 도지사, 구청장 등을 만나고 서류를 제출하는 것을 하였고 그이가 그런 일을 잘하고 다니고 그랬어.

그 구상에는 범어사 화장실에서부터 시작하여, 내원암 근처에 철조망을 칠 작정이었는데, 그 대상 부지가 당초에는 20만평이나 되었지. 그리고 총림의 문에는 공부하기 위해 한번 들어가면 나오지 못한다는 것을 써 붙이고, 그 안에서는 농사를 짓고, 채소 등의 일체를 생산하여 자급자족하기로 정하였지. 그리고 내원암은 조실채로 하였는데, 그것은 본래 내원이 옛날부터 조실채였기에 그리 하였지. 청련암은 총림의 원주채로 하기로 했어.

이런 구도를 갖고 개간을 하여서 3만평은 개간을 하였어. 그리고 개간한 그 위의 2만평에는 선방을 짓고, 그 밑으로 해서 양쪽에는 단계적으로 승려들이 사는 요사채를 군데 군데 짓기로 하고, 그 전체에다가 철조망을 쳐서 담을 만들어 공부하는 분위기를 만들려고 하였지. 또한 청련암 근처에 큰 은행나무 있는 곳에 총림 출입문을 세워서 그곳에는 한번 들어가면 못나온다고 붙이려고 시작한 것이지.

이 증언에 나오는 총림의 구도는 예전 조령에서 구상한 것과 거의 흡사하다고 보인다. 범어사 뒷산 20만평을 무대로 선방, 자급자족 농지, 조실채, 요사채 등을 고려한 총림이었던 것이다. 그러나 이 같은 실질적으로 어떻게 추진되었는가의 문제에 관심이 증폭된다. 이능가에 의하면 종단에서는 큰 지원, 후원을 받지는 못하고 오히려 비판적인 입장을 받았다고 한다.[17] 범어사 현지에서 총림 건설을 추동한 인물은 김지효이었고, 그를 옆에서 보좌한 인물은 문현구이었다. 종단에서 비판적인 입장

---

17) 윤월하, 김서운, 문정영, 최월산 등이 반대를 하였다고 한다.

을 갖고 있었지만 그를 추진할 수 있었던 것은 하동산이라는 위상과 무
관할 수는 없다고 본다. 하동산은 조계종단 종정을 세차례나 역임하였
으며, 정화운동을 추동하고, 종단재건의 견인차 역할을 하였던 큰스님
이었기에 종단에서도 뚜렷하게 반대, 이의, 제동을 걸기에는 어려운 형
편이었을 것으로 보고자 한다.

이런 배경하에서 범어사는 총림 건설을 추진하였다. 그리고 동시에
범어사는 도량 정비에 박차를 가하여 선찰대본산이었던 사격을 가진 사
찰로서의 면목을 갖추어 가고 있었다. 그렇다면, 이러한 범어사의 재정
비는 김지효의 꿈인 총림 재건과 밀접한 움직임이라 하겠다. 다시 말하
자면 도량정비, 선풍진작은 김지효가 추진한, 평소 그가 꿈꾸었던 현대
적인 총림을 출범시킬 기반으로 작용할 수도 있는 것이다. 그러면 여기
에서 당시 범어사의 도량정비 상황을 전하는 내용을 살펴보자.

> 이 나라 선풍(禪風)의 발원지로 내외에 널리 알려진 이곳 梵魚寺는 숙원
> 이던 총림(梵魚叢林)을 五백七십여만을 투입하여 완성하고 명실공한 선
> 도량(禪道場)으로서 면목을 갖추었다.
> 梵魚寺는 역사적으로 우리 불교의 방향을 결정하는 중요한 위치를 담
> 당하여 왔고 李朝末 국운이 극도로 쇠잔하고 종풍이 여지없이 기우러
> 져 가는 때도 종풍의 작흥 진작과 국운의 회복을 위해 불교의 진수인
> 禪 卽 佛心宗의 제창을 결의하고 온갖 힘을 기우려 1899년 초에 金剛
> 선원을 개설하였었다.
> 19세기 초에는 9개의 선원을 유지하여 종풍을 크게 발흥시키므로 해서
> 잠자든 당시의 교계에 일대 경종을 울렸고 圓宗總務院派의 賣宗(일본

조동종에 한국불교를 예속시키코저 한 사건)을 분쇄한 한국불교의 전통적 지위에 있는 사찰이다. 이 나라 선풍의 대본산이라는 역사와 전통에 범어사는 2개의 보통선원과 하나의 특별선원 비구니(比丘尼) 선원 연구원 등 5개의 선원과 보수가 진행중인 또 하나의 선원을 합하면 6개의 말쑥하고 웅장한 선원을 가지게 된다. 1백5십 여명에 달하는 대중은 종립 중앙총림의 方丈화상이신 東山大宗師의 영도하에 선풍진작을 위해 꾸준한 정진을 하고 있다.

1962년 이래 범어사는 각 법당 보수비 1백만원 말썽된 주차장 이전비 1백2십만원 계단 보수(戒壇補修)에 2백만원과 三門 등 기타 가람 보수비에 1백5십만원을 들여 현재 계획한 각 부문의 보수를 완전히 끝내고 내년 건설 예산으로 3백5십만원을 책정하고 있다.

전하는 바에 의하면 범어사는 불교의 현대를 위해 안으로는 자기 충실과 밖으로는 총림(叢林)내에 있는 [現代禪學研究所]를 통해 견밀한 국제 제휴 아래 한국불교를 내외에 크게 선양하리라 한다.[18]

이렇게 범어사는 1964년 12월 말에는 범어사의 역사와 문화를 계승할 수 있는 도량 재정비를 완료했다. 이로써 범어사는 근대기 선찰대본산이라는 전통을 계승하면서 선풍 진작을 통한 수행도량의 품격을 갖추었다고 하겠다. 그런데 여기에서 나온 총림이라는 개념은 지금과 같은 종합 수도 도량이라기[19] 보다는 선 수행의 중심처 혹은 다수 수좌들이 집중적으로 모여 참선수행을 할 수 있는 도량으로 인식한 것으로 보인다.

---

18) 『대한불교』 1964.12.27. 「범어사, 叢林開元코 禪風振作에 先鋒」.
19) 지금 조계종단은 선원, 강원, 율원, 염불원 등을 완비한 수행도량을 총림체제라 한다.

예컨대 동산대종사의 영도하에[20] 150여 명의 수좌가 선풍진작을 위해 정진을 하고 있으며, 선방이 6개에 달하여 숙원이던 총림을 완성하였다는 저간의 내용에서 그를 짐작할 수 있다. 그러나 이 기사에 나오는 범어총림은 당초 김지효와 이능가가 구상한 총림 건설과는 약간은 이질적인 것이었다. 이 기사는 기존 범어사를 보수, 보완하여 총림사찰로 재정비 한 개념이었다.

김지효의 출신 사찰이며 선찰대본산인 범어사가 이렇듯이 선풍진작을 위해 대대적인 체제 정비를 단행할 때에 김지효는 당초 그가 구상한 총림 건설을 위해 어떤 역할을 하였는지는 전하지 않는다.[21] 하동산의 입적 이전, 범어사에서 새로운 개념의 총림건설이 추진되었을 때에는 김지효보다는 이능가의 주장에 의해서 일단 시도되었다고 보인다.[22] 요컨대 이능가와 문현구가 구상을 하고, 김지효가 집행하였던 총림건설은

---

20) 『대한불교』기사에서 동산을 중앙총림의 방장으로 소개하였는데, 이는 1964년 조계종단에서 해인사에 승려 수련도량으로서의 성격을 갖는 최고 연수기구인 중앙총림의 설립과 연관이 된다. 당시 종단은 중앙총림을 해인사에 세우고, 중견승려 50여 명을 수용하되, 그 책임자인 방장에는 초대종정을 역임한 하동산을 내정한다는 기본 기획을 결정하였다. 그러나 해인사 총림은 1967년 가을에 출범하였고, 하동산은 1965년 봄에 입적하였기에 취임과는 무관하였다. 『대한불교』73호(1965.1.3), 「1965년 교계 동향, 3대사업의 전망」관련 내용 참조.

21) 이에 대한 기록이 부재하다. 이에 대한 문제에 대해 이능가에게 질문을 하였더니 능가 스님이 동산스님에게 건의하여 동의를 받았다고 한다. 한편 김지효는 1964년 11월 경에는 석굴암 주지를 하면서 석굴암 재정비를 기하는 사업 계획서를 총무원에 제출하였다. 그 내용에 의하면 토함산, 석굴암 일대를 성역화 하고, 그 기획에 의거 경내지를 정화하며, 경내에 동국제일 선원, 상선원(득력자 위주), 국민도량(일반상대)을 신축한다는 것이었다. 그리고 동국제일선원과 상선원은 도인양성을 목적으로 하며 그 건물도 현대식 개념으로 접근하여 건축하려고 하였다. 『대한불교』66호(1964.11.15), 「경주석굴암 각종 계획세우고, 선원신축 경내지 정화 촉진」참조.

22) 김지효는 그 당시 석굴암 주지였던 것을 고려한 것이다.

범어사 경내의 총림정비와는 별개로 일부는 추진되었다. 이를 지켜본 당사자인 선과의 회고를 보자.

지효스님이 총림을 한다고 해서 논 개간을 할 때에 우리가 시작했습니다. 처음에는 조실스님 계실 적인데 행자들하고 같이 했어요. 그것은 박대월이라고 수덕사 문중인데 후에는 진홍이라고 이름을 바꾼 스님이 그것을 맡아서 했지요. 그 스님 소임이 원두, 요새 말로 농감이었는데 그런 것을 좋아했고요, 우리 스님도 그곳에 가보고 좋다고 해서 시작한 것으로 알고 있어요. 하여간 지효스님은 이상론자입니다. 그래서 따라 붙는 사람이 많았어요. 제가 그것을 추진한 계획은 잘 모르고, 노장님은 항상 승려를 교육시켜야 한다는 말씀을 자주 하시고, 교육을 현대적으로 해야 한다, 심지어는 영어를 공부해야 한다고 했어요.[23]

이렇게 하동산이 주지로 근무하였던 1964년 무렵에는 범어사 행자, 젊은 승려들을 이용한 일부의 개간이 되었다. 그런데 범어사가 총림의 기반을 만들어 내고, 새로운 선풍을 진작하려던 그 즈음에 범어사의 조실이면서, 산중 어른으로 인식되던 하동산이 1965년 음력 3월 23일에 열반하였다. 하동산 열반후, 김지효는 그 후임 주지로 부임하였다. 이제 그는 그 이전 자신이 구상한 총림 건설을 더욱 본격화 시킬 수 있는 기회를 갖게 되었다. 이에 대한 정황을 간접적으로 파악할 수 있는『대한불교』1966년 6월 26일 보도기사에는 다음과 같은 내용이 전한다.

---

23) 2008. 1. 11, 영광도서.

사찰의 경제문제 해결이 현 종단의 중요한 과제로 대두된 지는 오래이
다. 아직 괄목할 결과를 보지 못하고 있는 이 때에 지난해 통도사의 각
종 특수경작용 개간지의 뒤를 이어 이번에는 범어사가 3만평을 개간했
다. 논 1만4천평에 이미 벼의 이앙을 끝마쳐 사원경제 확립에 개가를 올
리고 있으며 앞으로 1만 6천평에는 특수작물을 재배할 것이라고 한다.
본래의 범어사의 계획은 5만평의 개간을 목표로 했었으나 우선 1차로 3
만평의 개간을 마치고 이 농원을 중심으로 한 수도원을 창설할 것을 아
울러 추진중이다. 추진되고 있는 선원은 농원의 경작을 중심으로 「一日
不作 一日不食」의 百丈淸規를 모토로 완전한 자급자족의 수도원 생활
을 구상하고 있다.
이 선원은 자급자족의 원칙으로 하며 외부와의 일체의 교류가 차단되
고 범어사 뒷산 전역이 선원에 들어가 일반의 출입도 금지될 것이라고
한다.
이러한 사원 경제의 확립과 百丈淸規에 의한 선원은 한국불교 중흥에
한 모범이 될 것으로 기대되어지고 있다.[24]

하동산의 열반으로부터 1년이 지날 무렵의 상황을 보도한 위의 내용
에는 범어사 뒷산에 농지 3만평을 개간하였고, 이 농원을 중심으로 수
도원을 세울 계획이 진행되고 있다고 나온다. 이는 상당한 진척이라고
볼수 있다. 일일부작, 일일불식이라는 백장청규를 이념적 모토로 내세

24) 『대한불교』 1966.6.26, 「寺刹 林野 3萬坪 개간 梵魚寺, 1만4천평엔 移秧끝내, 이 農
地에 따른 修道院도 세울 計劃」. 이 보도기사 하단에는 범어사 뒷산에 개간된 새농지
라는 설명하에 개간된 논에서 모를 심고 있는 스님들의 사진이 실렸다.

운 범어사의 이 실천은 외견상 볼 때에 김지효가 그 이전 조령에서 실천
하려고 하였던 재건총림회의 지속인 것이다. 요컨대 1966년 6월에는 범
어사 총림건설, 개간사업의 1단계는 완료되었던 것이다.[25]

　그렇지만 현재로서는 범어사에서 단행된 이 기획이 어떤 과정을 거쳐
추진되었는지에 대해서는 파악하기 어렵다. 하동산 입적후 주지로 취임
한 김지효가 단독적으로 추진한 것인지, 범어사 내의 공식기구를 통하
여 인정받은 사업인지, 조계종단과는 어떤 보고나 승인의 절차가 있었
는지 등등에 대한 의아심이 많다.

　이에 대해서는 이능가의 증언이 주목된다. 당시 범어사 주지인 김지
효는 이용범이라는 사업자와 손을 잡고 그 개간을 추진하였다. 그는 팔
송에 있는 범어사 땅을 팔아서, 그 자금을 개간비용으로 충당해 주고,
그 팔송에는 위락시설 같은 것을 만들도록 하고, 그에 대한 이권을 이용
범에게 제공한다는 것이었다.[26] 그런데 이런 이면 계약은 김지효와 그
제안자인 문현구만 아는 극비의 사항이었다. 범어사 대중과 조계종단(총
무원)에는 전혀 알리지 않고 단행한 것이었다. 이에 대해 이능가는 다음
과 같이 회고를 하였다.

　　그 계약서를 봤지. 그 문제로, 범어사 땅을 판다는 것으로 인해 대중들
　　의 반발이 거세어 지니깐 범어사에 내려와서. 지효스님은 잘 모르니,

25) 『대한불교』 150호(1966.6.26)의 3면, 「10월에 준공」에서는 3만평의 개간이 완료되었
　　고, 2만평은 1967년에 개간을 끝낼 예정이라고 나온다. 그래서 5만평 개간이 끝나면
　　곧 선원을 건립하겠다는 기획이 보도되었다.
26) 그 김지효와 이용범과의 이면 계약서는 현전하지 않는다. 그 계약은 보통 팔송의 땅을
　　팔아, 그를 이용범에게 준다는 것만 많이 알려졌다.

내가 문현구에게 직접 물어 보았어. 내가 문현구를 추궁하였지. 그러니깐 그이가 빙그레 웃으면서 "저 이용범이가 돈도 많고, 권력도 많은 사람인데 부처님 사업에 돈 좀 쓰면 어떻냐"고 했어. 이용범이가 돈을 쓰게 하려면, 저 사람에게 호기심이 나게 해야 한다면서, 그 사람을 호기심이 나게 하는 것은, 우리 범어사가 갖고 있는 것은 땅 밖에 없으니, 땅을 팔아 준다고 하면 된다는 것이었지. 그러면서 문현구는 범어사 땅을 파는 것이, 우리 마음대로 되느냐 하면서 저 위에 종단이나 나라에서 못 팔게 하면 우리는 어떻게 할 수 없는 것 아니냐고 하면서 우리는 선심을 쓰고 팔려고 해도 안된다고 하면 되는 것이라고 하더라구. 그리고 이용범이가 범어사 일을 하고 300만원을 못 받아도 죽을 놈이냐는 말까지 했어.

그런 문현구의 말을 들어 보니, 그럴듯해. 그것이 아주 고차원의 생각이야. 그러니깐 그이가 그런 큰일을 마음 턱 놓고 한 것이지. 그때에는 불교재산관리법이 생겨서 사찰의 땅을 팔 수가 없었어. 그런데 이용범은 문현구 말만 듣고, 지효스님이 도장을 찍어 주니깐, 그걸 믿고, 꼼짝없이 일을 한 것이지. 문현구의 꾀가 보통이 아냐. 지략이 아주 뛰어나. 문현구가 보기에 이용범도 전략이 보통이 넘는 인물이라는 것이지. 그러니깐 그런 사람은 당장의 이익보다는 보다 큰 사업적인 이익이 있다는 것을 제시하면 굉장한 사업으로 보고 100% 가능성이 있다는 것을 보고, 대들어서 일을 한다고 보았어. 즉 범어사 땅을 팔면, 그 곳에서 큰 영업을 할 수 있고, 실현 가능성도 있다고 봤고 그랬던 것이지. 그때에 이용범은 부산의 경무대라고 불렀고, 정치쪽에 영향력이 대단했어. 그런데 문현구는 그걸 내다 보고 일을 추진한 것이지. 이용범은 그 문서 하나만 갖고 일을 한 답답한 친구이지. 그때에 범어사가 그런 일을 동의받고 하려면 범어사 대중들이 허가해줄리도 만무고, 도 종무원에서도 승인할리도 없고, 총무원에서도 승인할 리가 없고, 정부의 문교부장관이 땅을 팔으라고 도장을 찍을리도 없는 것이지. 한마디로 첩첩산중이지. 그러니깐 양쪽, 지효스님과 이용범이가 도장을 다 찍은겨.

이렇게 김지효와 이용범이라는 업자의 결합으로 3만평에 대한 개간이 완료되었던 것이다. 그런데 이렇게 범어사 땅, 3만평이 개간이 성사되니깐 종단 내부에서 서서히 김지효를 비판하는 목소리가 등장하였다. 그 비판은 범어사 내부에서도 일어나고 있어, 총림건설 설명회를 갖기도 하였으나 대중들에게 납득시키지 못하고 오히려 의혹, 비판, 원성은 급증하였다. 그런데 그 추이나, 당시 범어사 대중들의 입장, 소회, 반응은 어떠하였을까에 대해서는 알 수 없었다.

그러다가 필자는 최근 동산문도회와 결합하여 동산대종사 다시 살려내기 차원의 하동산에 대한 구술사 증언 사업을 추진하는 과정에서[27] 총림에 대한 구술 증언을 접할 수 있었다. 즉 그 대상자는 하동산의 상좌이면서 김지효의 사제였고 현재는 동산문도회 문장인 이능가, 범어사 총무였던 윤현욱,[28] 당시 범어사 선방 수좌였지만 범어사 주지를 역임한 대성, 당시는 범어사 교무이었으며 김지효의 상좌인 오홍선 등으로부터 그 관련 내용을 들을 수 있었다. 이제 그 증언 내용을 제시하고, 그로부터

---

27) 그 과정에서 『동산대종사와 불교정화운동』(영광도서, 2007)를 동산문도회와 공동으로 발간하였다.
28) 지금은 환속하여 재가 불자운동을 하고 있다.

진실에 접근해 보려고 한다. 우선 이능가와 대성의 회고를 보자.

나는 문현구에게 지효스님을 잘 도우라고 하였고, 뒤에서 정치적으로 조율하는 입장이었기에 그 일의 가운데 있었어. 팔송의 땅을 판다고 소문은 났지만 전략은 그게 아니었어.

그런데 3만평이 거의 개간이 되니깐 종단에서도 조금씩 지효스님에 대한 나쁜 여론이 일기 시작했어. 지효스님이 범어사를 망친다고 하면서. 그래도 한 1년을 꿋꿋하게 나갔지. 그런데 대중들의 반대가 워낙 쎄니깐, 총림 설명회를 갖자고 해서 범어사 원응료, 강원을 하였던 큰방에서 범어사 중들 다 모여라고 해서 설명회를 하였지. 그때 나는 내려가려고 하였지만 사정이 생겨서 총무원에 있었고, 보고만 받고 이야기를 들었어. 그때에 격렬히 반대한 사람이 광덕스님이야. 그 반대를 할 때에 선두에 있었던 사람이 광덕스님 영향을 받아서 후에는 해인사 선방으로 갔던, 범어사 선방에서는 입승을 보던 사람이었어. 그런데 대중들의 반대가 걷잡을 수 없었던 모양이야. 연주암의 정관스님도 그때는 젊을 때였는데 지효스님에게 항의를 하였다는 것도 바로 그 날이여. 그런데 지효스님이 평안도 사람이라 성질이 왹해, 대중들이 그런 것을 물으면 차분하게 납득을 시켜야 하는데 급하니깐 행동이 먼저 앞서는 분이야. 그러니 애기가 성립이 안 되지. 거기에다가 신도들이 반대를 하는데, 신도들은 자연 대중스님들의 편에 서게 되지. 그러다 보니, 지효스님을 아주 몹쓸 사람을 만들어 놨어.

나는 총무원에서 그런 이야기를 듣고 수습을 하려고 내려왔지. 와 보니, 대중이 너무 격렬해. 그래서 앞으로는 이용범에 대한 처리문제가 남았어, 그 사람을 데려다 일을 시켰으니깐. 그래 그 이용범이를 몇 번 찾아서 만났는데, 사람은 호인이여. 문현구스님도 저놈, 나쁜놈이라는 소리를 들어 범어사에 있지를 못하고 나갔어.[29]

제가 알기로는 광덕스님 하고, 우리 스님(동산) 하고, 지효스님 세 분이 범어사의 미래를 위한 불교대학 같은 것을 세워 보자는 이야기가 나온 것으로 알고 있어요. 그래서 그런 것을 해야 하는 것에 대해서 고민을 하였는데 광덕스님은 조금 추진력이 약하시고, 지효스님이 하신 것으로 알고 있습니다. 지효스님이 어느날 범어사 뒷산 중턱의 천년터를 들러 보시다가, 천년터 이런 장소에서 만들면 되겠다 하고 여기에서 내가 해야지 하는 생각을 갖으신 것입니다. 그래 그 터에 있는 10년, 15년 된 나무들을 쳐내기만 하면 땅을 고르는 것은 큰 문제없이 할 수 있다는 생각을 하신 것입니다.

저는 그래서 지효스님이 시작한 것으로 알고 있고요. 그래서 이용범씨 하고도 그것을 하기로 계약같은 것을 한 것입니다. 지효스님은 그 당시 돈이나 이런 사정으로는 수도원 같은 것은 도저히 어려우니, 땅을 고르면서 농지를 만들자고 했어요. 범어사 대중들이 많은데 먹고 살 수 있는 것을 만들어 보자고 한 것이 아닌가 해요. 그래서 농사짓는 것을 우선으로 한 것으로 알고 있고, 농사짓는 실험도 많이 했어요.[30]

위와 같은 이능가, 대성의 회고에서 범어사에서 추진된 총림에 대한

---

29) 이능가(동산문도회 문장) 증언.
30) 대성의(은하사, 범어사 주지) 증언.

정보의 이질성을 찾을 수 있다. 이능가 회고에는 당시 사태 진전의 추이
에 대한 것이 자세히 나온다. 그에 반해서 대성의 회고에서는 그 총림
추진에 대한 불투명한 정보가 개입되어 있다. 즉 하동산, 김지효, 고광
덕의 논의 즉 범어사 미래를 위한 불교대학 같은 것을 세워 보자는 논의
에서 나온 것으로 증언한 내용은 바로 그것이다. 고광덕은 그 총림 기획
에 제일 반대한 당사자이었는데, 그 조율자로 나오는 것이다. 그런데 어
떤 계기에 의해서[31] 김지효의 단독적인 추진으로 전개되었다는 것이다.
다만 대성은 김지효가 농지개간을 할 즈음에는[32] 수도원까지는 기획하
지 않았고 범어사 대중들의 먹고 사는 문제를 해결하려고 하였다고 회
고하였다. 이런 대성의 회고는 김지효가 대중들을 설득할 때의 표현으
로 보인다. 그러나 1966년 6월『대한불교』기사에 전하는 수도원의 건립
에 대한 포부를 보면 대성의 증언은 김지효 기획의 일단만 알고 있었음
이[33] 은연중 파악이 된다.

　이러한 증언과 관련하여 필자는 김지효가 언제부터 총림에 대한 꿈을
갖고 있었는가에 대한 의문을 갖게 되었다. 그래서 필자는 김지효의 상
좌로서 학승인 홍선을 만나 그에 대한 의아심을 풀려고 하였다. 이에 대
해서 홍선은 다음과 같은 귀한 증언을 하였다.

　　제가 은사스님을 1957년에 지리산 피아골 연곡사의 토굴에서 모시고

31) 그는 김지효의 주지 취임이다.
32)『대한불교』100호(1965.7.11)의「공고」에는 대학생불교연합회 4차 수련대회 사전 예고
　　내용이 있다. 그에 의하면 대불련 학생들이 범어사에서 수련을 하는 과정에 5일간 개간
　　사업을 할 예정이라고 나온다. 그러나 실제로 작업을 하였는지는 확인하지 못하였다.
33) 당시 그는 선방에 주로 있었기에 정보에는 민감치 못하였을 것이다.

있을 때에 총림에 대한 이야기를 처음 들었어요. 그때 스님은 연곡사에서 500m 떨어진 토굴인 서굴암에서 무비스님 은사인 여환스님과 함께 생식을 하시면서 수행을 하였어요. 그때 제가 듣기로는 스님은 당신의 꿈이라고 하시면서 일본의 문화촌을 같은 것을 만들어 수행자들이 집단으로 모여 공부를 하고, 자급자족을 할 수 있는 도량을 만들어야 한다고 했어요. 심지어는 스님들의 옷도 칙넝쿨에서 뽑은 섬유로 만들어 해 입자고 그랬고, 자가 발전기를 만들어 생활하자고도 그랬어요. 그렇지만 여환스님은 현실성이 없는 것이라고 반대를 하였지만 그 당시 저는 지효스님의 말씀이 그럴듯하게 들렸어요. 그래서 부산까지 와서 그런 것을 할 수 있는 방법을 물어보고, 궁리도 했어.

그리고 스님께서 범어사에 총림을 만들려고 하신 것은 부산이 추후에 성장, 발전을 하게 되면 범어사는 관광사찰이 될 것을 우려한 것에서 나온 것입니다. 등산객과 관광객이 놀러 오는 범어사가 되는 것을 막기 위해서 팔송에다가 위락시설과 호텔 같은 것을 만들어서, 노는 것은 팔송에서 하고, 불자들이 순수하게 참배할 경우에만 절로 오게끔 해야 한다는 복안이 있었어요. 그래서 범어사 뒷산, 금정산 지장암 근처에 화장터를 만들고 범어사는 종교 중심지가 되도록 하고, 수행도량을 확보해야 한다는 것이었지요. 이런 구상에서 범어사에 총림을 만들려고 하신 것으로 저는 들었습니다. 그리고 그것을 추진할 때에 광덕스님은 반대를 하였지만 범어사 그 중턱에 개간을 한다고 신청하였는데 3년 안에 소출이 안되면 문제가 생기기에 지효스님이 그를 과감하게 추진하였어요. 그래서 이용범이가 군부대를 동원해서 1주일만에 농지를 정리했어요.

지효스님하고 이용범이 인연을 맺은 것은 이용범이 사형선고를 받고 감방에 가서 천자문을 떼었을 정도로 큰 인물이라고 인정을 한 것도 작용했어요. 그 이용범이 감방에서 나와 범어사에 놀러 왔다가 스님에게 인사를 드려서 알게 되고, 같이 등산을 갔다가 총림을 세우고, 농지를 만들겠다는 지효스님의 구상에 의기가 투합되어 일을 한 것으로 알고 있습니다. 그리고 당시 범어사 승려들은 팔송에 있는 농지에 나가서 농사 짓기를 아주 싫어하였기에 범어사 구내에 농지를 만들면 자연스럽게 농사에 참여할 것이라는 것도 고려된 것으로 보여집니다.[34]

이와 같은 홍선의 증언은 필자에게 많은 정보를 제공한다. 불교정화 운동이 일단락이 되었으나, 정화의 여진이 지속되었던 1957년에 김지효는 공동으로 수행하는 도량을 의미하는 문화촌 건설을 고민하였다는 것이다. 그리고 1964년 무렵 범어사 총림을 세우겠다는 원대한 기획은 범어사를 관광사찰의 성격을 차단하려고 하였다는 김지효의 생각과도 연결된다고 보았으며,[35] 또한 범어사가 기획하여 단행한 산중턱 개간을[36]

---

34) 2007년 12월 14일, 제주시 파라다이스 호텔에서 필자에게 증언.
35) 이에 대해서 능가스님에게 질문을 하였더니. 능가스님은 지효스님도 당신에게 그런 말을 하였지만, 능가스님은 그는 절대로 해서는 안된다고 단호하게 언급하였다고 회고하였다. 그러면서 지효스님이 살아 있을 적에는 가능하겠지만, 자신과 지효스님이 입적하면 그런 사업은 모두 망할 것이라고 보았다.
36) 이와 관련하여 일미스님은 귀중한 회고를 필자에게 하였다. 일미스님에 의하면 그가 1964년 일본으로 떠나기 이전에 그는 범어사 서기를 1961년부터 보았는데, 그가 서기를 보면서 동래구청(산림과)에 20번을 왕래하여 범어사 산중턱의 4만평 개간허가 서류를 접수시키고서 그 허가를 득하였다고 한다. 일미스님도 범어사가 그런 개간을 단행한 것은 백장청규 정신으로 수도원을 세우고, 농사를 짓고, 선종의 가풍을 일으키려고, 개간을 하여 벼농사를 지으려는 것으로 필자에게 증언하였다.

당초 정하였던 기간 내에서 하지 못하고 있었던 것을 이용범과 인연이 되어 과감하게 추진하였다는 내용은 새로운 정황이다.

그렇지만 김지효가 단행한 총림의 사업, 즉 팔송에 있는 범어사 농지를 팔고, 그 자금으로 범어사 산중턱에 농지를 만들어서 백장청규의 정신을 실행하고, 장차는 그곳에 수도원을 세우려는 사업은 중도에 포기되었다. 그는 범어사 신도들의 반대, 범어사 대중들의 강력한 이의 제기에서 나온 것이다. 이에 대한 증언은 범어사 주지인 대성의 회고가 주목된다.

> 그때 저는 범어사 선방에 있었는데 범어사 땅이 팔린다는 말을 듣고서는 선방에서 부글부글 끓고 있다가 수좌 몇 명과 함께 지효스님에게 가서 항의를 하게 되었습니다. 범어사 땅을 팔기 위해서 문교부장관에게 처분 허가를 받았다는 것이었어요. 그런데 범어사 신도인 정명화보살의 아들인 이정환이라는 사람이 재무부장관이었어요. 그래 그 보살은 아들을 통해서 범어사 땅이 팔린다는 소리를 듣고, 그 땅이 팔리면 범어사는 망하고 범어사가 먹고 살수가 없다, 동산스님이 얼마나 아끼던 땅이냐면서 큰 걱정을 했어요. 그래 자기 아들에게 그 땅이 팔리게 하면 안된다면서 문교부장관에게 말을 하여 그것을 막으라고 하였던 모양입니다.
>
> 그래서 저는 그 소식을 듣고서 저하고 사제인 호연, 일원이 등과 함께 지효스님에게 가서 항의를 하였어요. 그 요지는 범어사 땅이 팔리면 안된다, 그리되면 범어사는 망합니다, 우리 농지가 없으면 어떻게 먹고 살겠냐는 것이었지요. 범어사 재산이 없어지는 것은 말도 안 된다, 다른 대안도 없으시면서 그리 되면 어떻게 되겠느냐면서 지효스님은 범

어사에서 나가야 되신다는 것을 말씀드렸어요. 더욱이 동산스님이 애지중지 하던 농지는 안된다면서, 그것이 팔리면 선방수좌는 무엇을 먹고 살면서 공부를 하고, 수좌를 수용할 수 없으면 선찰대본산인 범어사의 체통은 어떻게 지킬 것이냐고 강력히 말씀드렸어요. 그랬더니 지효스님께서 네가 뭘 안다고 그러냐면서 화가 엄청 나시어서 바루를 집어 던졌는데 그것이 그만 깨져 버렸어요. 공양이 끝난 직후에 대중공사가 벌어졌기에 바루를 집어 던진 것이지요. 그러니깐 호연이가 벌떡 일어나면서 "스님은 이제 중노릇을 안하시겠다는 소리가 아닙니까?" 하고 항의를 하니 지효스님께서 그만 답변이 궁색해지고, 곤란해진 것입니다. 그만 명분을 잃어버렸어요. 지효스님께서 바루를 깨트린 것이 수좌들에게 빌미가 되고, 그것이 결정적인 계기가 되어서 범어사를 나가시게 된 것입니다.

그렇게 지효스님이 범어사에서 나가시게 되자, 사형님이자 주지스님을 나가게 하였으니 주동한 저희들 세사람도 범어사에 있을 수가 없어서 결제 중인데 그만 걸망을 지고 인천 용화사의 전강스님에게로 가게 되었습니다. 그리고 선방수좌들이 항의를 하기 몇일 전에도 관음전에서 기도하시던 정관스님이 지효스님에게 가서 항의를 한 것으로 알고 있어요. 그 훨씬 이전에는 원두스님이 이의제기를 하기도 하였구요.

이 회고에 나오듯이 범어사 신도들의 항의가[37] 있었고, 범어사 대중

들의 이의 제기,[38] 범어사 선방에서 수행중인 김지효의 사제들이 집단 적으로 항의를 하였다. 그러면 여기에서 김지효의 사제인 정관으로부터 당시 회고를 들어보자.

나는 그때 범어사 관음전에서 천일기도 부전을 보았어. 그런데 산중 소 문이 지효스님이 범어사 땅을 다 팔았다고 해. 지효스님이 총무원장인 경산스님과 콤비라고 불릴 정도로 친했는데, 경산스님 도장을 맡아서 처분하라는 인가를 맡았다고 그랬어. 그래 나는 기도를 하면서 상상을 하기를, 가만히 생각해 보니 지효스님이 땅을 다 팔았다, 그러면 후일 사람들로부터 "땅이 팔릴 때 너는 뭐했느냐"는 말을 들을 때에 제 자신 이 떳떳하기 위해서, 그래도 할 말은 해야 안되나는 마음으로 지효스님 방에 뛰어 들어가서 "이거는 아니다, 잘못되었다"고 이의를 제기하였 지. 나는 그 이상은 잘 몰라.

그때는 내 혼자서 지효스님 방에 들어갔고, 그때는 무슨 용기로 들어갔 는지 몰라. 그런데 지효스님은 정화 때에 배를 갈랐을 정도로 정화주역 이시고, 정화이념을 계승해야 한다는 불교적인 원력을 갖고 있었어. 그 래서 늘상 정화이념을 꽃피우려고 노력하였기에, 우리들은 지효스님을 공상가로 불렀어. 한마디로 지효스님은 이상주의자이었고, 그런 꿈이

---

38) 그 이의 제기를 한 당사자인 원두스님은 그가 이의를 제기한 원인을 지효스님이 동산 스님의 유물을 나누어 준 것, 범어사 땅을 파는 것, 사형사제들이 범어사를 나가도록 한 것 등이었다고 회고했다. 원두스님은 지효스님에게 '불손'한 항의를 하였다고 해서 범어사를 떠나 법제사(부산)에 가 있었다. 원두스님은 그 당시 자신이 항의를 할 때에 는 범어사에 당신과 지유스님만 남아 있었다고 하였다. 2007년 12월 27일 서울 인사 동 산골물 식당에서 필자에게 증언.

있었고, 꿈이 컸었어.[39]

　이렇게 범어사 내부에서 강력한 저항이 나타나자, 김지효는 자신의 꿈인 총림을 완수할 수 없었다. 그래서 결과적으로 그 와중에서 김지효는 범어사 주지직을 내놓고, 범어사를 떠났다.[40] 김지효는 범어사를 떠나기 직전에 그가 신뢰하였던 사제인 현욱을 급히 불러 그 뒷처리를 부탁하였던 것이다. 이에 대한 정황은 필자가 그 당사자인 현욱을 만나 그 전후사정을 질문하였고, 이에 대한 내용을 다음과 같이 자세하게 고백, 증언한 것에서 파악되었다.

　　저는 지효스님이 범어사에 총림을 구현한 기획안에 대하여 마지막 실무 처리를 하였던 당사자였기에 이번에 그를 아는 범위 내에서 밝히지요. 범어사 내원암 방향 뒷산 중턱에 자리한 4만평 개간의 시작과 계획 당시 저는 강원도 3교구 본사 건봉사를 문성준 스님을 모시고 설악산 신흥사로 본사를 이전시키는 계획을 수립하고 그를 추진할 때로 기억합니다. 그 무렵에 지효스님의 부름을 받고 범어사에 갔는데 당시 주지였던 지효사형께서는 전대중의 불신임과 신도들에게까지 규탄을 받는 곤경에 처해 계셨습니다. 저와 지효스님은 그날 밤을 새워 가며 새벽예불 시간 때까지 이야기를 하였습니다. 그 내용은 기존 범어사 농지는 거기가 멀고 농사짓는 당사자들이 이전 범어사 대처승 계열이어서 추곡 환수가 어렵고 직영 농토의 관리도 대중들이 일하기를 꺼리니 밖에 있는

---

39) 2007년 11월 23일, 영주암에서 필자에게 증언.
40) 그는 무문관이 있던 천축사로 갔다.

2만평 토지를 처분하고 그 돈으로 범어사 좌측 위쪽 4만평을 개간하여 자급자족하는 백장청규와 같은 선농일치의 수도원 건립으로 총림을 세워 정화해온 것을 마무리하는 도제양성으로 회향하겠다는 상당히 구체적인 안을 가지고 실천하였다는 것입니다. 그런데 그안이 안으로는 전대중의 반대와 밖으로는 신도들의 원성으로 더 이상 어찌할 방법이 없으니 저에게 그를 수습, 종결하라는 내용이었지요.

그렇지만 그것을 구상하고 실행에 옮길 때에 지효스님이 은사이신 동산스님에게 상의를 하거나 동의를 구해서 한 것인지는 잘 모르겠습니다. 제가 듣기에는 지효스님이 그 안을 동산스님께 보고를 드리니 절대 불가하다고 하시었고, 두 번째로 다시 찾아 가서 말씀을 드리니 일체 말이 없으셔 지효스님은 그를 묵인하시는 것으로 이해하였다는 말은 지효스님에게 들었던 기억이 이제 나는군요. 하여간에 그것은 지효스님이 범어사의 뒷산에 있는 땅 2만평에 스님들이 자급자족을 하고, 나아가서는 거기에 수도원을 세워, 선농일치를 통한 수행을 해야 한다는 구상, 이념에서 나온 것으로 알고 있어요. 그런데 범어사 4만평이 평지가 아니니깐, 그 산중턱을 정지하는 작업을 위해서 지효스님이 외부 업자인 이용범이라는 사람과 손을 잡은 것입니다. 그때에 작성된 문건이 지효스님이 써준 문서도 있었어요. 거기에 보니 입회인이 나오고 그랬어요.

동산스님이 열반하시고 난 뒤에 그 문제가 불거졌어요. 신도들이 범어사 땅 2만평이 날라 간다고 문제를 제기하였고, 저는 범어사 총무로서 그를 해결하기 위해 엄청 고생을 하였지요. 그 업자라는 사람이 이용범입니다. 그 사람에게 지효스님은 2만평의 대지 정리 작업과 그 시설

을 갖추어 주면 범어사 입구에 있는 팔송에 있는 범어사 땅을 포기한다
는 각서를 공증까지 하였던 것입니다. 이용범이라는 사람은 자유당 시
절 이기붕선생 다음 가는 막강한 정치 실력자로 자유당 재정분과 위원
장 등의 요직을 거쳤어요. 그 이는 5.16이 나자, 자유당 시절 정치인들
의 부정 축재 등 정치법 위반으로 감방에 구속되었지만 자신의 고향인
밀양에서 옥중 출마까지 한 사람입니다. 그러니깐 당시 박정희 청와대
비서실의 수석비서관이 이용범이 수감되어 있는 옥중까지 찾아와서 무
릎을 꿇고 사죄를 하였다고 해요. 그래서 출마는 포기 하고 대신, 자신
은 바로 옥에서 풀려난 거물입니다. 석방된 후 범어사로 와서 지효스님
의 수도원 총림 계획에 참여하게 된 것입니다. 그래 이용범이라는 분은
국방부로부터 대민 지원 사업의 일환으로 군 중장비 지원을 받아 내원
암 위쪽 문제의 4만평의 산중턱을 정지 작업하여 농토를 완성시키고,
범어사 기존 농지 2만평을 지효스님으로부터 포기각서를 받아 공증을
하게 되었습니다. 바로 전에도 제가 이야기 하였지만 이것이 발단이 되
어 범어사 내외가 들고 일어났고, 범어사 존망의 기로에 선 위기 상황
을 저는 주지직무 대행의 직함으로 수습에 나섰지요. 참 그리고 4만평
을 이용범이 개간할 때에 소용된 기름값은 범어사가 부담했어요.

  위의 현욱의 회고에는 당시 그 뒷처리 과정뿐만 아니라, 김지효가 총
림을 강력하게 추진하였던 구상, 고뇌 등이 잘 묘사되어 있다. 현욱은
김지효의 부탁을 받고, 주지 직무대행의 권한을 갖고 그 마무리를 하였
다. 그래서 결과적으로는 이용범과 계약한 것을 무효화 시키고, 팔송에
있었던 범어사 땅을 원상 복귀시켰던 것이다. 그러나 현욱의 회고에 의

하면 그 과정은 지난한 과정이었다. 원상복구에 반대하는 이용범측의 완강한 반대가 있었다. 그리고 당시 사무장도[41] 현욱이 추진하는 일에 반대 입장에 서 있었다고[42] 한다. 그 과정에서 현욱은 이용범, 사무장측으로부터 협박, 강압을 받았다. 심지어는 납치, 린치의 위협도 있었다. 그러나 현욱의 원칙적인 일처리, 강력한 추진력 등으로 김지효와 이용범이 맺은 계약을 파기할 수 있었다.[43] 파기 직후 현욱은 즉각 범어사를 떠나,[44] 무문관에서 수행하고 있었던 김지효를 찾아가서 그 결과를 알려 주었다.

이렇게 김지효가 그의 출신 사찰인 범어사에 백장청규 정신에 근거한 수행도량을 만들어 보려는 야심찬 기획은 물거품이 되었다. 그러나 김지효는 1973년 사자산 법흥사 주지로 취임하여 법흥사 복원불사를 추진하면서 동시에 그곳에 범어사에서 이루지 못한 총림 재건의 꿈을 시도하였다. 그러나 법흥사에서도 그의 꿈은 실현되지 못하였다. 원대한 기

---

41) 현욱은 그를 이용범을 견제하기 위해 데려온 사람이라고 필자에게 증언하였다. 그는 선방 수좌로 범어사에 와 있었으며 김지효와 지근거리에 있었던 문현구가 추천한 사람으로, 부산 경찰이 인척이었기에 일정한 세력을 형성하였다고 한다.

42) 그 이유는 범어사 운영권을 둘러싼 갈등으로 보여진다. 구체적으로는 범어사 운영 자금을 위해 빌린 돈과 이자를 즉각적으로 갚으라는 강요였다.

43) 현욱은 이용범과의 계약을 파기한 후, 그간 공사 과정에 들어간 인건비, 자재값 등의 비용(당시 시가)을 300만 원으로 보고, 그를 범어사에서 갚아 줄 돈이 없는 연유로 이용범에게 범어사의 단독 매표권을 5년간 보장하는 권리를 주었다. 현욱은 이 구상을 당시 동래포교당에 주석하였던 고암스님에게 상의하여 승낙을 받았다고 하였다. 그런데 현욱이 범어사를 떠난 이후 범어사 대중들이 5년간 임대는 너무 길다는 여론이 있어 3년만에 종결시켰다고 한다.

44) 그는 이용범과의 계약 파기와 함께 동산스님 사리탑 사업도 성사시켰다. 그래서 그를 추진하면서 거의 단독으로 그 일을 추진함에서 나온 지친 심신과 사형사제들에 대한 서운함 등으로 범어사를 하직한다는 심정으로 범어사를 떠났다고 필자에게 증언하였다.

획을 수립하고, 종단의 승인을 얻어 추진한 법흥사 복원불사도 중도하
차되었다. 김지효는 이러한 그의 꿈을 그가 말년에 주석하였던 범어사
에서 1983년 경에 약간 변질된 형태로 재현시켰다. 그는 범어사 구내의
한적한 지역에 있었던 금강암에 "평생을 수도하자"는 원력을 세우고 평
생선원을 세웠던 것이다.[45] 그곳은 휴휴정사 혹은 특별선원으로도 불리
웠다. 당시 김지효의 뜻에 동참하여 수행에 동참한 대상자는 대략 10여
명이 넘는 것으로 전한다.[46] 이에 평생수도원은 당시 부산일보에 대서
특필되는[47] 등 부산 불교계에 일정한 반향을 일으켰던 것이다. 당시 김
지효는 그 수도원에서 80노구를 이끌면서 밤 10시에 취침해서, 새벽 한
시 반이면 어김없이 일어나 정진하는 등 하루 15시간을 정진하였다.[48]

3. 김지효의 총림 건설에 나타난 성격

이제부터는 전장에서 살펴본 김지효의 총림 건설의 과정, 전개에 나
타난 내용을 유의하면서 그 영향, 배경, 추진에 나타난 성격 등을 대별
하여 살펴 보고자 한다. 이로써 우리는 김지효, 범어사, 총림이라는 삼
각 구도 속에 숨겨진 역사의 진실, 흐름, 이면사 등을 복원시킬 수 있는

---

45) 범어사 출신 승려인 일미의 증언. 일미에 의하면 정부(동래구청)의 교부세의 일정 금
   액(8천만원)이 투입되었다고 한다.
46) 그 선원(75평)의 개소 당시에는 입주식을 하였으며, 신도들은 입방하는 수행자들이 선
   원에 입방하면 다시는 나오지 않을 것이라고 하여 눈물을 흘리기도 하였다.
47) 필자는 아직 내용을 확인하지는 못하였다.
48) 당시 그를 지켜 본 상좌(한암)는 김지효는 졸음이 오면 꽁꽁 언 계곡의 시냇물에 나가
   세수를 하고, 코피가 나면 코를 막고 정진하였다고 한다.

무대로 한발 더 나갈 수 있을 것이다.

　우선, 김지효가 조령, 범어사에 총림을 건설하려고 결심한 것에 영향을 준 요소는 무엇이었을까에 대해 들어가 보자. 다시 말하자면 어떤 요인, 사상적 계기에 의해서 김지효는 그렇게 줄기차게 총림을 건설하려고 하였는가를 말하는 것이다. 이것에 대해서는 무엇보다도 위의 보도 기사, 여러 증언에서 다수 제기된 바와 같이 중국 선종의 백장청규이었다. 즉 백장청규의 일일부작이면 일일불식이라는 표제가 상징하듯 중국 선종 총림의 청규의 대명사로 지칭하고 하고 있는 승려들의 수행과 노동을 동일하게 해야 한다는 사상인 것이다. 자급자족, 승려의 농사, 신도들에게 의뢰치 않는 생활 등이 바로 그것이었다.

　다음으로 김지효에게 영향을 준것은 김지효의 노스님인[49] 백용성의 선농불교 정신이다. 잘 알려진 바와 같이 백용성은 일제하 선농불교 구현자의 대명사로 지칭될 정도로 1926년부터 60대 노구를 이끌고 중국 연변과 경남 함양의 화과원에서 선농불교를 실천에 옮겼다.[50] 때문에 이러한 백용성의 선농불교의 정신은 김지효도 익히 알고 있는 내용이었을 것은 믿어 의심치 않는다. 그리고 김지효가 백용성의 선농불교, 화과원에서의 실천에서 영향받았고, 그를 참고하였다고 발언하였음을 지근거리에서 들었던 승려(홍선, 일미)의 증언은 우리들에게 그에 대한 확신을 더해 준다.

　김지효에게 영향을 준 대상자로 거론할 당사자는 김지효와 같이 정화

---

49) 김지효의 은사는 하동산이고, 하동산의 은사는 백용성이다. 때문에 이를 노스님이라고 표현했다.
50) 김광식, 「백용성의 선농불교」, 『근현대불교의 재조명』, 민족사, 2000. 김광식, 「용성선사의 선농불교」, 『노동의 가치, 불교에 묻는다』 도피안사, 2007.

운동 최일선에 서 있었던 이청담으로 보여진다. 이청담은 일제하 당시에도 선방수좌로 수행을 하면서 불교의 미래를 고민할 때부터 시작하여, 그리고 정화운동을 추진하던 그 현장에서도 늘상 총림을 만들어야 한다고 강조하였다.[51] 정화의 1단계가 마감되었던 1955년 직후에는 더욱 더 그런 구상을 갖었으며, 각 도에 하나씩의 총림을 세워야 한다고 주장하였는 바[52] 이런 그의 생각은 김지효에게 파급되었을 것으로 보는 것은 무리가 아니다. 예컨대 김지효가 이사장으로 있었던 조령 재건총림회의 등장의 이면에는 이청담의 영산회상, 총림에 대한 강조에서 배태되었음을 증언한 이능가의 회고가 그를 결정적으로 신뢰케 한다.

한편 김지효의 총림 꿈, 범어사 총림 건설은 이능가, 문현구라는 지근 거리에 있었던 기획자, 조력자가 있었기에 가능한 것이었다고 보인다. 나아가서는 이런 면을 고려한다면 그 3인의 공동작품이라고도 볼 수 있는 것이다.

이렇게 김지효의 총림에 대한 꿈은 그 자신의 고뇌에서 나온 것이겠지만, 거기에는 백장청규, 백용성의 선농불교, 이청담의 영산회상 및 총림에 대한 의지, 이능가와 문현구의 기획력 등이 은연중 영향을 주었다고 보고자 한다. 그러면 김지효가 구상, 실천에 옮긴 총림은 지금의 조계종단 총림과는 어떤 차별성을 갖고 있는가를 살피겠다. 그리고 그런 총림이 왜, 어떤 시대적 배경으로 1960년대에 집중적으로 제기되었는가도 살펴보자. 그래서 그 구도에서 나온 김지효의 총림재건의 의미를

51) 졸고, 「청담의 민족불교와 靈山圖」, 『민족불교의 이상과 현실』, 도피안사, 2007.
52) 『청담필영』(봉녕사승가대학, 2004), p.237. 청담은 총림시설에서 비구승을 양성하려고 하였음이 분명하다. 『청담필영』 p.185 참조.

분석해 보겠다.

현재 조계종단의 총림은 종합수도도량의 성격을 갖는다. 그래서 조계종 종법(총림설치법)에는[53] 총림은 선원, 강원, 율원, 염불원 등을 두도록 하고 있다. 이런 규정에 의해 해당 사찰은 종합적인 수도도량의 위상과 성격을 갖기 위해 노력하고 있다. 그러나 1960년대, 김지효가 강구한 총림은 이런 종합적인 수도도량과는 약간의 이질성이 제기된다. 즉 김지효가 강구한 총림은 수행자들이 집단적으로 모여, 농사를 지으면서, 자급자족을 하고, 철저한 계율을 지키는 온전한 의미의 중국 선종총림의 지향을 꿈꾸던 산물이다. 가장 큰 차별성은 선농일치, 계율수호이다. 그리고 선을 위주로 하는 참선도량의 성격도 나타난다. 그리하여 총림에서 수행하는 것 자체를 이상으로 내세웠다.

이런 의미의 총림을 지향한 시대적 배경은 아무래도 1950년대 불교정화운동을 거론할 수밖에 없다. 불교정화운동으로 식민지 불교의 잔재, 계율파괴의 대명사로 불리운 대처승은 상당부분 사찰에서 나가게 되었다. 그러나 그런 결과를 가져온 과정, 방법, 후유증 등은 각 사찰의 수행도량의 성격을 상당 부분 퇴색케 하였다. 그리고 정화운동의 과정에서 사찰에 유입된 대상자들은 정상적인 교육을 이수하지 않고 정화 일선에 투입되었다. 그래서 그들은 승려로서의 자질 및 소양이라는 면에서 큰 문제점을 야기하였다. 그래서 정화이념과 종단이 나갈 방향이라는 측면에서 도제양성은 가장 중요한 당면 과제로 부각되었던 것이다. 이에 정

---

53) 이 법은 1967년에 제정, 공포되었는데 총림은 해인사로 정하였지만 필요한 곳에 둘 수 있다고 하였다. 그러나 이법은 현재, 1996년 10월 2일의 법규위원회의 위헌 결정을 받아 법적 효력을 상실하였다.

화를 추동한 종단의 지도자격의 고승들은 도제양성의 성공을 정화운동
의 성공으로까지 인식하였다.

한편 1962년 통합종단이 등장한 이후에는 더욱 더 그 문제가 심화되
었다. 요컨대 대처승이라는 외적인 요인이 차단되면서, 비구승단 내부
에서는 정화운동의 성과물을 챙기려는 행태가 노골화되었다. 그리하여
그 즈음부터 명리추구의 팽배, 신도들의 배척, 수행풍토의 쇠락, 조계종
단을 인정한 대처승(화동파)의 종단 유입[54] 등으로 다양한 문제가 잉태되
고 있었다. 이에 정화운동을 견인한 고승, 중견승려들은 정화를 다시 해
야 한다, 재정화를 해야 한다, 제2정화운동을 추진해야 한다는 목소리
가 높아갔다. 그래서 일단의 수좌들은 그에 대한 우려, 대책을 강구하면
서 영축회, 선림회라는 단체를 결성하면서[55] 정화이념 계승, 수행풍토
진작을 적극적으로 표방케 되었던 것이다.

김지효의 총림 구상, 실천은 바로 이 같은 1960년대 불교계의 시대적
고뇌에서 잉태된 것이라 하겠다. 정화이념의 계승, 도제양성의 실천, 재
정화 및 제2정화운동의 실행[56] 등이 바로 그것이었다. 때문에 김지효의
고뇌, 실행은 비장한 각오에서 단행된 것이라고 볼 수 있다.

지금부터는 김지효가 범어사에서 추진한 총림의 사업의 전개, 추진과
정에 나타난 여러 문제를 구체적으로 짚어 보면서 그 진실에 다가가도

---

54) 졸고, 「불교정화운동과 하동위원회」, 『불교정화운동의 재조명』, 조계종출판사, 2008.
55) 졸고, 「선림회의 선풍진작과 정화이념의 계승」, 『승가교육』 6, 2006. 졸고, 「제2정화운
　　동과 영축회」, 『정토학연구』 10, 2007.
56) 김지효의 상좌인 홍선이 1970년대 중반 일본으로 유학을 가기 전에 무문관으로 인사
　　를 하러 가자, 지효스님은 홍선에게 재정화를 해야 한다고 강조하였다고 한다. 이는 홍
　　선이 필자에게 한 증언이다.

록 하겠다. 이런 문제에 대해서 가장 먼저 확인할 것은 범어사 총림이 검토, 입안되었을 초기에 나온 기획안에 대한 문제이다. 현재는 그 초기 기획안이 부재하여 그 전모, 성격 등을 전혀 알 수 없다. 1964년 12월에 보도된 대한불교 기사에 나온 '범어총림'의 개념도 곱씹어 볼 대상이다. 범어사 주지인 대성이 회고한 것과 같이 범어사의 미래를 위한 불교대학 같은 것과 여기에 나온 범어총림은 같은 개념인지도 의아스럽다. 필자가 보건대, 대성의 표현은 전달 과정에서 약간은 변질된 것이 아닌가 한다. 하여간에 범어사가 최초로 구상, 강구한 범어총림에 대한 전모, 개념은 추후 자료수집을 통하여 필히 밝힐 대목이다.

그리고 이런 것과 연관하여서 당시 범어사 주지이면서, 조실이었던 하동산은 어떤 구상, 가치판단을 하였는지도 의아스럽다. 이런 기획은 하동산의 승인이 없으면 입안, 추진될 수 없는 것이다. 즉 하동산의 입장은 무엇이었는가이다. 필자가 보건대 초기의 기획은 동의하였을 것이지만, 김지효가 단행한 기획 즉 팔송의 농지 처분과 그 자금으로 4만평 농지개간은 동의하지 않았을 것으로 보인다. 현욱이 증언하는 것과 같이 김지효가 그 설명을 처음으로 할 때에는 완전 반대이었고, 두 번째로 설명을 할 때에는 묵묵부답이어서[57] 김지효는 그를 묵인으로 보고 사업을 추진하였다는 것은 그 예증이다. 그리고 이런 것과 연관하여 김지효가 그를 추진한 시점은 정확히 언제였으며, 그의 소임은 무엇이었나? 다시 말하면 하동산이 입적한 직후에 추진하였는가, 아니면 입적 이전에

57) 묵묵부답은 정상적으로는 이해되지 않는다. 범어사의 운영, 진로에 큰 문제를 야기하는 것에 대해 침묵을 지켰다는 것은 납득이 되지 않는다. 추정하건대 당시 하동산은 입적을 예감하고 모든 것을 방하착하는 자세를 견지하였는지도 모를 일이다.

추진하였는가이다. 이에 대해서는 추후 세밀한 검토, 확인이 요청된다.

아울러 우리가 유의할 또 하나의 문제는 그것을 김지효가 결정할 때에 김지효 단독의 고뇌, 결단인가 하는 점이다. 필자가 이에 대한 문제를 제기한 결과 그 결단을 촉진케 한 대상자가 있었으니 그는 당시 범어사 선방에 있었던 수좌인 문현구이었을 것이라는 증언이 있다.[58] 그는 김지효와 아주 친근하게 지냈고, 입산 이전 한독당 조직부장을 지냈을 정도로 속세에서도 일정한 기획력을 겸비한 당사자였다.[59] 그래서 필자는 총림 건설 입안, 변화, 추진에 김지효와 함께 상의, 추동한 인물에 대해서도 관심을 가져야 한다고 본다.

다음으로는 김지효가 이런 일을 추진하면서 범어사 내부의 대중, 신도 등과 충분한 상의를 하였는가이다. 즉 범어사 소임자들과 상의를 하거나, 그 추진 일정, 이용범과 맺은 계약 내용등을 통보하였는가이다. 신도들에게는 일체의 상의가 없었을 것으로 보인다. 그리고 그를 추진하면서 조계종단 총무원, 감독관청인 문교부와는 공문으로 보고하였고, 승인은 득하였는가이다. 현재 이에 대해서는 관련 문건이 없다. 동래구청에 산림개간 신청을 하여 허가를 득하였다는 증언은 나와 있지만, 종단 및 문교부와의 연락, 통보, 승인 등에 대한 정보는 없기에 더 이상의 내용은 단언하기 어렵다. 개간은 허락을 득하였다고 보이지만 땅 매각, 이면 계약에 대해서는 절대적으로 비밀로 추진되었다고 보인다.

이제 최종적으로는 김지효가 구상, 실천한 총림 재건은 범어사 사격

---

58) 이에 대해서는 원두, 정관, 대성 스님 등이 필자에게 증언하였다.
59) 그는 본래 이청담의 상좌로 조계종단으로 출가하였고, 정화운동 당시에도 종단에 영향력을 행사해 다수 승려들의 비판을 받았다.

및 역사에 어떠한 영향을 주었는가의 문제를 조망해 보겠다. 1965년, 하동산이 입적이전에 강구한 기획은 범어사의 사격과 문화를 고려한 역사 계승의식에서 나온 것으로 보인다. 그러나 김지효가 단행한 수도원의 결단은 그 보다는 수행도량의 정비, 관광사찰의 성격에서 배제 등을 우선한 것이라 하겠다. 달리 말하면 김지효의 구상은 1960년대 총림건설, 도제양성이라는 관점에서 접근한 것이 아닌가 한다.

그러나 이러한 판단도 신중하게 접근하고, 재고할 여지가 많다. 달리 보면 김지효의 판단, 실천도 하동산 생전에 구상한 기획구도에서 나온 것이었을 것이다. 다만 범어사 내외의 정상적, 원만한 합의, 동의기 부족한 상태에서 추진하였기에 그에 대한 이의, 반발을 극복치 못하고 중도하차하였다. 그래서 이는 실패한 역사로 우리에게 전해지고 있는 것이다.

그러나 김지효의 꿈과 실패는 그간 역사의 뒤안길로 방치되어 있었지만 여기에서 범어사 대중, 그리고 조계종단의 후학들은 역사에서 교훈을 찾아야 할 것이다. 그럴 때에 범어사는 선찰대본산이라는 과거 역사에 나타난 사격과 위상을 재창조 할 수 있을 것이다.

4. 결어

맺는말은 추후 총림, 김지효, 범어사 연구에 유의할 대상 및 내용을 제시하는 것으로 대하고자 한다. 이 점은 필자의 주안점이면서, 이 분야 연구자들도 고려해야 할 내용으로 제안할수 있는 것이다.

첫째, 필자가 본론에서 서술한 여러 내용에 대한 자료수집, 분석을 더욱 철저하게 해야 한다. 김지효가 조령에 개설하려한 재건총림회, 1960년대 초반 범어사에서 강구한 총림의 기획, 부산 금정구청에 제출한 개간의 계획, 휴휴정사의 평생수도원 등등이 바로 그것이다. 이러한 관련 자료를 세밀하게 살필 때에 그 전모와 성격이 확연하게 드러날 것이다.

둘째, 김지효가 강구한 조령 및 범어사의 사례와 1960년대 등장한 여타의 총림과의 비교 연구가 요망된다. 범어사는 왜 실패하였고, 해인사와 송광사는 성공하였는가? 이를 단순한, 우연적인 성과로만 보아야만 하는가. 이렇듯이 범어사의 사례를 당시 시대적 상황과 연결지우고, 여타 수좌들이 총림건설을 어떻게 이해하였는가를 아울러 살피면 의외의 진실에 다가설수 있을 것이다.

셋째, 정화운동에 참여한 대상자 연구의 폭을 확대해야 한다. 지금 정화운동은 전체적인 개요와 흐름을 분석하고, 그리고 동시에 그 주역이었던 고승의 연구에 연구자들의 시선이 갔음을 부인할 수는 없다. 이제부터는 정화운동에 참여한 중견승려, 단순 참가한 승려 등등 그 대상의 폭을 넓히고 정화운동이 1970, 1980년대에 이르기까지 전개되었던 불교계 여러 현상과 연결지워서 그 역사적 맥락을 추출해야 할 것이다.

넷째, 범어사에서는 1980년대 후반 총림을 세우려고 범어사 내부, 동산문도회 내에서 다양한 추진을 하였다. 그래서 그에 관련된 수차례의 산중총회, 실무자 회의 등을 거치고 총림법, 규약 등을 다양하게 생산하였다. 그러나 결과적으로는 합일된 의견을 도출하지 못하고, 종단으로부터 총림 지정을 받지 못하였으며, 총림 운영을 시도하지도 못하였다. 왜 이런 현상이 일어난 것일까? 김지효가 그 이전부터 범어사 총림건설을 추진한 역사적 경험이 있는 데에도 불구하고 범어사가 사격 재창조에 실패한 것은 납득하기 어려운 것이다. 요컨대 범어사 대중, 범어사 본말사 대중, 동산문도회 구성원들의 역사 계승의식도 좋은 연구 주제인 것이다.

지금껏 필자는 추후 이 분야 연구 주안점, 대상을 제시하고 그에 연관된 부대 내용을 제시하였다. 필자의 이러한 개진이 범어사 및 총림 연구에 하나의 징검다리가 되길 기대한다.

한국종교연구협회의 설립과 이능가

1. 서언

최근 한국 사회의 내부를 격동케 한 종교 문제가 있었으니 그는 종교
편향이었다. 그래서 종교편향의 문제는 정치, 사회, 종교 분야에서 강력
한 이슈로 떠올랐다. 이는 정권의 주체세력에 기독교 인사가 다수 포진
하고, 그로부터 종교간 편향, 차별, 갈등이 등장하고 있음을 우려한 것
에서 시작되었다. 비록 그 문제가 광우병 해결을 위한 촛불집회의 연장
선상이라는 정치적 성격, 그리고 경찰의 조계종 총무원장 불심검문이라
는 우발적 사건에서 촉발된 불교계의 분노가 개재되었지만 그 저변에는
한국사회 내부에 종교간 갈등이 상당함을 역설적으로 보여주는 것이다.

이런 과정에서 불교계는 2008년 8월 27일 시청광장에서 대규모 집회
를[1] 개최하여 종교편향은 국가적 차원의 문제임을 주장하고, 정치권이
그 해결에 적극 나서야 한다고 강조했다. 당시 불교에서 주장한 구호가
종교차별, 헌법파괴이었음에서 그 사태에 흐르던 성격의 일단을 파악할
수 있다. 그래서 정치 분야에서는 그에 대한 문제를 법으로 해결, 완충,
조율하겠다는 목적으로 그 관련 입법을 추진하였다. 그리고 종교 분야
에서는 그 문제가 야기된 배경, 성격, 해소방안 등을 놓고 다양한 해석,

---

1) 그 대회는 헌법파괴 종교차별 이명박정부 규탄 범불교도대회이었는데, 승려와 신자 등
20여만 명(경찰추산 6만 명)이 모였다.

전망을 하는 학술적 접근을 갖었던 것이다.

　그러나 종교간 혹은 종교와 국가 간의 갈등은 단순히 법으로만 해소될 성격은 아니라고 보여진다. 그것이 나오게 된 이면에는 지난 100년, 근현대 역사의 파란만장한 각 종교의 역사의 굴곡이 담겨 있다. 때문에 종교편향, 종교갈등에 대한 총체적 정리, 해석은 간단하게 접근할 수 있는 것이 아니다. 동시에 종교간 갈등, 대립을 해소할 수 있는 방법도 법으로만 해소될 것도 아님은 자명한 것이다. 종교 간의 갈등해소, 종교평화를 유지하기 위해서는 종교간의 대화, 타 종교의 이해, 공동체 의식의 긍정, 종교성 본질 추구 등이 전제되어야 할 것이다.

　그런데, 필자는 한국 현대불교사에 대한 탐구를 하면서 본 고찰과 유관한 역사의 흔적을 찾을 수 있었다. 그는 당시 조계종단 사무처장이었던 이능가(李能嘉, 1923~2020)에[2] 의해 발의되어, 1965년 12월에 발족된 한국종교연구협회(韓國宗敎硏究協會)의 역사를 말한다. 발족된 한국종교연구협회는 종교간의 평화를 유지하기 위한 목적으로 종교 간의 친목과 이해를 구현하기 위한 활동을 전개하였다. 이 협회는 발족이후 수십 년간 지속되었지만, 그 내적으로는 격동적인 우여곡절을 겪으면서 현재에 이르렀던 것이다.[3]

---

2) 그의 이력은 다음과 같다. 일제하 일본 와세다 대학 졸업, 경주공고 교감, 1950년 범어사 입산, 불교정화운동 주도, 조계종 사무처장, 재일 조계종 관장, 범어사 주지, 동산문도회 문장 등이다. 1960년대 당시로서는 조계종의 엘리트 승려이었다. 현재는 범어사 내원암 및 소백산 백산선원(토굴)에 주석하면서 수행중이다.

3) 한국종교연구협회의 변천, 지속, 계승의 문제는 추후 자료에 의거하여 정리, 연구되어야 할 것이다. 이 협회는 1966년 12월, 제2차 총회에서 한국종교인협의회로 단체명을 바꾸었으나, 1970년 초에는 한국종교협의회로 전환되고, 1988년 2월에는 한국종교협의회로 개칭하여 활동하고 있다. 윤이흠, 「한국종교연합운동의 어제와 오늘」, 『한국사회와 종교』, 한국종교협의회 편, 신명출판사, 1989, p.123. 『동아일보』1970.2.25, 「한국 宗敎

이에 본 고찰에서는 한국종교연구협회의 발의를 주도하고 초대 대표를 역임하였던 이능가의 고뇌, 종교관, 종교 대화에 대한 철학 등을 소개하면서 한국종교연구협회의 출범 과정을 정리하려고 한다. 이러한 내용의 정리는 최근 사회문제화 되고 있는 종교간 갈등의 해소의 방향을 수립함에 큰 시사를 줄 수 있을 것으로 보인다. 나아가 필자가 정리하는 내용은 한국 현대의 불교사 및 종교사 분야의 지평 확대에도 기여할 것으로 기대된다. 한국종교연구협회의 사업 전개 등 본격적인 활동 등 본 고찰에서 다루지 못한 미진한 측면은 지속적인 연구로 보완해 나가려고 하거니와 제방의 눈 밝은 선지식의 질정과 비평을 기다린다.

2. 한국종교연구협회의 창설

각 종교계 대표들이 종교간 평화 유지, 종교간 대화의 목적을 갖고 설립한 한국종교연구협회는 1965년 12월 21일의 창립총회를 통하여 출범하였다. 그런데 이 창립은 1965년 10월 18, 19일 「종교인의 공동과제」라는 주제 하에 크리스찬 아카데미 주최로 개최된, 한국 6대종교 대표 심포지움에서 발단이 되었다. 한국 종교간 대화운동의 효시로 이해되는[4] 당

協會 창립, 會長 崔月山스님 宗派간 派閥意識 우려」. 현재 종교연합운동을 하는 단체는 통일교가 종교협의회에 가입, 주도한 것에 불만을 갖고 탈퇴하였던 기독교, 천주교 측이 주도하여 1986년도에 새롭게 설립된 단체(7대종단 연합체)인 한국종교인평화회의(KCRP)가 있다. 그리고 1998년에는 종교지도자협의회(문화관광부 법인 등록)도 새롭게 등장하였다.
4) 『한국종교인평화회의 20년사』, 한국종교인평화회의 20년사편찬위원회, 2006, p.40. 그런데 변진흥은 「한국사회의 종교 공존과 종교협력운동」(『종교연구』 56, 2009) p.12의

시 그 심포지움에 참가한 각 종교 대표는 다음과 같다.

불교 ; 이능가(조계종 총무원사무처장), 김운학(조계종 총무원사회국장), 서경
　　　수(동국대 교수), 박성배(동국대 교수), 이기영(동국대 교수), 이규대(교
　　　우사 사장)

원불교 ; 황온순(한국보육원장), 이운권(원불교 서울사무소대표),
　　　　이공권(원불교 정화사무처장)

유교 ; 유승국(성균관대 교수), 유정동(성균관대 교수)

천도교 ; 백세명(천도교 중앙총부 종무위원),
　　　　김경태(천도교 중앙총부 종무원장), 조기주(천도교 교화관장)

천주교 ; 박양운(카톨릭대 교수), 박도식(카톨릭시보 논설위원),
　　　　김몽은(대방동 대교주)

기독교 ; 김재준(한국신학대 명예교수), 강신명(새문안교회 목사),
　　　　유동식(감리신학대 교수), 김동수(성광교회 목사)

기타 대표 ; 김용구(한국일보 논설위원),
　　　　　채기은(크리스찬신문사 편집국장)[5]

이상과 같은 종교인들이 서울 광진구 광나루에 위치한 용당산 호텔에

각주 24에서 1965년 4월, 박종홍, 윤성범, 이기영, 백세명, 황온순 등이 round table형
식의 모임을 가졌다고 지적했다. 그러면서 그는 이능가가 1964년부터 종교간 대화의 필
요성을 설득하는 노력을 하였다고 부연하였다. 이에 대해서는 윤이흠, 「종교다원주의에
대한 경험적 접근 – 한국 종교대화운동의 역사적 고찰을 통하여」『종교 다원주의와 종
교윤리』, 집문당, 1994) 참조.
5) 『종교계』창간호(1965.12), pp.60~61.

서 종교간의 대화, 종교계 공동 활동을 놓고 심포지움을 개최하였던 것
이다. 그 정황은 아래의 기록을 통하여 파악할 수 있다.

韓國「크리스찬 아카데미」가 주최한「韓國 諸宗敎의 共同課題」에 대한
국내 6대 종교 대표의「대화」가 18.19일 이틀에 걸쳐 龍堂山「호텔」에서
열렸다. 우리나라에서 처음 종교 각계의 대표 20여 명이 한자리에 모
여「共同의 廣場」을 마련한 이 토론회는 李能嘉스님(佛敎), 黃溫順여사
(圓佛敎), 柳承國교수(儒敎), 李養雲신부(카톨릭敎), 白世明씨(天道敎), 金在
俊목사(프로테스탄트)가 자기 종교를 대변한 發題 강연에 이어 社會 參
與, 信仰의 自由 등 7개 항에 걸친 대화를 나누었다.[6]

그런데 종교인의 대화는 규모에 있어 퍽 단출하였고, 장소도 都心을 떠
나 광나루의 한 호텔「龍堂山 호텔」에서 열리었으며 東亞日報가「한국
제종교의 공동과제 – 六大宗敎 대표가 모인 討論에서–」라는 타이틀로
이를 크게 보도해주었을 뿐 그다지 社會의 耳目을 집중시키지 못했지
만, 우리는 그 단출한 이틀 동안의 對話에서「하나의 세계」를 향한 더 알
차고 보람있는 무엇을 다 같이 느끼게 되었음을 分明히 알 수 있었다.
우리나라에서 처음 宗敎 각계의 대표들이 한자리에 모여「共同의 廣場」
을 마련한 이 심포지움은 크리스챤 아카데미 代表 姜元龍博士의 인사
에 이어 李能嘉스님(佛敎), 黃溫順여사(圓佛敎), 柳承國교수(儒敎), 李養雲
신부(카톨릭敎), 白世明선생(天道敎), 金在俊목사(프로테스탄트)가 차례로

6)『동아일보』1965.10.21,「韓國 諸宗敎의 共同課題, 6大 宗敎代表가 모인 討論에서」.

행한 發題講演으로 開幕되었다.[7]

심포지움은 강원룡의 인사에 이어 각 종교 대표급 성직자들의 개별 발제로 이어졌던 것이다.[8] 당시 그들은 대표 발제자들이 개진한 내용에서 중요 주제를[9] 다음과 같이 정하고, 이에 대해서 집중적으로 토론하였다.

① 한국 정신풍토 조성과 종교의 민족적 구심력 문제

② 종교의 사회 참여 문제

③ 국가권력과 신앙의 자유 문제

④ 사교 · 미신 타파와 빈곤 타파 문제

⑤ 대화의 계속 문제

이상과 같은 주제는 추정하건대, 각 종교 대표자들의 개별 발제를 마친 후, 그 발제에서 나온 위의 주제를 정하고, 그 연후에는 위 개별 주제를 놓고 토론, 의견 개진을 한 것으로 보인다. 위의 7개 주제를 놓고 오고 간 토론의 내용의 전체는 구체적으로 파악하기 힘들다. 그렇지만 당시 그 심포지움에 참가해서 그를 정리한 참관기가 전하고 있으며, 더욱 자세한 내용은 그 협회의 연구지로 출범한『종교계』창간호(1965.12)에 수

---

7) 이공전,「한국종교인들의 대화의 광장 – 6대종교대표 심포지움에 다녀와서」,『종교계』 창간호, pp.85~86.

8) 그런데 각 종교인들의 발제 제목 및 내용은 자세히 알 수 없다. 불교측 대표인 이능가의 발제는「불교의 安心立命」으로 전하지만 여타 대표들의 제목은 파악하지 못하였다.

9) 위의『동아일보』에서는 대화의 주제가 7개 항에 달하였다고 하였다.

록되어[10] 있다. 여기에서는 참관기에 전하는[11] 각 주제 내용을 소개한다.

① 한국의 정신풍토 조성과 종교의 민족적 구심력 문제

한국 역사에 있어 구심적 역할을 해 온 불교나 유교가 서구 문명의 침입과 함께 그 권위를 잃고 신참 종교들은 아직 민족의 생활 속에 깊이 파고 들어가지 못했음을 시인하고 각 대표들이 그 원인을 여러모로 구명한 다음 우리대표 이운권선생은 「우리 모든 종교인들이 먼저 자아를 완성하고 마음을 개혁하며 자주력을 확립하고 愍으로써 結緣되어야 한다는 것을 자각해야만 이 나라에 정신풍토도 조성되고 우리 종교들이 민족의 구심력 역할을 하게 될 것이다」라고 결론지었다.

② 종교의 사회 참여 문제

각 종파의 사회 정책 설명이 있었고 이른바 계급을 파고 드는 산업 전도의 필요, 국가 사회 문제에 종교들이 집단적 의사 표시의 필요, 적극적 교화운동의 필요 등이 역설되었는데, 필자는 이 문제에 대해서 「종교가 사회를 떠나 존재하지 않는 이상 종교로서는 이미 사회에 참여해 있는 것이고 여기서 문제되는 것은 종교집단으로서의 참여 문제와 종교 개개인으로서의 참여문제가 주로 논의될 점인듯 하다. 그런데 과거 3.1운동과 같은 민족적으로 막다른 큰 문제가 아닌 정당들이 쟁점이 된 정치 문제 등에 종교교단이 과열 또는 경솔한 의사 표시를 하는 것은

---

10) 그는 『종교계』 pp.74~84에 「6대종교인의 대화」라는 주제하에 그 토론 내용을 대략 2면에 걸쳐 요약한 것이다.
11) 그는 위의 자료, pp.86~88에 전한다. 이를 기고한 李空田은 원불교 正化社 사무장이었다.

범사회의 지도 위치에 있는 종교로서 극히 삼가야 하겠고, 각 종교가 안으로 그 신자들을 더욱 잘 훈련시켜서 신자들이 각기 자기 분야에서 알차게 자기 종교를 활용하도록 지도하는 것이 더 중요할 것이다」라고 말하고 원불교 4대 강령의 하나인 「佛法活用」과 「佛法은 물 쓰듯이 활용되어야 한다」는 應山선생의 말씀을 인용 설명하였다.

③ 국가의 권력과 신앙의 자유 문제

일부의 발언에 있어서는 이 문제의 논의가 절실히 필요한 시점에서 종교계가 놓여 있는듯이 비치어졌고 순교 정신의 필요도 이야기 되었으며 세칭 비구 대처승 간의 불교분쟁에 정부가 개입한 일 등이 화제에 오르기도 하였으나 그것은 질에의 간섭이 아니고 양에의 간섭이라는 해명으로 일단락되고, 정치와 종교의 우호관계의 필요가 역설되었으며 필자는 「신앙의 자유는 헌법이 보장한 기본 자유의 하나인데 이 점에 문제가 생기는 것은 종교계만의 문제가 아닌즉 여기에서의 논의는 잠시 보류하고 우리 종교들이 자체안의 문제를 자체 안에서 해결 못하고 국가 권력에 폐를 끼쳐서 부자유를 초래하게 되는 사례와 종교 집단이나 종교 지도자가 자칫 권력 잡은 이에게 어용되어 스스로 자유를 더럽히는 사례 등에 우리들의 반성과 각성을 더 필요하지 않겠느냐」고 말하였다.

④ 사교와 미신 타파와 빈곤 타개문제

이 문제에 대해서 무엇을, 어디까지를 邪敎라, 미신이라 할 것이냐 이것은 기준잡기가 어려운 것으로 이야기 되었고 모든 종파들에게 양성적으로 포교케 할 필요가 역설되었으며, 우리 대표 이운권선생은「종교의 역할은 비유하자면 慈母의 역할 같은 것인데 자모중에는 그 道에 충실한 이도 있을 것이고 못하는 이도 있을 것인즉 자모는 자모의 도만 다하고 正邪 善惡은 그 자녀들이 성장한 후 판정하도록 맡겨 두는 것이 우리로서 올바른 자세가 될듯하다」고 발언하여 주목을 끌었다.

이 대화에서는 또한「미션」계통의 학교 채풀시간에 각기 다른 종교를 가진 학생들의 입장을 고려한 학사 행정이 아쉽다는 의논과, 동양에 있어서의 제사는 이것이 우상 숭배의 행사가 아니고 하나의 추모 행사 또는 敬先崇祖하는 예의에 불과한 것이니 서양 종교들의 이 점에 대한 너그러운 견해의 실행이 아쉽다는 의논이 교환되어 동서 종교간의 벽을 트는데 몇가지 좋은 계기가 마련되기도 하였다.

빈곤의 해결 문제와 부정부패의 일소문제는 예정시간의 촉박으로 자상히 대화되지 못했으나 우리 대표 황온순 여사는 자립정신의 양성과 주체의식의 확립이 이 문제의 해결에 기본 조건이 된다고 말하였고, 김운학 스님은 인과사상의 주입이 필요하다고 말했으며 카톨릭측에서는 원조물자의 개발 사업방면에의 활용이 설명되었고, 유교측에서는「富와 均이 병행되어야 한다」고 말하였으며, 필자는「한국의 빈곤문제가 우리들의 대화에 문제되는 것은 한국의 빈곤에 대해 과거의 한국종교들이 책임질 점이 없느냐는 반성과 또한 이 빈곤을 해결하는데 우리 종교들이 어떤 방면을 공헌해야 되겠느냐는 방법론을 찾는데 그 뜻이 있을 줄로 안다」고 말하고「과거의 종교들이 정신생활에만 치중하고 세간생활에만 경시했으며 거개의 교역자와 종교인들이 놀고 먹는 폐풍에 젖어 있었으니 오늘날의 이 지상의 빈곤에 과거의 종교들이 한 부분의 책임

을 크게 져야 한다」고 말한 다음 「앞으로는 우리 종교인들이 앞장 서 생
산적인 생활 자세를 시범해야 하고 일반 신도들에게 생활을 중시하게
하여 靈肉雙全의 해결에 기여해야 된다」고 강조하였다.

⑤ 대화의 계속 문제
참가자 모두가 그 필요함을 하나 같이 인정하였고 이 자리에서 바로
「韓國六大宗敎聯合會」를 발기하자고 까지 나섰으나 결국은 우선 종교
敎團 單位로의 연합체 보다 앞으로 「韓國 宗敎人 協會」같은 것을 만들
어 뜻 있는 종교인들로서의 협의체를 만들어 대화의 共同廣場을 계속
마련하고 친선, 이해, 협조의 과정을 거쳐 그 경과를 보아 더욱 차원 높
은 광장을 마련해 나가자고 의논되었다. 그리하여 6개 종교 대표들이
각각 연락 대표 한분 씩을 선정하여 「韓國宗敎人協會」 발기에 관한 모
든 일을 위임하였다.

　이렇듯이 종교간 대화를 위해 모인 성직자들은 위의 5 주제에 대해 심
도 있는 토론을 하였다. 그러나 제한된 시간으로 충분한 토론과 결론의
도출까지는 이를 수 없었다. 이에 그들은 대화를 계속할 수 있는 틀을
만들기로 정하였다.

　이제 이 전례 없는 오늘의 우리 모임이 앞으로도 계속적으로 대화의 광
　장을 버리지 말고 새로운 생활종교의 기틀을 마련하고 민족건설을 이
　룩하기 위하여 한국 6대종교 대표자들로써 하나의 협의체를 구성해야
　할 것이다.… (중략) …

이 협의체의 내용과 성격은 어디까지나「아카데믹」에 중점을 두고 일정한 기간을 정하여 정례적「세미나」를 통해서 우리 6대종교의 과제와 시대적 사명을 향상시키도록 한다. 정기적인 모임의 주최는 각 종교 단체가 차례로 돌아가면서 모임을 주최하고 그 모임에 있어서는 토론 과제는 상설 연구기관에서 제시하도록 해야 할 것이다.[12]

즉, 협의체를 만들고, 정례적인 세미나를 개최하여, 종교 과제 및 시대적 사명을 증진시킬 수 있는 토론을 하고, 그를 통하여 종교간 대화를 지속하기로 정하였다. 이를 위해 연락 및 협의회 발기의 실무를 담당할 각 종교의 위원을 선정하기로 정하였다. 이 같은 결정을 하고 용당산호텔에서의 심포지움은 종료되었다. 심포지움 종료 이후 각 종교의 실무위원들은 모임을 갖고, 협의체 구성을 위한 준비에 박차를 가하였다. 이 사정은 그를 보도한『동아일보』기사에서 찾을 수 있다.

『相互理解와 親睦을 촉진하고 공동연구와 공동활동을 목적으로』뜻 있는 宗敎人들은「韓國宗敎硏究協會」(假稱)를 만들기로 하고 그 趣旨文과 規則의 草案을 작성하는 한편 12월 17일에 우리나라 6大 종교에서 각 敎 10명씩 모여 創立總會를 열기로 결정, 그 준비에 바쁘다.

絶對性과 排他性이 그 生理인 宗敎가 상호이해와 공동 연구활동을 우리나라에서 처음 기도하는 이「韓國宗敎硏究協會」의 發想은 지난 10월 18, 19일「크리스챤 아카데미」가 주관한「韓國 諸 宗敎의 共同課題」에 대한 6대 종교는「對話」에서 싹 텄다. (本誌 10월 21일자 참조) 그 자리에 참

---

12) 위의 자료, p.84.

석한 各 宗敎界 대표들은 敎理나 信仰의 內容은 다를지언정 宗敎간의 共通性을 발견하고 그들이 힘을 합하여 수행해야 할 任務를 느꼈던 것이다. 여기에서 諸 宗敎의 연합세력을 구성해야 한다는 필요성에 의견을 모아 연락 간사를 뽑았다.

그후 매 토요일마다 회의를 거듭한 준비위원 7명. 김운학(불교), 이운권(원불), 백세명(천도), 박도식(천주), 유정동(유), 유동식(프로테스탄트), 김용구(세계문화자유회의 - 非宗敎人) 제씨는 김운학씨와 유동식씨를 規則 기초위원으로 뽑고, 그들이 작성한 취지문과 규칙을 지난 13일 통과시키는 한편「個人」자격으로 각 界 10명씩이 모여 12월 17일에 총회를 열기로 결정했다. 취지문에서『敎理와 組織을 달리함에도 ①한국인으로서의 共同運命 아래 살고 있고 ②永遠에 입각하여 現實을 救濟하자는 共同課題가 있음』을 지적한 同會는 전문분과로 硏究分委, 出版分委, 財政分委를 두고『相互理解와 親睦을 도모하며 공동연구와 책자발행을 계획』(김운학)하고 있다.

또한 各 宗敎의 獨立性과 同等性을 확립하기 위해 某 宗敎 財團의 경비 부담 제의를 거절하고 참가자 자신이 부담하는 한편 會長을 輪番制로 하도록 결정했다.[13]

위의 기사 내용에는 당시의 활동 정황의 정보가 다수 있다. 각 종교측의 연락간사, 협의회 창립의 준비위원으로 활동한 대상자는 김운학(불교), 이운권(원불교), 백세명(천도교), 박도식(천주교), 유정동(유교), 유동식(개신교), 김용구(세계문화자유회의, 비종교인) 등 7인이었다. 이들은 매주 토

---

13)『동아일보』1965.11.18,「宗派를 넘어선 對話, 發足 서두는『韓國宗敎硏究協會』」.

요일에 모임을 갖고 제반 준비를 하였다. 그리하여 마침내 1965년 12월 13일에는 규칙 기초위원(김운학, 유동식)이 만든 규칙, 취지서, 운영 방침 등을 결정하였던 것이다. 그리고 창립 총회는 그해 12월 17일에 개최할 것도 정하였다. 이로써 창립에 필요한 모든 준비는 완료되었다.

　이런 배경하에 마침내, 창립총회는 12월 21일 하오 2시, 여성회관에서 개최되었다. 창립의 준비 기간이 불과 2개월에 불과하였지만, 한국종교연구협회는 정상적으로 출범하였던 것이다. 그 총회의 개요를 전하고 있는 『대한불교』의 기사를 우선 보자.

「한국종교연구협회」가 21일 창립되어 우리 종교사상 최초로 종교인 공동광장이 마련되었다. 불교, 유교, 천주교, 천도교, 개신교, 원불교의 6대 종교인들이 여성회관 강당에서 한자리에 모여 창립을 본 「한국종교연구협회」는 각 종교인 간의 몰이해와 무관심 속에 오는 장벽을 허물고 오해와 배타 태도를 일소하여 종교인 공동의 이상인 현실을 구제하고 민족의 새 문화 창조에 이바지 할 것을 목표로 하고 있다. 각 교 대표 34명이 모인 이날 창립 총회서는 초대 대표에 이능가스님(불교)을 선출하고 상임위원 및 연구, 출판, 재정 삼 분과위원을 선출했다.

지난 4월 세계문화자유회의 한국본부 주최의 종교인 모임에서 싹이 움터 10월 크리스챤 아카데미 주최 「한국종교의 공동과제」란 6대 종교인 세미나에서 구체적으로 각 종교인 간의 친목을 도모하고 공동과제의 연구 공동강연을 비롯하여 책자의 발간을 계획하고 있다. 이와 같은 활동은 한국 종교가 敎條나 상호 이해를 초월하여 함께 손잡고 새 문화 창조에 선구적 역할을 하게 될 것으로 기대가 크다.

이날 창립 총회는 개회, 국민의례, 경과보고, 의장선출, 회칙 통과, 임
원 선출의 순으로 진행되었는데 김남현(불교 대한불교조계종 총무원 사회부
장), 김진경(대한기독교연합회 총무) 兩氏는 축사에서 「종교인의 대화가 이
루어지고 공동의 목적으로 위하여 협력할 수 있는」 同 협회의 창립은
한국 뿐 아니라 세계종교사상에 획기적인 일이라고 전제하면서 장차
인류 문화와 역사 창조에 큰 공헌이 있기를 바란다고 하였다.

또한 초대 대표에 이능가스님은 취임사에서 「과거 각 종교간에 왕왕 있
었던 질시의혹, 배타적 태토는 이 협회의 창립을 계기로 깨끗이 일소되
게 되었다고 하면서 국민의 정신적 지도자인 종교인들이 함께 손잡고
웃는 낯으로 공동의 목표를 실현시켜야 할 것」이라고 하면서 각계의 성
원을 요청하였다.

동 협회의 구성은 종교인과 종교학자로 되어 있는데 가입은 개인 자격
으로 되어 있었다. 한편 재정은 회비, 찬조금으로 이루어져 있으며 본
부는 서울에 두기로 되어 있다.[14]

　여성회관에서 열린 창립총회는 개회, 국민의례, 경과보고, 회칙 통과,
임원선출 순서로 진행되었음을 알 수 있다. 한국종교연구 협회의 출범은
한국종교사상에서는 기념비적인 역사를 갖는 것이었다. 문제는 회칙 및
취지서에서 정한 내용을 얼마나 실천하느냐에 달려 있는 것이다. 그러면
여기에서 취지서와 규칙의 전모를 자료 소개 차원에서 제시하겠다.

---

14) 『대한불교』 1965.12.26, 「한국종교연구협회 발족, 종교사상 최초로 공동광장 6
대종교 모여 출구를 모색」.

한국종교연구협회 창립의 취지

유구한 한국문화를 뒷받침한 것은 종교인들이었다.

오늘날에도 한국에는 여러 종교들이 있어 우리들의 정신적 기둥이 되며 또는 문화건설에 직접 공헌하고 있는 것이다.

이 종교들은 교리와 조직을 달리 하고 있음에도 불구하고 거기에는 몇 가지 공통점이 있는 것을 발견할 수 있다. 첫째 모든 종교인들이 비록 그 종교는 달리 한다고 할지라도 한국인으로서의 공동운명 아래 살고 있다는 것이다. 둘째로는 한국의 모든 종교는 영원에 입각하여 현실을 구제하자는 공동 과제를 가지고 있다는 점이다.

따라서 각 종교 간에는 상호 이해와 협력이 응당 있어야만 할 것으로 믿는다. 그러나 현황을 보건대 거기에는 종교인 간의 몰이해와 상호 무관심 속에 유대를 찾을 길 없으며 때로는 무의미한 오해와 배타적인 우월감이 장벽을 이루고 있는 실정이다.

세계는 바야흐로 그 존속과 문학 발전을 위하여는 하나가 되어 총동원하지 않으면 아니 될 것이다. 이 때를 기해 한국의 지각 있는 종교인들은 누차 협의회를 가진 바 있었다. 그 결과 우리는 상호 이해와 친목을 촉진하고 공동 연구와 공동활동을 목적으로 뜻 있는 종교인들이 모인 한국종교연구협회를 창립하기로 한다.[15]

---

15) 『종교계』 1966년 3월호, p.319, 「종교소식」. 이 취지는 『한국종교인평화회의 20년사』, p42에도 나오는데, 여기에서는 「한국종교인협회 창립 취지」로 나온다. 그런데 기이한 것은 이 문건도 1965년 12월 21일로 나오고, 발기인의 명단이 첨부되어 있다. 하여간 이 문건이 언제, 어디에서 작성된 것인지는 자료 분석, 비판이 요청된다.

한국종교연구협회 회칙

제1장 총칙

제1조 본 회는 한국종교연구협회라 칭한다.

제2조 본 회는 한국 종교인 간의 친목과 이해를 촉진하고 종교자유의
원칙하에 공동 과제를 연구하며 우리 사회 발전에 이바지 함을
목적으로 한다.

제3조 본 회의 사무소는 서울특별시에 둔다.

제2장 구성

제4조 一. 본 회의 회원은 한국의 종교인과 종교학자로 하되 개인 자격
을 원칙으로 한다.

二. 신입 회원은 기성회원 2인 이상의 추천을 얻어 상임위원회의
승인을 얻어야 한다.

제5조 본회 회원에는 정회원과 찬조회원을 둔다. 단, 찬조회원은 본 회
의 취지를 찬동하는 인사로서 상임 위원회가 승인하는 자로 한다.

제3장 부서

제6조 본 회에는 다음의 임원을 둔다.

대표 1인

상임위원 9인

간사 1인

제7조 임원은 총회에서 선출하되 간사는 상임위원회에서 선출한다.
단, 대표는 본회 창립에 참가한 6개 종교별로 선출하고 그 임기
는 1년으로 한다.

제8조 본회 임원의 임기는 1년으로 하되 선거에 의하여 중임을 할수

있다.

제9조 본 회는 고문 약간 명을 추대할 수 있다.

　　제4장 총회

제10조 정기총회는 매년 10월 중에 개최하고, 임시 총회는 3분의 1 이
　　　　상의 요청이 있을 때 개최한다. 총회는 대표가 소집한다.

제11조 총회는 재적회원 과반수의 출석으로 개최하고 출석 회원 과반
　　　　수의 찬동으로 의결한다. 단 회칙 개정시에는 출석회원 3분의 2
　　　　이상의 승인을 얻어야 한다.

제12조 총회는 다음의 사항을 의결한다.

　　　　一, 임원의 선출, 고문의 추대 및 전문위원회 구성

　　　　二, 회칙 제정 및 개정

　　　　三, 예산 결산의 심의 통과

　　　　四, 사업 계획에 관한 사항

　　　　五, 기타

　　제5장 상임위원회

제13조 상임위원회는 6개 종교별로 선출된 6인과 다음 전문위원회의
　　　　대표위원으로 구성한다.

　　　　一, 연구위원회

　　　　二, 출판위원회

　　　　三, 재정위원회

제14조 상임위원회는 재적위원 3분의 2 이상과 출석위원 과반수의 찬
　　　　성으로 의결한다.

제15조 상임위원회는 연 2회 이상 개최한다.

제16조 상임위원회는 다음의 사항을 의결한다.

　　　一, 총회에서 위임받은 사항 二, 회원 입회의 승인

　　　三, 회원의 징계사상 四, 간사 선출, 五, 기타

　　제6장 사무국

제17조 본 회의 사무를 처리하기 위하여 사무국을 둔다.

제18조 사무국에는 간사 1인과 보좌 직원 약간인을 둔다. 단, 직원은 간
　　사의 제청으로 상임위원회의 인준을 받기로 한다.

　　제7장 사업

제19조 본회는 회의 목적을 위하여 다음과 같은 사업을 한다.

　　　一, 각 종교간의 교류 二, 공동 연구회 三, 공동 강연회, 四, 공
　　동지 발행 五, 기타

　　제8장 재정

제20조 본회의 재정은 회비, 찬조금, 기타 수입으로서 충당한다.

　　제9장 부칙

제21조 본회의 회원으로서 본회의 목적과 회칙에 위배되거나 본 회의
　　명예를 손상케 하는 자는 상임위원회의 결의로 이를 제명할 수
　　있다.

제22조 찬조회원은 총회에서 발언권을 가질 수가 있고 결의권은 가질
　　수 없다.

제23조 창립총회 회원은 6개 종교에서 선출된 각 10명으로 한다.

제24조 본회칙에 명기되지 않은 사항은 통상례에 준한다.

제25조 본 회칙은 통과된 날로부터 시행한다.[16]

---

16) 『종교계』 창간호, pp.297~299. 준비위원회에서 마련한 초안이 총회에서 원안대로 통

이제는 위의 창립 취지서 및 규칙에 나온 이념과 운영의 대강을 구현
하기 위해 노력하였던 각 종교인들의 면모를 소개한다. 이들은 발기인,
총회 회원, 선출된 임원들이 바로 그들이었다.

- 발기인
  불교 ; 이능가, 김운학, 이기영, 서경수
  유교 ; 유승국, 유정동
  천주교 ; 박양운, 박도식, 김몽은
  천도교 ; 백세명, 김경태, 조기주
  기독교 ; 김재준, 강신명, 김동식
  원불교 ; 황온순, 이운권, 이공전

- 창립 총회원
  불 교 ; 이능가, 이행원, 고광덕, 김운학, 이기영, 홍정식, 박성배, 서
  　　　경수, 박경훈, 이종익
  원불교 ; 이운권, 박장식, 박길진, 이공주, 황온순, 문동현, 이운석,
  　　　이공전, 김정용, 유성일
  유 교 ; 이상은, 이정호, 민태식, 조용욱, 주병건, 김수구, 유승국, 김
  　　　익환, 유정동, 김선적
  기독교 ; 김재준, 홍현설, 강신명, 조광원, 박대선, 강원룡, 윤성범,
  　　　정하은, 김정준, 유동식
  천도교 ; 김경태, 백세명, 임문호, 장기운, 배호길, 조기주, 이우영,

과 되었다.

　　　표응삼, 곽훈, 이재순

　　천주교 ; 김창석, 박양운, 박도식, 김몽은, 유봉준, 백민관, 김남수,

　　　　유홍일, 현석호, 김규영

• 선출된 임원

　　대 표 ; 이능가

　　상임위원 ; 홍현설(기독교), 박양운(천주교), 백세명(천도교)

　　　　　　유승국(유교), 김운학(불교), 이운권(원불교)

　　　　　　이은석(출판위원장), 유동식(연구위원장),

　　　　　　현석호(재정위원장)

　　연구위원 ; 유동식(기독교), 임문호(천도교), 유봉준(천주교)

　　　　　　서경수(불교), 황온순(원불교), 김선적(유교)

　　출판위원 ; 이은석(원불교), 정하은(기독교), 유정동(유교),

　　　　　　표응삼(천도교), 박도식(천주교), 박경훈(불교)

　　재정위원 ; 현석호(천주교), 고광덕(불교), 문동현(원불교)

　　　　　　김청구(유교), 배호길(천도교), 조광원(기독교)[17]

　이상과 같이 선출된 임원은 취지서 및 회칙에 근거하여 종교간의 친목을 통한 사회의 발전에 기여하는 종교가 되기 위한 행보를 갔다. 총회에서는 협회의 사업은 상임위원회와 각 전문위원회에 위임하기로 결정하였다. 그리고 기타안건이었던 민족 고유의 종교인 대종교 처리 문제

---

17) 『종교계』 1966년 3월호, p.318, 「종교소식」.

는 상임위원회에 위촉하였다.[18]

이 같이 총회가 종료된 이후인, 1966년 1월 10일 종교계사 회의실에서 제1차 상임위원회가 개최되었다. 이는 협회가 정상적으로 가동되고 있음을 말해주는 것이다. 당시 회의에서 결정된 내용은 다음과 같다.

一, 사무국 간사로 유교측에 나온 연구위원인 김선적씨로 선임 결정하고

一, 사무소는 永韓빌딩 三層 宗敎界社 사무소에[19] 병설하기로 하다.

一, 금년도 사업 목표로써 「남의 종교 이해」를 완수할 것을 설정하고 구현책은 연구위원회에 위임하다.

一, 사업계획 및 예산 수립은 각 분위에 위임함.

一, 회원은 四十名을 추가해서 맞어 드리되 각 종단별로 五명式과 十名을 학자로써 배정하기로 함.

一, 고문 추대는 각 종단의 상징적 인물로 하기로 하다.

一, 大倧敎 처우 문제는 연구위원회에 위임한다.

一, 회비는 우선 년 三百원으로 정함.

一, 등록 관계는 사회 단체 또는 사단법인으로 등록토록 代表와 幹事에 일임하기로 하다.[20]

---

18) 대종교에 대한 세부 사정은 알 수 없다.

19) 그 주소는 서울시 종로구 1가 71번지, 한국종교연구협회(전화, 75-0369)이었다. 그런데 1966년 후반 경에 가서는 협회 사무실을 서울 종로 2가에 있는 한청빌딩 내, 문교슬라이드사 내의 방으로 이전하였다. 그 무렵 협회의 간사는 이신재이었다. 그 이전은 협회 대표인 이능가의 친구로서 협회 출범에도 참여한 이규대의 사업체(문교슬라이드사)이었던 연유에서 나온 것이다. 이상의 내용은 이능가와 당시 능가스님의 시봉이었던 선행스님의 증언을 바탕으로 한 것이다.

20) 『종교계』 1966년 3월호, p.319, 「종교소식」. 이 내용은 조계종단의 기관지인 『대한불교』 1966년 1월 9일자에도 「今年을 「相互 理解의 해」로 韓國宗敎硏究協會」라는 제목으로 보

 이상과 같은 상임위원회의 결정은 협회의 출범, 본격적인 사업에 즈음한 내용을 결정한 것을 의미한다. 즉 간사, 사무소, 사업 목표, 추진 방법, 회원 및 고문, 회비, 등록 등이 바로 그것이었다. 상임위원회가 열린 후, 10일 후인 1965년 1월 21일 협회 사무실에서 제1차 연구위원회가 개최되었다. 연구위원회의 결정 내용은 다음과 같다.

> 一, 과제 설정문제 차기 위원회에로 넘기기로 하다.
> 一, 상호 이해를 이룩하기 위하여 협회 주최로 각 종단별로 후원하여
> 교리 및 신앙생활과 사회 활동면을 이해하는 회합을 마련토록 하
> 다. 그 순위 차는 불교 三월 천도교 五월 천주교 七월 원불교 九月
> 기독교 十一월 유교 내년 一월로 건의하도록 정하다.[21]

 연구위원회의 연구과제는[22] 차기 위원회로 넘기고, 종교의 상호이해를 도모하기 위한 회합(공동연구회의)은 각 종교별로 거행하는 것으로 정하고, 그 순서도 정하였다. 그러나 이 결정은 협회의 본격적인 사업을 집행함에 있어서 약간은 미진한 측면을 내포하고 있었다. 그래서 협회는 1965년 2월 16일, 협회 사무실에서 제2차 상임위원회를 개최하여 사업 실행에 대한 보다 구체적인 방향을 정하였다. 이에 대한 내용을 제시하면 다음과 같다.

 도되었다.
21) 위의 자료. p.319.
22) 이것은 각 종단 별로 주최하는 공동연구회에서 각 종단에 소속된 학자들이 연구하여, 발표하는 것으로 추측된다.

二月 十六日 오후 三시~五시 협회 회의실에서 (1) 각 분과위원회 계획
사항 인준 (2) 법인 정관 심의 결정 (3) 고문추대 등 안건을 토의 결정하
였다.

一, 1, 연구위원회 계획사항인 각 종단 별 후원으로 개최하기로 한 六
대 종교간의 「공동이해의 광장」에 대한 구체안을 인준하였고, 2, 동 연
구위원회의 연구 과제 설정에 있어서는 종교교리 간의 공통점에 대한
면과 현실적인 공동과제 면의 양면을 병행토록 하게 한다는 방향을 의
결하여 그 구체적인 연구를 하도록 위임하였다.

3, 출판위원회의 계획사항인 협회회지 발간에 있어서는 「宗敎界」誌에
協會報를 실리는 동시에 각 종단이 가지고 있는 기관지에 보도하도록
할 것을 인준하고 4, 동 출판위원회가 六대 종단의 개별 후원으로 개최
될 「공동 이해의 광장」에 있어서는 연구된 내용을 모아서 단행본으로
출판키로 한 것을 인준하였다.

5, 재정위원회에서 계획사항에 있어서 회비에 대하여는 종단 소속별로
재정위원의 책임 밑에 상임위원과 협의하여 그 연출의 방법을 일임하
기로 하고 종단소속별 할당액을 금년에 한하여 三만원을(三월부터 十二
월까지) 주선하여 증납키로 하였고, 6, 「공동이해의 광장」주최에 있어서
의 비용은 六대종단별로 그 당해 순번에 있어서의 종단에서 부담토록
제의하여 시행키로 하였고, 7, 기타 사업 및 비품비용은 제 찬조 및 후
원을 얻어 충당키로 결정하였다.

二, 안건인 법인 정관 심의는 그 구체적인 토의를 일부분 하였고 그 수
속상 절차에 대한 점 등을 고려하여 상임위원회에서 연구할 과제로 두
고 적절한 기회에 새로이 제기하도록 보류하였다.

三, 안건인 고문 추대에 대해서는 1차 상임위원회에서 의결한 각 종단
의 상징적인 지도자를 추대하도록 한 원칙대로 그 인선에 있어서 각 종
단 소속한 상임위원이 건의한 것을 토대로 추대토록 하였다. [23)]

이 내용은 그 이전 상임위원회의 결정보다는 진일보한 것이었다. 각
분과에서 심의한 것을 확정하고 협회 운영의 근간인 법인 정관의 문제
도 심의하였음이 그 예증이다. 연구위원회에서 결정한 6대 종교간의 '공
동이해의 광장' 사업을 인준하고, 그 연구 방향도 설정하였음은 가시적
인 성과였다. 출판위원회에서 설정한 출판사업, 그리고『종교계』와 협회
지와의 연계 문제도 원칙을 갖고 정리하였다. 또한 협회 재정에 대해서
도 재정위원회에서 정한 종단 별 할당액과 사업비용의 충당 방법도 결
정하였다.

이러한 결정은 한국종교연구협회가 정상적으로 사업을 전개함에 있
어서 필요한 조치를 자체적으로 정리하였다는 면에서 일정한 의의를 갖
는 것이다. 즉 사업 전개 및 활동에 있어, 제반 준비를 다하였다. 문제는
이 같은 결정에 의거하여, 본격인 활동에 들어가기면 하면 되었다.

3. 종교간 대화와 이능가의 종교관

한국종교연구협회는 이상과 같이 1965년 10월 18~19일, 한국 6대종
교 대표가 참가한 가운데 크리스천 아카데미가 주관하여 개최한「종교

---

23)『종교계』1966년 4월호, p.288,「報告」.

인의 공동과제」심포지움에서 발단이 되었다. 1965년 12월 21일 여성회
관에서의 창립총회를 통해 출범하였고, 1966년 2월에는 협회 운영의 틀
과 사업 내용을 정함으로써 본격적인 활동에 들어간 채비를 다하였다.

필자는 이상과 같은 내용을 파악하고 나서, 한국종교연구협회의 초
대 대표를 맡았을 뿐만 아니라 불교 대표로 출범에 깊숙이 관여, 주도하
였던 이능가를 면담하였다.[24] 면담 결과 이능가는 협회가 출범한 1965
년 12월 훨씬 이전인 수년 전부터 자신은 종교간 대화의 필요성을 절감
하고, 협회가 등장할 수 있는 분위기를 조성하여, 일정 부분에 있어서는
자신이 협회 설립을 주도하였다는 증언을 필자에게 하였다.[25] 그래서
필자는 이능가의 이런 회고 및 증언이 한국종교연구협회의 설립 배경의
이해, 그리고 나아가서는 불교 현대사에 이해에 있어서도 매우 중요하
다고 판단하여 그의 어록을 역사적 사료로 취급하여 논지를 전개하고자
한다. 필자는 우선 이능가에게 종교간 대화를 주도하게 된 사연, 동기부
터 질문을 하였다.

> 내가 범어사에서 출가하여 있었는데 1950년대에 우리 스님(필자 주, 동
> 산)이 종정을 하시게 되었고, 그때 정화운동이 일어나고 승려대회가 열
> 려서 내가 서울 조계사에 갈 수밖에 없었어. 그때 조계사, 대각사 등지
> 에 머물면서 정화운동을 할 때에 종교 간의 대화가 필요한 것을 느끼게

---

24) 첫 번째 면담은 2008년 12월 17일, 능가스님이 주석하고 있는 소백산 白山禪院(경북
영주시 풍기읍 삼가리)에서 이루어졌고 두 번째 면담은 2009년 1월 15일 범어사 내원
암에서 이루어졌다.
25) 당시 종교연구협회 발족 주역 대부분이 타계를 하였기에, 능가스님의 증언은 중요한
역사성을 갖는다고 필자는 본다.

되었어.

그때 전국승려대회가 세 차례나 열렸는데 나는 첫 번째 대회에는 참석하지 않았고, 두 번째 대회(1960년)부터는 참석하였어. 우리 스님이 종정이시니깐 올라갈 수 밖에 없었어. 가서 그 정화운동의 본부인 조계사에 가 보니깐 그 당시 치안국에서 조사해준 비구승 숫자가 830명 정도이었지만, 막상 정화운동에 참가하는 승려는 불과 4, 500명이었어. 그런 북새통에서 내가 가만히 생각을 해 보았어. 그 당시 내 심정은 전국에서 올라온 그 승려들을 보니, 사람다운 사람이 안 보여. 나는 속으로 이건 내가 헛 애쓰는구나 하는 자괴감을 엄청 갖었어.

더욱이 나는 정화를 사무적으로 총괄하는 입장에서 여러 회의가 생겼어. 거기에는 나 자신의 문제도 거기에 포함되어 있었으니 깊은 고민을 하였지. 당시 비구승은 830명인데 전국의 사찰은 2500개인데, 비구승이 승리를 하면 그 절 2500개를 어떻게 관리를 할 수 있을 것인가부터 걱정이 보통이 아니었지. 그래서 나는 비구승이 이겨도 걱정, 져도 걱정 그런 심정이었지. 그때 나는 소위 비구승 핵심부에 있어서 지효스님, 경산스님, 소천스님, 통도사 스님으로 말 잘하는 스님 등과 정화운동의 진로에 대해서 터놓고 대화하는 사이였어. 그럴 때 내가 의견을 개진하면 그 스님들도 내 의견에 끌려오는 형편이었어. 이를테면 내 의견이 받아들여지는 것이지. 그래서 숙소인 대각사에서 그 스님들과 많은 대화를 하였어. 당시 대처승은 비구승보다 숫자도 많고, 돈도 많고, 외국유학 갔다 온 기라성 같은 학식 있는 스님도 많았고, 이승만박사를 뒤에서 감싸며 권력을 갖고 있는 사람도 많았어. 그래서 나는 절망했어. 나는 내 생각을 대각사 방에서 경산, 소천 스님들에게 이야기

했어. "이거, 이번 싸움 우리가 못 이깁니다, 자신 못해요. 설사 우리가
이긴다 해도, 현재 우리 스님들의 모습으로 세상에 나가서 한국불교를
이끌 인물이 없어요"라고 말하면, 소천스님이 내 말에 동의를 해주고
그랬지. 그러나 이런 생각은 내 생각이었지, 정화 선봉장인 우리 스님
이나 청담스님은 내 말을 들을 사람들이 아니었지.

하여간 정화운동을 하던 그때부터 정화운동은 운명에 맡기고 나는 한
국불교의 위상을 올려놔야 하겠다는 사명감 같은 것을 갖게 되었어. 이
런 과정 속에서 이화대학의 최교수라고 한학을 한 국학전공 교수와 자
주 대화를 하게 되었어. 최교수가 나를 자주 찾아 오기도 하고, 그러다
보니 내가 시야를 넓게 가지게 되었지. 그 최교수 말이 기독교 같은 타
종교를 보아도, 불교보다 더 나은 것이 없다는 취지의 이야기를 자꾸
나에게 하는거야. 그러면서 불교가 실하면 한국 민족의 좌표의 역할을
할 수 있는 위상을 지닌다는 것이었어. 그때 나는 30대이었고, 그 최교
수는 50대이었어. 그래 나는 주로 경청을 하는 입장이었어. 그때에 나
는 내 사명이 불교를 평정해야 하겠다는 마음을 갖었어. 그러다 보니
자연 한국 종교계에 대해서 관심을 갖게 되었지. 내가 그냥 있으면 안
되겠구나 하는 생각을 갖으면서 한국 종교에 대한 관심 이것이 운명적
인 것이 아닌가 하는 생각을 하게 된 것이 한국 종교에 관한 일을 하게
된 첫 번째 효시이자, 발단이었지.

이상과 같은 능가의 회고에서 그는 1960년 불교정화운동의 그 현장
에서 불교의 위상을 증대시키겠다는 원력, 나아가서는 불교가 여타 종
교보다 우수하다는 자부심의 바탕하에서 한국 종교 전체에 대한 관심을

갖게 되었다는 것이다. 이 단계에서는 타 종교에 대한 관심에 머물렀다고 보인다. 당시 그의 초점은 불교의 위상 강화, 명예회복에서 출발되었지만 종교간 대화를 해야 한다는 자각을 하게 되었다.[26] 여기에서는 그가 우연한 기회에 종교간 대화의 필요성을 깨닫는 기연도 그를 촉매케 하였다. 그에 대한 정황으로 들어가 보자.

> 그것이 언제인가 4.19가 나던 이전으로 기억되는데, 내가 종교간의 문제에 대해 그냥 두면 안되겠구나 하는 것을 느낀 발단이 두 개 또 있었어. 내가 주로 대각사에서 자고 총무원이 있는 조계사로 걸어서 출근을 하였어. 그러면 대각사가 있는 봉익동에서 예불을 하고 인사동으로 해서 새벽에 출근하면 옛날 문화방송국의 골목 근처에 시장이 있어. 그곳에는 떡집이 서너 군데에 있었어. 나는 떡을 좋아해서 그 떡집에 가서 인절미 100원어치를 사려고 갔지. 그런데 떡을 달라고 주인아주머니에게 말을 하였는데, 이 주인이 나에게 떡을 바로 안 줘. 날씨는 춥고, 나도 빨리 총무원으로 가야 하는데 주인이 내 말은 들은 체도 안 하고, 다른 일을 하면서도 10분이 지나도 떡 줄 생각을 안해. 그래 나는 어쩔 수 없이 그 주인에게 빨리 떡을 달라고 하였지. 그래도 주인은 반응이 없어. 그런데 가만히 보니 그 떡집 주인, 보살의 목에 십자가가 달려 있는 것이 보이드라구. 그 주인의 표정이 재수 없다는 듯이 대꾸도 안한 이유를 내가 알게 되었어. 나는 그것을 겪으면서 한 1주일 동안이나 그 생

---

26) 이능가는 자신이 그런 일을 본격적으로 하게 된 것은 당시 그의 나이 39세 때이었다고 회고하였다. 그는 1923년 생이었기에 1960년 무렵에 종교간 대화를 하였음이 수긍되는 것이다.

각을 하게 되었지.[27] 그래서 한국 종교, 특히 기독교에 대한 생각을 많이 했어. 기독교가 저렇구나 하면서. 그러면 우리 불교도들도 기독교와 맞지 않는 것이 어디 한두 개 뿐이겠나 하는 것도 생각하게 되었지. 불교는 이조 500년 숭유억불, 그리고 왜정시대에 일제의 종교정책으로 탄압을 받아 죽은 것처럼 보이게 된 것도 함께 따져 보았어. 그래서 나는 속으로 이거 큰일 났구나 하고 여기게 되었어.

그리고 또 한번은 초여름에 이웃돕기를 하다 겪은 것이지. 총무원에 있으면 가끔 용돈이 여러 곳에서 들어오게 돼. 나는 그러면 그것을 가끔 주변 사람들에게 나누어 주곤 하였는데, 한번은 신문에 보도된 성북구에 있는 양로원에를 찾아가서 돈을 주게 되었지. 조그마한 양로원이었는데, 기독교 목사가 하는 양로원이었어. 그 양로원 원장은 이북에서 내려온 젊은 사람이었어. 나는 그 목사에게 양로원에 도움을 주려고 왔다는 의사를 밝혔어. 그런데 그 원장은 고맙다는 말도 없고, 받는 시늉도 안 하고서는 갑자기 표정이 달라지더니, 한참 있다가는 "중의 돈 안 받아도 좋소" 하더니만 얼른 가보라고 하더니, 안으로 들어가더라구. 나는 기가 막히면서도, 어! 이 사람 재미있는 사람이라고 여겨서, 양로원 안으로 들어갔어. 가보니 노인네 서너 사람이 앉아 있는 모습이 궁해 보여. 사무실이 2층에 있어서 그 입구 계단에서 원장님을 만나러 왔다고 하니깐, 조금 있다가 원장은 안 나오고, 젊은 심부름꾼이 나와서는 "원장님은 손님을 만나기를 원치 않고, 댁의 돈도 받을 이유가 없

---

27) 이능가는 2006년 10월 15일 한국종교인평화회의 측 인사(변진흥 사무총장)와의 회고에서는 떡집 사건 말고도, 전차 안에서 당신이 자리에 앉으면 기독교인이 다른 자리로 가는 것을 목격하고, 이상하다는 생각을 하였다고 회고하였다. 『한국종교인평화회의 20년사』, p.257, 「이능가스님」.

다"고 분명하게 거절하겠다는 말을 전하드라구.

그래서 그 사건을 겪으면서 나는 많은 생각을 할 수 밖에 없었지. 나는 그때 기독교가 그렇게 된 사회적 원인, 남북 관계 등 다양한 측면에서 그것을 분석하여 보았어. 목사가 그렇게 나오게 된 것은 교육을 잘못 받아서 그런 것이라고 여겨졌고, 종교 간에 이야기를 할 필요성을 판단하게 되었지. 나는 그런 상황에 대해서 도저히 그냥 넘어갈 수 없다고 보았지. 그래서 한국종교가 일원으로 함께 대화하는 무엇인가를 만들어야 하겠다는 생각을 하게 되었지. 그러면서도 주 대상은 기독교이었지. 그렇지만 기독교만 갖고는 안 되니깐, 여타 종교하고 함께 대화할 수 있는 공간이라할까, 어떤 것을 만들어야 하겠다고 여기면서 이래서 본격적으로 그런 것을 고민하게 되었어.

이렇듯이 이능가는 자신이 조계종 총무원에 근무하던 시절(1960년 전후), 그가 겪은 종교간의 적대감, 배척의 경험에서 종교간의 대화의 중요성을 절실히 느끼게 되었던 것이다. 이때부터 그는 종교간의 대화를 위한 고뇌를 하였다. 그러면서 그는 서서히 그를 위한 방향을 모색하게 되었다.

내가 총무원에 근무하면서 나는 자연적으로 종단의 대변인의 역할을 하게 되었어. 그러다 보니 저절로 종단 출입기자들 하고 여러 대화를 하게 될 수밖에. 그래서 그 기자들에게 내가 겪은 것을 들려주면서 어떻게 생각하냐고 물어도 보았어. 그런데 그 기자들은 종교 담당 기자이니깐 조계종만을 출입하는 것이 아니고 다른 종교기관에도 출입을 하

는 입장이니깐, 나는 그 기자들에게 내가 대화를 할 수 있는 다른 종교
의 성직자들에 대한 정보를 알 수 있게 되었어. 그래서 나는 기독교에
서는 강원룡목사와 잦은 만남과 대화를 하게 되었고, 천주교에서는 노
기남 대주교와 많은 대화를 할 수 있게 되었지. 이 두 분과는 인간적으
로도 친하게 되었지. 그래서 종교간 대화의 모임을 추진할 때에도 노기
남, 강원용, 나 능가가 합의하면 다른 종파에서는 다 딸려 오는거였지.
하여간 1965년에 내가 만든 한국종교연구협회는 인류역사상 이교도와
흉금을 터 놓고, 대화를 한 것은 인류사상에 그 유례가 없는 것이었어.
더러 그런 생각은 한 적은 있었지만 구조적으로, 방법론을 갖고 진행한
적은 없어. 나는 한국에서 종교간 대화를 하는 종교지도자연합회를 만
들어 놓고는 그 자신감으로 이제는 세계를 무대로 전세계적 차원에서
종교간의 대화를 할 수 있는 틀을 만들어야 하겠다는 생각을 했어. 그
래서 그를 위해서는 우선 불교가 뭉치고, 그 후에는 내가 불교의 조직
체의 어떤 직함을 갖고 세계 종교간의 대화를 할 수 있는 조직체를 만
들려고 본격적으로 뛰어 들기도 하였어.

이능가는 종교간 대화의 필요성을 갖고, 타 종교 지도자와의 친근한
인간관계를 통한 잦은 대화를 함으로써 대화의 틀을 만들 분위기 조성
에 주력하였던 것이다. 이는 그가 조계종 대변인의 역할을 할 때 자연스
럽게 알게 된 조계종 출입기자들을 통해[28] 알게 되고, 소개받은[29] 타 종

---

28) 이능가는 그런 실례로 6대 종교 심포지움에 참가한 당시 한국일보 논설위원이었던 김
용구를 거론하였다. 김용구는 조계종단을 출입한 한국일보 기자의 선배로 소개받은 인
물인데, 김용구에 의해 타 종교 지도자들을 소개받을 수 있었다고 한다.
29) 이능가는 그를 불교와 기독교 간의 대화를 하기 위한 정보를 얻은 것이라고 회고하였다.

교 지도자들과의 잦은 대화에서 이루어진 것이었다. 당시 그의 고뇌는
'한국종교인평화회의' 측 인사와의 대담(2006.10.15)에서도 찾을 수 있다.

> 하지만 꼭 극복해야 하는 것이 한국의 운명이라는 생각이 들었어. 내가
> 믿는 종교를 제대로 믿으면서 남의 종교도 존중할 줄 알아야지. 한국이
> 기독교 소유도 아니고 불교나 유교 소유도 아닌데 말야. 나라가 망하면
> 기독교도 망하는 거고 불교도 유교도 다 망하는 거거든. 서로 증오하
> 고 질투하고 싸우고 이게 모두 한 선상에서 이루어지는 현상인데 이건
> 현실세계야. 정신세계에서는 이런게 없는거지. 한국의 종교 차원에서
> 종교간 38선을 없애려면 첫째 대화의 시간이 필요해. 종교가 공동선의
> 윤곽을 마련하고 공통분모를 마련해서 제 종교가 각각의 역할을 하면
> 되는거야.
> 그런데 이런 대화를 하려면 종교간 협의체가 필요해. 한국에서 이런한
> 종교협의체를 하나 만들어 하나의 모델로 삼아서 세계화 하자 이런 생
> 각을 가지고 강원용목사님도 만나고 여러분들을 만났지. 노기남주교님
> 도 만나서 설득하고 노기남 주교님은 이해가 빨랐어, 기독교하고가 가
> 장 어려웠어. 그러나 일단 이해가 되고 나니까 그래도 강원용 목사만한
> 사람도 또 없어. 달리, 그때부터 종교적 차원을 넘어서 의기투합한 관
> 계가 되었지.[30]

요컨대 그는 천주교, 기독교 측 인사인 노기남, 강원용을 설득하고 종
교간 협의체를 만들어야 한다는 입장을 강조하였던 것이다. 수년간에

---

30) 『한국종교인평화회의 20년사』, pp.257~258.

걸친 그의 고뇌는 점차 가시적인 성과를 갖게 되었다. 그는 전장에서 살핀 6대 종교대표가 참석한 심포지움과 한국종교연구협회의 출범임은 두말할 나위가 없는 것이다. 지금껏 이러한 종교간 대화의 주도는 강원용, 크리스찬 아카데미에 초점을 둔 해석이 지배적이었으나[31] 이능가의 회고를 유의하면 기존 해석의 재검토가 요청된다고 볼 수 있다.

> 1964년 봄쯤에 강원룡목사나 노기남 주교님 만나서 이런 모임이 필요하다고 설득을 했지. 내가 총무원에 있었기 때문에 불교행사가 있을 때 강원용 목사가 처음으로 조계사에 이교도 초청이라고 해서 참석한 것이 화제가 된 적이 있지. 나중에 강원용목사도 교회 행사에 날 자주 불러서 참석하기도 하고 그랬어. 한국의 기독교와 불교사이에서 촉발된 문제를 해결하려면 단일 인류지도 이념이 필요해. 단일 지도이념을 목표로 하는데 질투와 시기로 얽혀 있는 세상에서는 어렵고 그것을 넘어선 초현실적인 사회속에서 성공할 수가 있지. 금방 되는 것도 아니야. 50년 100년을 내다보고 개척하는 자세로 대화의 장을 마련하는 것이 필요하다고 역설했지. 배타적인 자세는 자신의 본질적인 것을 배타하는 것과 같아. 한 달에 2번씩 6개월 정도 종교간 대화 모임이 이어졌어. 그때는 박양은 신부가 열심이었어. 그리고 노기남 주교님도 관심을 많이 가져주셨고, 김몽은신부도 열심이었지.
>
> 내가 초안을 만들면서 인적 구성도 조직하고 좌표와 방향도 합의했지. 그래서 초대회장으로 노기남주교님께 맡아 달라고 말씀드렸더니 못 하

---

31) 위의 책 「창립 배경」과 위의 책 제3부에 「발자취를 찾아서」에 수록된 원로들의 회고에 그런 흐름이 지배적이다.

시겠다고 극구 사양하시고, 강원용목사도 못하겠다고 하고, 결국은 노
기남 주교님이 이건 능가스님이 모든 초안을 마련했으니까 능가스님이
초대 회장을 맡아야 한다고 해서 내가 2년 동안 회장을 했지. 그리고는
2대로 강원용목사가 하고.
　그래서 이사제도를 구성해서 매주 토요일 만나기 시작해서 6개월 후에
3대회장으로 노기남주교님이 맡게 되고 그 후에 나는 미국, 일본으로
나가게 되어서 사무적으로 관여를 못하게 되었지.[32)]

　이처럼 이능가, 그는 종교간 대화를 위한 조직체 구성을 위한 다양한
노력을 하였다. 1964년 봄부터는 더욱 본격적으로 노기남, 강원용에게[33)]
그 필요성을 설득, 주입하였다. 그런 대화가[34)] 근 2년이나 지나서, 성
과가 나타났다. 종교 지도간의 대화는 1965년 4월, 한국 유네스코에서

---

32) 위의 책, p.259.
33) 강원용은 이 협회의 설립에는 반대하였다. 그는 종교간 대화를 트는 것은 찬동하였으
　　나, 조직까지 만드는 것에는 동의하지 않았다. 그러나 이능가의 권유, 기독교를 제외
　　한 여타 종교에서 적극적으로 모임을 결성하자 수동적으로는 동참하였다. 당시 강원
　　용이 종교간 대화를 하고 있다는 소식이 보도되자, 보수적인 기독교측은 강원용을 강
　　력하게 비판하였다. 이 전후사정은 그의 회고록 『역사의 언덕에서』 3권, 한길사, 2003,
　　pp.140~143. 참조. 최근 능가스님은 당시 강원용은 조직체 설립에 반대하였음은 사
　　실이었다고 증언했다. 대화에는 찬성하면서 조직체 결성에 반대하는 것을 의아해 하
　　였는데, 필자가 기독교측에서의 반대가 심하였다는 회고록의 내용을 전하자, 당시 그
　　반대의 이유를 납득한다고 수긍하였다. 당시 그 현장을 목격한 원불교의 김정용은 용
　　당산 호텔 모임은 강원용, 이능가의 주관으로 진행되었다고 회고하였다. 『한국종교인
　　평화의 20년사』 p.200.
34) 그 준비 기간 동안 종교 지도자들 간의 대화는 천도교, 음식점, 다방 등 다양한 공간에
　　서 이루어졌다고 필자에게 회고하였다. 2009년 1월 15일, 범어사 내원암에서 필자와
　　능가스님의 대담.

있었던[35] 종교인 모임에서 구체적으로 나타났다. 그는 우선 종교 지도 자들의 대화를 위한 심포지움을 갖기로 하였던 것이다. 이에 그 결실이 종교간 대화를 위한 1965년 10월의 심포지움과 1965년 12월의 종교연 구협회로 이어지고, 그가 초대 대표까지 맡기에 이르렀다는 회고이다. 그러면 여기에서 당시 이능가의 생각, 즉 종교간 대화의 필요성을 하게 각성하게 된 저변의 계기 및 그의 종교관, 불교사상[36] 등은 어떠하였는 가에 대해서 주목할 필요가 있다. 이런 측면을 검토함에 있어서는 그가 1965년 10월 18일 종교간의 대화에서 기조발제를 하였던 발언을 주목할 수 있다. 당시 이능가는 불교 대표로서 기조 강연을 하였는바, 그 주제 가 '불교의 안심입명(安心立命)'이었다.

모든 宗敎의 目的은 人間의 自己解放을 말하는 것이요 佛敎에서는 安 心立命을 말하는 것입니다. 다시 말하면 그 어느 것에도 구애되지 않고 恐怖되지 않는 自由를 뜻하는 것으로 그 自由는 政治, 經濟, 社會에 있 어서의 狹義의 自由가 아니라 廣義의 生命的 立場에서의 自由를 말하 는 것입니다.

다시 말하면 宗敎의 目的은 眞正한 自由人을 만드는 데에 있는 것으로 그 自由야 말로 우리의 理想인 民主主義의 바탕이 되는 基本理念인 것 입니다. 그러므로 이 자리에 모인 여러 宗敎人들은 이 民族의 精神開發

의 前衛役이며 민주주의 先鋒이 되어야 하겠습니다.[37)]

이능가는 종교의 목적이 인간의 자기해방 추구, 진정한 자유인을 만드는 것이라고 단언하였다. 그런 점에서 종교는 민주주의의 기본이고, 민족의 정신이라고 강조하였다. 나아가서 그는 당시 세계는 '하나의 세계'로 나가려는 추세에 있다고 진단하고, 한국의 종교계도 그런 방향으로 나가야 한다고 보았다.

> 우리는 各自의 獨自性을 發揮해서 最大 公約數의 共同 廣場에서 雜多
> 한 異類民衆을 얼마든지 이끌어 갈수 있을 줄 믿습니다. 또한 인류역사
> 는 앞으로 그렇게 되고야 말 것을 約束하고 있는 것입니다.[38)]

즉 각 종교의 독자성을 발휘하면서, 종교간의 대화를 통하여, 민중을 지도해 갈수 있다고 보았다. 이에 그는 민족의 발전, 나아가서는 세계평화에까지도 이르게 하는 데에 마땅히 종교가 앞장 서야 한다고 주장하였다.

> 各 宗敎가 서로 優越을 다투고 시기함으로써 오히려 敎志에 違背하여
> 民族의 指彈을 免치 못한 일과 그럼으로써 各自 敎主에 모독을 犯하는
> 不條理가 나타나서는 안되겠습니다.

---

37) 『종교계』 창간호(1965. 12), p.62, 「6대종교인의 대화, 불교의 안심입명」. 이 강연 요지는 『대한불교』 1965년 10월 31일에도 게재되었다.
38) 위와 같음.

우리 宗教人으로 하여금 이것이냐 저것이냐의 自由意思에 서게 하며
어느 宗教이거나 民族化 하고 國民化해서 행복한 터전을 開顯시켜야
할 것이고 그럼으로써 한국의 종교가 역사의 孤兒를 脫皮하고 世界平
和의 前衛的 貢獻에 이바지 될 줄로 믿는 바입니다.[39]

이렇듯이 이능가는 종교간의 갈등, 반목으로 각 종교의 가르침을 위
반하고, 결과적으로 민족의 지탄을 받는 과거의 부조리에서 벗어나자고
주장하였다. 그럼으로써 종교가 민족화, 국민화 하여 민족과 국가가 행
복한 터전이 만들어지는 데에 이바지 해야 한다고 강조하였다. 그래서
종교가 역사의 주인공이 되고, 세계평화에 공헌을 하자는 것이었다. 이
능가의 이 주장은 단언하면 종교의 토착화, 국가 및 민족의 발전에 종교
의 기여이었다. 바로 이런 공동목표가 각 종교의 공통적인 노선이고 지
향이라는 것이다. 그럼으로써 종교간 대화가 가능하고, 종교가 연합할
수 있는 틀이 가능하다고 이능가는 보았던 것이다.

이능가의 위와 같은 종교관은 『종교계』 1966년 3월호 특집 기사인 「하
나의 세계로 간다」에 기고한 글에서 찾아볼 수 있다. 필자는 이능가의
그 글에서 이능가의 종교관, 종교대화에 대한 입장을 적출하고자 한다.
이능가는 그 글에서 우선 현대와 현대에 살고 있는 '나'에 대한 기본 입
론을 다음과 같이 전제하였다.

그러므로 곧 『나』는 歷史的 存在인 同時에 社會的 存在임을 알 수 있겠
으니 되돌아 가서 『나』의 물음은 곧 歷史의 물음인 同時에 社會의 물음

---

39) 위의 자료, p.63.

에 지나지 않는다고 하겠다. 그러므로『나』의 대답은 곧 現代의 歷史的 狀況에서 실마리가 풀어지지 않아서는 안될 것으로 믿는다.[40]

즉 그는 현대의 나, 현대라는 역사에 처한 인간의 실존적 존재를 알기 위해선 불가불 현대의 역사적 상황을 파악하지 않으면 안된다고 보았다. 이에 그는 근대적 변모, 근대적 인간의 삶, 근대적 인간의 소외 및 위기 등을 적시하였다. 그래서 그는 이 같은 현대의 과제, 즉 비인간화의 와중에서 구출케 하는 것이 종교라고 보기에 이르렀던 것이다.

여기에서 우리 宗敎人으로서는 重且大한 使命을 自覺하지 않으면 안될 것이다. 果然 이 世紀的 病斃를 무엇으로 어떻게 救出해 내느냐는 問題다.
한번 도리켜 보건데 누가 무어라고 하드라도 우리는 하나의 宇宙속에 하나의 地球위에서 하나의 原理밑에 하나의 人類로 태어나 存在해 있는 것이 아닌가. 나아가서는 한가지 手法으로 마련된 衣, 食, 住를 갖추고 하나의 歷史的 狀況 속에 처해 있음이 우리이기에 오늘의 虛無와 絶望은 共通된 理由에서 共通된 事態로 展開된 것이니 이에 對한 處方에 있어서도 共通된 하나의 그 무엇이 마련되지 않고서는 안될 것으로 믿는 바이다.[41]

이렇게 이능가는 세기말의 병폐인 비인간화, 인간 소외를 구출할 당

---

40)『종교계』1966년 3월호, p.71.
41) 위의 자료, pp.72~73.

사자는 종교인이라고 보면서, 여기에서 각 종교가 그에 대한 책임을 공유할 것을 강조하였다. 그는 위에서 적출되었지만 모든 한국내의 종교, 종교인은 모두 공통된 역사적 상황에 처해 있다는 것에서 나온 것이다. 이른바 공동 운명체 임을 지적하고, 각 종교가 내놓아야 할 처방이라는 측면에서도 공통된 노선 및 성격이 도출되어야 할 것으로 보았다. 이능가가 본 그것은 무엇인가? 그는 '인간의 정신적 자세'이었다.

> 이러한 意味에서 現代的 狀況에 대처할 精神的 姿勢는 眞正한 宗敎의 힘이라야 한다고 하였는데 그것은 다름 아닌 人間에 具體的이면서 體驗的인 自覺을 促求하는 宗敎的 方法이라야 된다고 믿는 바이다. 이는 곧 人間이 元來 有限한 存在임을 止揚하여 有限이면서 그대로가 絶對 無限한 立體인 生命의 原理인 事實을 事實대로 몸소 깨달아야 한다는 뜻이다. … (중략) …
> 이 같은 具體的인 自覺에서 만이 비로소 우리는 生死를 超越한채 生死에 살고 善惡에 超越한채 善惡에 살며 歷史에 超越한채 歷史에 살게 되는 本來的인 生命의 主人이 되겠고 그대로가 眞正한 自己에로 되돌아오게 될 것이다.[42]

즉 그는 인간의 구체적 자각, 체험적 자각을 촉구하는 종교적 방법을 대안으로 제시하였다. 이로써 인간이 진정한 자기가 되고, 인간성이 담보되는 길로 올 수 있다고 보았다. 이는 현대 모순의 해결은 종교적인 실천적 힘에 의해서 가능하다는 입장이었을 말해주는 것이다. 이능가는

---

42) 위의 자료, p.73.

이 같은 입론하에서 세기말의 병에 대처할 각 종교의 처방도 그 효능과 작용에 있어서는 공통적인 형태가 되어야 한다고 보았다. 그는 그 공통성을 약재의 공통적인 성질이라고 표현하였거니와, 이로써 그는

> 近代的 自律的 人間의 共同危機에 超克 다시 말해서 絶望과 虛無의 深淵으로부터 救濟는 그것이 神이라고 불리우건 佛이라고 불리우건 무어라고 불리우건 간에 自己 自身과는 別途로 있는 것에 依支할 것이 아니라 本來的인 自己 存在 그것의 本性에서 찾지 않아서는 안될 것이 아니겠는가?.[43]

결국에 가서는 자기 자신, 본래적인 자기 존재의 본성에서 찾아야 됨을 강조하였다. 그가 말하는 대안은 모든 종교가 역사적 상황 속에서 인간의 비본래성, 비인간성으로부터 탈출하여 본래성으로 원대 복귀해야 한다고 외쳤던 것과 같은 것이었다. 그러면서 이능가는 모든 종교가 이같은 구도에서 하나의 길, 하나의 세계로 가면서 같은 터전에 사는 공동운명체로서 더욱 응집된 과제에 초점을 맞추어야 한다고 제안하였다.

> 問題는 各 敎가 各自의 발판 위에 圓形으로 둘러서서 民族的인 求心點 곧 그 中心點을 노리어 集中砲門을 열어야 한다는 方法도 重要한 것으로 알고 있다.
> 이에 民族性의 求心點이라 하면 消極的인 分野만이라도 共同廣場으로 끌어내 놓아야 한다고 믿는다. 그것은 다름 아닌 民族性에 補完策이라

---

43) 위의 자료, p.75.

하겠으니 있어야 할 것이 없는 缺點을 補充해서 내 民族性을 改造해 가
야 한다는 뜻이다.[44]

그것은 다름 아닌 민족적인 구심점, 즉 민족의 공통된 과제에 각 종교
가 철저히 부응해야 한다는 것이다. 이능가는 그 실례를 민족성의 보완
책으로 표현하였다. 이능가는 우리 민족성에 보완할 측면을[45] 제시하면
서, 종교가 그런 문제 해결을 공통적인 교화의 소재로 인식하는 것을 급
선무로 보았다. 마침내 그는 자신이 제안한 대안을 공통적으로 지향하
게 되면 각 종교의 목적도 달성된다고 보았다.

이와 같은 方式에서 萬敎가 提向하는 人間의 幸福을 追求하고 自由를
追求하며 無我 無相의 立地에서 奉仕精神을 涵養하야 『사랑』『감사』에
넘치는 民族社會를 顯彰하게 된다는 것은 하나의 세계가 開顯되는 各
敎人의 眞正한 本願이 아니고 무엇이랴.
위에서 論한 바와 같이 우리들은 그와 같은 現代的인 時點에서 同一한
與件下에 處해 있고 同伴的인 位置에 섰으며 共同目標를 提向하여 各
敎가 協同한 法輪을 굴릴 때 그것은 全一的인 세계로 前進하는 關途가
아니고 무엇이겠는가.[46]

결론적으로 인간이 행복을 추구하고, 자유를 추구하여, 봉사정신이

---

44) 위의 자료, pp.75~76.
45) 이능가는 민족성의 문제점 즉 보완 내용을 지나친 감성, 무비판적인 보수성, 열등의식,
　　형식주의, 현세계 중심의 인생관 및 세계관 등이라고 예시했다.
46) 위의 자료, p.76.

함양되어, 사랑과 감사에 넘치는 민족사회가 된다고 확신하였다. 그러므로 이능가는 자신이 개진한 것을 각 종교가 개별적으로 자각하고, 그를 실천하는 과제로 인식하게 되었기에 각 종교는 동반자적인 입장에서 있다고 보았다. 이 같은 이해는 은연중 곧 한국종교연구협회의 출범의 당위성을 피력할 것이라 하겠다.

그러므로 필자는 위의 이능가의 글은 1965년 1월 경의 이능가의 종교간 대화의 입론을 극명하게 보여주는 그의 종교관이라고 보는 것이다. 이런 입장에서 이능가의 위와 같은 입론은 그가 『종교계』 4월호에 기고한 「한국 종교인에게」라는 주제의 글에서 거듭하여 명백하게 나타난다.

모든 宗敎人의 共通課題를 스스로의 課題로 삼고 조심성 있게 胎生된 우리들의 協會가 아직은 얕은 時間임에도 不拘하고 各 宗團과 宗敎人들의 두터운 誠意와 協力으로 한결 進取相을 띄게 된데 대하여 이 자리를 빌리어 깊은 감사를 드리면서 切實한 使命感을 새롭게 하는 바이다. 우리 協會가 걸어 나가야 할 길에 있어서 그 歷史的인 背景과 그 設定된 問題에 비추어 우리 會員들은 決코 安易하고 順坦한 걸음만을 期約하리라고 여기지는 않을 것으로 믿는다.

우리 協會는 오늘의 世界的 精神界의 中心 課題를 現實的으로 解決하려는데 두고 있으며 世界史의 進展에 앞서 끌어 당길 굵은 로프로서 보다 굳고 튼튼하고 聰明한 主體가 되어야 겠다고 다짐하는 것이다.

우리의 課題를 達成하는 일은 다만 宗敎人만을 위한 것이 아니라 政治, 社會에서부터 文化, 敎育과 國民生活 氣風 全般에 이르기까지 어느 하나 疏外시킴이 없이 包攝하여 깊고 넓고 두텁게 하나의 이념이 그 안에

482 • 동산 연구

서 具顯되어 하나의 世界가 實現됨을 뜻함이니 이는 人類가 함께 바라
고 있는 우리의 樂園이 이루어짐이 아니겠는가?

우리들은 보다 높은 眼目과 보다 넓은 視野를 가지고 强한 意慾으로서
조용한 前進을 다할 것이라 여겨진다.

오늘의 韓國에 사는 모든 뜻 있는 宗敎人들은 함께 어울리어 唯一한 뜻
에 根據하는 聖旨를 具顯하는 共同의 課業을 向해 나아갈 것을 믿고 또
바라는 바이다.[47]

즉 이능가는 협회 대표의 입장에서, 협회가 출범한 3개월을 회고하면
서, 한국종교연구협회가 나가야 할 길을 담담히 개진하였던 것이다. 그
는 종교인들의 공통과제를 협회의 과제로 인식하면서 동시에 세계사적
인 흐름에 발맞추어 가야 함을 피력하였다. 동시에 협회는 종교인들만
의 대화의 장에 머물지 않고, 당시 한국 사회 전반의 문제를 수용하여,
결과적으로는 한국 사회의 낙원을 만드는 것과 무관할 수 없다는 당위
성을 피력하였다. 이 같은 이능가의 입론은[48] 앞서 살핀 그의 종교관,
종교간 대화의 명분의 바탕하에서 나온 것이다. 동시에 이능가의 이 입

---

47) 『종교계』 1966년 4월호, p.285. 이 글은 그가 1966년 3월 1일에 작성한 것이다.
48) 이능가는 최근 필자와의 대화에서도 그의 입장을 회고하였다. 즉 종교간 대화를 해서,
   종교의 공통분모를 찾고, 그 공통분모로써 대화를 하면, 상호 협조할 수 있는 세계가
   나오고, 그 연후에는 공동 사명의식을 갖게 되어서, 공동 행동을 할 필요성을 느낄 수
   있는데, 그러면 자연적으로 하나의 인류의 지도이념으로 나오게 된다는 것이었다. 이
   능가는 자신은 이런 철학, 소신에 의해서 종교간 대화를 하였기에 타 종교인들이 자신
   의 철학을 부정할 수 없었기에 자연 자신이 이끈 종교간 대화의 광장으로 나오지 않을
   수 없었다고 회고하였다. 그 당시 자신은 40대 초반이었지만 타 종교인(노기남, 강원
   용 등)은 자신보다 10여 살 많은 선배격이라, 기자들은 젊은 승려에게 이끌려 오고, 젊
   은 승려가 중심이 되었던 것에 대부분은 의아해 하였다고 하였다.

론, 주장은 1966년 전반기 한국종교연구협회의 이념이었다고도 볼 수 있는 것이다. 문제는 이 같은 협회의 이념 및 회장인 이능가의 종교관, 종교 대화론이 어떻게 전개될 것이냐에 달려 있을 것이다. 그는 곧 협회의 사업, 활동, 회원들의 적극적인 의식 등이 종합되어 나타날 것임은 자명하다고 하겠다. 협회가 본격적으로 활동을 전개하였던 1966년 3월 이후의 전개 양상은 필자의 후일의 연구 과제로 남겨 두고자 한다.

4. 결어

본 고찰의 맺는말은 본문 서술의 과정에서 드러난 한국종교연구협회의 출범의 성격을 정리하고, 추후 이 분야 연구에 유의할 점을 제시하는 것으로 대신하고자 한다. 먼저 협회 출범의 특성을 정리하려고 한다.

첫째, 1965년 12월에 출범한 한국종교연구협회는 한국 현대사에서 종교간 대화를 시도하기 위해 조직화된 최초의 단체라는 역사성을 갖는다. 우리 민족이 1919년 3.1운동을 추진할 당시에 종교인들이 민족운동의 전개를 주도한 이후, 이 협회의 등장은 민족사에서 결코 간과할 수 없는 위상을 갖는 것이다.

둘째, 이능가의 회고에서 나온 1965년 10월 이전의 종교인 간의 대화 고뇌, 활동 등을 종교연구 협회 설립의 역사로 수용해야 할 것이다.[49] 아직은 그에 대한 문헌 자료, 증언 부족으로 역사로 반영하기에는 난점이 있지만, 그에 대한 인식을 하는 것이 긴요하다고 본다.

---

49) 이능가는 1964년 봄부터 그 준비를 본격화 하였다고 증언했다.

셋째, 한국종교연구협회의 등장의 과정을 유의하게 살피면 그 출범이 각 종교인들의 자발성, 자주성, 개방성이 두드러지게 나타났다. 어느 일방, 특정 종교의 주도가 두드러지지 않았고, 특정인의 독주도 눈에 띄지 않았다. 이런 점은 여타 단체, 모임 등에서 찾기 어려운 것이었다.

넷째, 한국종교연구협회가 추구하였던 지향점은 단순한 종교 간의 대화에 그치는 것이 아니었다는 측면이다. 출범 직전에 행한 심포지움에서 제기된 문제는 종교가 안고 있었으며, 종교의 외부에 걸쳐 있었던 즉 국가와 종교, 사회와 종교, 종교와 종교, 종교인과 종교인 등 다양한 문제를 끌어안았던 것이다. 이는 협회가 종교 간의 갈등 해소 차원에서 한 발 더 나아가 종교 근원에서 국가와 민족의 문제까지 고민을 끌어 올린 것임을 말해주는 것이다.

다섯째, 협회의 출범의 역사와 출범의 배경을 정리함에서는 협회의 초대 회장이었던 이능가의 경험, 고뇌, 종교인간 대화 추진, 불교사상은[50] 협회 역사의 영역으로 끌어 들여야 한다고 본다. 그 것은 비록 사적인 영역이었지만, 그 영역이 공적인 영역으로 저절로 들어왔고, 그로 인하여 종교대화를 전개한 종교단체 결성에 이바지하였다는 점에서 특기할 내용이다.

이제부터는 추후 연구할 방향, 내용들을 제시하고자 한다. 이 점은 필자와 이 분야에 관심 있는 학자들이 참고할 점이 아닌가 한다.

첫째, 한국종교연구협회가 왜? 어떤 연고로 1965년에 출범하였는가

---

50) 이능가는 자신이 그런 종교감 대화를 하게 된 불교사상은 이론적으로는 화엄사상이었고, 이념적으로는 천태, 법화사상이었다고 필자에게 고백하였다. 이능가의 불교사상은 필자의 추후 연구 주제로 남겨 두고자 한다.

에 대한 시대성을 추구해야 할 것이다. 당시의 흐름이었던 민족주의 영향은 없었는지에 대한 지적은 그 실례이다. 즉 1960년대라는 시대 상황과 협회 성립과의 상관성을 정리, 추출해야 할 것이다.

둘째, 한국종교연구협회를 주도한, 참여한 인물들의 분석이 요망된다. 이능가, 노기남, 강원용을 비롯한 협회의 전면에 있었던 대표진을 비롯한 이 협회에 적극적이었던 종교인들의 분석은 절대 필요한 것이 아닌가 한다.

셋째, 이 협회의 계승 문제이다. 본 고찰도 출범 과정만 정리한 것이었지만 이 협회가 현재까지 어떤 과정, 변천, 갈등, 재창조 등이라는 역사적 변천에 대한 과정이 정리되어야 할 것이다.

지금까지 결론을 대신하여 본 고찰에서 드러난 한국종교연구협회의 출범 당시의 성격과 추후 이 분야를 연구할 시에 참고할 점을 제시하여 보았다. 본 연구가 종교간 대화에 기초적인 초석이 되기를 기대한다.

광덕사상, 그 연원의 시론적 소묘

1. 서언

한국 근현대불교사를 유의하여 살펴보면, 다른 시대보다 고승(큰스님)이 다수 등장하였다. 이는 그 당시 한국사의 전개에서 수많은 위인, 독립운동가, 지사, 지도자 등이 나타나서 국가와 민족을 위한 대열에서 헌신한 내용을 생각케 하는 대목이다. 고승과 위인들이 이렇게 많이 나온 것은 그 당시 시대적 상황과 무관할 수 없을 것이다. 그들은 자신이 태어나고 활동한 시점이 국권을 강탈당하여 국권을 회복하기 위한 민족운동이 다양하게 전개되었으며, 공동체 구성원들도 자유와 평등을 보장하는 위한 새로운 제도를 만들기 위해 고투를 하였던 점에서 큰 영향을 받았던 것이다. 이런 역사적 배경을 체질적으로 떠안고 있었던 위인, 고승들은 현재 우리들의 삶, 지향과는 근본적으로 다른 삶의 행보를 갔다.

근현대 고승들은 국가의 회복과 민족의 보존이라는 일반적인 고민과 함께 진리탐구, 불법의 발전 및 수호라는 남다른 고뇌를 해야만 되었다. 따라서 그들의 고뇌는 보편성과 특수성이라는 관점에서 해석될 여지가 다분한 것이다.

이 같은 전제하에서 근현대 고승의 대열에서 간과할 수 없는 대상자로 필자는 광덕을 주목하고자 한다. 그는 입적한 지 불과 10년밖에 안 되었고, 그리고 그에 대한 연구는 이제 그 출발선상에 서있다고 평할 정도이다. 그렇지만 필자는 근현대 불교를 공부하면서 광덕에 대해서는 적지 않은 관심을 갖고 있었다. 이는 필자가 광덕의 은사스님(하동산), [1] 노스님(백용성)의 연구자였기 [2] 때문이다. 달리 말하자면 용성문도의 제반 문제를 학문의 대상으로 삼아왔던 저간의 사정에서 자연 광덕에 대한 관심은 남다른 것이었다.

그러다가 최근에는 광덕의 상좌 및 광덕과 연고가 깊은 사찰에서 요청한 광덕에 대한 논문 [3] 집필, 강연, [4] 일대기 집필 [5] 등을 수용한 이력이 있다. 특히 일대기 집필을 준비하면서 필자는 광덕에 대한 자료수집, 분석, 탐구를 해야만 되었다. 그래서 광덕의 어록, 기고문, 발간 책자, 법어 등 다양한 자료를 읽었던 터이다. 필자는 이런 연고, 이력의 바탕 하에서 광덕에 대한 연구는 다음과 같은 입장에 서 있음을 고백한다. 필자의 입장은 어디까지 필자의 관점이지만, 여타 연구자들에게는 하나의 참고적인 정보일 것이다.

그는 광덕의 사상은 그의 철학(사유, 고뇌 등), 실천, 보편성 등 적어도 세 측면을 고려해야 한다고 본다. [6] 광덕의 사상은 그가 승려로서 일생

---

1) 필자의 그 연구 작업은 다음과 같다. 김광식, 『동산대종사와 불교정화운동』, 영광도서, 2007. 김광식, 『범어사와 불교정화운동』, 영광도서, 2008.
2) 필자는 백용성의 생애와 사상을 연구하는 대각사상연구원(재단법인, 대각회 운영)의 연구부장을 1999년부터 현재까지 맡고 있다. 그리고 1999년 6월에는 용성의 일대기인 『용성』(민족사, 1999)을 발간하였으며, 현재까지 용성에 대한 논고 10여 편을 집필하였다.
3) 졸고, 「광덕연구 ; 출가, 수행, 종단재건」, 『광덕스님 시봉일기 6』, 도피안사, 2003.
4) 도피안사와 불광사에서 요청하였다.
5) 불광사에서 2009년 2월 6일, 입적 10주년을 기념해 출간한 『광덕스님 전집』 제1권에 「광덕스님의 구도행, 보살행」이라는 제목하에 광덕의 출생부터 『불광』지를 통한 순수불교 선언을 할 때까지 기간의 일대기를 집필하여 기고하였다.
6) 송암은 『광덕스님 시봉일기 10』, p.77. 「약전」에서 광덕을 불교사상가로 자리매김을 하였다. 그는 광덕을 철학자, 도심포교의 성공자가 아니라고 강조하였는바, 이는 연구자

을 마쳤고, 그의 활동 무대는 기본적으로 사찰 및 조계종단이었으며, 그의 어록과 발간 책자를 보아도 불교임이 분명하다. 때문에 그의 사상은 불교사상이었다. 그렇지만 광대무변한 불교사상 중에서도 그는 주로 어떤 분야의 사상에 심취하였으며, 나아가서는 그 불교사상을 어떻게 재창조, 변용하였는가에 대한 불교철학적인 정리가 요망된다. 그의 불교사상은 일 측면일 수도 있고, 다 측면으로 볼 수도 있을 것이다. 다음, 그에 대한 사상적 검토를 함에 있어서는 그의 실천적인 면모를 주목해야 한다고 본다. 그의 사상 검토에 있어서는 운동적인 내용을 정리, 분석해야 한다. 즉 그는 단순한 철학, 사유에 머물지 않고 자신의 사상을 갖고 일반대중 및 사회에 구현시키려 한 운동을 치열하게 전개하였다. 마지막으로 필자는 그의 사상을 정리, 의미 부여, 이름 짓기를 함에 있어 불교적인 관점을 벗어난 언어, 표현, 개념을 고려해야 한다고 강조한다. 즉 불교권 밖에서도 읽을 수 있고, 이해되고, 전달되는 언어로 광덕사상을 정리, 해석되어야 하지 않을까 한다. 요컨대 보편적인 해석을 해보자는 것이다. 이에 대해서는 필자도 뚜렷한 방법, 대안은 아직 없다. 그러나 최소한 이에 대한 문제의식이라도 갖는 것과 그렇지 않은 것은 큰 차이가 있다고 본다.

이에 필자는 이 같은 광덕사상 연구의 제언을 하면서 본 고찰에서는 지금껏 필자가 광덕 자료를 읽으면서 느끼고, 생각하였던 단상들의 나열을 통하여 광덕사상 연원을 소묘하려고 한다. 보다 치밀한, 객관적인 정리, 해석, 연구는 후일로 미루려고 한다. 『광덕스님 전집』 발간을 기념하고, 광덕연구를 본격화 하려는 출발선상에서의 의견 개진으로서 많은

들이 유의한 측면을 지적한 것이라 보여진다.

한계가 있음을 자인하면서, 제방의 눈 밝은 선지식의 질책을 기다린다.

2. 광덕 사상의 지평

1) 불교사상 ; 반야바라밀

광덕의 불교사상은 반야바라밀사상(般若波羅密思想)으로 단적으로 정리할 수 있다.[7] 이는 광덕의 어록, 광덕이 지은 여러 책의 내용에서 무수히 나온다. 반야바라밀이라 함은 마하반야바라밀을 의미한다. 그러면 우선 광덕 자신이 '마하반야바라밀'을 어떻게 표현하였나를 제시하겠다.

우리들의 믿음의 기초는 마하반야바라밀이며 믿음의 실천 또한 마하반야바라밀입니다. 즉 믿음의 전부가 마하반야바라밀입니다.[8]

부처님 법은 세계의 영원한 광명이며 일체 중생의 생명의 근원입니다. 부처님 법이 능히 일체 중생을 고뇌에서 해방하여 자유와 원만을 성취시키고 일체 세계 위에 진리에 의한 질서와 번영을 성취시킵니다. 그

---

7) 김재영도 광덕의 깨달음 및 사상을 반야바라밀로 해석하였다. 김재영, 『광덕스님의 생애와 불광운동』 불광출판부, 2000, p.104. 김영태는 불광회의 사상과 실천을 "전통성과 창조성이 잘 갖추어지고 멋지게 조화된 정법구현의 불교운동"이라고 표현했다. 김영태, 『불광운동의 사상과 실천 그 총괄적 조명』, 불광출판부, 2001, p.88. 그리고 p.99.의 「붙임말」에서는 불광운동을 "이 시대에 맞는 정법구현의 실천불교로, 희유한 깨달음의 운동(覺佛事)"이라고 피력하였다.
8) 광덕, 『만법과 짝하지 않는 자』, 불광출판부, 1997, p.140.

러므로 부처님 법을 태양으로 비유하고 혹은 감로묘약이라 하는 바입
니다.

부처님 법의 핵심은 반야바라밀입니다.

이 법문에서 삼세제불이 출현하시며, 일체 중생이 성불하며, 일체 국토
가 불국장엄을 성취하는 것입니다. 이 최상법문이 능히 국가를 진호하
며 세계를 평화 위에 확정시키는 것입니다.

불광법회는 마하반야바라밀의 법문을 받들어 이 법문을 행하고 펴는
것이 본의입니다. 이러한 불광의 신앙이 능히 오늘의 우리 국가와 사회
에 안녕의 토대를 붙들어 가고 조국의 영원한 번영을 형성하는 것을 확
신합니다.[9]

부처님은 진리의 몸이시고 법신입니다. 이 부처님을 우리는 반야바라
밀이라고도 합니다. 진리 전체가 반야바라밀입니다. 그렇기 때문에 부
처님의 본체는 반야바라밀입니다. 일체의 부처님은 반야바라밀에서 나
왔고 그래서 반야바라밀은 모든 부처님의 어머니라고 하는 것입니다.[10]

삼세제불이 무엇이냐 하면 마하반야바라밀입니다. 절대성이 근원적
인 진리로 나타나는 분이 삼세의 제불입니다. 과거의 모든 부처님은
이 마하반야바라밀이라고 하는 절대성이 부처님이라고 하는 상대적
화신으로 나타나는 것입니다. 일체 제불이 마하반야바라밀에서 나옵
니다. 그래서 마하반야바라밀이 삼세 모든 부처님의 어머니라고 그

9) 광덕, 「불광법당 건립 모연문」 (1981.10).
10) 광덕스님 설법 제1집, 『메아리 없는 골짜기』, 불광출판부, 1991, p.239.

러는 것입니다.[11]

마하반야바라밀을 바로 알자. 항상 마하반야바라밀을 염하자. 마하반야바라밀에서 일체 장애와 재앙이 즉시 소멸되며, 일체 불보살의 위신력이 자신에게 충만한다. 일체 불보살과의 거리가 없어지기 때문이다. 마하반야바라밀을 생각하는 곳에 불보살의 위덕과 은혜는 넘쳐나고 일체 소망은 성취된다. 마하반야바라밀을 생각하며 나의 생명의 바라밀상을 관하자. 환희와 용기는 넘쳐나고 끝없는 조화와 창조는 힘있게 펼쳐진다.[12]

마하반야바라밀, 이 반야바라밀의 법문만큼 참으로 귀하고 더큰, 더 수승한 법문이 없습니다. 반야바라밀이 바로 부처님 세존이시다. 세존은 바로 반야바라밀이다 하는 법문은 이미 여러 차례 배웠습니다. 부처님이 아니고서는 더 큰 지혜도, 자비도, 위덕도 평화의 은혜도 주실 분이 없습니다. 오직 반야바라밀뿐입니다.[13]

저는 불광을 다른 말로 하라고 하면 마하반야바라밀 그 한마디입니다.[14]

---

11) 위의 책, p.303.
12) 『반야심경 강의』 불광출판부, p.173.
13) 『광덕스님 법어총람 1, 정법광명이 영원하여지이다』,(이하 호법총람으로약함) 불광출판부, 2005, p.147.
14) 위의 책, p.78.

이렇게 광덕, 그는 자신의 불교의 믿음, 수행, 불광운동, 부처님, 삼세
제불, 불법 등을 반야바라밀로 확고부동하게 피력하였다. 즉 불교 사상
의 핵심, 골수로 설정하였다. 따라서 우리는 광덕사상, 불광사상을 논함
에 있어 반야바라밀이 사상의 중심부에 굳건하게 자리잡고 있음을 결코
간과해서는 안 된다.

그러면 광덕 그는 어떤 시점에, 어떤 연유로, 불교(불법)를 반야바라밀
로 등치시켜 그를 자신의 사상으로 만들게 되었을까? 이에 대해서는 그
의 생전 고백이 있어 우리의 시선을 집요하게 한다.

> 저도 금강경을 대하고 마하반야바라밀 가르침을 대한 것이 6.25 나던
> 그해입니다만 어렴풋이나마 그 뜻을 이해하게 된 것은 사뭇 오랜 세월
> 이 흐른 뒤였습니다. 아마 5년 세월이 더 걸리지 않았나 생각됩니다.
> 마하반야바라밀 법문을 머리로서 이해하고 철학적으로 이해하였지 이
> 것이 참으로 나의 생명의 원 모습이다. 이것은 부처님의 진실이고 바로
> 나의 진경계이다 이렇게 이해하고 말해 온 것은 그리 오래되지 않습니
> 다. 반야바라밀을 염하고 반야바라밀에 관한 경전을 읽을수록 우리가
> 알고 있는 것이 지식이라는 것을 새록새록 인식하게 되기도 합니다.[15]

즉 광덕은 마하반야바라밀 법에 대한 최초의 접촉을 한 시점이 그가
출가하던 1950년 겨울이었으나, 그에 대한 뜻을 이해하게 된 것은 그로
부터 5년이 지난 시점인 1955년 무렵이었다고 언급하였다. 그러면 그 5
년간(1950~1955), 광덕에게는 어떤 일이 있었던 것일까? 그는 신소천이

---

15) 『메아리 없는 골짜기』, p.273.

부산, 마산 일대에서 전개하였던 금강경 독송운동에 동참한 것을 말한다. 이에 대한 광덕의 회고를 경청해 보자.

6.25가 일어난 지 3년 뒤 53년 무렵에 신소천(申韶天)큰스님을 모시고 『금강경』을 번역해서 널리 퍼뜨리고 독송하는 불사를 했습니다. 그때만 하더라도 번역된 『금강경』이 없었습니다. 경을 번역한다고 하면 경도 번역하느냐고 반문하던가, 또는 번역하면 경의 존엄성이 깨진다든가 뜻이 바뀐다든가 하면서 이해하지 않던 시절입니다. 그러나 그때 제가 모시고 배운 소천큰스님께서는 "나라와 세계 평화를 위해서 『금강경』을 독송하자."라는 구호를 내걸고 이렇게 말씀하셨습니다.

"진리는 말이나 문자에 있는 것이 아니라 깨달음에 있는 것이 아니냐? 깨달음, 이것은 만인의 마음에 함께 하고 있는 진리다. 인도말에도 진리가 있고 중국 한문에도 진리가 담겨 있는데 우리 한글에 진리가 담겨 있지 않다는 말이냐? 만인의 마음이 진리의 마음이기 때문에 진리를 움직이고 운영하는데 인도어인 산스크리트어로 해야 된다느니 한문으로 해야 된다느니 하는 그런 법은 없다. 오히려 우리는 우리나라에서 일어난 전쟁의 종식과 세계의 평화를 위해서 우리말로 된 『금강경』을 읽자."

지금의 선덕암입니다만, 그 당시에 마산 추산동에 있는 선도장이라 하던 곳에서 일주일 동안 번역을 하여 한글 『금강경』 5만권을 만들었습니다.

그 후 목욕탕집 이층의 넓은 공간에 모여서 금강경 법문을 설하고, 금강경 독송운동을 시작했습니다. 금강경을 독송해서 나라를 구하자는 원을 세워 금강경을 읽고 배우고 가르침을 행하는 모임을 만들었습니다. 그 독송회의 이름이 '금강경 독송 구국 원력대'였습니다. 금강경의 진리를 굴리는 대불사를 하자. 이 땅에 평화가 오고 전쟁이 종식되도록 기도하자. 정말 번영된 국토를 만들자는 원을 세웠던 것입니다.

스님께서 그 경을 번역하실 때 제가 가까이에서 원고도 쓰고 인쇄도 하고 스님 모시고 다니면서 법문을 듣고 했는데도 금강경을 읽으라고 노사님이 저한데 서약서를 받으시더군요. 그때 저는 이런 생각을 했습니다.

나라를 구하기 위해서 금강경을 읽자. 이 세상의 전쟁은 물질적인 것, 육체적인 것, 감각적인 것에 집착해서 견해를 일으키고 대립하는 데서부터 수많은 파괴와 죽음과 불행이 양상되는 것이다. 이 중생의 대립감정 미혹한 감정을 깨뜨려서 모두가 참으로 평화롭고 진리로써 하나가 되고 진리가 가지고 있는 공덕을 한결같이 누리자면, 육체에 물질에 감각에 타성에 매달린 관념들을 다 깨버려야 한다. 그것은 반야(般若), 반야사상밖에 없다. 반야의 진리가 능히 일체 대립, 일체 고난, 일체 투쟁, 일체 악의 요소를 뿌리부터 무(無)로 돌려서 모두를 소멸시켜 버린다. 그래서 이 땅에는 전쟁의 불이 꺼지고 평화가 오고 세계평화로 이어진다.

이렇게 해서 금강경 독송을 시작하고 절에 찾아다니면서 법문을 하고 금강경을 읽게 하였는데 마산에서 처음 시작하여 부산, 진주, 대구, 울산 등은 물론 서울에서도 대각사 등 여러 군데를 다녔습니다. 1955년 불교정화불사가 일어나기 전이었습니다.

저는 오늘 법당에 들어오면서, 형제들이 이 같이 모여서 호법발원을 하

신다고 하는 것은, 53년도에 시작했던『금강경』독송운동,『금강경』의
반야사상을 가지고 세계 평화를 이루고자 하는 그 당시 큰스님의 원이
끊어지지 않고 지금 여기에 이어져서 피어나고 움직이는 있는 것이 아
니겠느냐는 그런 생각을 하면서 마음속에서 흐뭇하고 여러분에게 새삼
감사한 생각이 들었습니다.[16)]

 위의 회고담에 나오듯, 광덕은 소천이 주도한 금강경 구국원력대의
금강경 독송운동에 동참하여 원고정리, 인쇄작업, 시봉을 하였다. 그래
서 그는 금강경의 독송 운동을 전개하는 신소천의[17)] 원력과 반야사상을
체득할 수 있는 기회를 얻었다. 나아가서는 그 자신이 부산에서 금강경
가정법회를 열기도 하였다.

 그때 이모가 부산에서 포목점을 하고 있었는데, 우리 어머니도 생계유
 지를 위해서 포목점을 하게 되었어요. 우리는 집에서 염색을 해서 시장
 에 다 내다 팔고 그랬어요. 어머니가 장사를 잘 했나봐요. 좌천동에 집
 을 하나 샀어요. 그 집에 제법 큰 사랑채 하나를 치워서 법당을 만들었
 어요. 그 때 소천스님께서 오셔서 법회를 열게 된거죠. 광덕스님이 고
 처사로 계시면서 소천스님과 함께 다니셨는데, 광덕스님이 인쇄소 다
 니면서 손수 책으로 만드신『금강경 강의』로 사촌 이모님들과 동네 사
 람들이 모여서 금강경의 강의를 들었어요.

---

16)『법어총람』, pp.92~94.
17) 위의 김재영 책, p.199에서 재인용. 김정희(정법성) 회고 녹취록(1999.1.26).

1954년 여름에 정법성(김정희) 보살 부친이 금정사 옆 산이 그네들 땅이
어서 둘러보러 왔다가 나를 만나게 되어서 서로 이야기를 주고받았어.
그때 거사님이 문득 제안하기를, 우리집 사랑채에 사람들을 모아놓을
테니 스님이 오셔서 법문을 해주십시오.
이렇게 해서 시작된 내 생애 최초의 가정법회가 1955년 여름(8월)까지
꼬박 1년 동안 열심히 그리고 순수하게 열렸어.[18]

광덕은 이렇게 소천의 영향을 받아, 자신이 금강경 독송운동을 직접
추진하기까지 하였던 것이다. 그렇지만 자신의 법, 마하반야바라밀 사
상은 소천의『금강경』독송운동,『금강경』의 반야사상에서 온 것임을 개
진하였다. 그리고 그는 월간『불광』의 발간도『금강경』을 독송하며 100
일간의 기도를 마친 직후에 나온 것도 고백하였다.[19] 나아가서 그의 여
러 글에는 소천과의 돈독한 인연, 소천의 가르침이 자신의 마음속에 새
겨져 있으며, 소천의 사상을 높이 평가하였음을 전하는 내용이 있다. 특
히 광덕은 소천의 사상을 각(覺) 사상, 행동주의, 깨달음을 구세, 구국,
구인의 처방으로 활용한 사상으로 정리하면서 결국에는 구세, 호국사상
으로 요약하였다.[20]

이같이 광덕의 사상이 소천의 사상, 금강경 독송운동 등에서 영향을
입었음은 쉽게 수긍할 수 있는 대목이다. 그렇지만 광덕의 사상은 소천
의 사상에 영향을 받았지만, 그에 연원하여 자신의 독자적인 사상의 세

---

18)『광덕스님 시봉일기, 내일이면 늦으리』,「회상(6) – 금정사의 法悅」.
19) 위의 책, pp.96~97..
20) 광덕,「신소천 스님의 구세호국 사상」,『불광』45호(1978.7), 광덕,「소천선사 문집 간
    행에 부치는 말」,『소천선사문집』1권, 1993.

계로 나갔음을 주목해야 한다. 그래서 소천사상과 광덕사상의 공통점과 차별점, 혹은 역사성을 찾고 그에 대한 적절한 의미를 부여해야 한다고 본다. 이런 점에 관련하여 광덕의 각(覺)의 실체는 무엇인가에 대한 것을 정리, 분석, 성격 부여 등을 해야 할 것이다.

한편 소천은 1952년 범어사에서 출가하였지만 백용성의 위패상좌로 승가에 입문하였다. 그는 일제말기에 이미 금강경 해설서를 낼 정도로 재가자의 신분으로 불교에 정통한 인물이었다. 그가 승가에 입문할 당시는 56세였다.[21] 즉 소천은 백용성의 사상에 동감하였지만, 용성은 1941년에 입적하였기에 불가피하게 위패상좌라는 형식으로 범어사에 입산, 출가하였다.[22] 그런데 근대불교의 최고 선지식의 일원이었던 용성의 사상 및 활동은 곧 대각(大覺)으로 귀결되었던 것이다. 용성은 불교를 대각으로 보고, 기존 불교와의 철저한 차별의식으로 1927년에는 대각교를 개창하였다. 그는 선, 교, 염불 등 다양한 수행을 거쳐 깨침을 얻고는 도회지로 나와 불교 대중화에 헌신하였다. 그의 행적은 3·1운동 민족대표, 만일참선결사회의 설립 및 운영, 선농불교, 불교 음악, 어린이 포교, 역경 포교, 불교출판 등 다양한 분야에 걸쳐 있으면서 기념적인 업적을 갖게 되었다.[23]

이는 광덕의 사상은 소천의 각 사상에서 연원하지만, 그를 거슬러 올라가면 광덕의 노스님인 백용성의 대각에까지 그 연원의 뿌리를 찾을 수 있다는 것이다. 광덕은 그의 출가 초기에는 이에 대한 자각이 분명하

---

21) 『소천선사 문집』, 「연보」.
22) 그에게 수계를 해주고 승려로 활동케 할 수 있도록 배려한 승려가 바로 광덕스님의 은사인 하동산이다.
23) 위의 졸저, 『용성』 참조.

지는 않았지만, 점차 그의 문도 가풍에 대한 계승을 의식하고, 자신이 용성문도임을 자각하였다고 보인다. 예컨대 그가 1956년에 주도한 최초의 신행단체가 대각회였으며, 용성의 사상을 계승, 구현하기 위해 1969년에 설립된 재단법인 대각회를 설립할 당시에 광덕의 헌신이 상당하였고,[24] 말년에는 대각회의 이사장을 역임하였으며, 그가 이사장 재임 시절에 용성의 사상을 연구하는 대각사상연구원이 1998년 3월에 출범한 것도 예사롭게 넘길 것은 아니라 하겠다. 더욱이 광덕 그는 자신의 반야바라밀 사상으로 전법운동을 한 것을 새불교운동으로, 최상 최고의 수행으로, 특이하고 유일한 사상임을 자주 언급하였음을 주목할 수 있다. 그는 자신의 새불교운동의 역사적인 연원을 소천,[25] 용성으로부터 연결시키려는[26] 고뇌가 있었음을 볼 때에 광덕 사상의 연원은 소천, 용성에

---

24) 『광덕스님 시봉일기 7』 혜총 회고, 도피안사, 2002, pp.111~112. 혜총의 증언은 다음과 같다. "그후 재단법인 대각회를 설립하던 당시를 돌이켜 보면, 그때 사숙님이 계시지 않았으면 아마 어림도 없는 일이 되었을지 모르겠다. 그 당시 문중의 여러 노스님들께서 용성조사님의 대각사상을 선양하기 위한 구체적인 사업을 염원하고 있는 터에 사숙님과 동헌 노스님이 나서신 것이다. 용성 문중회의가 열렸고, 그 자리에서 어른들이 참석한 가운데 사숙님은 예의 바르게 자운노스님과 선사께 뚜렷한 어조로 말씀하셨다. '우리 문중에 나라의 독립을 위해 구국의 횃불이 되신 33인 중 한 분을 모시고 있음에도 불구하고 그 어른에 대한 업적을 기리는 단체가 없어서야 되겠습니까? 우리 불가(佛家) 뿐만 아니라 전 국민에게 조사(龍城)의 대각사상을 널리 펼쳐서 이 민족과 우리 불교의 앞길에 등불로 삼아야 할 것입니다.' 사숙님의 확고한 이 말씀으로 당시 선사의 명의로 되어 있던 사설 감로사를 범어사에서 분리시켜 용성문도의 핵심인 재단법인 대각회를 설립하는 법인 기본재산으로 편입하기로 결의했고, 그 결과 오늘의 대각회가 탄생해 용성 조사의 유지를 구현하고 정신을 계승하게 되었던 것입니다. 이는 우리 문중의 위상은 말할 것도 없거니와 용성문도가 한국불교의 중추적 역할을 하는 초석을 놓은 불사이니 사숙님의 혜안이 마냥 놀라울 뿐입니다."
25) 송암, 「법상의 스케치」, 『광덕스님 시봉일기 10』, p.627.
26) 광덕, 「용성선사의 새불교운동」, 『새로운 정신문화의 창조와 불교』, 불교문화연구원(동국대), 1994.

게로 소급됨은 당연한 이해라 하 겠다.[27]

여기에서 필자는 추후 광덕 연구에 있어서 광덕의 각(覺, 깨달음)을 어떻게 바라보고, 이해할 것인가에 대한 정치한 분석의 필요성을 제언하는 바이다. 그래야만 용성의 대각, 신소천의 각운동과 광덕의 각 사상운동과의[28] 동질성, 차별성, 계승성 등이 이해된다. 동시에 광덕사사상을 불교의 근본사상인 사성제, 무아, 연기법 등의 관점에서도 해석되어야 함은 당연한 수순이라고 본다.

2) 사회사상 ; 전법/호법

광덕의 불교사상의 핵심에는 반야사상이 있음은 분명하다. 그런데 광덕의 반야사상의 해석을 주의깊게 살피면 의외의 측면을 살필 수 있다.

반야는 진리의 뒷받침이 된 대행(大行)의 전개를 의미한다. 이것이 반야행이며 창조행이다. 거듭 말해서 대행이 반야의 내용이라는 것이다. 그런데 오늘날 필자가 보기에는 이러한 반야의 의미는 크게 등한시되어 있어 보인다.

반야에서 공을 관(觀)하며 실교(實敎)에서 보살도를 염하되 이것이 관념화(觀念化)되고 있는 것이다. 각(覺)이 관념화하고 명상이나 반야삼매 속에서 파악되거나 또한 그것이 파악되어야 할 대상으로 인식될 때 거기

---

27) 용성, 소천의 계승, 재인식의 문제에 대해서는 김재영도 『광덕스님의 생애와 불광운동』, 불광출판부, 2000, pp.55~64과 pp.73~81에서 언급하였다.
28) 김재영은 위의 책 238면에서 광덕이 말년에 "나는 각 사상운동의 중추적 핵심이야. 불광운동이 이 운동의 과정이지."라고 발언하였음을 소개하였다. 그런데 김재영은 위의 책, p.247에서 '불광의 각운동'이라는 표현을 하였다.

에서 불교는 명상이나 삼매를 거쳐 파악되는 종교가 되고 만다. 동시에 그것은 아직 범부와는 거리가 있는, 마땅히 앞으로 얻어질 진리로 남아 있게 된다. 이런 종교는 행동이 결여된 하나의 '수도하는 종교'로 그칠 수밖에 없게 되는 것이다. 이러한 삼매 속 진리를 파악하기 전에는 오직 고결한 수도인의 규율이나 생활이 있을 뿐이다. 거기에는 진리를 구체적으로 전개하는 행(行)은 없게 된다.

원래 행은 즉시 역사를 창조하는 것이며 역사적 현실을 움직이는 실질인 동시에 동력(動力)이다. 그러므로 역사성 사회성과 직결된다. 행이 없다는 것은 곧 역사의식의 결여를 의미한다. …(중략)…

그러므로 반야를 올바로 이해한다는 것은 역사와 사회를 광명화(光明化)하고 활력을 부여하는데 결정적 의의를 갖는 것이다. 동시에 개인의 생활자세를 긍정과 부정(不定), 피동(被動)과 능동, 소극(消極)과 적극, 행동과 관념, 낙관(樂觀)과 비관으로 결정하는 관건이 된다.

만약 오늘날의 한국불교가 소극과 회피로 역사적 현실을 외면하거나, 안이(安易)한 현실긍정으로 구체적이며 창조적 열의가 결여했거나 또는 영예로운 국가와 민족을 건설하고 나아가 세계평화 번영을 위한 적극적인 책임감과 행동이 저조하다면 그것은 반야에 대한 그릇된 인식이 그 일반(一半)의 이유가 된다고 보지 않을 수 없다.

그리고 불교로 하여금 행이 없는 종교로 전락시킬 수 있는 요인은 이밖에 또 하나 있다. 그것은 불공(不空)의 진리는 오도(悟道)한 특별한 사람에게만 있는 경계라고 자굴(自屈)하는 점이다. …(중략)…

우리는 마땅히 반야의 참뜻을 바로 알아 바라밀의 대행을 전개할 것을

명심하여야 하겠다.[29]

위의 광덕의 반야사상에 대한 이해에서 필자는 광덕이 반야행을 지극한, 절절한, 강력한 당위로 인식하였음을 발견한다. 반야행, 반야의 대행, 반야의 바라밀행이 역사의식, 사회의식으로 나가는 명분이자, 행보의 이념이라는 것이다. 광덕의 이러한 반야사상, 바라밀 사상은 곧 광덕 사회의식의 출발이다.

그런데 사회에는 사회 구성원으로서의 다수의 재가자(신도, 중생)가 있으며, 세간으로서의 사회 공동체가 있으며, 구성원의 삶의 터전인 국가가 존재하고 있다. 그러므로 광덕이 반야의 바라밀행을 고뇌하였다면 광덕은 당연히 중생, 공동체, 국가에 대한 의식이 충만하였다는 것이다. 그래서 필자는 여기에서 광덕의 구세, 구국으로 향하는 사유에 대한 전개를 찾을 수 있다. 광덕의 이와 같은 사회의식은 반야, 부처님, 개인, 조국, 겨레가 하나라는 전제에서 나온 것이다.

> 우리 불자들은 마하반야바라밀 신앙을 기초로 합니다.
> 반야의 지혜로써 본 부처님과 자기와 진리와 세계를 믿는 것입니다. 이 바라밀이 본 생명과 개아(個我)는 단순한 개아가 아닙니다. 진리와 더불어 하나인 개아이고 조국과 겨레가 하나인 개아입니다.
> 이런 점에서 우리는 이 반야바라밀 신앙이 개인의 완성과 사회의 발전과 민족의 번영과 국토의 완성을 한꺼번에 이루는 진리인 것을 알아서 자랑스럽게 생각하고 이 믿음을 힘써 행하고 널리 펴 나가야 하겠습니

---

29) 『반야심경 강의』, pp.29~32.

다. 우리 믿음의 생활이 진리의 생활인 까닭에 이 믿음과 행에서 개인
이 잘 되고 민족이 번영하고 국토의 완성을 가져오는 것입니다. 이 모
두가 바라밀 신앙의 행으로써 이뤄진다는 말입니다.[30]

그런데 광덕이 이 같은 사회의식, 즉 민족과 국가 차원까지 불법을 전
파시켜야 하겠다는 반야의 대행을 고민하게 된 것은 그가 입산, 출가한
그 시절부터 시작된 것이다.

제가 불법을 만난 후 얼마 되지 않아 '불법이 이렇게 큰 뜻을 지니고 있
는 것인가, 인간 완성만이 아니라 국토 완성, 역사 완성을 지향하는 근
본적인 진리로구나. 내가 구했던 것이 바로 이것이다.'라는 생각이 들
었습니다.
중생무변서원도(衆生無邊誓願度), 중생을 다 건지겠다고 말로만 할 것이
아니라 실질적으로 어떻게 해야 될 것인가 하고 구체적으로 연구를 했
습니다.
거기에는 개인 대 개인의 수행도 있고, 불교 교단의 조직도 있고, 정치
권력과의 관계도 있고, 국가 제도 및 국제 관계의 문제도 있습니다. 따
라서 그동안에 읽었던 사회과학 방면의 책들을 바탕으로 해서 여러 방
면에서 불법을 어떻게 실현할 것인가 하는 문제에 대해서 꼼꼼하고 진
지하게 생각을 했었습니다.[31]

---

30) 『메아리 없는 골짜기』, p.95.
31) 『법어 총람』, p.31, 1990.11.7.

　이렇게 광덕, 그는 사회와 국가, 그리고 역사를 불법으로 만들겠다는 진지한 고민, 검토를 하였던 것이다. 그리고 그는 30대 초기에 이를 불법에 의거한 국가질서의 확립이나 사회제도의 변혁, 경제 사회, 문화, 교육 등 모든 것에 대한 기본적인 체제의 원리가 불법에서 나올 수 있다는 생각을 하고 그 생각에 완전히 빠져 있었다는 회고를 보면[32] 1956년 무렵부터는 그에 대한 이론적 검증을 한 것으로 보인다. 그 후, 그가 1974년 월간『불광』창간호에 기고한 순수불교선언의 단계에서는 다음과 같이 역사와 생활 속에서 불법을 전달하겠다는 의식이 뚜렷하였다.

　　이에 本誌『佛光』은 감히 우리의 역사와 생활속에 부처님의 威光을 전
　　달하는 使命을 自擔하고 나선다. 이로써 조국의 발전이 기초할 정신적
　　基盤과 動力을 공여하기를 기도하며, 前進하는 민족사의 方向과 底力
　　을 부여함에 보탬이 되기를 기약한다.
　　오늘을 사는 佛子로서 祖國과 형제 앞에서 진실을 바치고자 함에서이다.

　그런데 광덕이 고민하고, 선언한 불법의 사회화, 불법의 국토화로 상징되는 것은 곧 불교(반야바라밀)를 사회 구성원의 존재의 근본 및 삶의 원리로 나타나게 하고, 동시에 사회 및 국가의 제도에 구현되는 것을 말한다. 이에 대해서 광덕은 다음과 같이 그를 피력했다.

---

32) 위의 책 pp.103~104. 참조. 그리고 그는 그가 호법에 대해 인식을 한 것은 정화운동
　　이 일어난 1954년이었으며, 1955년 9월 경 그가 해인사 정화 실무에 관여할 때 함께
　　활동한 호법계의 실체를 목격한 것으로부터 비롯되었다고 회고하였다. 그 무렵에『열
　　반경』「금강신품」을 보고, 호법의 이론적 근거를 찾기도 하였다는 것이다.

지금도 소망이 있다면 형제들과 마찬가지로 개개인의 가슴에 모두 진
리의 등불을 달아 주고 이 세계를 밝혀서 궁극적인 부처님의 원이 실현
되는 일에 조금이라도 참여하는 것이 하나이고, 또 하나는 이 체제와
사회를 인간을 키울 수 있는 제도로 바꾸어야겠다는 것입니다.[33]

그렇지만 광덕은 그가 고뇌를 하던 시절에는 이런 고뇌를 더불어 할
도반, 학자가 없어 그 자신의 독백, 아쉬움으로 갖고 있다. 그러다가 순
수불교선언, 불광법회를 시작할 무렵에는 자신만이라도 그 깃발을 들겠
다는 서원을 하였다.[34] 그러면서 점차 광덕은 그에 대한 자신의 생각을
정리, 의미 부여, 실천으로 나갔다고 보인다. 이런 배경 하에 광덕은 일
반 개개인에게 불법을 전하는 것과 사회 제도에 불법을 구현하는 것을
전법(傳法) / 호법(護法)이라고 명명하였다.

모든 생각을 놓아 버리고 저의 근원적인 소망을 말하자면 이 호법의 실
현이라고 할 수 있습니다. 우리들 한 사람 한 사람이 불법을 깨달아서
내 생명 가운데 진리의 태양이, 부처님의 은혜의 태양이 빛나고 있음을
알게 됩니다. 내 생명, 이것은 범부의 생명이 아니라 부처님의 생명, 큰
우주의 생명입니다.
이것을 깨닫고 희망과 용기를 갖고 부처님의 공덕을 누리는 사람으로
바뀌어서 한 사람 한 사람이 기뻐지고 성공합니다. 또한 그 말씀이 이

---

33) 『법어총람』, p.104. 1989년 1월 4일 어록.
34) 그런데 광덕은 자신의 그 고뇌에 대해서 독백을 하듯이 혼자 말하였고, 그에 대해 말
할 사람도 없어 덮어 두었지만 1989년경에는 그런 생각을 자주 하였다고 한다. 이런
것은 추후 그의 사상 변천 연구에 있어 참고할 측면이다. 위의 책, p.105 참조.

웃사람들에게도 서로 전해져서 모든 사람들이 부처님의 진리광명을 깨
닫고 자기 생명 속에 빛나는 부처님의 위신력을 써서, 그 생활과 시대
가 함께 밝아지기를 바라는 소망들은 불자라면 원칙적으로 누구나 가
지고 있는 소망입니다. 내가 밝아지고 온 누리 일체중생이 모두 밝아지
면 전법이 완성되기를 바라는 소망은 누구나 다 가지고 있을 것입니다.
또 하나의 바람은 전법은 한 사람 한 사람에게만 하는 것이 아니라 우리
가 살고 있는 이 사회와 환경, 국토에 흐르고 있는 모든 정치, 경제, 문
화, 등 온갖 체제를 불법(佛法)으로 바꾸는 일입니다.

우리는 개인적으로 살고 있으므로 내가 생각하고 믿는 대로 결단하고
자신이 결과를 거둡니다. 그렇지만 내가 생각하고 선택하고 결단하는
것이 정말 내 힘만 가지고 되는 것일까요? 내 주변에는 수많은 얼룩진
일들이 있습니다. 거친 바람도 있습니다. 사회가 거칠고 어둡고 힘들게
되어갈 때, 나 혼자 밝은 등불을 가지고 지켜간다는 것은 정말 힘든 것
입니다. 그래서 더욱 이 사회와 국토, 체제, 제도가 불법으로 바뀌어야
합니다.[35]

광덕은 이렇듯이 호법을 두 가지로 대별하였다. 요컨대 개인(중생)에 대
한 전법과 사회 체제를 불법으로 바꾸는[36] 전법이다. 그렇지만 광덕이 제
시한 호법, 전법의 구체적인 활동에 들어가서는 간단한 것이 아니었다.
이에 대해서 그는 호법의 적극적인 의미를 다음과 같이 두 측면으로 개

---

35) 위의 책, pp.100~101. 1989년 1월 4일 어록.
36) 그는 그를 사회와 국토와 세계에 진리의 질서를 심는 것으로 표현하였다. 인간 생명을
　　고귀하게, 아름답게, 기쁘게 키울 수 있는 제도로 바뀌는 것으로 말하였다. 위의 책,
　　p.102.

진하였다. 그는 부처님의 호법의 가르침은 외부로부터의 도전의 극복을
하기 이전에 정법(불법)을 구현해야 한다는 것에서 나온 것이었다.

> 첫째로 외부로터의 정법에 대한 침해를 방어한다는 것은 정법과 정법
> 교단의 안전과 그 위용을 선양하는 것이 본 뜻입니다. 그래서 정법과
> 교단으로 하여금 정상적으로 정법활동을 전개하게 하는 것이 그 내용
> 이라 하겠습니다.
> 이렇게 볼 때 호법의 첫째의 의미는 교단의 자주와 안전과 자유로운 활
> 동에 두어야 하며, 동시에 불법을 전하여 개인이 빛나고 사회에 실현
> 하여 국토에 평화 번영 내지 청정 실현에 있는 것입니다. 부처님의 호
> 법 법문에서 우리는 이점이 강조되고 있음을 발견하는 것입니다. 거듭
> 말해서 교단수호와 전법과 정법의지의 사회적 실현이 호법법문의 첫째
> 의지라 하겠습니다.
> 둘째로 정법의 질서와 교단의 청정성 확보입니다. 대개 정법의지의 사
> 회적 실현은 그 바탕에 청정한 교단체제의 존재와 청순한 교단기풍, 여
> 법한 수행 규범 등 순수한 믿음의 체계, 그 건재가 문제입니다. 만약 이
> 것이 허물어지고서는 교단도 전법도 국토실현도 아무 것도 없게 되는
> 것입니다.[37]

광덕은 호법, 전법의 전제 조건으로 정법과 교단의 정상적인 활동이
라 설명하였다. 즉 교단의 수호, 전법과 정법의지의 사회적 실천이다.

---

37) 위의 책, pp.110~111. 1986년 1월 발간된 시론집 『빛의 목소리』에서.

그런데 이를 달성하기 위해서는 교단의 청정성, 규율, 수행 등에 대한 믿음 체계가 굳건해야 한다는 것이다. 이는 자연적으로 교단에 대한 적극적인 관심을 의미하는 것이다. 전법, 호법, 불법의 사회화는 교단을 통해서 갈 수밖에 없다는 것이다. 그래서 광덕은 교단 문제에 혼신을 힘을 다하였던 것을 필자는 이해할 수 있다고 본다.

> 나는 종단(조계종)을 영예롭게 하기 위해서 밤낮없이 노력했던 때가 있었다. 종단을 발전시키는 것은 종단이 이 시대에 짊어진 사명(개인과 사회와 세계를 구제)을 추구하는 것이고 완수하기 위한 종도들의 일치된 노력을 말하는 것이다.[38]

그렇지만 그가 혼신의 힘을 다해 일했던[39] 교단(조계종)은 그가 의도한 대로 나가지 못하였다. 1970년대 초반 무렵부터 서서히 드러난, 교단 내부의 갈등이 바로 그것이었다. 그래서 그는 교단내부에서 그가 고민하였던 문제를 해결하는 것에 방하착하고 자신 혼자서라도 그를 해결하기 위한 길을 종단 제도권의 외부에서 갔으니, 그것이 바로 불광의 선언이었다. 이에 대해서는 그의 고백을 들어보자.

> 그때 여건과 상황으로는 월간 『불광』을 만들지 않을 수가 없었지요. 1954년부터 시작된 불교정화운동은 1962년 통일종단의 시작으로 10여 년 동안 우리 불교계는 안정을 찾아 갔습니다. 그 일이 1972년에 끝

38) 송암, 「나의 일기속에 만난 스님」, 『광덕스님 시봉일기 5』, p.176, 1988년 5월 5일.
39) 졸고, 「광덕 연구 ; 출가, 수행, 종단재건」, 『광덕스님 시봉일기 6』, 도피안사, 2001.

나자 그 다음에 해야 할 일은 불교 포교와 교육이었습니다. 하지 않을
수 없는 상황이었지요. 떳떳하게 내놓고 이렇다 하게 포교하는 사람
이 없었지요. 그 당시 불교 월간지가 2개가 있었는데 그것도 내다 말
고 했지요.

불교정화가 한국불교의 정맥을 찾고자 한 일이었는데 만약 자체의 내
실화와 포교가 확충되지 않으면 그동안의 불교정화가 한낱 종권탈취였
다는 지탄을 면키 어려웠습니다. 불교의 존재 이유가 이 땅의 빛이 되
고자 하는 것인데 그것의 당위성만 있어서는 안 될 것입니다. 그만큼
포교와 교육이 절실했던 때였습니다. 그래서 시작된 것이 월간 『불광』
을 만드는 것이었습니다. 그리고 그 후 1년쯤 뒤에 불광법회가 생기게
되었지요.[40]

월간 『불광』의 발간, 불광법회의 등장이 모두 당시 시대상황, 즉 불교
정화운동의 계승, 한국불교의 정맥을 찾는 것, 불교가 마땅히 해야 할
포교와 교육에 대한 사명감의 자각에서 나온 것이라는 것이다. 광덕의
이 같은 자각, 실천은 곧 한국불교가 사회, 조국, 역사, 시대상황(현실)에
대한 책임을 져야 한다는 각성에서[41] 나온 것임은 두말할 나위가 없다.
예컨대 불광법회의 1975년 10월 16일 창립 당시에 광덕이 "행동으로 뛰
어나오지 못하는 불법은 불법 이해의 지식 이상의 아무것도 아니다. 불
법은 지식이 아니다. 불광은 행동을 통하여 인간 본성의 무한성을 소리

---

40) 『불광』 231호(94년 1월호), pp.29~30. 「월간 불광 창간 20주년 대담, 내 생명 부처님
무량공덕생명 전법으로 무상공덕을 삼겠습니다」.
41) 위의 책, p.114.

높여 외쳐왔지만…"이라고 강조하고, 반야바라밀 결사에 나섰음은 그를 상징적으로 말하는 것이다.[42]

그러나 그도 불광법회 실천성의 미진을 고백하였다. 즉 1982년에 발간한 시론집『빛의 목소리』에서 자신도 그 문제에 부족한 것이 있다고 인정하였다. 즉 한계를 인정하였다.

> 이 점을 돌이켜 볼 때 이 땅에 반야광명을 드러내어 인간과 역사를 광명화(光明化)한다는 기치를 든 불광 역시 그 책임을 다하지 못한 부끄러움을 금할 길이 없습니다. 그래서 불광 창립 8주년을 맞아 오늘의 한국불교, 무엇이 문제인가를 종단체제 문제를 제외한 신앙적 측면에서 별견(瞥見)하고자 합니다.[43]

그러나 이는 광덕이 다 떠안을 문제는 아니었지만 그는 솔직히 당시 한국불교의 내적 갈등, 본연의 자세 미흡, 사회와 역사에 다가서지 못하는 불교 현실 등에 대한 문제점을[44] 인정하였다.[45] 그렇지만 그는 이미 1976년 5월, 불광법회 초기 시절에 이미 「법등오서(法燈五誓)」를 작성, 인쇄하여 불광법회 회원들에게 배포하였다.[46] 자신만으로도 홀로 그 길을

---

42)『불광』1975년 12월호, p.96.
43) 위의 책, p.115. 시론집(1982)『빛의 목소리』에서.
44) 그 당시 조계사파, 개운사파 간의 갈등이 수년간 지속되었으며, 나아가서는 이른바 10 · 27법난이라는 불교계 최대의 치욕스런 외부 개입을 당하였다.
45) 그는 신앙적 차원의 문제를 다음과 같이 개진하였다. 믿음의 문제, 믿음에 의한 새생명으로의 전신(轉身)을 못한 것(언행일치 부재), 불법을 역사에 실현하는 전법 책임, 교단과 사회, 국가에 대한 책임감, 보시 수행의 실천 등을 지적하였다. 위의 책, pp.115~116.
46)『광덕스님 시봉일기 10』, 도피안사, 2008, p.593. 이 기록은 당시 불광법회 회원이었고 후일에는 법회 부회장까지 역임한 신영균 거사의 일기에 나온 내용이다.

가겠다는 다짐이었다.[47]

> 전법으로 바른 믿음을 삼겠습니다.
> 전법으로 정정진을 삼겠습니다.
> 전법으로 무상공덕을 삼겠습니다.
> 전법으로 최상의 보은을 삼겠습니다.
> 전법으로 정토를 성취하겠습니다.

그래서 그는 그 자신이라도 그에 철저하려고 고뇌하였다. 또한 1983
년 8월 3일에는 활공구국구세(活空救國救世)운동을 위한 정법호지(正法護
持)를 발원하기에 이르렀다.[48] 이러한 제반 내용은 그가 이끄는 불광 법
회의 구성원들과 함께 그 길을 갔음을 말해주는 것이라고 본다.

> 반야바라밀법문, 부처님의 진실한 깨달음의 직설이 이 땅에 영원하도
> 록 우리 모두 마음을 가다듬어서 정법을 호지하자. 그리고 이웃이 남
> 이 아니요, 모두가 하나의 진리광명, 진리생명 공동체임을 이해해서 법
> 등(法燈)수행에 철저히 힘쓰자. 그리고 나 자신은 범부가 아니요 육체
> 적 존재가 아니요, 죽거나 병들거나 죄악에 때 묻은 존재가 아니라, 부

---

47) 송석구는 광덕의 불광운동은 종단의 벽을 뚫고 나가지 못하였다고 평하였다. 위의 김
　 재영 책, p.380. 「특별좌담」.
48) 그를 선언한 것은 호법발원 법회였는데, 이 때부터 불광법회에서는 매월 첫째주 수요
　 일에 호법발원 법회를 현재까지 해오고 있다. 당시 그 최초의 법회에서 배포된 인쇄물
　 을 보면 그에 대한 사상, 고뇌, 지향 등을 볼 수 있을 것이다. 『광덕스님 시봉일기, 9』,
　 p.255의 연보.

처님의 빛나는 진리 광명이 충만한 진리 자체다. 이것을 끊임없이 잊지
않고 닦고 발휘하는 반야바라밀염송 정진을 항상 놓치지 말고 힘쓰자.
이 부탁을 형제 여러분들께서 힘써 행해주시고, 반야바라밀신앙, 호법
정진, 그리고 법등 수행 이 세 가지 법문이 이 땅에 오래 머물 때, 정법
광명이 만인의 생명에서 빛나고 온 국토가 진리 광명이 충만한 국토라
는 깨달음의 실상이 드러나게 될 것이라고 저는 믿습니다.[49]

　마침내 그는 교단 현실을 고려하지 않고, 그가 발원한 길로 나아갔다.
그는 호법발원(護法發願)이었다. 그는 그를 한국불교의 새 운동, 새 물줄
기로 자부할 수 있었다.[50]

　돌이켜 보면 호법에 대한 자각과 발원이 없었기 때문에, 불법이 있었다
하면서도 믿는 사람들 사이에만 있었지 사회와 역사에 기여할 수 있는
힘으로 나타나지 못했습니다. 사회와 역사 가운데 나타나지 못했다면
부처님의 뜻을 실현하지 못한 것입니다.
　저는 이 호법 발원을 하기까지 신중히 오랫동안 생각했습니다. 그 결과
믿음을 키우는 것을 첫째로 삼았고, 그 다음에는 법등(法燈)을 통해서
이웃 간에 서로 돕고 힘을 기르는 믿음의 기초적인 조직구성 활동을 해
오다가, 마침내 뜻이 있는 분들을 만나 호법발원을 시작했습니다.
　호법발원의 출발과 지속적인 성장은 한국불교에 있어서 새싹이고 새
운동이고 새 물줄기입니다. 해가 뜨면 전부 밝아지고 따뜻해져서 싹이

49) 위의 책, p.143. 1991년 7월 3일 어록.
50) 그는 호법발원을 진리운동, 평화운동으로도 표현하였다.

트는 것처럼, 호법운동이 전적으로 성장하고 전개됨으로써 불교의 싹
이 자라나고 사회에 불법이 퍼져나가게 됩니다.[51]

이렇게 그는 자신 혼자서라도 그를 묵묵히 실천에 옮겼다. 믿음을 키
우고, 법등을 통해서 조직구성을 하고, 그 연후에 호법발원을 하였던 것
이다. 그는 자신을 따르는 불광법회 회원들과 무소의 뿔처럼 사회적 전
법을 실천하였다. 그는 곧 호법의 길이었다. 그래서 불광법회에서는 "우
리는 횃불이다, 스스로 타오르며 역사를 밝힌다."고 서원하였다. 그런데
광덕의 이와 같은 사회의식, 전법관, 호법관에는 강력한 기반으로 떠받
치고 있는 사상적 토대가 있었거니와 그는 보현행원 사상이었다.

3) 실천사상 ; 보현행원

광덕의 바라밀행, 호법의 저류에는 보현행원의 사상이 흐르고 있었
다. 이는 광덕의 실천불교, 행동불교의 근원이다. 주지하는 바와 같이
부처님의 뜻을 실천하여 일체 중생을 고루 제도함을 내용으로 하는 보
현행원은 보현행원품에서 나온 것이다. 보현행원품은 화엄경 80권 밖
의 별행본으로 화엄경 법문의 총결이라 할 수 있는 화엄사상의 진면목
이다. 그러면 여기에서는 우선적으로 광덕이 보현행원을 어떻게 인식하
였는가를 제시하겠다.

이 점에서 보현행원은 과연 원왕(願王)이다. 부처님의 한량없는 공덕을
성취하는 결정적 행이기 때문이다. 보현행원을 통해서 제불여래가 출

---

51) 위의 책, p.27. 1984년 12월 5일 어록.

현하고 정불국토가 열려 간다. 보현행원을 통해서 부처님을 이루고 불
국토를 이루거늘 그 밖의 것이야 말해 무엇하겠는가.

이처럼 보현행원은 일체를 이루는 불가사의의 방망이다. 가정의 평화
를, 사회의 번영을, 국토의 안녕을, 역사의 광휘를 그리고 필경 성불하
는 대도인 것이다. 어째서 그럴까. 보현행원은 그 본질이 법성신(法性身)
의 윤리이며 법성신의 전일적 자기실현 방식이기 때문이다. …(중략)…
비록 지혜가 태양처럼 빛나고 서원이 수미산 같이 지중하고, 자비심이
바다같이 넉넉하다 하더라도 하나의 바라밀행이 없다면 무슨 소용이겠
는가. 결단적 각행이 필경의 대도를 굴리는 것이다.[52]

우리는 보현행원에서 오늘의 현실에 영원을 실현하며 낱낱 행에 완전
무결한 진리를 창조하여 필경 정불국토로 나아가는 대법을 배워야 할
것이다. 보현행원품을 읽고 배우고 행하여 오늘의 인류세계를 평화와
번영의 영원한 보살 국토로 바꾸기를 기약하여야 할 것이다.[53]

보현행원은 나의 영원한 생명의 노래이며, 나의 영원한 생명의 율동이
며, 나의 영원한 생명의 환희이며, 나의 영원한 생명의 위덕이며, 체
온이며, 광휘이며 그 세계입니다.

나는 이제 불보살님 전에 나의 생명 다 바쳐서 서원합니다. 보현행원
을 실천하겠습니다. 보현행원으로 보리를 이루겠습니다. 보현행원으
로 불국토를 성취하겠습니다. 대자대비 세존이시여, 저희들의 이 서

52) 광덕, 『보현행원품 강의』, 불광출판부, 1989, 「머리말」.
53) 위의 책, p.15.

원을 증명하소서.[54]

이렇듯이 광덕은 보현행원을 불국토를 이루게 하는 서원의 왕으로, 실천되어야 할 당위로, 생명으로 인식하였다. 그래서 광덕과 불광법회 는 "보현행원을 실천하고, 보현행원으로 보리이루고, 보현행원으로 불 국토를 이루겠다."는 서원을 하였다. 이 같은 보현행원에 대한 강력한 다짐, 실천이 있었기에 전술한 그의 불교사상, 사회사상이 실천에 옮겨 질 수 있었던 것이다. 즉 그의 바라밀행은 이 같은 보현행원이라는 사상 적 지원을 받았기에 가능하였던 것이 아닌가 한다.

그러면 광덕은 보현행원의 사상을 언제부터 접하였던가? 이에 대해서 광덕 자신은 다음과 같이 회고하였다.

> 필자는 다행히 일찍이 수승한 인연을 만나 행원품을 근친하였고, 여러
> 번 번역 출판도 하였으며 법회에서 형제들과 함께 행원을 공부한 것도
> 여러 차례다.[55]

그렇지만 위의 글에서는 그 연유, 전후사정이 분명하지 않다.[56] 증언 에 의하면 광덕은 그가 봉은사 주지로 있던 시절, 대학생 수도원에 입 사한 대학생들을 지도할 때에도 그는 보현행원품을 필사하여 몸에 지니

---

54) 위의 책, p.187. 「보현행자의 서원」의 序分.
55) 위의 책, 머리말.
56) 김재영은 위의 책 p.176.에서 소천의 금강경 독송구국운동 당시부터로 그 계기를 잡고 있으나, 뚜렷한 근거에 의한 이해는 아니다.

고 있었다고 한다.[57] 요컨대 보현행원품으로 대학생을 지도하였던 것이
다.[58] 이 같은 보현행원품에 대한 이해는 1968년 해인사판으로 나온『보
현행원품』을 광덕이 번역하였다는 사실에서 확인이 된다. 이는 보현행
원품을 완전 이해하여, 자신의 것으로 만들었음을 예증한다.

　마침내 그는 1977년에는「보현행자의 서원」을[59] 발표하고,『보살성전』
도 펴냈다.[60] 광덕의 보현행원에 대한 자신의 입론을 분명하게 개진한
것은 1978년에 간행된『보현성전』서문에서 찾을 수 있다.

　　우리는 현대가 안고 있는 이 거대한 위기와 함정 속에서 몸을 일으켜,

　　나라를 구하고 역사위에 평화를 건축할 사명을 안고 있다. 우리는 인간

　　멍에를 걸고 이 위기에서 벗어나 인간의 권위, 대지의 평화를 이루지

---

57) 위의 김재영 책, p.178.

58) 당시 수도원의 지도교수였던 박성배는 그 당시 광덕스님이 자신에게 부디 보현행자가
　　되어 달라고 당부하였다고 회고했다. 박성배,「광덕스님을 기리며」『광덕스님 시봉일
　　기 9』도피안사, 2007, p.42. 그런데 그 당부가 언제, 어디에서 있었는지는 밝히지 않
　　았다. 박성배는 학부시절부터 자주 찾아뵙던 큰스님이라고 한 것을 보면, 박성배가 학
　　부시절 즉 동국대 인도철학과에 입학한 시점이 1956년이고 그가 대학원을 마친 시점
　　은 1960년임을 고려하면 1950년대 후반 경이 아닌가 한다. 그렇다면 그 무렵에 광덕
　　은 보현행원에 대한 사상적 탐구가 본격화된 것이 아닌가 한다.

59) 이것은『보현행원품 강의』에 부록으로 실린「보현행자의 서원」으로 보인다. 이에 대해
　　서 광덕은 그 책의 머리말에서 "원래 이글은 불광법회에서 행원을 공부하면서 행원의
　　가르침을 받드는 행자로서의 마음가짐을 적어 본 것인데 원래가 널리 보이고자 한 것
　　은 아니었지만 어쩌다가 여러 행원 동지에게 읽혀지게 되었다. 이것 역시 부끄러운 일
　　이지만 뜻을 함께 하는 벗들의 권고를 물리치지 못하고 한 책에 묶었는데 거기에 담긴
　　나의 자그마한 뜻의 소재를 거두어 주었으면 한다."고 언급하였다.『보살성전』이 1977
　　년 10월 30일 간행되었음을 보면 그 시점에 시작된 것으로 볼 수 있다.

60) 위의『시봉일기 10』p.641.『보살성전』은 1977년 10월 30일 간행되었는데 얼마 후『보
　　현성전』(1978)에 합류되었다고 하는 바, 이 점은 추후 자세히 밝힐 내용이다. 이『보현
　　성전』에 보현행자의 서원이 수록되었다.

않을 수 없는 것이다. 여기에서 우리는 다행히 '보현'을 만났다. 우리는 보현보살을 배워서 자신을 회복하고 인간복권을 성취하여야겠다. 그리하여 인간의 운명에 길을 부여하고 인간 진실을 개혁하여 인간 권위를 회복하고 무한창조의 평원을 열어가야 하겠다.

필자는 불법이 인간을 그의 실존 차원에서 확립시키고 무한한 긍정의 평원으로 해방시키는 지혜이며 힘이라고 믿고 있다. 그것은 마하반야바라밀이라는 무상법(無上法)의 현전에 대한 믿음에서 온 결론이다. 그리고 '보현'이야말로 마하반야바라밀의 개현자이며 실천자인 것이다.[61]

여기에서 그는 사회와 역사에 불교가 담당해야 할 사명을 실천하기 위해서는 보현보살의 정신으로 나가야 함을 역설하였다. 그리고 불법(마하반야바라밀)이 사회와 역사를 해방시키는 지혜이고, 그 지혜를 실천시킬 수 있는 것이 보현이라고 단언을 하였다. 이로써 보현행원은 광덕사상, 불광사상에 있어서 우뚝한 사상적 버팀목으로 존재하기에 이르렀다.[62]

드디어 광덕 사상은 보현행원의 사상적 기반에서 바라밀행, 대행으로 나갈 수 있는 명분과 근거를 확보하였다. 이로써 광덕사상은 마하반야바라밀 사상과 짝을 하는 또 하나의 사상적 도반을 갖게 되었다.

행원이 바로 참 자기, 거짓되고 허망한 자기를 벗어나서, 그 자기의 내면을 그대로 내어 쓰는 것입니다. 내가 진리 광명인 까닭에 진리 광명

61) 광덕, 『보현성전』, 대각출판부, 1978, pp.3~6.
62) 김재영은 위의 책, p.127과 p.177에서 반야바라밀은 正見, 보현행원은 大行으로 보고, 이를 광덕의 사상체계, 광덕 사상의 골격으로 규정하였다.

을 토하는 것이고, 내가 끝없는 사랑인 까닭에 식을 수 없는 사랑의 체
온, 사랑의 향기가 그냥 퍼져 나가는 것이며, 내가 태양 같은 지혜인 까
닭에 지혜를 쏟고 살아가는 것입니다. 내가 영원한 생명 그것인 까닭에
그러한 밝음도 지혜도 사랑도 끝없이 주고 또 주고, 세상이 다하고 허
공이 다할지언정, 나의 생명이 가지고 있는 끝없는 표현은 다할 날 없
는 것입니다.[63]

행원의 실천은 우리가 자기의 생명의 문을 여는 일입니다. 나의 생명
가득히 부어져 있는 부처님 공덕을 발휘하는 거룩한 기술입니다. 나의
생명을 부처님 태양 속에 세우는 일이며, 내 생명에 깃든 커다란 위력
을 퍼내는 생명의 숨결이며, 박동(迫動)입니다. 그렇기 때문에 행원에는
목적이 없습니다. 어떠한 공덕을 바라거나, 부처님의 은혜를 바라거나,
이웃이 알아주기를 바라지 않습니다. 행원 자체가 목적입니다. 행원은
나의 생명의 체온이며 숨결인 까닭에 나는 나의 생명껏 행원으로 살고
기뻐하는 것뿐입니다.[64]

우리 모두 나의 사업, 나의 직업은 보살도라고 하는 신념을 굳게 갖자.
그리고 보다 순수한 양질의 봉사, 무아의 헌신으로 보살국토를 이룩해
가자.[65]

---

63) 『만법과 짝하지 않는 자』, pp.128~129.
64) 광덕, 『지송보편행원품』, 불광출판부, 1999, pp.101~102.
65) 『반야의 종소리』, 도피안사, 2006, p.77.

　광덕은 행원을 인간의 생명으로 보았다. 인간의 생명이기에, 생명이 있을 때까지 행원은 결코 머물지 않는다는 것이다. 생명은 그 자체가 목적이듯이, 보현행원도 그 자체가 목적이라는 것이다. 이에 광덕은 행원이 생명, 숨결이기에 행원으로 살고, 행원으로 삶을 기쁘게 누려야 한다는 것에 도달하였다. 그래서 광덕은 보현행원을 실천하는 그 자체로써 보리를 이루겠다는 서원을 하였다. 보현행원이 바로 깨달음의 발로임을 웅변적으로 선언한 것이다. 그래서 그는 그 주체할 수 없는 정열을 노래하였다.

　　보현행원은 나의 진실 생명의 문을 엶이어라.

　　무량위덕 발휘하는 생명의 숨결이어라.

　　보현행원은 나의 영원한 생명의 노래

　　　　　나의 영원한 생명의 율동

　　　　　나의 영원한 생명의 환희

　　　　　나의 영원한 생명의 위덕

　　　　　체온이며 광휘이며 그 세계이어라.

　　내 이제 목숨 바쳐 서원하오니

　　삼보자존이시여 증명하소서

　　보현행원으로 수행하오리

　　보현행원으로 불국 이루리

　　보현행원으로 보리 이루리

　　나무 대행 보현보살 마하살

　　나무 마하반야바라밀.[66]

---

66) 위의 『보현행원품 강의』, p.214, 「보현행원송」. 보현행원송은 1992년 창작 국악교성곡

지금껏 광덕의 반야바라밀 및 호법운동의 설천사상의 근거를 정리하
였다. 그는 보현행원이었다. 그의 보현행원은 그의 실천사상의 정수이
자,[67] 그의 반야사상과 짝을 하였던 사상적 버팀목이었다.

3. 광덕사상 연원의 모색

지금부터는 위에서 살피고, 분석한 광덕사상의 연원(영향, 계통, 자생 등)
에 대하여 살펴보고자 한다. 이에 대해서는 광덕이 생존하였고, 활동하
였던 터전(한국, 범어사, 조계종단, 불광사 등)이 주목되어야 할 것이다. 광덕
은 그 터전에서 삶을 영위하고, 출가하여, 포교하고, 사상을 고민하고,
사상을 실천하였던 것이다. 여기에서는 이 같은 전제와 배경을 유의하
여 다음과 같은 세 측면에서 그에 대한 전망, 참고점을 개진한다. 이는
하나의 시론 혹은 필자의 단상에 지나지 않는다. 그에 대한 구체적인 분
석과 설명은 필자의 추후의 연구로 삼고자 한다.

필자가 생각하는 개념의 초점, 그는 지평성, 역사성, 독창성이다. 우
선 지평성이라 함은 광덕이 불법의 체득, 불법의 깨달음, 사상적 개안을
한 무대를 말한다. 그 무대에서 광덕은 자신의 가야할 길을 찾고, 그 길
에 의미를 부여하여, 자신의 사상적 틀을 고민하였다. 그 무대는 범어사
선방이었다. 광덕은 자신은 범어사 선방에서 10여 년간 수행을 하였다

의 발표된 것으로 광덕의 동의, 윤문이 있었을 것으로 보인다. 이는『지송 보현행원품』,
 불광출판부, 1999, p.172에도 나온다.
67) 광덕의 행원사상의 구체적 전개에 대해서는 김재영의「광덕스님의 반야행원사상과 노
 동관」,『노동의 가치, 불교에 묻는다』, 도피안사, 2007 참조.

고 회고하였다. 그는 입산 직후 바로 범어사 선방에서 그의 은사인 하동
산으로부터 불교의 근원으로 바로 들어가라는 채근을 강력히 받았다.

가끔 출가동기를 묻는데 제게는 특별한 동기가 없습니다. 건강상 문제,
선생님의 권유도 있고 해서, 선방에 구경 갔다가 거기서 훌륭하신 지도
자를 만나고 생활하는 가운데 새로운 세계, 인간이 범범한 인간이 아
닌 위대한 세계가 있다는 것을 알게 되고, 이 문을 한번 열어봐야겠다,
물러설 수 없다 해서 그 생활을 한 것이 3년, 30년, 40년이 되어갑니
다.[68]

선은 인간의 근원적인 주체성, 우주의 근원적 실재성을 주체적으로 파
악하게 만듭니다. 그러니까 그 문제를 알게 하기 위해서 맞대면 하자마
자 들이댄 것입니다. 이게 꿀이다. 이런 식입니다.
그래서 일주일 동안 하루 한번씩 인사를 드리고 쫓겨나곤 했습니다. 비
참했지요. 그때만 해도 건방져서 세상에 안하무인으로 고개를 들고 다
녔을 때입니다. …(중략)…
그러니까 건방질대로 건방졌었는데, 거기 와서 말을 할 수가 없어요.
모두들 생각 갖고 살지 않습니까? 그런데 생각도 없고, 꿈도 없고, 생
각이 끊어졌을 때, 너 자신이 무엇이냐? 들이대라 하는데 말이 소용없
어요. 말은 생각이 아니냐, 말은 논리이자 개념의 조합이나 분석내지
그런 이론의 전개인데, 그걸 가지고는 안 먹혀들어요 .…(중략)…
큰스님께서는 처음부터 실물(實物)을 가지고 저를 닦달해 주셨습니다.

---

68) 『불광』 1999년 5월호, p.138.

일주일 만에 저도 한마디 할 말이 있을 거 같아요. 그때는 나도 그 뜻을 몰랐거든요. 아침에 청소를 하고 들어가니, 그때는 큰스님께서 일정한 시간에 붓을 들고 쓰시는 게 있었습니다. 그때도 글을 쓰고 계셨습니다. 절을 막 마치고 한마디 입을 벌리려고 하는 찰나에 붓을 딱 들고 눈 앞에 확 들이댔습니다.

"일러라, 일러." 말해라 이거에요. 저는 진땀이 확 났습니다. 너 말로 꾸며대서 이론으로 이러쿵 저러쿵 하려는 것, 그것 가지고는 안 된다는 뜻입니다. "말과 이론 이전에 너의 생명 자체, 참으로 있는 것, 궁극적인 너의 생명을 생명이라고 하는 그 물건 내놔라." 이거에요. 저는 그 말 한마디에 완전히 깨져 버렸어요. 쫓겨났어요.

아, 내가 이제까지 생각으로 알려고 했구나. 이론으로 꾸며 대려고 했구나. 그래서 집에 있는 책을 가져왔으면 책을 보고 해명했을 텐데 하는 생각까지 했구나. 그때부터 선방에 들어가서 공부를 했습니다 – 참선하는 방을 선방이라고 합니다. 그때 6.25사변 나던 해, 그 해에는 30년쯤 참선하는 스님들도 있었습니다만 거기서 명예롭게도 한자리를 주셔서, 거기 들어가서 참선을 하고, '정말 생각하지도 않는 생각'이라고 하는 것의 내용이 되는 참선생활을 하기 시작했던 것입니다.[69]

이렇게 그의 사상적 첫 출방은 선방이었다. 이로써 그의 사상적 지평선, 인식의 무대에는 선이 있었던 것이다.

제가 불법을 만난 후 얼마 되지 않아 '불법이 이렇게 큰 뜻을 지니고 있

---

69) 위의 자료, pp.141~142.

는 것인가, 인간 완성만이 아니라 국토 완성, 역사 완성을 지향하는 근
본적인 진리로구나. 내가 구했던 것이 바로 이것이다.'라는 생각이 들
었습니다.

중생무변서원도(衆生無邊誓願度), 중생을 다 건지겠다고 말로만 할 것이
아니라 실질적으로 어떻게 해야 될 것인가 하고 구체적으로 연구를 했
습니다.[70]

광덕은 위에서 나오듯 선방에서 불법을 만난 직후에 불법의 본질에
접하였다. 이러한 내용은 아래의 회고에서도 나온다.

저는 당초 절에 들어갔을 때 참선하는 선방에 갔습니다. 참선은 불립문
자(不立文字)라고 해서 문자를 배우는 것이 아니고 직접 진리를 봐서 체
득하는 것입니다. 즉 문자를 보지 않는 것이 선방입니다. 참선해서 불
교의 실지를 체득해야 하는 선원에서 10여년을 보내면서 믿음을 얻은
것이 바로 이 불멸의 부처님입니다.[71]

저는 원래 불법을 알고서 절에 들어간 것이 아닙니다. 참선 구경하는
것이 남자로서 해볼 만한 일이라고 권하는 분이 계셔서 석 달 예정으로
선방 구경 간다고 절에 갔습니다. 그런데 지나다보니 한 40년 되었습
니다. 그 가운데 느낀 것이 첫 번째로는 바로 "불법은 종교적인 특수한
계층의 사상이나 철학이 아니라 인간 생명을 키우는 가르침이다. 인간

---

70) 『호법총람』, p.31.
71) 위의 책, pp.50~51.

개개인의 생명을 키우는 가르침이다."라는 사실이었습니다.[72]

이렇게 그는 선방에서 불법, 불교의 생명성 등을 체득하였다. 그러므로 필자는 광덕사상의 무대는 선방이었고, 광덕사상의 지평은 선의 세계임은 분명하다고 본다.[73] 이런 연고로 그는 1959~1961년 범어사 선방에서 수좌들과 선어록의 간행, 강의, 간행 등을 하기 위해 숙의하였고, 그 결과로 현대선학연구회가 출범하였다. 광덕은 물론 그 주역으로 활동하였다. 그의 선에 대한 인식은 광덕이 집필한 것으로 전하는 현대선학연구회의 취지서에서 찾을 수 있다.

> 無限과 自在! 이것은 本來生命의 自己形式이요 汎人間의 久遠의 希願
> 이기도 하다.
> 우리의 이 希願은 畢竟 釋迦牟尼佛에 依하여 開顯된 禪에 있어서 그 畢
> 竟 窮極이 開明되었다. 그후 數多의 先賢에 依하여 이 大光燈은 不斷히
> 繼承되었고 光輝되였으나 그러나 今日에 있어 그 몇 사람이나 生命의
> 精髓 眞理의 窮極을 窮盡하였으며 세계의 光輝를 爲한 法幢이 되었을
> 가 끊일줄 모르는 黑運雲 뭉텅이는 暗黑과 怒濤 波狀으로 이 세계를 넘
> 나보고 不安 混沌은 人心의 槪要를 휘여잡고 있는 것이니 가히 時代는

---

72) 위의 책, p.103.
73) 『선관책진』(불광출판부, 1980)의 머리말에서 "선은 그릇된 이기적 눈을 돌려 자기 본분지에 사무치게 세계와 역사를 자시 생명 속에서 관통하는 눈을 열어준다. 이런 점에서 선은 영원한 인간회복의 바른 길이다. 영원한 평화와 번영의 지혜를 여는 길이다. 세계와 중생 위에 진리의 꽃을 가득 피우는 보살의 땅인 것이다."라고 한 내용이 그를 예증한다.

眞實한 勇者의 活舞台를 임히 完成하고 있는 것이라 하겠다.

정히 徹底한 自己喪失, 極限으로 떠러진 人間權威와 暗黑과 混沌 不安의 밑바닥에 선 現世像이 끊임없이 비저대는 衆生惡夢을 迴轉하는 妙諦 무엇이 될 것인고 … 그것은 窮極的으로 生命의 本源的 把握, 萬有의 窮極的 開明에 있는 것이며 이것은 實로 禪에 依한 無限 創造의 主體的 把握에서만이 그 可能性이 있다고 믿는 것이다.

여기에 있어 吾人은 菲才를 不顧하고 오직 巨壑에 던진 一滴水로 自處하고 감히 法燈의 一滴油를 志願하는 것이다. 그리하여 于先 禪學의 研修, 古典의 出版 및 禪學의 現代的 開拓을 試圖한다. 생각건대 無能한 吾人에게 있어 이 企圖는 하나의 蠻勇에 그칠지 모른다. 그러나 吾人은 法海의 一滴水가 되는 榮光을 버릴 수 없다. 우리는 生命을 태울 곳을 발견한 것이다.

　　　　　　　　　　　　諸賢 同志여 徹志를 諒하라.[74]

이 취지서에는 선학연구회의 취지, 선을 통해 인간 생명의 본원적 파악, 근원적 개명을 추구하려는 광덕의 사상적 편린이 오롯하게 나온다. 그래서 작성자인 광덕은[75] 그와 뜻을 같이 하는 동지들에게[76] 선학 연수, 선적 출판, 선학의 현대적 모색이라는 새로운 길로 나설 것을 호소

---

74) 이 취지서는 1962년 2월에 발간된 『벽암록』에 수록되어 있는 것을 참조한 것이다. 그런데 김재영은 위의 책 218면에서 1959년 대각출판부에서 『벽암록』이 간행되었다고 서술하였다.

75) 문체, 문투, 내용을 종합해 고려할 때, 이 글은 광덕의 글이라고 필자는 확신한다.

76) 이 동지는 범어사 선원에서 처음으로 논의하였던, 광덕의 글에서 '몇몇 禪和'라고 불린 그들이라고 본다. 여기에는 이능가는 포함되지 않았다고 본다.

하였던 것이다. 광덕의 선사상의 견해를 오롯이 전하는 『선관책진』에 수록된 「선 입문」에는[77] 그에 대한 정수가 나온다. 광덕은 선이 "반야안(般若案)이 밝혀낸 최상의 인간회복의 길"[78]이라고 하면서,

> 선이란 무엇인가? 이에는 여러 말이 당치 않다. 선은 언어와 사량이 끊긴 것이기 때문이다. 그러나 구태여 말한다면 선은 근원에 사무쳐 절대적 주체를 자각한 행이라고 말하겠다. 인간 진면목을 자각하여 참된 주체성을 확립한다는 말이다.[79]

광덕은 자신이 정의한 바와 같이 범어사 선방에서 10여 년간 참선 수행하면서 자신의 사상적 입각점을 찾았다. 물론 그 사상은 불광사상, 마하반야바라밀 사상, 보현행원 등이었다. 그래서 광덕은 바라밀은 참선을 통해서 밝혀진 진리임을 강조하였다.

> 반야바라밀은 참선을 통해서 밝혀진 세계입니다. 참선을 통해서 밝혀진 궁극적인 진리의 세계, 원천적인 부처님의 세계, 그것이 반야바라밀입니다.[80]

여기에서 필자는 광덕사상과 참선과의 연관의 결정적 단서를 보는 것

---

77) 그가 진수당에서 번역, 출간을 할 때에는 「선의 입문」이 없었으나, 1980년 불광출판부에서 재출간할 때에 수록한 것이다.
78) 『선관책진』, 불광출판부, 2008, 「증보판에 부치는 말」.
79) 위의 책, p.29.
80) 『호법총람』, p.150.

이다. 광덕의 선적인 이해, 해석, 사유, 철학적 내용 등에 대한 정리는
후일로 미루거니와 여기에서는 광덕 사상의 무대와 지평이 선이었음만
개진함에 그치고자 한다.

다음으로는 광덕사상의 역사성에 대하여 살피려고 한다. 광덕의 역사
성은 광덕에게 역사적으로 영향을 주었던 인물, 사건, 운동 등을 말한
다. 인간은 사회적 동물이라는 말에서 시사되듯이 인간의 행위, 사유,
사상 등은 당시 사회로부터 무관할 수 없다. 때문에 광덕의 사상에는 당
시 사회의 과제였던 국권 회복, 국가 재건, 불교재건, 불교 정화운동, 파
란만장한 근현대사의 격랑 속에서 살아가야만 했던 민초들의 고통 등에
서 연유한 것이다. 때문에 그의 사상에는 구세, 구국이라는 명제가 자리
잡고 있었다. 이는 그의 사상이 불교라는 테두리를 벗어났음을 대변하
는 것이다. 한편 그의 불교사상의 저변에는 불교재건, 순수불교의 지향
이 강하게 나온다. 이는 당시 불교가 일제 식민지 불교, 세속화된 불교,
근본을 잃어버린 불교, 사회성을 망각한 불교, 종단 내부 갈등에 함몰된
불교 등 부정적 양상에서 자유스러울 수가 없었음에서 기인한다. 정화
운동의 일선에 참여하였고, 정화운동의 후유증을 해소하고 정화이념을
계승하는 종단 간부였던 그로서는 불교의 정상적 회복에 남다른 고민을
하였음은 당연한 행보였다.

이는 그에게 영향을 주었던 당사자들의 삶과 지향에서도 쉽게 파악이
된다. 그의 은사였던 하동산, 그의 반야사상의 눈뜸에 결정적 계기를 주
었던 신소천의 삶의 궤적도 위에서 지적한 범주에 있었다. 이들은 수행,
포교뿐만 아니라 독립운동, 불교의 민족운동, 불교재건으로서의 정화운
동 등에 일생을 바친 당사자들이었다. 특히 그의 은사인 하동산은 조계

종단의 종정을 역임한 고승으로서 그는 불교정화운동을 최일선에서 추
동한 이력이 있다.[81] 광덕은 그를 보필하면서, 정화운동의 이면, 고뇌,
지향을 너무나도 잘 알고 있었을 것이다. 그리고 광덕이 정화운동의 이
념을 계승하려는 구도에서 나온 선림회와 영축회의 간부로 참여하였던
[82] 것도 간과해서는 안 될 내용이다. 광덕이 범어사 선방에서 10여년 간
을 수행함으로써 자기 사상 계발을 할 수 있었음에서도 당시 그 선방의
조실이었던 하동산에게 받은 다양한 훈육을 간과할 수 없다. 이에 그는
하동산을 추모하는 『석영첩』의 서문에서 그를 다음과 같이 표현하였다.

> 스님은 너무나 크셨기에 저희들은 스님 잃은 생각을 무엇인가로 메워
> 야만 했습니다. 스님의 빛은 너무나 혁혁하셨기에 가신 뒤의 어둠에서
> 무엇인가 허둥대어야만 했습니다. 스님의 입김은 너무나 훈훈하였기에
> 스님 없는 살림은 무엇인가로 축여져야만 했습니다.
> 동산노사 ― 스님은 현대 한국불교의 母像입니다.
> 이념이었고 안목이었으며, 또한 동력이었습니다.
> 지중하신 원력과 불퇴전의 용맹, 부단한 정진, 투철한 종지, 무차의 대
> 비, 무애의 방편 … 현대 한국불교에 남기신 스님의 발자취는 너무나
> 위대했습니다. 여기 누가 있어 이 크나큰 影像을 그릴 수 있겠습니까?
> 하건만 저희들은 감히 이 일을 저질렀습니다. 이 보잘것 없는 작은 책
> 자가 스님의 거룩하신 이름을 욕되게 할까 주저됩니다. 이 눈먼 어린

---

81) 졸고, 「하동산의 불교정화」, 『범어사와 불교정화운동』, 영광도서, 2008.
82) 이에 대해서는 졸고가 참고 된다. 김광식, 「선림회의 선풍진작과 정화이념의 계승」, 『승
가교육』 6, 2006. 김광식, 「제2정화운동과 영축회」, 『정토학연구 10』, 2007.

것들의 장난이 스님의 큰 그림자를 지워버릴까 두렵습니다. 그러면서
도 태양을 향한 저희들의 간절한 합장이 이 일을 저지르고 말았습니다.
여러 어지신이여! 너그러운 살핌을 드리옵소서.

그리고 하동산의 영향 이외에도 앞서 잠시 소개하였지만 신소천의 금
강경 독송운동에 대한 영향은 두말할 나위가 없는 것이다. 신소천에 대
한 계승의식은 1990년 5월에 행한 아래의 광덕 어록에서 찾을 수 있다.

『금강경』 반야의 진리가 참으로 일체의 어둠과 불행과 장애를 다 쓸어
버리고 온 세계를 밝히고 따뜻하게 일체 생물을 성장시키는 진리의 근
원이다 하는 소천스님의 가르침을 지금도 제 마음속에 새기고 있습니
다. 나만이 아니라 우리 3천여 명의 호법발원 형제들이 반야의 가르침
을 가지고 부처님의 법으로 생활하고 원을 발하고 정진하는 것은 바로
이 땅을 지키는 것입니다.[83]

한편 하동산, 신소천에게 강한 영향을 주었던 인물인 백용성에 대한
광덕의 계승의식은 이와 같은 연고로 너무나도 당연한 것이었다. 백용
성의 민족운동과 대각교 설립(운동) 그리고 정화운동, 신소천의 각운동,
하동산의 정화운동 등은 너무나 흡사한 사상적 연결 고리를 갖고 있었
던 것이다. 이에 광덕의 사상의 한 측면은 이 같은 역사성의 흐름에서
찾아야 할 것이다.

마지막으로 검토한 측면은 광덕 사상의 독창성이다. 광덕사상의 선과

83) 『호법총람』, p.97.

의 연계, 역사성도 매우 중요하지만 여기에서 살핀 독창성도 결단코 배제할 수 없는 내용이다. 광덕사상의 독창성은 추후 다양한 측면에서 접근이 되어야 할 것이다. 본 글에서는 그에 연관된 몇 측면만을 개진한다. 요컨대 필자가 생각하는 광덕사상의 독창성을 살핌에 있어서는 반야 유일성, 사상적 회통성, 민족불교의 성격 등이다.

반야 유일성은 광덕 사상에 있어 반야사상의 경도가 상당하다는 것이다. 요컨대 그의 마하반야바라밀 사상은 어찌 보면 불광사, 불광법회, 광덕의 상좌 및 신도 등에서만 통용되는 것이 아닌가 하는 측면이다.

> 반야바라밀 공부 외에 따로 더할 것이 없는 것입니다. 최고 최상승의 법문입니다.[84]

> 우리들의 믿음의 기초는 마하반야바라밀이며 믿음의 실천 또한 마하반야바라밀입니다. 즉 믿음의 전부가 마하반야바라밀입니다. 경에는 삼세제불이 마하반야바라밀에서 나왔으며 제불의 어머니는 바로 마하반야바라밀이라고 말씀하셨습니다. 반야바라밀이 삼세의 제불을 낳았고 또한 시방국토의 장엄한 불국을 성취하는 것입니다.[85]

위와 같은 광덕의 어록은 그를 단적으로 말한다. 여기에서 필자는 광덕 사상의 보편성을 추구, 분석, 해석해야 한다고 본다. 광덕 및 성철과 인연이 많았던 뉴욕주립대 교수인 박성배는 그가 미국에서 10년간 공부

---

84) 『만법과 짝하지 않는 자』, p.81.
85) 위의 책, p.140.

하다 일시 귀국하였던 1979년 무렵, 광덕의 지노노선에 대한 회고를 최근에 하였다. 그는 성철이 광덕의 마하반야바라밀의 지상주의를 천연외도(天然外道)라고 비판하였다는 것이다.[86] 이 같은 비판을 어떻게 볼 것인가의 문제는 지금도 존재할 가능성이 있다. 그래서 광덕연구에서는 이에 대한 설명을 해야 한다. 광덕사상을 불교사상, 대승불교, 한국불교, 근본(초기)불교 등등과의 동질성, 차별성을 해석하고, 그를 통한 보편성 추구는 이제 연구자들의 앞에 놓여 있는 것이다.

다음으로는 광덕사상의 회통성이다. 광덕사상은 반야 유일주의도 강하지만 그 내면에는 보현행원의 화엄사상, 금강경 및 반야심경의 공사상, 선사상 등 다양성이 혼재되어 있다. 그러면서 광덕 사상에는 그 다양성을 활용하면서도 그를 일정한 관점에서 회통하는 측면이 분명하게 나온다. 예컨대 다음의 어록은 그를 예증한다.

이 마하반야바라밀, 이 『화엄경』의 일심 도리에는 부처님의 깨달음, 진리 그 자체가 완전 구족한 것입니다. 닦아서 그렇게 된 것이 아닙니다.

---

86) 『광덕스님 시봉일기 10』, 도피안사, 2008, p.41. 그는 다음과 같다. "10년 만에 한국에 돌아와 보니 그동안 한국은 많이 변해 있었다. 광덕스님이 만든 불광법회는 잠실에 터전을 마련하고 있었고, 사찰의 규모도 어마어마하게 컸으며 신도들도 엄청나게 많았다. 모두 광덕스님의 법력이라고 칭송이 자자했다. 그러나 절이 커지고 신도들이 많아지면서 여러 가지 예기치 않은 문제들도 함께 생긴 것 같았다. 그 가운데 하나가 광덕스님의 지도 노선이었다. 마하반야바라밀 일곱 글자만 외우면 된다는 광덕스님의 가르침이 성철스님의 귀에 들어갔다. 성철스님은 천연외도(天然外道)라고 일언지하에 광덕스님의 노선을 비판했다. 성철스님은 출가하고 화두를 받아 오매일여의 경지를 거쳐 확철대오하지 않으면 아무도 깨쳤다는 말을 할 수 없는 것이라고 잘라 말씀했다. 이에 대한 광덕스님의 답변을 나는 듣지 못했다. 나는 그 뒤에도 거의 매년 한국에 나와 광덕스님을 찾아뵈었지만, 나는 그 질문을 광덕스님께 여쭈어보지 못했다."

깨달으면 그렇다는 것을 알게 됩니다. 부처님의 법을 믿는 것이 『화엄경』의 기초이고 이 『화엄경』 믿음이 믿음의 출발입니다. 나는 경을 공부할 때 『금강경』에서 「보현행원품」을 보고 「보현행원품」에서 반야바라밀을 보아야 한다고 생각하고 있습니다. 반야를 공부한다고 하는 것은 우리의 생명의 원 모습이 부처님이 깨달은 바 그 진리 자체라는 것을 확실히 믿고 실천하는 것이라고 한 말씀으로 요약할 수 있으며 이것이 또한 『화엄경』의 말씀인 것입니다.[87]

위와 같은 사례는 광덕의 어록에서 다수 찾을 수 있다. 요컨대 광덕사상에 나타나고 있는 사상적 회통성을 추출하고, 그에 대한 적절한 의미를 부여해야 할 것으로 본다. 다음으로는 광덕사상에 나타난 민족불교의 성격을 조명해야 한다고 본다. 광덕은 여느 승려와는 달리 국가, 민족을 무척 강조하였다. 이런 성격은 필자가 위에서 살핀 바에 의하면, 그의 사회의식에서 기인하는 것이다. 그러면서도 민족, 국가에 대한 강한 의식은 그의 사상적 특징으로 보아도 좋을 것이다. 예컨대 다음의 어록에서 그를 확실하게 느낀다.

불교는 당연히 사회와 조국과 역사와 시대상황에 대하여 전적으로 책임을 져야 합니다.[88]

---

87) 『만법과 짝하지 않는 자』, p.39.
88) 『호법총람』, p.114.

거듭 말해서 국가 민족과 인류와 사회에 봉사하고 자기 활동의 모든 성
과를 국가와 사회에 환원시키는 정신자세일 때 참된 개아의 부와 행복
과 존경과 찬탄과 생의 보람이 있다는 점이다.[89]

필자는 비록 배움이 없고 닦음이 옅음을 돌보지 않고 글로 혹은 말로
거리에서 횡설수설대고 외람되게도 각세구국에 한 몫 거들고 불자 본
분에 이바지할 것을 생각해 왔다.[90]

광덕의 이 같은 사상적 저류는 그의 불국토관과 밀접한 연계를 갖는
다고 이해된다. 불광사, 도피안사의 홍보물에 나오는 구국, 구세, 대각
구세구국 등이 그런 산물이다. 하여간 그의 사상, 발언에는 민족불교적
인 성격이 아주 강렬하게 나옴은 분명하다. 이는 그의 삶이 국권 상실,
민족분단, 6.25 전쟁, 남북 대치 등이라는 한국 현실에서 영향 받았던
것으로 이해된다. 하여간 그의 민족불교성[91]을 조명해야 한다고 본다.
　지금까지의 그의 사상적 독창성을 고려함에 유의할 내용을 대별하여
제시하였다. 이는 어디까지이나 필자의 소견에 불과하다. 추후에는 다양
한 학자들이 이에 대한 참신하고, 예리한 관점을 제시할 것으로 믿는다.

---

89) 『보현행원품 강의』, p.148.
90) 광덕, 『메아리 없는 골짜기』, 불광출판부, 1991, p.5. 「머리말」.
91) 필자의 민족불교에 대한 개념은 졸저, 『민족불교의 이상과 현실』, 도피안 사, 2007,
　　「머리말」과 「대한승려연합회선언서와 민족불교론」을 참조할 수 있다.

4. 결어

본 고찰의 맺는말은 추후 광덕 연구에 유의할 측면으로 생각되는 필자의 견해를 제시하는 것으로 대하고자 한다.

첫째, 광덕에 대한 자료수집을 일층 더 강화해야 한다는 것이다. 이제 『광덕스님 전집』이 나와서, 추후 광덕연구는 본격화 될 것이다. 그렇지만 광덕에 대한 자료는 더욱 수집될 수 있다. 이는 그의 활동의 폭을 고려하면 그러하다. 그리고 구술사의 방법을 접목하여 광덕과 인연 있는 승려, 신도 등 다양한 사람들에게서 광덕에 대한 일화, 사상, 증언 등 다양한 이야기를 채록하는 것이 좋을 것이다. 광덕에 대한 자산은 무궁무진할 것이다. 광덕의 전법, 호법, 기도, 수행, 불광운동, 불교대중화, 불교 현대화, 정화운동, 조계종단사, 용성문중사, 범어사 역사, 도회지 포교, 진리운동, 사상운동 등 다양한 분야의 내용이 나올 것이다.

둘째, 광덕연구에 있어서 자료 및 광덕의 삶과 사상을 입체적으로 접근해야 할 것이다. 자료, 생애, 사상, 불광운동 등을 이해함에 있어 시간과 공간, 그리고 종으로 횡으로, 주제별 등등 다면적 해석을 시도하는 것이다.

셋째, 광덕연구는 광덕의 영향으로 수행하고, 움직여 나가는 승려, 신도, 사찰, 법회가 있느니 만큼 이러한 특성을 고려해야 한다. 요컨대 광덕연구에는 신앙성이 깊이 개재되어 있다. 근대 불교학의 연구에서 배제된 신앙성, 현장성을 복구, 보완할 수 있는 대상인 것이다.[92] 광덕연구는 살아 있는 연구가 되어야 할 것으로 본다. 이점과 관련하여 광덕이 말하고 있는 각(깨달음)의 성격을 생각해야 할 것이다. 그리고 광덕이 불

---

92) 심재관, 「중간지대 없는 불교학계」, 『禪苑』, 선학원, 160호(2008년 12월호).

광법회에서 강조한 수행의 구조, 내용도 분석되어야 한다. 즉 광덕은 염송, 독송, 염불, 기도, 독경, 참선 등에 대한 수행을 어떻게 이해하였는가도 중요한 연구 과제이다. 그는 신도들에게 반야바라밀 수행을 어떻게 권하였는가, 나아가서 자신은 어떤 수행을 하였는가의 문제이다. 요컨대 광덕의 수행관을 연구해야 한다.

넷째, 광덕 연구에 있어 광덕에 대한 정체성을 따져 보아야 할 것이다. 광덕, 그는 누구였는가? 그는 어떤 삶을 살았는가다. 그는 큰스님이었는가, 고승이었는가, 사상가이었던가, 보살이었는가, 아니면 위대한 교사였는가다. 광덕 연구는 불교, 사찰만의 연구로 제한두지 말자는 것이다. 그의 연구를 인문학, 인간학의 지평에 올려놓아야 한다는 것이다.

다섯째, 광덕 연구에 있어서 보편적 언어로 해석하고, 전달할 수 있는 개념으로 활용하자는 것이다. 불교 용어로만 하지 말고, 불교권 밖의 언어를 동원해야 할 것이다. 그래야만 광덕이 위대한 한국인이 되고, 동아시아의 보살이 되고, 20세기 인류 역사를 빛낸 거목이 될 수 있는 것이다.

지금껏 필자가 생각하였던 광덕 연구의 주안점, 추후 연구의 참고점 등을 제시하였다. 이런 측면의 연구에 필자도 지속적인 참여를 하겠지만, 후학 및 타 분야 연구자들의 동참을 기대하면서 이만 줄인다.

동산의 구술증언 사업과 대성

1. 서언

범어사의 동산(1890~1965)은 한국 현대불교의 고승으로 명망이 높다. 그는 식민지 불교의 잔재(대처승) 제거 및 한국 전통불교(출가승단)를 재정립하였던 1950년대 불교정화운동을 추진한 주역이었다. 그래서 결과적으로 조계종단의 재건(1962)을 성사시킨 주역이라는 역사적 평가를 받고 있다. 그는 정화운동을 추진할 때에는 조계종단의 종정을 역임하였고, 출가 사찰인 범어사의 주지와 조실을 역임하였다. 그래서 동산은 한국 현대불교와 조계종단에서 간과할 수 없는 고승이다.

그런데 동산의 업적과 위상은 위와 같이 분명하였음에도 불구하고 동산에 대한 학문적인 정리, 연구는 빈약하였다. 그에 대한 원인은 두 가지 측면에서 검토될 수 있다. 즉 자료의 빈약과 문도의 역사의식 박약이었다. 그럼에도 불구하고 동산 문도는 동산의 자료집 발간을 통해 연구의 기반을 구축하였다. 즉 문도들은 『동산대종사 석영첩』(1967)과[1] 『동산대종사문집』(1998)을 펴냈다. 이와 같은 자료집이 출간되었음에도 동산 연구는 활성화되지 못하였다. 그는 동산문도의 역사의식 미흡, 현대 불교사 및 조계종단사를 연구하는 학자층의 빈곤하였음에서 기인하였다.

한편, 동산의 구술증언 자료집의 발간과 동산에 대한 연구가 2000년

---

1) 김광식, 「『동산대종사 석영첩』(1967)의 발간과 의의」, 『항도부산』 40호, 2020.

대에 접어들면서 활성화 되었다. 그 중심적인 내용은 『동산대종사와 불교정화운동』(2007)과 『범어사와 불교정화운동』(2008)이라는 동산과 범어사를 중심으로 한 구술 증언 자료집의 발간이었다. 이 두 책의 발간은 2006년에 발간된 『태고종사』에 동산을 비방하는 내용이 포함된 것에 반발한 동산문도들의 역사의식, 동산 계승의식에서 비롯되었다. 이 책을 펴낼 때 범어사와 동산문도들은 동산의 생애, 사상, 불교정화운동 등에 대한 제반 내용을 채록하고, 그를 출판하는 사업을 결정하였다. 바로 그 사업의 중심에 당시 범어사 주지이었던 대성(1942~)의 결단, 역사의식, 동산의 추모 및 선양 의식이 있었다.

그런데 범어사는 근현대기의 한국불교를 이끌었던 사찰이었다. 범어사는 선찰대본산이라는 정체성을 표방하였는데, 경남 3본산(범어사, 통도사, 해인사)의 핵심 사찰로서 많은 인재를 양성하였다. 그런 배경에서 나온 군계일학과 같은 인물이 바로 동산이었다.

이런 전제에서 이 글에서는 2007~2008년에 동산 및 범어사를 주제로 출간된 두 책의 편찬의 시말을 정리하고자 한다. 동시에 그 사업을 주관하였던 대성의 동산 및 범어사의 역사를 선양하려는 행보도 추출하고자 한다. 이 글의 필자는 당시 그 사업의 실무자로 그 현장에 있었다. 때문에 그 사업이 나온 배경, 진행 과정, 어려움, 역사적 의의, 영향 등을 목격하였다. 그래서 역사적 기록을 남긴다는 차원에서 이 글을 쓰게 되었다. 이와 같은 배경에서 나온 이 글이 동산, 범어사, 불교정화운동 등의 역사에 참고가 되길 기대한다.

2.『동산대종사와 불교정화운동』의 발간

『동산대종사와 불교정화운동』은 2007년 5월 1일에 발행되었다. 지은이는 동산문도회와 김광식이었고, 펴낸 곳은 범어사, 출판사는 영광도서이었다. [2] 여기에서 왜? 이 책이 2007년 5월에 나오게 되었는가? 이를 파악하기 위해서는 이 책의「펴내는 말」이 주목된다.

> 동산스님을 비롯한 수많은 고승대덕들의 헌신으로 불교정화운동은 성공하였으며, 오늘의 조계종단을 재정립하였던 것입니다. … (중략) …
> 불교정화운동과 정화운동의 주역 스님들은 한국불교사, 조계종단사에서 정당한 평가를 받기는커녕 오히려 거북한 존재로까지 인식되었습니다. 이렇게 조계종단 내부에서 소홀한 대접을 받으면서, 이웃 종단에서의 인식과 평가는 말할 필요조차도 없는 것이었습니다. 최근 불거져 나온 태고종사 사태는 그 일단의 사정이었습니다.
> 2006년 5월, 범어사 및 동산문도회는 태고종사 사태를 지켜보면서 동산스님의 사상, 정화정신, 수행자상을 비롯한 동산스님에 대한 상을 새롭게 정립할 필요성을 절감하였습니다. 그간 문도회에서는『동산대종사 석영첩』(1967),『동산대종사문집』(1998)을 펴냈지만 대종사님의 위상을 바르게 정립시키지 못하였다는 아쉬움을 갖고 있었습니다. 이에 문도회에서는 동산스님의 문헌자료가 상당 부분 산실된 것을 파악하고, 동산스님과 인연을 갖고 계시는 스님들을 찾아뵙고 동산스님의 행적, 사상, 가풍, 정화운동의 활동 등을 광범위하게 청취하고, 그를 정리하기로 하였습니다.

---

2) 출판사에서는 김광식을 단독 저자로 하는 별도의 책도 발간하였다.

　위의 내용에 책 출간의 단서가 나온다. 요컨대 2006년 5월 범어사와 동산문도회는 2006년 2~4월에 노정된 이른바『태고종사』사태(불교정화운동의 부정, 불교정화운동 주역의 비판)를 직면하고 동산의 행적, 사상, 위상을 새롭게 정립할 필요성을 절감하였다. 그래서 동산의 모든 것을 구술 증언을 통해 채록하고 출간할 것을 결의하였다. 이런 정황은 그 당시 범어사 주지가 그 사업의 중심에 서게 되었음을 말해주는 것이다. 이에 대해서는 그 책의「편집후기」에 나온 내용을 참고할 수 있다.

　　작년, 2006년 1월『태고종사』가 발간되었다. 그 책은 정화운동을 편향적으로 단정하면서 동산대종사님을 위시한 불교정화운동의 주역에 대한 인간적인 폄하와 왜곡을 심각하게 기술하였다. 이에 조계종단 차원의 대책위원회가 출범하였다. 당시 범어사 주지인 대성스님은 그 대책위원회 위원장으로 종단 차원의 문제를 주관하였다. 그때에 정화운동을 주도한 큰스님들의 각 문도회에서도 그 책에 대한 심각성을 우려하면서 연석회의를 갖고, 성명서를 발표하였다. 그런 모임에는 문도인 정관스님, 원두스님이 관여하였다.
　　이렇게 '태고종사 사태'가 터지자 동산문도회에서는 이를 동산대종사의 역사 찾기를 위한 절치부심의 기회로 인식하였다. 지난 40여 년간 은사인 동산 큰스님의 정신과 수행을 바르게 계승하지 못한 것을 반성하였다. 그리고 동산 큰스님의 귀중한 자료를 방치하고, 자료를 수집 보관하지 못한 것에 대해서도 자괴감을 감추지 않았다. 이에 문도회에서는 우선 동산 큰스님의 불교정화운동에 대한 자료 수집이 시급함을 인식하였다. 그리고 동산 큰스님이 불교정화를 왜? 하였는가에 대한 답을 주는 것이 급선무임을 자각하였다.

위의 내용에 나온 바와 같이 범어사 주지인 대성은 태고종사 사태가 터지자 조계종단 차원의 대책위원회 위원장으로 활동하였다. 대성은 그 무렵 불교정화운동 연고의 문도회의에[3] 참가한 정관, 원두에게 사태의 심각성을 전해 듣고 대응 방안을 모색하였다. 지금껏 살핀 바와 같이 당시 범어사 주지인 대성은 정화운동의 주역인 동산을 비방하고 폄하한 『태고종사』 사태의 중심에 있으면서, 동시에 그를 계기로 동산의 역사찾기 사업을 주관하는 위치에 서게 되었다.

그런데 당시 범어사 주지인 대성은 2004년 4월 2일의 산중총회에서 주지로 선출되었고,[4] 5월 11일의 주지 진산식을 갖고 본격적으로 활동하였다. 1962년 범어사에서 동산을 은사로 출가한 그는 1964년에 비구계를 받았고, 10여 년간 여러 선원에서 정진을 하였고, 1976년부터는 은하사 주지로 소임을 보고 있었는데, 현재는 은하사 회주로 있다.[5] 주지 선출 직후, 그가 『불교신문』과 갖은 인터뷰(2004. 4. 23) 기사를 보면 그는 동산사상의 추모 및 계승에 강한 애정을 갖고 있었음을 알 수 있다.

지난 23일 범어사 주지실에서 만난 대성스님은 가장 최우선적인 과제로 '은사이신 동산스님의 유지를 받들어 선찰대본산의 역할을 다할 계

---

3) 한국일보사의 송현클럽에서 정화운동 연고의 문도 모임이 있었다. 필자도 참여하였다.
4) 『불교신문』 2004. 4. 6, 「범어사 주지 후보 대성스님 선출」. 대성은 1월 19일부터 범어사 주지 직무대행을 맡았다.
5) 대성의 연보는 『범어사의 어제와 오늘, 그리고 나아갈 길』, 한국불교문화협회, 2008, 화보에 나온 약력을 참고하였다.

획이다. 무엇보다도 미래 정신문명을 선도할 한국의 선을 널리 알리는 것이 시급하다'고 말했다. 스님은 이를 위해 대중스님들의 뜻을 받들어 총림으로 전환하는 문제를 고민 중이라고 말했다.[6]

그의 주지 취임 일성은 동산의 유지를 받들어 범어사를 대변하는 선찰대본산의 역할을 하겠다는 공표이었다. 이는 그가 태고종사 사태의 조계종단 대책위원장을 맡고, 동산의 구술사 사업을 주관한 것이 결코 우연이 아니었음을 말해준다. 즉 태고종사 사태 이전, 범어사 주지 소임을 보면서도 은사인 동산의 사상 및 가풍의 계승과 범어사 정체성을 구현하려는 의지가 강열하였다.

그러면 여기에서 2006년 1월에 발발한『태고종사』사태 당시의 정황과 조계종단 대응, 대책위원회의 등장을 살펴보겠다.[7]『태고종사』는 태고종단이 태고종의 종단사를 '한국불교 정통종단의 역사'로 인식하기 위해 2006년 1월 20일에 펴냈다. 편찬은 태고종의 '종단사간행위원회'의 이름으로 나왔지만 실질적인 저자는 동국대 명예교수이었던 김영태이었다.『태고종사』가 간행되고, 그 내용이 조계종단에 알려지자 조계종단은 집행부, 종회 뿐만 아니라『태고종사』에서 거론한 이른바 정화운동을 주도한 큰스님의 문도들의 반발은 대단하였다. 이 글은『태고종사』의 구체적인 내용을 다룰 성격이 아니기에 당시 그 책을 분석한 필자의 논문

---

6) 『불교신문』2004. 4. 30, 「범어사 새 주지 임명된 대성스님, 동산스님 유지 받들어 선찰 중흥할 것」.『불교신문』2006. 1. 25, 「14교구 범어사 대성스님」에도 범어사 주지로서의 포부가 나온다.
7) 『불교신문』은 2006년 1월 28일자 보도 「조계종 비하한 '태고종사' 발간 파문」에서 그 사태를 최초로 알렸다.

을 참고하기를 제안한다. 당시 필자는 조계종단의 부탁으로『태고종사』
를 분석한 글을 집필하였다. 필자의 그 글은 조계종단 종회, 총무원에
제출되어[8] 종단 대책의 참고자료로 활용되었다. 필자는 그 글에서[9] 다
음과 같은 측면을 분석하였다.

　　▷『태고종사』의 성격
　　▷ 태고종사 발간에 대한 교계의 반응
　　▷『태고종사』특성
　　▷ 조계종단과의 관련성
　　　－ 조계종의 위상을 손상
　　　－ 정화운동의 부정, 매도
　　　－ 종단 재건의 주역인 큰스님들의 명예 추락
　　▷ 주요 내용의 문제점, 분석

　『태고종사』와 필자의 그 논문을 보면 불교정화운동을 비방하고, 불교
정화운동의 주역(동산, 청담 등)의 명예가 심각하게 훼손되었음을 파악할
수 있다. 명예 훼손의 정도가 아니라 정화운동 주역에 대한 인간적인 비
난, 조계종단의 비방, 정화운동의 부정이 강력하게 서술되어 있었다.

　그래서 조계종단과 연고 문도들은『태고종사』사태에 적극 대응하였
다. 여기에서는 그 당시 종단 대책위원회의 활동과 대책위원장으로 활

---

8)『불교신문』2004. 2. 15,「태고종사 분석 보고서' 나와」. 필자는 그해『불교신문』의 부처
　님오신날 특집 기사에「다시 짚어보는 승단 정화운동」의 글을 기고했다.『불교신문』
　2006. 5. 5,「부처님 오신날 특별 기고」.
9) 그 논문은『범어사와 불교정화운동』, 영광도서, 2008, pp.663~691에 수록되어 있다.

동한 대성의 내용이 나온 보도기사를 제시한다.

"조계종을 부정한 『태고종사』를 태고종 총무원이 책임지고 회수해야 한
다. 또한 교계 언론을 통해 사과문을 게재해야 한다." 『태고종사』와 관
련해 교구본사 주지스님을 비롯해 주요 문도회, 중앙종회, 중앙종무기
관 집행부가 한데 모여 '종단사 왜곡과 종단정통성 수호 대책위원회'를
구성하고 태고종의 책임있는 자세를 요구했다.
스님들은 지난 2월 24일 역사문화기념관 4층 회의실에서 연석회의를
갖고, 대책위원회를 구성했다. 공동위원장에는 범어사 주지 대성스님,
법주사 주지 도공스님, 금산사 주지 원행스님, 중앙종회의원 학담스님,
총무원 총무부장 자승스님을 선임했으며, 집행위원장에 도선사 주지
혜자스님을 선출했다.
대책위원회는 태고종에 대해 『태고종사』 회수와 공개사과를 요구하는
한편 근현대불교사 관련 학자를 전문위원으로 위촉해 조계종단사와 근
현대사 연구를 진행하기로 했다.[10]
종단사 왜곡과 종단 정통성 수호 공동대책위원회(대책위원장 대성스님, 범
어사 주지)는 지난 14일 역사문화기념관 회의실에서 제3차 회의를 열고
태고종 총무원을 항의 방문키로 결의했다. 태고종 항의 방문은 우선 대
책위원회 스님을 중심으로 진행키로 했다. 항의 방문에서는 태고종사
의 회수 및 파기, 태고종측의 공식 사과, 집필자의 참회를 요구키로 했
으며, 요구가 받아들여지지 않으면 향후 문도회가 연합해 대대적으로

10) 『불교신문』 2006. 3. 1, 「교구본사 주지, 주요문도회, 종회의원 '정통성 수호 대책위'
구성」

항의 방문을 할 예정이다. 대책위원장 대성스님은 "13일 원로스님 16명
과 모여 『태고종사』 관련 논의를 진행한 바 있다. 스님들은 정화를 할 수
밖에 없었던 당시 불교계의 피폐한 상황을 전하고, 조계종 정화역사를
잘 정리할 것을 주문했다"며 "문도차원에서도 상당히 분노하고 있다"고
분위기를 전했다. 회의에서는 또 빠른 시일 내에 세미나를 갖고 『태고종
사』의 오류를 지적하기로 했다. 세미나는 교육원 불학연구소를 중심으
로 진행키로 했으며, 정화 관련 자료 수집도 병행키로 했다. 집행위원장
혜자스님은 "수일 내에 태고종을 상대로 출판물에 의한 명예훼손 소송
을 제기할 예정"이라며 "종단 정체성을 찾기 위한 다각도의 노력을 펴
나가겠다"고 밝혔다.[11]

『태고종사』의 조계종 비하 파문과 관련, 태고종 총무원측이 "태고종이
발행한 『태고종사』에 표현적 문제점은 있다고 인정한다"고 공식 밝혔다.
태고종 총무원 부원장 자월스님은 지난 7일 오후 5시경 서울 종로구
삼청동의 한 음식점에서 가진 조계종 '종단사 왜곡 및 종단 정통성 수
호 공동대책위원회'와 만난 자리서 "태고종사에 표현상의 문제들이 있
다고 본다"고 규정하고, "이는 태고종단의 공식 입장"이라고 밝혔다.
이 자리에 참석한 태고종측 관계자는 자월스님을 비롯, 수열스님(태고
종사 간행위원장) 백운스님(태고종 기획부장) 법타스님(태고종 총무국장) 지상
스님(태고종사 간행위원) 호명스님(태고종사 간행위원) 지홍스님(태고종 보우
승가회장) 등이다.

---

11) 『불교신문』 2006. 3. 18, 「태고종 총무원 항의방문 결의, '태고종사' 대책위, 빠른 시일
내 세미나도 개최키로」.

조계종은 대책위원장 대성스님, 집행위원장 혜자스님, 동선, 수현, 자재, 정범, 운달스님 등이 참석했다.[12]

이에 대해 조계종 대책위원장 대성스님은 "태고종이 태고종사에 대한 여러 가지 문제점들을 공식적으로 인정한 이상, 향후 적정한 선에서 해결방안을 모색할 구상을 갖고 있다"며 "원활한 논의로 합의할 수 있는 가능성을 확인하는 자리였다"고 밝혔다. 대책위는 부처님오신날 이후 태고종 측과 공식적인 만남을 통해 태고종사의 객관적인 분석을 토대로 구체적인 대응책을 모색할 계획이다. 대책위는 또한 오늘 5월 16일 개최할 예정인 '한국불교 정화를 말한다'를 주제로 학술세미나를 통해 조계종사 정화의 역사적 의의 등과 관련된 토론을 전개할 방침이다.
태고종사 파문은 지난 1월 23일 서울 신촌 봉원사에서 봉헌법회가 봉행된 직후, 불교신문의 '태고종사 조계종 비하 파문' 기사를 통해 문제 제기됐다. … (중략) … 발간 한달여만인 2월 24일 구성된 '종단사 왜곡과 종단 정통성 수호 대책위원회'는 조계종 원로회의 중앙종회 교구본사 주지회의 등에 『태고종사』 파문 관련 내용을 공문 발송했다. 대책위는 다섯차례 회의를 통해 이 문제를 지속적으로 대응해오다 지난 7일 5차 회의 직후 태고종측과 만난 자리서, 태고종이 스스로 문제 있음을 시인하는 결과로 이끌었다.[13]

위의 4건에 보도된 태고종사 사태 관련, 조계종단 대책위원회의 활동

12) 『불교신문』 2006. 4. 12, 「"태고종사 문제 인정" 태고종 부원장 자월스님」.
13) 『불교신문』 2006. 4. 19, 「태고종 '표현에 문제' 인정, 범종단 불교사관 정립해야」.

내용에서 이 글과 관련하여 주목할 내용은 다음과 같다. 그는 우선 대성이 종단 대책위원회에 참가하여 정화운동의 핵심 주역인 동산의 연고사찰인 범어사의 위상을 확인하였다는 점이다. 정화운동은 동산과 범어사가 핵심이라는 역사적 연고성이 대성(범어사 주지)이 대책위원장을 맡음으로써[14] 자연스럽게 부각되었던 점이다. 다음으로는 종단 대책위원회에 연고 문도들의 동향과 의지를[15] 연결시켰다는 것이다. 그래서 종단과 연고 문도들을 유기적으로 연결하여 대책위원회의 활동을 탄력적으로 만들었다. 그리고 태고종단과의 대화를 통해『태고종사』가 문제가 있음을 공식적으로 인정하게 유도하였다. 그래서 양 종단의 대립을 화합적인 타결로 마무리하였음도 성과로 볼 수 있다. 그러나 대책위원회는 정화운동 자료집 발간, 세미나 개최 등을 논의하였으나 결과적으로 성사시키지 못하였다. 이 문제는 당시 종단 집행부의 의지의 문제로 거론할 수 있다.[16]

'태고종사 사태'의 조계종단 해결의 중심에 서 있었던 대성은 사태가 일단락이 되자 범어사로 귀사하여 동산의 사상, 유지, 가풍 진작에 나서겠다는 결심을 하였다. 그래서 그는 그 문제를 동산문도의 원로(능가, 정관, 원두 등)들과 상의하였다. 특히 불교정화운동의 현장에서 동산을 조

---

14) 처음에는 5인 공동의 대책위원장이었으나, 대성스님이 1인의 대책위원장으로 활동했다. 이는 범어사가 정화운동의 연원 사찰인 점, 정화운동 당시 종정인 동산스님의 상좌인 점, 법납 등이 작용한 것으로 보인다.

15) 당시 청담, 경산, 숭산의 문도들은『태고종사』를 비판하는 성명서를 발표했다.

16) 당시 봉녕사 주지인 묘엄은 그 책에 자신의 명예를 훼손시키는 내용이 있다고 보고, 태고종 총무원장과 간행위원장(수열)을 함께 묶어서 서울 서부지법에 소송을 걸었다. 묘엄의 요구 조건은 책의 배포 중단, 추가 발간 금지, 불교계 3개 신문에 사과문 게재 등이었다. 그러나 태고종 총무원장(운산)이 봉녕사에서 와서 사과를 하자 소를 취하해주었다. 이는 당시 소송을 담당한 변호사인 김동건 변호사가 필자에게 한 증언이다.

력하였고, 통합종단 출범에 참여한[17] 능가(동산문도회 문장)는 동산의 현창
사업을 적극 지원하였다.[18] 그래서 그는 2006년 4월, 동산의 추모 다례
재에 모인 문도들과 협의하여, 동산의 구술 증언 사업을 성사시켰다. 당
시 그 정황을 전하는 문건(『편집후기』)을 제시한다.

> 이런 배경하에서 2006년 5월 동산문도회에서는 근현대 불교의 권위자
> 인 부천대 김광식 교수에게 동산큰스님의 불교정화운동을 포함한 수
> 행, 행적, 사상 등에 관한 증언 청취 작업을 통해 동산스님을 재조명하
> 는 사업에 동참해 줄 것을 요청하였다. 김광식교수는 동산큰스님의 은
> 사인 백용성 즉 3·1운동 민족대표이며, 비구승단을 수호하기 위한 투
> 쟁을 하였으며, 치열한 불교개혁을 실천한 근대불교의 선지식인 용성
> 조사의 생애와 사상을 연구하는 대각사상연구원의 연구부장이었다. 김
> 광식교수는 평소 동산 큰스님에 대한 적지 않은 관심을 갖고 있었으며,
> 불교정화에 대한 10여 편의 논문을 작성한 연구자이었다. 이에 동산문
> 도회와 김광식 교수는 합심하여 동산대종사 되살리기에 흔연히 나섰던
> 것이다.

---

17) 김광식, 「불교재건위원회의 개요와 성격」, 『근현대불교의 재조명』, 민족사, 2000,
   p.517. 능가는 불교재건 비상종회 의원이었다.

18) 능가의 입장은 『불교신문』(2006.2.22, 「'태고종사 전량 폐기' 여론 확산」)에서 확인된
   다. 그는 "범어문도회장 능가스님은 '우선은 조계종 총무원과 입장을 지켜보면서 향후
   대책방안을 모색할 것'이라며 '정화불사에 앞장 섰던 문도스님들의 행적 연구사업을 빠
   른 시일 내에 착수하겠다'고 말했다"라고 나온다. 능가는 1980~1990년대에 동산과 정
   화운동의 역사를 정리, 편찬하기 위해 많은 고심을 하였지만 성사시키지 못하였다. 그
   러나 필자가 참여한 이 작업이 정상적으로 진행되자 큰 관심과 지원을 하였다.

위의 내용에 나오듯이 동산문도회는 필자인 김광식에게 동산의 구술 채록 사업에 동참할 것을 요청하였다. 당시 그 요청을 5월 경에 받은 필자는 그를 수락하고 동산문도회(범어사)와 함께 증언 채록, 동산 책을 펴내는 사업에 동참하였다. 필자는 그 이전에 불교정화운동을 연구하기 위한 차원에서 동산과 함께 정화운동을 진두지휘한 청담에 대한 구술 인터뷰를 하여 『여성불교』에 연재하였다. 그리고 그 인터뷰를 보완하여 『아! 청담』(화남, 2004)이라는 책자를 펴낸 바가 있었다. 그래서 동산문도회, 범어사 주지인 대성의 제안을 흔쾌하게 수용하였다. 동산의 구술 증언 사업은 동산과 현대기 범어사에 대한 이해를 심화시킬 수 있었다. 그뿐만 아니라 불교정화운동, 조계종단사에 대한 새로운 사실, 자료 등을 접할 수 있다고 보았기 때문이다.

그래서 동산문도회와 김광식 교수는 동산큰스님을 다시 살려내기 위한 대작 불사에 나섰다. 동산문도회를 대표한 범어사 주지인 대성스님은 이 일에 흔쾌히 나섰으며, 김교수도 여름방학의 시간을 전력 투입하여 전국 각처에 동산큰스님과 인연 있는 스님들의 면담에 적극 나섰다. 더욱이 『동산대종사 석영첩』의 편집자로서 은사인 동산스님의 생애와 사상 구현 및 조계종단 이념 구현에 남다른 애정을 갖고 있었던 원두스님도 궂은 일을 마다치 않으면 적극 동참하였다.[19]

즉 범어사 주지인 대성, 김광식, 원두(불교교단사연구소)는 합심하여 동산 증언 채록 현장에 뛰어들었다.

19) 「편집후기」, 『동산대종사와 불교정화운동』, 영광도서, 2007.

   한편 이와 같은 사업의 중심에 주목할 동산문도의 원로 승려가 있었
으니 그는 원두이었다.[20] 그는 동산이 입적한 직후 동산의 생애를 정리
한 사진집인『동산대종사 석영첩』(1967)을 펴낸 주역이었다. 이 책은 현
대기 고승들의 문집을 발간케 한 역사적 의의가 있는 대상이다.[21] 원두
는 일본유학도 다녀와서 종단사 및 율장에 해박한 지식을 갖고 있었던
학승이었다. 그는『태고종사』사태 초기에 도반인 현해(당시 동국대 이사장)
로부터 사태의 심각성(불교정화운동의 부정 등)을 전해 들었다. 그래서 그는
즉시 연고 문도들에게 사태의 중요성을 전하고, 문도(동산, 청담, 효봉, 월
하, 경산 등) 대책회의를 주선하였다.[22] 원두는 동국대에 종단 문제(종지,
종통, 종사)를 연구하는 거점이 있어야 한다고 현해와 상의하였는데 이것
이 동국대 종학연구소의 발족(2011.3)으로 이어졌다.[23]
   이와 같이 활동을 한 원두는 그 기회를 활용하여 은사인 동산에 대한
추모사업 즉 구술 증언사 작업을 하겠다는 구상을 하였다.

   이번에 태고종측에서 발간한『태고종사』가 결과적으로 나를 비롯한 우
   리 스님의 제자들이 은사스님을 새롭게 바라볼 수 있는 마지막 기회를
   갖게 한 것 같습니다. 즉 필연이라고 봅니다. … (중략) …
   제가 최근 90년대 조계종단 갈들과 대립에 대한 불교적 성찰을 통해

20) 그는 1959년 동산을 은사로 범어사에서 출가하였다. 종회의원, 대흥사 주지, 종정 사
    서실장 등을 역임하였다.
21) 김광식,『『동산대종사 석영첩』(1967)의 발간과 의의』,『항도부산』, 2020.
22) 이것이 송현클럽(한국일보 13층)에서의 모임이었다.
23) 종학연구소의 설립은 동국대 이사장(2009~2015)을 역임한 정년의 배려가 있어 가능
    하였다.

출가승단의 법통 계승과 관련해 많은 고민을 하고 있습니다. 우리 스님
이 수십년 전에 고투하신 바로 그 작업인 정화운동의 일환이라고 할 때
에, 이 작업에 문도들이 같이 하게 된 것은 참으로 다행스러운 일이고,
이를 계기로 불교정화와 더불어 용성, 동산, 성철로 이어지는 우리 문
도가 걸어온 발자취가 확인된다면 그것으로 만족해야 할 것입니다.[24]

즉 그는 동산 문도들이 동산을 새롭게 바라볼 수 있는 기회가 되었다
고 인식했다. 그래서 동산 구술사 작업은 참으로 다행스럽다고 보고, 적
극 참여하였다. 그래서 그 기획에 필자를 동참시켰던 것이다. 그래서 그
해 4월(?) 경, 필자는 계약서 초안을 작성하여[25] 동산문도회의 거점 사찰
인 범어사 주지인 대성을 만나, 제반 문제를 상의하였다. 마침내 그해 5
월, 동산문도회는 필자에게 동산을 재조명하는 인터뷰 작업을 정식 의
뢰하였다. 필자는 정화운동 및 동산 연구를 심화시킬 수 있다고 판단하
였다. 그리고 동산문도회와 상호 신뢰의 입장에서 동산에 대한 인터뷰
준비를 하였다.

이런 배경에서 필자는 동산과 연고가 있는 승려, 재가자들을 만나기
위한 면담에 나섰다. 그 면담은 사태의 심각성으로 인해 집중적으로 추
진되었다. 구술 작업의 기획, 면담자 조율은 동산의 문도인 원두의 조율
과 대성의 의견 개진으로 시작되었다. 범어사 주지인 대성은 이 사업을
적극 지원하였다. 면담자 알선, 인터뷰 동행, 차량 제공, 사업 추진 비용

24) 『범어사와 불교정화운동』, 영광도서, p.415.
25) 그 개요는 책명은 동산선사의 생애와 사상(가칭), 취재 대상은 50여 명, 1건당(50매 이
상) 비용은 50만 원 등이었다. 김광식과 동산문도회를 대표하여 범어사 주지가 계약을
체결하는 것으로 하였다.

의 부담[26] 등 다양한 후원을 하였다. 필자는 동산문도회, 범어사의 적극적인 후원으로 6~10월에 집중적인 인터뷰를 하고, 출판을 위한 원고를 만들어 낼 수 있었다. 당시 필자가 인터뷰한 대상자는 다음과 같다.

   스님 ; 종산(보살사, 원로회의 의장), 도천(태고사, 원로의원), 정영(갑사, 원로의원)

       보성(송광사, 조계총림 방장), 초우(통도사, 원로의원),

       월운(봉선사, 동국역경원장), 석산(정법사, 원로), 인환(경국사, 동국대 교수)

       진경(갑사, 총무원장), 석정(선주산방, 불화장) 지원(대덕사, 선원장)

       현해(월정사, 동국대 이사장), 도문(죽림정사, 원로의원), 월탄(법주사, 원로의원)

       현수(화엄사, 종회의원), 묘엄(봉녕승가대 학장), 천제(해월정사, 종정 사서실장)

       정관(범어사, 원로의원), 백운(범어사, 범어사 강주), 대정(범어사, 원로)

       동근(범어사, 미륵암 주지) 향운(천룡사, 불교신문 사장)

       혜운(제주 국청사 주지), 선래(법륜사 회주) 혜총(감로사, 포교원장)

       일미(범어사, 원로), 도근(진주 심원사 주지), 계전(국청사 주지)

       여현(금정산 정수암 주지), 반월(연등사 주지), 자행(범어사 대성암 선원장)

  재가자 ; 선과(재가법사, 동산문도 환속, 범어사 불교대학)

       오정자(김현옥 부산시장 부인)

   이렇듯이 증언을 한 대상자는 동산의 제자인 문도 승려, 종단의 큰스님, 정화운동 연고 승려, 재가자 등 다양한 인물 33명이었다. 그후 필자는 생산된 원고를 문도회에 제출하여 검증을 받았다.

---

26) 그는 진행자의 숙박비(동방호텔), 거마비, 원고료 등의 작업 비용을 범어사의 공적 자금으로 지원했다.

그리하여 이런 고난의 작업을 거쳐 2006년 10월에는 1차 성과물인 33
명의 인터뷰 성과물을 상재할 수 있었다. 이에 동산문도회의 스님들에
게 성과물을 제공하여 다양한 지적, 부족한 문제를 검증받을 수 있었
다. 그 결과 2007년 1월부터 작업의 성과물을 편집하고, 세 차례에 걸
친 교정작업을 걸쳐 본 책을 출간할 수 있었다. 그리고 책의 편집에 반
영된 다양한 사진 자료는 김광식 교수 뿐만이 아니라 인터뷰 과정부터
사진 작업에 참여한 범어사 석공스님의 헌신적인 노고에 의해서 가능
하였다.[27]

이렇게 이 책은 정상적으로 교정(3회), 편집에 대한 자문(2회)을 거쳤다.
동산문도회, 범어사의 적극적인 후원을 받으면서 진행되어 2007년 5월
1일에 책은 출간되었다. 책은 2종으로 출간되었는데 1종은 동산문도회와
김광식이 공동의 지은이로 하여 범어사에서 펴낸 법보시판이었고, 별도
의 1종은 김광식의 지은이로 영광도서에서 펴내는 보급판이었다.

인터뷰의 진행, 책 출간을 진두지휘한 범어사 주지인 대성은 책이 나
오자마자 즉시, 범어사 종무소 스님들과 함께 동산의 부도탑과 보제루
에서 책을 놓고 간단한 고불식을 하였다. 그리고 5월 8일에 범어사에
서 개최될 예정이었던 출간기념회와 학술세미나 준비에 만전을 기하였
다.[28] 그러나 『동산대종사와 불교정화운동』(621면)의 제목으로 책은 출간
되었으나 예상하지 못한 문제가 제기되었다. 그는 동산문도회의 일부

---

27) 『동산대종사와 불교정화운동』, pp.620~621.
28) 행사 10일 전에 『불교신문』의 사전 광고로 홍보하였다.

스님들의[29] 문제 제기이었다. 즉, 책의 일부 내용에 문제가 있으니 수정하여 재출간을 요청하는 '건의서'가 5월 1일자로 범어사 종무소에 제출되었다.[30] 그래서 대승적인 판단으로 출간기념회는 취소되고, 5월 8일의 학술세미나는 예정대로 진행되었다. 5월 8일, 범어사 설법전에서 개최된 세미나(대주제 ; 동산대종사와 불교정화운동)에서는 다음과 같은 주제가 발표되었다.

> 인환 ; 동산대종사의 불교정화운동을 다시 보며
>
> 마성 ; 백용성의 승단정화 이념과 활동
>
> 김광식 ; 하동산의 불교정화
>
> 신규탁 ; 성철선사의 불교관에 나타난 개혁적 요소 고찰
>
> 덕산 ; 용성문도와 불교정화 이념

---

29) 그들은 8인의 문도이었다.

30) 그 전문은 다음과 같다. 건의서 삼가 건의합니다. 이번에 동산문도회와 김광식의 이름으로 출판한 『동산대종사와 불교정화운동』이라는 책을 보급하는 일에 관해서입니다. 책의 출판 목적은 동산대종사의 청정한 승행과 높은 덕을 기리고 특히 정화불사에 숨은 공로를 드러내어 큰스님의 정화불사 정신을 되살리고 높은 덕을 칭송하여 제자들이 본받고 승가의 귀감이 되게 하는 뜻이 있는 것으로 압니다. 그러나 책의 내용은1. 종정 투표과정의 문제와2. 동산스님의 법맥이 성철스님과 지효스님으로 아직 미정이라는 문제의 지적과3. 성철스님 정화불참, 내지 정화 반대 문제와4. 동산스님 독선 운운하는 언급과5. 능가스님이 전국 산판을 다했다는 문제와6. 논 2마지의 값을 집에 보낸 이야기와7. 용성스님 돈 거절의 이야기와 8. 정화 때 깡패 동원 문제와9. 해인사 비석 삭제 문제와10. 용봉이라는 이름을 들어본 적이 있느냐? 라는 문제와11. 임환경 스님과 용성스님과의 문제 제기와 12. 은사를 바꾼 문제와13. 의도적으로 임환경, 용봉 등등 정화와는 관계없는 동산스님의 덕화에 먹칠을 하는 문제들을 들추어 유도 질문하는 형식 등등으로 책이 세상에 알려지면 그간의 큰스님의 덕을 반감할 뿐만 아니라 오히려 제자들에게도 상당한 문제를 야기하는 일이 될 것으로 사료되어 책의 내용을 상당 부분 수정한 뒤에 다시 출판하시기를 건의합니다. 불기 2551년 5월 1일

위의 주제로 발표된 학술 세미나는 정상적으로 개최되었다.[31] 발표된 주제는 동산의 정화운동, 용성문도의 정화 이념을 주제로 한 것이었는데, 그간 전혀 연구되지 않은 새로운 소재들이었다.

한편 출간기념일(5월 8일)로부터 1개월 후인 6월 16일에 책의 지은이인 필자는 범어사 종무회의에 참석하여 책 발간의 경과보고 및 현황을 설명하였다. 종무회의에 참가한 스님들은 일부 문도들이 건의서에서 제기한 문제에 대한 오해를 풀 수 있었다. 그래서 보류하였던 책자의 배포를 할 수 있다는 의견이 개진되었다. 그러나 문도간의 화합을 위해서 책 출간의 경과보고 및 건의서에 대한 편집자(김광식) 의견을 듣는 모임을 추진하기로 하였다. 이런 배경 하에서 2007년 6월 20일, 범어사에서 보고회가 개최되었다.[32] 보고회에는 범어사 주지인 대성, 종무소 소임자, 사업의 조력자인 원두, 건의서 제출자, 필자 등 관련자들이 참석하였다. 당시 필자는 그 보고회에서 문제의 건의서 사본을 배포하고 사업의 추진 배경, 내용, 건의서에 지적된 내용에 대한 견해를 피력하였다. 그때 필자는 『동산대종사와 불교정화운동』 건의서에 대한 의견'이라는 소책자(33면)를[33] 만들어 제공하였다. 그 소책자의 '시작하는 말'을 여기에서 제시한다.

---

31) 세미나를 마치고 참가한 사부대중이 기념 촬영한 사진은 『범어사와 불교정화운동』 p.409에 나온다. 그리고 발제 논고도 위의 책의 2부(불교정화 논문)에 수록되었다.

32) 당시 그 모임에는 범어사 주지 대성스님, 원두스님 그리고 범어사 부주지 범산스님을 비롯한 7직 국장 스님 등이 참가하였다.

33) 그 책자에는 건의서에서 지적한 13개 문제에 대한 대응적인 답변을 한 견해의 내용(10항), 편집자의 견해, 부록(『태고종사』, 수좌대회록, 회고, 방함록 등 12건 자료의 사본)이 나온다.

- 동산문도회와 김광식이 지난 1년간 추진한 동산대종사 다시 찾기, 위상 회복하기 위한 차원의 구술 증언 사업의 1단계가 종료되어

- 2007년 5월 8일 『동산대종사와 불교정화운동』 출간 기념회를 개최하여 책자를 배포하고, 관련 세미나를 개최할 예정이었으나

- 일부 문도스님(8인)의 문제 제기, 즉 '의견서' 제출로 인하여 출간기념회는 취소, 연기되었으나 세미나는 예정대로 거행되었음.

- 이에, 지난 6월 16일 편집자인 김광식은 범어사 종무회의에 참석하여, 그간의 경과보고 및 현황을 설명하였는바

- 종무회의에 참가 스님은 발간 예정인 책자의 내용과 성격을 이해하면서, '의견서'에 지적된 내용들도 편집자로부터 자세한 설명을 듣고서는 대부분을 납득할 수 있었다는 대체적인 의견이 집약됨. 따라서 중단되었던 책자의 인쇄 및 배포를 할 수 있다는 의견이 개진되었으나

- 신중을 기하고, 문도스님 간의 화합을 도모한다는 차원에서 1대 문도스님 및 책자 발간에 관여한 스님(법사) 등을 모시고 다시 한번, 경과 보고 및 '의견서'에 대한 편집자의 설명을 듣는 모임을 갖기로 하였음. 그 모임에서는 '의견서'에 대한 자유 토론을 하고, 화합적인 의견을 도출하여 추후의 방향을 결정하기로 하였음.

- 이에, 편집자인 김광식은 금일(6월 20일, 범어사) 모임에서

    문제의 '건의서' 사본을 제시하고

    사업의 추진 배경

    추진의 내용

    '건의서'에 지적된 내용에 대한 견해

　부록 ; 관련 및 참고자료
　순서로 의견을 개진하고자 합니다.

　필자는 위에 나온 내용에 의거하여 그 보고회에 임하였다. 특히 당시 그 보고회에서는 책의 편집을 위한 범어사에서의 1차 회의 (2006.10.25), 2차 회의(2007.3.2)의 내용을 소상하게 설명하였다.[34] 그러자 필자의 설명에 대부분의 스님들은 납득을 하였다. 그리고 2차 편집회의에 참석하였으며, 문제(건의서)를 제기하였던 스님은 여법하게 문제를 풀자고 하였다. 필자의 경과 보고 및 설명에 특별한 이의 제기는 없었던 것으로 기억한다.[35] 필자는 당시 범어사 주지인 대성이 편집회의를 진행한 2차 회의에서 "그러면 지금까지 지적된 것을 수정하고 보완하여 책을 출간하겠다"는 발언을 기억하고 있다. 이렇게 정상적이면서 상식적인 절차, 협의를 거쳐서 출간하였음에도 불구하고 일부 문도들의 이의가 제기되었음은 안타까운 일이었다.

　한편 책 출간의 주체인 편집진과 문제를 제기한 당사자는 만나서 타결을 시도하였으나 접점을 만들지는 못하였다. 편집진은 일부 문장은 수정할 수는 있지만, 그러면 추가적인 출간 경비는 어떻게 생각하느냐고 질문을 하였다. 그러나 문제를 제기한 당사자는 재원에 대한 답변을

---

34) 1, 2차 회의에는 중요한 문도스님들이 참여하였다.
35) 그 스님은 如法하게 일이 추진되어야 한다는 소신에서 문제를 제기하였다고 발언하였다. 문제를 피력한 모 스님은 편집 2차회의에 참여했다. 책 내용에 이의가 있었다면 편집의 실무가 진행될 때에 종무소에 당신의 의견을 피력하였으면 좋았을 것이다. 그러나 책이 출간되자 즉시 문제 제기를 한 것은 납득하기 어려웠다.

하지 않았다고 전한다.[36] 그래서 책의 수정, 재간행은 이행되지 않았다.

요컨대 범어사 종무소와 필자는 책의 전체적인 내용에 일부 이견이 제기되었지만 춘추대의, 구술사의 방법론에서 문제가 없다고 판단하였다. 그래서 그해 가을의 범어사 개산대제 행사가 진행되던 10월 12일에 출간 행사를 간단하게 치루었다. 행사는 경과보고, 봉정, 표창패 수여[37] 등에 20분이 소요되었다. 표창패는 동산문도회 문장인 능가가 필자에게 수여하였다.[38] 그리고 능가는 책 출간 경비의 일부를 지원하였다.[39] 마침내 행사를 마친 후에 책은 공개, 배포되었다. 조계종단 기관지인 『불교신문』에도 보도되었다.[40]

이로써 동산을 주제로 하는 증언 구술사 사업은 적지 않은 우여곡절을 겪고서 일단락되었다. 이 사업의 일선에서 필자와 원두가 활동하였지만, 그를 뒷받침하고 사업을 총괄한 당시 범어사 주지인 대성의 역사의식, 동산 및 범어사를 선양하려는 의식이 있었기에 가능하였다.

---

36) 필자는 원두스님에게 그 내용을 전해 들었다.
37) 동산문도회 문장인 능가스님이 필자에게 주었는데 능가스님은 필자에게 연구지원비(1천만원)도 수여하였다. 표창패와 연구지원비는 능가의 손상좌인 수불스님(범어사 주지 역임, 안국선원장)이 전달하였다.
38) 그 문장은 다음과 같다. 김광식 박사, 위 분은 우리나라 근현대사를 깊이 탐구하시고 특히 한국불교 정화운동사의 부박한 논리의 굴절을 깊이 천착하고 재정하신 그 노력과 업적이 두드러져서 후세에 모범이 되겠기에 이를 표창하는 바입니다. 2007년 10월 12일 재단법인 불교전도협회 이사장 석나웅.
39) 능가스님이 필자에게 3천만 원을 간접적으로 전달하였고, 필자는 이를 영광도서(출판사)에 전달하였다.
40) 『불교신문』 2007.12.5, 「김광식교수 '동산대종사와 불교정화운동 발간'」.

3. 『범어사와 불교정화운동』의 발간

전장에서 살핀 바와 같이 동산을 주제로 추진한 1차 구술사업은 큰 성과를 가져 왔다. 그러나 책 출간이 된 직후, 일부 문도가 제기한 문제(건의서)로 적지 않은 심적 부담을 가졌다. 그렇지만 필자와 범어사 주지인 대성, 사업을 조력한 원두는 이번 기회에 동산의 생애와 사상, 범어사의 정체성 및 위상, 불교정화운동 본부이었던 범어사의 역사 등을 확실하게 정리하고자 하였다. 그래서 1차 구술사업을 진행할 때부터 동산에 대한 책은 2권이 되어야 한다고 판단하였다. 그래서 1차 인터뷰를 종료한 2007년 5월에도, 2차 대상의 책에 포함될 대상자인 14명의 원고는 확보하였다. 그래서 추가 인터뷰를 하여 2차로 책을 발간하기로 하였다. 그 이후 추가적으로 20여 명을 인터뷰하려고 검토하였으나,[41] 주어진 여건(출판 일정 등)으로 인해 4명만을[42] 인터뷰를 하여 책을 출간할 수 있는 원고를 마련하였다. 2차의 책에 수록한 18명의 인터뷰 대상자는 다음과 같다.

> 스님 ; 능가(범어사, 동산문도회 문장), 지유(범어총림 방장)
>
> 도견(해인사, 원로의원)지종(고불총림 방장), 고산(쌍계총림 방장)
>
> 진제(동화사, 조계종단 종정), 의현(동화사, 총무원장)
>
> 명선(화엄사 조실), 종원(불국사 주지), 현성(도선사 조실)

---

41) 그 대상자는 홍교, 무진장, 영환, 법흥, 창도, 혜정, 성수, 명성(비구니), 심인, 이건호 등이었다.
42) 그 대상자는 지유, 현성, 김광태, 현욱이었다.

월파(통도사, 원로의원), 설조(불국사 주지), 청현(무각사 회주)

원두(범어사, 교단사연구소), 대성(범어사 주지, 은하사 회주)

경암(팔공사 주지), 김광태(법화종 총무원장)

　재가자 ; 현욱(재가법사, 동산 제자, 환속)

　이들은 동산의 제자, 정화운동을 직접 경험한 원로, 중견 고승들이었
다. 필자는 이들을 인터뷰한 원고, 그리고 2007년 5월 8일 범어사 세미
나에서 발표된 논고,[43] 동산 및 범어사 구술사 사업을 촉발케 한『태고
종사』를 분석한 김광식 논고 등을 부록으로 하여『범어사와 불교정화운
동』(691면)이라는 책을 출간하였다. 이 책의 부록에는 동산문도회 문장이
었던 능가의「한국 불교정화운동의 제문제」도 수록하였다. 이 논고는 능
가가 1989년 1월 23일, 석림동문회에서 주최한 세미나(주제 ; 한국불교 정
화이념의 재조명, 장소 ; 조계사)에서 발표한 역사적인 논고이었다. 그런 역
사성이 있는 논고가 이 책에 수록되어 책의 가치를 높이고, 능가의 동산
에 대한 숭모심과 정화운동 계승정신을 가늠할 수 있었다.

　이런 배경을 갖고 출간된 시점은 2008년 4월 10일이었다. 책은 불교
교단사연구소　김광식을 지은이로 하여, 영광도서에서 발간하였다. 불
교교단사연구소(소장, 원두)가 개입된 것은 1차 작업 시에 일부 동산문도
들이 이의를 제기하여 동산문도회는 관여하지 않는 방침을 정하였기 때
문이다. 책 출간의 재정은 범어사 주지인 대성이 개인적인 차원에서 해

---

43) 마성(백용성의 승단정화 이념과 활동), 김광식(하동산의 불교정화), 덕산(원두, 용성문
　　도와 불교정화 이념)의 논고가 게재되었다. 그리고 능가(한국불교 정화운동의 제문제),
　　인환(동산대종사와 불교정화운동을 다시 보며), 신규탁(성철선사의 불교관에 나타난
　　개혁적 요소 고찰)의 글도 수록되었다.

결하였다.[44) 그리고 여타 1종인 보급판은 김광식을 지은이로 하여 영광 도서에서 펴냈다.

한편 책에는 백용성, 하동산, 범어사, 불교정화운동 등의 근현대기의 사진 자료, 문건 등이 대거 수록되었다. 『동산대종사와 불교정화운동』에는 화보와 책 중간에 많은 사진(170여 장)을 게재하였다. 그리고 『범어사와 불교정화운동』에서도 역시 도입부에 화보를 두고, 책 중간에 다양한 사진을 수록하여 독자들의 흥미와 가독성을 높이게 하였다. 사진은 단순하게 볼 수 없는 역사성이 있는 대상이다. 근대 문명의 구도에서 탄생된 사진은 인문학적인 측면에서도 가치가 있는 대상이다. 때문에 사진을 통한 역사, 문화, 인물에 대한 해석은 매우 중요하다. 이런 점을 인식한 필자는 동산의 구술 사업을 하면서 다양한 사진을 입수하고 그를 분석하여 책에 수록하였다. 그러면 여기에 그 두 책의 화보에 게재한 사진 제목을 제시한다.

▶『동산대종사와 불교정화운동』(2007)
동산대종사 진영, 대각교 중앙본부 현판, 동산이 용성에게 받은 전계증, 대각사를 방문한 김구일행, 조선불교선종 수좌대회, 조선불교선종 수좌대회 회록, 백용성의 대처식육 금지 건백서, 동산의 훈화, 동산의 종비생 추천장, 동산의 유시, 불교정화 보도기사, 승려대회 기사, 비구승 단식 보도기사, 통도사 고승 모임, 만덕사 시절의 동산, 범어사 해제 기념, 비구계 수계 기념, 동산 입적을 보도한 호외, 분향하는 문도, 성

---

44) 5천만원에 달하는 금액이었다. 범어사 주지를 사직한 그는 은하사 주지 소임을 보면서 근검절약으로 모은 사비를 모아 출판비를 충당했다.

철의 동산 입적 영찬글, 종단장 안내 팜플리트, 동산 호법봉찬회 추대장, 동산의 유묵, 동산 책 1차 편집회의, 동산 책 2차 편집회의, 범어사 산중총회.

▶『범어사와 불교정화운동』(2008)

동산의 정화운동 완수 발원문, 해인사 퇴설선원 시절 동산, 전국비구승대표자대회, 용성계맥 전수 보도기사, 용성이 동산에게 보낸 전법게문과 편지 봉투, 범어사 수계증서, 명정학교 상장, 엽서에 나온 일주문, 보제루 금강계단, 금강계단 전계사 오성월, 동산이 범어사 계단 위상을 강조한 건의서, 가야총림 안거증서, 고불총림 안거증서, 범어사 금어선원 안거 증서, 범어사 동안거 해제 기념, 동산과 학인 및 동자승 기념 촬영, 내외귀빈과 함께 한 동산, 동산 인도 여행, 동산 종정 취임식, 범어사 금강계단 수계, 능가의 본말사 주지회의, 동산의 목포 정혜사 보살계, 어산교에서의 동산, 상좌들과 함께 한 동산, 도우회 창립 기념, 경무대를 방문한 정화 주역, 보제루의 중수 상량식, 수계제자와 함께 한 동산, 선학원 안거 방함록, 방함록 속의 동산, 노년의 동산, 불사리탑에서 상좌들과, 범어사 강원 졸업 기념, 동산 유묵, 동산이 신도에게 준 게문과 봉투, 법주사 미륵대불 점안식의 동산, 동산 유묵, 동산 열반당시 운구하는 제자들, 분향하는 오정자, 추모사하는 김현옥, 동산 문도 총회, 성철의 승려증, 동산 49재 직후 문도들, 성철과 지효, 정화운동 참가 명부, 지효의 말년, 범어사 총림 보도기사, 동산의 정화선언문, 청담의 종단개혁 구상 영산도, 월산의 친필, 월산 모습, 범어사 세계연합 보살계단, 범어사의 인장, 석굴암 참배하는 박정희, 박정희 일

행, 석굴암 보수 현장을 시찰하는 박정희, 개운사 대원암 학인, 박한영
과 송만암.

위와 같이 『범어사와 불교정화운동』(2008)의 화보에는 범어사, 동산,
근대불교의 다양한 60여 건의 사진을 화보에 수록했다. 『범어사와 불교
정화운동』의 전체에는 210여 점의 사진이 수록되었다. 그 대상은 역사
적인 장면이 담긴 사진을 비롯하여 성명서, 문건, 편지, 보도기사 등 다
양하다. 이런 사진을 통해서 범어사와 동산의 역사적인 내면을 진지하
게 이해할 수 있다. 이 사진에는 필자가 수집한 것과 원두 대성이 수집
하고 제공한 것도 다수 포함되었다. 그리고 인터뷰에 응한 대상자들이
보관하였던 것도 활용되었다. 요컨대 이런 귀한 사진들이 이 책에 다수
포함된 것은 책의 가치를 높이게 하였다. 이런 점은 동산 구술사업이 갖
는 또 하나의 성과라 하겠다.

특히 『범어사와 불교정화운동』에서는 동산의 정체성을 보여주는 사진
이 있어서 흥미롭다. 예컨대 동산의 은사인 백용성이 동산에게 보낸 전
법게(대각사에 있었던 백용성이 장안사 선원에서 정진중인 동산에게 보낸 전법게문)
사진을 발굴하여 수록하였다. 그 당시까지만 해도 동산이 백용성의 상
수제자, 법제자임에도 불구하고 그를 입증할 자료가 부재하였다. 그러
던 차에 그를 입증할 문건(전법게)을 동산의 제자인 성철의 연고처(해인사
백련암, 성철선사상연구원)에서 사진으로 필자가 입수하여 수록했다. 이 문
건을 문도스님들에게 소개하였을 당시(2차 편집회의) 문도들의 환희에 찬
박수소리를 필자는 생생하게 기억하고 있다.

필자는 불교계에서 구술 증언 사업을 수행하여 20년간 13권의 책을

펴냈다. 그런 증언의 대상은 고승인 큰스님들이었다.[45] 필자와 동산문도회(대성스님)가 협력하여 발간한 이 두 책은 불교계의 문도들에게 일정한 영향을 미쳤다. 동산문도회와 범어사에서 펴낸 이 책의 반향은 우선 금오문도회에 자극을 주었다. 그래서 금오문도회의 금오선수행연구원에서는 금오에 대한 인터뷰 작업을 하여 『금오스님과 불교정화운동』(2권, 2008)을 펴냈다. 그리고 필자는 동산의 범어사 계단 후계자인 석암을 주제로 한 『처처에 나툰 보살행 석암스님의 수행과 가르침』(석암문도회, 2011), 통도사의 벽안스님을 주제로 한 『청백가풍의 표상 벽안스님의 수행과 가르침』(벽안문도회, 2013), 백용성의 제자인 자운을 주제로 한 『자운대율사』(자운문도회, 2017), 대강백인 관응을 주제로 한 『황악일지록』(관응문도회, 2018), 통도사의 선승인 경봉을 주제로 한 『삼소굴 법향』(경봉문도회, 2020) 등을 펴낼 수 있는 자부심과 경험을 갖게 되었다.[46]

역사적 결단으로 추진된 동산, 범어사의 불교정화운동에 대한 구술 증언 작업은 많은 사연, 역사를 남기고 마감되었다. 파란만장한 고투속에서 발간된 두 권의 책은 동산, 근현대기 범어사, 불교정화운동을 연구하고 이해하는 자료집으로 다양하게 활용될 것이다.

4. 대성의 역사의식

전장에서 살핀 바와 같이 필자는 『동산대종사와 불교정화운동』(2007)

45) 김광식, 「고승연구와 불교 구술사」, 『전자불전』 20집, 2018.
46) 이재수, 「불교 구술사 20년의 회고와 전망」, 『불교평론』 87호, 2021, p.229.

과『범어사와 불교정화운동』(2008)을 펴냈다. 그는 필자의 개인적인 차원
에서 수행한 것이 아니고, 동산문도회와의 공동 작업이었다. 그러나 실
질적인 측면에서는 당시 범어사 주지인 대성의 주도, 헌신에 의해서 가
능하였다. 그래서 여기에서 대성의 역사의식을 들추어 보고자 한다.

대성의 역사의식은 구체적으로 동산의 유지(가르침, 가풍) 계승과 범어
사의 정체성(선찰대본산)을 정비하려는 자각이었다. 대성은 2004년 4월 2
일의 산중총회에서 만장일치로 범어사 주지로 추대되었다. 조계종 총무
원은 4월 8일, 주지 임명에 대한 행정 절차를 완료하였다.[47] 그래서 5월
11일 주지 진산식을 통해 범어사 주지가 되었음을 공포하였다. 대성은
진산식을 거행하기 직전인 5월 7일에는 백용성의 생애와 사상을 연구,
선양하는 대각사상연구원이 범어사에서 개최한 학술세미나를 주관하였
다.[48] 백용성은 범어사 선원 조실을 역임한 근대 고승인데, 백용성의 상
수제자가 동산이다. 동산은 현대기 범어사의 정신적인 지주이었다. 이
런 연고로 세미나에서는 백용성과 동산의 불교정화운동이 발표되었고,
대성은 그 세미나를 적극적으로 주관하였다.

한편 대성은 주지 취임 직후에 '은사이신 동산스님의 유지를 받들어
선찰대본산의 역할을 다할 계획이다'라고 언급한 바, 이 언급이 그의 역

---

47)『불교신문』2004.4.20,「대성스님이 적법한 범어사 주지, 조계종 총무원 담화문 가처
    분 집행정지 신청」.
48)『대각사상』7집, 2004, p.308,「대각사상연구원 2004년도 학술세미나 개최」. 그 세미
    나는 백용성 스님과 한국불교 정화사라는 주제로 개최되었는데, 당시 대각사 주지인
    홍교스님의 주선으로 열렸다. 세미나에서는 한국 현대불교와 정화운동(김광식), 백용
    성의 불교정화운동(한보광), 불교정화운동에 있어서 동산스님과 범어사 역할(백운스
    님), 정화운동의 사회적 결과(유승무), 1980~90년대의 불교정화사(박희승)가 발표되
    었다.

사의식을 대변한다. 대성은 구술사 사업을 하는 도중에 있었던 필자와의 대담에서 다음과 같이 발언하였다. 그 발언에서 그가 이 사업을 대하는 인식을 엿볼 수 있다.

> 문 ; 대성스님은 현재 범어사 주지로서 은사인 동산스님의 생애, 정신, 정화운동을 조명하는 이 작업을 추진하는 것에 남다른 감회가 있을 것으로 생각됩니다.
>
> 답 ; 그동안 제가 살아오면서, 범어사 출신 스님으로 지내면서 기라성 같은 저의 사형들이 많이 계셨기에 저는 막내둥이로서 범어사 일에 신경을 쓰지 않았어요. 사형들이 다 알아서 한다고 여기었기에 그리 한 것이지요. 그러나 근래에 범어사 내부와 문도 간에서 나온 갈등도 이래서는 안되겠다고 제가 느끼게 되었고, 제가 주지를 해서 그를 해결해 보겠다고 하니깐 사형사제들이 한 목소리로 힘을 보태주어 주지 노릇을 하고 있어요. 그런데 수년 전에 나온 우리 스님 법어집을 보니깐, 거기에서는 우리 스님에 대한 것이 안 다가왔어요. 우리 스님은 심지법문을 하였으며, 저도 정진을 해본 처지로 우리 스님의 오롯한 것을 그래도 느낌으로 알 수 있지 않겠습니까? 그래 언제인가는 새롭게 우리 스님의 일대 사상을 조명을 해야 하겠다는 마음을 갖고 있었는데 최근 『태고종사』 사태가 터져 그간 미진한 우리 스님을 재조명하는 것에 용기를 내서 시작한 것입니다.[49]

---

49) 『범어사와 불교정화운동』, pp.437~438.

즉 대성은 범어사의 화합, 사격 회복에 유의하면서 주지 소임을 보고 있었다. 그런데 1998년에 나온 『동산대종사 문집』은 동산의 사상, 가풍을 온전히 그려내지 못하였다고 평소에 인식하였다. 그러다가 우연히 등장한 『태고종사』 사태(2006)를 계기로 동산을 재조명하겠다는 용기를 내었던 것이다. 대성은 범어사와 동산에 대한 인식의 바탕에서 『태고종사』 사태를 계기로 동산을 온전하게 조명하겠다는 굳은 다짐을 하였던 것이다.

문; 제가 볼 때에 이런 작업은 작게는 동산스님을 추모, 재조명하는 작업이지만 거시적으로는 범어사 가풍을 진작하고 문도스님들의 단합을 진작할 수 있다고 봅니다.
답 ; 그래요. 그래서 저도 많은 신경을 쓰고 있습니다. 제가 범어사나 문도 문제를 절실하게 느낀 것은 1980년 10 · 27법난 때입니다. 그때에 제가 총무를 보았거든요. 그래서 저의 역할도 그랬고, 능력이 부족해서 아쉬움이 참으로 많았지만 언제인가 기회가 되면 범어사를 재정리 하고, 문도스님 간에도 친목을 도모하여 화합하겠다고 다짐했어요. 그때의 그 다짐이 오늘까지 이어져 우리 스님의 일대 사상을 재정리하겠다는 생각까지 이어진 것으로 봅니다.
그래서 그런 기회가 저에게 온 것을 감사드리고 있습니다. 그래 저는 법당에 가서 이 사업을 잘 되게 해달라고 서원 섞인 발원을 하고 있습니다.[50]

---

50) 위의 책, p.439.

대성은 동산사상의 재정리 사업이 문도 단합, 범어사 가풍 진작도 기할 수 있다고 보았다. 그래서 그는 동산 구술증언 사업이 잘 되게 해달라는 간절한 발원도 하였다. 대성은 감사, 발원에 그치지 않고 헌신적으로 사업을 추진하여 완성시켰다. 대성의 역사의식 즉 동산 및 범어사에 대한 인식, 동산사상의 재정리를 자기가 완수하겠다는 결심 및 추진이 원동력이 되어 동산 구술 증언사업은 완결되었다.

이와 같은 대성의 역사의식은 그의 주지 재직 기념으로 펴낸 『범어사의 어제와 오늘, 그리고 나아갈 길』(한국불교문화연구협회, 2008.3.31)의 내용에서도 파악할 수 있다.[51] 이 책은 대성이 범어사 주지 당시의 활동을 정리한 자료집이다. 그래서 대성이 활동한 모든 내용을 함축하고 있다. 이 책은 대성의 약력, 사진으로 본 발자취(96점), 1부 재직 기념 논문(10건), 2부 재직기간 자료 등으로 구성되어 있다. 책에 수록된 다양한 사진은 범어사 현대사의 단면이다.[52] 재직기념으로 수록된 논문 중에서 주목할 대상은 다음과 같다.

범어사 가람배치의 변천에 관한 연구 ; 윤석환(동서대 교수)
근대불교의 지향과 굴절-범어사 경우를 중심으로 ; 조명제(신라대 교수)
범어사의 근대교육 ; 김화산(금정중 교사)
부산불교 50년사 ; 현익채(금정중 교장)
용성의 건백서와 대처식육의 재인식 ; 김광식(동국대 교수)
김지효의 꿈, 범어사 총림건설 ; 김광식(동국대 교수)

---

51) 이 책은 대성스님의 주지 퇴임 기념 행사(범어사, 설법전)를 계기로 발간, 배포되었다.
52) 그러나 관련 설명(캡션)이 없어 아쉬웠다

용성문도와 조계종단의 오늘 ; 덕산 원두(불교교단사연구소 소장)

  위와 같은 논문은 범어사의 근현대를 소재로 한 연구이다. 즉 동산의 정체성, 범어사의 근대사 · 현대사에 대한 주제이었다. 여기에서 대성의 관심 분야, 역사의식이 자연적으로 나오는 것이다.

  한편 이 책의 2부(재직기간 자료)에는 대성이 추진한 불사 현황 및 추진 사업의 개요가 나와 있다. 이 개요는 추후 범어사의 사지 편찬, 불사 추진에 많은 참고가 될 것이다. 그리고 이 책의 2부에는 범어사가 추진한 2건의 정책 세미나 자료가 수록되었다. 그는 2007년 5월 22일, 6월 29일 두차례에 걸쳐 범어사에서 열린 정책 세미나이었는데 그 주제는 전통사찰인 범어사의 규제 완화 방안, 규제 완화로서의 개발제한 구역 관리와 전통사찰 보존이었다. 이 세미나는 이재웅 · 박승환 국회의원과 공동으로 주최하였다. 세미나에서는 윤석진 교수(부산경상대), 윤석환 교수(동서대)의 기조발제에 대한 다수의 지정토론을 통하여 주제에 대한 다양한 문제, 대안 등이 제기되었다. 이런 자료들을 통해서 대성의 주지 활동 요체를 파악할 수 있는 것이다. 즉 그는 범어사의 역사를 단순 보존하는 것에 그치지 않고, 범어사의 현재와 미래를 역사성과 정체성에 부합하게 재창조하려고 노력하였다. 추후 이런 측면에 대한 구체적인 분석, 비평이 뒤따라야 할 것이다.

  대성의 역사의식, 동산 계승의식은『동산사상의 재조명』의 발간에서도 찾을 수 있다. 이 책은 김광식과 동산문도회가 공동으로 2016년에 펴낸 책이다. 그 책의 머리말인「책을 펴내며」에서 그 전후 사정이 나온다.

동산문도회는 동산대종사 열반 50주년을 기하여 '문도교학대회(門徒教學大會)'를 범어사의 설법전에서(2015.5.3) 개최하였다. 범어사 및 동산문도의 어제와 오늘, 그리고 나갈 길이라는 주제로 개최된 교학대회는 새로운 차원의 학술행사였다. 그 당시 문도스님들은 동산큰스님 열반 50주년 사업을 위해 적지 않은 재원을 모금하였다. 그러면서 문도스님들은 그때에 모인 재원을 활용하여, 동산 큰스님을 조명하는 세 번째 책자를 펴내기로 하였다. 그래서 동산문도회의 실무위원회(원두스님, 대성스님, 계전스님)는 필자에게 사업의 실무 작업을 의뢰하였다.

이런 배경에서 이 책『동산사상의 재조명』이 나오게 되었다. 이 책에 수록된 자료와 논문은 지난 10년간 수집, 발표된 것 중에서 일정한 가치가 있는 것을 선별한 것이다. 특히 동산큰스님의 맞상좌인 유성갑(성안스님)의 자료를 발굴, 분석하여 수록한 것은 큰 의미가 있다. 그간 동산큰스님의 맞상좌임에도 불구하고 역사의 질곡에 가려졌던 유성갑을 역사의 전면에 끌어냈다는 것은 동산큰스님 및 범어사 연구에 한 획을 긋는 것이다.[53]

즉 2015년 동산 열반 50주년을 기념하여 열린, 문도교학대회에서 모금된 재원을 갖고 동산에 대한 세 번째 책을 펴냈던 것이다. 대성은 동산에 대한 세 번째 책인『동산사상의 재조명』발간의 책임자로 활동하였다.

특히 대성은 동산의 맞상좌인 유성갑(성안스님)의 자료(서간문)가 탈초, 분석되어 이 책에 수록될 수 있도록 노력하였다. 즉 대성은 그 자료가 발굴되었다는『불교신문』을 보고 그 자료는 동산, 백용성, 범어사 차원

---

53) 동산문도회 · 김광식,『동산사상의 재조명』, 범어사, 2016, p.7.

에서 중요함을 판단하였다. 그래서 즉시 상경하여 조계종 중앙기록관에 보관중인 자료를 열람하고, 그 후손을 만났다.

> 지난 2일 중앙기록관을 방문한 유대진 선생은 동산스님 상좌인 대성스님(전 범어사 주지)과 원두스님(불교교단사연구소장)을 만났다. 이날 만남은 지난달 제헌절을 앞두고 유성갑 의원의 불교자료를 보도한 불교신문을 본 대성스님과 원두스님의 요청으로 이뤄졌다.
>
> 대성스님은 "불교신문을 보고 깜짝 놀랐다"면서 "은사스님의 기록을 모아 자료집을 발간하고 있는데, 앞으로 큰 도움이 될 것"이라고 말했다. 대성스님은 "유 의원이 남긴 자료를 보니, 엄격한 줄만 알았던 은사스님의 다정다감한 면모를 알게 되었다"며 "동산스님의 행적을 확인하는 데 그치지 않고, 한국불교 근현대사를 새롭게 쓸 수 있는 의미있는 자료"라고 평가했다. 이어 대성스님은 "용성스님과 동산스님의 사상을 사회적으로 실천한 인물이 바로 유성갑 의원"이라면서 "역사적 공백을 메울 수 있게 됐다"고 강조했다.[54]

즉, 2011년 8월 2일, 대성과 원두 그리고 필자는 유성갑의 아들(유대진)을 조계종 청사에 위치한 중앙기록관에서 만나고 기증 자료를 열람하였다. 대성은 유성갑 자료가 동산의 행적과 사상을 새롭게 볼 수 있는 자료라는 의의를 인식했다. 그 자료는 조계종 중앙기록관이 주관하여 그

---

54) 『불교신문』 2011.8.13, 「고 유성갑 제헌의원 자료 (中) :"용성 동산스님의 사회적 실천 사상 확인"」.

해 11월 4일부터 2주간 조계종 청사 로비에서 전시되었다.[55] 그 당시 전시회는 "중앙기록관수집 기록물 전시회 석계 유성갑 제헌의원 컬랙션"이라는 제목으로 개최되었다.[56]

위와 같이 대성은 유성갑 자료가 동산 및 근대기 범어사의 역사 공백을 메울 수 있는 귀중한 자료라고 보았다. 그래서 필자는 동산의 세 번째 책에 유섭갑 자료를 수록해야 한다는 대성 · 원두의 의견을 수용하였다. 이후 필자는 중앙기록관 실무자를 접촉하여 유성갑 자료중에서 동산과 범어사와 관련된 자료의 사진 파일을 입수할 수 있었다. 그리고 그 파일 원고를 동국대 불교학술원에 근무하는 한문 전문가인 윤찬호에게 탈초, 번역을 의뢰하였다. 필자와 대성은 그 번역된 원고를 감수하였다. 이런 과정을 거쳐 『동산사상의 재조명』에 유성갑 자료(원문, 번역)가 수록될 수 있었다. 그래서 동산 열반 51주년(2016)을 기하여 그 책은 발간, 보급되었다.

지금껏 살핀 바와 같이 대성은 역사의식을 갖고 있었다. 구체적인 역사의식 내용은 동산, 범어사에 대한 것이었다. 이런 의식으로 대성은 『동산대종사와 불교정화운동』(2007)과 『범어사와 불교정화운동』(2008), 『범어사의 어제와 오늘, 그리고 나아갈 길』(2008), 『동산사상의 재조명』(2016)을 펴낼 수 있었다. 이런 대성의 역사의식, 헌신, 행보에 대한 적절한 비평, 평가가 뒤따라야 할 것이다.

---

55) 『불교신문』, 2011.10.29, 「유성갑 제헌의원 기증 '불교자료전'」.
56) 그 전시회의 도록에는 당시 불교신문사장인 수불스님과 후손 유대진의 인사말씀이 나온다. 전시자료는 도첩, 서신, 엽서, 사진, 일반자료 등으로 구성되어 있다. 이 자료는 근현대기 범어사의 역사, 문화의 이해에 귀중한 대상이다.

4. 결어

이상으로 동산의 구술증언 사업의 전개, 성격, 비사 등을 정리하였다. 그러면서 그 사업의 중심에 있었던 대성(전 범어사 주지, 현 은하사 회주)의 관련 내용을 그의 역사의식을 중심으로 살펴보았다. 이제 맺는말은 추후 이 방면 연구에 유의할 점을 피력하는 것으로 대신하겠다.

첫째, 동산에 대한 자료 수집이 지속되고, 발굴된 자료는 자료집으로 펴내야 할 것이다. 그리고 동시에 기존에 나온 동산에 대한 자료집, 저술에 대한 비평 작업이 있어야 한다. 최근『동산대종사 석영첩』에 대한 글이 나왔지만, 추후에는 다양한 관점에서의 분석과 비평이 수반되어야 한다.[57]

둘째, 동산에 대한 연구 사업이 활성화 되어야 한다. 지금껏 나온 동산에 대한 논문, 자료집, 단행본 등은 동산의 업적, 위상에 비추어 볼 때 미약하다. 이를 타개하기 위해서는 범어사와 동산문도회 주관의 정례적인 학술 활동을 권유한다.

셋째, 동산 연구의 폭을 확대해야 한다. 그를 위해서는 우선 동산의 가르침을 접했던 동산의 제자 그룹에 대한 연구가 요청된다. 지금은 성철, 광덕에 치우쳐 있다. 추후에는 유성갑(성안), 지효, 고산, 능가, 지유, 덕명, 화엄 등에 대한 관심을 기울여야 한다.

넷째, 동산 계승의식에 대한 역사적 조명이 요청된다. 예컨대 동산의 구술사 작업이 진행되던 2008년 1월 31일에 거행된 능가의 문장 착좌식

---

57) 동산의 상좌로 미국에서 포교 활동을 한 삼우스님은 동산을 주제로 2권의 책이 나온 것을 높이 평가하였다. 대성스님의 증언.

에서 동산정신의 계승 발언,[58] 범어사 주지로 입후보 할 때의 수불의 10대 공약(2011.12)에 나온 용성·동산의 불교정화 이념 계승 문제 등이다. 그리고 원두가 범어사(용성문도)를 주제로 서술한 논고들도 주목할 수 있다. 추후 능가의 동산에 대한 계승의식에 관련된 자료 수집, 분석, 연구가 요청된다.

지금껏 동산 연구에 관련된 필자의 의견을 개진하였다. 이런 개진이 동산과 범어사 연구자들에게 참고가 되길 기대한다.

---

58) 『법보신문』 2008.2.4, 「"동산문도회, 사자충으로 승풍 추락", 능가스님 1월 31일 범어사 문장 착좌식서」. 능가스님은 그날 발표된 글 「문장 착좌의 말씀」에서 "하동산 선사의 한국불교 정화정신을 깊이 명심 각성해야 한다"고 강조했다. 그 착좌식에 참가한 현해(월정사 회주)는 동산의 가르침을 능가가 계승하였음을 전제로, 능가를 중심으로 동산의 수행가풍을 이어서 정법을 수호해 줄 것을 당부하는 축사를 하였다. 『오대산의 노송』, 민족사, 2020, pp.380~383.

동산 연보
참고 문헌

동산 연보

1890년	2월 25일, 충북 단양군 단양읍 상방리 244번지에서 출생
	본명은 河東圭, 부친은 河聖昌 모친은 鄭敬雲
1896년	향리의 서당에 들어가서, 한학을 7년 간 수학
1904년	향리의 益明普通學校 입학
1908년	서울 中東學校 입학
	위창 오세창(고모부)의 지도를 받음
1910년	京城醫學專門學校 입학
	국어연구회에서 국어와 민족사상을 공부
1912년	범어사로 출가
	법명 慧日, 은사 백용성스님
1913년	범어사 강원 수학
1914년	방한암의 회상인 우두암(평남 맹산)에서 수학
1916년	범어사 강원 대교과 수료
1919년	3·1운동으로 서대문감옥에 수감된 은사 백용성을 시봉
1921년	오대산 상원사에서 수행
1922년	건봉사 선원에서 수행(소임, 서기)
1923년	백양사 운문선원에서 정진
1924년	수덕사 능인선원 수행(소임, 입승)

1925년   용성스님이 주관한 망월사의 萬日參禪結社會에 동참(소임, 서기)

1926년   통도사 내원암으로 이전한 만일결사회에서 수행(소임, 서기)

         백용성의 帶妻食肉 반대 운동에 찬동하는 글을 기고

1927년   범어사 금어선원에서 悟道

1929년   범어사 금어선원, 祖室

1933년   해인사 퇴설선원, 조실

1935년   3월 7~8일 선학원, 全國首座大會에 참석(대회 준비위원)

         朝鮮佛敎 禪宗, 禪議員 및 순회포교사

1936년   용성스님으로부터 戒脈(전계증)을 전수받음

1939년   용성스님으로부터 傳法(게문)을 받음

1941년   선학원에서 개최된 遺敎法會 참여, 법문

         『龍城禪師 語錄』(삼장역회) 발간을 주관

1943년   범어사 금강계단의 壇主로 취임

         범어사 조실로 추대(청풍당 주석)

1944년   금강산 마하연 선원에서 정진

1945년   만공스님으로부터 전법게를 받음

1952년   불교정화를 촉구하는 격문 발송

1954년   불교정화운동 주관

조계종 종정으로 추대

1955년 범어사 주지 취임

1958년 조계종 종정으로 재추대

1962년 통합종단, 대한불교조계종을 출범시킴

범어사 주지

1965년 3월 23일(음력), 입적

세수 76세, 법납 53세

참고문헌

▶ 자료

동산문도회, 『동산대종사 문집』, 범어사, 1998.

동산문도회, 『석영첩』, 1967.

동산문도회 · 김광식, 『동산대종사와 불교정화운동』, 영광도서, 2007.

동산문도회 · 김광식, 『범어사와 불교정화운동』, 영광도서, 2008.

동산문도회, 『동산사상의 재조명』, 범어사, 2016.

동산문도회, 『감인대』, 2015.

민도광, 『한국불교 승단정화사』, 1996.

▶ 단행본

강석주 · 박경훈, 『불교 근세백년』, 중앙일보사, 1980.

김광식, 『용성』, 민족사, 1999.

_____, 『아! 청담』, 화남, 2004.

_____, 『불교근대화의 이상과 현실』, 선인, 2014.

_____, 『한국 근대불교의 현실인식』, 민족사, 1998.

_____, 『새불교운동의 전개』, 도피안사, 2000.

_____, 『한국 현대 불교사 연구』, 불교시대사, 2006.

_____,『한국 현대선의 지성사 탐구』, 도피안사, 2010.

_____,『불교와 국가』, 국학자료원, 2013.

_____,『백용성 연구』, 동국대출판부, 2017.

불교교단사연구소,『승가화합과 조계종의 미래』, 혜민기획, 2014.

원두 · 김광식,『조계종단 개혁과 정화의 제문제』, 중도, 2018.

덕산 원두,『조계종단 개혁의 재인식』, 불교교단사연구소, 2021.

선우도량,『교단정화운동과 조계종의 오늘』, 2001.

정광호,『한국불교 최근 백년사 편년』, 인하대출판부, 1999.

진   관,『동산의 불교계 정화운동 연구』, 운주사, 2016.

홍선 · 현해 · 화랑 · 김광식,『승단정화운동의 이념과 방향』, 중도기획, 2016.

조성택 엮음,『퇴옹성철의 깨달음과 수행 −성철의 선사상과 불교사적 위치』, 예문서원, 2006.

조계종 불학연구소,『봉암사결사와 현대 한국불교』, 조계종출판사, 2008.

현해 · 신규탁 · 김상영,『조계종사 연구논집』, 중도, 2014.

▶ 논문

김광식,「불교 '정화'의 성찰과 재인식」,『근현대불교의 재조명』, 민족사, 2000.

_____,「정화운동의 전개과정과 성격」,『새불교운동의 전개』, 도피안사, 2002.

_____,「이성철의 불교개혁론」,『한국 현대불교사 연구』불교시대사, 2006.

_____, 「하동산의 불교정화」, 『범어사와 불교정화운동』, 영광도서, 2008.

_____, 「조선불교선종과 수좌대회」, 『한국 현대선의 지성사 탐구』 도피안사, 2010.

_____, 「광덕사상, 그 연원의 시론적 소묘」, 『정토학연구』 13, 2010.

_____, 「범어사의 사격과 선찰대본산」, 『한국 현대선의 지성사 탐구』, 도피안사, 2010.

_____, 「대각교의 조선불교 선종 총림으로의 전환과정 고찰」, 『대각사상』 20, 2013.

_____, 「오성월의 삶에 투영된 선과 민족의식」, 『불교와 국가』, 국학자료원, 2013.

_____, 「대한불교조계종의 성립과 성격 ; 1941~1962년의 조계종」, 『한국선학』 34, 2013.

_____, 「조계종단 종정의 역사상」, 『대각사상』 19집, 2013.

_____, 「불교정화운동 연구, 회고와 전망」, 『대각사상』 21집, 2014.

_____, 「동산의 법맥과 전법 – 용성 · 성철과의 관련을 중심으로」, 『전자불전』 17집, 2015.

_____, 「소천스님의 금강경 독송구국운동과 광덕스님의 반야바라밀운동」, 『전법학연구』 7호, 2015.

_____, 「조계종과 선학원, 同根의 역사 및 이념」, 『문학사학철학』 43 · 44호, 2015.

_____, 「금정총림 설립의 역사와 범어사의 정체성 – 백용성 사상의 계승의식을 중심으로」, 『전자불전』 18집, 2016.

_____, 「현대기(1962~1994) 선학원의 역사와 성격」, 『역사와 교육』 2017.

_____, 「지효 ; 자급자족 총림 건설에 헌신한 선승」, 『불교평론』 73, 2018.

_____, 「고암의 정체성과 용성사상의 계승」, 『대각사상』 24집, 2015.

_____, 「고암상언 생애와 사상 탐구」, 『한국불교의 역사적 전통과 미래』, 고
암문도회, 2018.

_____, 「불교정화운동과 조계종의 오늘」, 『조계종단 개혁과 정화의 제문제』,
중도, 2018.

_____, 「고승 연구와 불교 구술사」, 『전자불전』 20집, 2019.

_____, 「성철의 꿈과 김룡사 운달산 법회(1966)」, 『대각사상』 33, 2020.

_____, 「『동산대종사 석영첩』(1967)의 발간과 의의」, 『항도부산』 40, 2020.

_____, 「성철의 삶과 범어사」, 『정토학연구』 38, 2022.

김상영, 「일제강점기 불교계의 종명 변화와 종조 · 법통 인식」, 『불교근대화
의 전개와 성격』, 조계종출판사, 2006.

_____, 「정화운동 시대의 宗祖 갈등 문제와 그 역사적 의의」, 『불교정화운
동의 재조명』 조계종출판사, 2008.

김선근, 「동산대종사의 한국불교사적 위상」, 『한국교수불자연합학회지』 18-
2, 2012.

김종인, 「성철 ; 근본주의에 기초한 현대문화의 수용」, 『불교평론』 50, 2012.

_____, 「1960년대 한국불교와 성철의 활동」, 『백련불교』 16집, 2006.

강대민, 「범어사 3 · 1운동의 재조명」, 『대각사상』 14집, 2010.

곽만연, 「하동산대종사와 범어사와 범어가풍의 불교정신」, 『한국교수불자연
합학회지』 18-2, 2012.

능 가, 「한국 불교정화운동의 제문제」, 『범어사와 불교정화운동』, 영광도서, 2008.

이자랑, 「백용성 율맥의 성격 및 전개」, 『대각사상』 23집, 2015.

이정은 「동산대종사 진영에 대한 일고찰」, 『인문학논총』 32, 2013.

이재헌, 「이승만대통령의 유시와 불교정화운동」, 『대각사상』 22집, 2014.

인 환, 「동산대종사와 불교정화운동을 다시 보며」, 『범어사와 불교정화운동』, 영광도서, 2008.

마 성, 「용성진종의 계보와 법맥상속」, 『용성진종(白龍城) 조사의 사상과 한국불교의 좌표』, 죽림정사, 2007.

_____, 「한국불교에서 용성문도의 위상」, 『한국불교의 역사적 전통과 미래』, 고암문도회, 2018.

덕 산, 「용성문도와 한국불교정화 이념」, 『범어사와 불교정화운동』, 영광도서, 2008.

목정배, 「동산스님의 계율관」, 『한국교수불자연합학회지』 18-2, 2012.

박재현, 「금어선원을 통해 본 한국선원의 근대성」, 『항도부산』 42, 2021.

박정해, 「선찰대본산 범어사 입지의 풍수환경과 공간구성」, 『선도문화』 19, 2015.

박희승, 「불교정화운동 연구」, 『불교평론』 3, 2000.

법 상, 「동산문도의 정화의식과 실천내용」, 『전자불전』 17집, 2015.

백 운, 「일일부작이면 일일불식 ; 동산스님」, 『늘 깨어 있는 사람들』, 흥사단 출판부, 1984.

_____, 「한국불교정화운동에 있어서 동산스님과 범어사의 역할」, 『대각사

상』7집, 2004.

서명원, 『가야산의 호랑이의 체취를 맡다』, 서강대출판부, 2013.

신규탁, 「성철선사의 불교관에 나타난 개혁적 요소 고찰」, 『한국불교학』49, 2007.

원 택, 『이 길의 끝에서 자유에 이르기를 – 성철스님의 발자취를 찾아가는 순례자의 여정』, 조계종출판사, 2013.

_____, 『성철스님 행장』, 미디어글씨, 2012.

원 두, 「용성문도와 조계종단의 오늘」, 『용성진종(白龍城) 조사의 사상과 한국불교의 좌표』, 죽림정사, 2007.

월 암, 「유교법회와 조계종의 오늘」, 『대각사상』14집, 2010.

_____, 「동산의 선사상」, 『한국교수불자연합학회지』18-2, 2012.

이덕진, 「동산혜일의 선법에 대한 일고찰」, 『한국불교학』43호, 2005.

조명제, 「근대불교의 지향과 굴절 – 범어사를 중심으로」, 『불교학연구』13호, 2006.

채상식, 「한말, 일제시기 범어사의 사회운동」, 『민족문화연구』4, 1990.

• 김광식

동국대학교 특임교수
독립기념관 책임연구원, 부천대 교수, 만해마을 연구실장 역임
『한국근대불교사연구』, 『한국현대불교사연구』 등 40여 권의
저서가 있으며 만해학회 회장, 한국정토학회 회장을 역임하였다.
유심작품상(학술), 불교평론 학술상을 수상하였다.

동산 연구

2022년 3월 15일 초판 인쇄
2022년 3월 28일 초판 발행

저　자 | 김광식

펴낸곳 | 도서출판 중도
　　　　서울 종로구 삼봉로 81 두산위브파빌리온 921
등　록 | 2007. 2. 7. 제2-4556호
전　화 | 02-2278-2240

값 : 25,000원

ISBN　979-11-85175-57-7　93220